요한복음의 구조적·신학적 해설

요한복음 다시읽기 상

Reading the Gospel of John Again

Structural-Theological Interpretation of the Gospel of John

김 광 수 지음

침례신학대학교 출판부

이 도서의 국립중앙도서관 출판시도서목록(CIP)은 서지정보유통지원시스템 홈페이지(http://seoji.nl.go.kr)와 국가자료공동목록시스템(http://www.nl.go.kr/kolisnet)에서 이용하실 수 있습니다.(CIP제어번호: CIP2013018120)

「요한복음 다시읽기」를 펴내며

우리 주 예수 그리스도를 통한 하나님의 구원을 제시하는 신약성서의 책들 중에서 가장 많은 사람들에게 감동을 주었고 가장 많은 사람들이 즐겨 읽는 책은 단연 요한복음이라고 말할 수 있을 것이다. 요한복음에는 그리스도인이라면 누구나 익숙하게 알고 있는 예수님의 고귀한 말씀들이 많이 수록되어 있다. 예를 들면, "하나님이 세상을 이처럼 사랑하나 독생자를 주셨으니 이는 저를 믿는 자마다 멸망치 않고 영생을 얻게 하려 하심이라"(3:16)는 말씀, "예수께서 가라사대 나는 부활이요 생명이니 나를 믿는 자는 죽어도 살겠고 무릇 살아서 나를 믿는 자는 영원히 죽지 아니하리니 이것을 네가 믿느냐"(11:25-26), 그리고 "내가 곧 길이요 진리요 생명이니 나로 말미암지 않고는 아버지께로 나올 자가 없느니라"(14:6)는 말씀이 바로 그런 것들이다.

요한복음에는 예수 그리스도가 누구이며 그 분이 세상에 오신 목적이 무엇인가에 관하여 매우 선명하게 제시되고 있다. 예수 그리스도는, 비록 한 사람의 인간으로서 세상에서 사신 분이지만, 그 분의 존재의 근본은 태초 이전부터 존재하시고 만물을 존재하게 만드신 영원하신 하나님의 말씀이며 하나님 자신으로서의 존재이시다. 그런 영원한 신성과 권능의 말씀이 인간이 되어 세상에 오셨으며 하나님을 온전히 계시하는 사역을 감당하셨다. 세상에서 그 분의 최후는 십자가에 못 박혀 죽임을 당하는 비참하고 참혹한 것이었지만, 그것을 통해 예수님은 우리의 구원을 다 이루셨다. 나아가 그 분은 하나님의 권능으로 부활하여 하나님의 영광의 존재로 복귀하셨다. 그 분은 이제 부활이요 생명으로서 세상을 비추는 영원한 참된 빛이 되신다. 우리는 오직 그 분을 믿음으로써 유일하신 참된 하나님과 그가 보내신 자 예수 그리스도와 연합하여 얻게 되는 영원한 생명을 얻을 수 있다.

필자 자신도 삼십여 년의 신앙생활 동안에 이 복음서를 읽으면서 많은 은혜를 받았다. 필자가 예수 그리스도의 존재와 그 분을 통한 하나님의 구원을 이해하고 필자 자신의 신앙과 신학의 주관을 형성하는데 있어서도 이 복음서의 영향을 크게 받았다. 필자는 신학대학원(M. Div.) 과정의 졸업 논문을 이 복음서에 나오는 주제에 관하여 썼으며(1983) 또한 대학원 석사과정(Th. M.)의 졸업 논문도 이 복음서에서 주제를 찾았다(1986). 필자가 박사 학위를 받고 미국에서 교회를 개척하던 시절에는 성경 공부 교재로 마가복음과 로마서와 마지막으로 이 복음서를 택하여 공부했다. 그 때 필자의 마음에 깊이 들어온 한 말씀이 있었다. 그것은 요한복음 16:16이었다: "조금 있으면 너희가 나를 보지 못하겠고 또 조금 있으면 나를 보리라 하신대." 필자는 그 당시에만 해도 이 말씀의 의미를 정확하게 알지 못했다. 예수님의 제자들도 이 말씀의 의미가 무엇인지를 몰라 질문하는 장면이 나온다(16:17-19). 이 말씀은 제자들이 앞으로 경험하게 될 부활현현의 경험과 그 결과로 그들이 예수의 새로운 존재를 발견하고 그 분의 영으로 충만하게 될 것을 가리킨 말씀이었다. 결국 예수님의 제자들은 부활하신 예수님의 현현을 세 번씩이나 경험하고 나서야 비로소 십자가에 못박혀 처참하게 죽임을 당하셨던 예수께서 이제는 부활하여 하나님의 영광의 존재로 돌아가신 것을 깊이 깨닫게 되었고 흔들리지 않는 확고부동한 부활신앙을 갖게 되었다. 세 번째 부활현현을 경험하고 확실하게 부활신앙을 가진 베드로를 향하여 부활의 예수님이 "네가 나를 사랑하느냐"고 세 번 질문하셨고 "내 (어린)양을 먹이라"고 세 번 말씀하셨다(21:15-17).

필자가 요한복음 마지막 장을 성도님들과 함께 공부하고 그 부분을 설교하던 그 즈음에(1993년 6월경), 필자의 영의 눈이 열리면서 부활의 주님이 다시 보이기 시작하는 것이었다. 또한 "또 조금 있으면 나를 보리라"는 말씀이 바로 제자들이 체험하게 될 부활현현의 경험과 그 체험에 기초하여 갖게 될 부활신앙을 가리키는 것임을 깊이 깨닫게 되었다. 또 제자들이 예수님의 존재에 관하여 근본적으로 깨닫기 시작한 것은 바로 부활현현의 경험이었고 그 경험에 기초하여 갖게 된 부활신앙이 기독교복 전파의 출발점이 되었다는 것도 깊이 깨닫게 되었다. 필자는 그 때에야 비로소 부활하신 예수님의 현존을 깊이 의식하기 시작했다. 나아가 신약성서의 모든 문서들이 다 부활신앙의 빛에서 기록된 것임을 발견하게 되었다.

그 때에야 비로소 사도 바울의 눈에서 비늘 같은 것이 벗어져 **다시 보게 되었다**는 말씀(행 9:18)의 의미가 무엇이며 또 엠마오로 가던 두 제자가 부활의 주님이 동행함에도 불구하고 처음에는 "그들의 눈이 가리워져서 **알아보지 못하다가**"(눅 24:16), 부활의 주님을 알기 시작한 후에 "그들의 눈이 밝아져 **알아보게 되었다**"는 말씀(눅 24:31)의 의미가 무엇인가를 알게 되었다. 부활현현의 경험에 기초한 부활신앙은 최초 기독교 사도들의 신앙과 신학의 출발점이며 중심점이 된 것이다. 이러한 체험적 깨달음은 필자의 신앙과 신학에 심대한 영향을 주었고 그래서 하나님의 어린양이시고 독생자이시며 나아가 부활이요 생명이신 예수 그리스도를 믿는 신앙이 필자의 신학적 시각과 입장의 바탕이 되었다.

필자는 침신대에 돌아와서 이러한 신학적 시각과 입장에 기초하여 신약성서를 가르치고 있다. 신약성서를 가르치는 일에 있어서 필자의 일차적 관심사는 예수님의 공생애 사역의 본질과 목적을 오늘날 목회 현장에서 어떻게 계승하고 재현하는가에 있다. 예수님의 공생애를 다룬 복음서들 중에서 요한복음은 공관복음서들과 매우 다른 특성을 갖고 있다. 같은 예수님의 공생애 삶을 다루는데 있어서 이렇게 다를 수 있을까 싶을 정도로 다른 국면을 보여준다. 요한복음은 예수님의 공생애 사역의 연대기와 관련하여 공관복음서들과 비교할 때 대답하기 어려운 많은 역사적 문제점들을 갖고 있다. 그렇다면 우리는 요한복음을 어떤 입장에서 어떻게 읽어야 할 것인가? 공관복음서들과 요한복음의 관계를 어떻게 설정해야 할 것인가? 요한복음 저자는 그렇게 색다른 복음서를 통하여 무엇을 전달하고자 의도하고 추구한 것인가? 사복음서들을 바르게 또 깊게 이해하는 것은 오늘날 기독교 신앙의 본질과 목적을 이해하는데 필수적으로 요구되는 것이며 그래서 공관복음서들과의 관계 속에서 요한복음을 이해하는 것은 필요하고 중요한 것이다.

필자는 개인적으로 요한복음을 통하여 받은 은혜도 있고 또 공관복음서 연구(「마가 마태 누가의 예수 이야기」, 침례신학대학교출판부, 1997)의 연장선에서 요한복음에 관한 해설서를 집필하고자 계획하게 되었다. 이 저서는 요한복음에 관한 본격적인 단계의 주석서는 아니다. 필자는 우선 우리 학생들과 일선 교회의 목회자님들로 하여금 요한복음의 전체적인 윤곽과 구조 그리고 개별적 말씀에 관한 기본적인 이해를 갖게 하려는 목적에서 이 저서를 집필하게 되었다. 필자는 특히 요한복음의 구조를 파악하는데 노력했으며 또 예수 그리스도의 존재의 근본을 변증적으로 제시하고 예수 그리스도와 연합된 제자들의 공동체적 삶에 관한 교훈을 강조하는 저자의 신학적 관심사를 전달하는데 역점을 기울였다. 필자는 독자들이 이 해설서를 통하여 화육하신 하나님의 말씀이며 십자가와 부활을 통하여 다시 하나님의 영광의 존재로 복귀하신 예수 그리스도의 존재의 근본과 그 분을 통해 주시는 하나님의 영원한 생명의 본질과 목적을 파악할 뿐 아니라 그 생명을 풍성하게 되어 예수님의 공생애 삶을 재현하게 되기를 바란다. 그리고 교회 사역에서 설교와 교육에 도움이 되기를 바란다.

이 책의 출판을 허락해 주신 허긴 총장님께 감사드리며 출판을 위해

수고한 이정훈 전도사님께도 감사드린다. 필자와 함께 신약성서를 공부하고 있는 대학원 학생들과 함께 이 책의 출판의 기쁨을 나누고 싶다. 또 필자의 연구와 사역을 위하여 늘 기도해주고 격려해주는 기독교한국침례회 늘사랑교회의 성도님들에게 이 책을 헌정하고 싶다.

2005년 5월

신록이 우거지는 계절에

하기동 동산에서

「요한복음 다시읽기」 개정판에 즈음하여

「요한복음 다시읽기」 상권(2002)과 하권(2004)을 출간한 지도 십여 년이 흘렀다. 그동안 신학생들과 목회자들을 대상으로 요한복음을 강의하면서 이 복음서를 구조적으로 또한 신학적으로 이해하는데 도움을 받을 수 있도록 이 책을 읽게 했다. 그동안 필자는 가르치는 일과 함께 신학생들과 함께 수요일 정오에 한 곳에 모여 초대교회 사도들이 체험했던 오순절 성령의 강림의 체험을 고대하며 구 년째 부르짖어 기도해왔다. 필자는 이렇게 '수요정오기도회'에서 기도를 계속하면서 신구약 성경과 성령의 역사에 대한 새로운 깊은 감동을 받고 있다. 특별히 신약성서의 모든 문서들은 부활신앙을 근본으로 한 사도적 복음전파(케리그마)의 산물인 것을 깊이 발견하게 되었다. 사도들이 전파한 복음 곧 케리그마의 중심은 십자가와 부활과 성령인데, 그것은 십자가에 못박혀 속죄제물이 되셨다가 죽은 자 가운데서 부활하시어 주님과 구주가 되신 우리 주 예수 그리스도를 믿음으로 성령의 선물을 받는 것이다. 그래서 오직 부활의 주 예수 그리스도를 통해 내려오는 성령의 능력을 덧입어야만 복음의 확신과 전도의 담력과 치유의 능력을 갖고 예수님의 공생애 사역을 재현하는 복음의 일꾼들이 될 수 있다는 것을 깊이 절감하고 있다.

필자는 또한 시간을 정해놓고 합심하여 지속적으로 부르짖어 기도하는 가운데 신구약 성경은 종교다원주의 세계 속에서 유일하신 참된 하나님과 부활의 주 예수 그리스도의 유일한 구원과 유일한 진리를 확립하기 위하여 순교 정신으로 무장한 가운데 치열하고 처절한 싸움과 씨름 속에서 이루어진 문서라는 것을 발견하게 되었다. 사도 베드로, 사도 바울, 그리고 사도 요한이 공통적으로 예수 그리스도만이 유일한 구원자이며 유일한 주님이라는 진리를 선포했다. 사도 베드로는 "다른 이로서는 구원을 받을 수 없나니 천한 인간에 구원을 받을만한 다른 이름을 우리에게 주신 일이 없다"라고 선언했다(행 4:12). 사도 바울은 "비록 하늘에나 땅에나 신들이라 불리어지는 자들이 있어 많은 신들과 많은 주들이 있지만 그러나 우리에게는 한 하나님 곧 아버지가 계시니 만물이 그에게서 났고 우리도 그를 위하여 있고 또한 한 주 예수 그리스도께서 계시니 만물이 그로 말미암고 우리도 그로 말미암았다"라고 선언했다(고전 8:5-6).

사도 요한은 "나는 부활이요 생명이다" 또 "내가 곧 길이요 진리요 생명이니 나로 말미암지 않고는 아버지께로 올 자가 없다"라는 예수님의 말씀들을 전달했다. 사도 요한은 특히 예수 그리스도를 하나님의 '독생자'라는 독특한 용어를 사용하여 예수 그리스도의 존재 자체가 유일하다는 것과 그래서 예수 그리스도로 말미암은 구원과 진리가 유일하다는 것을 강조적으로 제시했다. 사도들이 이렇게 예수 그리스도의 존재의 유일성과 그로 말미암은 구원의 유일성을 강조한 이유가 있었다. 그것은 예수 그리스도만이 유일하신 참된 하나님을 계시하며 보혜사 성령으로 임하시는 하나님의 영원한 생명을 얻게 인도하시는 유일하신 구원자이기 때문이었다.

이 시대는 사상적으로 또한 종교적으로 일세기 사도들의 시대와 동일한 시대적 모습을 보여주고 있다. 이 시대는 사상적으로는 포스트모던의 다원주의 사상이 만연하고 있으며 또한 종교적으로는 다원주의 사상의 영향을 받아 다양한 종교인들이 자기 자신들의 종교적 정체성을 주장하며 경쟁하고 있는 종교다원화의 상황을 보여주고 있다. 이 시대는 나아가 종교다원화의 상황 속에서 종교간 관용과 대화와 공존을 추구해야 한다는 종교다원주의 이념이 지배하는 시대이기도 하다. 우리는 유일한 구원과 진리를 가진 종교는 없으며 유일한 신도 없으며 그래서 이제 종교인들은 기독교를 포함하여 모든 종교인들이 자기 종교의 우월성이나 나아가 유일성에 대한 주장을 접고 사랑으로 타 종교를 이해하며 관용하며 대화에 나서야 한다는 종교다원주의 사상과 주장이 팽배해지고 있는 시대를 맞이하고 있다.

이렇게 종교다원화의 상황 속에서 발전한 종교다원주의 이념에 많은 기독교인들이 포섭되었다. 그래서 예수 그리스도를 믿는다고 하면서도 타종교의 구원과 진리는 그것대로 존중해주어야 한다는 입장을 갖게 되었으며, 그 결과로 "아버지의 독생자"(요 1:14)이며 "독생하신 하나님"(요 1:18)으로서의 예수 그리스도의 존재의 유일성은 물론 그를 통한 유일한 구원과 진리를 전파하기를 포기하고 하나의 종교인으로 전락해 가고 있다. 부활과 생명이신 예수 그리스도의 존재의 유일성과 그 분을 통한 유일한 구원과 진리를 포기하면 더 이상 성령의 역사와 믿음의 역사는 일어나지 않는다. 성령의 역사는 오직 부활이며 생명이신 유일하신 구원자 예수 그리스도를 믿는 믿음을 통해서만 주어지는 하나님의 주권적인 은혜이기 때문이다.

이런 점에서 이 시대는 하나님의 독생자 예수 그리스도의 존재의 유일성과 그 분을 통한 유일한 구원과 유일한 진리를 확립해야 하는 신앙의 부흥이 필요한 시대이기도 하다. 그런데 이러한 신앙의 부흥은 오직 성령의 역사를 통해서만 이루어지는 것이며 또한 성령의 역사는 오직 그것을 사모하며 간절히 기대하고 기다리며 기도하는 주님의 자녀들에게 주어지는 하나님의 주권적인 은혜인 것이다. 요한복음은 이렇게 신앙의 부흥을 사모하고 갈망하며 간절히 추구하는 자녀들에게 보혜사 성령님을 충만하게 부어주시는 계시의 책이다. 요한복음은 또한 일세기 하나님의 자녀들에게 충만하게 부어주셨던 생명의 역사가 오늘 우리에게도 다시 일어나게 만드는 부흥의 책이기도 하다. 필자는 「요한복음 다시읽기」가 영적인 각성과 회개와 부흥을 사모하는 하나님의 자녀들에게 요한복음을 통해 주시려는 하나님의 놀라운 축복을 받게 하는 통로가 되기를 간절히 소망한다.

필자는 침례신학대학교에서 구 년째 지속적으로 이루어지고 있는 '수요정오기도회'에 참여하여 함께 간절히 부르짖어 기도하고 있는 부흥의 일꾼들과 함께 이 책의 개정판 출간의 기쁨을 함께 나누고 싶다. 이 기도회가 구 년째 한 주도 쉬지 않고 이루어지고 있으며 영적인 각성과 회개와 성령의 나타나심을 위해 지속적으로 간절히 기도하고 있다는 것 자체가 하나님의 놀라운 은혜일 뿐 아니라, 21세기에 이 땅과 열방 가운데 다시 한 번 주실 대 부흥의 비전의 나타남이다. 필자는 하나님께서 우리 시대에 부어주실 대 부흥을 사모하며 수요정오기도회에 참여하여 함께 지속적으로 간절히 기도하고 있는 교수님들과 찬양으로 기도회를 인도하고 있는 학생들과 묵묵히 뒤에서 여러 모로 섬기고 있는 학생들과 나아가 이 시대에 다시 한 번 부어주실 부흥의 은혜를 사모하여 기다리며 기도하고 있는 하나님의 자녀들과 함께 이 책의 개정판 출간을 기념하고 보혜사 성령님 안에서 우리 아버지 하나님과 주 예수 그리스도께 찬양과 감사와 영광을 드린다.

2013년 8월
해보다 더 밝은 빛으로 임하실
성령님의 강력한 역사를 기대하며
하기동 동산에서

목차 / 요한복음 다시읽기(상권)

제 1 장 ••• 요한복음서 소개

제 2 장 ••• 예수의 공생애 준비(1:1–51)

제 3 장 ••• 예수의 공생애 첫째 국면(2:1–4:54)

제 4 장 ··· 예수의 공생애 둘째 국면(5:1–10:42)

제 5 장 ··· 예수의 공생애의 절정(11:1–12:50)

목차 / 요한복음 다시읽기(하권)

제 6 장 ··· 예수의 고별 강화(13:1-17:26)

제 7 장 ··· 예수의 수난과 부활(18:1-20:31)

제 8 장 ··· 사도적 교회와 연합(21:1-25)

제 1 장

요한복음서 소개

요한복음에 묘사된 예수 이야기를 읽기 위하여 먼저 그 책 자체에 관한 기초적이고 배경적인 이해가 필요하다. 우리는 기독교 신앙의 중심인물인 예수 그리스도의 행적에 관한 네 개의 정경 복음서들을 갖고 있는데, 그 중에서 요한복음서는 정경 순서에서 네 번째 위치한다. 우리가 이 복음서들을 차례로 읽어보면, 예수 그리스도의 행적을 기술함에 있어서 처음 세 복음서들은, 비록 구체적인 면에서 상당히 다른 면들이 있음에도 불구하고, 전체적인 면에서는 거의 동일한 것을 발견한다. 즉 예수는 침례 요한에게 침례를 받은 후에 갈릴리를 중심으로 하나님의 나라의 복음을 전파했고, 그 후에 갈릴리를 떠나 예루살렘으로 여행했으며, 그리고 마지막으로 예루살렘에서 십자가에 처형당한 것으로 제시된다. 그래서 이 세 복음서들을 가리켜 "공관복음서들" 곧 공통된 관점에서 기록된 복음서들이라 부른다.

그런데 네 번째 복음서인 요한복음은 여러 가지 면에서 공관복음서들과 대단히 다르다. 이 다른 점들은 앞으로 설명되겠지만, 그런 이유로 인하여 요한복음은 "특수복음서"라 불리어지기도 한다. 전통적으로 '요한' 이란 이름이 붙은 신약성서의 다섯 책들(요한복음, 요한 1, 2, 3서, 요한계시록)을 가리켜 "요한 문서"(Johannine Writings)라 부르며 또한 사도 요한이 그것들을 모두 저술한 것으로 간주해왔다. 요한복음과 요한일서는 내용과 형식에서 긴밀한 관계를 보여준다. 그러나 요한복음과 요한계시록 사이에는 내용과 양식의 면에서 큰 차이가 발견된다. 그동안 학자들의 연구를 통하여 요한복음 배후의 전승들과 그것들을 전달했던 요한공동체에 대한 이해가 상당히 진척되었다. 이 장에서는 다음과 같은 순서를 따라 요한복음의 개론적 요소에 대한 해설이 제시될 것이다:

A. 요한복음의 독특성
B. 요한복음의 저자
C. 요한복음 배후의 공동체
D. 요한복음의 문학적 특성
E. 요한복음의 구조
F. 요한복음의 내용 구분

A 요한복음의 독특성

요한복음은 공관복음서들과 비교할 때 여러 가지 면에서 많은 차이점들을 보여준다. 언어, 문체, 양식 면에서 다른 것은 물론이고 나아가 나사렛 예수의 존재와 사역의 내용을 제시함에 있어서 큰 차이가 발견된다. 그럼에도 불구하고 예수의 공생애의 전체적인 국면에서 요한복음은 공관복음서들과 긴밀한 관계성을 또한 보여준다. 그렇다면 요한복음과 공관복음서들은 어떤 관계를 이루고 있는 것인가? 이 절에서는 요한복음이 공관복음서와의 관계에서 가지는 독특성을 공관복음서들과의 차이점들과 유사점들을 통하여 살펴보고자 한다.

1. 공관복음서들과의 차이점

예수 그리스도의 공생애를 제시함에 있어서 요한복음은 여러 가지 점에서 공관복음서들과 판이하게 다르다. 첫째, 복음서를 시작함에 있어서 마태와 누가는 예수의 출생과 어린 시절 그리고 족보를 다룬 반면, 마가는 예수의 공생애의 사역으로 바로 들어갔다. 그러나 요한복음서의 저자는 공관복음서들과 전혀 다르게 자신의 복음서 기술을 시작한다. 요한복음에는 성령의 역사를 통한 예수의 출생과 족보에 대한 언급이 없다. 그 대신 저자는 나사렛 예수의 존재의 근본을 '말씀'(λόγος)으로 정의하면서 그 말씀과 하나님의 관계 그리고 그 말씀의 화육과 세상에서의 활동을 전달하는데 초점을 맞춘다.

그 말씀은 태초 이전부터 하나님과 함께 존재하고 있었고 하나님의 창조 사역과 구원 사역에 직접적으로 참여했으며 나아가 하나님 자신의 신성을 가진 존재였다. 그런데 그 말씀이 인간이 되었으며 그의 공생애 사역을 통하여 하나님을 계시하게 되었다. 마태와 누가가 "동정녀 출생의 신학" 곧 예수가 인간으로 출생한 것을 부각시키며 그의 출생에 있어서 하나님의 특별한 역할을 강조하는 반면에, 요한은 "화육(성육신)의 신학" 곧 예수의 신적 존재성을 부각시키면서 예수는 인간을 통해 태어난 분이 아니라 단순히 인간이 되신 것을 강조한다.

둘째, 침례 요한의 사역을 제시함에 있어서도 요한복음은 공관복음서들과 다르다. 공관복음서들에서 침례 요한의 사역은 죄사함을 얻게 하는 회개의 침례를 전파하는 일에 집중되었다. 사역의 순서에 있어서도 예수의 공생애는 요한이 투옥된 후에 시작된 것으로 제시된다. 그러나 요한복음에서 침례 요한의 사역은 하나님의 독생자에 관하여 증언하는 일에 집중되었으며 또 예수의 공생애는 요한이 투옥되기 이전에 시작된 것으로 제시된다(3:22-30). 사복음서들 중에서 침례 요한에 관한 기사가 요한복음에서 제일 많이 나온다(1:6-8, 15, 19-34; 3:22-30). 특히 요한복음에서 예수의 첫 제자들은 침례 요한의 제자들이었던 것으로 나온다(1:35-42).

셋째, 요한복음은 단어 사용과 표현 방식에서 공관복음서들과 상당한 차이를 보여준다. 먼저 요한복음에는 이분법적 단어들이 빈번하게 사용되었다: 생명과 죽음; 빛과 어두움; 진리와 거짓; 위와 아래; 하나님과 마귀; 하나님의 자녀와 마귀의 자녀. 저자는 예수의 말씀을 전달함에 있어서 "내가 진실로 진실로 … 말한다"라는 강조적 형태의 어구를 자주 사용한다. 저자는 예수의 말씀 중에서 "나는 이다"(I AM; ἐγώ εἰμι)라는 예수의 존재를 나타내는 말씀과 하나님(아버지)과 예수(아들)의 관계를 나타내는 표현들을 빈번하게 사용했다.

그러나 저자는 공관복음서들에서 자주 표현된 하나님의 나라, 회개하라, 사도들, 서기관들, 상속하다와 같은 단어들과 어구들은 드물게 사용한다. 공관복음서들에서는 예수의 교훈이 주로 간결한 교훈들과 비유들을 통하여 제시된 반면, 요한복음에는 어떤 특정 주제와 관련된 긴 강화(discourse)와 담론(dialogue)의 형식으로 제시된다. 그 속에서 예수는 상대방과 더불어 잘 다듬어진 대화를 통하여 진리를 전달한다. 예수의 강화와 담론에는 여러 가지 상징적이고 해학적인 기술이 반영되어 있다. 또한 예수는 이중적 의미의 어구나 용어를 즐겨 사용한다. 그 중에는 거듭나다, 올리우다, 생수, 떡, 빛 그리고 목자 등이 있다. 예수의 강화와 담론의 많은 부분에는 하나님의 유일한 계시자로서 자신의 존재를 변호하기 위한 교훈들이 집중적으로 전달된다.

넷째, 예수의 공생애의 기간과 사역의 장소 면에서도 큰 차이를 보인다. 공관복음서들에는 유월절이 오직 한 번만 언급되었다. 따라서 공관복음서들에 따르면, 예수의 공생애의 기간은 길어야 일 년 반 혹은 일 년이 채 안 되는 짧은 기간이었던 것으로 제시된다. 그러나 요한복음에는 유월절이 적어도 세 번 언급된다(2:13; 6:4; 11:55). 만일 요한복음 5:1에 나오는 명절도 유월절이라면, 예수의 공생애 동안에 유월절이 네 번이나 언급된다. 따라서 요한복음에서는 예수의 공생애의 기간이 상당히 길어진다.

우리가 흔히 예수의 공생애의 기간을 삼년 혹은 삼년 반으로 잡는 근거는 요한복음에 기초한 것이다.

예수의 공생애의 장소에 있어서 공관복음서들에는 갈릴리에서의 사역이 중심을 이룬다. 예수는 그의 공생애의 대부분을 갈릴리를 중심으로 활동하다가, 유월절을 즈음하여 예루살렘에 올라갔으며, 그리고 거기서 체포되고 재판을 받았으며 죽임을 당했다. 그러나 요한복음에는 예수의 사역의 장소가 다양하게 제시되는데, 특히 예루살렘과 유대 지역에서의 사역에 집중되어 있다. 예수는 그의 사역 동안에 예루살렘을 몇 차례 방문한 것으로 나온다. 그는 그의 사역 초기부터 예루살렘을 방문했다(2:13-3:36). 그는 또 사마리아 지역에서도 전도 활동을 했는데(4:1-42), 이것은 공관복음서들에는 전혀 나오지 않는 것이다.

갈릴리에서의 사역도 공관복음서들에는 가버나움이 예수의 사역의 중심지로 나오는 반면, 요한복음에는 갈릴리 서편 내륙 지방인 '가나'에 집중되어 있다(2:1-11; 4:46-54). 예수의 본격적인 갈릴리 사역은 오병이어 사건을 중심으로 요한복음 6장에만 나오고, 요한복음 7장부터는 그가 갈릴리를 떠나서 예루살렘과 그 인근 지역에서 일한 것으로 나온다. 이렇게 볼 때, 요한복음에 따르면, 예수의 사역의 중심지는 예루살렘이었던 것으로 보인다.

예수의 공생애를 기술함에 있어서 공관복음서들과 요한복음 사이의 이러한 차이들 가운데 한 가지 뚜렷하게 대조되는 것이 있다. 그것은 예루살렘 성전 정화 사건이다. 공관복음서들에는 이 사건이 예수의 공생애의 마지막 즈음에 그가 예루살렘에 갔을 때 일어난 것으로 나온다. 그런데 요한복음에는 이 사건이 그의 공생애의 맨 처음에 행한 첫 번째 공적인 사역으로 제시되었다. 이것은 역사적인 면에서 대단히 어려운 질문을 던지게 한다. 어떤 진술이 역사적으로 맞는 것인가? 어느 한 진술이 맞는다면, 다른 진술은 틀린 것인가? 아니면, 예수는 그 사건을 두 번 행한 것인가? 이러한 질문들은 역사적 사실성의 측면에서 대답하기 어려운 것들이다.

많은 학자들은 공관복음서들에 나오는 배열이 보다 더 역사적 사실에 가깝다고 생각한다. 그리고 요한복음의 진술은 이 사건을 예수의 공생애의 첫 번째 사건으로 제시함으로써 유대교의 성전체계를 거부하고 새로운 우주적 성전 주제를 부각시키려는 저자의 신학적 의도에 따른 배열로 생각한다. 이러한 해결책은 공관복음서 내에서 누가가 예수가 행한 나사렛 회당 설교 사건을 마가와 마태와 달리(막 6:1-6; 마 13:53-58) 예수의 공생애의 첫 번째 공적 사건으로 전달한 것에도 해당될 수 있다(눅 4:16-30). 요한복음에서 예수의 최종적인 공적 사역은 나사로를 죽은 자 가운데서 일으키는 사건인데, 그 사건은 유대교 지도자들이 예수를 죽이려는 직접적인 요인이 되었다.

다섯째, 공관복음서들에 나오는 사건들 중 요한복음에는 나오지 않는 사건들이 많이 있다: 예수의 침례 받음, 광야의 시험, 가이사랴 빌립보에서의 고백, 산에서의 변형, 겟세마네에서 고뇌에 찬 투쟁, 최후의 만찬 때에 주의 만찬 의식, 그리고 버림받음에 대한 외침. 공관복음서들에서 매우 독특한 형태의 기적 활동인 예수의 귀신축출 사역이 요한복음에는 전혀 나오지 않는다. 그 대신 요한은 예수가 행한 기적적 사건을 표적(sign)이라는 용어를 사용하여 제시한다. 표적이란 용어를 사용한 요한의 의도는 그 사건이 단순한 기적 사건이 아니라, 하나님의 독생자로서 예수의 존재와 예수 그리스도를 통해 이루시는 하나님의 구원의 본질을 나타내기 위한 사건인 것을 나타내기 위함이었다.

요한은 예수가 행하신 다른 많은 표적들을 인정하면서도 그의 복음서에는 오직 일곱 개의 표적 사건들만을 제시한다.

1. 가나의 혼인 잔치에서 물을 포도주로 변화시킴(2:1–11)
2. 가나에서 왕의 신하의 아들을 고치심(4:46–54)
3. 베데스다 연못가에서 38년 된 병자를 고치심(5:2–9)
4. 갈릴리에서 많은 무리를 먹이심(6:1–15)
5. 갈릴리 바다 위로 걸으심(6:16–21)

6. 예루살렘에서 날 때부터 맹인된 자를 고치심(9:1-7)
7. 베다니에서 죽은 나사로를 살리심(11장)

여섯째, 요한복음이 공관복음서들과 다른 점은 여성 제자들의 묘사에서도 두드러진다. 공관복음서들에서는 예수의 공생애 동안에 여성 제자들에 관하여 거의 언급되지 않았다. 마가와 마태는 전혀 언급하지 않았으며, 누가만이 지나가는 말로 예수의 갈릴리 사역동안에 여성 제자들이 따르고 있었다고 언급한다(눅 8:2-3). 그러다가 여성 제자들에 관한 언급은 예수의 임종과 함께 갑자기 나타난다. 마가는 이 여인들을 가리켜 "이들은 예수께서 갈릴리에 계실 때에 **좇아 섬기던 자들이요** 또 이외에도 예수와 함께 예루살렘에 올라온 여자들이 많이 있었더라"고 설명한다(막 15:41). 이러한 언급에 따르면, 그 여자들은 분명히 예수의 제자들로서 예수가 갈릴리에서 사역할 때부터 따르면서 섬기던 사람들이었다. 예수 자신이 그의 제자들의 공동체를 가리켜 "하나님의 뜻대로 행하는 **형제와 자매와 모친**"의 공동체로 규정한 것에서도 예수의 제자들 중에 여성들이 포함되었을 가능성을 명백히 보여준다(막 3:35). 아무튼 공관복음서들에는 예수의 공생애 동안에 여성 제자들의 존재나 활동이 거의 부각되지 않았다.

그러나 요한복음은 이 점에서 상당히 다르다. 요한복음에는 예수의 공생애 내내 여성들이 예수의 존재의 근본을 깨닫고 예수 그리스도를 통해 이루시는 하나님의 구원 활동에 적극적으로 참여한 것으로 나온다. 먼저 예수의 첫 번째 표적인 물을 포도주로 변화시킨 사건에서 예수의 모친(여성)이 중심인물로 등장한다(2:1-11). 다음에 사마리아 여자가 예수를 그리스도로 영접하고 사마리아인들에게 예수 그리스도를 전도한 것으로 나온다(4:1-42). 최초 기독교인들에게 있어서 예수 그리스도에 대한 가장 중심적 신앙고백은 예수를 가리켜 "그리스도요 하나님의 아들"로 믿고 고백하는 것인데, 요한복음에서는 베드로가 아니라 마르다라는 여성 제자가 한 것으로 제시된다(11:27).

마지막으로, 최초 기독교인들에게 있어서 사도직을 결정하는 첫째 기준은 부활현현의 경험이었는데, 요한복음에서 예수 그리스도의 부활현현의 첫 번째 경험자는 막달라 마리아로 제시된다(20:11-18). 이와 같이 예수의 첫 번째 표적 활동에서부터 시작하여 사마리아 선교는 물론 기독교인들의 중심적 신앙고백 그리고 부활현현의 첫 번째 경험에 이르기까지 요한복음에서는 여성 제자들의 활동이 두드러지게 나타난다. 이와 같이 요한복음은 여성들의, 여성들에 의한, 그리고 여성들을 위한 복음서처럼 보이기도 한다.

이것과 관련하여 열두 제자들에 관한 시각도 대단히 다르다. 요한복음에서 열두 제자들에 관한 언급이 몇 차례 나오기는 하지만(6:13, 67, 70, 71; 20:24), 그들에게 어떤 특별한 중요성이 부여되지 않는다. 요한복음에는 그들을 따로 세운 사건이 나오지 않는다. 그들을 가리켜 '사도들'이라는 칭호도 부여되지 않는다. 예수의 제자들을 가리키는 칭호는 처음부터 끝까지 '제자'라고만 나온다. 베드로의 위치와 역할도 예수의 공생애 동안에는 별로 특별한 것이 없다. 베드로가 제자들을 대표하여 예수를 떠날 수 없다는 고백을 하기는 하지만(6:68-69), 공관복음서들에서와 같은 특별한 지위와 역할이 부여되지 않았다.

요한복음에는 베드로보다는 "그 사랑받는 제자"의 위치와 역할이 두드러진다. 그러나 그 사랑받는 제자의 이름은 밝혀지지 않는다. 예수의 고별 강화에서 보혜사의 활동은 모든 제자들을 평등하게 다루는 입장에서 이루어질 것이 예고된다. 요한복서 저자는 이렇게 예수의 제자 공동체 내에서 여성을 차별하고 제자들 사이에 위계질서를 세우는 계급주의적 질서를 거부하고 철저히 평등주의적 입장에서 예수의 제자직과 제자들의 공동체를 다룬다.

2. 공관복음서들과의 유사점

위에서 살펴본 바와 같이 요한복음이 공관복음서들과의 관계에서 가지는 많은 차이점들에도 불구하고 그 둘 사이에는 여러 가지 유사점들이 존재한다. 먼저 요한복음은 예수의 공생애에 관한 서술에서 공관복음서에서 제시된 기본적인 구조를 따른다: 메시야에 관한 침례 요한의 설교, 갈릴리로 옮기심, 많은 무리를 먹이심, 물 위로 걸으심, 베드로의 고백, 예루살렘을 향하여 가심, 예루살렘에 마지막으로 들어가심, 마지막 만찬, 그리고 수난 이야기. 특히 예수의 수난과 부활에 관한 이야기는 공관복음서들의 구조를 정확하게 따른다. 예수는 체포되어 유대교 지도자들과 로마 총독에 의해 심문을 받고 십자가에 못박혀 죽었으며 무덤에 묻혔지만, 그러나 그는 부활하여 제자들에게 나타났다.

나아가 요한복음에는 공관복음서들에서 제시된 예수의 행적이나 교훈과 유사한 행적과 교훈이 나오는 것으로 보아 요한복음서 저자가 공관복음서들 전체 혹은 일부를 알았거나 혹은 공관복음서 전승들과 관계된 전승들을 소유했을 가능성을 보여준다. 예를 들어, 38년 된 병자의 치유 장면은 중풍병자 치유 장면과 유사하다(5:8-9/막 2:11-12). 자기 생명을 사랑하거나 미워하는 것에 관한 교훈도 매우 유사하게 나온다(12:25/마 10:39; 눅 17:33). 예수의 보냄을 받는 사람을 대우하는 것이 예수를 대우하는 것과 같다는 교훈도 유사하게 제시된다(13:20/마 10:40; 눅 10:16).

요한복음에는 마가복음의 용어와 일치하는 구절들이 많이 나온다: 요 6:7/막 6:37; 요 5:9/막 2:11; 요 12:3/막 14:3; 요 6:44/막 6:4; 요 6:20/막 6:50; 요 19:17/막 15:22; 요 19:29/막 15:36. 마가복음의 표현과 유사한 사건들에는 다음과 같은 것들이 있다:

침례 요한의 사역	막 1:4-8	요 1:19-26
오병이어 사건	막 6:34-44	요 6:1-3
바다 위로 걸으심	막 6:45-52	요 6:16-21

베드로의 고백	막 8:29	요 6:68-69
예루살렘으로 떠남	막 9:30-32	요 7:10-14
예루살렘에 들어감	막 11:1-10	요 12:12-15
예수에게 기름부음	막 14:3-9	요 12:1-8
최후의 만찬	막 14:17-26	요 13:1-17:26
체포, 수난, 부활	막 14:43-16:8	요 18:1-20:29

다음에 요한복음에는 누가복음에 나오는 인물들 곧 마르다, 마리아, 그리고 나사로가 나오는 점에서 요한이 누가복음을 알고 있었을 가능성을 보여준다(요 13:2, 27/눅 22:3; 요 13:38/눅 22:34; 요 18:10/눅 7:36ff.). 그러나 요한이 마태복음을 알았는지는 불분명하다(요 12:25/마 10:39, 요 13:20/마 10:40).

3. 공관복음서들과의 관계성

요한복음과 공관복음서들 사이의 이러한 관계를 설명하려는 많은 시도들이 있어왔다. 그 중에서 대표적인 세 가지 가설을 소개하면 다음과 같다. **첫째, 보충설이다.** 이것은 요한이 적어도 공관복음서들 중의 하나를 알고 있었으며 그것을 보충하기 위해 저술했다는 이론이다. 이 가설에는 요한이 공관복음서들에서 암시된 것들을 명시적으로 표현하기 위하여 보충적으로 썼다는 것과 공관복음서들에는 없는 예수의 예루살렘과 유대 지방에서의 사역과 교훈들을 보충하기 위하여 썼다는 견해가 포함된다.

둘째, 수정설이다. 이것은 요한이 공관복음서들의 잘못된 부분을 수정하기 위하여 저술했다는 이론이다. 이 가설에는 공관복음서들이 역사적 사실을 전달하는 것에 치중했기 때문에, 요한은 예수가 행한 사역의 영적인 의미를 제시하는 것에 치중했다는 것과 요한은 공관복음서들에서 제시된 예수의 마지막 만찬의 날자와 십자가에 달리신 날짜를 수정하기 위해 썼다는 견해가 포함된다.

셋째, 독자설이다. 이것은 요한이 공관복음서들과는 아무 관계가 없이 독자적으로 저술했다는 이론이다. 이 가설에는 요한이 공관복음서 전승들과는 관계가 없는 독자적인 전승을 사용했다는 견해와 요한은 공관복음서 저자들이 소유하지 못했던 자료들을 소유하고 있었다는 견해가 포함된다.

요한복음과 공관복음서들 사이의 이러한 독특한 관계성에 대한 한 가지 유력한 이해는 예수 전승의 성격에서 찾을 수 있다. 예수의 죽음과 부활 후에 예수의 말씀들과 행적들에 관한 전승들이 여러 가지 형태를 취하면서 발전했다. 처음에 예수에 관한 전승은 말씀(saying)과 이야기(story)의 양식을 취하면서 형성되고 확대되었다. 이것은 최초의 기독교인들이 역사의 예수를 이해하고 예수와 교회를 연결시키려는 노력의 결과로 나타나게 되었다. 예수 전승은 부활의 예수께서 지금도 살아 계시며 예언자들과 교사들을 통하여 지금도 말씀하고 계신다는 확신 속에서 계속 확대되고 성장했다. 예수 그리스도에 관한 복음 전승들은 목격자들의 기억에 의존할 뿐 아니라, 부활의 주님이 지금도 살아서 활동하신다는 확신에서 나온 역동적이며 성장하는 것이었다. 결과적으로 그 전승들은 크게 두 가지 흐름의 전승으로 나눠지게 되었다.

한편으로 공관복음서에 포함된 전승들이 발전했는가 하면, 다른 한편으로 요한복음에 포함된 전승들도 발전했다. 그러나 그 두 가지 흐름의 전승들은 완전히 독립적인 것들은 아니었다. 그것들 중에는 공통의 자료들에 기초한 것들도 있었던 반면, 상호 교환도 이루어졌을 수도 있다. 요한은 공관복음서의 전승들과 관계가 있으면서도 아주 독특한 형태의 전승들을 전수받았다. 그러나 그 전승들도 사실은 예수 사역의 목격자들에게서 기원된 것이었음은 분명하다. 요한은 예수의 행적과 말씀을 전달함에 있어서 하나님의 구원과 관계된 계시적 성격을 강조했다. 그러면서도 그는 그 행적과 말씀의 사실적 바탕에 무관심하지는 않았다. 이렇게 해서 서로가 독특하면서도 그러나 평행성과 유사성을 가진 두 가지 흐름의 복음서가 산출되었다.

B 요한복음의 저자 문제

1. 전통적 견해

전통적으로 요한복음은 예수의 열두 제자 중 한 사람이었으며 세베대의 아들인 사도 요한의 저작으로 돌려졌다. 요한복음을 세베대의 아들 요한의 저작으로 돌린 고대의 중요한 증인들은 이레니우스(Irenius, 2세기말)와 유세비우스(Eusebius, 4세기초)였다. 그런데 A.D. 2세기말에 기독교계에는 두 가지 주요한 신학적 경향이 있었다. 첫째는 모든 거룩한 문서들의 기원을 사도적 저작으로 돌리는 것이었다. 둘째는 영지주의적인 견해에 대한 반대가 확산되었다. 영지주의자들이 요한복음을 애용하고 있었는데, 이러한 신학적 경향이 그 복음서를 사도적 저작으로 돌린 중요한 요인이 되었다.

유세비우스(「교회사」, 5.20.5-6)는 이레니우스가 영지주의자 플로리누스(Florinus)라는 사람에게 쓴 편지를 수록했다. 이레니우스는 폴리갑(Polycarp, 2세기 중엽의 순교자)에게서 들은 말을 회고하는데, 거기서 폴리갑은 요한과 및 예수의 사역에 대한 다른 목격자들에게서 들은 것을 다음과 같이 전달한다: "은혜받은 폴리갑은 요한과 및 주님을 본 다른 사람들과 대화를 나눴는데, (폴리갑은) 그가 어떻게 그들의 말을 기억하게 된 것과 그가 그들로부터 들은 것으로서 주님의 기적과 교훈에 관한 것을 포함하여 주님에 관한 것을 보고했다." 이레니우스는 그의 또 다른 저작(「이단에 대항하여」, 3.1.1)에서 다음과 같이 증언했다: "다른 복음서들이 기록된 후에, 주님의 제자요 주님의 품에 안겼었던(요 13:23; 21:20) 요한이 그가 아시아의 에베소에 거주할 때에 복음서를 출판했다."

폴리갑과 이레니우스의 언급에서 다음과 같은 점들을 발견한다. 먼저 이레니우스는 그가 예수의 목격자들과 직접적으로 대화를 나눈 것이 아니라, 예수의 목격자들에게서 들은 것을 전달했다는 점이다. 다음에 폴리갑은 그가 말한 요한을 세베대의 아들 요한이라고 부르지 않았다는 점이다. 폴리갑은 그를 단지 예수의 사역에 대한 목격자였던 요한이라고만 말했다. 이레니우스는 그 복음서의 저자를 요한복음 13:23에 나오는 "그 사랑받는 제자"와 일치시키지만, 이레니우스 역시 그 사랑받는 제자를 세베대의 아들 요한과 명백하게 일치시키지는 않았다.

유세비우스는 A.D. 2세기 작품인 파피아스(Papias)의 글을 전달하는데(「교회사」, 3.39.3-4), 파피아스는 폴리갑과 동시대의 교회 지도자였다: "그런즉 혹자가 장로들의 추종자였다고 말하면서 내게 올 경우, 나는 그 사람에게 장로들이 한 말에 대하여 일단 질문을 던져본다. 가령 안드레와 베드로가 무슨 **말을 했었는지**(said), 혹은 빌립이나 도마나 야고보나 요한이나 마태나 기타 주님의 다른 제자들이 했던 말이 무엇인지 물어본다. 그리고 아리스톤(Aristion)과 주님의 제자인 장로 요한은 무엇을 **말하고 있는지**(say)를 물어본다."

여기서 두 사람의 요한이 거명되는데, 그들이 서로 다른 사람인지 혹은 동일인인지는 학자들 사이에 논쟁의 대상이다. 파피아스의 글에서 제자들의 이름의 순서가 요한복음 1:35-51에 나오는 순서와 동일한 점에서 파피아스는 요한복음을 분명히 알고 있었던 것으로 보인다. 그런데 파피아스가 여기서 세베대의 아들 요한을 말하려고 했는지는 분명하지 않다. 그는 이 모든 사람들을 예수의 사역에 대한 목격자들로 제시한다. 그러나 파피아스 역시 그 사람들과 직접적으로 접촉했던 것이 아니라, 그 사람들(장로들)의 제자들과 접촉하여 정보를 얻었을 것이다. 아리스톤과 함께 언급된 장로 요한은 파피아스가 그 글을 쓸 당시에 생존해 있었던 것으로 보여진다(현재 시제가 암시하는 것). 장로라는 호칭은 단지 그가 나이 많은 상태이기 때문에 붙여졌다. 이와 같이 이레니우스와 파피아스의 증언에서 그들이 그 사랑받는 제자를 요한으로 언급했을 때, 그를 세베대의 아들로서 언급한 것인지는 분명하지 않다.

고대의 증인들이 증언하는 바와 같이, 그 사랑받는 제자의 증언이 요한복음을 형성한 전승들의 중심적 근원이 되었다. 그 사랑받는 제자와 요한복음서의 저자(편집자)가 다르다는 사실이 요한복음서 자체에서 제시된다. 요한복음 19:35에서 이렇게 언급된다: "이를 본 자가 증언하였으니 그 증거가 참이라. 저가 자기의 말하는 것이 참인 줄 알고 너희로 믿게 하려함이니라." 여기서 예수의 옆구리에서 물과 피가 나온 사실을 증언한 "그 사랑받는 제자"와 그의 증거에 대하여 말하는 복음서 저자가 구별된다. 요한복음 21:24에서 저자는 이렇게 언급한다: "이 일을 증거하고 이 일을 기록한 제자가 이 사람이라. 우리는 그의 증거가 참인 줄 아노라." 여기서 그 사랑받는 제자와 '우리'가 구별된다. 요한복음서 저자(편집자)는 21:24에서 언급된 '우리들' 중의 한 사람일 가능성이 크다.

"예수가 사랑했던 사람"(ὃν ἠγάπα ὁ Ἰησοῦς)이라는 호칭은 어떻게 생겨난 것인가? 예수의 어느 제자가 직접적으로 자기 자신을 가리켜 "예수가 사랑한 사람"이라고 말하기는 어려웠을 것이다. 그 호칭은 아마 그 제자의 교훈과 삶을 흠모했던 요한공동체의 회원들에 의하여 불리어졌을 것이다. "예수가 사랑한 사람"이라는 표현은 예수가 그 사람을 사랑했다고 주장하는 것보다는 그 제자를 다른 제자들과 구별하기 위한 성격화의 방식이었을 것으로 보인다. 그래서 "그 사랑받는 제자"란 호칭은 그가 형성한 전승 자체에는 사용되지 않았을 가능성이 높다. 그 제자 자신이 그런 호칭을 사용하기 어려웠을 것이기 때문이다. 그렇다면 요한복음의 최종 편집자가 그 제자를 성격화하기 위한 일환으로 그런 호칭을 사용했다고 보는 것이 타당할 것이다.

"그 사랑받는 제자" 혹은 원어를 직역하면, "예수가 사랑한 그 제자"는 예수의 공생애의 마지막 부분에서 집중적으로 등장한다. 그는 최후의 만찬 때 예수의 품에 기대어 "주를 파려는 자가 누구입니까"라고 질문한 사람이었다(13:23-25). 그는 예수가 십자가에 못박혔을 때, 예수의 어머니를 맡으라고 부탁을 받는다(19:26-27). 그는 예수의 죽음의 목격자로서 예수의 옆구리에서 물과 피가 나온 것을 보고 증언한 사람으로 나온다

(19:34-35). 그는 안식 후 첫날 이른 아침에 베드로와 함께 빈 무덤을 확인했다(20:1-10). 요한복음의 편집이 완성되었을 즈음에 그 사랑받는 제자가 죽은 것으로 보인다. 그래서 편집자는 그의 죽음과 관련하여 그에 대한 잘못된 소문을 교정한다(21:20-23). 그는 요한복음에 포함된 대부분의 전승들을 형성한 중심인물로 제시된다(21:24). 요한복음에서 그는 "그 다른 제자"로 묘사되기도 한다(18:15; 20:2-8; 21:7). 요한복음에서 그 제자는 끝까지 익명으로 등장한다. 교회의 전통에서 그는 세베대의 아들 요한으로 인정되었는데, 요한이서와 요한삼서에서는 저자가 자기 자신을 가리켜 장로라고 부른다.

요한복음 자체에서도 그 사랑받는 제자는 세배대의 아들들과 구별되어 제시된다. 요한복음에서 "세배대의 아들들"은 요한복음의 부록으로 평가되는 21장에서 단 한번만 나온다. 거기서 세배대의 아들들은 익명의 두 제자와 함께 언급된다(21:2). 요한복음 21장에서 저자는 세베대의 아들들과는 따로 예수의 사랑하시는 그 제자를 언급한다(21:7, 20). 예수의 사랑하시는 그 제자가 먼저 부활의 주님을 인식하고 베드로에게 주님의 현현을 가르쳐준 것으로 나온다(21:7). 요한복음 전체를 통하여 그 제자는 베드로와 밀접하게 연결되어 등장한다(13장, 20장; 21:20ff.). 그 제자는 베드로가 그러했던 것처럼 예수와 밀접하게 연결된 제자였다. 이와 같이 요한복음 자체에서는 그 사랑받는 제자가 세배대의 아들 요한이라고 언급되지 않는다. 요한복음서 저자는 예수의 사역을 제시함에 있어서 갈릴리 사역에 초점을 맞추지 않았다. 그는 세베대의 아들들이 목격자로서 증언했을 갈릴리 사건들의 많은 부분을 제외시켰다. 그는 세베대의 아들들이 등장하는 전승들 곧 그들의 부르심, 변화산 사건, 예수의 오른편과 왼편에 앉게 해달라는 요청, 그리고 게세마네 기도 등을 생략했다.

2. 요한복음서 자체의 증거

요한복음서 자체 속에서 나타나는 저자의 성격을 몇 가지로 살펴볼 수 있다. 첫째, 저자는 유대인의 배경을 가진 인물로서 유대인의 관심사를 잘 아는 사람으로 제시된다. 그래서 저자는 메시야에 대한 기대, 유대교의 명절, 율법 준수, 유대교 내에서 독특한 집단이었던 침례 요한과 그의 제자들에 관한 지식, 그리고 유대인과 사마리아인 사이의 관계에 대한 뚜렷한 정보를 제공한다. 저자는 A.D. 70년 이전에 이루어진 유대와 예루살렘의 정치적 상황에 대한 분명한 지식을 가진 사람이었다. 그래서 그는 대제사장 가야바를 가리켜 "그 해의 대제사장"이란 표현을 통하여 당시의 대제사장직이 매년 로마 당국의 승인을 받는 제도였음을 정확하게 제시했다.

둘째, 저자는 일세기 유대교의 분파와 관계를 가진 인물이었던 것으로 보이는데, 그 관계는 직접적 관계보다는 간접적 관계였던 것으로 보인다. 만일 이 저자가 한 때 침례 요한의 제자였다면, 침례 요한이 쿰란 분파와 접촉점을 소유한 점에서 간접적으로 유대교의 분파와 관계를 가졌을 것이다. 저자는 예수가 "그 유대인들" 특히 예루살렘의 유대인들(당국자들)과 가졌던 심각한 논쟁을 부각시키면서 제도화된 유대교에 대한 부정적 시각을 반영한다. 유대교 당국자들을 향한 그런 부정적 시각은 쿰란 분파가 예루살렘의 유대교 지도층을 향하여 가졌던 것과 공통된 것이다. 저자는 예수가 그의 생애와 죽음과 부활을 통하여 유대교를 대체했다는 것을 확신하면서 자기 시대의 제도권 유대교에 대하여 급진적 비판 의식을 가진 유대인이었던 것으로 보인다.

셋째, 저자는 헬라어를 의사소통의 수단으로 사용했을 뿐 아니라, 헬라주의 세계관과 표현 방식을 익숙하게 알고 있던 사람으로 제시된다. 예수의 교훈 활동에서 표현되는 고도의 대화술과 변론적 담론은 저자의 그러한 문화적 배경을 나타낸다. 특히 예수의 교훈은 헬라의 교육 방식에 익숙한 수사학적 기교를 통하여 표현되었다. 중요한 내용을 일곱 체계를 통하여 표현한 점(일곱 표적, 일곱 “I AM” 말씀, 일곱 담론) 그리고 점증법의 사용－표적의 점증법적 활용과 예수에 대한 고백을 점증법적으로 표현한 것－이 헬라주의적 표현 방식을 나타낸다. 예수의 사랑하시는 그 제자는 대제사장과 아는 사람이었다고 제시되는데(18:15), 그렇다면 그 제자의 사회적 위치 역시 상류층이었던 것으로 추정된다. 당시 유대교의 상류층 사람들은 헬라주의 문화에서 많은 영향을 받고 있었다.

넷째, 저자는 그 사랑받는 제자의 교훈을 따라 형성된 ‘우리’라고 표현된(21:24) 제자 공동체 내의 한 사람이었던 것으로 보인다. 그 제자 공동체는 처음부터 적극적으로 예수를 메시아로 전파했던 사람들의 공동체였다. 그들은 동료 유대인들의 거부와 배척에도 불구하고 적극적으로 회당을 찾아가 유대인들을 향하여 전도했던 것으로 보여지는데, 그것은 요한 공동체의 선교적인 성격을 보여준다. 사도행전에 따르면, 유대인 회당을 찾아가 동료 유대인들에게 적극적으로 전도한 사람들은 헬라주의 유대계 기독교인들이었던 것으로 제시된다(행 6장).

다섯째, 저자는 유대 지방 출신 제자로서 예수의 여행길에 동행했던 것으로 보인다. 그러나 요한복음 13:23 이전에는 그 사람의 존재가 분명하게 언급되지 않았기 때문에, 그가 언제부터 예수의 제자가 되었는지는 분명하지 않다. 그는 예수의 공생애 초기에 그에게 왔던 침례 요한의 제자 중 한 사람이었을 가능성도 있다(1:35-42). 만일 그렇다면, 그는 예수의 공생애 초기부터 예수와 동행했을 수도 있다. 그러나 그 제자는 예수의 공생애 마지막 부분 곧 예수가 마지막으로 예루살렘에 갔을 때부터 구체적으로 등장하기 시작한다. 그는 최후의 만찬 때에 예수의 옆자리에 앉아 있었는데(13:23), 그리스-로마 관습에 따르면 잔치를 베푼 주인이 존경받는 초대 손님과 나란히 앉는다. 그런 점에서 그 제자는 그 만찬을 베푼 주인이었을 수 있다.

여섯째, 그 제자는 죽었다가 살아난 ‘나사로’라는 견해가 있다. 나사로는 요한복음에서 "예수가 사랑한 사람"으로 표현된 유일한 사람이다(11:3). 또 그 제자는 죽지 않을 것이라는 소문이 있었는데, 아마 나사로는 죽은 자 가운데서 살아난 사람이기 때문에 그런 소문이 생겼을 수 있다. 그렇지만 이 견해는 이 복음서가 요한이라는 사람의 저작으로 알려지게 된 사실을 설명하기 어려운 점을 갖고 있다. 아무튼 그는 적어도 예수의 삶의 마지막 단계를 목격한 유대 출신 제자였던 것으로 보인다. 이 저술에서 필자는 요한복음서의 저자를 일반적으로 사용되는 이름인 '요한'으로 부를 것인데, 그 요한은 내증에서 설명된 그런 성격을 가진 요한이다.

C 요한복음 배후의 공동체

그러면 이 특별한 복음서의 배후에 있는 독자들의 공동체는 어떤 성격의 공동체였는가? 학자들은 요한복음 9장의 사건이 예수를 믿는 유대인들이 유대교 회당으로부터 추방된 요한공동체의 경험을 반영한다는데 동의한다. 요한복음이 저술되었던 도시에서 기독교인들과 유대교인들 사이에 긴장이 고조되어 있었다. 이러한 긴장은 신약성서 전체를 통하여 보여지는 중심적 국면이다. 사도행전에서 제시된 바울의 선교 활동에 따르면, 바울의 교회들도 유사한 형태의 배척을 경험했던 것으로 나타난다. 사도행전에 나오는 예루살렘 교회의 상황도 유대인들로부터의 배척이라는 점에서 동일하다. 예수 자신도 처음에는 유대인 회당을 중심으로 전파 활동을 하다가 유대인들에게서 배척당한 것으로 제시된다.

주도적인 유대교와 예수의 유대인 제자들 사이의 논쟁의 역사는 예수와 그 시대의 유대교 지도층 특히 바리새인들과의 논쟁에서 출발했다. 예수의 제자들이 복음을 전파하기 위하여 유대인 마을들에 들어갔을 때 배척당한 사례들이 많았다(막 6:8-10). 예수의 제자들이 유대교와 완전히 결별하기 전까지는 회당과 성전 행사에 참여했다. 그러나 요한복음이 기록되던 시기에는 유대교와 기독교의 결별이 뚜렷하게 나타난다. 예수의 제자들을 향하여 외부로부터의 핍박과 고난의 상황이 예고된다(15-16장). 그 중에는 회당으로부터 추방당하는 것이 포함되는데(16:2), 그런 적대감은 예수의 사역동안에 이미 존재하는 것이었다.

요한복음 배후에 있는 공동체의 기원과 발전 그리고 사회적 상황에 관하여 많은 연구들이 제시되었다. 요한복음에서 가장 특징적으로 제시되는 구분은 "위로부터 내려온 존재"로서의 예수와 "이 세상에 속한 사람들" 사이의 구분이다. 요한복음의 후반부는 예수가 아버지께로부터 나왔다가 아버지께로 돌아가는 것에 초점이 맞추어진다. 내려옴과 돌아감의 신학이 또한 요한공동체의 정체성을 확립한다. 요한복음에는 요한공동체가 상대방에 대하여 자신의 경계선을 긋고 있는 세 집단이 나온다: (1) 침례 요한의 제자들(1:35-37; 3:22-30; 4:1-3; 10:40-42); (2) 예수 믿는 유대인들을 회당에서 추방한 "그 유대인들"(9:22-23; 16:1-4); (3) 예수의 추종자들이지만, 예수의 신성에 관한 기독론적 논쟁을 인하여 지금은 그 공동체와 분리되어 있는 "다른 사람들"(6:60-65).

요한복음에서 요한공동체의 사회 세계에 관한 암시들을 발견할 수 있다. 요한복음 4:4-42은 상당수의 사마리아 사람들이 그 공동체에 참여한 것을 보여준다. 요한복음 12:20-26에서 이방인들이 예수를 찾아온 것은 요한공동체가 열매 없는 유대인 선교에서 이방인 선교로 전환한 것을 보여준다. 유대교 지도자들이 회당에서 기독교인 유대인들을 추방시켰음에도 불구하고－어떤 학자들은 이 사건을 A.D. 90년경에 있었던 이단자들에 대한 저주의 선언과 연결시킴－저자는 유대인 공동체 내에 기독교 신자들과 그들의 동조자들이 존재했다고 주장한다(12:42-43). 요한복음 16:1-4a은 기독교인들을 향한 박해가 회당에서의 추방 차원을 넘어 광범위하게 이뤄진 것을 암시한다.

요한복음에서 베드로는 요한공동체 밖에 있는 사도적 공동체들에 소속된 기독교인들을 대표하는 것으로 나타난다. 베드로는 열둘의 지도자로 등장한다. 요한복음의 최종 편집 과정에서 부활의 주님이 '목자'로서 베드로의 지위를 확립시켜준다(21:15-17). 예수에 대한 베드로의 신앙과 친밀함은 그 사랑받는 제자의 신앙과 친밀함에 비해 항상 열등한 것으로 나타난다(13:23; 20:4, 8; 21:7). 사도행전 1:14은 예수의 어머니가 예루살렘에서 열두 사도들의 집단에 소속되었던 것으로 제시하지만, 요한복음 19:26-27에는 예수가 자기 어머니를 "그 사랑받는 제자"에게 부탁한 것으로 나온다. 그는 십자가 사건 때 유일하게 그 곳에 있던 제자였다. 어떤 학자들은 요한복음 21장이 추가된 목적은 "보혜사의 감동을 강조하는" 그 사랑받는 제자의 지도권의 전통에 기초했던 요한공동체에서 베드로를 중심으로 한 권위적 지도권에 대한 거부감을 완화시키기 위한 것이라고 주장한다.

브라운(Raymond E. Brown, 「그 사랑받는 제자의 공동체」)은 요한공동체의 발전 과정을 요한복음 전승의 역사와 연결시키는 가설을 제시했다. 그의 주장에 따르면, 요한복음은 기독교인들이 회당에서 추방당함으로 촉발된 위기 상황 후에 저술되었다. "그 유대인들"에 대한 과격한 비판적 태도는 그들이 받은 핍박의 정도를 반영한다. 심지어 요한복음은 요한공동체가 원래의 자리였던 팔레스타인을 떠나 이방 세계(후대의 교회 전승에 따르면 에베소)로 장소를 이전한 후에 저술되었을 가능성이 높다. 그의 견해를 중심으로 요한공동체의 형성과 발전 그리고 결말에 관하여 다음과 같이 추정해볼 수 있다.

첫째, 먼저 요한공동체는 팔레스타인 특히 예루살렘과 유대 지방의 유대인들로부터 시작된 것으로 보인다. 요한복음서 저자가 공관복음서들에는 없는 것으로서 팔레스타인에 관한 세부 사항들을 포함시킨 것과 침례 요한에 대한 적절한 평가를 강조한 것은 요한공동체가 팔레스타인 유대교의 다양한 분파들로부터 기원한 것을 보여준다. 요한복음의 두 가지 중요한 자료들은 이 기간으로 거슬러 올라간다. (1) 먼저 유대교의 메시아

칭호들의 수집과 예수는 성경을 성취한다는 확언들이 여기에 속하는데, 그것들이 요한복음 1:19-51의 기초를 이룬다. (2) 다음에 예수의 표적들의 초기 수집인데, 이 기간에 그것들은 메시아이며 하나님의 아들이신 예수에 대한 믿음의 증거로서 전파되었다(2:1-11). 그들은 예수 그리스도가 유대교의 전통적 체계를 대체하는 종말의 메시아라는 것과 특히 이 새로운 세대에서는 예수 그리스도가 건물 성전과 제사 체계를 대체하는 진정한 성전 곧 영원한 성전이 됨을 강조하는 사람들이었다.

둘째, 다음에 어느 시점에서 사마리아 선교가 이루어져서 사마리아인 개심자들이 요한공동체에 합류했다. 사마리아 선교는 성전(2:13-22), 정결 의례들(2:6), 그리고 유월절이나 초막절과 같은 유대교 명절들을 대체시키는 분으로서 예수를 강조했다. 그 선교는 또 예수는 계약의 축복의 기원, 하나님의 보냄을 받은 유일한 인물, 그리고 하나님께 대한 참된 예배를 회복시키는 모세와 같은 예언자 등의 모세오경의 주제들을 발전시켰다.

셋째, 유대인 기독교인들이 유대교 회당에서 축출된 후에, 요한공동체는 팔레스타인에서 이방 세계로 활동 거점을 옮겼다. 그 이동은 A.D. 90년경에 일어났으며 또 이동 장소는 에베소였다는 것이 대체적인 견해이다. 그 때부터 요한공동체의 선교 활동의 대상은 이방인들에게로 집중되었다. 요한복음 7:35과 12:20-22은 그 활동의 초기 상황을 반영할 수도 있다. 이 기간(90년대)에 공동체의 전승을 기록으로 남기는 노력도 병행되었다. 기적 전승들에 대한 광범위한 설교적 확장, 서두의 로고스 찬송시, 그리고 주의 깊게 작성된 수난 설화는 아마도 예수의 선교에 대한 전체적인 이야기를 작성하기 이전에 마련되었던 것으로 보인다. 요한복음 15-17장에 보존된 강화 자료들 중의 일부가 역시 이 기간에 마련되었을 것이다.

넷째, 마지막으로 일세기가 마감되던 시기에 요한공동체가 분열되는데, 그 분열의 내용은 요한일서에서 보여진다. 일부 학자들은 그 분열의 암시를 요한복음에서 발견한다. 예를 들면, 포도나무에 붙어 있으라는 권고가 그것이다. 이 시기에 베드로를 "목자"로 인정하는 마지막 단계의 편집이 이루어진 것으로 보여진다. 요한 서신들은 요한공동체가 어느 지역을 중심으로 순회 선교사들을 통하여 연결된 "가정 교회들"로 구성된 것을 보여준다. 그 서신들에 따르면, 요한공동체의 분열은 물려받은 전승들의 의미에 대한 다양한 해석의 결과였다. 일부 학자들은 이러한 내부로부터 기인된 분열을 요한공동체가 이원론적 상징체계의 논리를 강조하면서 하나의 분파적 공동체가 되었던 증거로 보고 있다. 그 분열은 요한공동체에게 더욱 경직된 자기 정체성 의식과 고립적 태도를 강화시켰다. 요한복음 21장에서 베드로의 권위에 대한 인정은 그 사랑받는 제자 계열의 일부 교회들이 사도적인 권위를 인정하는 다른 교회들과 합류하게 된 것을 반영한다. 그러나 그 계열에 속했던 다른 교회들은 이원론적 상징체계를 더욱 발전시키면서 기원후 이세기에 발전한 영지주의 계열의 집단으로 발전해나갔다.

D 요한복음의 문학적 특성

1. 교차대구적 구조

요한복음의 문학적 특성에 관한 연구가 문학비판적 성서해석과 관련하여 활발하게 이루어져 왔다. 이러한 연구는 다음과 같은 질문들을 중심으로 이루어진다: (1) 저자는 구성을 위한 특별한 문학적 형식과 양태를 사용했는가; (2) 등장 인물들과 그들 사이의 관계성들은 어떠한가; (3) 이야기를 처음부터 끝까지 전개해 나가는 구성 원리(플롯)는 무엇인가? 요한복음의 강화는 특정한 단어들의 반복, 반대 명제의 활용, 삽입, 그리고 한 단락 내에서 구절들이 교차대구적으로 연결되는 특성을 보여준다. 요한복음 8:12-20이 대표적으로 이러한 특성들을 보여준다. 먼저 "나는 (그)이다" 말씀이 예수의 증거와 판단에 관한 강화를 소개한다(8:12). 다음에 예수의 증거에 대한 바리새인들의 반대가 제시된다(8:13). 예수는 바리새인들의 반대에 대하여 반대 명제를 사용하여 반박한다. 예수의 반박 구절들은 일련의 핵심 단어들을 중심으로 발전한다. 8:14은 예수의 반박을 소개한다: "나는 너희가 (예수가 어디서 와서 어디로 가는지) 알지 못하는 것을 안다." 8:15은 또 다른 반박을 소개한다: "너희는 육체를 따라 판단하나 나는 판단하지 아니한다."

요한복음 8:16은 13절에서 시작된 반대 곧 예수의 증거는 참되지 않다는 반대로 돌아와서 예수의 증거가 참된 이유를 제시한다. 이것은 참된 판단에 대한 언급이 이전 구절과 연결된 것을 보여준다. 8:17은 두 사람의 증거가 참되다고 선언하는 율법에 호소한다. 8:18은 예수의 증거가 참된 것으로서 두 증인들을 내세운다. 8:19은 "네 아버지가 어디 있느냐"는 질문으로 바리새인들의 반대를 반복하여 제시하는데, 예수는 그 질문에 대하여 "너희는 나를 알지 못하고 내 아버지도 알지 못하는도다"라는 지식의 면에서 자기 자신과 바리새인들을 구별하는 또 다른 진술로 대답한다. 그 후에 바리새인들의 무지가 반복됨으로써 강조된다: "만일 너희가 나를 알았다면, 내 아버지도 알았으리로다." 마지막으로 저자(설화자)는 그 단락의 결론을 내린다(8:20). 동시에 저자는 플롯의 목표인 '때' 곧 예수가 잡혀 십자가를 통해 아버지께로 돌아가는 때에 대한 관심을 다시 불러일으킨다.

이 단락을 교차대구적 구조를 통하여 다음과 같이 제시할 수 있다. 이러한 구조에서는 8:16이 이 단락의 중심적 교훈을 이룬다. 예수는 그를 세상에 보내신 아버지와 늘 함께 있기 때문에, 그의 증거는 아버지의 증거로서 참되다는 변론이다.

8:12 선언: 나는 세상의 빛이다
 8:13 반대 1: 예수의 증거가 참되지 않다
  8:14 반박 1: 예수의 증거가 참된 이유

8:15 반박 2: 바리새인들의 잘못된 판단

8:16 반박 3: 아버지와 아들의 연합

8:17 반박 2': 두 사람의 증거의 필요성

8:18 반박 1': 예수의 증거가 참된 이유

8:19 반대 1': 네 아버지가 어디 있느냐

8:20 결론: 그의 때가 아직 이르지 않았다

2. 오해(Misunderstanding)

이 단락은 요한복음의 또 다른 문학적 기교인 오해 곧 예수의 반대자들이 예수가 말하는 것을 오해하는 것을 의도적으로 나타내는 국면을 반영한다. “네 아버지가 어디 있느냐?”는 질문에서 오해가 분명히 나타난다. 그들은 예수가 ‘아버지’를 말할 때 인간 아버지를 가리키는 것으로 오해한다. 이러한 오해는 때로는 예수가 사용한 특정한 단어나 구절이 포함할 수 있는 이중 의미로 인하여 발생한다.

이러한 오해들의 주요한 예를 들면 다음과 같다: 성전－예수의 죽음과 부활(2:19-21); 거듭남－하나님의 자녀가 됨(3:3-5); 생수－예수로부터 나오는 성령(7:38); 음식－아버지의 뜻을 행하는 것(4:31-34); 하늘로부터 내려온 떡－예수의 구원하는 계시(6:32-35); 내 살－예수의 구원하는 죽음(6:51-53); 내가 가는 곳에 너희는 갈 수 없다－예수의 올리우심(7:33-36); 내가 간다－예수의 올리우심(8:21-22); 너희를 자유하게 한다－하나님의 자녀가 되는 사람들에게 예수가 주시는 자유(8:31-35); 죽음을 영원히 보지 않음－영생(8:51-53); 내 날을 본다－예수가 하나님을 계시한다(8:56-58); 잠잔다－죽음과 영생(11:11-15); 네 오라비가 다시 살리라－생명의 근원이신 예수(11:23-25); 올리운다－십자가에서의 영광받으심(12:32-34); 내가 가는 곳－예수의 올리우심(14:4-6); 너희는 그를 보았다－예수가 하나님을 계시하심(14:7-9); 조금 있으면－예수의 죽음과 제자들에게 다시 오심의 기간(16:16-19).

3. 해설(Narration)

해설자가 이야기 속에 끼어들어 자기 자신의 말로 해설하는 것 또한 요한복음 이야기의 특성이다. 설화자는 이름들(1:38, 42)과 상징들(2:21; 12:33; 18:9)을 설명하고, 일어날 수 있는 오해들을 바로 잡으며(4:2; 6:6), 관계된 사건들의 독자들을 상기시키고(3:24; 11:2), 그리고 등장인물들을 다시 묘사한다(7:50; 21:20). 해설자의 끼어들기는 그 해설자로 하여금 예수의 말씀의 권위적 해석자로 만든다(2:21; 6:6, 71; 7:39; 8:27; 12:33; 13:11; 18:32; 21:1, 9, 13). 때때로 설화자는 요한공동체가 부활 이후에 깨달은 이해를 가리키는 회상적인 언급들을 제공한다(2:22; 12:16; 13:7; 20:9).

4. 플롯(Plot)

요한복음의 플롯(구성 원리)은 예수의 영광 받으심의 때 곧 그가 십자가를 통하여 아버지에게로 돌아가는 때에 집중된다. 요약적 진술들은 예수가 아버지의 보냄을 받아 감당해야 할 사명을 독자들에게 상기시킨다(1:11-12; 18:37). 아버지를 계시하고 계약의 축복들인 "은혜와 진리"(이것들은 모세가 준 것이 아님)를 가져다 주는 예수의 사역의 중요성이 요한복음 1:14, 18에 묘사된다. 요한복음 17장의 기도는 예수의 사역이 목표에 도달했다는 확신에 찬 선언이다. 예수는 제자들의 공동체에게 아버지를 계시했으며 또 그들을 통하여 다른 사람들에게 계시했다. 이제 예수는 그가 아버지와 함께 가졌던 '영광'에로 복귀한다(17:4, 6, 26).

요한복음의 플롯은 예수가 그의 영광을 받을 때를 향하여 움직이는 것과 동시에 이야기는 영접과 거부의 순환을 따라 움직인다. 복음서의 처음 절반(1-12장)은 두 항으로 구분된다. 첫째 항은 요한복음 1-4장들이다. 비록 이 부분에 "그 때"에 대한 예고적인 암시들과 예수에 대한 부적절한 믿음과 거부가 나오지만, 1-4장들은 예수가 그를 영접하는 사람들에게 다가오신다는 긍정적 진술들이다. 니고데모는 신자가 되는 것에는 실패했지만, 그는 여전히 예수에 대하여 긍정적인 견해를 갖고 있었으며 심지어 예수의 제자 중 하나라는 비난을 받기도 할 것이다(3:1-15; 7:45-52; 19:39). 예수가 니고데모와 사마리아 여인과 가진 대화들은 독자에게 요한복음 강화들의 이중적 의미와 또 예수는 구원의 중심이라는 사상을 소개한다.

둘째 대 단락에 속한 요한복음 5-12장들은 예수의 존재에 대한 이해를 놓고 대립하는 갈등 이야기와 그에 대한 점증하는 거부와 배척을 묘사한다. 이야기들은 신앙과 불신앙에 대한 점증하는 갈등을 표현한다. 공관복음서들에 나오는 이야기들과는 달리, 플롯에 갈등의 다른 형태는 없다. 축출해야 할 귀신들이 나오지 않고 자연의 적대적 세력과의 씨름도 없으며 제자들과의 갈등도 없다. 제자들 편에서 일어나는 오해들은 예수가 그의 사명을 완수하고 아버지께로 돌아가기 전까지는 불완전하게 남아 있어야 하는 신앙의 필수적인 부분으로 제시되었다.

5. 간주(Interlude)

요한복음 13-17장은 간주를 제공하는데, 예수의 떠남이 임박했음을 알려준다(13:2). 유다가 만찬 자리를 떠나니 "밤이었다"(13:30). 예수는 그의 떠남, 그들의 슬픔, 그리고 그가 그들과 함께 거하기 위하여 돌아올 때, 보혜사가 그들을 인도하기 위하여 올 때, 혹은 그들이 결과적으로 예수가 처음부터 아버지와 함께 가졌던 영광을 보기에 이를 때에 얻게 될 기쁨에 관하여 그의 제자들과 더불어 말한다. 그 후에 예수가 그의 사명이 완결되었다고 선언하는 죽음에 이르기까지(19:30), 주의 깊게 짜여진 일련의 짤막한 장면들의 형태로 수난 사건들이 묘사된다. 그 후에 요한복음서에 수록된 부활 전승들은 독자들을 제자들이 감당해야 할 장래 사명으로 인도하는데, 그 사명은 고별 강화에서 그들에게 위임되었다.

요한복음 15-17장과 21장에 포함된 위임의 주제들이 복음서의 마지막 편집 단계에서 강화되었다. 요한복음서 형성의 초기 단계에서 위임의 주제는 13:31-14:31에만 나오는데, 그 강화는 일차적으로 제자들, 예수, 아버지, 그리고 보혜사 사이의 상호 관계성에 집중되었다. 요한복음 20장에 나오는 부활 이야기들 역시 요한공동체 내에서 부활신앙을 확립하게 위하여 언급되었다고 볼 수 있다. 도마 사건(20:26-29)은 요한복음이 독자들로 하여금 예수에 대한 신앙을 갖게 하려는 목적을 갖고 있다는 해설자의 언급(20:30-31)을 위한 길을 준비한다. 그러나 요한복음 15-17장의 강화들은 예수의 사역에서 특징적으로 나타났던 것으로서 세상에서 신앙과 불신앙 사이에서 씨름해야 하는 제자들의 공동체를 확립시킨다.

6. 성격화(Characterization)

요한복음의 등장인물들에 대한 성격화 중에서 "그 유대인들"에 관한 묘사만큼 많은 논란을 일으킨 것도 없다. 요한복음이 저술되던 즈음에는 "그 유대인들"로부터 어떤 개심의 가능성도 완전히 막혀버린 것으로 보인다. "유대인의 왕"이라는 전통적 표현이나 유대인의 명절이나 관습에 관한 지나가는 언급들(2:6, 13; 7:2)은 예외로 하고, "그 유대인들"에 대한 일반적 언급들은 저자의 작품으로 보여진다. 해설자와 예수 둘 다 "그 유대인들"을 공동체 밖에 있는 '외부자들'로 언급한다. "그 유대인들"은 대중에게 두려움을 일으킨다(9:22). 그들은 제자들과 날카롭게 구별되며, 또 그들은 "그들의 율법"을 준행한다(7:19; 8:17; 15:25).

"그 유대인들"이라는 어구는 주로 인종적(사마리아인에 반대되는 개념으로서 유대인의, 4:22), 종교적, 혹은 지리적 구분(갈릴리가 아니라 유대 지역의 거류자들, 그들 중 일부는 예수를 믿음, 11:19, 31, 33, 36; 12:9, 11)과 관련하여 사용된다. 그러나 그렇게 관계되지 않을 때, 그것은 불신자들을 가리키는 상징어로 사용된다. "그 유대인들"이라는 어구가 명백하게 중립적으로 사용되기도 하고 또 예수에 대한 적대적 반대자들로서 사용된 것은 예수에 대한 점증하는 불신의 위기를 강조하기 위한 저자의 의도를 나타낸다. 요한복음에서 저자가 그 용어를 예수에 대한 반대자들을 가리키기 위하여 포괄적 용어로 사용한 것은 공관복음서 전승들에 나오는 다양한 종류의 유대인들의 모습을 단순화시킨다.

그 용어와 관계된 것으로서 불신에 관한 설명들은 그 불신이 유대교의 고유성에 기초한 것이 아니라, 요한복음서가 그려내는 상징적 세계에서 존재하는 빛에 대한 어두움의 근본적인 반대를 나타낸다. 그들은 아버지를 "듣지도 혹은 보지도" 못했다(5:37). 그들은 생명을 얻기 위하여 예수에게 나오기를 원하지 않는다(5:40). 하나님을 사랑하는 것이 그들 속에 없다(5:42). 그들은 예수를 영접하지도 않으며 또 하나님의 영광을 추구하지도 않는다(5:44). 궁극적으로, 그들은 "아래에서 나온 사람들"인 반면, 예수는 "위로부터 나온 존재"이다(8:23).

요한복음에서 유대인들 모두가 이 부정적 범주들에 속하는 것은 아니다. 왜냐하면 그들 중 일부는 예수 그리스도를 믿는 사람들이기 때문이다. 나아가, 그들의 불신이 근본적으로는 하나님에 의해 주어진 것이라는 암시들(6:37, 39, 44, 65; 10:3)은 불신에 대한 저자의 혹독한 비판을 완화시킨다. "그 유대인들"에 대한 이러한 성격화는 분명히 예수에 대한 신앙과 불신에 대한 저자의 입장에 기초하여 형성된 것이기 때문에, 그런 진술들로부터 오늘날 일부 기독교인들에게서 보여지는 반유대주의적 감정과 태도를 위한 성서적 인증을 이끌어내서는 안될 것이다.

E 요한복음의 구조

1. 자료를 중심한 구조

요한복음의 구조는 전체적으로는 간단하게 보이나 내용적으로는 복잡하다. 요한복음 12장과 13장 사이에 내용이 크게 바뀌는 것이 분명하다. 그래서 여러 학자들이 이 부분을 중심으로 요한복음의 내용을 크게 두 부분으로 나누어 생각해왔다. 요한복음 1장부터 12장까지 일곱 개의 표적을 중심으로 예수의 공생애가 제시되는데, 이 부분은 표적 자료에 기초한 것으로 보고 "표적의 책"이라 부른다. 요한복음 13장부터 21장까지 예수의 고별 강화와 수난과 부활이 제시되는데, 이 부분은 수난 자료에 기초한 것으로 보고 "수난의 책"이라 부른다. 그런데 1장은 전반부의 서두 역할을 하고 21장은 후반부의 부록과 같은 역할을 한다.

이러한 점들을 고려하면, 요한복음의 내용을 다음과 같은 교차대구적 구조로 구분할 수 있다.

A: 서두 1장
  B: 표적의 책 2-12장
  B': 수난의 책 13-20장
A': 결론 21장

2. 공생애 사역을 중심한 구조

예수의 공생애의 측면에서 보면, 표적의 책에 제시된 예수의 공생애는 세 부분으로 구분될 수 있다. 먼저 예수의 공생애의 첫째 국면에서는 갈릴리 가나에서 행한 두 번의 표적을 중심으로 예루살렘과 유대 지역 그리고 사마리아 지역에서 행한 사역이 제시된다(2-4장). 다음에는 예수의 공생애의 둘째 국면으로서 예수와 유대교 지도자들 사이에 긴 논쟁이 나오며 예수는 그 논쟁 속에서 자신의 존재와 사역을 제시한다(5-10장). 그리고 예수의 공생애의 절정으로서 예수의 죽음과 부활을 예고하는 사건들이 나온다(11-12장). 다음에 수난의 책에 제시된 예수의 공생애는 다시 두 부분으로 구분된다. 먼저 제자들을 향한 예수의 고별 강화가 나온다(13-17장). 다음에 예수의 수난과 부활이 제시된다(18-20장).

이러한 점들을 토대로 요한복음의 내용을 구분해 보면 다음과 같은 교차대구적 구조를 볼 수 있다.

A. 1:1–51 예수의 공생애 시작
B. 2:1–4:54 예수의 공생애 첫째 국면: 표적
C. 5:1–10:42 예수의 공생애 둘째 국면: 논쟁
D. 11:1–12:51 예수의 공생애 절정
C' 13:1–17:26 예수의 고별 강화: 교훈
B' 18:1–20:31 예수의 수난과 부활
A' 21:1–25 사도적 교회와 연합

3. 표적과 강화의 연결

모리스(Leon Morris, *Studies in the Fourth Gospel*, 70)는 표적의 책(2:1-12:51)에 나오는 표적들과 강화들이 연결된 것을 다음과 같이 설명한다.

첫째 표적(2:1–11) – 물을 포도주로 변화시킴
첫째 강화(3:1–36) – 중생과 영생
둘째 강화(4:1–12) – 생명의 물
둘째 표적(4:46–52) – 왕의 신하의 아들을 치료
셋째 표적(5:1–18) – 38년된 병자들 치료
셋째 강화(5:19–47) – 하나님의 아들과 사람의 아들
넷째 표적(6:1–15) – 오병이어
넷째 강화(6:22–66) – 생명의 떡
다섯째 표적(6:16–21) – 바다 위로 걸음
다섯째 강화(7:1–52) – 생명을 주는 영
여섯째 강화(8:12–19) – 세상의 빛
여섯째 표적(9:1–42) – 날 때부터 맹인된 자를 치료
일곱째 강화(10:1–42) – 선한 목자
일곱째 표적(11:1–57) – 나사로를 살림

F 요한복음의 내용 구분

1:1-12:50	**제1부: 표적을 통한 계시**
1:1-51	**예수의 공생애 준비**
1:1-18	서두: 세상에 오신 하나님의 말씀
1:19-34	침례 요한의 증언
1:19-28	광야에서 외치는 자의 소리
1:29-34	하나님의 어린양
1:35-51	제자 공동체의 형성
1:35-42	침례 요한의 두 제자
1:43-51	빌립과 나다나엘
2:1-4:54	**예수의 공생애 첫째 국면: 표적**
2:1-12	갈릴리 가나: 첫 번째 표적
2:12	가버나움에 거처하심
2:13-25	예루살렘: 성전 충돌 사건
2:13-22	예루살렘에서 새로운 성전의 예고
2:23-25	표적을 의지한 신앙
3:1-36	예루살렘에서 니고데모와의 대화
3:1-15	영생의 길에 대한 대화
3:16-21	해설: 하나님이 보내신 아들과 생명
3:22-30	침례 요한의 마지막 증언
3:31-36	해설: 하나님이 보내신 아들과 생명
4:1-42	사마리아: 사마리아 여인과의 대화
4:1-3	유대를 떠나 갈릴리로 향하여 가심

4:6-15	대화 1: 생수
4:16-26	대화 2: 예언자-메시야
4:27-38	대화 3: 영적 추수
4:39-42	사마리아인 신자들의 고백
4:43-54	갈릴리 가나: 둘째 표적
4:43-45	예수께서 갈릴리에 들어가심
4:46-54	왕의 신하의 아들을 치유

5:1-10:42 예수의 공생애 둘째 국면: 논쟁

5:1-47	명절(예루살렘): 안식일에 병자 치유
5:1-18	38년된 병자의 치유
5:16-47	생명을 주시는 아들의 권세
5:31-40	예수에 대한 증언
5:41-47	영접하지 않는 사람들에 대한 판단
6:1-71	유월절(갈릴리)－생명의 떡 예수
6:1-15	오병이어 표적 사건
6:16-21	갈릴리 바다 위를 걸으심
6:22-40	대화: 하늘에서 내려온 떡이신 예수
6:41-51상	예수의 기원에 관한 논쟁
6:51하-59	생명의 떡－예수의 살과 피
6:60-66	논쟁: 제자들이 많이 물러감
6:67-71	베드로의 고백
7:1-8:59	초막절(예루살렘)－생명의 물과 빛
7:1-9	갈릴리: 초막절 행사에 참석 거부
7:10-13	초막절 행사에 비밀히 참석하심
7:14-24	명절 중간에 성전에서 가르치심

7:25-31 분열: 이 사람이 메시야인가?

7:32-36 예수를 체포하려는 시도

7:37-39 명절 마지막 날의 설교－생수의 강

7:40-44 분열: 이 사람이 예언자인가?

7:45-52 당국자들이 예수를 배척

7:53-8:11 간음하다 현장에서 잡인 여인의 재판

8:12-20 아버지가 아들(예수)을 증거

8:21-30 아들(예수)이 아버지에게로 돌아감

8:31-47 아브라함의 후손은 진리를 들음

8:48-59 아브라함이 있기 전부터 계신 예수

9:1-41 날 때부터 맹인된 사람의 치유

9:1-12 맹인된 사람의 치료

9:13-17 바리새인들의 질문

9:18-23 유대인들이 그의 부모에게 질문

9:24-34 두번째 심문과 회당에서의 추방

9:35-38 인자가 되신 예수

9:39-41 바리새인들의 맹인됨

10:1-42 선한 목자 예수그리스도

10:1-6 양우리와 목자의 비유

10:7-18 양우리의 문이며 선한 목자이신 예수

10:19-21 분열: 예수는 귀신들린 자인가?

10:22-30 예수의 양들은 그의 정체를 깨달음

10:31-39 그 유대인들의 과격한 반응

10:40-42 요단강 저편으로 물러가심

11:1-12:50 예수의 공생애 절정: 수난과 부활 예고

11:1-57 부활과 생명이신 예수 그리스도

11:1-16 나사로에게 가기를 기다리심
11:17-27 부활이요 생명이신 예수
11:28-37 예수는 나사로를 사랑하심
11:38-44 나사로를 살리심
11:45-53 유대인의 공회의 판결
11:54-57 에브라임 지역으로 물러가심
12:1-36 자신의 죽음을 준비하는 예수
12:1-8 예수가 기름부음을 받으심
12:9-19 예루살렘에 마지막으로 들어가심
12:20-36 고난과 영광의 시간이 다가옴
12:20-26 헬라인들이 예수에게 옴
12:27-36 올리우심을 받을 예수
12:37-50 예수의 사역에 대한 결론과 평가
12:37-43 유대인들의 불신
12:44-50 예수의 결론적 선포

13:1-21:25 제2부: 수난을 통한 계시

13:1-17:26 예수의 고별 강화

13:1-38 제자들과 고별 만찬
13:1-20 제자들의 발을 씻기심
13:1-11 예수의 죽음의 상징
13:12-20 섬김과 봉사의 상징
13:21-30 배반의 예고
13:31-38 인자의 떠남과 사랑의 계명
14:1-31 예수의 돌아감과 돌아옴
14:1-15 하나님께로 가는 유일한 길
14:16-31 다시 오시는 아버지와 아들

15:1-27 예수 안에 거하는 삶
  15:1-11 포도 나무와 가지의 비유
  15:12-17 예수의 친구인 제자들
  15:18-25 세상이 예수의 제자들을 미워함
  15:26-27 성령이 제자들을 인도하심
16:1-33 세상을 이기는 삶
  16:1-4 제자들에게 임할 핍박
  16:5-11 성령이 세상을 책망
  16:12-15 성령이 제자들을 모든 진리로 인도
  16:16-24 예수의 떠남과 다시 오심
  16:25-33 예수는 세상을 극복하심
17:1-26 제자들을 위한 기도
  17:1-5 예수의 사역의 완성을 위한 기도
  17:6-19 세상으로 보냄을 받는 제자들
  17:20-26 제자들의 제자들을 위한 기도

18:1-20:31 예수의 수난과 부활

18:1-19:42 예수의 수난 설화
  18:1-11 예수의 체포
  18:12-27 대제사장 앞에서의 심문
    18:12-14 동산에서 안나스의 집으로
    18:15-18 베드로가 예수를 부인
    18:19-24 안나스의 질문
    18:25-27 베드로가 예수를 부인
  18:28-19:16 빌라도 앞에서의 심문
    18:28-32 유대교 지도자들의 요청
    18:33-40 빌라도와 예수의 대화

19:1-3 로마 군병들이 예수를 모욕
19:4-7 예수를 유대인 군중 앞에 세움
19:8-11 빌라도와 예수의 대화
19:12-16 빌라도가 예수의 십자가 처형을 결정

19:17-42 예수의 십자가 처형과 장사되심
19:17-22 빌라도가 죄패를 십자가 위에 붙임
19:23-24 군병들이 예수의 겉옷을 제비 뽑음
19:25-27 그 사랑받은 제자에게 모친을 부탁
19:28-30 예수의 죽으심
19:31-37 예수의 옆구리를 창으로 찌름
19:38-42 예수의 장사됨 – 요셉과 니고데모

20:1-31 예수의 부활
20:1-10 빈무덤 이야기
20:11-18 막달라 마리아에게 나타나심
20:19-23 부활의 주님이 제자들에게 나타나심
20:24-29 제자들에게 두 번째 나타나심
20:30-31 복음서 저술의 목적

21:1–25 사도적 교회와 연합

21:1-14 갈릴리에서 세 번째 나타나심
21:15-23 부활의 주님과 베드로의 대화
21:24-25 마지막 결론적 진술

제 2 장

예수의 공생애 준비 (1:1-51)

요한복음의 예수 이야기는 공관복음서들의 시작 부분과 같이 예수가 그의 공생애를 구체적으로 시작하기 전까지의 과정을 그리는 것으로 시작한다. 마가는 침례 요한의 사역과 함께 예수가 요한에게서 침례를 받은 것으로부터 그의 복음서를 시작한 반면, 마태와 누가는 예수가 침례 받기 이전으로 더 올라가 예수의 동정녀 출생과 어린 시절 이야기를 통하여 그들의 복음서들을 시작했다. 요한은 여기서 한 걸음 더 나아가 예수가 인간으로 존재하기 이전의 존재를 제시하는 것으로부터 그의 복음서를 시작한다.

예수가 그의 공적 활동을 시작하기까지 그의 공생애 준비를 다룬 이 과정의 내용은 크게 세 부분으로 구분된다. (1) 먼저 서두에서 로고스 찬양시가 제시된다(1:1-18). 여기서는 세상에 오신 하나님의 말씀으로서 예수 그리스도의 존재의 본질과 그의 화육과 그리고 그의 공생애 사역의 목적이 제시된다. (2) 다음에 침례 요한의 사역이 그가 증언한 메시야에 관한 증언을 중심으로 묘사된다(1:19-34). 이 부분에서는 예수에 대한 침례 요한의 이해가 하나님의 어린양과 하나님의 아들 칭호들을 중심으로 제시된다. (3) 그리고 예수의 첫 제자들의 공동체가 형성된 내역이 설명된다(1:35-51). 여기서도 예수에 대한 제자들의 처음 이해가 메시야, 하나님의 아들, 그리고 이스라엘의 왕이라는 칭호들을 통하여 표현된다. 예수의 존재의 근본은 영원한 신성의 하나님이 화육하신 존재로서 예수는 인간이면서도 동시에 하나님의 본성을 소유한 신비한 존재로 제시된다. 따라서 예수는 처음부터 인간의 내면세계를 통찰하고 사람의 미래를 내다보는 초월적 권능자로 나타난다.

A 화육하신 하나님의 말씀(1:1-18)

요한복음서 저자는 예수 그리스도의 공생애에 관한 이야기를 매우 독특하게 시작한다. 저자는 '로고스'라는 독특한 단어를 사용하여 예수 그리스도의 존재의 근본과 그의 사역의 목적을 간결하면서도 요약적인 찬양시의 형태로 제시한다. 요한복음 1:1-18은 이 복음서 전체의 서두에 해당하는 부분으로서 요한복음 전체를 통하여 제시된 예수 그리스도의 존재의 본질과 공생애 사역의 목적 그리고 그것에 대한 사람들의 반응을 요약적으로 진술하는 기능을 한다. 이 부분에는 저자가 독특하게 제시하는 화육의 신학과 함께 은혜, 진리, 영광 그리고 독생자와 같은 기독교의 전통적인 단어들이 사용된다.

저자는 하나님의 영원한 권능의 말씀으로서 예수 그리스도의 근본적 존재는 물론 어두운 세상을 비추는 빛으로서 그의 사역의 목적을 부각시킨다. 또한 저자는 예수 그리스도의 사역에 대한 사람들의 양분된 반응도 강조한다. 세상이 그 분을 알지 못했고 또 그 자신의 백성조차 그 분을 거절했지만, 그 분을 영접하고 그 이름을 믿는 사람들에게는 하나님의 자녀가 되는 권세가 주어진다. 이 서문은 다음과 같은 교차대구적 구조로 구분할 수 있다:

A: 1:1–5 하나님, 창조, 인간에 대한 로고스의 관계
B: 1:6–8 침례 요한의 증언: 빛에 대한 증거
C: 1:9–11 로고스의 활동에 대한 반응(부정적)
D: 1:12–13 하나님의 자녀가 되는 권세
C' 1:14 로고스의 활동에 대한 반응(긍정적)
B' 1:15 침례 요한의 증언: 요한보다 앞선 분
A' 1:16–18 인간, 재창조, 하나님에 대한 로고스의 관계

1. 로고스 사상의 배경

저자는 로고스(λόγος)라는 독특한 단어를 사용하여 예수 그리스도의 근본적 존재성을 나타내지만, 이 복음서의 나머지 부분에서는 이 단어가 예수 그리스도의 존재와 관련해서는 사용되지 않는다. 로고스 찬미가는 독자로 하여금 이 후에 제시되는 예수 그리스도의 존재와 그의 공생애의 목적을 이해하는 열쇠를 제공한다. 요한복음서 저자의 입장에서는 하나님의 아들이 어디서 왔으며 어디로 가는가를 아는 것이 예수의 참된 존재를 이해하며 또 왜 예수에 대한 오해와 배척이 그렇게도 심각하게 이루어졌는가를 이해하는 열쇠가 된다. 로고스 찬미가는 선재의 존재이며 신적인 존재로서 하나님의 아들에 관한 초대 교회의 사상 형성에 가장 큰 영향을 끼쳤다. 이 찬미가는 예수의 존재와 그의 공생애 사역의 범위를 제시한다.

이 찬미가에는 로고스에 관한 세 단계의 찬미 중에 두 단계가 제시된다: (1) 로고스의 선재; (2) 로고스의 화육과 세상에서의 사역. 화육하신 로고스로서 예수의 죽음과 부활 이후 하늘에 올리우신 존재로서의 마지막(영광)의 단계는 요한복음 후반부에서 집중적으로 제시된다. 예수의 참된 존재와 그의 사역의 목적에 관한 이해는 예수가 어디서 왔으며 또 어디로 가는가를 알 때에만 가능하다. 하나님의 아들은 하늘에서 내려왔다

가 다시 하늘로 복귀하신 영원한 신성의 존재이다. 그러나 하나님의 아들이 하나님으로부터 완전히 독립된 존재는 아니다. 그 아들은 언제나 아버지를 의존하기 때문에, 그 아들은 아버지가 그에게 부여하는 것만을 말하고 행동한다.

로고스 찬미가가 독립된 기독론적 찬미가였음을 보여주는 몇 가지 증거들이 있다. 먼저 요한복음 전체를 통하여 이 서문에만 나오는 단어들이 있다(말씀, 은혜, 충만 등). 사도 바울은 로고스라는 단어를 사용하지 않았지만, 요한복음의 서문과 유사한 기독론적 교훈을 제시한다(골 1:15-20). 다음에 "말씀이 육신이 되어 우리 가운데 장막을 쳤다"라는 표현도 여기에만 나온다. 그래서 요한복음서 저자가 그런 단어들과 표현들을 창작했다기보다는 그가 참조했던 지혜 문헌에 기초한 전례들을 사용했을 수 있다. 이 찬미가의 구성이 다소 혼란스러운 것도 저자가 전승 자료들을 변경하여 재구성한 것을 보여준다. 신구약 중간기 유대교 문헌인 시락의 지혜서 24장에서 이스라엘에게 수여된 토라가 지혜와 동일시된다.

그러나 요한복음서 저자는 그리스도를 지혜와 동일시하며 은혜와 진리를 율법과 구별한다(1:17). 저자의 입장에서는, 공관복음서 저자들의 입장과 마찬가지로, 예수의 오심이 율법의 완성이기 때문에, 유대교의 율법적 제도는 구시대의 것으로 이미 의미를 상실했다. 저자는 말씀의 존재와 활동 곧 기독론적 국면을 강조한다: 말씀의 선재, 창조의 사역에서 말씀의 활동, 그리고 사람들을 안내하며 조명하는 말씀의 활동. 말씀의 화육은 사람들로 하여금 하나님의 충만한 은혜와 진리에 참여할 수 있는 길을 열어 놓았다.

저자가 아무 설명 없이 이 단어를 사용한 것은 그 단어가 독자들에게 낯설지 않았다는 것을 가리킨다. 헬라 사상에서 로고스는 많은 의미들을 가진 단어인데, 그 중심적 의미는 인간 존재에 있어서 마음과 말의 유추적 관계 곧 내적 생각과 말을 통한 생각의 외적 표현의 관계로 설명된다. 신에 관한 사상에서 로고스는 신의 자기-계시를 나타내는데 사용되었다;

신의 생각이 신의 말을 통하여 소통된다는 것이다. 스토아학파의 사상에서 로고스는 우주를 존재하게 하는 이성적 원리이다. 헬라어 구약성서(LXX)에서 로고스는 하나님의 '말씀'(דבר)의 번역어로 사용되었는데, 구약성서에서 하나님의 말씀은 무엇보다도 하나님의 창조와 구원 그리고 계시 활동의 주체자로 나타난다.

중간기 유대교 문헌에서 로고스는 하나님의 속성(ὑπόστασις)을 가리키는 단어로 사용되기도 한다. 유대교의 지혜 전승에서 지혜는 하나님과의 관계에 있어서 독자적 존재로 나타나는데, 지혜는 점점 더 의인화되어 하나님 곁에 있는 존재로 부각되었다. 헬라주의 유대계 철학자 필로는 플라톤주의적 해석을 따라 이상적 세계는 신의 로고스이며 또 로고스는 이상적이고 원초적이며 하나님의 형상으로서의 인간 존재의 원형이라고 제시한다. 로고스는 이렇게 헬라인들에게는 물론 유대인들에게도 익숙한 단어였다. 따라서 저자는 선교 차원에서 모든 사람들에게 익숙한 단어를 사용하여 예수 그리스도의 존재와 사역을 간략하면서도 요약적으로 제시했다고 볼 수 있다.

로고스 사상의 이러한 배경 중에서 요한복음서 저자가 유대교의 지혜 전승을 의존했을 가능성이 가장 많은 것으로 평가된다. 요한복음 전체를 통하여 저자는 유대주의 사상과 헬라주의 사상 그리고 초기 기독교적 사상을 통합적으로 표현하려고 노력한다. 저자는 태초와 창조라는 우주론적 측면과 함께 인간이 된 로고스의 역사적 측면을 부각시킨다. 저자는 예수 그리스도께서 하나님의 목적의 종말론적 성취이며 또 하나님의 말씀이신 예수 그리스도 자신이 복음이라는 깊은 확신을 전달한다. 저자는 요셉의 아들 나사렛 예수 안에서 하나님 자신의 화육을 발견한다. 예수 그리스도는 선재하는 하나님의 아들로서 인간들을 위한 빛이다. 사람들은 그 분을 거절했지만, 그러나 그 분을 영접하는 사람들에게는 하나님의 자녀들이 세상에서 누리는 생동적인 삶의 근원인 은혜와 진리를 풍성하게 주신다.

로고스 찬미가는 창세기 1:1과 하나님의 창조 사역에서 하나님과 함께 있었던 지혜 전승들을 기초하고 있음이 분명하다. 두 문서가 동일하게 "태초에"로 시작한다. 창세기 1장에는 '태초에' 다음에 하나님이 자신의 말씀을 통하여 우주를 창조한 이야기가 나온다. 그러나 창세기 1장에는 의인화된 창조의 대리자 혹은 하나님의 창조를 도운 대리자 사상이 거의 없다. 이 찬미가를 마련함에 있어서 구약의 지혜 전승들도 고려의 대상이었다(잠 3장; 8:1-9:6). 지혜 전승들에 따르면, 의인화된 지혜가 하나님의 창조 활동에 함께 참여하고 있었다. 또한 그 지혜는 하나님의 백성이 옳은 길로 돌아오도록 초청하며 그들에게 생명과 은혜를 공급한다. 시락의 지혜서에서 지혜는 하나님의 계시된 말씀인 토라와 연결된다. 거기서 토라는 지혜의 완성적 표현으로 제시된다(시락의 지혜서 24장). 그러나 요한복음서 저자는 유대교의 지혜 전승을 수정하고 발전시킨다. 하나님의 온전한 계시로 나타난 예수 그리스도는 토라를 부차적인 것으로 만든다. 모세에 의해 주어진 토라는 사람들에게 율법을 주지만, 그러나 화육하신 로고스인 예수 그리스도는 은혜와 진리를 제공한다.

요한복음서 저자가 왜 지혜 대신에 로고스를 사용한 이유는 분명하지 않다. 역사의 예수가 남성이기 때문은 아닐 것이다. 솔로몬의 지혜서 9:1-2에서 말씀과 지혜가 동의어적으로 병행하여 사용되었다. 솔로몬의 지혜서 18:15에서 로고스는 이미 의인화되어 표현된다: "하나님의 전능한 말씀이 하늘로부터, 보좌로부터 땅으로 내려왔다"와 지혜가 현존했으며 보좌로부터 보냄을 받았다는 표현도 나온다(솔로몬의 지혜서 9:10). 예수 그리스도는 유대교의 전통적 신앙과 체계를 대체한다는 "대체 모티프"에 따라 로고스는 토라를 능가하는 하나님의 아들을 나타내기에 적절한 단어였다. 창조와 구속의 역사를 연결하는데 로고스가 더 적절한 용어와 개념으로 판단한 것이다. 로고스가 하나님의 백성과 함께 거처했다는 사상도 창조자가 지혜를 위하여 거처할 장소를 마련했다는 시락의 지혜서에서 발견된다(24:8, 10, 23). 그러나 로고스가 인간의 신체를 취했다는 사상은 지혜에 관한 헬라주의 유대교의 사상적 배경을 뛰어넘는 독특한 점이다. 로고스의 화육에 대한 사상(요 1:14)은 보다 더 초기의 기독론적 찬송시들에 존재하던 화육의 사상을 더 명확하게 규정한다.

2. 창조와 구원의 로고스(1:1-5)

저자는 로고스 사상의 이러한 배경을 기초하여 예수 그리스도의 존재의 근본을 구약에 나타난 창조주 하나님과의 관계를 통하여 나타내는 선언으로 그의 복음서를 시작한다: **"태초에 말씀이 계시니라 이 말씀이 하나님과 함께 계셨으니 이 말씀은 곧 하나님이시니라"**(1:1). 첫 단어인 "태초에"(ἐν ἀρχῇ)라는 구절을 사용함에 있어서 저자가 창세기의 첫 구절을 염두에 두고 있음은 분명하다. '태초'는 우주론적인 국면은 물론 존재론적인 국면에서 만유와 존재의 시작과 관계된 중요한 단어이며 그래서 그 단어는 세상과 인간 존재의 의미를 이해하는데 있어서 필수적이다. 이 구절을 통하여 저자는 만유의 시작과 근원에 대한 헬라 철학자들의 끊임없는 질문에 대답한다. 또 이 구절을 통하여 저자는 태초에 지혜가 있었다든지 혹은 토라가 있었다는 유대교적 인식을 교정한다. 천지가 존재하기 시작하던 때에, 로고스 곧 하나님의 창조와 계시와 구원의 말씀이 이미 존재하고 있었다. 그런데 태초부터 존재하는 로고스의 의미를 이해하기 위해서는 화육하여 역사적으로 한 인간이 되신 예수 그리스도를 염두에 두는 것이 필요하다(1:14, 17). 여기서 저자가 우주의 기원에 관한 어떤 이론을 전달하려는 것은 아니다. 다만 저자는 우주론적 배경을 기초하여 범 우주적인 예수 그리스도의 존재론적이며 구원론적인 위치와 사역을 제시한다.

"말씀이 계시니라"(ἦν ὁ λόγος)라는 구절에서 '계시니라'는 우리말 번역은 헬라어 동사의 시제(ἦν, 미완료)를 충분히 나타내지 못하며 또 이 구절이 갖는 중요한 신학적 개념을 충분히 전달하지 못한다. 헬라어 동사의 미완료 시제(ἦν)는 과거의 지속된 상태 혹은 계속적 행위를 가리킨다. 그래서 "태초에 말씀이 계셨다"라는 것은 말씀의 존재가 태초부터 시작되었다는 것이 아니라, **하나님의 창조의 시점 그 이전부터 말씀이 존재하고 있었다**는 의미를 갖는다. 다시 말하면, 로고스는 태초 이전부터 영원히 존재하고 있었다는 로고스의 영원성을 제시한 것이다.

그래서 요한복음에서 첫 번째 구절의 첫째 내용은 예수 그리스도의 존재의 영원성을 나타낸다. 이것은 사도 바울이 그리스도를 가리켜 "모든 창조물보다 먼저 나신 자"(πρωτότοκος πάσης κτίσεως, 골 1:15)로 묘사한 것과 같은 사상을 전달한다. 바울에게 있어서도, "먼저 나신 자"란 먼저 지음을 받았다는 것이 아니라, 하나님의 창조 이전부터 존재하고 있었다는 그리스도의 영원한 존재성을 가리킨다. 요한은 바울과 같은 맥락에서, 이 구절을 통하여 하나님의 창조 이전부터 존재하고 계시던 예수 그리스도의 영원한 존재성을 선포했다.

"하나님과 함께 계시니라"(ὁ λόγος ἦν πρὸς τὸν θεόν)라는 구절에서 전치사 '함께'(πρός)는 일반적으로 단순한 동반 관계의 의미(with)로 사용되었다. 잠언 8:30에는 지혜가 창조자가 되어 하나님 '곁에'(beside) 있었다고 언급된다. 그러나 요한에게 있어서 "하나님과 함께 계셨다"라는 말은 단순한 동반 관계가 아니라 하나님과의 완전한 연합의 관계를 가리킨다. 요한복음 전체를 통하여 저자는 아버지와 아들의 완전한 연합을 강조한다. 예수의 공생애 사역에 있어서도 아버지와 아들은 완전히 하나가 되어 아버지는 아들이 해야 할 일을 가르쳐주고 또 그 일을 할 수 있는 능력을 공급해주신다. 그래서 아들이 하는 일은 곧 아버지가 하는 일이 된다. 그런 점에서 "아버지와 아들은 하나다"라고 선언된다(10:30).

예수는 특히 고별 강화에서 아버지와 아들의 완전한 연합을 강조한다. 화육하신 하나님의 아들은 이제 십자가의 죽음과 부활을 통하여 아버지께로 돌아가는데, 아들이 아버지께로 돌아가면 아버지와 아들의 하나됨이 완성된다. 아들의 올리움을 통하여 아버지가 아들 안에 있고 또 아들이 아버지 안에 있는 신비한 연합의 관계가 완성된다(14:10-11; 17:21-23). 그래서 이제 아들을 보는 자는 아버지를 보는 것이며 또 아들을 믿는 자는 아버지를 믿는 자가 된다(14:9). 예수는 공생애 시절에 그 자신이 혼자가 아니요 자기를 보내신 아버지가 늘 함께 계신다는 것을 계속해서 강조한다(8:16, 29, 42). 예수의 공생애 사역의 목적은 바로 이 진리를 전파하는 것이며(1:18), 그래서 생명에 이르는 길은 예수와 하나님의 이러한 특별한 관계를 깨달아 아는 것이다(17:3).

로고스는 이와 같이 창세 이전부터 하나님과의 완전하고 신비로운 연합의 관계를 이루면서 존재하고 있었다(17:5). 요한은 이것의 중요성을 알고 있었고 또 이것을 강조하기 위하여 하나님에 대한 로고스의 이러한 특별한 관계를 다음 절에서 다시 한 번 언급한다: "그가 태초에 하나님과 함께 계셨고"(1:2). 로고스는 화육하여 나사렛 예수라는 역사상의 한 인간으로 나타나셨지만, 예수 그리스도의 존재의 근본은 창조 이전부터 하나님과 함께 계시던 존재 곧 하나님과 완전히 연합된 신성에 있다.

저자는 결론적으로 로고스의 영원성과 신성을 결합하여 로고스의 근본적 존재를 선언한다: **"그 말씀은 곧 하나님이시니라"**(θεὸς ἦν ὁ λόγος). 문법적으로 두 개의 명사가 헬라어 εἰμί 동사 사이에 올 때, 일반적으로 관사가 없는 명사가 서술어이다. 그래서 이 구절은 "하나님은 그 말씀이셨다"가 아니라, 비록 θεός가 앞에 위치하고 있지만, "그 말씀은 하나님이셨다"로 번역하는 것이 타당하다. 다만 요한은 θεός를 앞에 위치시킴으로써 로고스가 근본적으로 하나님 자신이셨다는 신성을 강조한다.

이 말씀은 유대교의 어떤 지혜 전승이나 토라 전승에서도 찾아볼 수 없는 요한복음서 저자의 놀랍고도 중대한 선언이다. 이것은 로고스가 하나님과 함께 계시던 존재라는 사실을 넘어서서 근본적으로는 로고스가 하나님 자신이셨다는 로고스의 신성에 대한 최종적 선언이다. 저자는 이 선언을 통하여 예수 그리스도가 화육 이전의 존재에 있어서 하나님 자신임을 부각시킬 뿐 아니라, 나아가 예수의 공생애 결론부에 가서 공생애 이후의 존재 곧 부활하신 예수의 존재를 하나님으로 선언한다. 이 선언은 예수의 부활현현을 경험한 도마의 고백을 통하여 표현된다(20:28): "나의 주시며 나의 하나님입니다"(ὁ κύριός μου καὶ ὁ θεός μου).

예수 그리스도는 화육하여 한 인간으로 사셨지만, 그 분의 근본적 존재는 하나님 자신이라는 것이다. 로고스 찬미가를 통하여 저자는 로고스인 예수 그리스도께서 신성의 존재이며 동시에 인성의 존재임을 부각시킨다. 예수는 하나님 아버지께로부터 세상에 왔다가 아버지께로 돌아간 로고스이다. 예수의 참된 존재에 대한 이해는 그분이 어디서 왔다가 어디로 돌아간 존재인가를 알게 될 때에 가능해진다. 예수께서 십자가에 올리우고 또 하나님께로 돌아간 후에야 그 분의 존재의 신비가 밝혀질 것이다. 로고스는 하나님과의 신비한 연합의 관계에 있는 하나의 주체적 존재이면서 동시에 하나님 자신으로서의 존재다.

여기서 하나님에 관한 삼위일체적 이해가 분명히 나타난다. 저자는 요한복음 전체를 통하여 아버지와 아들과 성령의 삼위일체적 연합의 관계를 부각시킨다. 아버지와 아들은 하나이지만(10:30), 그러나 아버지는 아들보다 크시며(14:28) 또 아들은 아버지에게 순종한다(15:10). 성령은 아버지께로부터 나오는 것이며(14:16-17, 26) 또 아들이 주는 것이다(15:26; 16:7). 또한 성령은 자의로 말하지 않고 오직 듣는 것을 말씀하시며 아들의 것을 가지고 아들의 영광을 나타낸다(16:13-14). 요한은 영원하신 하나님으로서 예수 그리스도의 신비한 존재를 선포하는 것으로부터 그의 복음서를 시작한다. 이것은 마치 교향곡 연주를 시작하면서 먼저 트럼펫이 울려퍼지고 심벌즈가 팡파레를 터뜨리는 장면을 연상시킨다.

저자는 예수 그리스도의 존재에 관한 감격스런 선언 후에 로고스의 영원한 신성을 다시 한 번 제시한다: **"그가 태초에 하나님과 함께 계셨고"**(1:2). 저자는 로고스가 태초에 하나님과 함께 계셨다는 것을 반복하여 말한다. 이 구절은 태초와 함께 계심을 말하는 요한복음 1:1의 결합된 형태로 제시된다. 이것은 단순한 반복이 아니라, 로고스의 존재를 하나님과의 관계성 속에서 찾으려는 저자의 신학적 의도를 반영한다. 한글에 '그가'로 번역된 단어가 원어로는 "이 분(말씀)"(οὗτος)이라는 지시대명사가 사용되었다(οὗτος ἦν ἐν ἀρχῇ πρὸς τὸν θεόν). 저자는 왜 중복되게 보이는 이 구절을 말하는 것인가? 이것에 관하여 어떤 학자는 요한복음 1:1-2이 태초라는 주제를 중심으로 시작하고 끝나는 하나의 교차대구적 구조를 가진 찬송시의 가사로 본다(R. E. Brown, *The Gospel According to John*, I:25):

1:1a 태초에 말씀이 계시니라
  1:1b 이 말씀이 하나님과 함께 계셨고
  1:1c 이 말씀은 곧 하나님이시니라
1:2 태초에 그가 하나님과 함께 계셨고

불트만은 이 구절의 목적을 앞 구절과의 관계성 속에서 이해한다. 그는 1:1c에서 말씀이 곧 하나님이라는 선언이 헬라의 독자들에게 다신론의 견해로 받아들여질 위험이 있기 때문에, 이 구절은 하나님과 그 말씀 사이의 독립적 관계를 강조한다고 생각한다(R. Bultmann, *The Gospel of John*, 17). 요한은 반복적인 이 구절의 언급을 통하여 하나님을 중심으로 한 예수 그리스도의 존재의 기원을 강조한다: 그(예수 그리스도)는 하나님과 함께 계셨고(17:5), 하나님께로부터 나와서 세상에 왔으며(8:42; 13:3; 16:27, 30; 17:8), 그리고 하나님께로 돌아가셨다(17:24). 하나님의 종말적 대리자는 태초 이전부터 하나님 안에 존재하고 있었으며 또 그것이 그의 존재의 본질과 위엄과 권위를 결정한다.

요한복음 1:3-5은 하나님의 창조와 구원 활동에 있어서 로고스의 역할을 나타낸다. 먼저 로고스는 창조의 실행자로서 존재하는 모든 것의 근원으로 제시된다: **"만물이 그로 말미암아 지은바 되었으니 지은 것이 하나도 그가 없이는 된 것이 없느니라"**(1:3). 이 구절에는 창조와 관련하여 '되다'(γίνομαι)라는 동사가 세 번 나온다: "지은바 되었으니"(ἐγένετο), "지음을 받은 것이"(ὃ γέγονεν), 그리고 "된 것이 없다"(ἐγένετο οὐδέ). 저자는 로고스가 모든 존재의 근원이 된다는 것을 강조하기 위하여 "그(말씀)로 말미암아"(δι' αὐτου)와 "그(말씀)가 없이는"(χωρὶς αὐτοῦ)을 교대로 사용한다.

"지은 것이"(ὃ γέγονεν)라는 우리말은 애매한 번역이다. 이 어구는 "지음을 받은 것이" 혹은 "존재하게 된 것이"로 번역하는 것이 적절하다. 헬라어 사본에서 "지은 것이"라는 어구가 1:3에 이어지는 것인지 혹은 1:4절의 시작에 해당하는 것인지 불분명하다. 왜냐하면 헬라어 사본에서는 그 구절이 1:3과 1:4 사이에 위치하기 때문이다:

1:3 πάντα δι' αὐτοῦ ἐγένετο, καὶ χωρὶς αὐτοῦ ἐγένετο οὐδὲ ἕν ὃ γέγονεν
1:4 ἐν αὐτῷ ζωὴ ἦν, καὶ ἡ ζωὴ ἦν τὸ φῶς τῶν ἀνθρώπων·

그것을 1:4의 시작으로 보는 견해와 1:3에 포함되는 것으로 보는 견해 사이에 많은 논란이 있어 왔다. 오늘날에도 브라운(Brown, I:6-7)은 전자에 동의하는 반면, 바렛(C. K. Barrett, *The Gospel According to St. John*, 156)은 후자에 동의한다. 요한복음 1:3에는 동사 γίνομαι(되다)가 세 번 사용된 반면, 1:4에는 동사 εἰμί(이다)가 두 번 사용된 것으로 보아, 그것을 1:3에 포함된 것으로 보는 것이 문장의 구성 면에서도 적절하다. 또 요한복음 1:3에서는 로고스의 역할이 하나님의 창조 사역과 관계된 반면, 1:4에서는 그것이 사람들의 구원과 관계된 면에서도 그것을 1:3에 포함된 것으로 보는 것의 타당성이 제시된다.

저자는 로고스가 인간의 구원을 위한 근원적 생명임을 밝힌다: **"그 안에 생명이 있었으니 이 생명은 사람들의 빛이라"**(1:4). 생명과 빛은 요한복음에서 예수 그리스도를 통한 하나님의 구원을 표현하기 위하여 사용된 풍부한 의미를 포함하는 단어들이다. 이 단어들은 예수 자신을 표현하기 위하여 또 예수를 통한 하나님의 계시를 나타내기 위하여 사용되었다. 예수는 "세상의 빛"이며(8:12; 9:5; 12:36) 또 동시에 세상에 빛을 비춘다(1:5, 9). 예수는 생명이며(11:25; 14:6) 또 동시에 생명을 준다(5:21). "생명의 빛"이라는 어구로 결합되어 사용되기도 한다(8:12). 빛은 하나님께로부터 오는 계시와 계몽을 가리키는 비유어이며, 생명은 그 빛의 활동의 결과인 구원을 나타내는 중심적 비유어이다.

빛과 생명은 구약의 창조 사상에서도 핵심적 단어들이다. 하나님은 생명을 주시며(겔 37:1-14; 단 12:2) 또 빛과 지혜의 근원이다(시 119:130). 구약에서 지혜는 생명의 근원이며(잠 8:35) 또 유대교 전승에서 토라는 빛의 근원이다(집회서 17:11). 빛과 생명은 헬레니즘 세계의 종교와 철학 사상에서도 풍부한 의미를 가진 단어들이다. 예수의 사역을 빛으로 표현한 공관복음서 전승들도 있다(막 4:21f.; 마 5:14; 눅 17:24). 예수는 그 자신이 빛과 생명이며 또 하나님은 예수를 통하여 세상에 빛과 생명을 주신다. 그러나 그 빛과 생명을 영접하지 않는 사람들에게 있어서 예수의 오심은 심판의 기능을 한다(3:19-21; 9:39; 12:46).

저자는 세상에서 로고스의 활동과 그것에 대한 세상의 반응을 말한다: **"빛이 어두움에 비취되 어두움이 깨닫지 못하더라"**(1:5). 요한은 예수의 활동을 빛이 어두움 속에서 비취는 것으로 여러 차례 말한다(8:12; 3:19; 12:35, 46). 어두움은 빛을 말할 때 상대어로 사용된다. 그래서 그 단어는 빛의 상징성만큼 풍부한 상징적 의미를 갖는다. 요한복음에서 어두움(σκοτία)은 독생자 예수 그리스도를 통하여 주시는 하나님의 생명을 얻지 못한 인간의 내면 상태를 표현하기도 하며 또 그 생명을 거절하게 만드는 영적 세력을 가리키기도 한다. 그런 의미에서 어두움은 부정적 의미로 사용되는 세상(κόσμος)과 연결된다(12:31).

저자는 여기서 빛이 어두움 속에서 "비취고 있다"(φαίνει)라는 현재 시제를 사용하여 "그가 세상에 계셨다"(ἦν, 1:10)와 "그가 자기 백성에게 왔다"(ἦλθεν, 1:11)라는 말에서 사용한 과거 시제와 구별한다. 이것은 빛으로서 로고스의 영원한 속성을 나타낸다. 저자는 빛의 속성 곧 빛은 빛이기를 그치지 않는 한 비추는 일을 그칠 수 없다는 점을 사용하여 예수 그리스도를 통한 하나님의 계시 활동의 영원성을 나타낸다. “깨닫지 못했다”(κατέλαβεν)라는 말은 “이기지 못했다”라는 의미로 사용되기도 한다. 어두움은 빛을 이해하지도 못하며 또 빛의 활동을 막지 못한다. 저자는 빛과 어두움이라는 이분법적인 우주론적 현상을 사용하여 예수의 사역과 그것에 대한 사람들의 반응을 표현한다.

3. 빛에 대한 침례 요한의 증언(1:6-8, 15)

저자는 로고스 찬미가에 침례 요한의 사역을 포함시킨다(이 책에서는 그를 예수의 제자 요한 혹은 이 복음서의 저자로 일반적으로 알려진 요한과 구별하기 위하여 ‘침례’를 넣어 표기했다). 요한복음 1:6-8은 하나님께로부터 보냄을 받은 사람인 침례 요한의 역할에 관한 첫 번째 증언이다. 저자는 마가와 같이 침례 요한을 예수의 공생애의 시작과 관계시킨다(막 1:2-9; cf. 행 10:37). 요한복음에서는 증인들의 역할이 두드러진다. 예수는 그의 공생애 내내 유대교 지도자들로부터 일종의 법정 심문을 받았던 것으로 제시된다. 요한복음서의 저자는 선교 현장에서 제기되는 예수의 존재에 대한 저항과 반대를 의식하고 있었다. 당시에 로마 제국 내에서는 십자가 처형에 대한 부정적 인식이 팽배해 있었다. 그것은 대단히 불명예스러운 죽음이었으며 사회를 어지럽히는 범죄자들에 대한 합당한 처형으로 간주되었다.

그러나 그리스도인들에게는 십자가 처형이라는 예수의 공생애의 결과에 대하여 세상에 변증해야 할 상황이었다. 그래서 저자는 여러 증인들을 내세워 예수의 그런 죽음이 하나님의 뜻을 따라 된 것을 변증한다. 예수는 자기의 삶과 죽음을 이미 알고 있었다. 십자가 처형은 예수에게 우연히 일어난 사건이 아니다. 더구나 그것은 예수의 무력함과 연약함의 증거가 아니다. 빌라도조차도 하나님이 허락하지 않으셨다면 예수를 해할 권세가 없었을 것으로 제시된다(19:11). 요한복음에는 마가복음에 나오는 십자가 상에서의 예수의 외침이 없다: "나의 하나님, 나의 하나님, 왜 나를 버리셨나이까"(막 15:34). 예수는 십자가 사건 이후에 이루어질 자신의 존재를 이미 알고 있었다. 십자가는 그의 올리우심과 영화롭게 되심의 첫째 과정이다. 십자가는 어두움의 세력의 때가 아니라, 세상의 구원을 위해 준비하고 기다려온 결정적인 때를 가리킨다.

요한복음에서는 침례 요한이 어디서 어떤 사역을 했는지 간략하게 언급된다. 그는 요단강 건너편 베다니에서(1:28; 10:40) 그리고 살렘 가까운 애논에서 침례를 주었다고만 언급된다(3:23). 공관복음서들에서 "침례 요한"으로 부르는 '침례'도 요한복음에는 사용되지 않는다. 마가복음 1-2장에서 침례 요한과 예수는 기원과 사역에 있어서 밀접하게 연결된다. Q전승에 따르면, 예수는 침례 요한을 "여자에게서 난 자 중에 가장 위대한 자"라고 칭찬한다(마 11:7-11/눅 7:24-28). 공관복음서들에 따르면, 예수는 침례 요한에 의해서 침례를 받았는데, 그것은 예수에 대한 그의 우위성과 권위를 나타내는 증거가 될 수도 있었다. 그래서 마태와 누가는 이 문제를 해결하기 위하여 노력한다. 그러나 요한복음에서 침례 요한은 단지 하나님의 보냄을 받았다는 것, 그의 이름이 요한이라는 것, 그는 빛을 증언하러 왔다는 것, 그리고 그는 메시야가 아니라 단지 메시야의 증인이라는 것이 제시된다.

사복음서 저자들 중에서 요한복음서 저자가 침례 요한에 관한 전승을 가장 많이 전달한다(1:6-8, 15, 19-34; 3:22-30). 요한복음서의 저자는 왜 처음부터 침례 요한을 이렇게 내세우는가? 그것은 이 복음서를 저술하던 시기에 침례 요한의 제자들이 아직 활동하고 있었으며 또 그들과의 논쟁이 진행되고 있었기 때문에, 저자는 그들을 향하여 침례 요한의 위치와 역할에 대하여 논의할 필요를 느꼈던 것으로 보인다. 사도 바울이 침례 요한의 제자들에 관하여 언급한 장소가 에베소였는데(행 19:1-7), 에베소는 요한복음서의 저술 장소로도 알려져 있다. 따라서 요한공동체 회원들의 전도 대상자들 중에 침례 요한의 제자들이 있었던 것으로 보인다. 요한복음 초반부에 침례 요한에 대한 기사가 많이 나오는 이유도 여기에 있다. 침례 요한은 엘리야도 아니며 메시야도 아니다. 그는 다만 메시야의 증인으로 보냄을 받았을 뿐이다.

침례 요한의 말은 예언이나 선포가 아니라, 법적 증인의 증언으로 제시된다: **"저가 증거하러 왔으니 곧 빛에 대하여 증언하고 … 이 빛에 대하여 증언하러 온 자라"**(1:7-8); **"요한이 그에 대하여 증언하여 외쳐 가로되"**(1:15); **"요한의 증언이 이러하니라"**(1:19); **"그가 드러내어 말하고 숨기지 아니하니 드러내어 하는 말이"**(1:20). 저자가 침례 요한을 증인으로 내세운 목적은 그의 증인으로서의 성격 곧 그의 증언의 법적 실효성 때문이었다. '증언'(μαρτυρία) 혹은 '증언하다'(μαρτυρεῖ)는 요한복음에서 중요한 의미를 갖는다. 요한복음에는 예수 그리스도를 증언하는 여러 증인들과 증거들이 제시된다: 침례 요한(1:7f., 15, 32, 34; 3:26; 5:33), 사마리아 여자(4:39), 예수의 행한 일들(5:36; 10:25), 구약성서(5:39), 무리들(12:17), 성령과 예수의 제자들(15:26-27), 그리고 아버지 하나님 자신(5:37; 8;18). 예수 자신도-그는 친히 사람의 속에 있는 것을 알기 때문에 사람들에 관하여 누구의 증거도 받을 필요가 없었지만-아버지와 연합하여 진리에 관하여 증언한다(8:13-18; 18:37). 저자는 침례 요한은 그 빛이 아님을 명백하게 밝힘으로써 그런 주장의 부적합성을 강조한다(1:8).

저자는 한 걸음 더 나아가 예수는 역사 현장에 침례 요한보다 나중에 나타났지만 그보다 앞서 있는 존재라는 침례 요한 자신의 말을 제시함으로써 예수의 우위성을 강조한다: **"요한이 그에 대하여 증언하여 외쳐 가로되 내가 전에 말하기를 내 뒤에 오시는 이가 나보다 앞선 것은 나보다 먼저 계심이니라 한 것이 이 사람을 가리킴이라 하니라"**(1:15). 이 구절은 예수의 선재를 암시하는 구절인데, 요한복음 1:30에 동일하게 다시 나온다. 그러나 공관복음서들에는 그것이 나오지 않는다. 공관복음서들에는 그가 요한복음 1:26-27에 나오는 것과 매우 유사한 형태의 증언을 한 것으로 제시된다(막 1:7f.; 마 3:11; 눅 3:16). 예수 그리스도에 관한 침례 요한의 본격적인 증언은 요한복음 1:19-34에서 제시된다. 요한복음 1:15은 문맥에 어울리지 않는 의외성을 보여주는데, 그것은 침례 요한에 관한 저자의 첫 번째 언급이 문맥에서 가지는 의외성과 같다. 요한복음 1:14은 1:16에 자연스럽게 연결된다.

저자는 화육하신 로고스의 우위성과 선재에 관한 침례 요한의 진술을 그 사이에 삽입한다. '증언하다'(μαρτυρεῖ)는 현재 시제와 '외쳤다'(κέκραγεν)는 완료 시제는, 마치 예수의 말씀이 현재 시제로 전달되는 것과 같이, 선구자의 음성을 지금 들을 수 있는 것으로 전달하려는 저자의 의도를 반영한다. 그의 증언은 현재에도 중요성을 가진다는 것이다. 그는 모세와 예언자들과 같이 그리스도를 증언하는 사람으로서 영원한 의미를 갖는다. "이 사람을 가리킴이라"(οὗτος ἦν ὃν εἶπον)라는 구절에서 미완료 시제(ἦν)가 사용된 것도 침례 요한의 현재 입장에서 그가 과거에 계속적으로 말해온 것을 가리키는 성격을 나타낸다. "나보다 앞섰다"(ἔμπροσθέν μου)는 것은 예수가, 비록 침례 요한보다 나중에 역사의 현장에 나타났지만, 그보다 더 높은 지위의 존재를 가리킨다. "나보다 먼저 계셨다"(πρῶτός μου ἦν)는 것은 실제로 예수의 선재를 묘사한다. 이 구절은 저자가 그의 복음을 제시하는 독특한 방식을 보여준다.

4. 빛에 대한 배척과 영접(1:9-13)

저자는 로고스의 계시 활동과 관련하여 침례 요한의 증언을 말한 후에, 예수 그리스도를 통한 구원의 계시에 대한 사람들의 반응에 관하여 설명한다(1:9-13). 저자는 로고스의 우주적이며 영원한 국면으로부터 역사의 현장에서 구체적으로 일어난 사건으로 장면을 옮긴다. 저자는 먼저 예수 사건을 참된 빛의 강림으로 묘사한다: **"참 빛 곧 세상에 와서 각 사람에게 비취는 빛이 있었다"**(1:9). 요한복음서 저자의 용어 사용에서 형용사 '참되다'(ἀληθινός)는 단어는 어떤 견해나 진술의 비진정성에 대한 진정성 그리고 거짓에 반대되는 참됨을 나타내는 단어로서 법정 용어임이 암시된다(4:37; 7:28; 8:16; 19:35). 참되다는 것은 순전한, 진정한, 그리고 진실하다는 것을 가리킨다. 요한은 이 형용사를 "참된 빛"(1:9), "참된 예배자"(4:23), "참된 떡"(6:32), "참된 포도나무"(15:1), "참된 하나님"(17:3)에 적용한다. "참된 빛"은 사람에게서 나오는 빛이 아니라, 하나님께로부터 나온 "진정한 빛"이다. 침례 요한도 하나의 빛으로 인정을 받기도 했지만(5:35), 그러나 그는 참된 혹은 진정한 빛은 아니었다. 참된 것으로 묘사되는 것은 무엇이든지 진리(ἀληθεία)와 관련된 것이다.

"세상에 와서 각 사람을 비춰다"라는 말은 로고스의 화육과 세상에서 그것의 활동을 가리킨다. 예수 자신이 "나는 빛으로 세상에 왔다"고 선언한다(12:46). '비춰다'(φωτίζει)는 말은 "내적으로 조명하다, 교육하다, 혹은 지식을 제공하다"라는 의미를 갖는다. 참 빛이 각 사람에게 비췬다고 하여 모든 사람들이 그 참 빛을 알 수 있는 자연적 능력을 갖고 있다고 말하는 것은 아니다. 다음 절(1:10)에서 언급된 세상이 그를 알지 못했다는 것은 그 빛에 대한 자연적이고 보편적 지식이 있는 것이 아님을 가리킨다. 그 이유는 예수를 영접한 사람들에게만 하나님의 자녀가 되는 권세가 주어지기 때문이다. 요한복음에서 빛은 구원의 기능뿐 아니라 심판의 기능을 갖는다. 빛은 그것에로 나오는 사람들에게는 생명의 길이 되지만, 그것을 거부하는 사람들에게는 심판으로 다가온다.

요한복음에서 세상(κόσμος)은 자주 나오는 중요한 단어인데 그것은 이중적 의미로 사용된다. 하나는 중립적 의미로서 하나님이 창조하신 세계 전체를 가리킨다(3:16). 다른 하나는 독생자 예수 그리스도를 통한 하나님의 구원을 거부하고 배척하는 사람들을 가리키는 의미로 사용된다. 그런 경우에는 주로 "이 세상"이라는 구절로 사용된다(8:23; 9:39; 11:9; 12:25, 31; 13:1; 16:11; 18:36). 이 세상은 종말론적 미래의 세상과 대응하는 것으로서 현 세대를 가리키며 또 이상적이고 영원한 위의 세계에 대응하는 것으로서 아래 세계를 가리킨다(8:23; 18:36).

그래서 이 세상은 독생자를 통한 하나님의 구원 활동을 알지 못하며 또 하나님이 보내신 예수와 그의 제자들을 미워한다(1:10; 7:7; 14:17, 22, 27, 30; 15:18f.; 16:8, 20, 33; 17:6, 9). 그럼에도 불구하고 이 세상은 예수의 구원 사역의 현장이다(1:9f.; 3:17, 19; 6:14; 8:26; 10:36; 12:46; 16:28; 17:13; 18:20, 37). 세상에 대한 그의 사역은 세상을 향한 하나님의 사랑에 기원한다(3:16).

요한복음에는 예수 그리스도와 세상의 관계에 대하여 서로 상충되어 보이는 언급들이 나온다. 먼저 예수는 세상의 빛으로서 세상을 구원하기 위하여 왔다고 언급되기도 하고(4:42; 1:29; 6:35, 51; 8:12; 9:5) 또 예수는 세상을 심판하기 위함이 아니라 오히려 세상을 구원하기 위하여 보냄을 받았다고 언급된다(3:17; 12:47). 그러나 다른 한 편에서 예수는 이 세상을 심판하기 위하여(9:39; 12:31) 또한 이 세상을 이기기 위하여(16:33) 왔다고 언급된다. 쫓겨날 원수는 이 세상의 임금이다(12:31; 14:30; 16:11).

그러나 이것이 서로 상충되는 것은 아니다. 예수는 세상을 구원하기 위하여 왔지만, 그 구원에 참여하거나 혹은 참여하지 못하는 것은 빛을 대하는 사람 각자의 선택에 달려 있다. 빛을 영접하는 사람에게는 구원이 주어지지만, 그것을 거부하는 사람은 여전히 이 세상의 임금 아래 남아 있기를 선택하는 사람이며 또 그래서 그 사람은 구원을 심판으로 바꾸는 것이다. 예수의 오심의 목적은 모든 사람으로 하여금 믿고 구원을 얻게 하려는 것이지만(17:21, 23), 그러나 그의 사역의 결과는 그를 알지 못하는 사람들과 거절하는 사람들을 낳게 된다(1:10; 14:17; 17:25).

저자는 참 빛의 활동에 대한 부정적 결과를 먼저 말한다: **"그가 세상에 계셨으며 세상은 그로 말미암아 지은바 되었으되 세상이 그를 알지 못했다"**(1:10). "그가 세상에 계셨다(ἐν τῷ κόσμῳ ἦν)"는 말은 그 다음 구절에서 언급될 로고스의 화육과 세상에서의 활동을 가리킨다. "알지 못했다"는 말은 그를 인식하지 못했고 그에게 반응하지도 않았다는 말이다.

요한복음에서 '안다'는 말은 '본다'는 말과 동의어적으로 사용되는데, 일반적으로 사건이나 사물에 관한 사람의 인식을 가리킨다. 그런데 요한복음에서 '안다'는 말은 특별히 아버지와 아들에 관하여, 그들 사이의 관계, 그리고 세상에서 예수의 사명에 관하여 사용된다. 헬라 사상에서 '안다'는 것은 관찰과 객관성을 암시하고 또 그런 점에서 그것은 외적으로 보는 것과 밀접하게 연결된다. 그러나 구약 사상에서 '안다'는 것은 인식적 개념뿐 아니라, 신뢰와 순종을 포함하는 전인적 개념이다. 하나님이 이스라엘을 안다는 것은 자기 백성을 선택하고 돌보는 것을 포함한다(암 3:2). 또한 사람이 하나님을 안다는 것은 단순히 그의 존재를 인식한다는 것뿐 아니라 하나님과 신뢰와 순종의 관계로 들어가는 것을 포함한다(렘 31:34).

요한복음에서 '알다'는 동사는 이러한 구약성서적인 개념을 기초하고 있다. 예수 자신이 아버지를 안다고 언급되는데, 그것은 사랑과 순종과 상호 연합의 관계를 나타낸다(10:15; 17:25; 7:29; 8:55). 사람이 예수를 통하여 하나님을 안다는 것도 예수가 하나님을 안다는 것과 동일한 형태의 관계를 가리킨다(8:32; 17:8, 25; 10:4; 13:17; 15:15). 요한복음에서 가장 특징적 단어로서 예수 그리스도를 통해 주어지는 영원한 생명은 유일하신 참된 하나님과 그의 보냄을 받는 존재인 예수 그리스도를 아는 것이다(17:3). 따라서 영생의 활력은 삼위일체의 하나님과 연합되는 관계 속에서 주어지는 생동적이며 권능의 지식을 통해 표현된다. 또한 이런 점에서 사도 바울의 말과 같이, 세상은 자기 지혜로 하나님을 알지 못한다(고전 1:21).

로고스의 활동에 대한 부정적 반응은 하나님의 백성 중에서도 마찬가지였다: **"자기 땅에 오매 자기 백성이 영접하지 않았다"**(1:11). "자기 땅에 왔다"는 말은 로고스가 세상에 온 사건 곧 예수가 유대인의 세계에 온 것을 말한다. "자기 땅에"라는 우리말 번역은 원어의 의미를 충분히 반영하지 못한다. 이것을 직역하면, "그가 자기 자신의 것들에게로 왔다"(εἰς τὰ ἴδια ἦλθεν)가 된다. 여기서 "자기 자신의 것들"(τὰ ἴδια)은 그 다음에 나오는 "자기 자신의 사람들"(οἱ ἴδιοι)과 밀접하게 연결되어 세상에서 그 자신이 택한 백성의 세계로 온 것을 가리킨다. 남성 복수(οἱ ἴδιοι)가 사용된 것은 "너희가 열국 중에서 나의 소유가 되겠고"(출 19:5)라는 구약의 사상에 기초한 것으로서 하나님의 백성을 가리킨다. 그러나 자기 백성도 그를 영접하지 않았다. '영접하다'(λαμβάνειν)라는 동사는 요한복음에서 반복적으로 사용되었는데, 하나님의 보냄을 받은 자에 대한 열린 자세 곧 그를 신뢰하고 순종하는 자세를 말한다. 빛을 영접하지 않았다는 것은 예수의 공생애 활동에 대한 대다수 유대인들 특히 유대교 지도자들의 반응을 나타낸다(12:37-41).

그러나 로고스의 활동에 긍정적 반응을 보인 사람들이 있었다. 요한은 그 사람들에게 주어진 하나님의 선물을 말한다: **"영접하는 자 곧 그의 이름을 믿는 자들에게는 하나님의 자녀가 되는 권세를 주셨으니"**(1:12). 원어에서 "영접하는 자"는 단순과거 시제(ἔλαβον)이며 "믿는 자들"은 현재 시제(πιστεύουσιν)로 되어 있다. 그래서 두 단어를 연결하면, "예수 그리스도를 영접했으며 그 결과로 현재 믿고 있는 사람들에게"라는 의미가 된다. "그를 영접했다"는 것은 예수를 그리스도이며 하나님의 아들로서 신뢰와 순종의 대상으로 받아들였다는 것이며 또 "그의 이름을 믿는다"는 것은 예수 그리스도의 존재 전체를 마음으로 받아들이고 신뢰하며 순종하는 것을 말한다(1:12; 2:23; 3:18). 이름은 그것이 가리키는 존재 자체 혹은 존재 전체를 나타낸다.

신약성서에는 예수 그리스도의 이름의 중요성이 강조된다. 그래서 사도 바울은 하나님이 부활의 예수에게 "모든 이름 위에 뛰어난 이름을 주셨다"라고 말함으로써 부활하여 올리우신 예수의 특별한 지위를 강조한다(빌 2:9). 사도 베드로는 하나님이 "천하 인간에 구원을 얻을만한 다른 이름을 우리에게 주신 일이 없다"라고 말함으로써 예수 그리스도만이 유일한 구원자이심을 강조했다(행 4:12). 요한에게 있어서 예수 그리스도의 이름을 믿는다는 것은 예수 그리스도의 존재 전체 곧 그의 선재와 화육과 올리우심을 통해 하나님과 하나가 되신 아버지의 독생자를 신뢰하고 순종하는 것이다.

요한복음에서 예수 그리스도는 선재와 화육과 부활의 존재로서 지금도 살아계시며 하나님과 연합의 관계 속에서 활동하시는 분이다. "하나님의 자녀가 되는 것"은 예수 그리스도를 믿는 믿음을 통하여 하나님과 바른 관계로 들어가는 것으로서 요한복음에서 제시되는 구원론의 핵심적 내용이다(2:23; 3:18). 사도 바울은 그리스도인들을 가리켜 "하나님의 아들들"(ὑιοί)이라는 남성 위주의 단어를 사용했다(갈 3:26; 롬 8:15). 그러나 요한에게 있어서 '아들'(ὑιός)은 오직 하나님의 유일한 아들이신 예수 그리스도를 가리키는 단어로 사용된다. 하나님의 백성으로서의 신자들을 가리키는 용어로는 중성 단어인 '자녀들'(τέκνα)이 사용되었다. '자녀'라는 용어는 '백성'보다 더 하나님과의 친밀함과 가까움을 나타낸다.

요한은 예수를 영접한 사람들이, 종래에 하나님의 백성인 유대인들과는 근본적으로 다르게, 하나님과 바른 관계를 맺고 하나님의 존재를 바로 이해하며 하나님의 뜻을 실행하는 사람들이 된다는 점에서 '자녀들'이라는 용어를 사용한다. '권세'(ἐξουσία)라는 말은 권위(authority), 권리(right), 혹은 능력(power)의 의미로 사용된다(1:12; 5:27; 17:2; 19:10-11). 이 말은 요한복음을 쓴 목적에 대한 단서를 나타내기도 하며 또 이 복음서의 내용을 어떻게 읽어야 할 것인가를 제시하기도 한다. 요한이 이 복음서를 기록한 목적은 예수 그리스도를 영접하여 하나님의 자녀가 되는 권리와 권위와 능력을 갖게 하려는 것이다(20:30f.).

저자는 이렇게 예수를 영접함으로써 하나님의 자녀가 되는 새로운 출생의 성격을 말한다: **"이는 혈통으로나 육정으로나 사람의 뜻으로 나지 아니하고 오직 하나님께로서 난 자들이니라"**(1:13). 혈통, 육정, 그리고 사람의 뜻은 모두 하나님의 자녀가 되는 것이 인간의 어떤 개입도 작용할 수 없는 순전히 하나님에 의해 이루어지는 주권적인 은혜라는 것을 강조한다. 혈통은 부모를 통한 자연적 출생을 가리킨다. '육정'은 직역하면 "육신의 뜻"(θελήματος σαρκός)이다. 요한복음에서 육신(σάρξ)은, 사도 바울이 육체의 의미로 사용한 것과는 달리(갈 5:16-21; 롬 8:5-8), 살과 피를 가진 인간 존재라는 중립적 의미를 갖는다(1:14). 그래서 이 어구는 하나님의 자녀가 되는 것이 인간의 뜻으로 되는 것이 아님을 표현한다(cf. 롬 9:16).

셋째 어구인 "사람의 뜻"(θελήματος ἀνδρὸς)이라는 어구에서 '사람'(ἀνήρ)은 성인 남자 혹은 남편을 가리키는 단어이다. 따라서 이 어구는 가부장제 사회에서 남편이나 아버지의 주권을 가리킬 수도 있고 혹은 인간의 출생에서 남편의 주도적 역할을 가리킬 수도 있다. 아무튼 이 어구는 일부 사본들에서는 생략되었다. 이것은 둘째 어구인 육정과 거의 같은 의미를 전달한다. 저자가 이것을 추가한 이유는 요한복음 전체에서 보여지는 것으로서 예수 그리스도를 통한 하나님의 새로운 구원에서 여성 제자들의 위치와 역할과 관련된 것으로 보인다. 여성들이 하나님의 자녀가 되는 것이 가부장제 가정에서와 같이 아버지나 남편의 뜻대로 되는 것이 아니라, 오직 하나님의 뜻을 따라 된다는 것으로서 남성과 여성의 평등성을 부각시킨다. "오직 하나님께로부터 난 자들"이란 말은 하나님의 자녀가 되는 일에 있어서 오직 하나님의 주권과 은혜의 역사를 강조한다.

이것은 사도 바울이 강조한 신학적 성찰이기도 하다(cf. 엡 2:8; 행 15:11). 그것은 하나님 자신의 뜻과 능력에 의한 태어남인데, 그러한 출생은 니고데모와의 대화 속에서 더 상세하게 설명된다(3:1-21). 하나님의 자녀로 태어나는 것은 인간의 소원, 의지 혹은 인간관계(부모와 자식 혹은 남편과 아내)에 상관없이 오직 예수 그리스도를 "나의 주 나의 하나님"으로 영접하고 "그의 이름을 믿는 것"에 의하여 이루어지는 것인데, 그것은 오직 하나님의 주권적인 은혜의 역사를 통해 이루어진다. 하나님의 자녀로 태어나기 위한 믿음은 창조와 구속의 대리자로서 예수 그리스도를 믿는 것인데(20:31), 그 믿음은 하나님께서 은혜로 역사하심을 통해 주어진다. 그래서 하나님의 아들이며 하나님의 말씀으로서의 예수에 대한 고백이 중생한 것을 보여주는 일차적 증거가 된다.

저자가 이 복음서를 기록한 목적은 예수께서 하나님의 아들 그리스도이심을 믿고 그 이름을 힘입어 생명을 얻게 하려는 것이다(20:31). 요한복음에는 예수에 대하여 다양한 용어로 고백하는 증인들이 등장한다. 그러나 그들은 한결같이 온전하고 적합한 고백에 이르지 못한다. 그들은 예수 그리스도의 존재를 온전히 파악하고 고백하는 완전히 성숙한 제자가 되는 과정에 있는 제자들의 모습을 대변한다: 예수의 모친, 제자들, 침례 요한, 그리고 맹인. 그런 단계에 있는 사람들로 하여금 예수 그리스도에 대하여 온전하고 적합한 신앙에 다다른 것을 나타내는 고백의 절정은 예수의 죽음과 부활현현의 경험과 함께 나온다. 부활하신 예수에 대한 도마의 고백은 "나의 주 나의 하나님"이었다(20:28).

그런 고백은 부활현현의 경험 이후에 가능하게 된다. 예수의 제자들은 그의 부활현현을 경험하고 나서야 비로소 예수 그리스도의 존재의 근본을 바로 깨닫기 시작했다. 부활현현을 경험하는 제자들에게 성령이 강림하여 그들을 인도하며 하나님의 자녀가 되는 권세를 주셨다(20:22). 예수의 공생애에서 이루어진 사건들과 말씀들의 의미에 대한 충분하고 깊은 이해는 부활현현의 경험과 함께 강림하신 성령의 활동을 통하여 이루어지게 되었다. 예수의 공생애 동안의 사건이 그의 영광 받으심 이후에 기억되고 깨닫게 되었다는 것이 언급되기도 한다(2:22; 20:9). 이와 같이 복음서에 기록된 모든 사건들과 말씀들은 부활현현의 체험의 결과로 갖게 된 부활신앙과 시각에 기초하여 회상되고 깨닫게 된 것들이다. 그런 점에서 복음서에 기록된 모든 것들은 성령의 역사를 통해 이루어진 계시의 결과인 것이다.

5. 화육하신 로고스(1:14-18)

로고스 찬미가의 마지막 부분은 로고스의 화육과 화육하신 로고스를 통한 하나님의 구원 활동을 다룬다(1:14-18). 저자는 영원한 신성의 존재인 로고스가 역사상의 한 구체적 인간이 되어 그들 가운데 함께 거하셨던 사실을 제시한다: **"말씀이 육신이 되어 우리 가운데 거하시매"**(1:14a). "말씀이 육신이 되었다"(ὁ λόγος σὰρξ ἐγένετο)는 말은 말씀이 육신 곧 인간이 된 것을 가리킨다. 그것은 신성의 존재가 인성의 존재로 변형된 것을 말한다. 그것은 또 그 말씀이 인성의 존재가 되어 인간의 삶의 현장에 온 것을 나타낸다. 요한복음에서 '육신'(σάρξ)이란 단어는 아주 드물게 나오는데, 신체 곧 살과 피를 가진 인간 존재라는 중립적 의미로 사용된다. 사도 바울도 그의 기독론적 성찰에서 화육과 관련하여 이 단어를 사용했다: 하나님의 아들이 **육신으로는**(κατὰ σάρκα) 다윗의 혈통에서 나셨다(롬 1:3); 하나님이 자기 아들을 죄 있는 **육신의 모양으로**(ἐν ὁμοιώματι σαρκὸς) 보냈다(롬 8:3); 그리스도는 **육신으로**(ἐν σαρκί) 나타난바 되셨다(딤전 3:16).

이러한 신학적 맥락에서 이 단어의 사용은 인간으로서의 제한됨과 유한성을 강조하는 표현이다. 그러나 말씀이 육신이 되심으로써 말씀으로서의 영원한 신성의 존재가 변질된 것은 아니다. 화육하신 로고스는 인간이 되셨지만 말씀으로서의 존재를 유지하며 로고스의 역할을 완전하게 그대로 감당한다. 저자는 말씀이 어떻게 인간 존재가 되었는지에 관하여는 말하지 않는다. 저자는 단순히 "말씀이 육신이 되었다"(ἐγένετο)라고만 선언한다.

이런 점에서 화육의 신학은 공관복음서들(마태와 누가)에 나오는 동정녀 출생의 신학과는 매우 다른 신학적 입장을 반영한다. 동정녀 출생의 신학은 예수는 하나님의 아들이지만, 인간이 출생하는 방식과 동일한 방식을 따라 어머니의 태에서 잉태되고 태어났으며 어린 아기로부터 자라난 인간임을 강조한다. 그래서 예수의 출생 이야기들에 따르면, 예수는 그의 어머니를 통하여 태어난 것으로 제시되며 또 그것을 표현하기 위하여 부모가 아기를 '낳다'는 의미의 동사들이 사용되었다; τίκτω(마 1:21,

23, 25; 눅 1:31; 2:7); γεννάω(마 1:20; 2:1, 4; 눅 1:35). 동정녀 출생의 신학에서 부각되는 것은 예수가 그의 어머니를 통해 인간으로 태어났다는 것과 그렇지만 그것은 인간 아버지의 개입에 의한 것이 아니라, 하나님 자신의 신비한 개입에 의한 잉태와 출생이라는 신학적 진리를 제시한다(마 1:18; 눅 1:35).

반면에 화육의 신학은 인간으로 출생하는 것이 아니라, 단순히 인간이 되었다는 점이 부각된다. 어떻게 그렇게 되었는지는 직접적으로 설명되지 않는 것으로서 하나님의 비밀에 속한 부분이다. 그것은 천지의 창조자이신 하나님의 주권적 권능의 활동의 결과로 나타난 것이다. 화육은 부활과 반대 방향의 하나님의 권능의 활동을 가리킨다. 부활이 나사렛 예수라는 인간 존재에서 하나님의 존재 곧 하늘과 땅의 권세자가 되신 존재의 변형을 가리키는 반면, 화육은 부활과 반대 방향의 하나님의 역사로서 로고스라는 하나님의 존재에서 나사렛 예수라는 인간 존재로의 변형을 나타낸다. 이런 점에서 부활과 화육 모두 하나님의 주권적인 권능의 역사와 예수 그리스도의 신성을 강조하는 신학을 대변한다.

영원한 신성의 로고스가 유한하고 가시적이며 육신의 존재가 되었다는 말씀은 가현설과 같은 영지주의적 교훈을 반대하려는 저자의 의도를 포함한다. 가현설(docetism)은 신성의 로고스가 실제로 육신의 존재가 된 것이 아니라, 단순히 육신의 몸을 입은 것처럼 보였을 뿐이라고 주장하는 견해다. 이러한 견해는 예수 그리스도의 인성을 거부하면서 신성만을 강조하려는 입장에서 나왔다. 이것은 세상과 존재를 이분법적으로 생각하는–비가시 세계와 가시 세계, 위의 세계와 아래 세계, 그리고 정신 세계과 물질 세계–헬라주의의 이분법적 세계관과 인간관에 기초한다. 그 세계관에 따르면, 가시 세계는 물질과 육신의 유한한 존재로 이루어진 세계인 반면, 비가시 세계는 정신과 영의 무한한 존재로 이루어진 세계이다.

영지주의자들은 여기에 도덕적 이분법을 적용하여 아래 세계는 악하고 위의 세계는 선하다고 생각했다. 그들에 따르면, 인간의 육신은 물질이며 아래 세계의 존재이기 때문에 악한 반면, 영혼은 영적이며 위의 세계의 존재이기 때문에 선한 것이다. 그래서 그들은 하나님의 구원을 가시적 육신 속에 갇혀 있는 영원한 신성의 파편인 영혼을 구원하는 것으로 생각했다. 따라서 가현설의 바탕에는 어떻게 영원하고 비가시적이며 비물질의 존재인 신(말씀)이 유한하고 가시적이며 물질의 존재(육신)가 될 수 있는가에 대한 헬라주의적 의심이 자리하고 있다.

그러나 요한은 이러한 헬라주의 사상을 정면으로 돌파하면서 영원하신 신성의 하나님이 역사의 구체적인 한 인간이 되신 종말론적 구원 사건을 선포한다. 요한은 그의 복음서 전체를 통하여 말씀이 인간이 된 이 화육의 신비한 사건을 설명하고 설득하기 위하여 노력한다. 또한 화육이라는 비밀스런 진리를 이해하는 길은 예수 그리스도의 말씀을 믿음으로 영접하는 것임을 강조한다. "우리가 당신은 하나님의 거룩하신 자인 줄 믿고 알았삽나이다"(6:69)라는 베드로의 고백과 같이 예수 그리스도를 통한 하나님의 신비한 구원을 이해하는 길은 먼저 그 분을 "나의 구주와 주님"으로 영접하고 신뢰하는 믿음을 가지는 것이다(1:12; 20:31).

'거했다'(ἐσκήνωσεν)는 말은 "장막을 치다" 혹은 "거처를 정하다"는 의미의 동사인데, 하나님이 광야의 장막에서 자기 백성과 함께 거하신 것을 나타낸다. 출애굽 때에 하나님은 그가 이스라엘 백성 중에 거하실 수 있도록 성막을 치게 했다(출 25:8-9). 그래서 그 성막은 하나님이 자기의 백성 중에 임하시어 그들과 함께 동거하시는 현존의 장소가 되었다. 구약에서 '거하다'(σκηνόω)는 동사는 하나님이 이스라엘 중에 거하시는 것을 나타낸다(출 25:8; 29:46). 맹렬한 불같은 구름이 성막 위에 머물렀는데(출 24:16; 40:35), 그것은 하나님의 영광 곧 하나님의 임재의 모습을 묘사한다.

이스라엘의 예언 전승에는 하나님이 종말에 자기 백성 가운데 장막을 칠 것이 예언되어 있다: "나는 **시온에 장막을 치는** 주 너희 하나님인 것을 너희가 알리라"(요엘 3:17); "시온의 딸아 노래하고 기뻐하라 이는 내가 임하여 **네 가운데 거처할 것이라**"(슥 2:10); "이는 내 보좌의 처소, 배 발을 두는 처소, 내가 이스라엘 족속 가운데 **영원히 거할 곳이라**"(겔 43:7). 저자는 화육하신 로고스가 바로 세상에서 하나님의 임재의 새로운 처소임을 제시한다. 예수는 구약의 옛 장막을 대체하는 하나님의 새로운 임재의 처소이다(2:19-22). 저자는 또 "우리 가운데 거했다"고 말함으로써 '우리들'이라는 제자들의 공동체가 하나님의 현존의 장소임을 나타낸다. '우리들'이라는 제자들의 공동체가 하나님의 현존의 장소인 것은 고별 강화의 마지막 부분에서 강조될 내용이다(14:23; 17:21-24).

저자는 화육하신 로고스와 동거한 경험을 기초하여 그 분의 존재를 설명한다: **"우리가 그 영광을 보니 아버지의 독생자의 영광이요 은혜와 진리가 충만하더라**"(1:14b). 저자는 '우리가' 그의 영광을 보았다고 말한다. 요한복음에서 저자는 자기의 견해를 말할 때, '내가'라는 단수형 주어를 사용하지 않고 '우리'라는 복수형 주어를 사용한다. 이것을 통하여 저자는 자신의 개인적 견해보다는 공동체가 전체적으로 동의하고 고백하는 견해를 제시하려고 노력한다(3:11; 6:69). 요한복음 전체를 통하여 저자는 예수의 제자들이 개인적으로 존재하는 것이 아니라, 그들이 서로가 서로에게 연합된 형태로 존재한다는 연합체적 성격을 강조한다. 예수 그리스도 안에서 제자들의 연합의 관계는 아버지와 아들의 연합을 구현하는 인격적이고 직접적이며 친밀한 것이 되어야 한다(17:21-24). 저자는 바로 앞 구절에서도 로고스가 화육하여 "우리 가운데 거했다"고 말함으로써 로고스의 화육을 공동체의 고백의 형태로 제시한다.

'영광'(δόξα)은 요한복음에서 하나님의 아들로서 예수의 존재와 활동을 나타내기 위하여 사용된 핵심적인 단어다. 구약에서 영광은 하나님의 현현을 나타내는 시각적 모습(때때로 불과 구름의 모습)을 가리킨다(출 33:22; 신 5:21; 왕상 8:11). 영광은 곧 피조 세계에 강림하시어 권능으로 활동하시는 하나님의 임재와 활동을 가리킨다. 구약의 예언 전승에서 영광은 하나님의 종말론적 활동과 관련되는데(사 60:1; 합 2:14), 그 단어에 포함된 그러한 종말론적 중요성이 신약에서도 유지된다(막 8:38; 13:26;

롬 8:18; 벧전 4:13). 이렇게 '영광'이란 단어는 하나님의 임재와 종말론적 구원 활동을 나타내기 위하여 사용되었다.

요한복음에서 영광은 예수의 공생애를 통하여 나타난 하나님의 현존과 권능의 활동을 가리킨다. 그래서 요한은 예수가 갈릴리 가나에서 물을 포도주로 변화시키는 첫 번째 표적을 행했을 때, "그의 영광을 나타냈다"고 표현한다(2:11). 예수는 십자가 사건을 가리켜 "인자의 영광을 얻을 때가 왔다"고 말한다(12:23). 예수를 통해 나타날 최종적인 영광은 그가 창세 전에 하나님과 함께 가졌던 영광으로 복귀하는 것이다(17:5). 저자를 포함하여 예수의 공생애의 목격자들은 그의 활동 속에서 하나님의 임재와 권능의 활동을 본 것이다.

저자는 예수의 공생애를 통해 나타난 영광을 "아버지의 독생자의 영광"이라고 말한다. '독생자'로 번역된 단어(μονογενής)는 본래 **"단 하나의"** 혹은 '**유일무이한**'이라는 의미의 형용사이다. 요한은 예수의 존재의 특별한 성격 곧 하나님과 유일한 관계에 있는 존재를 나타내기 위하여 이 단어를 사용한다(1:18; 3:16, 18). "아버지의 독생자" 혹은 "하나님의 독생자"란 하나님과의 관계에 있어서 세상의 어느 누구도 혹은 세상의 어떤 존재도 가질 수 없는 특별하고 유일무이한 관계의 존재 곧 창세 이전부터 하나님과 함께 계셨고, 하나님 자신이셨으며, 화육하셨고, 죽으셨으며 부활하심으로 다시 하나님의 존재로 복귀하신 예수 그리스도를 가리킨다. 그런데 독생자라는 용어에서 중간에 위치한 '생'은 육신을 가진 인간으로의 출생을 가리킨다. 하나님의 아들이 인간으로 출생한 것은 동정녀 출생의 신학에서 부각된 것이다.

그렇지만, 앞에서도 언급되었듯이, 요한은 동정녀 출생의 신학과는 다른 화육의 신학을 부각시킨다. 화육의 신학에서는 인간으로 태어난 것이 아니라 단순히 인간이 된 것이다. 그래서 영어권의 학자들 사이에 이 단어의 번역을 놓고 '독생자'(the only begotten son)와 '독자'(the only son) 사이에 많은 논쟁이 있어왔다. '독자'라는 단어가 하나님에 대한 예수의 유일한 관계를 강조하는 점에서 요한의 신학을 더 반영한다고 말할 수 있다. 그러나 화육의 신학도 결과적으로는 로고스가 육신 곧 살과 피를 가진 인간 존재(σάρξ)가 된 것을 가리키기 때문에, 독생자라는 단어가 신성과 인성의 결합이라는 예수 그리스도의 특별한 존재의 모습을 설명하는데 더 적절한 면을 갖고 있는 점도 있다. 따라서 독생자와 독자 중에서 어느 것을 취하든지, 그 단어가 각각 강조하는 면을 이해하면서 사용하는 것이 필요하다.

저자는 아버지의 독생자가 보여준 공생애의 모습을 "은혜와 진리가 충만하다"고 표현한다. 은혜(χάρις)는 요한복음에서 네 번만 나오는데, 그것도 로고스 찬미가에만 나온다(1:14, 16², 17). 진리(ἀλήθεια)는 요한이 예수 그리스도의 존재와 사역을 나타내기 위하여 즐겨 사용한 단어다. 구약에서 은혜와 진리는 하나님께서 자기 자신의 계약과 그 계약의 백성에 대하여 가지는 충성과 신실하심을 가리키는 점에서 밀접하게 연결된다. 은혜가 받을 자격이 없는 사람에게 값없이 베푸시는 하나님의 자비와 긍휼하심을 가리키는 반면, 진리는 계약을 반드시 그대로 이행하시는 하나님의 신실하심과 일관되심을 가리킨다. 그래서 은혜와 진리는 세상에서 하나님이 자기 백성을 다루시는 두 가지 중심적 통치 원리를 나타낸다.

하나님은 자기 백성을 불쌍히 여기시고 사랑을 베푸시면서도, 자기 백성과 맺은 계약을 이행하는 일에 있어서 신실하시며 일관되시다. 저자는 이스라엘의 역사 속에서 나타난 하나님의 활동의 이러한 두 가지 중심적 원리가 예수 그리스도에게서 충만하게 나타난 것을 언급한다. 요한은 특히 예수 그리스도의 사역을 진리와 관계시킨다. 진리는 예수 그리스도에 의하여 그리고 예수 그리스도 안에서 나타난 하나님의 구원의 계시를 가리킨다(1:17; 8:32; 16:13; 17:17, 19). 예수는 자기를 믿는 사람들을 진리로 인도하며 또 그 진리는 사람들에게 참된 자유를 제공한다(8:32). 나아가 예수 자신이 진리로 언급되는데, 이것은 예수의 사역이 하나님의 목적의 최종적 성취이며 완성이기 때문이다(14:6).

저자는 화육하신 로고스를 통하여 사람들을 생명과 빛으로 인도하시는 하나님의 은혜에 감격하면서 그를 통하여 받는 충만한 은혜를 말한다: **"우리가 다 그의 충만한데서 받으니 은혜 위에 은혜러라"**(1:16). '충만'(πληρῶμα)이란 단어는 요한복음에서 여기에만 나온다. 그것은 영지주의 문헌들에서 자주 사용된 용어인데, 후기 바울 서신들에도 나온다(골 1:19; 2:9; 엡 1:23; 3:19; 4:13). 그러나 저자가 이 단어를 영지주의적으로 사용한 것은 아니다. 그는 화육하신 로고스를 통하여 나타난 하나님의 은혜와 진리의 충만함을 이런 방식으로 반복하여 표현한 것이다. "은혜 위에 은혜"라는 말은 그리스도인의 삶이 기본적으로 하나님의 은혜 위에 기초하고 있음을 강조한다. 그리스도인의 삶은 한 은혜 위에 또 다른 은혜가 주어지는 은혜의 연속인 셈이다.

이 구절을 다음 절(1:17)과 관계시켜 율법이라는 옛 계약의 은혜가 은혜와 진리라는 새 계약의 은혜로 대체되었다는 의미로 이해하는 견해도 있다. 아무튼 예수 그리스도 안에서의 삶은 처음부터 끝까지 은혜로 충만한 삶이다. 요한은 여기서도 "우리가 다"라고 표현함으로서 이 고백의 공동체성을 부각시키고 또 나아가 하나님의 충만한 은혜는 예수 그리스도와 연합된 모든 사람들에게 주어지는 선물임을 강조한다. 요한복음 전체를 통하여 저자는 하나님의 은사의 계급적 이해를 강하게 반대한다. 일부 사람들만이 아니라 "우리가 다" 하나님의 충만한 은혜를 경험할 수 있다는 것이다(cf. 골 1:28).

저자는 은혜 위에 은혜를 받는 삶을 모세와 예수 그리스도를 대비시켜 설명한다: **"율법은 모세로 말미암아 주신 것이요 은혜와 진리는 예수 그리스도로 말미암아 온 것이라"**(1:17). 여기서 예수 그리스도라는 이름이 처음으로 나오는데, 지금까지 로고스라는 별명으로 불리우던 존재가 바로 예수 그리스도라는 것이 명백하게 제시된다. 모세와 예수 그리스도의 대비는 앞 절에서도 이미 암시적으로 제시되었으며 또 그것은 예수와 유대교 지도자들 사이의 격렬한 논쟁의 중심을 이룬다. 유대인들은 모세를 통해 주신 율법을 이스라엘에게 주신 하나님의 선물로 인식해왔다. 요한복음에서 유대인들은 자기들을 "모세의 제자들"로 지칭하고 또 율법을 모세를 통해 주신 하나님의 말씀으로 인정한다(9:28-29).

그러나 저자는 율법이 궁극적으로는 예수 그리스도를 증언한다는 것(5:39)과 모세의 역할을 일차적으로 예수 그리스도를 거부하는 사람들에 대하여 고소하는 자로 제시한다(5:45). 저자는 예수 그리스도를 증언하는 점에서 모세의 법이 아직 유용하지만, 유대인들은 아직 그것을 오해하며 오히려 율법을 불순종하고 있다는 것을 부각시킨다(5:40). 율법에 대한 저자의 이러한 견해는 율법이 믿음으로 말미암는 구원으로 인도하는 가정교사의 역할을 하며(갈 3:24) 혹은 죄의 본성을 드러나게 한다(롬 7:7)는 사도 바울의 견해와 유사하다. 따라서 율법의 유용성은 인정할 수 있지만, 그러나 하나님의 구원의 본질인 은혜와 진리는 오직 예수 그리스도를 통하여 주시는 하나님의 선물이다.

저자는 화육하신 로고스의 사역의 핵심을 언급하면서 로고스에 대한 찬미를 마친다: **"본래 하나님을 본 사람이 없으되 아버지 품속에 있는 독생하신 하나님이 나타내셨느니라"**(1:18). 하나님은 근본적으로 보이지 않는 존재이며 혹은 인간이 하나님을 직접적으로 보는 것은 부적절하며 안전하지 않다는 것이 구약의 일반적인 전제이다(신 4:12; 시 97:2). 그래서 아무도 하나님을 본 사람이 없다는 것이 구약에서 빈번하게 제시된다. 심지어 회막에서 하나님을 대면하고 하나님의 음성을 직접 들었던 모세조차도 하나님을 얼굴로 보지 못하고 등만을 보게 될 것으로 예고된다(출 33:20-23). 그러나 예수 그리스도는 아버지의 품속에 있던 독생하신 하나님으로 묘사된다.

"아버지의 품속에 있다"는 말은 아버지가 어린아이를 품에 앉고 있는 영상을 통하여 하나님과 예수 그리스도 사이의 가깝고 친밀한 연합의 관계를 묘사한다. 이러한 관계는 요한복음 전체에서 예수 그리스도의 존재와 관련하여 특별히 강조되는 주제이다. "독생하신 하나님"(μονογενὴς θεός)

이란 어구 대신 "독생하신 아들"(μονογενὴς υἱός)이란 어구로 된 사본들도 존재한다. 전자가 화육하신 로고스의 신성을 부각시키는 반면, 후자는 인성을 부각시킨다. "독생하신 하나님"이든지 혹은 "독생하신 아들"이든지 그것은 완전한 하나님이면서 동시에 완전한 인간인 예수 그리스도의 특별한 존재성을 가리킨다.

예수 그리스도가 그의 공생애를 통하여 행한 사역의 핵심은 하나님을 나타내는 것이다. '나타내다'(ἐξηγήσατο)는 단어는 "시 혹은 이야기를 해설하다" 혹은 "신령한 비밀들을 설명하다"라는 의미로 사용되었으며 그래서 헬라주의 지식인들에게 익숙한 단어였다. 로고스 찬송시가 헬라주의 문화에 익숙한 이 단어로 끝맺은 것은 헬라인들에게 다가가려는 저자의 입장을 반영한다. 보이지 않는 하나님이 이제 예수 그리스도의 활동 곧 은혜와 진리가 충만한 사역을 통하여 나타나고 설명되기 시작했다. 요한복음에서 하나님을 나타낸다는 것은 하나님의 종말론적 구원 활동 곧 독생자 예수 그리스도를 통해 주어지는 하나님의 은혜와 진리를 나타내심을 통하여 어둠 속에서 멸망하고 있는 사람들에게 영원한 생명을 공급하는 일이다.

B 침례 요한의 사역(1:19-34)

저자는 공관복음서들에서와 같이 침례 요한의 사역을 예수의 공생애를 위한 중요한 준비 과정으로 제시한다. 요한복음에는 사복음서 중에서 침례 요한에 관한 전승이 가장 많이 포함되었다. 그러나 공관복음서들과는 달리 그의 사역의 핵심은 죄사함을 위한 회개의 침례가 아니라, 예수를 그리스도요 하나님의 아들로 증언하는 것에 있다. 요한복음에서는 증인들에게 초점이 맞춰지는데, 특히 심문 받는 예수 그리고 예수와 더불어 심각하게 논쟁을 벌이는 "그 유대인들"이 중요하게 부각된다. 침례 요한에 대한 그들의 심문도 이러한 맥락에서 이루어진다. 이것은 요한복음이 예수 그리스도의 삶에 대한 변증적 목적을 가진 선교적인 문서라는 것을 반영한다.

유대교 당국자들이 침례 요한의 의도와 주장을 조사하기 위하여 조사단을 파견했다. 침례 요한은 그 자신의 존재에 대한 질문에는 부정적 대답으로 일관한다. 그는 자기의 임무가 자기 뒤에 오시는 더 능력 많은 자를 증언하는 일이라고 제시한다. 예수에 대한 침례 요한의 증거는 그가 사용한 세 가지 칭호를 통하여 표현된다: 하나님의 어린양; 성령으로 침례를 주시는 분; 하나님의 아들. 여기서 침례 요한의 증언은 두 부분으로 구분된다: 첫째 부분에서는 그의 정체에 관하여 유대교 조사단원들의 심문이 제시된다(1:19-28). 둘째 부분에서는 예수의 존재에 대한 그의 증언이 제시된다(1:29-34).

요한복음에 나오는 침례 요한의 사역에 대한 이야기의 배후에는 공관복음서 전승이 놓여있다: 오실 자에 대한 예고(막 1:7f.; 마 3:11; 눅 3:16); 예수에게 침례를 줌(막 1:9-11; 마 3:13-17; 눅 3:21f.); 옥중에서 그의 제자들을 통해 예수에게 한 질문(마 11:2-6; 눅 7:18-32). 마태복음에서와 같이(마 3:14f.), 요한복음에서 침례 요한은 예수가 그의 사역을 시작한 최초의 단계에서부터 그의 권위를 인정한 것으로 제시된다. 그러나 요한복음에서 그에 관한 내용은 여러 면에서 공관복음서 전승과 다르다: (1) 침례 요한을 엘리야와 동일시하는 내용이 없다; (2) 예수가 요한에게 침례를 받았다는 내용도 없다; (3) 공관복음서들에서는 하늘로부터의 음성이 예수를 하나님의 아들로 선언한 반면, 요한복음에서는 침례 요한이 이 선언을 하는 것으로 제시된다.

공관복음서들에서 침례 요한은 메시야가 강림하기 바로 직전에 메시아의 강림을 준비하기 위하여 활동하는 선구자로 제시된다(마 11:11-14; 눅 16:16). 그러나 요한복음에서 예수는 하나님의 아들이며 성령의 보유자로서 침례 요한보다 앞선 존재이다; 침례 요한은 단지 광야에서 외치는 음성에 불과하다(1:23). 이러한 다른 점들은 그에 대한 예수의 우위성을 강조하는데, 이것은 침례 요한에 대한 지나친 칭송을 배격하고 그의 추종자들의 주장을 반박하려는 저자의 의도를 반영한다. 요한복음의 저술 장소로서 유력하게 제시되는 에베소에서는 아직도 침례 요한의 침례만을 아는 사람들이 있었다(행 18:25).

1. 광야에서 외치는 자의 소리(1:19-28)

침례 요한에 대한 유대교 당국자들의 질문이 두 개의 장면으로 제시된다(1:19-23, 24-28). 첫째 장면에서는 “그 유대인들”에게서 보냄을 받은 제사장들과 레위인들이 등장하고(1:19), 둘째 장면에서 그들은 ‘바리새인들에게서’ 보냄을 받은 사람들로 나타난다(1:24). 저자는 먼저 침례 요한의 활동에 관하여 의문을 품고 있었던 그 유대인들을 소개한다: **“유대인들이 예루살렘에서 제사장들과 레위인들을 요한에게 보내어 네가 누구냐 물을 때에 요한의 증거가 이러하니라”**(1:19). 요한복음에서 “그 유대인들”은 예수가 그리스도인 것을 거부하고 그의 복음 전파 활동을 반대하는 유대인들 특히 유대교 당국자들(바리새인들과 대제사장들)을 가리킨다. 한글성경에 ‘유대인들’로 번역된 단어에는 정관사가 붙어 있어 정확하게 번역하면 “그 유대인들”이 되는데, 저자가 그들을 지정하여 부른 이유는 그들이 중심이 되어 예수의 계시 사역을 반대하고 방해하며 박해한 사람들인 것을 지목하여 붙인 것이다. 그 유대인들과 바리새인들의 연결은 A.D. 70년 이후에 유대교의 여러 분파들이 사라지고 바리새파의 후예들인 랍비들이 유대교 사회의 유일한 권위자들로 등장한 상황을 반영한다.

침례 요한에 대한 심문은 베다니에서 있었는데, 그 베다니는 예루살렘 인근 장소가 아니라 요단강 건너편의 어느 장소였다(1:28). 그 조사단은 예루살렘에서 내려왔는데, 예루살렘은 유대교의 최고 권위 기구인 공회(Sanhedrin)가 모이는 장소이며 예수와 유대교 지도층 사이의 충돌이 절정에 달한 장소였다. 예루살렘의 그 유대인들은 하나님의 아들로서 예수의 존재와 권위를 영접하기를 거부한 세상의 견해를 대표한다. 마가복음에서도 예수의 사역을 마귀의 역사로 비방한 사람들은 예루살렘에서 내려온 서기관들이었다고 제시된다(막 3:22).

저자는 먼저 예루살렘으로부터 내려온 조사단원들에 관하여 언급한다: **"그 유대인들이 예루살렘에서 제사장들과 레위인들을 요한에게 보내어 네가 누구냐 물을 때에 요한의 증거가 이러하니라"**(1:19). 레위인들은 성전의 제사 제도를 위한 보조 사역자들로서 제사장들과 일반 이스라엘 백성 사이의 중간에 위치했다. 조사단원들은 침례 요한의 정체에 관하여 질문했다. 침례 요한은 자신의 정체를 숨기지 않고 공개적으로 말했다: **"요한이 드러내어 말하고 숨기지 아니하니 드러내어 하는 말이 나는 그리스도가 아니라 한대"**(1:20). 그의 대답은 한 마디로 그가 메시야가 아니라는 것이다. 유대교 사상에서 그리스도(히브리어로 메시야)란 하나님의 기름부음을 받은 자로서 하나님의 특별한 임무를 위하여 택함을 받고 보냄을 받은 하나님의 활동의 대리자이다(단 9:25). 신구약 중간기에 메시야는 종말론적 존재 곧 하나님의 종말론적 구원 활동의 실행자로 등장한다. 침례 요한의 사역은 당시 유대교의 일반 대중에게 큰 영향을 끼쳤고 그래서 그들은 그가 혹시 메시야인가 생각하기도 했다(눅 3:15).

조사단원들이 다시 그에게 물었다: **"또 묻되 그러면 무엇, 네가 엘리야냐 가로되 나는 아니라 또 묻되 네가 그 선지자냐 대답하되 아니라"**(1:21). "네가 엘리야인가?"라는 질문은 주의 길을 예비하기 위하여 다시 오기로 예언된 예언자를 가리킨다(말 3:1, 23). 공관복음서 전승에서는 침례 요한을 다시 올 종말의 엘리야로 제시한다(막 9:13; 마 17:12; 눅 1:17; 7:27). 말라기에서는 엘리야가 하나님의 심판 날의 대행자로 제시된 반면, 기독교 전승에서만 종말의 엘리야를 메시야의 선구자로 인정한다. 요한복음에서 "그 예언자"는 모세가 예언한 인물로서 모세와 같은 예언자를 가리킨다(신 18:18). 그리스도, 엘리야, 그리고 그 예언자와 관련하여 침례 요한은 부정적 입장을 고수한다. 그의 대답은 단호하고 명료하다: “나는 그리스도가 아니다”(1:20); “나는 아니다”(1:21); “아니다”(1:21).

그 유대인들은 침례 요한의 정체에 관하여 그 자신의 답변을 듣고자 다시 질문한다: **“또 말하되 누구냐 우리를 보낸 이들에게 대답하게 하라 너는 네게 대하여 무엇이라 하느냐”**(1:22). 그들이 요한의 정체를 알려는 목적은 진정으로 요한의 존재를 알려는 것이 아니라 그들을 보낸 자들에게 대답할 거리를 알려는 피상적인 목적이었다. 그들의 예상과는 달리 침례 요한은 선지자 이사야의 말씀을 들어 자신의 정체를 설명한다: **“나는 선지자 이사야의 말과 같이 주의 길을 곧게 하라고 광야에서 외치는 자의 소리로라”**(1:23). 침례 요한이 인용한 말씀은 이사야 40:3에 기초한 것인데, 공관복음서들에서 인용된 것과 차이가 있다. 공관복음서들에 인용된 것은 “주의 길을 예비하라”(ἑτοιμάσατε)와 “그의 첩경을 평탄케 하라(εὐθείας ποιεῖτε)”인데(막 1:3; 마 3:3; 눅 3:4), 저자는 두 부분을 하나로 만들어 “주의 길을 곧게 하라(εὐθύνατε)”는 말로 만들어 그 인용문을 침례 요한에게 부여된 증언의 임무를 가리키는 것으로 재구성했다.

저자는 그 조사단원들의 성격과 침례 요한의 활동에 대한 그들의 추가적인 질문을 다룬다: **“저희는 바리새인들에게서 보낸 자라. 또 물어 가로되 네가 만일 그리스도도 아니요 엘리야도 아니요 그 선지자도 아닐진대 어찌하여 침례를 주느냐”**(1:24-25). 그 조사단원들이 “바리새인들에게서 보냄을 받았다”는 저자의 부언적인 언급(1:24)은 A.D. 70년 이전의 유대교 사회 체계에 대한 심각한 의문을 제기한다. A.D. 70년 이전에 바리새인들은 유대교 내에서 권위가 점증하던 집단의 사람들이었지만, 그러나 그들에게 제사장들과 레위인들을 파견할만한 권위가 주어지지는 않았다. 물론 제사장들 중에는 바리새인들이 있었지만, 더 권위가 있고 영향력을 행사하는 제사장들은 사두개인들이었다. 그런데 요한복음에는 예수의 공생애 동안에 사두개인들에 대한 언급이 없다. 그것은 아마 이 복음서가 저술되던 당시에 유대교 사회에서 그들의 중요성이 사라졌기 때문이었을 것이다.

요한복음 1:25에 제시된 조사단원들의 추가적인 질문의 성격은 공적인 신분의 사람이 아니면서 왜 공적인 의식을 집행하는가에 있다. "왜 네가 침례를 주느냐?"라는 질문은 그의 활동이 침례를 주는 것이었음을 반영한다. 요한복음에서 그의 활동이 침례를 주는 것이었음이 여기서 처음으로 그것도 간접적으로 언급된다. 구약 예언 전승에서 침례 의식은 우상을 섬기는 것과 관계된 모든 더러움을 씻고 성령을 통한 정결을 준비하는 의식으로 제시된다(겔 36:25-26; 슥 13:1-3). 요한에 따르면, 침례 의식은 요한공동체와 침례 요한의 추종자들 사이에 벌어진 경쟁적 의식이었다 (3:22-23; 4:1-2)

그 추가 질문에 대한 침례 요한의 대답은 공관복음서 전승들에서 제시된 것보다 간결하다. 공관복음서 전승들에서는 침례 요한의 물 침례와 예수의 성령 침례를 구분하고 또 침례 요한이 예수보다 열등한 위치에 있다는 것이 제시된다(막 1:7-8; 마 3:11-12; 눅 3:16-17). 그러나 요한복음에는 예수의 성령 침례에 대한 언급이 생략되고 예수에 대한 침례 요한의 하위의 관계만 제시된다: **"나는 물로 침례를 주거니와 너희 가운데 너희가 알지 못하는 한 사람이 섰으니 곧 내 뒤에 오시는 그이라. 나는 그의 신들메 풀기도 감당치 못하겠노라"**(1:26-27). 마가에 따르면, 침례 요한의 대답이 "나는 물로 너희에게 침례를 주었다"(ἐβάπτισα, 과거 시제)인 반면, 요한복음에는 "나는 물로 침례를 주고 있다"(βαπτίζω, 현재 시제)로 시제가 변경되었다. 이러한 변경에 관하여 어떤 학자는 그것이 아마 침례 요한과 예수가 동시대에 사역을 했다는 저자의 신념을 반영할 수 있다고 제안한다. 그러나 현재 시제의 사용은 마태와 누가에도 나오기 때문에(마 3:11; 눅 16), 시제가 변경된 그 사실만 가지고 저자의 신념을 추론하기는 어렵다고 본다.

아무튼 요한복음에서 침례 요한은 성령이 내려와서 예수에게 머무는 것을 본 후에야 그가 성령으로 침례를 주는 분임을 알았다고 말한다(1:33).

요한복음 전체를 통하여 바리새인들은 예수의 진정한 존재를 알지 못하는 대표적인 사람들로 제시된다. “나는 감당치 못하겠다”(οὐκ εἰμὶ ἔγὼ ἄξιος, 1:27)라는 어구에서 저자는 공관복음서 전승에서 사용된 단어(ἱκανός)보다 더 적합한 단어(ἄξιος)를 사용한다. 예수는 시간적으로는 침례 요한 다음에 오는 분이지만, 사실은 그보다 더 앞선 분이며 또 더 위대한 분이다.

2. 하나님의 어린양(1:29-34)

유대교 조사단원들의 심문이 있었던 그 다음 날 침례 요한은 자기에게 나아온 예수의 존재에 관하여 증언한다. 저자는 먼저 예수가 그에게 나아왔다고 말한다(1:29a). 공관복음서들에 따르면, 예수가 그에게 간 것은 그에게 침례를 받기 위함이었다. 그리고 예수가 그에게 침례를 받은 후에 성령강림을 체험한 것으로 제시된다. 그러나 여기서 예수가 그에게 온 것은 침례를 받기 위함이었다고 보기 어렵다. 왜냐하면 침례 요한은 그 때에 이미 예수에게 성령이 임한 것을 알고 증언하기 때문이다(1:32).

이 사건의 상황에서는 예수가 그에게 침례를 받은 것이 이미 일어났으며 또 그는 예수가 성령으로 침례를 주는 분임을 확신하고 있다(1:33). 침례 요한은 예수가 자기에게 나아온 기회에 예수의 존재에 관하여 증언한다. 그의 증언의 대상이 직접적으로 언급되지 않는다. 저자는 이미 서두에서 그의 사역의 목적은 “빛에 대하여 증거하고 모든 사람으로 자기를 인하여 믿게 하려 함이라”(1:7)고 언급한 바 있다. 예수의 존재에 대한 그의 증언은 두 가지로 제시된다: 예수는 하나님의 어린 양이며 또한 성령으로 침례를 주시는 하나님의 아들이다.

먼저 침례 요한은 예수를 하나님의 어린 양으로 제시한다: **“보라 세상 죄를 지고 가는 하나님의 어린양이로다”**(1:29). 하나님의 어린 양 개념은 분명히 구약적 배경을 갖고 있다: 유월절 어린양(출 12장); 고난 받는 여호와의 종으로서의 어린 양(사 53:7); 속죄일의 어린 양(레위 16:21f.). 저자가 어느 것을 의중에 두었는지 분명하게 알기는 어렵지만, 예수의 십자가 죽음에서 유월절 어린양에 관한 성경의 성취를 언급한 것을 보면 저자의 일차적 관심은 유월절 어린양에 있었던 것으로 보인다(19:33, 36). 그러나 저자가 유월절 어린양에 관한 유대교의 교훈을 직접 사용한 것은 아니다. 왜냐하면 유대교에서는 유월절에 희생당하는 어린양이 죄를 가져가는 것은 아니기 때문이다. 저자의 사상적 배경은 최후의 만찬과 주의 만찬 의식을 유월절 식사의 측면에서 보려는 해석이다. 주의 만찬 의식은 유월절 식사로 이해되었으며 또 그 안에서 죄사함을 위한 그리스도의 죽음이 묘사된다.

침례 요한의 선포에는 원래 서로 연결되지 않았던 두 개의 명제 곧 예수는 유월절 어린양이라는 것과 그리스도는 우리 죄를 짊어지셨다는 명제가 결합되었다. 요한복음에서는 전체적으로 죄의 대속이 예수의 십자가 죽음의 일차적인 목적으로 제시되지 않는다. 그래서 예수를 죄사함과 연결시키는 침례 요한의 증언은 요한공동체가 소유했던 보다 초기의 전승일 가능성이 있다. 어린양은 최초 기독론적 해석에서 두 가지 사상의 혼합을 보여준다: 양과 같이 살해되며 우리의 죄를 짊어지는 하나님의 고난 받는 종으로서의 어린양(사 52:13-53:12)과 죄사함을 위하여 대신 희생당하는 유월절 어린 양(요 19:36; 고전 5:7). 이런 점에서 어린양은 예수의 죽음이 하나님 앞에 단번에 드려진 완전한 속죄 제사라는 히브리서의 사상을 반영한다.

예수에 대한 침례 요한의 증언이 예수의 존재와 관련하여 계속된다. 그는 그가 이전에 말했던 분이 바로 예수라는 사실을 지적한다: **"내가 전에 말하기를 내 뒤에 오는 사람이 있는데 나보다 앞선 것은 그가 나보다 먼저 계심이라 한 것이 이 사람을 가리킴이라"**(1:30). 이 말은 저자가 이미 서두에서 사용한 침례 요한의 말과 정확하게 동일하다(1:15). 침례 요한은 자기의 사역의 기간이 끝나가고 있으며 자기가 예고하던 분의 사역이 시작됨을 인식하면서 그 분의 위치를 자기보다 앞세운다. 그는 하나님의 역사 편에서 자기와 그 분의 관계를 알고 있었기 때문에, 하나님의 뜻에 순종하면서 "그는 흥하여야 하겠고 나는 쇠하여야 하리라"고 전망한다(3:30).

침례 요한은 그가 행하고 있었던 침례 사역의 목적을 말한다: **"나도 그를 알지 못하였으나 내가 와서 물로 세례를 주는 것은 그를 이스라엘에게 나타내려 함이라"**(1:31). "나도 그를 알지 못했다"라고 해서 침례 요한이 예수를 전혀 알지 못했다는 말은 아니다. 다만 하나님의 계시가 있기 전까지는 예수가 "그 오실 자"라는 사실을 분명히 알지 못했다는 의미이다. 그가 침례를 주는 사역을 감당한 목적은 예수가 성령으로 침례를 주는 분 곧 하나님의 종말론적 구원 활동의 실행자인 하나님의 아들로 나타내려는 것이었다. '나타내다'(φανερόω)는 동사는 저자가 예수를 통한 하나님의 계시를 가리키기 위하여 즐겨 사용한 단어다(1:31; 2:11; 3:21; 7:4; 9:3; 17:6; 21:1, 14). 요한복음에서 '이스라엘'은 4번 나오는데, "그 유대인들"과 같은 부정적 의미를 가진 대상은 아니다. 그가 침례를 준 사역은 그 자체로 중요성이 있는 것이 아니라, 예수 그리스도를 증언하기 위해 필요한 사역이었다. 마가가 그의 침례 사역을 "죄사함을 받게 하는 회개의 침례"로 규정한 것과 달리(막 1:4), 요한복음서 저자에게 있어서는 예수 그리스도만이 우리의 죄들을 용서하며 하나님의 생명(성령)을 수여하실 수 있다.

예수에 대한 침례 요한의 증거가 계속된다: **"내가 보매 성령이 비둘기 같이 하늘로서 내려와서 그의 위에 머물렀더라"**(1:32). 그가 증언하는 내용이 공관복음서들에서 예수의 침례 사건에 나오는 것으로 보아(막 1:10; 마 3:16; 눅 3:22), 저자는 예수의 침례 전승을 알고 있었던 것으로 보인다. 그러나 저자는 예수가 침례를 받았다고 말하지 않는다. 마가복음에서는 성령의 강림을 예수 자신이 목격한 것으로 나오는데(막 1:10), 여기서는 침례 요한이 본 것으로 제시된다. 저자는 성령강림 사건을 객관적 증인이 없이 단지 개인적 경험의 이야기로 간주할 수 있는 가능성을 제거한다. 저자에게 있어서 성령강림 사건은 예수에게는 더 이상 중요하지 않고, 다만 침례 요한으로 하여금 예수의 존재를 알게 하려는 사건이다. 예수는 처음부터 자신의 존재를 알고 있는 분이기 때문이다.

'머물렀다'(ἔμεινεν)는 단어는 본래 '거하다'(abide)는 의미로 요한복음에서 예수와 그의 제자들 사이의 연합의 관계를 나타내기 위하여 사용되었다. 이 단어는 예수와 그의 제자들의 관계를 가르치는 고별 강화에서 집중적으로 사용된다. "내 안에 거하라 나도 너희 안에 거하리라"(15:4)는 말씀에서 표현되듯이, 거한다는 것은 상호 연합의 친밀하고 직접적 관계를 가리킨다. 또 이 단어는 미완료 시제로 표현되어 성령이 예수 위에 영원히 거주하게 된 것을 나타낸다. 이제 예수의 사역 전체는 성령의 주관하심을 따라 이루어지는 하나님 자신의 사역이기도 하다.

침례 요한은 그가 어떻게 예수의 존재를 알게 되었는가를 설명한다: **"나도 그를 알지 못하였으나 나를 보내어 물로 침례를 주라 하신 그이가 나에게 말씀하시되 성령이 내려서 누구 위에든지 머무는 것을 보거든 그가 곧 성령으로 침례를 주는 분인 줄 알라 하셨기에 내가 보고 그가 하나님의 아들이심을 증거하였노라"**(1:33-34). 침례 요한은 "나도 그를 알지 못했다"는 말을 반복 사용함으로써(1:31, 33), 그가 예수의 존재를 알게 된 것은 하나님의 계시를 통한 것임을 강조한다. 머문다(μένειν)는 말은, 한글 성경 요한복음의 다른 부분에서 '거한다'는 말로 번역되기도 했는데, 그것은 요한복음에서 특별한 의미를 가진 단어다. 이것은 아버지와 아들의 신비한 연합의 관계, 아들과 신자들의 영원한 연합의 관계, 그리고 아버지와 아들과 신자들의 연합의 관계를 설명하기 위하여 사용된다. 성령이 내려와서 머무는 그 사람은 이제 성령과 온전히 연합된 존재로서 성령의 보유자이며 또한 성령을 수여하시는 분이다(3:5, 34; 7:38-39; 20:22).

요한복음에서 성령으로 침례를 준다는 것은 인간 존재의 완전한 변화를 가리킨다. 하나님의 자녀로 거듭나고 하나님의 생명을 누리는 것은 모두 성령을 통해 이루어지는 하나님 자신의 활동의 결과다. 구약의 예언 전승에서 성령이 임한 사람은 하나님의 새로운 구원 활동을 감당하기 위하여 기름부음을 받은 사람으로 묘사된다(사 61:1). 따라서 성령으로 침례를 주는 분은 하나님이 계획하셨고 준비해 오신 새로운 구원 활동을 감당할 자로 기름부음을 받은 자 곧 메시아이다. 침례 요한이 말한 "하나님의 아들"은 하나님의 특별한 일을 위하여 택함 받고 권위를 위임받은 하나님의 일꾼을 가리킨다. 침례 요한의 마지막 말을 "하나님의 아들" 대신 하나님의 "택함을 받은 자"(ἐλεκτός)로 기록한 사본들이 존재한다.

C 제자 공동체의 형성(1:35-51)

요한복음의 예수 이야기는 예수에 대한 침례 요한의 증언에 이어 예수의 첫 제자들에 관한 이야기로 진행한다. 여기서 저자는 예수에게 나아온 소수의 사람들의 경험과 고백을 토대로 예수에 대한 그들의 초기 단계의 이해를 제시한다. 예수는 그를 믿고 따르는 사람들의 공동체를 형성한다. 예수의 제자 공동체는 예수에 대한 관심을 갖고 그에게 나아와 그의 존재를 발견한 사람들과 또 그를 따르라는 초청에 응답한 사람들로 구성되었다. 예수는 그를 영접하고 따르는 제자들 속에서 하나님의 영광을 나타낸다. 초기에 예수의 제자가 된 사람들 중에는 침례 요한의 제자였다가 그의 증거를 듣고 예수를 따른 두 사람이 있었고, "나를 좇으라"는 예수의 초청을 받은 사람도 있었으며, 그리고 먼저 제자가 된 사람들의 전도를 받고 예수에게 나온 사람들도 있었다.

예수는 자기에게 나온 사람들의 내면을 통찰하며 또 그들의 과거와 미래를 이미 알고 있는 분으로 제시된다. 이 부분에는 예수를 따라간 첫 제자들과 그들이 초청한 사람들에 관한 이야기들이 나온다. 먼저 안드레와 익명의 한 사람이 예수에게 나왔으며 그 후에 안드레가 그의 형제 시몬을 초청했다(1:35-39, 40-42). 다음에 안드레와 시몬과 동향 사람이었던 빌립이 예수의 초청을 받았으며, 그 후에 빌립이 나다나엘을 초청했다(1:43-44, 45-51). 예수에 대한 증언을 듣고 그에게 나온 사람들에게 새 이름(베드로, 참 이스라엘)이 주어진다.

이 부분의 이야기들이 부르심(소명)에 관한 것인지 혹은 선교에 관한 것인지 구분하기가 어려운 점이 있다. 그래서 이 이야기들을 공관복음서들의 부르심 이야기와 조화시키는 것이 매우 어렵다(막 1:16-20과 평행구절들). 요한복음의 이야기들은 부르심을 위한 준비 단계라는 견해가 있다. 그들은 먼저 요한복음에서와 같이 예수를 따르도록 도전을 받았는데, 갈릴리에 돌아온 후에 마가복음에서와 같은 부르심을 받고 제자가 되고자 결단했다는 것이다. 그러나 요한복음의 이야기들은 내용뿐 아니라 신학적 의도에 있어서도 공관복음서들의 부르심 이야기와는 매우 다르다.

이 이야기들의 중심은 예수가 그들을 불렀다는데 있지 않고 그들이 예수를 만나 그의 존재를 발견하고 그를 증언하는 증인들이 되었다는데 있다. 그래서 그들은 예수에 관한 신앙고백적 진술을 한다. 또 그들은 배와 그물을 버린 것이 아니라, 그들의 이전 종교와 관점(예를 들어, 침례 요한의 제자로 있었을 때의 관점)을 버렸다. 이 단락에는 예수에 대한 칭호들이 연속적으로 나온다: 하나님의 어린 양(1:36), 랍비(1:38), 메시아(1:41), 모세가 율법에 기록했고 여러 선지자들이 기록한 그 분(1:45), 하나님의 아들과 이스라엘의 왕(1:49), 그리고 인자(1:51). 이 칭호들은 예수의 제자들이 예수의 존재를 깨달아 나가는 순서대로 배열되었다. 요한복음에서 예수의 진정한 존재는 인자 칭호를 통하여 제시된다.

사복음서들에 나오는 소명 이야기들이 다양하게 제시된 것(막 1:16-20; 눅 5:1-11; 요 1:35-51)은 소명에 관한 고정된 전승이 있었던 것이 아님을 보여준다. 요한복음에 따르면, 예수의 제자들 중에는 어부들만 아니라 침례 요한의 제자였던 사람들이 포함되었다. 예수의 처음 제자들은 침례 요한으로부터 또 유대교로부터 예수에게로 옮겨온 사람들이었다(1:35, 47).

그들은 예수가 유대인들이 진심으로 바라던 것 혹은 침례 요한이 바라던 것의 참된 성취와 완성인 것을 발견했다. 그들이 이 단계에서 예수 그리스도에 대한 그런 충분한 이해와 신앙에 다다른 것은 아니었다. 그 때는 그들이 예수의 존재를 인식하기 시작한 초기 단계이며 또 앞으로 더 깊은 단계의 신앙과 이해로 성장해 나갈 것이다(1:51).

이 과정에서 예수가 그들을 모아 공동체를 세운 첫 번째 목표가 예수의 첫 번째 표적 사건에서 성취된다(2:11). 제자들은 예수의 표적을 경험하고 예수에 대한 신앙을 갖게 된다. 이런 점에서 제자들이 예수에게 나온 사건들과 가나에서 행한 표적 사건이 자연스럽게 연결된다. 가나에서 행한 표적 사건이 "사흘 되던 날"에 일어난 것으로 묘사되는데(2:1), 그 날은 첫 제자들이 예수에게 나온 날로부터 사흘되던 날이 된다(1:35, 43). 제자 공동체의 형성에 관한 이 부분은 두 부분으로 나누어진다. 먼저 침례 요한의 제자였던 두 사람이 예수를 따라간 사건(1:35-42)과 다음에 빌립과 나다나엘에 관한 사건이 나온다(1:43-51).

1. 침례 요한의 두 제자(1:35-42)

요한복음에서 예수에게 처음 나온 사람들은 침례 요한의 제자들이었다. 공관복음서들에서 예수의 첫 제자들의 부르심의 장소는 갈릴리 호수 주변이었다. 그러나 요한복음에는 부르심의 장소에 대한 언급이 없다. 다만 요한이 침례를 주던 장소 주변이었던 것으로 보인다. 침례 요한이 자기의 두 제자와 함께 있다가 예수의 다니심을 보고 예수에 관하여 그들에게 말했다: **"보라 하나님의 어린양이로다"**(1:36). 침례 요한의 이 증언은 이미 앞에서 언급된 것인데(1:29), 여기서는 두 제자로 하여금 예수를 따라가게 만든 동기를 제공하기 위하여 언급되었다. 여기서부터 침례 요한은 예수의 사역의 장면에서 사라지고 예수가 중심인물로 등장한다.

두 제자가 침례 요한의 말을 듣고 예수를 좇아갔다(1:37). '좇아가다'

(ἀκολούθειν)라는 동사는 요한복음에서 "제자로서 배우며 따라가는 것"을 의미하는 제자직의 전문 용어로 사용되기도 하며(1:44; 8:12; 10:4, 27; 12:26; 21:19, 20, 22) 또 단순히 중립적 의미로 사용되기도 한다(1:37; 11:31). 이 단락에서 저자는 두 가지 의미를 다 포함하는 의미로 사용한 것으로 보인다(1:37, 38, 40, 43). "예수를 좇아간다"는 것은 그를 신뢰하고 그에게서 배우며 그의 교훈을 따라 살려는 목적을 갖고 그를 따라가는 것을 말한다. 이것은 곧 예수의 제자가 되는 것을 가리킨다. 그래서 예수는 다음 단락에서 빌립을 향하여 "나를 좇으라"고 초청한다. 또 요한에 따르면, 부활의 예수가 베드로에게 "나를 좇으라"－한글 성경에는 "나를 따르라"로 되어있음－라고 초청한다(21:19).

연극에서는 대개 중심인물의 첫 마디 말이 중요한 의미를 지니는데, 이 장면에서도 마찬가지 국면을 보여준다. 예수가 자기를 따라오는 두 제자를 돌아보며 질문했다: **"무엇을 구하느냐"**(1:37). 이 질문은 한편으로 그들이 지금 예수를 따라오는 목적이 무엇인가에 대한 질문이지만, 다른 한편으로 그들이 그들의 삶에서 추구하는 것 곧 그들의 인생의 목적에 대한 진지한 질문이다. 이 말씀은 창세기 3장에서 하나님의 계명을 거역하고 하나님의 낯을 피한 아담과 그의 아내를 찾아오시어 처음 하셨던 말씀("네가 어디 있느냐? 창 3:9)과 깊은 연관이 있다. 예수는 자기와 대화를 나누는 모든 사람들을 향하여 그들이 인생에서 추구하는 것이 무엇인가를 질문한다. 이것은 또 저자가 이 이야기를 대하는 모든 사람들을 향하여 던지는 질문이기도 하다.

두 제자는 예수의 계신 곳을 물었다: **"랍비여, 어디 계십니까?"**(1:38). '랍비'는 요한복음에서 예수의 존재에 관하여 충분히 알지 못하는 사람들 혹은 잘못 아는 사람들에 의하여 사용된다(1:38, 49; 3:2; 4:31; 6:25; 9:2; 11:8). 그들은 예수를 '랍비'로 불렀는데, 저자는 그 단어의 헬라어 번역어(διδάσκαλε, 선생)를 제시한다. 저자는 히브리어와 아람어 단어들의 번역어를 여러 차례 제시한다(1:41, 42; 4:25; 9:7; 11:16; 19:17; 20:16,

24)). 저자의 이러한 설명은 이 복음서의 처음 독자들 중 상당수는 히브리어나 아람어를 모르는 이방인들이었음을 보여준다.

그들의 질문은 일차적으로 예수가 계신 곳에 관한 질문이다. 당시에 예비 제자가 선생의 교육 장소 곧 그가 계신 곳을 아는 것은 일차적으로 알아야 할 사항이었다. 그러나 '계십니까'라는 단어가 요한복음에서 예수와 제자들의 연합의 관계를 나타내기 위하여 특징적으로 사용된 '거하다'(μένεις)인 것은 이 질문에 담긴 더 깊은 의미가 포함되어 있음을 짐작하게 한다. 예수의 제자들의 삶에서 예수가 어디 계시며 또 어디로 가야 예수를 발견하게 되는가를 아는 일만큼 중요한 것은 없다. 예수가 어디에 계신가를 아는 것이 바로 생명에 이르는 길이기 때문이다.

그들의 질문에 대하여 예수는 **"와 보라"**(ἔρχεσθε καὶ ὄψεσθε)라고 대답한다(1:39). 이 말을 문법적으로 풀어보면 "오라 그러면 볼 것이다"가 된다. 예수의 초청은 지혜가 사람들을 초청하여 창조의 비밀에 관하여 가르치는 것과 유사하다(잠 8장). 요한복음에서 '보다'라는 말은 '알다'라는 말과 밀접하게 연관되어 사용된다. 그들이 보게 된다는 것은 믿음과 체험을 통해 기독론적인 인식을 갖게 되는 것 곧 예수 그리스도와 그를 통한 하나님의 새로운 구원 활동에 관하여 확실하게 알게 된다는 것이다(1:51; 14:19; 16:16). 요한복음에서는 예수를 알기 위하여 예수에게 나아오는 것이 중요하며 또 보는 것은 아는 것에 상응한다(14:9). 예수에게 "오는 것"(3:21; 5:40; 6:35, 37, 45)과 "보는 것"(5:40; 6:40, 47)은 그에 대한 믿음과 그 믿음의 결과를 가리키는 표현들이다.

저자는 예수의 초청을 받은 두 사람이 예수를 좇아가서 경험한 것을 다음과 같이 말한다: **"그러므로 저희가 가서 계신 데를 보고 그 날 함께 거하니 때가 제 십 시쯤 되었더라"**(1:39). "그와 함께 거했다"(παρ' αὐτῷ ἔμειναν)라는 말은 피상적인 만남의 차원을 넘어서서 예수와 깊은 대화와 교제를 나눈 것을 의미한다. 예수와 함께 거하는 것은 고별 강화에서 예수의 제자들이 그들의 삶에서 가장 힘써서 노력해야 할 국면으로 제시된다(15:3). 저자는 그들이 만난 시각을 "때가 제 십 시쯤 되었더라"라고 표현한다. 이것은 하루의 시간을 해가 뜰 때부터 질 때까지를 열두 구분으로 나누어 시각을 생각하던 유대교의 관습에 따른 것이다. 따라서 그 때가 일어난 시각은 대략 오후 네 시경이었다. 어떤 학자는 저자가 현대적 의미의 시간 개념을 사용하여 오전 열시 경이었다고 생각하기도 하며 또 다른 학자는 숫자 십은 성취의 시각을 상징한다고 생각한다.

침례 요한의 말을 듣고 예수를 따라간 제자들 중 한 사람은 시몬 베드로의 형제 안드레였다. 이 두 형제의 이름이 마가복음 1:16-20에서 소개된다. 그러나 저자는 마가의 자료를 그대로 사용하지 않는다. 공관복음서들에서는 시몬 베드로가 제일 먼저 예수의 부르심을 받은 것으로 나오는데, 요한복음에서는 그가 제일 나중에 부르심을 받는 것으로 나온다(21:19). 요한복음에는 "시몬 베드로"라는 이중적인 이름이 익숙하게 사용된다. 시몬은 흔하게 사용되던 유대인 이름이며 베드로는 로마식 이름이다.

안드레가 먼저 자기의 형제 시몬을 찾아 증거했다: **"우리가 메시야를 만났다 하니 메시야는 번역하면 그리스도라"**(1:41). 예수의 메시아되심에 대한 고백은 공관복음서들에 따르면, 베드로가 말한 것으로 제시된다(막 8:29; 마 16:16; 눅 9:20). 그러나 요한복음에서는 안드레의 고백으로 제시된다. 더구나 안드레의 말은 '우리가'라는 일인칭 복수 주어를 사용함으로써 예수를 메시아로 고백하던 초기 요한공동체의 고백을 반영한다. 요한복음 전체를 통하여 저자는 개인적 진술보다 공동체의 신앙고백적 진술을 즐겨 사용한다.

안드레가 시몬을 데리고 예수께 왔다. 예수가 안드레를 따라 자기에게 온 베드로를 보고 그를 향하여 말했다: **"네가 요한의 아들 시몬이니 장차 게바라 하리라 하시니라 게바는 번역하면 베드로라"**(1:42). 시몬이 요한의 아들이었다는 것은 요한복음의 마지막 부분에서 다시 나온다(21:15, 16, 17; cf. 마 16:17). '게바'는 아람어인데 그것에 상응하는 헬라어가 '베드로'(πέτρος)이다; 바위를 의미하는 헬라어는 '페트라'(πέτρα)이다. 저자는, 마태와 달리(마 16:17-19), 게바의 번역어만을 전달할 뿐, 그 말에 대한 아무 해석을 달지 않는다. 그럼에도 불구하고 이름을 바꾸어준다는 것은 그의 존재의 완전한 변화를 가리킨다. 이것은 마치 하나님이 야곱의 이름을 이스라엘로 바꾸어주신 것과 같다(창 32:28).

예수의 말씀은 제자들의 공동체에서 베드로의 역할에 관한 예고의 말씀이었다. 베드로는 예수의 부활현현을 세 번이나 경험한 이후에 예수의 양들을 먹이는 목자로 위임을 받는다(21:15-17). 여기서 예수는 자기에게 나온 사람의 미래 모습까지 통찰하는 분으로 제시된다. 예수가 베드로를 '보셨다'(ἐμβλέψας)고 했을 때, 그 단어는 단순히 그의 외모만 보았다는 것이 아니다. 그 단어(ἐμβλέπω)의 본래적 의미는 '꿰뚫어보다' 혹은 '통찰하다'는 것으로서, 예수는 그의 미래의 모습 곧 시몬이 변하여 게바와 같은 초대교회의 위대한 사도가 될 모습까지 꿰뚫어보면서 그의 이름을 바꾸어주신 것이다.

2. 빌립과 나다나엘(1:43-51)

예수와 그의 제자들과의 만남에 관한 두 번째 사건은 앞의 사건과 시간적으로 또 장소적으로 차이가 있다. 두 번째 사건은 앞 사건이 일어난 그 이튿날에 일어났으며 장소도 갈릴리로 언급된다. 앞 사건의 장소는 분명하게 언급되지 않았으며 단지 요한이 침례를 주던 유대 지방의 요단강 유역이었을 것으로 추정된다: "이튿날 예수께서 갈릴리로 나가려 하시다가 빌립을 만나 이르시되 나를 좇으라 하시니 빌립은 안드레와 베드로와 한 동네 벳새다 사람이라"(1:43-44). 예수는 빌립을 만나 "나를 좇으라"(ἀκολούθει μοι)라고 초청했다.

예수의 이 초청도 공관복음서들과 매우 다른 점이다. 공관복음서들에서 빌립은 열두 제자들의 명단에만 나올 뿐, 그의 행적에 관한 언급이 없다. 그러나 요한복음에서 빌립은 처음부터 "나를 좇으라"는 예수의 부르심을 받고 예수의 공생애 동안에 중요한 역할을 감당한 사람으로 등장한다. 예를 들어, 오병이어 사건 때에 예수는 빌립에게 사람들을 어떻게 먹일 것인가에 관하여 질문한 것으로 나온다(6:5). 예수가 그의 제자들과 함께 예루살렘에 마지막으로 갔을 때, 어떤 헬라인들이 빌립에게 가서 예수를 만나기를 요청했고 그와 안드레가 예수에게 가서 이 사실을 말했다(12:21).

"나를 좇으라"는 초청이 보다 더 공관복음서들에 나오는 부르심에 가깝다. 이 부르심은 세리 레위를 부를 때와 동일하다(막 2:14; cf. 막 1:17, 나를 따라 오너라, δεῦτε ὀπίσω μου). 빌립은 공관복음서 전승에 나오는 열두 제자들의 명단에 포함된 반면(막 3:18; 평행 구절), 나다나엘은 요한복음에만 나온다(1:45-49; 21:2). 빌립은 안드레와 베드로와 한 동네 벳세다 사람이라고 소개된다(1:44). 벳세다는 갈릴리 호수 북동쪽 지역으로서 갈릴리 지역이라기보다 골란 고원에 위치한 지역이었다. 그러나 마가복음에 따르면 시몬과 안드레의 집은 갈릴리 호수 북서쪽 연안 지역인 가버나움이었다(막 1:29).

빌립은 예수의 부르심을 받아들여 예수의 제자가 되었고 제자됨의 구체적인 표시로서 나다나엘을 찾아가 전도했다: **"모세가 율법에 기록하였고 여러 선지자가 기록한 그 이를 우리가 만났으니 요셉의 아들 나사렛 예수니라"**(1:45). '나다나엘'이란 "하나님이 주신다"라는 의미를 가진 히브리어 이름이다. 그 이름은 공관복음서들에는 나오지 않기 때문에, 열두 제자들의 명단에 나오는 바돌로매가 나다나엘이라는 견해가 있다. 또 그 이름은 요한복음에서도 이곳을 제외하고는 복음서의 종결 부분에서 다시 언급되기 때문에(21:2), 그가 실제 인물이기보다는 예수의 제자들을 가리키는 상징적 인물 곧 예수의 제자들을 "하나님이 예수에게 주신 사람들"(6:37)이라는 의미의 이상적 인물일 가능성이 있다. 예수는 그를 참 이스라엘 사람으로 묘사한다(1:47). 그런데 유대교 랍비 중에 "나다나엘의 아들 시므온"이 있었던 것을 보면, 예수의 제자들 중에 나다나엘이 있었을 가능성은 얼마든지 있다. 아무튼 저자의 입장에서는 역사적 사실을 제시하는 것과 함께 예수의 존재를 나타내려는 변증적 목적이 더 중요하다.

빌립도 안드레가 시몬에게 말하던 것과 같이 "**우리가** 만났다"라고 말함으로써 개인적 견해보다는 요한공동체에 들어와 있는 사람으로서 신앙고백적 견해로 제시한다. 빌립의 증언은 예수 그리스도의 존재와 사역을 율법과 예언의 성취로 보는 최초 기독교인들의 변증적 입장을 대변한다(눅 24:27). 모세 오경에는 메시야를 직접적으로 지칭하는 언급이 거의 없다(cf. 창 49:10). 현재의 문맥에서 예수의 교훈은 창세기 28장을 반영한다(1:51). "요셉의 아들"이란 칭호는 요한복음 6:42에서는 불신하는 유대인들이 예수의 주장을 반박하기 위하여 사용된다. 저자의 입장에서 이 칭호의 사용은 이러한 불신하는 유대인들에 대하여 예수의 존재를 변호하려는 변증적 목적과 함께 예수는 인간 존재로서는 요셉의 아들이지만 그의 참된 존재는 하나님의 독생자임을 밝히려는 해학적 목적을 갖는다. 구약에서 나사렛은 메시아와 관련하여 한 번도 언급되지 않는데, 공관복음서 전승들은 예수의 고향이 나사렛인 것을 언급한다(막 1:9; 마 2:23).

빌립의 증거에 대하여 나다나엘은 유대인들 사이에 사용되던 속담 형식의 경멸적 표현으로 대답한다: **"나사렛에서 무슨 선한 것이 날 수 있느냐"**(1:46). 이것은 출신 문제로 예수를 거절하려는 사람들의 견해를 암시한다(6:42; 7:52). 나다나엘은 처음에 예수에 관한 증거에 대하여 회의적인 자세를 가졌던 것을 보여준다. 나사렛 예수가 메시아가 된다는 빌립의 말에 회의적인 태도를 가진 그에게 빌립은 "와 보라"는 예수의 초청을 사용한다. 빌립과 나다나엘의 대화는 예수의 존재를 놓고 기독교인들과 유대인들 사이에 벌였던 논쟁을 반영한다. 예수의 존재의 기원은 사람들의 시각에서는 갈릴리 나사렛이며 요셉의 아들이지만, 그는 세상이 알지 못하는 또 다른 기원을 갖고 있다. **예수에게 직접 나아와 함께 거해본 사람만이 예수의 참된 기원과 그의 참된 존재를 알 수 있다**.

빌립의 전도를 듣고 자기에게 나온 나다나엘을 가리켜 예수가 말한다: **"보라 이는 참 이스라엘 사람이라 그 속에 간사한 것이 없도다"**(1:47). 여기서 다시 사람의 마음속과 과거 행적을 아는 예수의 신적 능력이 나타난다. 예수는 나다나엘을 "참된 이스라엘 사람"으로 평가한다. 다른 사람들은 율법과 선지자들을 의지하여 예수를 거절하는데(7:15, 27, 41; 9:29), 그는 요셉의 아들 나사렛 예수라는 말을 듣고도 회의를 가졌지만 거절하지 않고 예수에게 나왔다. 저자의 입장에서 "참된 이스라엘 사람"이란 모세에게 청종하는 사람 곧 모세의 예언을 따라 그리스도를 영접하는 사람이다. "간사한 것"(δόλος)은 속으로는 딴 마음을 먹고 있으면서 겉으로는 순종하는 척하는 진실이 없음을 가리킨다. 마치 야곱이 그의 형 에서와 아버지 이삭을 속여 장자의 축복을 빼앗은 것과 같은 표리부동의 인격을 가리킨다. 예언서들에서는 주로 입술로는 순종한다고 하지만 실제로는 하나님께 대한 불충성과 불성실함을 나타내기 위하여 사용되었다.

예수의 제자들 중 가룟 유다는 겉으로는 예수를 따랐지만 속으로는 예수의 참된 제자가 아닌 간사한 사람으로 나타난다. 예수의 많은 제자들도 처음에는 오병이어 사건을 목격하고 예수를 따랐지만, 예수의 교훈이 자기들의 기대와 달라지자 "이 말씀은 어렵도다. 누가 들을 수 있느냐" 하면서 예수에게서 떠나가는 사람들이 많았다(6:60-66). 나다나엘은 그런 간사함이 없는 사람이었다. 그는 진지하게 율법을 연구하면서 확실한 증거만 있으면 자기의 기존 입장을 내던질 자세가 되어 있는 사람이었다. 그는 예수의 존재에 관하여 처음에는 회의적이었지만 그를 믿기 전에 어떤 확실한 증거를 얻으려는 정직하고 진지한 유대인으로 나타난다.

나다나엘이 예수의 통찰에 놀라면서 그에게 물었다: **"어떻게 나를 아시나이까?"**(1:48a). 이것은 예수의 지식의 근원에 관한 질문이다. 마가복음에 따르면(6:2-3), 예수가 그의 고향인 나사렛 회당에 가서 가르쳤을 때, 사람들은 "이 사람이 어디서(πόθεν) 이런 것을 얻었느냐"고 질문했다. 그의 존재의 근원에 대한 무지가 예수를 배척하는 요인이 되었다. 예수가

대답했다: **"빌립이 너를 부르기 전에 네가 무화과나무 아래 있을 때에 보았노라"**(1:48b). "무화과나무 아래 앉아 있다"는 것은 평화와 번영의 상징이기도 하고(왕상 4:25; 슥 3:10) 혹은 유대교 전승에 따르면, 율법을 연구하고 있었던 것을 표시한다. 여기서도 예수는 초월자적 능력의 소유자로 나타난다.

그의 사람됨과 과거 행적을 아는 예수의 초월적 능력을 경험한 나다나엘이 대답했다: **"랍비여 당신은 하나님의 아들이시요 당신은 이스라엘의 임금이로소이다"**(1:49). 나다나엘이 말한 "하나님의 아들"과 "이스라엘의 임금"이 무엇을 의미하는지 분명하게 알기 어렵다. 그는 율법에 나와 있는 대로 예수가 하나님의 아들로 불리어진 솔로몬과 같은 특출한 지혜의 사람이며(삼하 7:14) 또한 스가랴가 예언한대로 이스라엘을 평화와 번영으로 인도할 왕으로 생각했을 수 있다(시 2:7; 슥 3:10). 오병이어 사건에서 예수의 권능을 체험한 사람들이 예수를 억지로 왕으로 세우려고 한 것도 같은 맥락에서 예언의 성취로 인식한 결과일 것이다(6:15). 아무튼 나다나엘이 "이스라엘의 왕"이란 칭호를 메시아적 의미로 사용한 것은 분명하다. 저자가 이 복음서를 저술한 목적은 예수께서 하나님의 아들 그리스도이심을 믿게 하려는데 있다(20:30).

예수는 나다나엘의 이 말을 믿음의 고백으로 규정한다(1:50). 그래서 그는 일차적으로 요한공동체가 지향하는 정확한 믿음을 고백한 것이다. 그러나 그의 고백은 예수가 인정하는 합당한 내용을 토대로 이루어진 것은 아니다. 예수는 자신에 대한 칭호로서 그런 칭호를 사용하는 것에 동의하지 않는다. 그는 유대인들이 자신을 왕으로 만들려는 시도를 거절한다(6:15). 나다나엘은 앞으로 그의 고백에 합당한 예수의 존재를 알아 가는 것이 필요하다.

그래서 예수는 그의 현재의 고백의 불충분함을 지적한다: **"내가 너를 무화과나무 아래서 보았다 하므로 믿느냐 이보다 더 큰 일을 보리라"**(1:50). 나다나엘의 믿음은 예수의 기적적 능력을 경험한 것에 바탕을 두었다. 그런 신앙은–예수를 믿는 신앙의 한 국면이기는 하지만–예수의 말씀을 믿음으로 아버지와 아들과 신비한 연합으로 인도하는 참된 신앙보다 열등하다(cf. 4:48; 14:11). 그는 예수 안에서 더 큰 일들을 볼 것이다. "볼 것이다"(ὄψϵσθϵ)라는 동사는 침례 요한의 두 제자를 초청할 때에도 사용되었고(1:39) 또 나다나엘에게 하는 계속된 말씀에서도 사용된다(1:51). 요한복음에서 '본다'는 것은 예수 그리스도의 신비한 존재에 관한 체험적인 깨달음과 확신에 이르는 것을 가리킨다(3:12; 4:21-23; 11:40; 14:19; 16:16).

예수는 나다나엘이 앞으로 예수 안에서 경험하고 깨닫게 될 큰 일을 언급한다: **"진실로 진실로 너희에게 이르노니 하늘이 열리고 하나님의 사자들이 인자 위에 오르락 내리락하는 것을 보리라 하시니라"**(1:51). 이것은 "진실로 진실로 내가 말한다"는 형식으로 된 첫째 말씀이다. 이 엄숙한 선언의 형식으로 된 예수의 말씀이 요한복음에서 20회 나온다. '진실로'(ἀμὴν)는 요한복음에서 항상 중복 형태("진실로 진실로")로 사용되고 또 "내가 **너희에게** 말한다"(λέγω ὑμῖν)와 함께 사용된다. 공관복음서들에서는 '진실로'가 두 번 나오는 중복 형태로는 전혀 사용되지 않는다. 요한복음서의 저자는 이러한 중복 형태의 표현을 통하여 예수의 말씀의 진정성과 효용성을 강조할 뿐 아니라, 개인을 넘어서서 공동체를 향한 권위의 말씀으로 전달한다. 그래서 이 말씀도 나다나엘 개인(σοι)에게 한 말이 아니라, '너희들에게'(ὑμῖν)하는 공동체적 말씀으로 제시된다.

"하늘이 열린다"(ἀνϵῳγότα)라는 말은 하나님이 계획한 일을 행하기 위하여 그 자신이 세상에 강림하는 것 곧 하나님의 계시 활동을 나타내는 묵시문학적 표현이다(사 64:1; cf. 막 1:10; 마 16; 눅 3:21). "하나님의 사자들이 오르락내리락 한다"라는 것은 야곱의 환상을 기초한 표현이다(창 28:12). 그러나 천사들이 정확하게 무엇을 하고 있었는지는 분명하게 표현되지 않는다. 팔레스타인 탈굼(아람어 구약성서)에 따르면(창 28:12), 천사들은 오르락내리락 하면서 야곱을 보았다. 어떤 학자는 그들이 야곱의 기도를 가지고 하나님께 올라갔다가 그를 돕기 위해 내려왔다고 생각한다. 또 다른 학자는 인자가 천사들과 함께 강림한다는 공관복음서 전승(마 26:64)이 야곱 이야기를 따라 개작되었다고 생각한다.

야곱의 환상에서는 천사들이 사닥다리를 오르락내리락 했는데, 예수의 이 말씀에서는 그 사닥다리가 인자로 교체되었다. 요한복음에서 '인자'라는 칭호가 여기에 처음 나온다. 인자에 관한 저자의 사상의 출발점은 물론 인자에 관하여 공관복음서들에 나오는 말씀들이다. 인자 칭호의 기원은 유대교 묵시문학이다. 묵시문헌들에서 인자는 종말에 하나님의 구원을 완성하기 위하여 하늘로부터 강림하는 하늘의 존재로 나타난다(단 7:13-14). 요한복음에서 인자 칭호는 예수 그리스도의 존재 전체를 나타내기 위하여 사용된다.

인자는 하나님의 말씀으로서 하나님과 함께 계시다가, 화육을 통하여 인간이 되었고, 십자가를 통하여 하나님의 뜻을 성취했으며, 그리고 다시 하나님께로 돌아가신 예수 그리스도의 전존재를 가리키는 의미로 사용된다. 저자는 이러한 예수 그리스도 안에서 하늘과 땅 곧 하나님과 인간을 연결하는 인자의 모습을 발견한다. 인자는 하늘에 계셨을 뿐 아니라(3:13), 생명을 주기 위하여 땅에 내려오신 분이다(6:27, 53). 인자는 다시 그가 이전에 있던 곳 곧 그의 영광의 자리에 오르게 된다(6:62). 그러나 그의 올리우심은 십자가의 수난을 통하여 이루어진다(3:14; 8:28; 12:23, 34; 13:31). 옛적에 벧엘에서 야곱에게 나타나셨던 하나님이 이제는 인자가 되신 예수 그리스도를 통하여 자기를 나타내셨다.

요한복음에서 인자는 하나님의 유일한 계시자로 나타난다. 인자는 땅에서 이루어지는 하나님의 일들 뿐 아니라 하늘의 일들도 계시한다(3:12). "하늘에서 내려온 자 곧 인자 외에는 하늘에 올라간 자가 없다"(3:13)라는 말씀은 "아무도 하나님을 본 사람이 없다"라는 서두의 기독론적 말씀(1:18)과 연결된다. 저자는 야곱의 환상(창 28:11-12)을 예수 그리스도 안에서 신자들에게 주어지는 하나님의 구원에 관한 계시로 해석한다. 그런 점에서 예수는 하늘과 땅의 연결자이며 그 자신이 하나님의 계시와 현존의 장소이다. 공관복음서 전승들에서 인자는 하늘의 천사들과 함께 영광 중에 오시는 분으로 묘사된다(막 14:62; 마 26:27-28).

그러나 요한은 예수의 다시 오심과 관련하여 '인자'를 사용하지 않는다. 인자의 고난에 관한 말씀들(3:14; 8:28; 12:34)도 공관복음서들의 말씀들과 구별된다. 요한은 인자의 고난의 필연성을 강조하지 않는다(막 8:31; 평행 구절). 요한은 인간이 생명을 얻기 위하여 "올리우신 분으로서의 예수"(인자)를 믿어야 할 필요성을 강조한다. 인자는 이미 그가 이전에 있던 곳으로 돌아가도록 정해져 있다(6:62). 이것은 요한공동체가 독자적으로 '인자' 전승을 발전시켰음을 제시한다. 저자는 공관복음서 전승들에 나오는 인자의 배척당함과 고난 받음을 가리키는 말씀들을 예수 그리스도의 선재와 인자의 내려오심과 올리우심 그리고 예수는 하나님의 유일한 계시자라는 빛에서 재조명한다.

제 3 장

예수의 공생애 첫째 국면 (2:1-4:54)

요한복음의 예수 이야기는 제자들의 공동체가 형성된 이후에 예수의 공생애를 구체적으로 제시하는 것으로 나아간다. 저자는 요한복음 2-12장에서 예수의 공생애를 제시한다. 여기서 예수의 공생애는 그가 행한 일곱 개의 표적을 중심으로 묘사된다. 예수의 사역은 표적을 중심으로 크게 세 부분으로 구분된다. 먼저, 예수의 공생애의 첫째 국면으로서 갈릴리 가나에서 행한 두 번의 표적을 사이에 두고 예루살렘과 유대 지방에서 행한 사역과 사마리아 지방에서 행한 사역이 제시된다(2:1-4:54). 다음에, 예수의 공생애의 둘째 국면으로서 삼십팔 년 된 병자를 치유하는 표적으로부터 시작하여 날 때부터 맹인된 사람을 치유하는 표적에 이르기까지의 사역이 제시된다(5:1-10:42). 끝으로, 예수의 공생애의 절정으로서 예수가 마지막으로 행한 표적인 나사로 부활 사건과 함께 예수의 죽음과 부활이 예고된다(11:1-12:50).

예수의 공생애의 첫째 국면에서는 팔레스타인 여러 지역에서 이루어진 예수의 사역과 그것에 대한 다양한 반응들이 제시된다. 먼저 갈릴리 가나에서 있었던 혼인 예식에서 예수는 물을 포도주로 변화시키는 첫 번째 표적을 행했으며 그 결과 제자들이 그를 믿었다(2:1-12). 다음에 예수는 예루살렘에 가서 성전 청결 사건을 행한다(2:13-35). 그 후에 예수는 공회 회원이며 바리새인이었던 니고데모와 대화를 나눈다(3:1-21). 그리고 저자는 예수에 대한 침례 요한의 마지막 증언을 삽입한다(3:22-36). 그 후에 예수는 사마리아 지방을 통과해 가다가 우물가에서 만난 사마리아 여인과 대화를 나누고 사마리아 사람들과 교제하는 기회를 갖는다(4:1-42). 마지막으로 예수는 갈릴리 가나에 이르러 왕의 신하의 아들을 치유하는 두 번째 표적을 행했으며 그 결과 그 사람과 그의 온 집안 사람들이 예수를 믿었다.

이러한 내용을 토대로 요한복음의 첫째 대 단락의 구조를 다음과 같이 표현할 수 있다.

A. 2:1-12 갈릴리 가나(첫째 표적)
 B. 2:13-25 예루살렘 성전 청결 사건
  C. 3:1-36 영생의 길(니고데모와 침례 요한)
 B' 4:1-42 사마리아인들을 위한 선교
A' 4:43-54 갈릴리 가나(둘째 표적)

A 예수의 첫 번째 표적(2:1-12)

화육의 로고스인 예수 그리스도께서 세상에 나타나서 그의 공생애를 시작하기까지 곧 그가 그의 제자들을 만나서 그들에게 그의 존재를 나타내는 기간을 다룬 예수 이야기는 그가 행한 첫 번째 표적 사건에서 절정에 이른다. 예수는 갈릴리 가나에서 있었던 혼인 잔치에 그의 제자들과 함께 참석했으며 그때 그의 어머니도 함께 있었다. 요한복음에서 예수의 어머니는 '마리아'라는 이름으로 불리어지지 않고, 다만 "예수의 어머니"라고만 불려진다. 저자는 그녀가 예수의 어머니라는 예수에 대한 그녀의 가족적 관계성만을 제시한다(2:1; 19:25-26). 그러나 예수는 항상 그녀를 가족 관계의 용어인 '어머니여'라고 부르지 않고 결혼한 여인을 가리키는 일반적 용어를 사용하여 '여자여'(γύναι)라고 부른다(2:4; 4:21; 8:10; 19:26). 예수의 공생애에서 그녀의 역할은 구체적으로 제시되지 않는다. 이것은 예수의 공생애 사역이 혈연관계를 중심으로 이루어진 것이 아님을 나타낸다. 예수는 새로운 제자 공동체의 형성을 위하여 그의 육신의 가족과 그 안에서의 권위와 질서 체계를 벗어나야 했다. 요한복음에서 예수가 유일하게 순종하는 분은 그를 보내신 하늘의 아버지이다. 그의 사역은 하나님 아버지의 뜻을 완전하게 수행하는 일이 될 것이다. 예수의 어머니는 결국 제자 공동체의 일원이 되는 것으로 제시된다(19:25-27).

첫 번째 표적 사건은 앞 사건들(1:35-51)과 문맥적으로 연결된다. 저자는 이 사건이 "제 삼일에" 일어났다고 밝히는데(2:1), 그 날은 예수의 제자들이 예수를 처음 만나기 시작한 날로부터 제 삼일이다. 이것은 일자에 관한 일련의 언급들 중 마지막 언급이다: '이튿날'(1:29), "또 이튿날" (1:35), 그리고 '이튿날'(1:43). 이 사건에서 제자들이 두 번이나 언급된 것(2:2, 11)은 이 사건이 그들에게 주는 중요성을 부각시킨다. 바로 앞 사건에서 예수는 나다나엘에게 그가 "이것보다 더 큰 일을 볼 것"이라고 약속했다(1:50). 예수의 이 약속이 이 사건에서 부분적으로 이루어지기 시작한 것을 보여준다. 요한복음의 결론 부분에서 나다나엘은 갈릴리 가나 출신으로 언급된다(21:2). 그는 예수의 세 번째 부활현현 사건의 목격자들 중 한 사람이었다. 공관복음서들에는 예수가 갈릴리 가나에서 행한 두 번의 표적 사건이 나오지 않으며 또 나다나엘도 제자들의 명단에 나오지 않는다. 이것은 나다나엘이 갈릴리 가나와 관련된 전승의 궁극적 기원이었을 가능성을 시사해준다. 아마 그는 예수의 사랑을 받는 그 제자에게 그 전승들을 전달했던 것으로 보인다.

가나 혼인 잔치 사건의 역사성에 관한 논쟁이 계속되어 왔는데, 그런 논쟁은 요한복음에서 제시된 예수 사건 전체에 대한 질문과 관련된다. 복음서들에 기록된 사건들의 역사성을 다루기 위해서는 기본적으로 그것들이 역사적 사건이면서도 동시에 그 속에 신앙적이고 신학적 의미가 포함된 이중적 성격의 사건들임을 기억하는 것이 필요하다. 이 사건도 마찬가지 성격을 취한다. 이 이야기는 역사적 사실을 바탕으로 형성된 것이지만, 저자가 이 사건을 전달하는 더 중요한 목적은 예수의 존재와 사역의 본질을 나타내려는 신학적 중요성에 있다. 저자의 의도는 물이 포도주로 변화된 역사적 사실성을 기초하여 그것이 가지는 상징성 곧 예수 그리스도 안에 있는 복음의 생명력을 제시하려는 것이다.

먼저 예수는 "좋은(영원한) 포도주"를 제공하는 구원자라는 것 곧 예수는 사람들로 하여금 하나님과의 연합을 통하여 생명을 얻게 하는 하나님의 아들 그리스도라는 것이다. 나아가 이렇게 예수를 통해 활동하시는 하나님의 새로운 구원의 세대에서는 유대교의 정결 체계가 더 이상 의미가 없다는 것을 제시하려는 것이다. 그래서 저자는 이 기적적 사건을 단순히 기적이라고 부르지 않고 표적(σημεῖον)으로 불렀다. 그것은 예수가 행한 이러한 기적적 사건들이 단순히 역사적 사실성의 측면에서 의미를 가진 것이 아니라, 예수 그리스도의 존재와 그의 사역의 성격을 나타내는 상징적 의미를 가진 사건들임을 부각시킨다. 그래서 저자는 예수가 이 첫째 표적을 행하여 그의 영광을 나타냈다고 설명한다. '영광'이란 단어는 요한복음 전체를 통하여 세상에서 생명을 주기 위하여 하나님의 보냄을 받은 하나님의 독생자로서 예수의 존재와 사역의 본질을 나타내기 위하여 사용되었다. 표적은 바로 예수의 영광을 나타내는 통로가 된다.

저자는 예수가 행한 많은 기적적 일들 중에서 일곱 개의 표적만을 전달한다. 이 사건은 저자가 전달한 일곱 개의 표적 중 첫째 표적이며 그것은 예수의 제자들로 하여금 그를 믿게 하기 위하여 나타낸 첫 번째 영광의 기회였다. 이 이야기에는 유대교의 국면과 연결된 두 가지 주제들이 포함되어 있다. (1) 먼저 예수는 정결 의식을 위한 물을 변화시킴으로써 정결 의식으로 대표되는 유대교 종교 체계를 대체해야 할 필요성을 제시한다. (2) 다음에 예수는 물을 혼인 잔치에 필요한 포도주로 변화시킴으로써 메시야의 혼인 잔치에 사용되는 포도주의 영상을 활용한다(사 54:4-8; 62:4-5).

공관복음서들에는 이 두 가지 주제들이 기적 이야기와는 별도로 전달된다(막 2:19; 7:1-7). 구약 예언 전승에서 풍부한 포도주는 때때로 하나님의 백성의 회복 혹은 종말의 상징으로 사용되었으며(암 9:13; 호 2:22-23; 욜 4:18; 사 29:17; 렘 31:5) 또 공관복음서 전승들에서도 포도주를 곁들인 식사나 혼인 예식은 종말론적 축제의 영상으로 제시된다(마 8:11; 25:1-13; 막 14:25; 눅 14:15-24). 저자는 구약에서 예언된 종말론적 세대가 예수의 활동과 함께 도래했다는 입장에서 이 사건을 전달한다. 하나님은 자기 백성을 영생으로 인도하는 가장 좋은 포도주를 마지막 때를 위하여 예비해 놓으셨다. 저자는 이 이야기를 기적적 사실의 전달보다는 예수의 존재와 사역을 나타내기 위한 상징으로 사용한다. 그래서 실제적인 기적의 나타남은 간단하게 지나가는 식으로 언급된다(2:9). 예수의 권능도 공개적으로 표현되지 않고, 다만 처음 표적 혹은 둘째 표적으로만 표현된다. 저자는 이러한 기적 사건을 예수의 영광 곧 하나님의 아들로서 예수의 존재와 그가 행하는 종말론적 구원 활동의 구체화된 표현으로 제시한다.

이 이야기의 초점은 예수와 그의 모친 사이의 대화에 있다: **"포도주가 모자란지라 예수의 어머니가 예수에게 이르되 저희에게 포도주가 없다 하니"**(2:3). 요한복음에서 예수와 그의 모친이 함께 등장하는 사건은 이곳 외에서는 예수의 십자가 사건 때에 있었던 것으로 제시된다(19:25-27). 두 사건에서 예수는 자기 어머니를 '여자여'(γύναι)로 부른다(2:4; 19:26). 이것은 요한공동체가 추구했던 예수 공동체의 특성을 나타낸다. 예수를 그리스도로 믿는 사람들의 공동체는 혈연관계 중심의 공동체가 아니라 독생자를 믿는 믿음을 중심으로 이루어지기 때문에, 이제는 예수의 모친일지라도 모친이라는 혈연관계를 넘어서서 예수를 믿음의 대상으로 인식해야 한다는 것을 반영한다. 이 사건에서 예수의 어머니는 예수의 특별한 능력을 믿고 있는 사람으로 등장한다(2:5).

자기 어머니의 요청에 대한 예수의 대답이 모호하게 언급된다: **"여자여 나와 무슨 상관이 있나이까? 내 때가 아직 이르지 못하였나이다"**(2:4). "나와 무슨 상관이 있나이까?"라는 말은 예수와 그의 모친 사이를 날카롭게 구분 짓는다. 구약에 따르면, 이 말은 어떤 사람이 호소한 것에 대하여 관계하기를 거부하거나 적어도 관계하지 않으려는 표현이다(삿 11:12; 왕상 17:18; 왕하 3:13; 호 14:8). 공관복음서 전승들에서는 귀신들린 사람들이 자기들과 관계를 맺으려는 예수를 거절하기 위하여 이 말을 사용했다(막 1:24; 5:7; 마 8:29). 이 말을 통하여 예수는 자신의 활동을 그의 모친의 요구와 관계시키기를 거부한다. 예수는 이것과 같은 맥락에서, 그의 동생들이 요구한대로 행동하기를 거절한다(7:6). 이것은 예수의 활동이 일차적으로 그 자신의 결정에 따른 것이며 따라서 하나님의 뜻에 따른 것이지, 사람의 요구에 따라 이루어지는 것이 아님을 나타낸다.

예수의 이러한 대답은 앞 절에서 제시된 것으로서 "저희에게 포도주가 없다"(2:3)라는 그의 어머니의 요구에 대한 이해를 돕는다. 그것은 단순히 포도주가 없는 상황에 대한 언급이 아니라, 어머니로서 아들을 향한 어떤 명령적 언급을 암시한다. 그들에게 포도주가 없으니 그 문제를 어떻게 해결해 주어야 할 것이 아닌가 하는 요구를 포함한다. 곧 예수에 대한 어머니의 권위의 표현이다. 예수는 자기 자신을 어머니의 권위로부터 격리시키는 방식으로 대응한다. 그러나 예수가 그의 어머니의 요구 자체를 거부한 것은 아니다. 이것은 예수의 활동을 결정하는 것은 어머니의 권위가 아니라 하나님의 권위에 따른 것임을 나타낸다. 요한복음 전체를 통하여 예수는 단독으로 행동하는 것이 아니라, 항상 하나님 아버지와 함께 그리고 아버지가 인도하시는 대로 행동한다. 그래서 예수는 '여자여'라는 결혼한 여인을 가리키는 일반적 존칭어를 사용하여 그의 어머니의 입장을 공손하게 거절하며 또 어머니의 권위로부터 자신을 분리시킨다.

이런 점에서 예수의 대답의 둘째 부분은 두 가지로 이해할 수 있다: 평서문("내 때가 아직 이르지 못하였나이다") 혹은 의문문("내 때가 이미 이르지 않았습니까?"). (1) **전자의 의미로 본다면**, 예수는 그의 때가 이르기 전까지는 그의 어머니가 요구한 일을 할 수 없다는 의미가 된다. 이것은 예수가 사람의 요구대로 일하는 것이 아니라, 하나님의 뜻과 때를 따라 일한다는 그의 사역의 원칙을 가리킨다. 그런데 그렇게만 보면, 예수는 그의 어머니의 요구를 거절한 직후에 다시 어머니의 요구대로 행한 것이 되어 예수의 말과 행동이 잘 연결되지 않는 면이 있다.

(2) **그러나 후자의 의미로 본다면**, 여기서 '때'란 예수가 세상에서 그의 사역을 시작할 때, 곧 어머니와 가정의 권위에서 독립하여 하나님의 뜻을 따라 독자적으로 일할 때를 가리킨다. 그 때가 이르렀기 때문에, 예수는 하나님의 영광을 나타내는 일을 시작한다. 요한복음 전체를 통하여 저자는 예수의 때를 강조한다. 그 때는 세상에서 그리스도의 영광을 나타내고 하나님의 뜻을 성취하기 위하여 활동하는 때를 가리킨다. **이때는 예수의 십자가 죽음에서 절정에 이른다**. 그래서 저자는 계속하여 예수의 때가 이르지 않았다고 말하다가, 결론적으로 십자가 사건을 앞에 놓고 "인자의 영광을 얻을 때가 왔다"라고 선언한다(12:23).

갈릴리 가나에서 이루어진 두 개의 표적 사건에서 공통적으로 제시되는 것은 어떤 요청이 일단 거부되었지만 계속하여 요청하는 간구의 필요성이 제시된다(4:47-50). 예수의 어머니는 예수의 거절의 말을 들었음에도 불구하고 예수의 활동이 있을 것을 예상하고 종들에게 그것을 대비하게 한다: **"너희에게 무슨 말씀을 하시든지 그대로 하라"**(2:5). 이 말을 한 것으로 보아, 예수의 어머니는 예수의 특별한 권능에 대한 어떤 사전 지식과 믿음을 가졌던 것으로 보인다. 그러나 예수의 말씀은 그녀가 예수의 사명과 때에 관하여 충분히 알고 있었던 것이 아님을 나타낸다. 그녀 역시 예수의 존재와 사역에 관한 충분한 이해와 충분한 제자직에 이르기 위한 과정 중에 있는 인물로 나타난다. 그녀는, 비록 예수의 어머니이지만, 예수가 자기 자신을 분리시키고 있는 육신의 가족과 그가 형성하고 있는 신앙의 가족 사이의 갈등 관계를 해결해야만 했다. 그녀는 후에 십자가 사건에서 원형적 여성 제자로서 신앙의 가족의 일원이 된다.

예수의 어머니의 예상대로 예수는 종들을 통해 일한다. 예수가 종들에게 "항아리에 물을 채우라"고 말하자 그들은 그 말씀대로 순종하여 항아리 입구까지 채웠다. 저자는 항아리와 관련된 유대교의 정결 의식을 언급한다(2:6). 이것을 통하여 혼인 예식에서 포도주가 모자라는 문제가 정결 의식의 문제로 전환된다. 예수의 활동이 처음으로 유대교의 율법 체계와 대립한다. 여섯 개의 항아리들이 예수가 그의 사역을 시작한 엿새 동안과 대비된다. 이것은 율법의 옛 체계가 복음의 새로운 체계로 대체되고 있는 것을 나타낸다. 예수가 하인들에게 "이제는 떠서 연회장에게 갖다 주라"고 말하자 그들은 다시 그 말씀대로 순종했다. 연회장은 물로 된 포도주를 맛보고 어디서 났는지 알지 못했지만, 물 떠온 하인들을 알았다. 저자는 물이 포도주로 변했다는 사실보다는 그 변한 것에 대한 지식과 그 변화의 근원을 강조한다. 연회장이 모르는 것을 종들은 알고 있었다.

연회장이 신랑을 불러 말했다: **"사람마다 먼저 좋은 포도주를 내고 취한 후에 낮은 것을 내거늘 그대는 지금까지 좋은 포도주를 두었도다"**(2:10). 연회장의 말은 예수의 활동의 성격을 요약적으로 또 상징적으로 표현한다. 생명을 주시는 하나님의 능력이 이제야 나타나게 되었다는 것이다. 혼인 예식은 하나님과의 관계 회복을 나타내는 종말론적 영상으로 활용되었다(사 62:4-5). 마찬가지로 넘치는 포도주는 하나님과 함께 벌이는 종말론적 향연의 넘치는 기쁨을 상징한다(암 9:13-14). 하나님과의 관계가 온전히 회복되고 그 안에서 사람들 사이의 관계가 회복되는 종말론적 희망이 예수의 활동 속에서 성취된 것을 나타낸다. 하나님은 가장 좋은 계시 곧 생명으로 인도하는 계시를 마지막으로 아들을 통해 나타내셨다(cf. 히 1:1-3). 이것은 예수가 세상에 오심을 통하여 종말론적 구원의 세대가 이미 시작한 것을 나타낸다. 예수는 가장 좋은 포도주로서 하나님의 구원의 역사의 마지막에 나타나셨다. 예수는 유대교의 정결 체계를 대체하는 새로운 구원의 체계가 되신다.

저자는 이 사건의 의미를 결론적으로 제시한다: **"예수께서 이 처음 표적을 갈릴리 가나에서 행하여 그 영광을 나타내시매 제자들이 그를 믿으니라"**(2:11). "처음 표적"이란 예수 그리스도의 존재와 사역의 본질을 나타낸 첫 번째 사건임을 가리킨다. 저자는 예수가 행한 기적적 사건보다 표적 곧 그 사건이 담고 있는 의미에 관심을 기울인다. "그의 영광을 나타냈다"(ἐφανέρωσεν τὴν δόξαν αὐτοῦ)라는 것은 영광 곧 하나님의 새로운 임재와 활동의 모습이 예수를 통하여 세상에 나타나기 시작했다는 말이다. 예수는 하나님이 마지막으로 준비한 포도주이며 또 그의 활동은 하나님의 백성의 구원을 위하여 하나님이 최종적으로 또 결정적으로 활동하시는 "메시야 시대"의 도래를 가리킨다.

하나님의 백성의 삶에는 기쁨이 없고 또 정결 의식은 사람들에게 삶의 의미와 생명력을 제공하지 못하는 상황에서 **예수가 개입하여 그의 창조의 말씀으로 쓸모없던 율법 체계의 물을 은혜와 진리의 포도주로 변화시킨다**. 저자는 하나님의 백성이 하나님과 함께 넘치는 포도주로 향연을 벌이는 영상을 통하여 예수 그리스도께서 하나님의 백성에게 새로운 활력이 넘치고 생동적인 삶의 근원이 되심을 묘사한다. 기독론적 측면에서 이 이야기의 초점은 예수의 행한 일에 모아진다. 물을 포도주로 변화시킨 것은 하나님의 임재와 권능의 표현이다. 저자는 독자들로 하여금 그 예수를 믿음으로 그러한 하나님의 현존과 권능을 체험하도록 초청한다. 제자들은 예수를 믿음으로 반응했는데, 그것은 표적 이야기의 목적을 성취하는 초기 단계의 믿음을 가리킨다. **제자들의 믿음은 이것으로부터 시작하여 예수의 죽으심과 부활 그리고 올리우심과 다시 오심에 대한 믿음으로 성장해 나가야 한다**.

저자는 예수의 첫째 표적 사건과 그의 공적 활동의 구체적인 시작 사이에 있었던 그의 행적을 간략하게 소개한다: **"그 후에 예수께서 그 어머**

니와 형제들과 제자들과 함께 가버나움으로 내려가 거기 여러 날 계시지 아니하시니라"(2:12) 이 구절은 전환적 구절로서 예수의 공생애의 전환기를 나타낸다. 예수는 아직 그의 육신의 가족들 곧 그의 어머니와 형제들과 함께 있지만 신앙의 가족인 제자들의 공동체를 형성하여 가버나움으로 내려갔다. 가버나움은, 공관복음서들에 따르면, 예수의 갈릴리 사역의 중심지였다(막 1:21; 2:1). 그러나 요한복음에서는 그가 거기서 여러 날 계시지 않았다고 언급된다. 이 언급은 예수가 그의 공생애에서 독자적으로 독특한 사역을 하기 이전의 전환기의 모습을 나타낸다. 예수는 그의 사역 초기에 그의 육신의 가족과 동거하는 속에서 활동했으며 또 침례 요한의 사역과 병행하여 활동한 것으로 묘사된다(요 1:19-34; 3:22-30). 이것은 예수의 공생애가 단계적으로 발전해나간 것을 보여준다.

B 성전 정화 사건(2:13-25)

요한복음의 예수 이야기는 가나의 혼인 잔치에서 행한 기쁨의 사건으로부터 급격하게 전환되어 그가 예루살렘 성전에서 행한 분노의 사건으로 이어진다. 두 이야기가 서로 상당히 다른 내용을 다루면서도 그리스도의 영광을 나타내는 계시 사건이라는 점에서 밀접하게 연결된다. 가나의 표적 사건이 가족과 마을의 축제를 다룬 소규모의 개인적 사건인 반면, 성전 청결 사건은 예루살렘이라는 유대교의 중심지에서 유월절과 성전이라는 대규모 군중이 운집한 공개적 사건이다. 유월절에 예루살렘에서 이루어지는 성전 의식은 유대인들에게 가장 중요하고 의미 있는 국가적 행사였다. 가나의 표적 사건이 혼인 예식을 인정하고 축하하는 축복의 성격을 반영하는 반면, 예루살렘 성전 사건은 성전 의식을 거부하고 성전의 파멸을 예고하는 저항적 성격을 반영한다.

예수의 행동은 대단히 놀랄만한 것이었고 또 그런 행동에 대한 설명은 담대하고 신비로운 것으로 제시된다. 이런 차이점들에도 불구하고 두 이야기를 연결시켜주는 문학적 요소들이 발견된다. (1) 두 이야기에서 삼일(사흘이 되던 날에, 사흘 동안에)과 관계된 언급이 나오는데(2:1, 19), 이것은 그리스도의 부활을 상징한다. (2) 두 이야기가 의식에 중심을 둔 유대교 종교 활동에 대한 논쟁을 반영한다(정결 의식과 성전 의식). (3) 두 이야기가 제자들의 믿음으로 결론을 내린다(2:11, 22). 그러나 그들은 예수에 대한 충분한 믿음에는 아직 이르지 못했다. (4) 두 이야기가 동일하게 발단과 전개와 종결이라는 연극의 요소를 포함한다. 둘째 사건에서 극의 종결은 예수의 죽음과 부활을 예고한다.

이 이야기는 예수의 행동과 말씀 그리고 제자들의 회상을 나타내는 이중적 구조를 이룬다. 그 이중적 구조를 다음과 같이 설명할 수 있다.

A: 예수의 행동(2:14-15)
　B: 예수의 말씀(2:16)
　　C: 제자들의 회상(2:17)
A': 유대인들의 반응(2:18)
　B': 예수의 말씀(2:19)
　　C': 유대인들의 오해(2:20)와
　　　제자들의 회상(2:21-22)

이 이야기에도 저자의 개인적인 견해나 해설을 불쑥 내미는 전형적 형식의 표현이 사용된다(2:17, 21-22).

성전 정화 사건은 사복음서들 모두에 기록된 소수의 사건들 중 하나다. 그런데 요한복음에서 이 사건의 배열이 공관복음서들에 나오는 배열과 정반대로 위치한다. 공관복음서들에서는 이 사건이 예수의 공생애 마지막 부분 곧 예수가 갈릴리를 떠나 마지막으로 예루살렘에 갔을 때에 일어난 사건으로 제시된 반면, 요한복음에서는 예수의 공적 활동의 시작에 위치한다. 저자는 이 사건의 배열을 바꾼 것 외에도 세부 묘사에 있어서도 여러 가지 것들을 바꾸었다. 그러나 공관복음서들에 나오는 것과 요한의 묘사가 세세한 부분까지 매우 유사한 것은 같은 자료 사용의 가능성을 보여준다. 이 점에 관하여 학자들은 요한복음의 배열이 연대기적 관심사보다는 저자의 신학적 관심사에 따른 것임을 지적한다.

이 이야기에서 저자의 신학적 관심사를 보여주는 몇 가지 점들이 지적된다. (1) 먼저 이 사건은 유대교의 정결 의식에 이어서 배열되었다. (2) 다음에 저자는 이 사건에서 공관복음서들에는 간접적으로 나오는 예수의 말씀을 보존한다(2:19). 이 말씀은 예수가 유대교 지도자들에게 심문을 받을 때에 그를 고소하는 사람들에 의해 제기된 것에서 반영된다(막 14:58). (3) 또 만일 예수가 그의 사역 초기에 이 사건을 행했다면, 성전 지도자들의 반발에서 보여지는 것과 같이 그 후에 그가 예루살렘이나 성전에 들어가기가 어려웠을 것이다.

저자는 예수 그리스도를 통한 하나님의 새로운 구원 활동의 핵심을 제시하려는 그의 신학적 관심에 따라 예수의 첫 번째 공적 활동을 유대교의 정치와 종교의 심장부인 예루살렘 성전에서 행한 것으로 제시한다. 저자는 이것을 통하여 유대교가 하나님의 영광을 나타내는 참된 종교가 되기 위하여 근본적으로 변화되어야 할 필요성을 강조한다. 예수는 성전의 제사 제도를 근간으로 하는 당시의 유대교를 쓸모없게 된 종교로 비판하면서 새로운 성전, 진정한 성전, 우주적 성전, 곧 종말론적 성전 개념을 제시한다.

이 사건은 예수가 유월절이 가까운 시기에 갑자기 예루살렘에 갔다는 언급으로 시작한다: **"유대인의 유월절이 가까운지라 예수께서 예루살렘으로 올라가셨더니"**(2:13). 저자는 **"유대인의** 유월절"이라는 어구를 사용한다(cf. 6:4; 11:55). 이것을 통하여 저자는 유월절의 이해에 있어서 저자 자신과 유대인들 사이의 간격을 나타내기도 하며 또 독자들 중에 다수를 차지하는 이방인들에게 유대교의 명절을 설명하려는 의도를 보여준다.

이것은 또 저자가 포함된 공동체에서는 그런 명절을 지키지 않고 있음을 시사해준다. 요한복음에는 예수의 공생애 동안에 유월절이 여러 차례 언급되는데(2:13; 6:4; 11:55), 이것은 예수의 공생애의 기간이 공관복음서들에서 제시된 것보다 다소 긴 기간을 나타낸다. 공관복음서들에는 유월절이 예수의 십자가 사건 때에 있었던 것으로서 한 번만 언급된다.

요한복음의 성전 정화 사건에는 공관복음서들에 묘사된 것과 달라진 것들이 있다: **"성전 안에서 소와 양과 비둘기 파는 사람들과 돈 바꾸는 사람들의 앉은 것을 보시고 노끈으로 채찍을 만드사 양이나 소를 다 성전에서 내어 쫓으시고 돈 바꾸는 사람들의 돈을 쏟으시며 상을 엎으시고"**(2:14-15). 요한복음의 사건에는 성전에서 판매되는 짐승들이 비둘기 외에 소와 양(βόας καὶ πρόβατα)이 추가되었고 또 예수는 노끈으로 채찍을 만들어 사용했다는 것과 예수가 쫓아낸 대상이 짐승들과 함께 사람들도 '다'(πάντας) 포함된 것으로 묘사된다. 예수의 행동은 짐승을 파는 사람들과 환전상들을 향해 이루어졌다. 예수의 분노는 성전 경내에서 희생 제물을 팔고 사는 행위와 성전세를 내기 위하여 환전하는 행위에 대한 것이었다. 예수의 행동은 유대교 성전체계의 근본적인 변혁의 필요성을 부각시키는 상징적 행동이었다.

저자는 예수의 행동에 이은 예수의 말씀을 전달한다: **"비둘기를 파는 사람들에게 이르시되 여기서 가져가라. 내 아버지의 집으로 장사하는 집을 만들지 말라"**(2:16). 예수의 말씀은 성서인용문의 형태가 아니라, 예수가 직접 말한 형태로 묘사된다. 마가복음에는 구약 인용문(사 56:7; 렘 7:11)의 형태로 제시된다. 예수는 여기서 처음으로 이스라엘의 하나님을 "내 아버지"(πατρός μου)로 불렀다. 예수가 하나님을 "내 아버지"로 부른 것에 대하여 유대교 지도자들은 여기서는 항의하지 않는다. 그러나 후에 이것이 그들로부터 심각한 반발을 일으킨다(5:17-18). 여기서는 단지 예수의 행동 배후에 있는 권위에 대하여 질문을 제기할 뿐이었다. 하나님의 아들로서 그의 존재 문제는 후에 집중적으로 다루어질 것이다. 공관복음서들에서 예수는 그들이 기도의 집을 강도들의 본거지로 만든 것을 비판하면서(렘 7:11), 하나님의 집이 기도의 집이 되어야 할 것을 제시했다. 그러나 여기서는 그런 비판이나 문제 제기가 없다. 저자의 입장에서 하나님의 집은 예수 자신에게서 이루어지기 때문에, 예루살렘의 건물 성전과 거기서 이루어지는 제사 체계는 더 이상 존재 의미가 없다(cf. 4:21; 14:2).

저자는 제자들이 예수의 행동과 말씀을 목격하고 성경 말씀을 기억한 것을 전달한다: **"제자들이 성경 말씀에 주의 전을 사모하는 열심이 나를 삼키리라 한 것을 기억하더라"**(2:17). "기억했다"(ἐμνήσθησαν)는 단어는 요한의 교회가 부활현현 후에 예수의 공생애 전체를 성경의 성취로 깨닫게 된 과정을 가리키는 전문 용어다. 저자는 후에 제자들로 하여금 예수의 말씀을 기억나게 하는 보혜사의 활동에 관하여 언급할 것이다(14:26). 제자들이 기억한 것으로 인용된 성경 말씀은 시편 69:9의 70인역(LXX)이다. 다만 동사가 과거 시제(삼켰다)에서 미래 시제(삼킬 것이다)로 바뀌었다. 이것은 예수의 행동을 촉발시킨 동기와 예수의 죽음에 대한 암시를 나타낸다. 예수의 죽음의 원인 중에는 성전을 향한 유대인의 열심이 핵심적으로 작용했다. 이 사건에서도 예수는 성전 체계를 둘러싸고 유대교 지도자들과 논쟁한다(2:19ff.).

성전에 대한 예수의 이러한 이해는 유대교 종교 체계의 급진적 변혁을 추구하는 것이 되었으며, 따라서 그것은 유대교 지도자들이 지금까지 확립한 종교 체계의 근간을 흔드는 심각한 위협으로 간주되었다. 예수가 유대교 지도자들에게 심문을 받을 때에, 그에 대한 고소 중 유일하게 명시된 것은 성전과 관계된 것이었다: "우리가 그의 말을 들으니 손으로 지은 이 성전을 내가 헐고 손으로 짓지 아니한 다른 성전을 사흘에 지으리라 하더라"(막 14:58). 공관복음서들에는 예수가 이런 종류의 말씀을 한 적이 없다. 그러나 요한복음에서 예수는 유대인들의 오해를 살 수 있는 이런 종류의 말씀을 그의 사역 초기에 한 것으로 제시된다: "너희가 이 성전을 헐라 그러면 내가 사흘 동안에 지으리라"(2:19).

이런 점에서 볼 때, 저자가 성전 정화 사건을 예수의 공생애 초기에 배열한 또 다른 이유를 발견할 수 있다. 그것은 예수의 공생애에 관한 전체 이야기를 예수를 죽음에 몰아넣은 이 사건의 빛에서 읽게 하려는 것이다. 예수의 활동이 이렇게 처음부터 유대교의 종교 체계와 충돌하는 면을 보여주었고 그 후에 계속된 예수의 다양한 행동들은 유대교 당국자들과의 대립을 촉발시켰다. 그래서 예수에 대한 유대교 당국자들의 길고 철저한 조사 과정이 시작되었다. 요한복음 5장부터 시작하는 예수의 공생애 둘째 국면은 예수의 존재와 사역을 놓고 유대교 지도자들과 지루하게 벌이는 논쟁을 반영한다.

이 논쟁의 과정에서 유대교 지도자들이 예수를 죽이려고 했다는 것이 여러 차례 언급된다(5:18; 7:19, 25; 8:37, 40, 59). 저자의 주요한 관심사의 하나는 예수를 죽음에로 이르게 한 사건들의 행로를 제시하는 것이다. 예수를 죽이려 한 유대교 권력층의 관점에서 예수는 신성모독의 죄인이며 유대교 종교 체계의 파괴자로서 그의 죽임 당함이 합당한 것으로 인식되었다. 그러나 예수를 변호하려는 저자의 입장에서는 이것을 통하여 예수의 십자가 죽음을 변호하려는 변증적 목적을 갖고 있었다.

예수의 행동에 대하여 즉각적으로 반응한 사람들은 "그 유대인들"이었다. 요한복음에서 그들은 예루살렘에 있는 유대교 최고 지도층 사람들을 가리킨다. 그들은 침례 요한의 활동에 대한 조사단을 파견하기도 했으며(1:19), 또 예수의 활동을 처음부터 부정적 시각으로 바라보고 예수의 말씀을 끝까지 거부하고 배척한 사람들로 등장한다. 그들은 예수의 행동을 입증할 표적을 요구했다: **"네가 이런 일을 행하니 무슨 표적을 우리에게 보이겠느뇨?"**(2:18). 그들이 요구한 표적은 그 의미에 있어서 요한이 예수의 활동을 표현하기 위하여 사용한 표적과 다르다. 여기서 표적은 신적 권위와 능력을 보여주는 시범적 행동 혹은 기적적 행동을 말한다. 이것은 예언자들을 시험하는 모세의 교훈으로부터 유래했다(신 13:1-5; 18:20-22). 공관복음서들에서도 유대교 지도자들은 예수의 권위를 입증할 표적을 요구한 것으로 제시된다(막 8:11-12; 마 12:38-39; 16:11; 눅 11:16, 29-30). 그 유대인들의 질문은 공관복음서들에서 제시된 예수의 권위의 근원에 대한 질문과 흡사하다(막 11:27-33).

그들의 요구에 대하여 예수는 기적적 행동을 보여주는 대신 비유적 말씀으로 답변한다: **"너희가 이 성전을 헐라 내가 사흘 동안에 일으키리라"** (2:19). 예수의 답변은 요한복음에서 즐겨 사용된 것으로서 해학적 성격의 말씀이다. 해학(irony)은 화자(speaker)의 말이 그 본래적 의미에 있어서는 문자적 의미를 넘어서서 다른 차원의 의미를 전달하는 독특한 표현 방식이다. 이런 점에서 해학은 비유적 표현 방식의 한 예라고 말할 수 있다. 공관복음서들에 따르면, 예수는 공중 앞에서 비유적 교훈을 활용했으며 그래서 비유는 예수의 공중 연설의 특징이었다(막 4:1, 33-34).

예수가 이런 방식으로 청중에게 그의 교훈을 전달한 목적을 몇 가지로 생각할 수 있다. 먼저 이것은 청중으로 하여금 그들의 기존 견해－하나님, 하나님의 나라, 메시야, 구원 등에 관하여－를 돌아보게 하고 재평가하게 하려는 것이다. 다음에 이것은 청중에게 그들의 이해 부족을 깨닫게 한다. 또 이것은 예수에게 적대적인 사람들로 하여금 예수를 참으로 이해하는 것을 막고 그래서 예수의 정해진 때가 이르기 전에 예수에 대한 적대 행위의 근거를 마련하는 것을 방해한다.

요한복음에서도 이러한 표현 방식이 사용되었는데, 공관복음서들에서와 같은 비유적 교훈들의 모음은 없다. "너희가 이 성전을 헐라"는 말씀과 같이 명령법의 말을 해학적으로 사용한 예를 선지자들에게서 찾아볼 수 있다(예, 렘 4:4; 7:21; 사 8:9f.). 아무튼 이 말씀 속에서 예루살렘 성전의 파괴됨이 분명히 암시되어 있다. '일으키다'(ἐγείρειν)는 단어는 '헐다'(λύειν)와 함께 건축에서 사용될 수 있는 단어였다. 그러나 예수의 공생애에서 이 단어는 주로 죽은 자의 부활을 나타내기 위하여 사용되었다(ἔγειρε, 막 5:41; ἠγέρθη, 16:6; ἐγέρθητι, 눅 7:14). 예수는 표적을 요구한 사람들에게 신비의 표적으로 대답했다.

요한복음에서 예수의 말씀의 상당수가 해학적 표현으로 제시되고 또 그래서 청자들은 계속해서 예수의 말씀의 본래적 의미를 알지 못하고 오해하게 된다. 여기서도 유대교 당국자들은 예수의 말씀을 문자적으로 이해하여 예수 자신이 그 웅장한 성전을 파괴하겠다는 내용으로 들었다: **"유대인들이 가로되 이 성전은 사십 육년 동안에 지었거늘 네가 삼일 동안에 일으키겠느뇨 하더라"**(2:20). 예루살렘 성전은 헤롯왕이 기원전 20년경에 건축을 시작하여 예수 시대에도 계속 건축이 진행되었으며 유대-로마 전쟁 직전인 A.D. 62년경에 완공되었다(요세푸스, 「고대사」, 15.11.1 #380).

그 유대인들의 오해에 대하여 저자는 예수의 말씀의 본래적 의미를 설명한다: **"그러나 예수는 성전된 자기 육체를 가리켜 말씀하신 것이라"**(2:21). 예수가 일으킬 새 성전은 예수 자신의 몸이다. 우리말의 '육체'는 원어로는 '소마'(σῶμα)인데, 직역하면, "예수는 그의 몸으로 된 성전을 가리켜 말씀하신 것이다"가 된다. '몸'(σῶμα)은 신약에서 주로 몸의 존재 곧 한 인간 존재의 전체적 국면을 나타내기 위하여 사용된 용어다. 저자의 의미는 분명하다: 예루살렘 건물 성전이 아니라, 예수 그리스도 자신이 하나님의 현존의 장소이며 하나님이 자기 백성과 만나는 장소라는 것이다. 인간의 몸이 하나님의 성전이라는 사상은 사도 바울의 교훈에서도 발견된다(고전 6:19f.). 쿰란 문서에는 하나님의 백성의 공동체가 하나님의 영이 거하는 참된 성전이라는 사상이 제시된다(cf. 고전 3:16-18).

그러나 요한의 말은 신자들의 공동체가 하나님의 영이 거하시는 성전이라는 사상과는 조금 다르다. 요한의 주장은 아버지와 아들과 성령의 신비한 연합으로 이루어진 부활의 주 예수 그리스도께서 하나님의 백성을 위한 영원하고 참된 성전이라는 것이다. 따라서 "내가 사흘 동안에 일으키리라"는 말씀에는 예수의 부활을 통한 아버지와 아들의 연합은 물론, 보혜사의 활동이 암시되고 있다. 이렇게 표적의 요구에 대한 대답으로 부활의 표적이 제시되는 또 다른 말씀이 마태복음에 나오는 요나의 표적에서 제시된다(마 12:38-40).

저자는 이 말씀에 대한 제자들의 깨달음을 예수의 부활 이후로 돌린다: **"죽은 자 가운데서 살아나신 후에야 제자들이 이 말씀하신 것을 기억하고 성경과 및 예수의 하신 말씀을 믿었더라"**(2:22). "예수가 죽은 자 가운데서 살아나신 후에야"라는 말은 요한공동체가 가졌던 부활신앙을 대변한다. 예수의 행적과 말씀에 대한 제자들의 기억 활동이 부활현현의 경험 이후부터라는 것이 명백하게 제시된다. 예수의 고별 강화에서도 예수가 아버지께로 돌아간 후 보혜사가 와서 제자들에게 예수의 말씀을 생각나게 하실 것을 예고했다(14:26). 요한공동체에서 성경과 함께 예수의 말씀도 거룩한 보화로 간주되어 기억되고 묵상되며 전달되었다. 그들의 기억은 믿음으로 이어졌는데, 그 믿음은 성경에 대한 믿음뿐 아니라 예수의 말씀에 대한 믿음이었다.

제자들이 보혜사 성령의 감동으로 예수의 공생애에 관하여 기억하고 전파한 이야기들과 말씀들이 믿음을 촉발시키고 성장시켰다. 이렇게 듣는 이들의 마음속에 믿음을 일으키는 성령의 감동된 말씀을 가리켜 헬라어로 '레마'라고 한다(요 3:34; 6:63; 15:7; cf. 롬 10:17). A.D. 90년대에 이미 그리스도인 공동체는 예수의 행적들과 말씀들을 거룩한 전승으로 신앙하고 보존하는 말씀의 공동체가 되었다. 이렇게 말씀을 믿는 믿음에서는 말씀을 믿음으로 듣는 것이 표적을 보는 것보다 우위에 있다. 그래서 부활의 예수도 도마에게 "보지 못하고 믿는 자들은 복되다"고 말씀하셨다(20:29). 믿음은 보는 것을 요구하지 않고 오히려 듣는 것과 이해를 요구한다.

그러나 믿음의 여러 가지 다른 정도와 종류가 존재한다. 저자는 예수가 행하시는 표적을 보았기 때문에 예수의 이름을 믿은 사람들에 관하여 말한다: **"유월절에 예수께서 예루살렘에 계시니 많은 사람이 그 행하시는 표적을 보고 그 이름을 믿었으나 예수는 그 몸을 저희에게 의탁지 아니하셨으니 이는 친히 모든 사람을 아심이요 또 친히 사람의 속에 있는 것을 아시므로 사람에 대하여 아무의 증거도 받으실 필요가 없음이니라"**(2:23-25). 예수는 자기 자신을 그들에게 의탁하지 않으셨는데, 왜냐하면 예수는 이미 그들의 마음에 있는 것을 다 알기 때문이었다. 그들은 예수를 향한 적절한 믿음 혹은 충분한 믿음을 보여주지 못하고 있었다. 사도 바울도 표적을 구하는 유대인들의 태도를 통하여 기적을 보는 것에 기초한 믿음을 비판한다(고전 1:22). 요한복음에서 그런 믿음이 완전히 거부된 것은 아니지만(cf. 10:37-38), 그것은 부적절하며 예수의 성품과 목적에 대한 오해에 이르게 할 수 있다. 기적에 의존하는 믿음에 대한 경고는 니고데모 이야기와 연결시키기 위한 요한의 작업이다.

예수는 오병이어 사건에서도 표적을 기적으로만 이해하는 무리의 요구를 거절한다(6:14-15). 예루살렘에 있는 많은 사람들은 예수가 행하시는 표적들을 보고 그의 이름을 믿었다. 예수는 스스로 모든 사람들을 아셨기 때문에, 그 자신을 그들에게 의탁하지 않았다. 또 예수는 그 자신이 사람 안(속)에 있는 것을 아시기 때문에, 다른 사람이 그 사람에 관하여 예수에게 증언할 필요가 없었다. 사람의 마음에 있는 것을 아는 지식은 하나님의 전지하신 속성이다(1QS 1:7; 4:25). 다음에 나오는 니고데모 이야기는 표적에 기초한 신앙의 부적합성을 나타낸다.

C 영생의 길(3:1-36)

요한복음 3장에서 저자는 유대교의 대표적인 지도자 두 사람을 등장시켜 예수 그리스도가 유대교를 대체하는 하나님의 새로운 구원의 길이 되심을 제시한다. 니고데모는 예루살렘을 중심으로 활동하는 정통적 유대교의 대표적 인물이며 침례 요한은 개혁적 유대교의 대표적 인물이다. 니고데모는 예수의 교훈에 아직 확신을 갖지 못한 상태를 보여주는 반면, 침례 요한은 보다 더 적극적으로 예수의 우위성을 부각시킨다. 두 부분이 동일한 구조 곧 전환적 해설에 이은 대화와 그 대화에 기초한 해설로 구성된다. 그래서 요한복음 3장의 구조를 다음과 같이 분석할 수 있다:

니고데모		**침례 요한**	
A. 2:23–25	전환적 해설	3:22–24	전환적 해설
B. 3:1–15	대화 I	3:25–30	대화 II
A'. 3:16–21	독백/해설	3:31–36	독백/해설

양식의 측면에서 세 번째 부분인 독백/해설(3:13-21, 31-36)은 주인공의 독백인지 혹은 저자의 해설인지 구별하기 어렵다. 또 이 두 부분은 신학적으로도 매우 유사한 내용을 다룬다. 그래서 슈나켄버그(R. Schnackenburg, *The Gospel According to St. John*, I:360-63)는 둘째 해설(3:31-36)을 첫째 해설(3:13-21) 앞에 놓아야 신학적으로 자연스럽게 연결된다고 생각하면서, 요한복음 3장의 구조를 다음과 같이 읽을 것을 제안한다: 3:1-12, 31-36, 13-21, 22-30.

1. 니고데모와의 대화(3:1–21)

니고데모 이야기는 그 앞에 나오는 전환적 해설(2:23-25)에 의해 준비된다. 저자는 이것을 예수가 유월절에 예루살렘을 방문하는 동안에 일어난 사건으로 제시한다. 니고데모는 표적을 보고 예수를 믿은 사람, 그래서 부적절하게 믿은 사람들 중 한 사람으로 묘사된다. 따라서 저자는 예수가 그 몸을 맡기지 않은 사람들에 관하여 말할 때 사용한 단어(περὶ τοῦ ἀνθρώπου와 ἐν τῷ ἀνθρώπῳ, 2:25)를 니고데모에 대해서도 사용한다(ἄνθρωπος, 3:1). 이것은 니고데모 역시 예수가 이미 그에 관하여 알고 있으며 또 그에 관하여 누구의 증언도 받을 필요가 없는 사람들 중 한 사람인 것을 가리킨다.

니고데모 이야기는 종교의 구도자들에게 관계시키기 위하여 의도된 탐

구 설화의 한 좋은 예이다. 이것은 공관복음서들에 나오는 젊은 관원의 구도 이야기와 유사하다(막 10:17-22 parr.). 니고데모는 예수의 공생애 여러 곳에서 다시 언급된다(7:45-52; 12:42-43; 19:38-42). 그는 개인이면서 동시에 유대교의 한 집단을 대표하는 인물로 등장하는데, 그 집단을 향하여 요한공동체가 전도를 시도하고 있었던 것으로 보인다. "'너희들은' 거듭 태어나야 한다"(3:7)라는 복수 주어로 표현된 예수의 말씀 속에서 이러한 전도의 목적이 명백히 보여진다.

요한복음에서 니고데모의 성격화에 관한 연구에 따르면, 그는 개인이면서 동시에 대표자적 인물로서 잠재적 개심자의 전형으로 제시된다. 그는 예수에게 호감을 가진 유대교 구도자의 한 유형을 보여준다. 그러나 그는 예수 그리스도를 확실히 영접하지 못하고 아직 어두움에 남아 있는 인물이다. 그는 예수에 대한 충분하고 온전한 신앙에 이르는 순례 길에서 아직 거기에 도달하지 못한 상태를 나타낸다. 그는 하나님의 자녀가 되기 위하여 **다시(위로부터) 태어나야 한다**. 그의 등장은 표적에 기초한 신앙만으로는 예수 그리스도에 관한 충분한 이해에 이르는데 부적합한 것을 제시한다. 그런 신앙은 예수를 향하여 내디딘 첫 발에 해당하지만 아직 적합하고 충분한 신앙이 아니다. 그것이 부적합한 제일 큰 이유는 사람이 예수가 진정으로 누구인가를 이해하거나 고백하기 위해서는 계시의 말씀을 믿음으로 그가 어디서 왔으며 어디로 돌아가는 분인가를 아는 것이 필요하기 때문이다(17:3).

니고데모가 예수 앞에 나왔지만, 그러나 그가 나온 목적이 전혀 언급되지 않는다. 이야기가 진행함에 따라, 그의 모습은 사라지고 대화는 "너와 나" 사이의 대화에서 "우리들과 너희들" 사이의 대화로 변경된다: "우리 아는 것을 말하고"(3:11) 혹은 "너희들은 거듭나야 한다"(3:7). 따라서 이야기는 예수와 니고데모 두 사람 사이의 대화를 넘어서서 요한공동체와 유대인 공동체 사이의 대화를 나타낸다. 니고데모는 구약에 관한 그의 전문적 지식에도 불구하고 예수의 말씀을 이해하지 못한다. 그래서 하늘의 비밀들이 그에게 수여될 수 없게 된다(3:12). 그 비밀들은 하늘과 땅의 연결자로서 인자이신 예수 그리스도를 통해서만 받을 수 있기 때문이다(1:51).

저자는 '독생자'로서 예수의 존재를 제시하기 위하여 전승 자료들을 재조명한다. 하늘에서 내려온 예수는 하늘로 올라가야 하는데, 그의 올리우심은 십자가를 통해서 이루어질 것이다(3:15). 십자가에 올리우고 또 하나님 우편에 올리우신 인자를 믿어야만 생명을 얻을 수 있다. 하늘로부터 내려왔다가 십자가의 올리우심을 통하여 하늘로 올리운 자를 믿는 것이 구원의 열쇠이다. 성령은 "거듭 태어나는 것" 혹은 "위로부터 태어나는 출생"의 원동력이다.

(1) 대화 I: 거듭나야 한다(3:1-15)

저자는 먼저 니고데모의 사회적 신분과 위치를 설명한다: **"바리새인 중에 니고데모라 하는 사람이 있으니 유대인의 관원이라"**(3:1). 그의 신분과 위치에 관하여 세 가지가 언급된다: 첫째, 그는 바리새인이었다. 따라서 그는 바리새인으로서 하나님이 주시는 새 생명을 믿었을 것이다. 그러나 그가 기대하고 있었던 새 생명은 종말에 있을 부활과 관련되었다. 둘째, 그는 유대인의 관원이었다. '관원'(ἄρχων)이란 단어는 지도자를 가리키는데, 당시에 유대인의 지도자는 공회(Sanhedrin)의 회원이었다. 셋째, 그는 선생이었다(3:10). 원어에서 이 어구에 정관사가 사용된 "이스라엘의 그 선생"(ὁ διδάσκαλος)으로 표현된 것으로 보아, 그는 이스라엘 선생들 중에서도 매우 유력한 선생이었던 것으로 보인다. 따라서 그는 종교적으로, 정치적으로, 또 학문적으로 최고 신분과 위치에 있는 사람이었다.

그가 밤에 예수를 찾아와 말했다: **"랍비여 우리가 당신은 하나님께로서 오신 선생인 줄 아나이다 하나님이 함께 하시지 아니하시면 당신의 행하시는 이 표적을 아무라도 할 수 없음이니이다"**(3:2). 그가 밤에 예수를 찾아왔다는 것은 여러 가지로 해석될 수 있다. 랍비들은 흔히 밤중까지 율법을 연구하고 토론했다고 전해지고 있어서, 그것은 참된 선생의 표시가 될 수 있다. 혹은 그의 사회적 신분과 위치로 인하여 예수와 공개적으로 관계하기를 꺼려했기 때문일 수 있다(cf. 19:38). 그러나 요한복음에서 밤은 독생자를 통한 하나님의 계시의 빛을 받지 못한 상태를 상징적으로 나타낸다(9:4; 11:10; 13:30). 이러한 상징성을 고려하면, 그는 영적이고 신학적인 무지의 세계로부터 참된 빛의 수여자 앞으로 나왔다고 볼 수 있다. 저자는 이 단락의 결론에서 빛으로 나온 사람들과 빛으로 나오기를 거부한 사람들 사이를 구별한다(3:19-21).

니고데모는 예수를 하나님의 능력으로 기적을 행할 수 있는 존재로만 알고 있었다. 그는 예수가 행하시는 표적들을 보고 하나님이 예수와 함께 하신다고 생각했다. '하나님께로부터'라는 어구가 강조적 위치로 사용된 것은 그가 예수를 하나님의 능력을 덧입어 기적을 행하는 예언자로 생각한 것을 부각시킨다. 그는 아직 예수를 하나님의 독생자로 믿고 있지 않은 사람이다(7:50-51; 19:39). 그는 "우리가 … 안다"고 말하여 자기 자신은 물론 다른 사람들을 위하여 말한다. 여기서 '우리'란 바리새인들 혹은 관원들을 가리킬 수 있다. 그러나 예수가 행하는 표적을 보고 예수를 믿은 "많은 사람들"(πολλοὶ, 2:23)의 견해를 대변한다는 것이 더 타당하게 보인다.

예수가 니고데모에게 답변한다: **"진실로 진실로 네게 이르노니 사람이 거듭나지 아니하면 하나님 나라를 볼 수 없느니라"**(3:3). 요한복음에서 예수의 말씀들 중에는 "진실로 진실로"로 시작되는 것들이 많다. 그 말씀들의 내용은 다양하다: (1) 기독론적 확언(5:19; 8:58; 10:7); (2) 예수의 말씀에 대한 부정적 견해나 잘못된 견해에 대한 반박(3:11; 6:26; 8:34; 10:1); (3) 생명의 길에 대한 확언(5:24f.; 6:47; 8:51); (4) 부정적 의미의 조건절을 통한 구원의 조건 제시(3:3, 5; 6:53; 12:24); (5) 예수의 제자들에게 임하게 될 구원의 미래적 경험(1:51; 13:16, 20; 14:12; 16:20, 23); (6) 사건의 예고(13:21, 38; 21:18).

'거듭'(ἄνωθεν)이란 말은 다시(again), 새롭게(anew), 혹은 위로부터(from above)를 의미할 수 있다. 그래서 "거듭난다"(γεννηθῇ ἄνωθεν)라는 말은 두 번째, 다시, 혹은 새롭게 태어나는 것을 말한다. 그러나 그것은 단순히 인간의 첫 번째 출생 곧 어머니를 통한 신체적 출생을 반복하는 것이 아니라, 위로부터 곧 하나님의 활동에 의해 영적으로 태어나는 것이다. 유대교 사상에서 유대교로의 개종자가 된다는 것은 새로 태어나는 어린아이가 되는 것이라는 사상이 있고 또 그리스-로마 세계에서도 영적으로 새로 태어나는 것에 관한 사상이 널리 퍼져 있었기 때문에, "거듭 태어나야 한다"라는 예수의 말씀이 니고데모에게 전혀 생소한 것은 아니었을 것이다. 다만 니고데모가 이해할 수 없었고 그래서 의문을 제기한 것은 그것이 무엇을 의미하는가에 관한 것이었다. 그는 예수가 어머니를 통한 또 다른 신체적 출생을 말한다고 생각한 반면, 예수는 전혀 다른 종류의 출생 곧 성령에 의한 새로 태어남을 가리키고 있었다.

요한복음에서 하나님의 나라(통치)에 대한 언급은 이 단락 외에는 나오지 않는다(3:3, 5). 공관복음서들에서 예수의 교훈의 중심이 하나님의 나라의 도래에 있는 것과 비교하면, 이것은 아주 놀라운 일이다. 공관복음서들에 제시된 하나님의 나라는 예수의 사역을 통해 나타난 하나님의 주권적 구원 활동을 가리키며 또 하나님의 구원을 받은 백성이 종국적으로 들어갈 종말론적 영역을 가리킨다. 여기서도 두 가지 의미가 다 들어 있다고 말할 수 있다. '본다'는 것은 '경험한다'는 것을 의미한다(cf. 3:36, 생명을 본다; 막 9:1).

따라서 '본다'는 말과 '들어간다'는 말의 의미를 구별하기가 어렵다. 공관복음서들에서는 "하나님의 나라에 들어간다"는 표현이 더 일반적으로 사용된다(마 5:20; 7:20; 18:3; 19:23f.; 23:14; 막 9:47; 10:15, 23ff.; 눅 18:17, 25). '본다'는 말을 하나님의 나라의 현재적 경험으로 그리고 '들어간다'는 말을 하나님의 나라의 종말론적 완성에 참여하는 의미로 해석할 수도 있다. **그러나 요한복음 전체를 통하여 저자는 종말론적 완성의 희망을 보존하면서도 예수 그리스도를 믿음으로 주어지는 생명의 현재적 경험과 그것의 현재적인 구현을 강조한다**.

저자가 "하나님의 나라"라는 용어 사용을 전체적으로 회피하면서도 이 시점에서 그것을 반복적으로 언급한 이유는 저자가 여기서 전통적 자료를 사용하기 때문이기보다는 하나님의 나라를 주로 하나님의 기적적 개입으로 기대하면서 내적 회심 혹은 내적 변화의 필요성을 무시하는 유대교에 대한 저자의 비판적 태도 때문이라고 볼 수 있다(Barrett, 207). 니고데모는 예수의 표적을 보고 예수를 믿은 많은 사람들의 대표자적 인물로 나왔기 때문에, 예수는 그들의 신앙이 하나님의 나라를 진정으로 경험하고 들어가는데 부적합하다는 것을 부각시켰다고 볼 수 있다. 예수는 그의 공생애 동안에 그런 사람들의 신앙의 부적합성을 지적했다(4:48; 6:2, 15, 26, 30, 60, 66; 7:12, 31, 40f., 46, 50ff.; 8:30, 31; 11:24; 12:11, 42). 저자는 그런 신자들이 예수의 공생애 기간만 아니라 저자 자신의 시대에도 많이 있었다고 생각했던 것으로 보인다. **아무튼 여기서 핵심적 내용은 새로 태어나는 것이 하나님의 나라를 보고 들어가는데 있어서 선결 요건이라는 것이다**.

니고데모는 예수가 인간으로서 불가능한 것을 말한다고 생각했다: **"니고데모가 가로되 사람이 늙으면 어떻게 날 수 있습니까? 두 번째 모태에 들어갔다가 날 수 있습니까"**(3:4). "사람이 늙으면"이라고 말한 것을 보면, 니고데모 자신이 나이 든 사람으로 보여진다. 이것은 그가 관원이라고 한 것에 잘 어울린다. 그는 '거듭'이란 말을 '두 번째'(δεύτερον)로 이해하여 인간 어머니의 태에 두 번째 들어갔다가 출생하는 것으로 생각했다. 그는 예수의 말씀을 순전히 인간의 영역에서 이해하고 있으며 따라서 그것을 오해한 것이다.

니고데모의 오해에 대하여 예수가 다시 대답했다: **"진실로 진실로 네게 이르노니 사람이 물과 성령으로 나지 아니하면 하나님 나라에 들어갈 수 없**

느니라"(3:5). 예수는 앞에서 '거듭'나야 한다는 말을 "물과 성령으로 나야 한다"는 말로 대체했다. 여기서 물은 침례 의식의 물을 상징한다는 견해가 우세하게 제기되어 왔다. 또 침례 의식으로서의 물은 요한복음의 원래 저자의 의도가 아니라 최종 편집자에 의하여 사도적 기독교의 신학과 연결시키려는 의도에서 추가되었다는 견해도 있다.

하나님의 종말론적 구원을 준비하게 하는 의식으로서의 '물'과 그 구원을 실현시키는 생명력으로서 '영'의 병렬연결은 예언자 에스겔의 말씀에서도 제시되었고(겔 36:25-27), 침례 요한의 예고에서도 발견되며(1:26, 33), 또 침례 요한과 예수를 대조시키는 저자의 해설에서도 암시된다(3:29-34). 물에 의한 침례는 다가오는 하나님의 나라의 도래를 준비하는 의식이다. 그러나 그것은 준비일 뿐, 하나님의 나라의 도래 자체는 아니다. 저자는 침례 요한의 침례 사역뿐 아니라 다른 기독교인들이 행하고 있었던 침례 의식도 염두에 두었다. **저자는 침례 의식의 외적인 형태와 내적인 의미를 구분한다. 그러면서도 저자의 관심은 외적 형식인 물에 있지 않고 내적 의미인 성령에 의한 침례에 있다.**

그러나 여기서 침례의 물에 관한 아무런 암시도 발견하기 어렵다는 견해도 있다. 이 견해에 따르면, "물과 성령으로"는 두 가지 다른 사건 곧 물로부터의 출생과 성령에 의한 출생을 가리킨다. 물로부터의 출생은 인간의 본래적 출생을 의미하는 것으로 간주될 수 있다. 자연의 차원에서 인간은 물(어머니의 태의 물)로부터 출생한다. 그러나 인간 존재에는 그런 출생만 있는 것이 아니라, 성령에 의한 내적 출생도 있다. "육으로 난 것은 육이요 영으로 난 것은 영이니"(3:6)라는 예수의 말씀이 바로 이런 사실을 가리킨다. "육으로(ἐκ τῆς σαρκὸς) 난 것"은 부모를 통한 육적인 출생을 가리키는 반면, "영으로(ἐκ τοῦ πνεύματος) 난 것"은 성령에 의한 영적인 출생을 가리킨다.

여기서 육(σάρξ)과 영(πνεῦμα)은 사도 바울의 신학에서와 같은 적대적인 두 세력 사이의 충돌 곧 육의 지배를 받는 인간과 영의 지배를 받는 인간이라는 이분법적 의미로 사용되지 않았다. 다만 중립적 의미에서 두 종류의 출생이 있으며 또 하나님의 나라에 들어가기 위하여 두 가지 출생이 다 필요하다는 것을 나타낸다. **두 번째 혹은 새로운 출생의 주관자는 성령이다**. 이것은 하나님에 의한 출생을 가리키는 것으로서 인간의 의지나 소원이나 결단에 따른 것이 아니다(1:13). 이것은 또 천국에 들어가기 위하여 "어린아이와 같이 되어야 한다"는 말씀의 다른 표현이기도 하다(마 18:3). **인간의 내적 생명의 변화를 일으키는 성령의 종말론적 활동이 여러 예언자들에 의하여 예언되었다**(겔 11:19; 렘 31:33; 사 44:3).

예수는 하나님과 바른 관계에 들어가기 위하여 거듭남이라는 하나님 자신의 역사를 강조한다: **"육으로 난 것은 육이요 성령으로 난 것은 영이니 내가 네게 거듭나야 하겠다 하는 말을 기이히 여기지 말라"**(3:6-7). 예수는 "너희가 반드시 **거듭나야 한다"**(δεῖ)라는 필수 조건을 강조한다. 또 "거듭나야 한다"는 말씀의 주어는 '너희들'(ὑμᾶς, 2인칭 복수형)로 되어 있다(δεῖ ὑμᾶς γεννηθῆναι ἄνωθεν). **이것은 거듭남의 필요성이 한 사람에게만 해당되는 것이 아니라, 모든 사람들에게 해당된다는 것을 나타낸다**. 성령에 의한 인간의 내면의 변화는 중간기 유대교 문헌들에서 여러 가지 형태로 제시되었다. 묵시문헌에는 하나님의 영에 의한 내적 씻음이 메시야 시대와 연결되었다: "내가 그들 중에 거룩한 영을 창조하고 그들을 씻어 그들로 하여금 나를 영원히 저버리지 않게 할 것이다"(희년 1:23). 사해문서에는 내적 씻음을 통하여 하나님의 종말론적 공동체 안에 들어오는 것이 언급되기도 한다.

이것과 같은 맥락에서 예수는 하나님의 영의 활동을 바람으로 비유한 구약의 개념에 기초하여 설명한다: **"바람이 임의로 불매 네가 그 소리를 들어도 어디서 오며 어디로 가는지 알지 못하나니 성령으로 난 사람은 다 이러하니라"**(3:8). 구약에서 하나님의 영은 바람에 비유되었다. 히브리어에서 영과 바람은 동일한 문자(רוח)로 표기되었다. 예수도 성령의 신비로운 역사를 바람에 비유하여 설명한다. 요한복음 다른 곳에서 성령은 물에 비유되어 설명되기도 한다(7:38-39). 니고데모는 거듭 태어나야 한다는 예수의 말씀을 기이하게 생각하고 있었다. 그가 독생자를 통한 하나님의 새로운 구원 활동을 이해하고 그것에 참여하기 위해서는 먼저 거듭나는 것이 필요하다. 그는 지금 예수가 어디서 와서 어디로 가는 존재인지를 알지 못하고, 다만 예수가 행하시는 일의 외적인 형태만 바라볼 뿐이다. 그가 예수의 사역의 참된 의미를 깨닫고 그것을 진정으로 경험하기 위해서는 먼저 거듭 나는 것이 필요하다. **거듭 태어남은 성령의 활동을 통하여 하나님께로부터 주권적으로 오는 것이며 인간의 의지나 소원이나 업적에 따르는 것이 아니다**.

니고데모는 예수의 교훈에 대하여 기이함과 의문을 제기한다: **"어찌 이러한 일이 있을 수 있나이까"**(3:9). 그가 예수의 교훈에 대하여 기이함을 나타낸 것은 예수의 말씀을 통하여 간접적으로 표현되었다(3:7). "기이하게 여기다"(θαυμάζειν)는 말은 예수의 활동에 대하여 의문을 품거나 배척하는 사람들의 반응을 나타내기 위하여 사용되었다(cf. 마 8:27; 9:33; 막 6:6; 눅 4:22; 9:43). 그는 예수의 교훈에 대하여 의문을 품고 있었고 나아가 그것을 거부하는 질문을 던진 것이다.

이 질문에 대하여 예수는 해학적 질문으로 대답한다: **"너는 이스라엘의 선생으로서 이러한 일을 알지 못하느냐?"**(3:10). 예수의 대답에 정관사가 포함된 것은 그가 모든 사람들에게서 "그 선생"(ὁ διδάσκαλος)으로 인정받는 사람인 것을 나타낸다. 그는 율법의 대표적인 선생으로서 성령에 의한 출생 곧 위로부터 임하는 출생에 관하여 마땅히 알고 있어야했다. 그것들은 그들의 성경인 구약에 이미 예고되어 있기 때문이다. 그러나 니고데모는 가장 기초적이고 가장 근본적인 신앙의 원리를 간과하고 있었다. **그 원리는 영적 출생을 포함하여 모든 생명은 하나님께로부터 온다는 것과 인간에게는 불가능한 것이 하나님께는 가능하다는 사실이다.**

예수는 다시 '진실로' 말씀을 통하여 니고데모를 설득한다: **"진실로 진실로 네게 이르노니 우리 아는 것을 말하고 본 것을 증거하노라.그러나 너**

희가 우리 증거를 받지 아니하는도다. 내가 땅의 일을 말하여도 너희가 믿지 아니하거든 하물며 하늘 일을 말하면 어떻게 믿겠느냐"(3:11-12). 여기서 대화는 "우리-너희"라는 복수 주어로 변경된다. 중요한 문제에 관한 개인적 대화로 시작한 이야기가 공개적 토론의 장면으로 이동한 것이다. 이것은 "**너희들이** 거듭 태어나야 한다"(3:7)는 예수의 말씀에서 이미 암시되었다. "우리의 증거"는 예수 자신이 말한 것 외에도 요한공동체가 그 시대의 사람들을 향하여 계속적으로 증언하는 신앙고백적인 증언이다. 니고데모가 예수의 표적에 관심을 가졌으면서도 예수에 대한 합당한 신앙에 이르지 못한 유대인들을 대표하는 것과 같이, 예수는 그를 보고 믿으며 알게 된 그의 제자들과 자신을 연합시킨다. '너희'로 지칭된 사람들은 예수의 공생애에서 그의 증언을 거부한 유대교 당국자들은 물론 요한공동체의 증언을 거부하고 있는 유대교 회당 지도자들을 가리킨다. 여기서 유대교 통치(권력)자들이 예수의 증거를 거부한다는 것이 처음으로 언급된다.

땅의 일과 하늘 일에 관한 예수의 말씀(3:12)은 그 의미가 불분명하고 많은 논란의 대상이 되어 왔다. 예수의 교훈에서 육과 영 그리고 땅과 하늘의 대비는 헬라주의적 혹은 영지주의적 이분법의 의미로 사용된 것은 아니다. 이 말씀의 의미에 관하여 두 가지 가능성이 제기되어 왔다(Barrett, 212). (1) 땅의 일(τὰ ἐπίγεια)은 거듭남과 같이 비록 하나님에게서 기원한 일일지라도 땅에서 일어나는 사건들을 가리키는 반면, 하늘 일(τὰ ἐπουράνια)은 아버지가 아들을 세상에 보내는 일과 같이 하늘에서 일어나는 사건들이다. (2) 땅의 일은 육신의 출생과 같은 땅의 사건들인 반면, 하늘 일은 땅의 일들이 비유적으로 나타내는 것으로서 위로부터의 출생과 같은 하늘의 사건들이다. 바렛은 두 견해를 결합하여 땅의 일은 인간의 출생이나 바람이 부는 것과 같이 자연계에서 일어나는 사건들인데, 그것들은 그 자체로 완결된 것이 아니라 그리스도와 그를 통한 하나님의 활동을 비유적으로 가리키며 또 믿음을 증진시키도록 의도된 것이라고 설명한다.

브라운(Brown, I:132)은 땅의 일은 예수가 지금까지 언급한 것들이며 하늘 일은 그 다음에 나오는 독백과 해설에서 논의될 내용이라고 말한다. 곧 땅의 일은 예수가 전파하는 것들로서 땅에서 이루어지고 있는 하나님의 구원 활동을 가리키는 반면, 하늘 일은 예수가 어디서 왔으며 어디로 돌아가는지 혹은 인자의 올리우심과 같은 예수의 근본적 존재에 관한 것을 가리킨다. 예수는 하나님의 보내심을 받아 세상에 와서 땅에서 이루어지는 하나님의 일들을 행하고 있다. 그러나 예수는 하나님과 연합된 분으로서 하나님의 존재 그 자체에 관해서도 사람들에게 말씀하실 수 있다.

그래서 예수는 자기의 근본적 존재에 관하여 말한다: **"하늘에서 내려온 자 곧 인자 외에는 하늘에 올라간 자가 없느니라"**(3:13). 이 구절이 예수의 계속된 말씀인지 혹은 예수와 니고데모의 대화를 기초한 저자의 해설인지 분간하기 어려운 면이 있다. 먼저 원어에서 이 구절은 내려오심이 언급되기 전에 올리우심이 먼저 언급된다.

καὶ οὐδεὶς ἀναβέβηκεν εἰς τὸν οὐρανὸν
  아무도 하늘에 올라가지 않았다
εἰ μὴ ὁ ἐκ τοῦ οὐρανοῦ καταβάς,
  하늘에서 내려온 자
ὁ υἱὸς τοῦ ἀνθρώποϋ
  인자 외에는

또 요한복음에서 인자는 하늘의 일을 나타내기 위하여 땅으로 내려왔다가 다시 하늘로 돌아간 예수 그리스도를 가리키는 칭호다. 이 구절에서 인자는 이미 하늘에 올리운 존재로서 말하는 것처럼 보인다. 이것은 우리-너희의 형태로 말하는 3:11과 같은 입장의 언급이다. 따라서 이것은 예수의 공생애의 상황에서 나온 말씀이기보다는 그의 죽음과 부활 후에 선포된 교회의 증거로 보는 것이 필요하다. 그리스도의 올리우심은 내려오심과 함께 복음 선포의 근본적 요소이며 또 그 두 국면이 연합하여 그리스도의 사역 전체를 이룬다. 예수가 땅과 하늘 사이의 연결자가 되는 것은 바로 이러한 인자로서의 존재이기 때문이다. 땅에서 그의 존재는 하나님의 영광이 나타나는 장소이며 또 하나님의 일들이 사람들에 의해 거부되는 장소이기도 하다.

이 구절에는 또 예수만이 참으로 하늘에 올리우신 분이라는 변증적 의도가 내포되어 있다. 예수만이 하늘(하나님)의 세계에 관한 지식의 근원이며 공급자이다. 이것은 하늘에 관한 지식을 갖고 있는 유대교의 다른 환상가들을 거부한다(에녹, 엘리야, 모세 등). 모세는 시내산에서 하나님의 계시를 받았으며 그의 최후는 하늘로 올라갔다는 전승이 있다(모세의 승천기). 중간기 묵시문학인 에녹1서에 따르면, 에녹은 하늘에 올라갔으며 또 그 에녹은 다니엘 7:14의 "인자 같은 이"와 동일시된다(에녹1서 70:2; 71:1). 엘리야도 마찬가지로 하늘로 올리운 존재로 나타난다(왕하 2:11). 그러나 예수는 이러한 사람들과 비교될 수 없는 하나님의 독생자로서 유일하게 하나님을 계시하는 분이다(1:18; 17:3).

예수는 인자의 올리우심의 기이한 방식과 거기에 담긴 하나님의 뜻에 관하여 말한다: **"모세가 광야에서 뱀을 든 것같이 인자도 들려야 하리니 이는 저를 믿는 자마다 영생을 얻게 하려 하심이니라"**(3:14-15). 요한복음에서 인자의 올리우심은 예수의 근본적 존재를 설명하기 위하여 사용된다(8:28; 12:32, 34). 모세가 광야에서 뱀을 든 사건은 민수기 21:8-9에 나온다. 그 사건은 뱀에 물린 이스라엘 백성을 구원하는 방식을 설명한다. 이 말씀에서 그 사건에 담긴 핵심적 의미가 두 가지로 제시된다: (1) 구리 뱀을 모든 사람이 쉽게 볼 수 있도록 장대에 높이 매달았다; (2) 그것을 바라본 사람들은 구원을 받았다.

예수는 왜 갑자기 모세의 구리뱀 사건과 인자의 올리우심을 관계시켜 말하는 것인가? 먼저 예수는 니고데모의 내면을 통찰하면서 그의 견해를 교정시켜주기 위한 목적을 생각할 수 있다. 니고데모는 표적을 행하는 예수를 보면서 모세가 예언했던 "그 예언자"(신 18:15)로 생각했을 수 있다.

그러나 예수는 근본적 존재에 있어서 모세가 말한 그 예언자가 아니었다. 참으로 해학적으로 예수는 모세 같은 존재가 아니라 모세가 장대에 매단 바로 그 구리뱀과 같은 역할을 하는 존재였다. **왜냐하면 예수는 그 뱀과 같이 반드시 들려야하는 인자이기 때문이다**. 예수는 하늘에서 내려왔다가 하늘에 올리운 분으로서 모세를 능가하는 분이다. 인자의 올리움은 십자가의 죽음과 부활을 통하여 이루어졌다. 그는 올리움을 받은 후에, 그는 그를 바라보는 모든 사람들에게 생명을 수여하는 하늘의 존재가 되었다 (12:32).

여기서 핵심적인 것은 **"인자가 반드시 들려야 한다"**(ὑψωθῆναι δεῖ)라는 것이다. **이것은 인자에게 주어진 숙명적 길을 나타내는 신학적 수동태의 표현으로 되어 있다**. 인자의 들리움은 십자가에 들리우고 또 하나님의 영광에 들리우는 것이다. 하나님은 모세의 구리뱀 사건과 같은 기이한 방식으로 인자의 들리움을 통하여 인간을 구원하는 길을 택하셨다. 모세의 기이한 행동을 예수의 십자가 죽음과 관계시킨 것은 요한공동체에서 복음을 설명하기 위하여 만든 독특한 방식이었다. **모세의 행위가 사람들을 뱀의 물림으로 인한 죽음에서 구원한 것과 같이 예수의 죽음은 하나님의 백성들을 영원한 죽음으로부터 구원하여 생명을 얻게 하는 신비한 구원의 길이다** (5:24).

요한복음에서 영생(ζωὴ αἰώνιος)과 생명(ζωή)은 거의 같은 의미로 교대로 사용된다. **"영원한 생명"의 '영원하다'는 형용사는 일차적으로 시간의 길이를 나타내기보다는 예수를 통해 주시는 생명의 본질(nature)과 품질(quality)을 나타낸다**. 영생은, 간단하게 말한다면, 삼위일체의 하나님 곧 유일하신 참 하나님과 그의 보내심을 받은 예수 그리스도와 연합된 삶을 가리킨다(17:3). 예수의 오심은 그를 믿는 사람들로 하여금 그 생명을 얻고 그것을 풍성히 누리게 하려는 것이다(10:11). 그러한 생명의 중심적 내용은 하나님의 사랑과 기쁨과 평화를 통하여 표현된다. 이 생명은 우리의 신체적 죽음을 통해서 끝나지 않고 부활을 통하여 하나님의 영원한 세계

(영역)로 연장되는 점에서 또한 영원한 생명이다. 인자가 되신 예수를 통해 주시는 이 생명을 얻기 위해서는 "들리우신 인자"를 바라보아야 한다. 요한복음에서는 처음부터 끝까지 인자가 되신 예수 그리스도를 믿는 믿음이 강조된다. 영원한 생명을 얻는 길은 다른 어떤 길이 필요 없으며 오직 "들리우신 인자"를 믿는 것이다.

(2) 해설 I: 하나님의 사랑(3:16-21)

예수와 니고데모 사이의 대화를 통하여 인간의 구원을 위한 하나님의 새로운 방식을 제시한 저자는 독생자를 통한 하나님의 활동의 두 가지 성격 곧 하나님의 사랑과 심판을 설명한다. 요한복음 3:16-21의 표현이 삼인칭 강화의 형태로 된 것은 하나님의 새로운 구원에 있어서 인자가 되신 예수의 중요성에 관한 저자의 해설을 나타낸다.

먼저 저자는 독생자를 세상에 보내신 하나님의 사랑을 선포한다: **"하나님이 세상을 이처럼 사랑하사 독생자를 주셨으니 이는 저를 믿는 자마다 멸망치 않고 영생을 얻게 하려 하심이니라"**(3:16). '독생자'는 이미 로고스 찬미가에서 화육하신 로고스를 표현하기 위하여 사용되었다(1:14, 18). 독생자는 하나님과 유일한 관계 속에 있으면서 하나님께서 예비하신 특별한 일을 완수하기 위하여 세상에 보냄을 받은 하나님의 유일하신 아들 예수 그리스도를 가리킨다. 독생자를 통해 세상을 구원하려는 하나님의 활동은 세상을 향한 하나님의 지극한 사랑에 기초한 것이다.

요한복음에서 세상(κόσμος)은 두 가지 의미로 사용된다. (1) 먼저 부정적 의미에서 세상은 독생자를 알지 못하는 존재이며(1:10), 또 독생자와 그에게 속한 사람들을 미워하는 세력이다(15:18f.; cf. 8:23; 12:31; 16:11). (2) 다음에 중립적 의미에서 세상은 하나님이 창조한 피조 세계 전체를 가리키는 것으로서 세상은 하나님의 사랑의 대상이다(3:16f.; 12:47). 세상은 하나님의 독생자의 활동 장소(8:12)로서 그는 세상에 왔다가 다시 세상을 떠나 아버지께로 돌아간다(16:28). 비록 세상이 하나님의 진리를 알지 못하고 그것을 영접하지 않는다 하더라도 하나님은 근본적으로 세상을 사랑하신다.

저자는 세상을 향한 하나님의 사랑을 '이처럼'(οὕτως)이라는 부사어를 사용하여 강조한다. '이처럼'은 문자적 의미에서 "이러한 방식으로"라고 번역될 수 있는데, "이러한 방식"은 앞 절들에서 언급된 예수의 십자가의 죽음을 가리킨다. 하나님의 사랑은 이처럼 자기의 독생자를 세상에 보내어 희생시키는 방식으로 표현되었다. 사도 바울도 그리스도의 죽으심이 죄인들을 향한 하나님의 사랑의 확증이라고 말한다(롬 5:8). 사도 바울은 또 하나님이 자기 아들을 아끼지 아니하시고 우리 모든 사람들을 위하여 내어주셨다고 말한다(롬 8:32). 이와 같이 저자에게 있어서 "하나님이 독생자를 주셨다"라는 말은 예수의 죽음에 초점이 맞춰진다(cf. 갈 1:4; 2:20; 롬 8:32). 하나님이 독생자를 주신 목적은 그를 믿는 자마다 멸망하지 않고 영생을 얻게 하려는 것이다. 그러나 하나님의 그러한 사랑의 활동이 두 가지 결과로 나타난다. 하나님의 활동에 믿음으로 반응하는 사람들에게는 영생이 주어지지만, 믿지 않는 사람들에게는 심판이 된다.

저자는 하나님의 이러한 사랑의 활동의 목적을 말한다: **"하나님이 그 아들을 세상에 보내신 것은 세상을 심판하려 하심이 아니요 저로 말미암아 세상이 구원을 받게 하려 하심이라"**(3:17). 여기서 예수의 사역과 관련하여 심판 개념이 처음 제시된다. '심판하다'(κρίνειν)는 말은 '구원하다'(σώζειν)의 반대 개념으로서 '정죄하다'는 의미로 사용되었다. "믿는 자는 심판을 받지 않는다"(3:18), "심판에 이르지 아니한다"(5:24), 그리고 "믿지 않는 자는 이미 심판을 받은 것이다"(3:18; cf. 16:11; 12:31)라는 구절들이 다 이러한 의미를 포함한다. 반면에 '구원하다'는 말은 요한복음에서 영생을 얻는 것과 거의 동일한 의미로 사용된다(3:17; 5:34; 10:9; 11:12; 12:27, 47). 저자는 세상을 정죄(심판)하는 것이 하나님의 소원이나 뜻이 아니라고 말한다.

그러나 후에 저자는 예수가 인자됨을 인하여 심판의 권세를 갖고 있다고 선언한다(5:22, 27). 또 예수 자신이 자기가 심판하러 이 세상에 왔다고 말씀한다(9:39). 서로 모순되는 것처럼 보이는 이러한 언급들을 어떻게 이해해야 할 것인가? 저자는 하나님의 근본 의도나 목적에 있어서는 세상을 심판하려는 것이 아니라 세상을 구원하려는 것을 강조한다. 하나님은 세상을 이처럼 사랑하시기 때문에, 세상의 모든 사람들이 하나님이 정하신 방식을 따라 독생자를 믿어 구원에 이르기를 바라신다. 이러한 보편적 구원 사상이 "하나님은 모든 사람이 구원을 받으며 진리를 아는데 이르기를 원하신다"는 말씀에서도 나타난다(딤전 2:4).

그러나 예수의 활동의 결과는 두 가지로 나타났다. 독생자를 믿은 사람들은 하나님의 자녀가 되는 권세를 받았다. 그러나 독생자를 통한 구원의 길을 거부하고 배척한 사람들은 결국 하나님의 생명에 참여하지 못하게 되었는데, 그렇게 하나님의 빛에 나오지 않고 어두움 속에 남아 있는 것 자체가 이미 심판을 받고 있는 것이다. **따라서 심판은 하나님의 의도와 목적에 포함되어 있는 것이 아니라, 하나님의 복음에 대한 인간의 선택의 결과다**. 심판은 구원과 따로 떼어놓을 수 없는 하나님의 구원 활동의 양면성을 보여준다. 그래서 세상을 심판하려 하심이 아니라는 것은 하나님의 근본 의도를 나타내며 또 세상을 심판하기 위함이라는 것은 하나님의 활동의 결과를 나타내는 점에서 이 두 가지 사상은 서로 보완되는 것이지 모순되는 것이 아니다.

멸망과 심판이 하나님의 선택의 의도에 들어 있는 것은 아니다. 하나님은 세상을 사랑하며 또 세상을 심판하기를 원하지 않으신다. 그러나 결과는 두 가지로 나타난다. 멸망하는 사람들과 영생을 얻는 사람들 사이의 차이는 하나님의 선택의 의도가 아니라 인간 자신의 믿음의 선택에 달려 있다. 믿지 않는 사람은 믿음으로 반응하기를 거절함으로써 자기 스스로를 정죄에 빠뜨리는 것이다. 요한복음 전체를 통하여 저자는 어떤 사람은 믿음으로 반응하고 어떤 사람은 그렇지 않은 이유를 충분히 설명하지 않지만, 결과적으로 모든 것을 하나님의 주권에 돌린다.

저자는 독생자를 통한 하나님의 새로운 구원 활동의 결과를 말한다: **"저를 믿는 자는 심판을 받지 아니하는 것이요 믿지 아니하는 자는 하나님의 독생자의 이름을 믿지 아니하므로 벌써 심판을 받은 것이니라"**(3:18). 여기서 저자는 구원과 심판의 현재성을 부각시킨다. 하나님의 독생자를 믿는 사람은 현재 심판을 받고 있지 않지만(οὐ κρίνεται, 현재), 믿지 않는 사람은 벌써(이미) 심판을 받고 있는 것이다(ἤδη κέκριται, 완료). 저자는 영생이 이 세상의 삶에서부터 시작된 것과 같이 심판도 이미 시작된 것을 강조한다. 독생자 앞에 '하나님의'라는 수식어를 삽입함으로써 저자는 모세를 지혜의 여러 아들들 중에 포함시키는 유대교 지혜 전승에 반대하여 예수만이 하나님의 "유일한 아들되심"을 제시한다. 이것은 또 다윗의 후손으로서의 메시야 소망을 거부한다. 다윗 이래로 이스라엘의 모든 왕들은 "하나님의 아들"로서 왕위에 올랐다(삼하 7:12-14). 예수는 지혜나 다윗의 아들들의 계열에 있는 그런 아들이 아니다. **그는 인자가 되어 세상에 하나님의 생명을 가져다주는 하나님의 유일한 아들이다**.

저자는 독생자를 믿지 않는 사람들이 이미 심판을 받게 된 이유를 설명한다: **"그 정죄는 이것이니 곧 빛이 세상에 왔으되 사람들이 자기 행위가 악하므로 빛보다 어두움을 더 사랑한 것이니라"**(3:19). 저자는 하나님의 심판에 있어서 심판받는 사람 자신들의 성향과 책임을 부각시킨다. 그들은 자기 행위가 악하기 때문에 빛보다 어두움을 더 사랑한다.

여기서 초점은 행위(τὰ ἔργα)에 있는데, 특히 그 행위를 하는 근본 의도와 목적이 중요한 판단 기준이 된다: **"악을 행하는 자마다 빛을 미워하여 빛으로 오지 아니하나니 이는 그 행위가 드러날까 함이요 진리를 좇는 자는 빛으로 오나니 이는 그 행위가 하나님 안에서 행한 것임을 나타내려 함이라"**(3:20-21). 저자는 인간성의 두 가지 성향을 대비시킨다. 인간의 내면에는 선을 사모하는 성향과 악을 사모하는 성향이 있다. 이것은 중간기 유대교의 인간 이해에서 중요한 요소였다. 사도 바울도 이러한 사상을

전달한다: "그러므로 내가 한 법을 깨달았노니 곧 선을 행하기 원하는 나에게 악이 함께 있는 것이로다"(롬 7:22). 여기서 선과 악을 구분하는 기준은 하나님의 계시의 말씀(율법)이다.

"악을 행하는 자"(ὁ φαῦλα πράσσων)는 악한 의도를 가지고 그것이 하나님의 법에 위배되는 것을 알면서도 그것을 행하는 사람이다. 그 사람은 그 악한 행위가 드러날까 두려워하여 빛으로 나오지 않으며 나아가 빛 자체를 미워한다. 그들은 어두움의 자녀로서 그들의 정체가 폭로되기를 원하지 않는다. 악을 행하는 사람들은 그들의 행위가 악하다는 것을 인식하고 있다. 그래서 그들은 이 사실을 숨기기 위하여 모든 노력을 다 한다. 그러나 "진리를 좇는 사람"(ὁ ποιῶν τὴν ἀλήθειαν)은 선한 의도를 갖고 하나님이 제시한 선을 행하는 사람이다. 그 사람은 자기의 선한 행위가 하나님 안에서 행한 것임을 나타내기 위하여 담대히 빛으로 나온다. 저자는 인간의 내면 깊은 곳에 자리잡고 있는 두 가지 성향을 통하여 사람들이 하나님의 구원을 거부하는 이유를 설명한다.

2. 침례 요한과 예수 그리스도(3:22-36)

저자는 여기서 침례 요한에 관한 언급을 재개한다. 저자는 앞에서 이미 침례 요한에 관한 내용을 공관복음서들의 어느 저자보다도 길게 다루었다. 그런데 저자는 왜 또 그에 관한 내용을 여기에 삽입한 것인가? 그 이유를 분명하게 말하기는 어렵지만, 아마도 예수의 공생애의 초기 국면을 제시하는데 있어서 침례 요한의 증인으로서의 위치가 저자에게는 중요했던 것으로 보여진다. 이 전승은 요한공동체의 형성 초기에 유대 지역에 있던 침례 요한의 제자들과의 대화의 상황에서 발전된 것으로 볼 수 있다. 특히 이 복음서가 저술된 지역에서 침례 요한의 추종자들이 활동하고 있었다면 이 자료는 더욱 중요했을 것이다.

이 이야기의 실제 연대기적 위치는 침례 요한이 예수를 "하나님의 어린 양"이라고 증언하기 전에 그와 예수의 첫 번째 만남의 때라는 견해가 있다. 또 이 자료는 원래 요한복음 1:34과 1:35 사이에 위치하는 것이 더 적절하다는 견해도 있다. 아무튼 이 이야기는 침례 요한의 제자들이 예수에게로 가는 상황에 직면하여 그의 제자들의 반응을 설명한다. 그들은 아직 침례 요한이 예수에 관하여 진정으로 인정하고 있는 것을 알지 못하고 있었다.

이 단락의 구조는 기본적으로 니고데모 이야기와 동일하다. 요한복음 3:31-36은 침례 요한의 말이 아니라 예수의 말씀이라는 견해도 있다. 저자는 침례 요한의 삶과 초기 증언을 회상시키기 위하여 저자 자신의 해설을 첨가한다(3:24, 28). 예수가 그의 공생애 동안에 침례를 주었다는 것이 여기서만 언급된다(3:22). 그러나 저자는 나중에 예수가 직접 침례를 준 것이 아니라 그의 제자들이 준 것이라고 해명한다(4:2). 여기서 침례 요한이 아직 옥에 갇히지 않았다고 언급된 것은 저자가 그에 관한 공관복음서 전승들 일부를 알고 있었음을 반영한다. 이 이야기는 갈릴리에서 이루어진 예수의 공생애에 관하여 공관복음서들에 나오는 어떤 이야기들보다 이전의 기간에 일어난 사건을 가리킨다. 저자는 점진적 반복에 의하여 주제를 명료하게 설명하는 방식을 취한다.

(1) 대화 II: 침례 요한의 기쁨(3:22-30)

저자는 침례 요한과 그의 제자들 사이의 대화를 제시하기에 앞서 그 배경이 되는 해설을 삽입한다(3:22-24). 이것은 니고데모 이야기에 앞서서 그 배경이 되는 해설을 제시한 것과 같다(2:23-25). 이 단락은 요한복음에서 유일하게 언급된 지리적 위치에 대한 언급으로 시작한다: **"이 후에 예수께서 제자들과 유대 땅으로 가서 거기 함께 유하시며 침례를 주시더라"**(3:22). '유대'라는 지명은 팔레스타인에서 예루살렘과 갈릴리 사이에 있는 지역(사마리아의 상당 부분을 포함하여)을 가리키는 로마적 표기이다. “유대 땅”(εἰς τὴν Ἰουδαίαν γῆν)은 유대의 시골 지역으로서 예수의 공생애에서 여기서만 언급된다. 다른 모든 경우에 예수가 유대에서 있을 때에는 예루살렘과 그 인근(예, 베다니)에서 활동했던 것으로 제시된다. 애논 가까이에 있던 살렘은 사마리아에 있는 세겜 근처의 살렘을 가리킬 수 있다. 아무튼 이 지명들은 예수가 유대를 떠나 갈릴리로 가는 여정과 관계된다(4:1-3).

유대 땅에서 예수는 “침례를 주고 있었다”라고 언급된다(ἐβάπτιζεν, 미완료). 침례 요한의 제자들도 “예수가 침례를 주고 있다”(βαπτίζει, 현재)라고 말한다(3:26). 요한복음 4:2에서 저자는 예수가 직접 침례를 준 것이 아니라 제자들이 준 것이라고 해명한다. 설령 그때 제자들이 주었다 하더라도, 그것은 예수의 승인 하에 이루어졌을 것이다. 침례 요한도 “침례를 주고 있었다”(ἦν βαπτίζων)라고 언급된다(3:23). 따라서 이러한 언급들에 따르면, 그의 공생애 초기에 예수는 침례 요한과 같이, 하나님의 백성을 각성시켜 도래하고 있는 하나님의 새로운 구원 활동에 대비하도록 준비시키는 사역을 했던 것으로 보인다.

저자는 그 때가 침례 요한이 투옥되기 전이었다고 언급한다(3:24). 이것은 침례 요한의 죽음에 관하여 들었지만, 그의 죽음과 예수의 공생애의 시작 사이의 관계를 알지 못하는 사람들에게는 꼭 필요한 내용이었다. 이것은 또 침례 요한에 관하여 알지만 예수 전승은 알지 못하는 디아스포라 유대인들을 위하여 필요했다. 저자는 예수에 관하여 증언할 수 있는 한 역사적 인물로서의 침례 요한에만 관심을 기울인다. 그가 투옥된 이후에 일어난 일들에 관하여는 언급하지 않는다. 침례 요한에 대한 저자의 관심은 일차적으로 신학적인 것으로서 예수에 대하여 증언하는 한 사람의 중요한 증인으로서 그에게 관심을 기울인다.

저자는 침례 요한과 그의 제자들 사이의 대화의 동기를 말한다: **“이에 요한의 제자들 중에서 한 유대인으로 더불어 결례에 대하여 변론이 되었더니”**(3:25). 예수와 침례 요한이 행하고 있었던 침례 사역이 이 변론의 배경을 이룬다. 여기서 정결 의식에 대한 변론의 내용은 분명하게 제시되지 않는다. 아마 유대교의 다양한 형태의 정결 의식들과 그것들의 유익과 관계된 변론이었을 것이다.

침례 요한의 제자들이 그에게 와서 말했다: **"랍비여 선생님과 함께 요단강 저편에 있던 자 곧 선생님이 증언하시던 자가 침례를 주매 사람이 다 그에게로 가더이다"**(3:26). 공관복음서들에는 예수가 침례를 주었다는 것이 전혀 언급되지 않는다. 그렇다면 예수가 침례를 주고 있었다는 저자의 언급(3:22)과 요한의 제자들의 언급을 어떻게 이해해야 할 것인가? 위더링톤(Witherington Ⅲ, *John's Wisdom*, 108)은 요한의 제자였다가 예수의 제자가 된 사람들이 요한의 사역을 계속했으며 또 아마 예수도 그것을 승인했거나 격려했을 가능성이 있다고 생각한다. 마가복음 11:27-33에 따르면, 예수는 요한의 사역(특히 침례 사역)이 하나님께로부터 나온 것을 확신하고 있었다. 저자는 숫자의 차이에 역점을 두어 예수의 침례 사역과 요한의 침례 사역 사이의 쟁점을 부각시킨다.

이제 대화의 나머지 부분은 침례 요한의 대답으로 이루어진다. 그는 먼저 예수와의 관계에 있어서 자기의 위치를 분명히 밝힌다: **"만일 하늘에서 주신바 아니면 사람이 아무 것도 받을 수 없느니라. 나의 말한바 나는 그리스도가 아니요 그의 앞에 보내심을 받은 자라고 한 것을 증거할 자는 너희니라"**(3:27-28). 침례 요한의 대답은 먼저 "만일 하나님이 주지 않으면 사람이 아무 것도 받지 못한다"라는 요한복음에서 예수가 즐겨 사용한 격언적 말씀으로 되어 있다. 이것은 예수를 따르던 사람들이 그의 말씀을 알아듣기가 어렵다고 하면서 예수를 떠나갔을 때, 예수가 한 말씀이기도 하다(6:65; cf. 6:37; 19:11). 침례 요한도 이것을 인정하면서 자신의 사역의 기원과 결과가 다 하나님의 주권과 인도하심을 따라 되는 것임을 지적한다. 침례 요한은 자기가 그리스도가 아니라 그리스도의 길을 준비하기 위하여 그보다 앞서 보내심을 받은 그의 위치와 사명을 분명하게 알고 있다. 그래서 그는 예수를 경쟁자로 바라보지 않는다. 오히려 그는 자기가 그를 위하여 길을 준비하는 사명을 가진 자임을 알고 있다.

침례 요한은 혼인 예식에서 신랑과 신랑의 친구의 비유를 통하여 예수와 자기의 관계를 설명한다(cf. 막 2:18f.): **"신부를 취하는 자는 신랑이나 서서 신랑의 음성을 듣는 친구가 크게 기뻐하나니 나는 이러한 기쁨이 충만하였노라"**(3:29). 공관복음서 전승들에 따르면, 침례 요한은 비유보다는 예언적 신탁을 통하여 그의 교훈을 전달했던 것으로 나타난다(마 3:2, 7-10; 눅 3:7-9). 그러나 이 말씀에 따르면, 그는 먼저 비유를 사용하여 교훈을 전달했으며 그리고 예수는, 침례 요한의 예를 따라, 자기 자신을 신랑에 비유하여 그의 삶의 형태를 요한의 형태로부터 구별시키는데 활용한 것으로 보인다(막 2:19f.). 비유는 공개적 담론의 주요한 방식으로서 예수가 즐겨 사용한 교육 방식이었다. 메시야를 신랑으로 비유하는 유대교 전승은 없는 반면, 이스라엘을 하나님의 신부로 가리키는 전승들은 많다(사 49:14-26; 54:4-8; 렘 2:2; 겔 16:8-14; 호 2:16-23). 이 비유는 예수의 사역의 목적이 이스라엘과 하나님 사이의 보다 더 완전한 일치와 조화를 이룩하는데 있는 것임을 보여주는 점에서 중요하다.

침례 요한의 교훈은 유대인의 결혼 예식에서 신랑이 신부의 방에 들어갈 때 신랑의 친구가 밖에서 경계를 서는 관습을 반영한다. 대개 신랑의 가장 친한 친구가 그 역할을 감당했다. 그 친구가 듣는 신랑의 음성은 결혼 예식을 통해 신부와 성공적으로 결혼 관계에 들어감에 대한 기쁨의 외침이거나 혹은 신부를 자기 집으로 맞아들이는 결혼 행렬을 인도하는 신랑의 음성을 가리킨다. 그 친구는 자기의 위치와 역할을 알고 또 그것을 성취하는 것을 기쁘게 여긴다. 그것은 결혼하는 신랑을 바라보는 그 친구의 기쁨이다. 침례 요한은 자기에게 그런 기쁨이 충만하다고 말한다. **그는 비록 이전에 자기의 제자들이었을지라도 이제 예수의 제자들이 되어 그와 더불어 영원한 혼인 관계에 들어가는 제자들을 보면서 기뻐하고 있다**. 기쁨의 충만은 후에 예수의 제자들이 예수와 맺고 있는 영원한 관계의 표시로 제시된다(15:11; 16:24).

침례 요한은 그의 제자들에게서 도전을 받고 있는 상황에서도 자기의 위치와 사명에 충실하여 예수에 대한 신실한 증인으로 남는다. 그는 마지막으로 하나님의 새로운 구원 활동의 시작과 함께 자기의 퇴장을 알린다: **"그는 흥하여야 하겠고 나는 쇠하여야 하리라"**(3:30). 침례 요한은 자기의 위치와 임무를 알고 그것을 완수한 후에 사라지는 하나님의 역사의 위대한 인물이었다. **그는 필연성을 가리키는 조동사(δεῖ)의 사용을 통하여 예수가 흥하고 자기가 사라짐이 하나님의 필연적 뜻임을 나타낸다**. 이제 그는 무대에서 사라지고 나중에 그에 대한 언급은 과거의 인물로서 예수에 관한 그의 증언이 모두 참되다는 평가를 받는 존재로 나타난다(10:40-42). 침례 요한은 예수에 대한 최초의 위대한 증인이었다. 예수의 적대자들이 예수를 고소할 증거들을 찾고 있는 상황에서 그의 증언들은 예수의 존재와 사역에 관하여 많은 중요한 내용들을 전달한다.

(2) 해설 II: 위로부터 오시는 이(3:31-36)

이 단락은 니고데모 이야기의 결론과 같은 독백의 해설로서 저자의 말인지 혹은 예수의 말인지 불분명하다. 침례 요한과 예수를 둘 다 삼인칭으로 언급하고 있고 요한복음서 저자의 전형적 화법인 이분법적 표현으로 된 것으로 보아 저자의 해설일 가능성이 높다. 여기서 침례 요한에 대한 부정적인 내용은 없다. 오히려 예수에 대한 그의 증언의 진정성이 중요한 것으로 간주된다. 침례 요한의 역할은 예수의 길을 준비하는 일이었기 때문에, 그를 반대하는 논쟁적 내용도 없다.

먼저 저자는 침례 요한과 예수를 근원적으로 대비시킨다: **"위로부터 오시는 이는 만물 위에 계시고 땅에서 난 이는 땅에 속하여 땅에 속한 것을 말하느니라. 하늘로서 오시는 이는 만물 위에 계시나니"**(3:31). 예수와 침례 요한은 "위로부터 오시는 이"와 "땅에서 난 이"로 대조된다. 그러나 여기서 대조는 니고데모 이야기에서 제시되었던 선과 악 혹은 긍정적인 것과 부정적인 것 사이의 대조는 아니다. 침례 요한이 예수에 대하여 증언한 것은 땅에 속한 것으로서 예수의 존재에 대한 완전하고 충분한 증거는 아니다. 저자는 침례 요한의 역할이 메시야의 길을 예비하는 것으로서 예수의 사역에 비하여 사라지는 것을 부각시킨다. 위로부터 오시는 분은 거듭남 혹은 위로부터 태어남을 주시는 분이기 때문에(3:3, 7), 그의 증거가 가장 중요하다.

그래서 저자는 가장 중요한 증거를 주시는 분의 사역에 대한 언급으로 나아간다: **"그가 그 보고 들은 것을 증거하되 그의 증거를 받는 이가 없도다. 그의 증거를 받는 이는 하나님을 참되시다 하여 인쳤느니라"**(3:32-33). 예수는 하나님께로부터 보내심을 받은 분으로서 그가 하나님에게서 보고 들은 것을 증언했다. 예수의 증언은 그를 향한 하나님의 사랑 안에서(3:35) 그리고 하나님과의 친밀한 관계(1:18)와 하나됨(10:30)으로부터 나온 것이다. 그러나 그의 증거가 하나님의 백성 사이에서조차 받아들여지지 않았다. 이러한 반응은 저자가 이미 예수의 활동의 결과에 대하여 언급한 것에 포함되었다(1:11; 3:11). 예수는 하늘로부터 내려온 자로서 그가 보고 들은 것들을 증언했으며 또 그의 제자들을 통하여 계속해서 증거하고 있지만, 그의 증거는 자주 거부되었다. 예수의 증거를 거부하는 것은 하나님을 거부하는 것이다(5:23; 8:50; 12:44-45). 하나님의 백성조차 그를 거부했으며 또 그런 반응은 사람들이 빛보다 어두움을 더 사랑하는 상황에서 얼마든지 일어날 수 있는 일이었다.

저자는 유대인들이 예수 그리스도의 복음을 점점 더 거부하는 상황에서 이 복음서를 저술했다. 요한복음에서 예수와 유대교 지도자들 사이의 많은 논쟁들은 이런 배척의 상황을 반영한다. 이러한 점증하는 배척에도 불구하고 유대인들을 향한 요한공동체 회원들의 증거 활동은 계속되었다. 그러나 대부분의 사람들이 거부하는 가운데서도 예수의 증거를 영접하는 사람들이 있었다. 그들은 하나님이 신실하다는 사실을 인증했다. '인치다'라는 말은 법정 용어로서 법적인 문서에 대한 승인을 표시한다.

저자는 예수의 증거를 받아들인 사람들 앞에 동의를 구한다. **저자와 독자가 분명히 동의하고 확신하는 것은 하나님이 세상을 구원하기 위하여 그의 아들을 보내셨다는 사실이며 또 그것은 예언과 약속을 반드시 성취하시는 하나님의 신실하심의 표현이라는 것이다.**

저자는 예수의 증거가 하나님 자신으로부터 나온 것임을 강조한다: **"하나님의 보내신 이는 하나님의 말씀을 하나니 이는 하나님이 성령을 한량없이 주심이니라"**(3:34). 예수는 하나님의 보냄을 받은 분으로서 하나님의 말씀으로 말한다. 예수는 자신의 이름이 아니라 하나님의 이름으로 와서 자신의 말이 아니라 하나님의 말씀으로 말한다는 것이 요한복음에서 반복되는 주제이다. 하나님이 성령을 예수에게 한량없이 주신다는 것은 예수와 하나님 사이의 친밀한 연합의 관계를 나타내는 해석적 표현이다. 저자는 성령이 예수에게 내려와 예수 위에 "거하고 있다"(ἔμεινεν ἐπ' αὐτόν)는 것을 이미 말한바 있다(1:32). 예수는 하나님과의 완전한 연합의 관계 속에서 하나님의 생명으로 충만하게 되고 또 하나님의 말씀을 전달하는 하나님의 독생자이다.

저자는 결론적으로 예수와 하나님의 유일한 관계를 언급한다: **"아버지께서 아들을 사랑하사 만물을 다 그 손에 주셨으니"**(3:35). 요한복음 전체를 통하여 저자는 하나님과 예수 사이에 있는 사랑의 관계를 강조한다(10:17; 15:9; 17:23f., 26). 하나님이 그의 아들을 세상에 보내신 것도 그 아들을 사랑하기 때문이며 또 그 아들이 하나님을 온전히 순종하는 것도 하나님에 대한 그의 사랑에 기초한다. 하나님은 그의 아들에게 하나님의 모든 권세를 위임해 주셨다. 하나님은 그 아들로 하여금 인류의 구속을 위한 하나님의 계획의 실행자가 되게 하셨다(5:20; 10:17; 15:9-10; 17:23-26). 만물을 다 그 아들의 손에 주었다는 것이 요한복음에서 여러 가지로 표현된다: 심판의 권세(5:22, 27), 생명을 주는 권세(5:26; 17:2), 아들의 제자들(6:37; 10:29; 17:6), 아들이 말하는 것(12:49; 17:8), 아버지의 이름(17:11-12), 그리고 하나님의 영광(17:22).

따라서 하나님의 생명과 심판의 활동은 하나님의 아들에 대하여 취하는 각자의 태도에 달려 있다: **"아들을 믿는 자는 영생이 있고 아들을 순종치 아니하는 자는 영생을 보지 못하고 도리어 하나님의 진노가 그 위에 머물러 있느니라"**(3:36). 하나님의 아들을 믿는 사람과 믿지 않은 사람의 삶의 결과가 대조된다. 그것은 하나님의 생명을 소유한 신자들과 심판과 진노아래 있는 불신자들에 대한 구분이다. 하나님의 아들을 거부하는 것은 그 아들을 보내신 아버지를 거부하는 것이다. 저자는 그의 독자들이 예수를 믿어 생명에 이르기를 간절히 바라고 있으며 또 그를 전파하는 것이 거부되고 오해되며 거절되는 것에 분노하며 슬퍼하고 있다. 여기서 믿는 것과 불순종하는 것 사이가 강렬하게 대조된다. 또 아들을 순종하는 것과 믿는 것이 연결된다(cf. 3:18-21). 믿음과 순종의 행위는 긴밀하게 연결된 것으로서 믿음은 순종을 통하여 나타나고 표현되어야 한다. 저자는 여기서도 하나님의 생명을 가진 삶이 지금 세상의 삶에서부터 시작하며 또 하나님의 진노도 마찬가지라는 실현된 종말론의 입장에서 생명과 심판을 언급한다. 하나님의 진노는 하나님이 예비하신 복음을 거절하는 사람들에게 이미 현실의 실재가 되어 나타나고 있다.

D 온 세상의 구원자 예수 그리스도(4:1-42)

이 단락의 사건은 몇 가지 점에서 매우 독특한 국면을 전달한다. (1) 예수가 사마리아 사람들과 교제하고 그들에게 복음을 전파한 점이다. 예수가 그의 공생애 동안에 사마리아 사람들과 만나 교제했다는 것은 요한복음에만 나오는 특징적 사건이다. 공관복음서들에는 예수가 사마리아에서 활동했다는 것이 거의 언급되지 않는다. 누가복음에서만 예수는 갈릴리와 사마리아 사이를 지나가다가 열 사람의 문둥병자들을 만나 치료해

주었는데, 그 중에 한 사람이 사마리아인이었다고 언급된다(눅 17:11-19). 요한복음서 저자도 당시에 유대인들은 사마리아인들과 상종하지 않았다고 설명한다(4:9). 그런데, 요한복음에 따르면, **예수는 이러한 인종차별의 장벽을 넘어서서 그들과 교제하고 그들에게도 복음을 전파한 것이다**.

(2) 예수가 한 여인과 더불어 공개적으로 진지하고 긴 대화를 나눈 점이다. 남성중심의 가부장제 사회인 유대인 사회에서 랍비들이 공개석상에서 여인과 더불어 대화를 나누는 것은 수치스러운 일로 간주되었다. 공관복음서들에도 이방 여인이 예수에게 나아와 도움을 요청하는 가운데서 몇 마디 대화가 있었던 것으로 전달되지만(막 7:24-30; 마 15:21-28), 이 사건에서처럼 예수가 먼저 대화를 시작하고 여인의 인생 문제까지 거론하는 진지한 대화의 사건은 전달되지 않는다. **예수는 동시대 문화권의 성차별의 장벽을 넘어서서 여인들과도 대화를 나누며 복음을 전파한 것이다**.

(3) 그 여인은 도덕적으로도 문제가 있었다. 그녀는 남편이 다섯이나 있었고 지금 살고 있는 남자도 남편이 아니었다. 이런 여인은 대개 그 사회에서 경멸과 소외의 대상이 되었다. 그래서 그녀는 다른 여인들과 어울리지 못하고 대낮에 혼자서 우물에 물을 길러 다녔다. 예수는 이러한 사회적 편견과 차별을 넘어서서 그런 여인과도 대화를 나누고 복음을 전파한 것이다. **이 사건이야말로 예수의 복음이 인종차별과 성차별과 계급차별을 넘어서서 모든 민족 모든 계층의 사람들에게 평등하게 적용되는 보편적인 것임을 나타내는 대표적인 사건이라 하겠다**.

이 이야기는 앞 단락의 이야기들과 두 가지 점에서 연결된다: 하나는 예수가 구약의 성취라는 것과 다른 하나는 물의 비유적 사용이다. 요한복음 2-4장은 다양한 비유적 의미를 가진 물을 주제로 연결된다: (1) 정결의식의 물(2장); (2) 출생의 물과 침례의 물(3장); (3) 마시는 물(4장). 이 단락의 주요 부분은 예수와 사마리아 여자 사이의 대화이다. 예수는 "물을 좀 달라"는 요청으로 시작하여 그녀가 현재 마시고 있는 "이 물"을 "내가 주는 물" 곧 영원한 생수로 바꾸는 것의 필요성을 설득한다. 예수의 대화의 상대자로서 사마리아 여자와 니고데모가 대조된다. 니고데모가 예수의 말씀에 반발한 반면, 그 여자는 예수와 대화 속에서 점차적으로 깨달음에 이른다. 그녀는 예수가 행한 표적에 대하여는 무관심한 반면, 예수의 말씀에 반응한다. 이것은 참된 신앙에 이르는 과정을 묘사한다: 참된 신앙은 예수가 행한 표적에 대한 반응이 아니라, 예수의 말씀에 대한 반응에서 이루어진다.

이 이야기는 또 유대교 지도자들이 확립한 성전 예배에 반대하고 예수가 제시하는 참된 예배의 주제를 다룬다. 네 남편을 불러오라는 명령은 그녀에게 참된 예배를 소개하는 기회가 된다. 결과적으로 예수는 자기가 사마리아인들이 기다리고 있는 메시야인 것을 밝힌다. 그녀는 물동이를 팽개치고 동네에 들어가서 예수를 소개한다. 예수는 이때를 그의 제자들에게 온 세상에서 이루어지는 하나님의 구원 활동을 가르치는 기회로 삼는다. 따라서 저자는 요한공동체가 감당하고 있는 선교 활동의 측면에서 이 사건을 제시한다. 한 여인의 회심과 그녀의 선교 활동이 단락의 중심을 이루면서 제자들을 향한 예수의 강화도 선교에 초점이 맞춰진다(4:31-38). 결국 많은 사마리아인들이 예수를 믿고 그를 "온 세상의 구원자"로 고백한다.

저자는 유대인들이 사마리아인들과 상종하지 않았다는 설명을 통하여 유대인 귀환 이후에 생긴 유대인과 사마리아인 사이의 적대감을 모르는 사람들을 대상으로 이 사건을 전달하고 있음을 보여준다. 그래서 이것은 이 이야기의 원래의 독자층 중에는 유대인의 관습과 적대 관계에 대하여 알지 못하는 디아스포라 유대인들이나 이방인들이 포함되었을 것을 보여준다. 이 단락에서도 이야기와 이야기 사이에 전환적 해설을 삽입하는 저자의 문학적 실천이 보여진다(4:1-3). 예수 시대에 유대에서 갈릴리로 가는 가장 빠른 길은 사마리아를 통과하여 가는 길이었다. 요세푸스는 유대인들이 빨리 가야하거나 명절 예식에서 돌아갈 때 사마리아를 통과했다고 전달한다(「유대 고대사」, 20.118; 「유대 전쟁사」, 2.232). 저자는 예수가 사마리아를 통과해 간 것이 하나님의 뜻이라는 점을 암시적으로 표현한다. 저자는 공관복음서들에서 표현된 하나님의 나라의 도래를 생수, 영생, 영과 진리에 의한 예배 등 헬레니즘의 언어로 다시 묘사한다.

이 단락의 구조를 다음과 같이 분석할 수 있다.

A. 4:1–3 전환적 해설: 사마리아로 통행
B. 4:4–15 사마리아 여인과 대화 1: 영원한 샘물
C. 4:16–25 사마리아 여인과 대화 2: 성령과 진리의 예배
D. 4:27–38 제자들과 예수의 대화
E. 4:39–42 사마리아인들의 고백: 온 세상의 구주

1. 사마리아로 통행(4:1–3)

저자는 이 단락을 앞 단락과 연결하기 위한 전환적 해설을 통하여 이 이야기를 시작한다. 저자는 예수가 유대를 떠나 갈릴리로 가게 된 상황을 설명한다. 먼저 예수의 활동의 소식이 바리새인들에게 들어간 것이 언급된다: **"예수의 제자를 삼고 침례를 주는 것이 요한보다 많다 하는 말을 바리새인들이 들은 줄을 주께서 아신지라"**(4:1). "주께서 아신지라"는 구절에서 주어는 사본에 따라 주(κύριος) 혹은 예수(Ιησοῦς)로 나온다. '예수'라는 이름이 같은 절에서 이미 사용되었기 때문에, '주'라는 이름이 사용되었을 가능성이 있다. 그러나 요한복음에서는 '주'라는 칭호가 거의 사용되지 않기 때문에, 다른 사본에서는 그것을 '예수'로 바꾸었을 가능성도 있다. 이 구절에 따르면, 침례 요한이 사역을 하고 있는 중에 예수도 그의 공생애를 시작한 것으로 나타난다.

이렇게 요한의 사역과 예수의 사역이 겹치는 부분에 관하여 공관복음서들에는 언급이 없다. 마가는 예수가 갈릴리에 나타나기 전에 유대 지방에서의 사역에 관하여 침묵한다. 그리고 예수가 그의 제자들을 부르면서 공생애를 출발한 시점은 요한이 투옥된 후에 이루어졌다(막 1:14, 16-20).

예수의 활동에 관한 소식이 바리새인들에게 알려졌다는 것은 앞으로 있게 될 예수와 그들 사이의 갈등과 대립을 예고한다. 예수는 그에 대한 적대감이 일어나거나 그릇된 명성이 일어날 때, 그 자리에서 물러난다(6:15; 7:1-2, 9; 8:59; 10:40; 11:54).

저자는 예수가 침례를 준 것에 대하여 해명한다: **"예수께서 친히 침례를 주신 것이 아니요 제자들이 준 것이라"**(4:2). 이 구절은 본래 저자의 말이 아닐 가능성이 높다. 왜냐하면 저자는 앞 단락에서 예수가 침례를 주었다고 언급한바 있는데(3:22), 그렇게 말한 사람이 다시 이 구절을 썼다고 보기 어렵기 때문이다. 그래서 이것을 예수가 요한을 모방하여 침례를 주었다는 인상을 지우기 위한 편집자의 삽입으로 보는 견해가 우세하다 (Jeremias, *Theology*, 45; Dodd, *Tradition*, 237, 285f.). 예수나 그의 제자들이 침례를 주었다는 사실을 다른 어느 복음서 저자도 말하지 않는다. 공관복음서들과 비교해 볼 때, 이 시기에 예수의 제자들이 침례를 주었다는 것은 맞지 않는다(cf. 막 1:14, 16-20). 그러나 예수의 사명이 그 기원에 있어서 침례 요한의 사명과 밀접하게 연결된 점을 고려한다면, 예수가 침례를 주었다는 것이 전혀 불가능한 것은 아니다.

저자는 예수가 갈릴리로 돌아가는 여정을 밝힌다: **"유대를 떠나사 다시 갈릴리로 가실새 사마리아로 통행하여야 하겠는지라"**(4:3-4). 유대인들이 유대에서 갈릴리로 가는 정상 통로는 여리고로 내려가 요단강을 건너 북쪽으로 올라가서 다시 요단강을 건너 갈릴리로 들어갔는데, 이렇게 가면 약 삼일이 걸렸다(요세푸스, *Life*, 52.269). 당시에 사마리아는 로마의 직할 도(행정구역)였는데, 갈릴리 유대인들이 유대교 명절에 예루살렘에 빨리 올라가기 위하여 사마리아를 통과했다. 저자는 예수가 사마리아 길을 선택한 것의 필연성을 부각시킨다: "사마리아로 **통행하여야** 하겠는지라"(ἔδει διέρχεσθαι). 그것은 예수가 그 길을 간 것은 그 사마리아 여자를 만나게 하고 또 사마리아 사람들을 구원하려는 하나님의 뜻이었다는 것을 암시한다.

원래 '사마리아'란 북이스라엘 왕국 오무리 왕이 세운 수도의 이름이었다(왕상 16:24). 이 명칭은 후에 그 도시가 위치한 지역을 가리키기도 하며 또 북이스라엘 왕국 전체를 가리키는 이름으로도 사용되었다. 사마리아는 기원전 722년에 앗시리아에 의해 정복되었다(왕하 17:6; 18:10). 그때 사마리아에 살던 이스라엘 사람들이 다른 지역으로 옮겨지게 되었고 사마리아에는 다섯 민족의 다른 민족 사람들이 이주해 살게 되었다(왕하 17:24). 유대인들과 사마리아인들 사이의 관계 단절과 그에 따른 적대감은 바벨론 포로 이후 시대에 발전되었다. 예수 시대에 사마리아인들은 그리심산의 성소를 중심으로 독자적 종교 체계를 이루고 있었다.

2. 사마리아 여인과 대화 1:

영원히 솟아나는 샘물(4:4-15)

저자는 먼저 예수가 그 사마리아 여자와 대면하게 된 상황을 설명한다: **"사마리아에 있는 수가라 하는 동네에 이르시니 야곱이 그 아들 요셉에게 준 땅이 가깝고 거기 또 야곱의 우물이 있더라. 예수께서 행로에 곤하여 우물 곁에 그대로 앉으시니 때가 제 육시쯤 되었더라"**(4:5-6). 수가는 세겜에서 매우 가까운 지역이며 갈릴리와 예루살렘을 잇는 통로 상에 위치했다. 그곳은 야곱이 요셉에게 준 땅에서 가까운 곳이었다(창 48:22; cf. 창 33:19; 수 24:32)는 언급은 이 이야기가 우물가에서 여인을 만나는 것에 관한 구약의 사건들을 토대로 이루어진 것을 보여준다: 아브라함의 종(창 24:10-61); 야곱(29:1-20); 모세(출 2:15-21). 또 앞 단락에서 예수는 신랑에 비유되었는데, 그렇다면 누가 그리스도의 참된 신부인가라는 입장에서 이 이야기를 읽는 것이 필요하다.

"행로에 곤하여" 그리고 "그대로(피곤한 상태에서) 앉으시니"라는 어구들은 저자가 예수의 인성을 강조하기 위하여 사용한 표현들이다. "육시"(cf. 1:39; 4:52; 19:14)는 유대인의 시각으로 정오를 가리키며 예수의 피곤함과 목마름을 상태를 표현한다. 또 그 시각은 중동 지방에서 하루의 열기가 최고에 달하는 시각이다. 따라서 그 시각에 그 여인이 우물에 나타난 것은 그 여인의 삶의 정황이 정상이 아님을 가리킨다. 또 그것은 다른 여인들과의 관계를 피하려는 의도를 나타내며 나아가 그녀의 도덕적 상황을 암시한다.

그 여인과의 대화는 예수의 요청으로부터 시작한다: **"사마리아 여자 하나가 물을 길러 왔으매 예수께서 물을 좀 달라 하시니 이는 제자들이 먹을 것을 사러 동네에 들어갔음이러라"**(4:7-8). 예수의 제자들은 대화의 장면에서 사라진다. 그들은 예수와 그 여인 사이의 대화가 끝난 다음에 다시 등장한다. 저자는 그 대화가 제자들이 먹을 것을 사러 간 사이에 일어난 것으로 제시한다. 예수가 물을 좀 달라는 요청으로 대화를 시작한다. 요한복음 전체적으로 예수의 주도권이 부각된다. 인종이 다르고 성별이 다른 상대방을 향하여 예수가 먼저 대화를 시작한 것이다. 예수는 또 먼저 물을 좀 달라는 아쉬운 부탁을 한다. 그러나 예수가 먼저 아쉬운 부탁을 한 의도는 그녀에게 영원한 생수를 주기 위함이었다.

예수의 요청에 대하여 그 여인은 문자적 차원에서 대답한다: **"당신은 유대인으로서 어찌하여 사마리아 여자 나에게 물을 달라 하나이까 하니 이는 유대인이 사마리아인과 상종치 아니함이러라"**(4:9). 그 여자의 대답에는 유대인인 남자와 사마리아인 여자 사이에는 어떤 대화도 나눌 수 없는 인종적이고 문화적인 큰 간격이 있음을 암시한다. 유대교 정결 체계에서 사마리아인들은 부정한 사람들에 속했으며 그 중에서도 여자는 남자보다 더 부정한 존재였다. 그 중에서도 그 여자는 도덕적으로도 부정한 사람으로서 사마리아인들 중에서도 기피의 대상이었다. **예수가 그러한 여자에게 먼저 아쉬운 부탁을 하면서 대화를 시작하여 그녀를 생명의 길로 인도한 것은 유대교의 인종차별적 의식과 남성-중심적인 관습을 넘어서서 한 인간에 대한 존엄성을 보여준다**.

저자는 이 간격의 한 국면인 유대인들과 사마리아인들 사이의 적대적 관계를 언급한다. 누가는 예수와 그의 제자들이 사마리아 마을들에서 배척받은 것을 지적한다(눅 9:51-55). 그들 사이의 이러한 적대적 관계는 오랜 역사적 배경을 갖고 있었다. 북이스라엘 왕국이 앗시리아에 멸망당한 후에 많은 이스라엘 사람들이 타국으로 유배되었고 타민족의 사람들이 사마리아에 이주해 살면서 그들과 이스라엘 사람들이 혼혈 민족을 이루게 되었다(왕상 17장). 바벨론 포로에서 팔레스타인에 귀환한 유대인들은 이러한 사마리아인들을 율법의 백성으로 간주하지 않았다. 사마리아인들의 종교에 이방인의 요소가 얼마나 혼합되었는지 알기는 어렵다. 그러나 사마리아인들의 여호와 숭배 신앙과 포로에서 귀환한 유대인들의 신앙은 많은 차이점이 있었다. 사마리아인들은 오경만을 경전으로 인정했으며 또 메시야는 모세와 같은 예언자로 기대하고 있었다(신 18:18-22). 그들은 이 구속적 예언자를 '타헵'(회복자)으로 불렀다.

예수 시대에 그들 중에 그런 예언자에 대한 기대가 있었다는 사실은 로마 총독 빌라도가 통치하던 시절에 어떤 사마리아 예언자가 사람들을 그리심산에 모으고 모세가 숨긴 신령한 그릇들을 그들에게 보여준다고 약속했던 사건에서 보여진다(요세푸스, 「유대 고대사」, 18.4.85-87). 사마리아인들은 기원전 400년경에 그리심산에 그들 자신들의 성전을 건축하고 그곳을 참된 예배의 장소로 간주했다. 유대인의 왕 요한 힐카누스가 이 성전을 파괴하면서 그들 사이의 적대감이 심화되었다. 유대인들은 사마리아 땅이 불결하고 그 땅의 사람들도 불결하며 그들과 접촉하는 사람도 불결하다고 생각했다. 그 중에서도 사마리아 여자들은 날 때부터 불결하다는 미쉬나의 기록도 있다(m. Nid. 4:1). A.D. 52년에 두 민족 사이에 심각한 충돌이 일어났는데, 그 충돌은 로마의 개입으로 일단락되었다(요세푸스, 「유대 고대사」, 20.6.1-3).

예수는 민족 사이의 적대적 감정과 성별 사이의 장벽을 넘어서는 하나님의 새로운 구원 활동을 제시한다: **"네가 만일 하나님의 선물과 또 네게 물 좀 달라 하는 이가 누구인줄 알았더면 네가 그에게 구하였을 것이요 그**

가 생수를 네게 주었으리라"(4:10). 물을 좀 달라는 예수의 태도가 하나님의 선물과 생수의 공급에 관한 언급으로 전환된다. 여기서도, 다른 부분들에서와 같이, 예수의 존재에 대한 그 여자의 잘못된 이해가 부각된다. 그 여자 편에서 예수는 배고프고 힘없는 여행자에 불과하지만, 그러나 실제로 예수는 하나님의 선물과 생수를 주시는 하나님의 아들이다. **'생수'는 신선한 흐르는 물을 가리키는데, 그것은 구약에서 인간을 소생시키는 하나님의 활동을 가리키는 비유어로 사용되었다**: 생수의 근원되는 나를 버린 것과(렘 2:13); 그 날에 생수가 예루살렘에서 솟아나서(슥 14:8); 이 강물이 이르는 곳마다 번성하는 모든 생물이 살고(겔 47:9). 요한복음에서 "생명을 주는 물"이 중요한 구절들에서 나오는데(요 3:5; 4:10-15; 7:38; 19:34), 이 생명을 주는 물은 무엇보다도 성령을 가리킨다(7:39; 6:63). 선물과 생수의 연결은 민수기 21:16-20의 탈굼 전승에 나타나는데, 거기서 '맛다나'(선물)가 "내가 그들에게 물을 주리라"고 약속한다.

그 여자의 연속된 질문은 예수의 말씀에 대한 전형적인 오해를 반영한다: **"주여 물 길을 그릇도 없고 이 우물은 깊은데 어디서 이 생수를 얻겠습니까? 우리 조상 야곱이 이 우물을 우리에게 주었고 또 여기서 자기와 자기 아들들과 짐승이 다 먹었으니 당신이 야곱보다 더 큽니까?"**(4:11-12). 그 여자는 '생수'라는 예수의 말씀을 샘에서 흘러나오는 시원한 자연의 물로 오해한다. 그 여자가 말한 '우물'(φρέαρ)은 저자(4:6)와 예수(4:14)가 말한 '샘물'(πηγή)과 약간 다르다. 그 여자가 말한 것은 물을 긷는 그릇이 필요한 일종의 물 저장소(cistern)인 반면, 예수가 말한 것은 물을 긷는 그릇이 필요 없는 솟아나는 '샘물'(spring)이다. 그래서 그 여자는 생수를 주겠다는 예수의 제안이 실현 가능성이 없는 것으로 이해한다. 그 여자의 대답에는 사마리아인들을 멸시하는 유대인들에 대한 반감이 냉소적으로 표현되었다. 그것은 실제로 능력도 없으면서 우월감을 가진 유대인들에 대한 조소적 표현이다.

유대인들을 향한 그 여자의 반감은 사마리아인들을 향하여 유대인들이 보여주었던 멸시에 대한 반박으로 이어진다. 그들의 조상으로서 야곱을 언급한 것은 야곱이 세겜을 요셉에게 준 전승(창 33:19; 48:22)에 기초하여 그들이 야곱의 후손으로서 지위와 권리가 있다는 사마리아인들의 주장을 대변한다. 이것은 유대인들이 그들의 조상으로서 '아브라함'을 내세운 것과 큰 대조를 이룬다(8:53; cf. 마 3:9; 눅 3:8). "당신이 야곱보다 더 큽니까"라는 말은 유대인들과 사마리아인들 사이의 종교적 전승에 대한 차이와 대립을 반영한다. 그녀의 말은 "당신네 유대인들은 아브라함의 후손으로서 야곱의 후손인 우리보다 더 나은 어떤 것을 갖고 있는가?" 또한 "갖고 있다면 한 번 말해 보라"는 식의 냉소적 질문이다. 그러나 저자의 입장에서 그녀의 말은 야곱보다 더 큰 하나님의 독생자로서 예수의 존재를 나타내는 해학적 의미를 포함한다.

예수는 그들의 조상이나 종교적 전통에 관하여 그 여자와 변론하지 않고 하나님의 선물과 생수의 본질을 언급한다: **"이 물을 먹는 자마다 다시 목마르려니와 내가 주는 물을 먹는 자는 영원히 목마르지 아니하리니 나의 주는 물은 그 속에서 영생하도록 솟아나는 샘물이 되리라"**(4:13-14). 예수의 답변에는 그 여인이 생각한 것과 날카롭게 대조되는 세 가지 내용이 들어 있다: (1) 이 물을 먹는 자마다 다시 목마를 것이다; (2) 내가 주는 물을 먹는 자는 영원히 목마르지 아니할 것이다; (3) 내가 주는 물은 그 속에서 영생하도록 솟아나는 샘물이 될 것이다. 예수가 언급한 생수는 세상의 자연적 물이 아니라, 그것보다 더 중요한 영적인 물을 가리킨다. 그 물은 인간에게 참된 만족을 줄 뿐 아니라, 그 자체가 솟아나는 샘물이 되어 그것을 마시는 사람들에게 영생을 공급한다.

"마시는 자마다"(πίῃ)라는 어구는 부정과거 가정법으로서 계속해서 마시는 것이 아니라 일회적인 행위를 나타낸다. 그것은 예수가 주시는 물을 일단 마시면, 그 물 자체가 영생하도록 솟아나는 샘물이 된다는 것을 표현한다. 여기서 물은 예수가 주시는 것이며 동시에 예수 자신을 가리키는 비유어로 사용된다. 이것은, 요한복음서의 저자가 즐겨 사용하는 표현으로서, 예수가 세상의 빛이며 동시에 그 빛의 제공자이고 또 생명의 떡이며 동시에 그 떡의 제공자라는 것과 같은 맥락의 표현이다. 또 "그 속에서"라는 어구는 영원한 갈증의 해소가 인간의 내면에 임하게 될 것을 가리킨다. 요한은 일차적으로 개인의 내면에서 일어나게 될 하나님의 구원 활동을 부각시킨다.

예수의 말씀에 감동을 받기 시작한 그 여자가 답변한다: **"주여 이런 물을 내게 주사 목마르지도 않고 또 여기 물 길러 오지도 않게 하옵소서"**(4:15). 그 여자의 태도가 많이 바뀌었지만, 아직 예수의 말씀에 대한 오해는 계속되고 있었다. 예수의 말씀과 그 여자의 오해 사이에는 두 가지 층이 존재한다. (1) 먼저 그녀는 여전히 세상의 영역에서 예수의 말씀을 생각하고 있었다. 그녀는 예수가 말한 '생수'를 시내 혹은 강물과 같이 흐르는 물로 이해했다. 그녀는 예수가 그녀의 집 근처에 흐르는 물을 제공해준다는 것으로 이해하여 그녀가 더 이상 이 우물에 와서 물을 긷는 것을 피하려고 생각했다.

(2) 다음에 예수는 지혜의 속성을 지닌 생수의 샘 곧 생명의 샘으로 묘사된다(잠 13:14; 18:4). 지혜는 생명의 근원인 것과 같이 예수는 지혜로서 인간의 목마름을 근본적으로 해갈시켜준다. 지혜로서 예수는 참된 생명, 참된 빛, 그리고 참된 예배의 근원이며 실체이다. 이 사건에서 지혜가 수여되는 대상은 예수의 제자들이 아니라 사마리아 여자다. 그녀는 나가서 사람들을 지혜에게로 모으는 지혜의 여종의 역할을 하는 자로 묘사된다: "지혜가 그 여종을 보내어 … 너는 와서 내 식물을 먹으며 … 생명을 얻으라"(잠 9:3-6).

3. 사마리아 여인과 대화 2:

성령과 진리의 예배(4:16-26)

사마리아 여자는 니고데모와 달리 예수의 말씀을 거부하지 않고 또, 그것을 분명히 깨닫지는 못하지만, 그것을 수용하는 자세를 보여준다. 이것은 예수에게 반응하기를 시작하는 단계에 대한 적합한 표본적 역할을 한다. 그녀의 요청에 대하여 예수는 목마름과 생수의 주제에서 갑자기 그녀의 개인적 삶의 주제로 바꾸어 말한다: **"가서 네 남편을 불러 오라"**(4:16). 왜 예수는 갑자기 그녀의 남편을 불러오라고 했는가? 예수는 그녀의 개인적 삶의 내용을 비판하고 그것에서 돌아서게 하려 했는가? 여기서 남편은 무슨 의미로 사용된 용어인가? 이 말을 통하여 예수가 그녀의 개인적 삶의 내용을 거론하려고 한 것은 아니다. 그것은 그 여자와의 대화가 남편의 주제에서 곧 예배의 주제로 바뀐 것에서도 나타난다. **예수는, 앞에서 물을 상징적으로 사용한 것과 같이, 남편이라는 대상을 영적인 진리를 설명하려는 상징적 의미로 사용한 것을 알 수 있다**.

그러나 그녀는 예수의 말씀을 여전히 일차적 의미로 이해하고 대답한다: **"나는 남편이 없나이다"**(4:17a). 예수는 그녀의 대답에 동의한다: **"네가 남편이 없다 하는 말이 옳도다. 네가 남편 다섯이 있었으나 지금 있는 자는 네 남편이 아니니 네 말이 참되도다"**(4:17b-18). 예수의 이 말씀을 어떤 의미로 이해해야 할 것인가? 예수는 그녀의 개인적인 부도덕한 삶을 지적하고 그녀가 숨기려고 한 것을 노출시키려 한 것인가? 물론 요한복음에서 예수는 사람의 내면이나 과거와 미래의 삶을 다 아는 통찰력의 소유자로 나타난다(1:42, 48; 2:24f.). 그 여자도 사마리아인들에게 가서 예수를 그녀가 과거에 행한 모든 일을 알고 있는 사람으로 소개한다(4:29). 그러나 예수의 말씀을 그런 개인적이고 도덕적 차원에서만 이해하면, 그녀의 삶이 당시의 문화적 상황과 잘 맞지 않는다는 점을 설명하기 어렵다. 당시에 팔레스타인 지역의 문화는 유대인 사회든지 사마리아인 사회든지 철저히 남성 중심적이었으며 따라서 이혼의 주도권도 남편에게만 있었다. 유대교 전통에서도 남자가 일생에 세 번 이상 결혼하지 않는 것이 관례였다.

그런데 여자가 결혼을 다섯 번이나 하여 남편이 다섯이나 있었고 현재 살고 있는 사람도 그녀의 남편이 아니라고 한다면, 그녀의 그런 삶은 당시 사회에서는 허용되지도 않을 뿐 아니라 용납되지도 않는 면을 갖고 있다. 따라서 이 말씀을 상징적으로 이해해야 한다는 주장이 설득력을 갖고 있다. 남편에 대한 언급은 여기서 그치고 그 후에는 예배에 관한 이야기로 전환된다. 이것은 남편과 예배의 관계를 보여주는 대목이다. **구약 전승에서 결혼 관계는 하나님과 이스라엘 사이의 관계를 설명하는 도구로 활용되었다. 하나님은 "생수의 근원"이며 또 "참된 남편"으로 묘사되었다** (렘 2:1-13). 예언자 예레미야는 야곱의 집이 참된 남편이며 생수의 근원인 하나님을 저버리고 우상 숭배를 행하여 부정한 아내처럼 행동했다고 지적한다. 열왕기하 17장에는 사마리아가 앗시리아에 멸망당한 후에 사마리아인들의 우상 숭배에 영향을 미친 다섯 민족이 열거된다(왕하 17:24).

그녀를 사마리아인들의 대표자적 인물로 본다면, 예수의 말씀은 사마리아인들의 신앙 상태를 반영한다. 과거의 다섯 남편이란 사마리아인들과 통혼하여 그들로 하여금 이방의 신에게로 향하게 한 다섯 이방 민족을 가리킨다. 또 현재의 남편은 황제 숭배로 표현된 로마를 가리킨다. 그러나 사마리아인들은 로마인과는 통혼하지 않았다. 유대인 역사가 요세푸스는 이것에 관하여 다음과 같이 언급한다:

> 대헤롯이 사마리아를 오거스투스를 의미하는 헬라어인 세바스트라는 이름의 그리스-로마 도시로 바꾸었다. 외국인 정착민들이 세바스트에 거주하게 되었으며 … 황제 숭배가 소개되었다. 사마리아인들은 외국인들과 함께 살았지만, 앗시리아 때와 같이 외국인들과 통혼하지는 않았다(「유대 전쟁사」, 1.21.403).

이런 점들을 고려하면, 예수가 그녀의 남편 문제를 거론한 이유는 단지 그녀의 부도덕한 삶을 비판하려는 것이 아니며 또 사마리아인들은 유대인들에 비해 도덕적으로 열등하다는 것을 제기하려는 것도 아니었음을 알 수 있다. **예수는 남편이 가지는 상징적 의미를 통하여 그 여자에게 참된 예배의 대상을 가르쳐 주기를 원했다**. 그래서 예수는 남편에 대한 이야기는 여기서 그치고 예배에 관한 대화로 전환한다.

그 여자는 예수의 선지자적 통찰력에 놀라면서 사마리아인과 유대인 사이의 심각한 쟁점인 예배 문제를 거론한다: **"주여 내가 보니 선지자로소이다. 우리 조상들은 이 산에서 예배하였는데 당신들의 말은 예배할 곳이 예루살렘에 있다 하더이다"**(4:19-20). 그녀는 예수를 향하여 계속 '주'라는 칭호를 사용하고 있는데, 그것은 점점 더 깊은 의미를 향하고 있다. 그녀는 그녀의 삶에 대한 예수의 통찰력을 보면서 그를 예언자로 인정한다. 사마리아인들은 모세가 예언한 "그 예언자"(신 18:15)를 메시아적으로 이해하여 메시야는 모세 이후에 상실된 성전 기구들을 발견하고 참된 예배를 회복하는 예언자로 이해했다. 예수의 시대를 전후하여 사마리아인들은 모세가 회막의 기구들을 그리심 산에 감추었다고 믿었다. 그리고 예루살렘이 아니라 야곱이 하나님의 환상을 본 지점인 그리심 산에서 예배를 드려야한다고 생각했다.

그녀는 '그 예언자'를 염두에 두고 유대인들과 사마리아인들 사이의 논쟁과 갈등의 중심 요소였던 예배의 장소 문제를 거론한다. 사마리아인들은 신명기에 언급된 성소를 그리심산으로 해석하고 그곳에 그들의 성전을 건축했다. 그런데 유대왕 요한 힐카누스가 그것을 파괴했다(128 B.C.). 그러나 사마리아인들은 여전히 그곳을 예배의 장소로 계속 사용했다(요세푸스, 「유대 고대사」, 13.155f.). 그들에게 있어서 예배의 장소는 민족적 정체성과 밀접하게 연결된 중요한 문제였다. 그녀는 예수가 참된 선지자라면 이 논쟁에 대한 분명한 해결책을 제시할 것으로 기대했다.

그러나 예수는 그녀가 기대하는 예배의 장소가 아니라 예배의 본질에

관하여 말한다: **"여자여 내 말을 믿으라. 이 산에서도 말고 예루살렘에서도 말고 너희가 아버지께 예배할 때가 이르리라"**(4:21). 예수는 그 여인을 향해서도 '여자여'라는 존칭어를 사용한다. "내 말을 믿으라"라는 말은 "진실로 진실로 내가 말한다"는 말과 거의 같은 의미로 상대방을 설득하고 확신을 주기 위한 표현이다. 예수는 예배의 장소에 대한 두 민족의 주장을 넘어서서 예배의 본질을 제시한다: 참된 예배는 특정 장소와 관계된 것이 아니라는 것이다. 유대교 전승에서도 성전의 희생 제사를 반대한 부분이 있다(*Odes of Solomon* 6; 12:4; 20:1-4; 1QS 9.3-5). 그러나 예수의 예배관은 그런 주장들과 근본적으로 다르다. 유대교 전승들에는 성전 제사와 정결 규례들이 존속되는 가운데 개혁을 말하지만, 예수는 성전의 제사 체계과 정결 규례들의 폐지를 주장한다(2:6-11, 13-22; 3:25-30). 예수는 하나님을 예배하는 전통적 방식 곧 특정 한 장소와 특정한 방식과 특정한 인간 집단의 이념을 부각시키는 예배를 거부하고 누구나, 어디서나, 그리고 언제나 하나님께 진정으로 예배를 드리는 참된 예배의 길을 제시한다. "때가 이르리라"(ἔρχεται ὥρα, 현재 시제)라는 말은 예수의 사역과 함께 그 때가 현재 도래하고 있음을 가리킨다.

예수는 예배에 대한 사마리아인들의 주장을 비판한다: **"너희는 알지 못하는 것을 예배하고 우리는 아는 것을 예배하노니 이는 구원이 유대인에게서 남이니라"**(4:22). 사마리아인들은 여호와 하나님을 예배한다고 주장하지만, 그들은 그들이 예배하는 대상을 알지 못한다. 왜냐하면 그들의 예배는 참된 계시에 기초하지 않았기 때문이다. '너희'와 대조되는 '우리'는 유대인 전체를 가리키는 것이 아니라, 독생자를 통한 하나님의 참된 계시를 받은 그리스도인 공동체를 가리킨다. "구원이 유대인들로부터 나온다"는 것이 유대인들은 필연적으로 구원받는다는 말은 아니다. 그것은 하나님의 구원 활동에 담긴 순서와 질서를 가리킨다. **독생자를 통한 하나님의 구원은 이스라엘과 그들의 참된 후손인 유대인들을 통하여 준비되었고 성취되었다.** 비록 자기 자신의 백성이 거절하기는 했지만, 예수는 먼저 유대인들에게 와서 하나님의 새로운 구원을 전파했다. 그러나 그 하나님의 구원은 유대인만을 위한 것이 아니라, 온 세상 만민을 위한 것이다. 그래서 구원은 유대인들을 통하여 온 세상으로 전파되어 나갈 것이다. 사도 바울도 복음 곧 하나님의 의의 활동과 관련하여 "첫째는 유대인에게요 또한 헬라인에게라"(롬 1:16; 2:9)는 표현을 통하여 예수 그리스도를 통한 하나님의 구원 활동이 유대인들에게서 시작되고 그리고 그들을 통하여 모든 이방인들에게로 퍼져나갈 것을 예고했다.

이제 예수는 하나님께 드리는 참된 예배를 소개한다: **"아버지께 참으로 예배하는 자들은 신령과 진정으로 예배할 때가 오나니 곧 이때라. 아버지께서는 이렇게 자기에게 예배하는 자들을 찾으시느니라"**(4:23). "신령과 진정으로"라는 우리말은 모호한 번역이다. 더 적합한 번역은 "성령과 진리 안에서" 혹은 "성령과 진리로"(ἐν πνεύματι καὶ ἀληθείᾳ)이다. 성령과 진리 안에서 드리는 예배는 어떤 것인가? 예배는 무엇보다도 성령의 임재 속에서 우리의 마음으로 드리는 것이 필요하다. 요한복음에서 성령은 부활하신 예수가 제자들에게 다시 오시는 존재이며 또 하나로 연합된 아버지와 아들이 제자들에게 다시 오시는 존재를 가리킨다(14:16-17). 그래서 성령 안에서 그리스도인들은 아버지와 아들과 만나고 연합되며 교통하게 된다.

또 진리는 예수 그리스도 자신과 그 분을 통해 나타난 구원의 길을 가리킨다. 예수는 하나님의 유일한 계시자로서 우리로 하여금 아버지 하나님께로 나가는 유일한 길과 진리가 된다. 성령과 진리 안에서 우리는 삼위일체적인 하나님의 임재를 경험하고 하나님의 정결케 하심을 받으며 하나님과 교통하게 된다. 하나님은 이렇게 성령과 진리 안에서 예배하는 사람들을 찾고 계신다. "때가 오나니 곧 이때라"는 말은 공생애의 예수의 입장에서 보면 미래적 사건이지만, 요한공동체와 복음서 독자들의 입장에서는 지금 여기서 미래의 완성된 예배를 드리기 시작하는 현재적 사건을 가리킨다.

예수는 하나님의 존재의 근본을 지적하면서 성령과 진리 안에서 드리는 예배의 필요성을 강조한다: **"하나님은 영이시니 예배하는 자가 신령과 진정으로 예배할지니라"**(4:24). 하나님의 존재를 영(πνεῦμα)으로 표현하는 것은 구약 사상에 기초한다. 영의 존재는 근본적으로 비가시적이고 비물질적이다. 비가시적이고 비물질적인 것은 과학적 입장에서는 파악되거나 입증되지 않는 것이다. 그럼에도 불구하고 구약에서 영으로 활동하시는 하나님은 살아계시고 인격적 존재로서 인간과 더불어 의사소통을 가지시며 나아가 창조와 부활의 권능자가 되시는 분이다. **하나님은 그가 창조하신 세계 속에 들어오셔서 세상의 역사에 개입하시며 자기가 택한 백성의 삶에 관여하시는 분으로 묘사된다**. 이스라엘 사람들은 그런 하나님의 활동을 하나님의 영(생기 혹은 바람)으로 표현했다. 그래서 '영'은 비가시적이고 비물질적 존재이지만 인격적 존재이며 창조와 부활의 권능으로 활동하시는 하나님의 존재를 가장 잘 표현하는 단어였다. **예수는 나중에 고별 강화에서 아버지와 아들이 하나의 존재로 신비하게 연합되어 영의 존재로 다시 제자들에게로 올 것을 예고한다**(14:16-17, 23).

사도 바울도 부활의 예수를 가리키기 위하여 '영'(πνεῦμα)이라는 단어를 사용했다: "주는 영이시니"(고후 3:17); "마지막 아담은 살려주는 영이 되었다"(고전 15:45); "성결의 영으로는"(롬 1:4); "생명의 성령의 법이"(롬 8:2). '영'은 무소부재의 하나님 곧 언제나 계시고 어디에나 계시며 그러나 피조 세계의 어떤 것과도 동일시되지 않으시는 하나님의 존재를 가리키기 위하여 사용된 구약성서에 기초한 용어다. 이러한 영이신 하나님에 대한 예배를 성전이라는 특정한 건물과 제사 체계라는 특정한 방식을 통해 드리는 세대는 이제 끝났다. **이제 하나님이 원하시는 새로운 예배는 어디서든지 또 누구든지 성령과 진리 안에서 드리는 예배가 되어야한다**. 예수는 성전 정화 사건에서는 유대인들을 향하여 그리고 지금은 사마리아인들을 향하여 참된 성전과 참된 예배를 가르친다. "예배해야 할지니라"(δεῖ προσκυνεῖν)라는 말씀에는 반드시 그렇게 예배해야 한다는 필연성의 조동사가 사용되었다.

그 여자는 예수의 말씀에 감동을 받으면서 사마리아인들이 기다리고 있는 메시야에 대한 기대를 언급한다: **"메시야 곧 그리스도라 하는 이가 오실 줄을 내가 아노니 그가 오시면 모든 것을 우리에게 고하시리이다"**(4:25). 그들이 기다리는 메시야는 다윗의 후손이 아니라 모세와 같은 예언자였다(신 18:15-22). 그들은 메시야를 '타헵'(돌아오게 하는 자, 회복시키는 자)으로 불렀다. 그녀가 기다리고 있는 메시야는 "모든 것을 알려주는 자"(ἀναγγελεῖ ἡμῖν ἅπαντα)로 묘사된다. 모세의 예언에서도 그 예언자는 하나님의 말씀을 받아 하나님이 그에게 명한 것을 다 이스라엘에게 고하는 자로 묘사된다(신 18:18). 곧 그 예언자는 선생이며 계시자가 될 것이다. 사마리아인들의 이러한 기대는 요한이 제시하는 계시자로서 예수의 메시아되심과 밀접하게 연결된다.

예수가 마지막으로 그녀에게 대답한다: **"네게 말하는 내가 그로라"**(4:26). "내가 그로라"(ἐγώ εἰμί)라는 말은 예수가 자기의 근본적 존재를 나타내기 위하여 즐겨 사용한 독특한 칭호다(6:35; 8:24). 이 말은 본래 70인역(LXX) 성서에서 모세에게 가르쳐준 하나님의 이름이다: "나는 나다"(I AM, 출 3:14). 예수는 하나님의 존재를 나타내는 이 말을 자신에게 적용하여 자신이 그 메시야임을 분명하게 밝힌다. 예수의 대답의 의미는 명백하다: 나는 너희가 기다리고 있는 그 메시야다; 따라서 내가 너희에게 필요한 모든 것을 알게 할 것이다.

4. 제자들과 예수의 대화(4:27-38)

예수의 극적인 선언과 함께 장면이 바뀌어 예수와 그의 제자들 사이의 대화로 이어진다. 저자는 먼저 예수의 행동에 대한 제자들의 반응을 묘사한다: **"이때에 제자들이 돌아와서 예수께서 여자와 말씀하시는 것을 이상히 여겼으나 무엇을 구하시나이까 어찌하여 저와 말씀하시니이까 묻는 이가 없**

더라"(4:27). 예수의 제자들이 돌아와 그가 그 여인과 말씀하시는 것을 이상하게 여겼다. 유대교 관습에서 랍비가 여인들과 공개석상에서 대화를 나누는 것은 바람직하지 않게 여겨졌다(P. Aboth 1.5). "이상하게 여겼다"는 동사가 미완료 시제(ἐθαύμαζον)로 된 것은 그들이 한동안 놀라고 있었던 것을 나타낸다. 그러나 "무엇을 구하시나이까?" 혹은 "어찌하여 그녀와 말씀하시나이까?" 하면서 묻는 자가 없었다. 제자들의 의문점에 대한 저자의 언급은 예수가 그 여자와 지금까지 나눈 심각하고 중요한 대화를 해학적으로 반영한다. "무엇을 구하시나이까?"(ζητεῖς)라는 질문은 "아버지께서 이렇게 자기에게 예배하는 자들을 찾고 계신다"(ζητεῖ)라는 언급과 해학적으로 대조를 이룬다. "어찌하여 저와 말씀하시나이까?"라는 질문은 제자들이 가진 사마리아 여자에 대한 전통적인 장벽과 그것을 넘어서서 복음은 모든 민족 모든 사람에게 해당되는 것임을 나타내는 예수와 대조를 이룬다.

저자는 예수가 그의 제자들과 나눈 대화를 제시하기에 앞서서 예수의 마지막 말씀을 들은 그 여자의 반응을 묘사한다: **"여자가 물동이를 버려두고 동네에 들어가서 사람들에게 이르되 나의 행한 모든 일을 내게 말한 사람을 와 보라 이는 그리스도가 아니냐 하니 저희가 동네에서 나와 예수께로 오더라**"(4:28-29). 그 여자가 물동이를 버려두고 동네에 들어간 이유에 관하여 몇 가지 견해가 제시되었다: (1) 예수가 마시도록 놓고 갔다; (2) 서두르는 바람에 그것을 가져가는 것을 잊었다; (3) 그것은 그녀의 과거 삶과의 완전한 단절을 의미한다. 셋째 견해가 이 이야기의 상징성과도 가장 많이 연결된다고 볼 수 있다. **그녀는 이제 물동이로 비유되는 목말랐던 과거의 삶에서 영원히 목마르지 않는 삶으로 변화되었다. 그녀는 그녀의 삶에 일어난 이러한 변화의 감격과 기쁨을 참을 수 없었으며 그래서 동네로 들어가 자기가 만난 예수에 관하여 전파했다**. 그녀는 사마리아에서 최초의 선교사가 된 것이다.

그러나 그녀의 증거는 충분히 발전된 기독교적 선포는 아직 아니었다.

그녀가 선포한 그리스도는 그녀가 행한 모든 것을 그녀에게 말한 존재였다. 그녀는, 나다나엘이 그러했던 것처럼, 예수의 존재에 관한 예수 자신의 말씀에 근거한 것이 아니라 그녀의 과거에 관한 예수의 초자연적 지식에 감동을 받았다. 그녀는 예수를 그리스도로 인정하게 되었지만, 그러나 그녀의 믿음은 아직 예수를 그리스도로 충분히 깨닫고 완전히 확신하는 단계는 아니었다. "이 사람이 그리스도가 아니냐?"(μήτι οὗτός ἐστιν ὁ Χριστός)라는 구문에서 헬라어 μήτι를 사용한 의문문은 "주저하는 혹은 충분한 확신에 이르지 못한 상태의 질문"을 나타낸다.

아무튼 그녀는 자기가 확신하는 바를 나가서 전파했다. 이러한 그녀의 행동은 예수와 함께 교제한 후에 다른 사람들에게 예수에 관하여 증언한 제자직의 형태를 보여준다(1:40-41, 45). 그녀의 증거의 이러한 제한성에도 불구하고 그것은 동네 사람들에게 감동을 주었고 그들로 하여금 예수에게로 나오게 만드는 계기를 마련했다. **예수에 관한 모든 전파는 비록 그것이 충분하지 않다 할지라도, 사람들을 예수에게로 이끄는 능력이 있다**.

사마리아인들이 예수에게로 나오고 있는 동안에 저자는 예수와 제자들 사이의 대화를 제시한다(4:31-38). 먼저 제자들이 그들이 준비해온 음식을 내놓으며 **"랍비여 잡수소서"**(4:31)하고 청했다. 목마름과 물에 관한 대화가 배고픔과 음식에 관한 대화로 바뀌었다. 예수는 이전 대화들에서 했던 것과 마찬가지로(성전에서, 니고데모에게, 사마리아 여자에게), 제자들을 향해서도 이중적 의미의 말로 대답한다: **"내게는 너희가 알지 못하는 먹을 양식이 있느니라"**(4:32). 예수는 앞으로 요한복음 6장에서 생명의 양식에 관하여 자세히 언급할 것이다. 사마리아 여자가 하나님의 선물인 생수를 오해했듯이, 제자들은 예수가 육신의 양식을 말하는 것으로 오해한다. 그래서 제자들은 "누가 잡수실 것을 갖다 드렸는가"(4:33)하고 서로 말했다. 제자들도 예수의 말씀을 물질적인 대상으로만 이해한 것이다(3:8, 10; 4:10). **저자는 예수의 말씀을 오해하거나 혹은 이해하지 못하는 것에 있어서는 심지어 예수의 제자들조차도 마찬가지였음을 부각시킨다**.

예수는 제자들이 알지 못하는 양식에 관하여 설명한다: **"나의 양식은 나를 보내신 이의 뜻을 행하며 그의 일을 온전히 이루는 이것이니라"**(4:34). 유대교 전승에서 토라(율법)는 음식으로 묘사되었다(잠 9:5; 시락의 지혜 24:21). **그러나 예수에게는 하나님의 뜻을 행하는 것 자체가 양식이다**. 이것은 요한복음에서 예수의 사역의 중심적 목적으로 제시된다: 예수는 하나님의 뜻을 행하기 위하여 왔다(4:34; 5:36; 6:38); 예수의 일은 하나님의 일이다(4:34; 5:36; 9:3f.; 10:25, 32, 37f.; 14:10; 17:4). 하나님을 가리켜 "나를 보내신 분"으로 부르는 것은 예수의 사명이 하나님께로부터 왔다는 사상을 반영하는 것으로서 요한복음서 저자가 즐겨 사용한 어구다(4:34; 5:23f., 30, 37; 6:38f., 44; 7:16, 18, 28, 33; 8:16, 18, 26, 29; 9:4; 12:44f., 49; 13:20; 14:24; 15:21; 16:5). 예수가 하나님의 일을 온전히 이루게 되는 것은 그의 사역의 종결 부분에서 반영된다(17:4; 19:30). 예수는 십자가 상에서 "다 이루었다"고 선언한다. **하나님의 보냄을 받은 자로서 하나님이 그에게 맡기신 일이 있다는 사명감이 그의 사역의 원동력과 활력이 되었다**(cf. 막 1:38; 눅 4:43).

예수는 하나님의 뜻을 행하는 그의 사역을 추수에 비유하여 제시한다: **"너희가 넉달이 지나야 추수할 때가 이르겠다 하지 아니하느냐 내가 너희에게 이르노니 눈을 들어 밭을 보라 희어져 추수하게 되었도다"**(4:35). 예수는 농촌의 실제 상황에서 씨뿌림과 추수 사이의 기간을 말하는 속담을 사용하여 하나님의 새로운 구원 활동의 시작을 말한다. **예수의 오심은 하나님의 일을 완성하기 위함이며 따라서 추수 때의 도래를 가리킨다**. 세상 농사에서는 씨를 뿌리고 네 달이 지나야 추수하게 되지만, 예수의 사역에서는 씨를 뿌림과 추수 사이의 간격이 없다. 추수는 곧 시작될 것이다. 제자들이 바라보아야 할 밭은 사마리아인들이 예수를 향하여 오고 있는 상황을 반영한다(4:30).

예수는 계속하여 추수 때의 도래를 비유적으로 말한다: **"거두는 자가 이미 삯도 받고 영생에 이르는 열매를 모으나니 이는 뿌리는 자와 거두는**

자가 함께 즐거워하게 하려 함이니라"(4:36). 예수의 말씀은 추수 때의 도래에 관한 이중적 표현이다. (1) 먼저 거두는 자가 이미 삯을 받고 열매를 모으기 시작했다. **열매(καρπός)는 최초 기독교인들에게서 선교의 용어로 사용되었다**(요 12:24; 롬 1:13; 고전 9:7; 빌 1:22). 열매를 모은다는 말은 하나님의 종말론적 활동을 가리키는 비유로서 나라들의 심판(욜 4:13)과 흩어진 이스라엘의 회복(사 27:12)을 나타내는데 사용되었다. "영생에 이르는 열매"는 요한복음에 나타난 구원론적 특성을 반영하는 표현으로서 영생을 받을만한 믿음에 이른 개심자들을 가리키는데, 여기서는 사마리아인들을 가리킨다.

(2) 다음에 "뿌리는 자와 거두는 자가 함께 즐거워하게 하려 한다"는 말도 추수가 가까웠다는 것 곧 거두는 자가 뿌리는 자를 대신하여 활동한다는 비유적 의미를 갖는다. 예언자 아모스가 이러한 주의 날의 도래를 다음과 같이 예고한다: "보라 날이 이를지라. 그 때에 밭가는 자가 곡식 베는 자의 뒤를 이으며 포도를 밟는 자가 씨 뿌리는 자의 뒤를 이으며 산들은 단 포도주를 흘리며 작은 산들은 녹으리라"(암 9:13). 이 문맥에서 뿌리는 자와 거두는 자는 동일한 분 곧 예수 그리스도를 가리킨다(Barrett, 242).

예수 자신이 그 여인과의 대화를 통하여 씨를 뿌렸으며 또 믿은 사마리아인들은 그 뿌림의 열매이다(4:39). 여기서 저자의 초점은 종말론적 미래가 현실의 실재로 도래했다는 것이다: "때가 오나니 바로 이때라"(4:23); "눈을 들어 밭을 보라 희어져 추수하게 되었도다"(4:35). 예수 자신이 이미 영생의 열매들을 모으기 시작했다. 여기서 예수의 선교와 제자들의 선교가 밀접하게 연결된다. 제자들을 통한 추수는 예수의 죽음과 올리우심 이후에 시작될 것이다.

제자들의 선교 활동과 관련하여 예수는 심는자와 거두는 자를 구분한다: **"그런즉 한 사람이 심고 다른 사람이 거둔다 하는 말이 옳도다"**(4:37). 구약에서 이러한 말은 대개 부정적 의미에서 심고도 거두지 못하는 것 곧 삶의 불공평을 나타낸다(신 20:6; 28:30; 믹 6:15; 욥 31:8). 그러나 하나님의 종말론적 농사에서는 심는 자와 거두는 자가 함께 즐거워한다.

예수는 그것을 제자들이 감당할 추수와 관련하여 사용한다: **"내가 너희로 노력하지 아니한 것을 거두러 보내었노니 다른 사람들은 노력하였고 너희는 그들의 노력한 것에 참예하였느니라"**(4:38). "그들의 노력한 것"은 추수를 내기 위한 노력 곧 복음 선포의 일을 가리킨다. "내가 너희를 너희가 노력하지 않은 것을 거두러 보냈다"라는 말씀에는 몇 가지 의미의 가능성이 있다. (1) 제자들이 사마리아 선교를 위하여 보냄을 받은 것을 가리킨다(cf. 행 8:4-25). 그들은 예수가 노력한 것에 참예한 것이다. (2) 사도들이 세상에 대하여 가지는 사명을 가리킨다. 그들은 예수와 침례 요한을 비롯하여 구약의 일꾼들의 노력에 참예한 것이다. (3) 저자 자신의 시대에 교회가 감당해야 할 사명을 가리킨다. 그들은 예수와 사도들의 사명을 계승한 것이다. 어느 의미이든지, "너희가 참예했다"(ϵἰσϵληλύθατϵ)는 말은 심는 자와 거두는 자 사이의 구별은 물론 그들 사이의 동일성을 가리킨다. **그것은 나아가 예수의 사역을 통하여 하나님의 종말론적 추수 활동이 이미 일어나고 있음을 강조한다**.

5. 사마리아인들의 고백(4:39-42)

장면이 다시 바뀌어 예수와 사마리아인들 사이에 이루어진 교제에 관한 언급으로 진행한다. 여기에는 사마리아인들의 믿음의 성장이 묘사된다. 처음에 그들은 그 여자의 증거를 듣고 예수를 믿었다: **"여자의 말이 그가 나의 행한 모든 것을 내게 말하였다 증거함으로 그 동리 중에 많은 사마리아인이 예수를 믿는지라"**(4:39). 그러나 예수를 만나 그의 말씀을 들은 후에 그들은 예수의 말씀에 기초하여 믿는 사람들이 되었다. 그들의 믿음의 기초가 다른 사람의 증거에서 예수의 말씀으로 바뀐 것이다. 사마리아인들이 예수와 교제를 통하여 예수를 믿게 된 사건이 공관복음서들에는 전혀 언급되지 않는다. 이것은 요한공동체의 초기 선교를 반영한다. 예수의 부활 이후 제자들은 사마리아에 복음을 전파했다. 예수는 그의 마지막 기도에서 제자들의 증거를 통하여 예수를 믿게 될 사람들을 언급한다(17:20-26). 그는 공생애의 예수를 직접 보지 않고도 믿는 사람들을 축복한다(20:29).

요한복음에 따르면, 예수와 직접적으로 만나는 경험은 예수의 공생애 기간에만 제한되지 않고, 오히려 그의 십자가/부활 이후에 더욱 충분한 경험에 이르게 된다(14:23; 20:29). 그런 체험적 신앙이 예수를 "세상의 구주"로 고백하게 했다. 그 여자는 예수에 관하여 '증언했다'(μαρτυρούσης) 라고 언급된다. 예수에 관하여 증언하는 것은 제자들이 감당해야 할 중요한 임무들 중의 하나다. 그녀는 침례 요한이 빛에 관하여 증언하는 임무를 감당한 것과 같이, 예수에 관하여 증언하는 임무를 감당했다. **침례 요한이 자기 제자들에게 예수를 증언한 것과 같이 그녀도 자기 사람들에게 예수를 증언했다. 그녀는 사마리아에서 예수를 증언한 최초의 전도자였다**.

예수를 믿은 사마리아인들이 예수께 와서 자기들과 함께 유하기를 요청했으며, 그래서 예수는 거기서 이틀을 유했다(4:40). '유했다'(ἔμεινεν) 는 말은 요한복음에서 주로 '거하다'로 번역되기도 하는데, 이것은 예수와 제자들의 연합의 관계를 나타내는 중요한 단어다(14:10; 15:4). 처음 제자들도 예수와 함께 거한 후에, 예수를 메시아로 고백했다(1:41). 예수는 고별강화에서 제자들이 예수 안에 거할 것을 강조한다. 사마리아인들도 예수의 제자들이 되어 예수와 함께 거한 것이다. 그 때 그들이 예수와 함께 거한 기간은 이틀에 불과했다. 그러나 그가 영광을 받으신 후에 성령으로 다시 오시면 영원히 거하는 관계가 될 것이다. 예수가 먼저 인종과 성별의 차별을 극복했을 때, 사마리아인들이 예수의 본을 따랐다. 그들은 그들이 미워하고 증오했던 사람들인 유대인들을 영접하고 한 자리에서 교제했다. 예수가 그들과 함께 거한 결과 예수의 말씀을 직접 듣고 믿는 자가 더욱 많아졌다(4:41).

사마리아들은 예수의 말씀을 직접 듣고 믿음의 확신을 갖게 되었다. 그래서 그들은 처음에 그들에게 예수에 관하여 증언했던 그 여자에게 말했다: **"이제 우리가 믿는 것은 네 말을 인함이 아니니 이는 우리가 친히 듣고 그가 참으로 세상의 구주신줄 앎이니라"**(4:42). 그들은 예수의 말씀을 직접 듣고 그 여인의 증거에서 두 가지 보충점을 발견했다. (1) 그 여자의 증거는 예수가 그리스도라는 것에 대한 충분한 확신에 이르지 못한 상태를 보여준다. 그녀가 아직 충분한 확신을 갖지 못한 것에 대하여 그들은 확신을 갖게 되었다. (2) 그녀의 증거에서 예수는 사마리아인들을 위한 그리스도로 이해되었다. 그러나 그들은 예수가 한 민족의 구원자가 아니라 "세상(모든 민족)의 구원자"라는 것을 발견하게 되었다.

'구주'(σωτήρ)라는 칭호는 요한복음에서 여기에만 나온다(cf. 요일 4:14). 그것은 또 신약성서 전체에서도 예수에 대하여 자주 사용된 칭호는 아니다(눅 2:11; 행 5:31; 13:23). 사도 바울은 심판주로 강림하시는 올리우신 예수를 구주로 부른다(빌 3:20). 그리스-로마 시대에 신들, 왕들, 황제들, 혹은 자선가들이 구원자로 불리어졌다. A.D. 48년에 에베소에서 발견된 비문에는 신격화된 율리우스 씨저(Julius Caesar)가 "현현된 신이며 인간 생명의 구원자"로 묘사되었다. '구주'는 A.D. 1세기말 경에 예수 그리스도를 가리키는 대중적 칭호로 사용되었는데, 특히 목회서신에서 두드러지게 나온다. 사도행전에서는 사도 베드로의 설교의 결론에 하나님이 십자가에 못박혀 죽임을 당한 예수를 죽은 자 가운데서 살리시어 **임금과 구주를 삼으셨다**고 선포했다(행 5:31). 그 칭호의 사용은 구약의 구원 개념과 하나님의 구원의 희망이 예수 안에서 성취되었다는 신념을 반영한다.

E 가나에서 두 번째 표적(4:43-54)

저자는 예수의 공생애의 첫째 국면의 내용을 갈릴리 가나에서 행한 두 개의 표적을 틀로 하여 예루살렘과 유대와 사마리아에서 행한 사역으로 제시한다. 이 시기에 행한 그의 사역의 마지막 단계로서 가나에서 행한 두 번째 표적 사건이 제시된다. 이 사건 역시 표적으로서 여러 가지 상징적 의미들을 전달하는 상징적 사건이다.

저자는 그의 관례를 따라 사마리아 사건과 두 번째 표적 사건 사이에 전환 구절들을 삽입하여 그 표적 사건의 배경을 설명한다: **"이틀이 지나매 예수께서 거기를 떠나 갈릴리로 가시며 친히 증거하시기를 선지자가 고향에서는 높임을 받지 못한다 하시고 갈릴리에 이르시매 갈릴리인들이 그를 영접하니 이는 자기들도 명절에 갔다가 예수께서 명절 중 예루살렘에서 하신 모든 일을 보았음이더라"**(4:43-45). 그 전환 구절들에는 세 가지 내용이 포함된다. (1) 예수는 사마리아에 머문 지 이틀 후에 갈릴리로 돌아갔다(4:43). (2) 선지자가 고향에서는 높임을 받지 못한다는 예수의 말씀(4:44). (3) 갈릴리 사람들이 예수를 영접했다(4:45). 우선 언뜻 보기에 요한복음 4:44과 4:45은 잘 연결되지 않는 것처럼 보인다. 앞 절에서 예수는 선지자가 자기 고향에서는 높임을 받지 못한다(막 6:4; 눅 4:4)라고 직접 말한 반면, 다음 절에서는 갈릴리 사람들이 예수가 예루살렘에서 하신 모든 일을 보았기 때문에 그를 영접했다고 언급된다.

이 문제에 관하여 바렛(Barrett, 246)은 공관복음서들에서 예수가 배척받은 고향은 갈릴리로 나타난 반면, 요한복음에서 예수가 배척받은 고향은 예루살렘 혹은 유대 지방임을 나타내기 위함이라고 생각한다. 요한복음에 따르면, 메시야가 가르치시고 표적을 행하시며 죽임을 당해야 하는 그의 사역의 중심지는 갈릴리가 아니라 예루살렘이다. 위데링톤(Witherington, 126)은 예수를 환영하는 유대인들이나 갈릴리인들은 모두가 예수의 표적을 보고 반응하는 사람들이라는 것을 지적한다. 예수는 그러한 사람들을 신뢰하지 않았는데, 왜냐하면 그것은 예수에 대한 충분하고 완전한 믿음에 이르지 못하게 하기 때문이다.

이 말씀은 예수가 따뜻하게 영접 받고 또 세상의 구주라고 선포되는 지역으로부터 부적절하고 피상적으로 반응하는 사람들의 지역으로 가심에 따라 포함되었다. 유대와 갈릴리 사람들 모두 참된 빛을 배척한 "자기 자신의 사람들"(1:11)의 반응을 나타낸다. 그들은 처음에는 예수의 표적을 보고 믿었지만, 예수의 말씀에 대하여는 어렵다고 여기면서 물러갔다(6:66). 갈릴리 사람들의 반응은 처음에는 우호적인 것으로 보이지만, 결국에는 예수를 배척하기에 이르는 피상적 반응이었다. 예수는 두 번째 표적 사건 자체에서도 그들의 이러한 피상적인 믿음을 비판한다(4:48).

두 번째 표적 사건은 공관복음서들에 나오는 백부장의 아들의 치료(마 8:5-13) 혹은 백부장의 종의 치료(눅 7:1-10)와 흡사하다. 공관복음 전승들은 백부장의 믿음과 이스라엘의 불신을 대조시키는 것에 초점을 맞추었다. 이 사건에서도 일반인들의 표적 신앙에 대한 비판과 그 신하가 보여준 것으로서 예수의 말씀을 믿는 신앙이 대조된다: "그 사람이 예수의 하신 말씀을 믿고 가더니(4:50); "그와 그의 온 가족이 믿으니라"(4:53; cf. 행 10:2; 11:14). 왕의 신하는 예수의 말씀을 믿음으로써 표적을 보고 믿은 갈릴리 사람들보다 더 우위의 믿음을 보여준다. 이 사건은 또 믿음의 성장 과정을 묘사한다: 그 신하는 처음에는 표적 신앙 곧 기적적 능력을 행하는 예수를 믿고 그에게 왔다가 예수의 말씀을 신뢰하며 떠난다.

이야기는 그 사건의 배경에 관한 설명으로부터 시작한다: **"예수께서 다시 갈릴리 가나에 이르시니 전에 물로 포도주를 만드신 곳이라 왕의 신하가 있어 그 아들이 가버나움에서 병들었더니"**(4:46). 가나에서 행한 두 개의 표적 이야기들에는 많은 평행적 요소들이 보여진다: (1) 예수의 도움을 필요로 하는 어떤 상황이 언급된다; (2) 예수가 처음에는 주저한다; (3) 그의 권능에 대한 믿음이 반영된다; (4) 예수는 문제를 사람들이 요청하는 대로 혹은 기대하는 대로 해결하지 않는다; (5) 종들이 사건에 참여한다; (6) 사건의 결과로 믿음이 언급된다. 두 사건에서 동일하게 가나(2:1; 4:46)와 가버나움(2:11; 4:46)이 언급된다. 가나는 물로 포도주를 만든 곳으로 묘사된다(2:1-11; 4:46). 표적에 기초한 부적합한 신앙이 언급된다(2:23-25;

4:45, 48). 또 두 표적이 첫째와 둘째로 명명된다(2:11; 4:54).

이 사건에서 탄원자로 등장하는 사람은 "왕의 신하"로 불리운다. 이 단어(βασιλικός)는 왕족의 사람, 왕궁 관리인, 혹은 왕을 섬기는 사람이라는 의미를 갖는다. 요세푸스는 이 단어를 헤롯을 섬기는 군병들을 가리키는 용어로 사용했다. 마태와 누가는 이 탄원자를 로마의 백부장으로서 예수에 대한 믿음을 가진 이방인의 대표자적 인물로 제시한다. 요한복음서 저자가 마태와 누가에 나오는 백부장의 의미로 사용했다면, 그는 헤롯 안티파스의 궁정 관리인으로서 이방인이었을 것이다. 그러나 헤롯의 궁정 관리인이 민간인이었을 수도 있기 때문에, 그가 이방인인지 유대인인지 분간하기 어렵다.

그의 아들이 가버나움에서 병들었다고 언급되는데, 가버나움은 마태와 누가 이야기에서 언급된 장소이다. 그 병든 자가 마태복음에는 παῖς로 나오는데, 그것은 '아이'(child) 혹은 '종'(servant)을 의미한다. 요한은 이 단어를 '아들'(υἱός)로 그리고 누가는 '종'(δοῦλος)으로 표현했다. 그 신하가 예수에게 와서 거의 죽게 된 그의 아들을 고쳐달라고 요청했다. 누가는 그 백부장이 그의 유대인 친구들을 보내 예수의 오심을 말린 것으로 묘사하는데, 요한은 그 신하가 예수에게 직접 와서 아들의 치료를 부탁한 것으로 전달한다(4:47).

그 신하의 탄원에 대한 예수의 대답은 먼저 사람들의 표적 신앙에 대한 비판이었다: **"너희는 표적과 기사를 보지 못하면 도무지 믿지 아니하리라"**(4:48). '너희'라는 복수형 주어가 사용된 것은 예수의 이 말씀이 그 신하 개인을 향한 말이 아니라, 표적과 기사에 의지하는 유대인들을 향하여 비판한 것을 보여준다. 기적에 기초한 신앙은 – 비록 예수가 그것을 완전히 거부한 것은 아니지만(10:38; 14:11) – 참된 신앙에 이르는 것에 부적절하다(2:23). 예수에 대한 참된 신앙의 사람은 신앙의 근본적인 근거로서 기적을 의지하지 않는다. "표적과 기사"는 하나님의 권능의 활동을 나타내는 전통적 표현인데(출 7:3; 사도행전에 8회 나옴), 요한복음서 저자가 '표적'이란 단어를 특징적으로 사용한 것과는 다소 거리가 있다. 저자는 예수가 행한 기적이 아니라 예수의 말씀을 믿는 신앙의 중요성을 강조한다. **곧 그의 아들이 낫는다고 인정될만한 어떤 기적이나 표적을 보지 않고도 예수의 말씀을 신뢰하는 믿음의 필요성을 제시한다**.

그 신하는 예수의 말씀에 실망하거나 탄원을 포기하지 않고 계속해서 예수의 도움을 요청했다: **"주여 내 아이가 죽기 전에 내려오소서"**(4:49). 그가 부른 '주'라는 칭호는 아직 기독론적 칭호가 아니라, 상대방에 대한 일반적 존칭어이다. 그의 계속된 요청을 받고 예수가 말했다: **"가라 네 아들이 살리라"**(4:50). 여기서 '산다'(ζῆ)는 말은 질병으로부터의 회복을 의미한다(cf. 민 21:8, 그것을 보는 자마다 살리라). 그 신하는 예수가 하신 말씀을 믿고 가버나움으로 내려갔다. 그가 예수의 말씀을 믿고 갔다고 하여, 이때 그가 예수의 존재에 대한 기독론적 신앙에 이른 것은 아니다. 다만 그는 예수의 하신 말씀대로 이루어질 것을 믿었다(cf. 마 8:8; 눅 7:7).

중요한 것은 그가 표적을 보지 않고도 예수의 말씀을 믿었다는 것이다. 그가 내려가는 길에서 그의 종들을 만나 아이가 살았다는 소식을 들었다. 그는 그 아이가 어제 예수가 "네 아들이 살리라"고 말씀하던 바로 그 때부터 회복되기 시작함을 알게 되었다. 그는 예수의 하신 말씀을 기억하고 그와 온 집이 믿었다(4:53). **그는 먼저 예수의 말씀을 믿고 내려가다가 그의 믿음대로 이루어지는 체험을 하게 된 것이다. 따라서 두 번째 '믿었다'는 말에는 체험적이고 확고한 믿음의 성격이 반영된다**. 그러나 여기서 그가 그리스도인으로서 예수의 존재와 사역에 대한 믿음을 가졌다는 말은 아니다. **그는 다만 예수의 치유의 권능을 믿고 그가 믿은 대로 이루어지는 것을 체험하게 된 것이다**.

결론적으로 저자는 그 치유 사건의 표적으로서의 성격을 부각시킨다: **"이것은 예수께서 유대에서 갈릴리로 오신 후 행하신 두 번째 표적이니라"**(4:54). 예수는 가나에서 가버나움까지 상당히 멀리 떨어져 있는 거리에서 거의 죽게 된 아이를 살렸다. 그 신하는 예수가 '내려와서' 고쳐주기를 바랐는데(4:47, 49), 예수는 가나에 있으면서 가버나움에 있는 아이를 고쳐주었다. 또 예수가 말씀한 즉시 그 아이가 낫기 시작했다. 오직 하나님만이 그렇게 즉각적으로 또 멀리 떨어져 있음에도 불구하고 행동하실 수 있다. 저자의 입장에서 예수는 창조의 권능자이신 하나님의 말씀으로서 이렇게 시간과 공간을 초월하여 활동한다.

예수의 이러한 초월성은 그가 아버지께로 돌아가서 아버지와 하나가 될 때 완전하게 된다. 부활하신 예수는 무소부재의 하나님으로서 언제든지 또 어디서든지 그의 제자들과 함께 동거하면서 하나님의 권능으로 활동하신다. 이것이 이 사건이 표적으로서 가지는 중심적 의미이다. 예수는 그 자신이 하고자 하시면 어떤 상황에서도 인간을 치유하실 수 있는 하나님의 권능의 소유자이다. 이러한 예수의 도우심을 받기 위해서는 믿음으로 그에게 도움을 요청하는 것이다. **예수는 이렇게 믿음으로 그의 도움을 요청하는 사람들에게 말씀을 통해 역사하심으로 그가 행하시는 표적인 것을 나타내신다**.

제 4 장

예수의 공생애 둘째 국면 (5:1-10:42)

요한복음 5-10장은 예수의 공생애 둘째 국면을 다루는 대 단락이다. 첫째 국면의 사역은, 예루살렘 성전 청결 사건을 제외하고, 대부분 개인적 측면에서 이루어졌다. 그러나 둘째 국면의 사역은 훨씬 더 공중 앞에서 행해진 행적들과 말씀들을 포함한다. 여기서는 표적의 초월성의 정도와 예수에 의한 그리고 예수에 관한 주장들이 점점 더 강렬해진다. 예수에 대한 유대교 지도층의 적대감도 따라서 강해진다. 그들이 예수를 배척하는 이유는 둘째 국면의 첫째 사건에서 명백하게 제시된다. 그것은 예수가 유대교의 중대한 법규(안식일)를 위반할 뿐 아니라, 자기가 하나님과 동등하다고 주장하기 때문이었다. 예수는 여러 행적들과 말씀들을 통하여 하나님의 보냄을 받은 독생자로서 자기의 존재를 나타낸다.

이 과정에서 예수는 "나와 아버지는 하나다," "아브라함이 나기 전부터 내가 존재한다," 그리고 "나는 (그)이다"라는 주장들을 통하여 자기 존재의 독특성과 유일성을 제시한다. 이러한 주장들은 유대교 지도자들로 하여금 심각한 반발을 일으키게 하고 또 결과적으로 예수를 재판에 넘기고 사형을 판결하게 되는 중심적 이유가 된다. 그러나 표적들과 말씀들을 통한 이와 같은 주장들은 예수 자신의 존재와 그의 사역의 본질과 목적을 나타내기 위한 것이었다. 이 과정에서 예수는 그가 행한 일들과 함께 그가 참으로 누구인가에 관한 주장 때문에 자기 백성에게서 거부된다.

이 대 단락은 매우 복잡한 편집 과정을 보여준다. 요한복음 5장과 9장의 치유 사건들에서 예수는 안식일 법을 둘러싸고 당국자들과 충돌을 일으킨다. 요한복음 5장에서는 치유 받은 사람이 당국자들에게 예수를 고발하는 반면, 9장에서 치유 받은 사람은 예수를 믿음으로써 회당에서 추방된다. 그는 예수를 믿기 때문에 유대교 당국자들에게서 핍박을 받는 기독교인의 전형이 된다. 여기에 포함된 또 다른 한 쌍의 기적 이야기들에서 생명의 근원으로서의 예수가 거부된다: (1) 오병이어 기적 사건의 결과 예수는 많은 제자들을 잃게 된다(6장); (2) 죽은 나사로를 다시 살린 사건의 결과는 그 자신의 죽음의 결정적 계기가 된다(11장).

이제부터 예수는 "그 유대인들"과 공개적인 논쟁의 단계에 들어간다(5:10, 15; 6:41, 52; 7:15, 35; 8:22, 31, 48, 57; 10:19, 24, 33; 11:54). 이 대 단락의 모든 장에서 예수에 대한 어떤 형태의 반감 혹은 적대감이 표현되는데, 때때로 예수는 생명의 위협을 받는 상황에 처한다. 이 대 단락은 또 일련의 명절들에 의하여 연결된다: 어느 명절(5장), 유월절(6장), 초막절(7장), 그리고 수전절(10장). 요한복음 5장에 나오는 이름이 밝혀지지 않은 명절은 유월절이라든가 혹은 초막절 전의 오순절이라는 견해가 있다.

요한복음 4-6장의 이야기 진행이 매우 어색하다. 그래서 원래는 4, 6, 5장의 순서로 기록되었다는 견해가 있다. 요한복음 5장은 예루살렘에서 있었던 사건과 그것에 따른 논쟁이 제시된다. 그런데 요한복음 6:1에서 "그 후에"라는 연결어와 함께 예수는 갈릴리 바다 곧 디베랴 바다 건너편으로 간 것으로 나온다. 그래서 요한복음 4-6장에 나오는 사건의 진행을 보면, 예수는 갈릴리 가나에 있다가 갑자기 예루살렘에 갔으며 또 예루살렘으로부터 갑자기 갈릴리 바다 건너편으로 간 것이 된다.

지리적인 국면에서 보면, 요한복음 6:1의 위치는 4:54과 연결되는 것이 더 적합하다. 예수는 갈릴리 가나(4:54)로부터 헤롯의 궁궐이 있던 디베랴로 내려가서 거기서 배타고 디베랴 바다 건너편으로 간 것(6:1)이 더 자연스럽게 연결되기 때문이다. 또 요한복음 7:1에서 유대인들이 예수를 죽이려한다는 위협은 5:18과 더 잘 연결된다. 그래서 만일 요한복음 6장이 4:54 바로 다음에 위치한다면, 요한복음에서 예수의 사역의 연대기적 순서는 공관복음서에 나오는 순서와 아주 가깝게 된다. 예수는 가나에서 둘째 표적 이후에(4장), 갈릴리에서 계속 사역을 감당했으며(6장), 그 후에 예수는 예루살렘에 갔고(5장), 그리고 그 후에 초막절 사건(7장)으로 이어진다.

요한복음의 현재 순서(4, 5, 6, 7장)는 예수가 갈릴리와 예루살렘을 오가면서 사역한 것으로 나오며, 따라서 예수의 사역의 기간을 훨씬 더 연장시킨다. 요한복음 2-4장에서도 예수의 사역은 이런 형태로 배열되었다. 이러한 구성은 예루살렘과 갈릴리 양쪽에서 예수에 대한 반대가 증가됨을 표현한다. 예수는 주의해야 할 인물로서 유대교 지도자들로부터 관찰의 대상이 된다. 이 부분에는 예수를 위한 변론적인 증언이 집중적으로 나온다. 그것은 예수에 관한 증언들이 의심받고 거부되며 공격받는 상황 속에서 요한공동체의 안식일 이해와 예수를 믿는 신앙을 거부하는 유대인들을 향한 변론적인 선포를 나타낸다. 저자는 이와 같은 충돌이 이미 예수의 공생애에서도 일어났음을 부각시키면서, 그런 상황에서 보여준 예수의 행동은 그것과 유사한 갈등에 대처하는 지침이 된다.

이 대 단락의 구성 원리는 논쟁인데, 주로 예수와 유대교 지도자들 사이의 논쟁이 부각된다. 예수는 마치 유대교 법정에서 심문 받는 죄인의 모습으로 등장한다. 그러나 예수는 그들의 공소 사실을 전면 부인하고 예수의 참된 존재와 그의 사역의 목적에 관하여 변론한다. 이 대 단락의 중간 부분에 공관복음서 전승의 형태를 가진 독특한 사건이 삽입되어 있다(7:53-8:11).

이 부분을 중심으로 이 대 단락의 구조를 다음과 같이 생각할 수 있다:

A. 5:1-47 병자 치유 - 아버지와 아들은 하나
B. 6:1-71 오병이어 - 생명의 떡
C. 7:1-52 초막절 강화 - 생명의 물
D. 7:53-8:11 다시는 죄를 범치 말라
C' 8:12-59 초막절 강화 - 세상의 빛
B' 9:1-41 맹인 치유 - 생명의 빛
A' 10:1-42 선한 목자 - 아버지와 아들은 하나

A 안식일에 병자 치유(5:1-47)

요한복음 5장은 표적에 이은 강화라는 예수의 공생애 둘째 국면의 전형적인 구성을 보여준다. 먼저 사건이 제시되고(5:1-9), 다음에 그 사건에 담긴 문제가 언급되며(5:10-18), 그리고 그 문제에 대한 예수의 강화/해설이 이어진다(5:19-30, 31-47). 사건에 대한 묘사는 공관복음서들에 나오는 중풍병자 치유 이야기와 동일한 구조를 이룬다(막 2:1-12 등): (1) 질병에 대한 묘사; (2) 예수와 대면; (3) 예수의 치유; (4) 주위 사람들의 반응. 저자의 입장에서 중요한 것은 누가 어떻게 치유를 받았는가 하는 것이 아니다. 치유 받은 사람은 치유 전이나 후에도 예수에 대한 믿음을 보이지 않는다. 중요한 것은 그 사건이 일어난 날(안식일)과 그것으로 인하여 발생된 문제다. 저자는 이 사건이 안식일에 일어났다는 사실을 사건의 맨 마지막에 가서야 언급한다.

왕의 신하의 아들 치유에서는 그 신하가 예수에게 나아와 요청했다. 그러나 이 치유 사건에서는 예수 자신이 의도적으로 그 사람을 치유한다. 예수가 의도적으로 안식일에 치유했다는 것은 공관복음서들에서도 보여지는 공통점이다(막 3:1-6; 눅 13:10-17; 14:1-6). 예수는 그렇게 함으로서 유대교 지도자들로부터 심각한 반발을 사게 된다. 안식일 준수가 유대인들에게 가지는 중요성은 설명할 필요가 없을 정도로 막대하다. 할례와 정

결법과 함께 안식일 법은 유대인이 되는 가장 중요한 정체성의 표시들 중 하나였다. 예수가 의도적으로 안식일 법을 위반한 것은 이 사건에서도 분명히 보여진다. 그 사람은 38년간이나 고생하고 있었고 그래서 그 날에 치료하지 않는다고 병이 더 악화되는 것도 아니었을 것이다. 예수는 하루를 더 기다려 안식일이 지난 다음 날에 치유할 수도 있었을 것이다.

그러나 예수는 굳이 안식일에 치유를 행하기를 선택했다. 그러한 의도적 위반은 돌로 쳐서 죽임을 당하는 결과를 가져올 수도 있는 심각한 것이었다. 그 결과 유대교 지도자들이 예수를 안식일법 위반 사범으로 핍박하기 시작했다. 그러나 예수는 이것을 하나님 아버지에 대한 자신의 관계와 생명과 심판의 권세에 대하여 변론하는 기회로 삼는다. 이런 방식으로 저자는 요한복음 4:50에서 암시된 요점 곧 표적이 아니라 예수의 말씀이 참된 신앙의 근원임을 제시한다.

공관복음서들에서 이것과 직접적으로 병행하는 사건은 없지만, 중풍병자 치유 사건(막 2:1-12)과 몇 가지 점에서 연결성을 보여준다. (1) 예수의 치유 말씀이 정확하게 동일하다: "일어나 네 침상을 들고 걸어가라." 침상(κράβαττον)이란 단어의 사용도 마가복음와 요한복음에만 나온다(막 2:10; 요 5:8). (2) 신성모독의 쟁점이 예수의 말씀과 행함과 관련하여 일어난다. 마가복음에서는 "소자야 네 죄사함을 받았느니라"(막 2:5)는 예수의 말씀이 서기관들로 하여금 신성모독으로 간주하게 만들었다(막 2:7). 요한복음에서도 예수는 그 사람을 두 번째 만났을 때 "다시는 죄를 범치 말라"고 말했으며(5:14), 그것은 후에 예수를 신성모독의 죄인으로 판단하는데 영향을 주었다. (3) 기적 이야기에서 예수와 유대교 지도자들 사이의 적대감과 충돌의 이야기로 발전한다. 기적 사건과 안식일 논쟁의 연결(5:9-10)은 마가복음에서는 손 마른 사람의 치유 사건에서 제시된다(막 3:1-6).

안식일에 치유 사역을 행한 예수의 의도에 대한 몇 가지 설명이 제시되었다. (1) 예수는 그것을 통하여 하나님의 구원 활동의 새로운 세대 곧 종말론적 세대의 도래를 나타냈다. 최종적 안식이 시작되었기 때문에, 유대교의 안식일 규정들이 더 이상 구속력이 없음을 나타낸다는 것이다. (2) 예수는 그가 신적인 존재임을 믿었으며, 그래서 그는 그런 규정에 종속되지 않았다. (3) 예수는 그 사역을 통하여 안식일 계명의 참된 의도와 의미를 나타냈다. 그는 사람들에게 정신적이며 신체적인 짐으로부터 휴식을 제공했다. 안식일에 행한 치유는 안식일 계명의 원래적 의도의 하나로서 휴식을 주기 위한 치유라는 것이다. 예수는 안식일 계명의 참된 실현을 통하여 유대교 안식일 규례들의 낙후성을 드러냈다. **이것은 예수가 유대교의 전통적 제도(정결 의식, 성전 제사, 안식일 등)의 대체라는 요한복음의 전체적인 주제와 연결된다. 예수는 이 사건을 통하여 계명의 근원적이며 영속적인 실현을 제시했다.**

1. 병자 치유 사건(5:1-9)

저자는 이 사건이 일어난 시기를 언급하는 것으로 이야기를 시작한다: **"그후에 유대인의 명절이 있어 예수께서 예루살렘에 올라가시니라"**(5:1). 이 사건은 유대인의 명절 기간에 일어난 것으로 언급되는데, 그것이 어떤 명절인지는 구체적으로 언급되지 않는다. 요한복음 5장과 6장의 위치를 바꾸어 생각하는 학자들은 그것을 유월절로 생각한다(6:4). 저자가 이 익명의 명절을 여기서 언급한 이유는 예수가 왜 이 시기에 예루살렘에 있었는가를 설명하기 위한 것으로 보인다.

저자는 또 이 사건의 무대를 설명한다: **"예루살렘에 있는 양문 곁에 히브리 말로 베데스다라 하는 못이 있는데 거기 행각 다섯이 있고 그 안에 많은 병자 맹인 절뚝발이 혈기 마른 자들이 누워"**(5:2-3). 베데스다 연못에는 다섯 개의 행각이 있었다고 언급되는데, 그것은 고고학적 발굴과 동일하다. 실제로 거기에는 다섯 개의 행각과 함께 북쪽에 작은 연못과 남쪽에 큰 연못이 있었다. 그곳은 여러 종류의 많은 병자들이 연못의 물의 마술적 치유를 기대하며 모이는 장소였다.

저자는 사람들이 그 못가에 모여 있던 이유를 설명한다: **"(물의 동함을 기다리니 이는 천사가 가끔 못에 내려와 물을 동하게 하는데 동한 후에 먼저 들어가는 자는 어떤 병에 걸렸든지 낫게 됨이러라)"**(5:3b-4). 그 병자들이 모여 있는 이유에 대한 편집자의 해설은 최초의 가장 좋은 사본에는 포함되지 않았다. 이 구절들은 그 사람의 말(5:7, 연못의 물이 움직일 때 병자의 치유가 일어난다는 대중적 신앙)을 설명하기 위하여 삽입된 것이 분명하다. 고고학 발굴의 결과는 이 전설에 관한 어떤 해답도 제공하지 못했다. 그 전설에서 연못의 물이 움직일 때란 하나님의 천사가 물을 휘저어 움직이게 하는 것으로 이해되었다. 문제는 치유가 시급하게 필요한 사람이 제일 먼저 그 못에 들어갈 수 없다는 것이었다. 베데스다 못가의 이 광경은 의학이 발달하지 않았던 시대에 고질적 질병을 가진 일반인들이 처했던 절망적인 상황을 반영한다.

저자는 거기서 예수와 어떤 병자의 대면을 소개한다: **"거기 삼십팔 년 된 병자가 있더라. 예수께서 그 누운 것을 보시고 병이 벌써 오랜 줄 아시고 이르시되 네가 낫고자 하느냐"**(5:5-6). 예수는 그 사람을 보고 병이 벌써 오래된 줄을 곧 알았다(5:5; cf. 출 3:7). 이것은 그 사람의 외모를 보면서 질병의 상태를 이미 아는 예수의 초월적 능력을 나타낸다(cf. 1:48; 4:17-18). 저자는 그 사람을 삼십팔 년된 병자로 묘사한다. 그러나 어떤 질병인지는 구체적으로 언급되지 않는다.

숫자 38년을 상징적으로 이해하려는 시도들이 있어 왔다(예, 신 2:14). 구체적으로 38년이 가지는 상징적 의미를 알기가 어려우며 또 그러한 상징성을 발견하려는 것조차 불필요하다고 생각하는 학자들도 있다. 그러나 저자의 입장에서 38년이라는 구체적인 숫자가 아무 상징성이 없이 사용되었다고 보기는 어렵다. 모세의 회상에서 38년은 이스라엘이 광야를 통과하던 시기에 출애굽 세대의 무너짐과 새로운 세대가 일어난 기간이다(신 2:14). 그 사람은 한 세대가 교체되는 기간 동안 병자 생활을 했으며 그래서 이제 나이가 많이 든 상황에서 삶의 변화를 기대하기 힘든 상황이었다. 예수가 그 많은 병자들 중에서 왜 그 사람을 선택했는지는 언급되지 않는다. 다만 그것은 예수 자신의 선택이었다.

예수는 그 사람을 향하여 "네가 낫기를 원하느냐?"(θέλεις ὑγιὴς γενέσθαι)고 물었다(5:6). 상대방의 의지를 묻는 단어인 '원하다'(θέλειν)를 사용한 것은 이전 사건들에서 언급된 생명에의 초청의 형식을 반영한다(3:3, 5; 4:10, 14). '낫다'(ὑγιής)는 용어는 여기서 건강의 의미로 사용되는데, 신약성서에서 드물게 나온다. 그것은 치유 혹은 치료보다는 건강한 상태를 가리킨다. 그 용어가 변화의 과정을 나타내는 동사인 '되다'와 연결되었다. 이 구절을 직역하면, "네가 건강하게 되기를 원하느냐"가 된다. 예수는 먼저 그 사람이 나음 받으려는 의지가 있는가를 질문했는데, 그런 질문은 고대의 팔레스타인에서 치유자가 흔히 말하는 것은 아니었다.

그 사람은 예수의 질문에 직접적으로 대답하지 않고 자기의 불만만을 토로한다: **"주여 물이 동할 때에 나를 못에 넣어 줄 사람이 없어 내가 가는 동안에 다른 사람이 먼저 내려가나이다"**(5:7). 그의 대답에는 나음을 받고 싶은 소원이나 나음을 받으려는 의지나 낫게 해달라는 요청도 없다. 그는 오직 대중적 신앙에 따라 연못의 물이 움직일 때 그 물의 마술적 능력을 기대하고 있으며 또 나음 받지 못하는 이유를 다른 사람들에게서 찾으면서 그들에 대한 원망하는 마음으로 가득 차 있는 것을 보여준다. 그는 자기에게 질문한 사람이 누구인지, 그가 왜 그런 질문을 하는지, 혹은 그가 무엇을 할 수 있는지에 대하여 알려는 마음이 전혀 없다.

예수는 그 사람의 원망하는 마음이나 미지근한 의지와 상관없이 그 사람을 치유한다: **"일어나 네 자리를 들고 걸어가라"**(5:8). 예수의 말씀의 권능이 그 사람에게 즉시로 나타났다. 예수가 말씀한 대로 그 사람이 곧 나아서 자리를 들고 걸어갔다(5:9). 그가 누워 있던 침상을 들고 걸어간 것은 그 치유의 온전함을 표현한다. 이것은 치유 받는 희망을 전혀 가질 수 없는 절망적 상태의 인간도 즉시 일으키는 하나님의 권위의 말씀으로서 예수의 권능을 나타낸다.

2. 안식일과 치유(5:10-18)

저자는 그 치유를 행한 날이 안식일이었다고 사건 이후의 보고 형식으로 말한다(5:9b). 그는 여기서 이 사건에 담긴 쟁점을 기적사건에서 예수가 안식일 법을 어긴 것으로 변경한다. 중풍병자 치유 사건에 따르면, 죄 사함의 주제도 원래 이 사건을 보도한 전승의 일부분이었다(막 2:5). 예수의 행적과 교훈을 반대하는 "그 유대인들"이 그 쟁점과 관련하여 다시 등장한다. 그들은 유대교 당국자들이거나 혹은 율법 준수에 열심을 내는 어떤 유대인 집단을 가리킨다.

그들이 침상을 들고 걸어가는 그 치유 받은 사람에게 말했다: **"안식일인데 네가 자리를 들고 가는 것이 옳지 아니하니라"**(5:10). 당시에 유대교 구전 율법에는 안식일에 금지된 39가지 종류의 일들의 목록이 포함되었다(Mishnah, *Sabbath*, 7.2). 그는 자기 행위에 대한 근거를 자기를 치료한 사람에게 돌렸다: **"나를 낫게 한 그가 자리를 들고 걸어가라 하더라"**(5:11). 그의 대답은 예수라는 이름이 없는 것을 제외하고는 예수의 활동을 그대로 전달한다. 그들은 누가 그에게 그렇게 하라고 시켰는가를 물었으나 그는 자기를 낫게 한 사람이 누구인가를 알지 못했다(5:12f.). 그의 대답은 요한복음 9장에서 날 때부터 맹인된 사람의 대답과 유사하면서도 크게 다르다. 날 때부터 맹인된 사람은 자기를 치유해준 사람이 예수라는 사실을 처음부터 알고 있었고 결과적으로 예수에 대한 믿음을 가지는 것으로 발전한 반면, 이 사람은 자기를 치유해준 사람의 이름을 처음에는 알지 못하다가 예수를 다시 만난 후에 알게 되었고 결과적으로 예수를 배척하는 자세를 갖게 된다.

그 후에 예수는 성전에서 그 사람을 만나 그에게 말했다: **"네가 나았으니 더 심한 것이 생기지 않게 다시는 죄를 범하지 말라"**(5:14). 성전은 예수가 "그 유대인들"과 논쟁하는 주요 장소로 나타난다(7:28; 8:20, 59; 10:23). 예수의 말씀은 병과 죄를 연결시키는 것처럼 보일 수 있다. 그러나 예수가 그 사람의 병이 죄에서 기원했다고 말한 것은 아니다. 그런 견해는 날 때부터 맹인된 사람의 치유에서 명백히 거부된다(요 9:2-3). 예수는 죄를 범하는 것과 그에게 앞으로 일어날 결과를 연결시켜 말한 것이다. 사복음서 중 어느 복음서에서도 질병과 죄가 일대일로 상응하는 것으로 제시되지 않는다. 어떤 질병은 죄로 인하여 생길 수 있지만, 모든 질병이 그런 것은 아니다(요 9:1-4). 예수 시대 유대인의 대중적 신앙에서는 여러 질병들이 그들이 이전에 지은 죄의 결과로 간주되었다.

그러나, 요한복음에 따르면, '죄'란 일차적으로 하나님의 독생자를 믿지 않는 것이다(16:9). "다시는 죄를 범하지 말라"는 말이 현재 명령형(μηκέτι ἁμάρτανε)으로 된 것은 그가 지금까지 범해온 죄를 다시는 범하지 말라는 의미를 전달한다. 그는 하나님의 독생자를 통한 치유의 은혜를 받고도 그 독생자를 믿지 않는 상태에 머물러 있었던 것이다. 그러면 그는 과거의 병보다 더 심각한 상태에 빠질 수 있다; 그것은 하나님의 구원에 영원히 참여하지 못하는 것이다. 저자는, 누가와 같이, 회개하지 않는 사람들에 대한 필연적 결과를 경고한다(cf. 눅 13:1-5).

그 사람은 예수의 경고를 받아들이지 않고 오히려 유대교 당국자들에게 예수를 고발했다: **"그 사람이 유대인들에게 가서 자기를 고친 이는 예수라 하니라. 그러므로 안식일에 이러한 일을 행하신다 하여 유대인들이 예수를 핍박하게 된지라"**(5:15-16). 그는 고질병의 치유를 받았음에도 불구하고 예수를 거부하는 입장에 섰다. 그는 그 유대인들에게 가서 안식일에 자기를 고친 사람이 예수라는 사실을 고발했다. **이것은 예수의 권능으로 치유를 받는 사람들이 다 믿음에 이르는 것이 아님을 가리킨다**. 그러므로 그 유대인들은 예수를 안식일법 위반 사범으로 지목했고 또 그래서 예수를 핍박하기 시작했다(ἐδίωκον, 5:16). 그들은 예수를 율법 위반자로 정죄하기에 이르렀다. 유대교 사회에서 안식일 법의 위반은 마땅히 죽임을 당해야 하는 중대한 범죄로 인식되었다(출 31:14; 35:2). 그들은 이제 예수의 범법 사실을 자세히 조사하여 범법자로 기소하고 재판하며 처형에 이르는 과정을 시작한다. **이제부터 예수 이야기는 예수의 범법 사실을 조사하기 위한 유대교 지도자들의 청문회와 그 속에서 이루어지는 예수의 변론의 형식으로 진행한다.**

예수는 그들의 박해에 직면하여 그가 유대교의 안식일 법을 위반한 이유에 대하여 변론한다: **"내 아버지께서 이제까지 일하시니 나도 일한다"**(5:17). 예수의 대답에는 유대교 지도자들이 받아들일 수 없는 두 가지 내용이 포함된다. **첫째, 예수의 주장은 하나님이 안식일에도 일하시기 때문에, 자기도 그 날에 일한다는 것이다.** 유대교 지도자들은 안식일을 무조건 아무 일도 하지 말아야 하는 날로 만들었다. 그러나 예수는 하나님은 안식일에도 일하시는 분임을 내세운다.

예수의 이러한 사상은 공관복음서 전승인 손 마른 자 치유 사건(막 3:1-6)에서 언급된 예수의 말씀에서 명백하게 제시된다. 예수는 자기를 고소하려는 유대교 지도자들을 향하여 말한다: "안식일에 선을 행하는 것과 악을 행하는 것, 생명을 구하는 것과 죽이는 것, 어느 것이 옳으냐?"(막 3:4). 예수는 안식일에도 하나님의 영광을 위하여 필요하다면 선을 행할 수 있으며 생명을 구하는 일을 할 수 있음을 선언한다. "내 아버지께서 '일하신다'"(ἐργάζεται)라는 말은 하나님의 창조 활동의 계속성을 나타내는 것으로서 창세기 2:2-3에 대한 새로운 해석이다. 예수는 하나님의 독생자로서 하나님이 행하시는 것을 그대로 행하시기 때문에(5:19), 그는 하나님을 따라 안식일에도 하나님의 창조 활동에 계속 참여하고 있다.

둘째, 예수는 하나님을 가리켜 "내 아버지"(ὁ πατήρ μου)라는 개인적이고 직접적이며 특별한 관계의 칭호를 사용한다. 예수는 앞으로 이 칭호를 사용하여 자기 자신과 하나님의 특별한 관계를 설명하게 된다. 예수와 하나님의 하나됨은 그들이 하는 일의 하나됨으로부터 존재의 하나됨으로 발전한다. 공관복음서 전승들에서도 예수와 하나님 사이의 관계가 아들과 아버지의 관계를 통해 표현되기도 한다(마 11:25-27; 눅 10:21-22). 그러나 요한복음에서는 이 관계가 예수와 하나님의 하나됨을 제시하기 위하여 집중적으로 사용된다. 예수의 이러한 주장은 유대교 지도자들로부터 심각한 반발을 사기에 충분했다. 공관복음서 전승에서도 예수가 죄사함을 선언했을 때, 유대교 지도자들은 예수를 신성모독의 죄인으로 판단한 것이 전달된다(막 2:7).

따라서 예수의 말씀 속에서 이러한 점들을 발견한 유대교 지도자들은 예수를 그대로 두어서는 안될 인물로 판단하게 되었다: **"유대인들이 이를 인하여 더욱 예수를 죽이고자 하니 이는 안식일만 범할 뿐 아니라 하나님을 자기의 친 아버지라 하여 자기를 하나님과 동등으로 삼으심이러라"**(5:18). "안식일을 범한다"는 말에서 '범한다'(ἔλυεν)는 단어는 예수가 성전 파멸과 관계된 비유적 표현에서 "성전을 헐라"고 말할 때 '헐라'(λύσατε)는 단어와 동일하다. 유대교 지도자들은 예수를 유대교의 안식일 체계를 파괴하는 자로 인정한 것이다. **여기서 예수와 유대교 지도자들 사이의 갈등은 단순히 의견 대립의 수준이 아니라, 신성모독의 신학적 대립과 전통적 종교 체계의 위협이라는 정치적 대립의 국면을 보여준다**. 그들 사이의 이러한 대립은 그들이 예수를 죽이려고 하는 심각한 수준으로 발전한다. 요한복음에서 그들은 계속하여 예수를 죽이려는 의도를 나타낸다. 그들의 의도는 결과적으로 예수를 체포하여 사형 언도를 내리고 십자가 처형에 넘겨주는 것으로 표현된다.

3. 강화 1: 생명과 심판의 권세자 예수(5:19-30)

요한복음 5장의 나머지 부분은 예수가 38년 된 병자 치유 사건으로 촉발된 유대교 지도자들의 심각한 적대감과 반발에 대응하여 자기의 존재와 사역에 관하여 변론하는 내용으로 구성된다. (1) 먼저 예수는 자기의 일이 아버지 자신의 일이며 아들은 아버지로부터 위임을 받은 생명과 심판의 권세자임을 제시한다(5:19-30). (2) 다음에 예수는 하나님이 성경을 통하여 또 아들이 하는 일들을 통하여 아들을 증거하고 계심을 변론한다(5:31-47).

첫째 강화에서 예수는 자기의 일이 아버지와 아들의 직접적이고 친밀한 연합의 관계 속에서 이루어지는 하나님 자신의 활동임을 강조한다. 생명을 주시고 또 심판하는 하나님의 종말론적 활동이 아들을 통하여 이루어지고 있다는 것이다. 이 부분에서는 예수를 가리키는 기독론적 칭호들 중에서 "그 아들"(ὁ υἱός)이 집중적으로 사용되며 "하나님의 아들"과 "사람의 아들"도 함께 사용된다.

이 부분의 구조를 교차대구적 구조로 다음과 같이 설명할 수 있다.

A. 5:19 아들 스스로 할 수 없다
  B. 5:20 기이히 여기게 하시리라
    C. 5:21-23 생명과 심판의 권세
      D. 5:24-25 사망에서 생명으로 옮김
    C' 5:26-27 생명과 심판의 권세
  B. 5:28-29 기이히 여기지 말라
A' 5:30 아들 스스로 할 수 없다

이 단락은 요한복음에서 예수의 첫 번째 공개적 강화를 이룬다. 지금까지 예수는 오직 개인들에게 혹은 제자들에게 개인적 차원에서 말했다. 그러나 이제는 어느 명절에 예루살렘에서 공개적으로 "그들을 향하여"(αὐτοῖς, 5:19) 선포한다. 이 강화의 양식은 법정 심문에 대한 변론의 양식이다. 예수는 "자기 스스로 하나님과 동등됨을 취하고 있다"라는 고소에 대응하여 자신의 입장을 변론한다. 38년 된 병자의 치유는 예수를 범죄자로 인정하게 만들었고 증인들의 청문회를 거쳐 그를 고소하기에 이른다. 여기서 시작되는 법정 심문은 예수에 대한 사형 판결까지 진행한다(19:16).

이 법정 강화에는 두 가지 성격이 있다: (1) 그 유대인들의 입장(세상 법정)에서 예수는 범법자요 신성모독자로서 법정에 선 것이다; (2) 그러나 예수의 입장(하늘 법정)에서 그 유대인들은 하나님의 영광보다 사람들의 영광을 더 추구하는 사람들로 심문을 받는다(5:41-44). 이와 같은 이야기의 세계는 박해자들로부터 고소를 당하고 있는 요한공동체의 입장과 변론을 반영한다.

예수는 그 고소자들을 향하여 "진실로 진실로" 형식으로 자신을 변호한다: **"내가 진실로 진실로 너희에게 이르노니 아들이 아버지의 하시는 일을 보지 않고는 아무것도 스스로 할 수 없나니 아버지께서 행하시는 그것을 아들도 그와 같이 행하느니라"**(5:19). 이 말씀의 핵심적 의미는 예수는 하나님의 창조의 권능으로 활동하시는 하나님의 대리자라는 것이다. "할 수 있다"(δύναται), "행하시는 그것"(ποιοῦντα), 그리고 '행한다'(ποιεῖ)라는 용어들이 헬라주의 유대교에서 하나님의 창조 활동과 관련하여 사용된 것들이다. 이 말씀에는 로고스 찬미가의 결론에서 예수는 유일하게 하나님을 보고 그를 나타내시는 "독생하신 하나님"이라는 신학이 반영된다(1:18). **아들은 아버지의 일을 대행하기 위하여 보냄을 받은 존재로서 아들이 하는 일은 곧 아버지 자신이 행하는 일의 나타남이다**. 피조 세계의 배후에 계신 보이지 않는 하나님이 세상에 오신 그의 아들을 통하여 활동하신다는 것이다. 따라서 예수는 자기 자신의 권위로 활동하는 것이 아니라, 아버지의 참된 대리자로서 아버지가 행하는 그것들을 아들 자신도 행한다(7:18; 8:28; 14:10).

예수의 변론은 아들을 향한 아버지의 사랑으로 이어진다: **"아버지께서 아들을 사랑하사 자기의 행하시는 것을 다 아들에게 보이시고 또 그보다 더 큰 일을 보이사 너희로 기이히 여기게 하시리라"**(5:20). 요한복음에서 '사랑한다'는 동사로 φιλεῖν와 ἀγαπᾶν가 교대로 사용되는데, 후자는 완전하고 충분한 사랑을 가리키는 반면 전자는 후자보다 더 감성적 측면을 가리킨다. 예수는 처음으로 하나님과의 관계에서 애정을 품은 감정의 관계를 나타낸다(φιλεῖ). 아들을 향한 아버지의 사랑은 완전하고 충분한 것이지만(ἀγαπᾷ, 3:35; 10:17), 또한 그 사랑은 애정과 감성을 포함한 것이기도 하다. 이러한 사랑과 애정의 친밀한 관계 속에서 아버지는 자기의 행하는 것을 다 아들에게 보여주신다. “이것들보다 더 큰 일들”에서 ‘이것들’이 무엇을 가리키는 것인지 모호하다.

예수는 38년 된 병자를 일으켜 걷게 한 일을 다음 절에서 언급될 죽은 자를 일으키는 그의 권능과 비교한 것인가? 예수는 안식일 법의 위반을 넘어 율법 체계 전체의 거부를 암시한 것인가? 아무튼 예수는 청중이나 독자에게 아직 제공되지 않은 것으로서 지금까지 행한 일들과 전달한 말씀들을 능가하는 일들과 말씀들이 있을 것을 예고한 것이다. “기이히 여기다”(θαυμάζητε)는 말은 예수의 행위나 말씀을 이해하지 못하는 상태에서 놀라는 것을 표현한다(3:7; 4:27). **독생자를 믿지 않는 사람들에게는 예수를 통해 이루어지는 일들이 단지 기이하게 여겨질 뿐이다**.

예수의 강화는 아들이 가진 생명과 심판의 권세로 이어진다: **“아버지께서 죽은 자들을 일으켜 살리심 같이 아들도 자기의 원하는 자들을 살리느니라”**(5:21). 죽은 자를 일으키는 것은 하나님 자신의 권한이다(왕하 5:7). 죽은 자들을 ‘일으키다’(ἐγείρει τοὺς νεκροὺς)라는 동사와 ‘살리다’(ζῳοποιεῖ)라는 동사는 신약성서에서 예수 그리스도를 통하여 수여되는 하나님의 새로운 생명 곧 종말론적 생명을 가리키는 점에서 동의어적으로 사용되었다. 아버지의 활동을 말할 때는 두 용어가 함께 사용되어 하나님의 생명을 주시는 과정을 나타낸다: 먼저 죽은 자를 **일으키고**, 그 후에 그를 **살려준다**(그에게 생명을 준다). 사도 바울은 이 동사들을 주로 종말론적 의미로 사용한 반면(롬 8:11; 고전 15:45), 요한은 아버지의 종말론적 활동이 아들을 통하여 현재적으로 이루어지는 것을 강조한다. 아버지의 종말론적 구원 활동이 이제는 아들에게 계승되어 아들도 자기의 사람들에게 생명을 제공한다(3:35). 생명을 주시는 아들의 일은 마지막 날에만 있는 것이 아니라, 지금 여기서부터 이루어지고 있다는 것이다.

뿐만 아니라 아들에게는 아버지의 심판의 권세도 위임되었다: **"아버지께서 아무도 심판하지 아니하시고 심판을 다 아들에게 맡기셨으니"**(5:22). 하나님의 종말론적 심판도 유대교 묵시 사상의 핵심 요소이다. 저자는 아버지께서 그의 심판의 권세도 아들에게 위임한 것을 강조한다(3:36). 요한복음에서 하나님의 심판 역시 현재적이며 동시에 미래적이다. 생명을 주는 일과 심판하는 일의 권세와 행함에 있어서 아버지와 아들의 동일함이 부각된다.

이렇게 아버지가 아들에게 생명과 심판의 권세를 위임한 목적이 언급된다: **"이는 모든 사람으로 아버지를 공경하는 것 같이 아들을 공경하게 하려 하심이라 아들을 공경치 아니하는 자는 그를 보내신 아버지를 공경치 아니하느니라"**(5:23). 여기서 '공경하다'(τιμῶν)는 단어가 네 번이나 사용된다. 이 단어는 구약에서 하나님의 왕으로서의 위엄을 나타내는 의미로 사용되었다. 이것은 권위와 활동에 있어서 아버지와 아들은 온전하게 일치하기 때문에, 예수에 대한 공경함이 없이 하나님을 공경할 수 없다는 것을 나타낸다.

예수의 변론은 구원에 관한 중심적 선언을 통하여 중심부에 이른다: **"내가 진실로 진실로 너희에게 이르노니 내 말을 듣고 또 나 보내신 이를 믿는 자는 영생을 얻었고 심판에 이르지 아니하나니 사망에서 생명으로 옮겼느니라"**(5:24). 이 구절은 요한공동체가 갖고 있던 구원에 관한 요약적 진술이다(cf. 요일 3:14). 여기서 영생과 심판 그리고 생명과 죽음이 대조된다. 이 구절의 핵심은 생명과 심판의 현재성에 있다. "영생을 얻었고"는 현재 영생을 소유하고 있다(ἔχει, 현재)는 말이며 또 "심판에 이르지 아니한다"라는 말도 현재를 가리킨다(ἔρχεται, 현재). "사망에서 생명으로 '옮겼다'"라는 동사도 완료 시제(μεταβέβηκεν)로서 생명으로 옮겨져 있는 현재 상태를 나타낸다. 여기서 신자는 예수의 말씀을 듣고 그를 보낸 분을 믿는 사람으로 제시된다. 또 아버지와 아들의 하나됨이 부각된다. 헬라어 관사가 듣는 자 앞에 하나만 사용된 것(ὁ ἀκούων καὶ πιστεύων)은

한 사람에 관한 이중적 묘사를 나타낸다.

믿음은 들음에서 나오는 것이기 때문에(cf. 롬 10:17), 저자는 예수의 말씀을 듣고 믿으며 순종하는 것을 강조한다(2:22; 4:50; 5:24; 7:40; 8:43, 51, 55; 14:23f.; 15:20; 17:6). 예수의 말씀을 믿음으로 듣는 것은 영생을 소유하는 것이다. 왜냐하면 그의 말씀들(ῥήματα)은 영생의 말씀이며(6:68) 또 그 말씀들이 곧 영이요 생명이기 때문이다(6:63). 또 예수의 말씀 자체가 마지막 날에 그것을 거부한 사람을 심판할 것으로 제시된다(12:48). 예수의 말씀은 생명을 주기도 하고 심판하기도 하며 깨끗하게 하기도 한다(15:3). 따라서 예수의 말씀을 믿는 것은 그를 보내신 하나님을 공경하는 것이다.

예수는 다시 진실로 말씀을 통하여 아들을 통한 하나님의 생명 활동의 현재성을 강조한다: **"진실로 진실로 너희에게 이르노니 죽은 자들이 하나님의 아들의 음성을 들을 때가 오나니 곧 이때라 듣는 자는 살아나리라"**(5:25). 예수는 전통적 종말론적 메시지를 현재적 의미로 재해석한다. 죽은 자들이 종말론적으로 듣게 될 하나님의 음성이 이제는 하나님의 아들의 음성으로 바뀌었다. 아버지께서 생명과 심판의 권세를 다 아들에게 위임했기 때문이다. "때가 오나니 곧 이때라"는 말은 예수가 사마리아 여자에게 한 말과 동일한 표현으로서 그 아들 안에서 참된 예배의 현재적 실현을 가리키는 말이었다(4:23). '살아나리라'(ζήσουσιν)는 단어는 미래 시제이지만, "이때"와 관련하여 종말론적 미래가 현재적 실제로 나타남을 가리킨다.

예수의 음성(말씀)을 듣는 사람에게는 종말론적 미래의 생명이 현재의 실재로 실현된다. 예수의 사역의 목적은 그를 믿는 사람들로 하여금 이 종말론적 생명을 얻고 그 생명을 지금 여기서부터 풍성히 누리게 하려는 것이다(10:11). 현재적 의미에서 죽은 자들은 하나님과의 관계가 단절되어 영적으로 죽어 있는 사람들을 가리킨다. 죽음은 독생자를 통해 주어지는 하나님의 생명을 받지 못한 인간의 삶의 모든 요소들을 포함한다. 예수는 사람들로 하여금 이러한 죽음의 요소들을 벗어나 거듭남의 세계 곧 영생으로 초대한다.

예수는 종말론적 생명의 현재적 실현을 반복하여 제시한 후에 다시 아들이 가진 생명과 심판의 권세를 말한다: **"아버지께서 자기 속에 생명이 있음 같이 아들에게도 생명을 주어 그 속에 있게 하셨고 또 인자됨을 인하여 심판하는 권세를 주셨느니라"**(5:26-27). 예수는 여기서 이 강화의 중심 주제 곧 아버지의 활동과 아들의 활동 사이의 완전한 일치를 반복한다(5:21-23). 예수는 아버지 속에 있는 생명과 아들 속에 있는 생명의 일치를 강조한다. 이것은 아들을 통해 이루어지는 생명의 활동이 바로 아버지 자신의 생명의 활동임을 부각시킨다. 이것은 또 아버지와 아들의 하나됨의 가장 중심적 국면이다. 아버지는 자기의 생명을 아들에게 주실 뿐 아니라, 그 아들의 인자됨을 인하여 심판하는 권세도 주셨다. "인자됨을 인하여"라는 말은 기본적으로 묵시문학의 인자 사상을 기초한다.

다니엘 7:13-14에서 "인자 같은 이"는 옛적부터 항상 계신 자에게 인도되어 모든 백성과 나라와 방언하는 자를 다스리는 권세를 받는 존재로 나타난다. 그러나 사복음서들에서 인자는 한 사람의 인간이 되어 고난의 삶을 살았고 십자가의 수난을 통과하여 하나님의 영광에 올리우신 예수 그리스도의 존재 전체를 가리킨다. **따라서 "인자됨을 인하여"라는 구절의 핵심적 의미는 화육과 수난과 부활을 통하여 하나님의 영광에 복귀하신 하나님의 독생자를 가리킨다**. 그 독생자에게 하나님은 심판하는 권세를 주셨다. 하나님의 독생자는 한 사람의 인간이 되어 모든 인간이 경험하는 연약함과 고난의 삶 속에서 자기 목숨을 바쳐 하나님의 뜻을 온전히 성취한 존재이기 때문에, 하나님이 그를 높이셨고 심판의 권세를 주셨다(cf. 빌 2:9-11).

예수는 하나님의 아들을 통해 이루어지는 하나님의 종말론적 활동을 의심하고 거부하는 사람들을 향하여 하나님의 활동을 선언한다: **"이를 기이히 여기지 말라. 무덤 속에 있는 자가 다 그의 음성을 들을 때가 오나니,**

선한 일을 행한 자는 생명의 부활로 악한 일을 행한 자는 심판의 부활로 나오리라"(5:28-29). 여기서 다시 "기이히 여기다"라는 동사가 예수의 활동의 성격을 알지 못하고 예수의 권세에 대하여 의심하거나 회의를 품는 사람들에 대하여 반증의 기회로 사용된다. '이것을'(τοῦτο)의 의미가 두 가지로 해석될 수 있다. (1) 앞에서 방금 언급된 것을 가리킨다: "내가 방금 말한 것(인자가 하나님의 생명과 심판의 권세를 소유하고 있는 것) **이것을** 기이히 여기지 말라." (2) 뒤이어 언급된 것을 가리킨다: "무덤 속에 있는 자가 다 그의 음성을 들을 때가 오는 **이것을** 기이히 여기지 말라." 어떤 의미로 사용되든지, 이 구절은 하나님의 아들이 가진 생명과 심판의 권세를 미래까지 연장시킨다. 요한복음 5:25에서는 하나님의 아들의 현재적 활동("곧 이때라")의 측면이 부각된 반면, 5:28은 무덤 속에 있는 자들이 그의 음성을 듣는 미래적 국면이 부각된다. **이렇게 해서 요한은 예수를 통한 하나님의 종말론적 구원활동의 때의 현재성과 미래성을 연결한다**.

생명과 심판을 위한 부활 사상은 묵시문학에 기초한다(단 12:2; 에녹1서 51:4; 에즈라4서 7:32 등). 바울과 요한은 동일하게 일(work) 혹은 행한 것(deed)에 기초한 심판 사상을 전달한다(롬 2:6-9; 고후 5:10). 이것은 은혜에 기초한 구원 사상에 모순되는 것처럼 보인다. 그러나 요한복음에서 사람들이 영생을 얻기 위하여 해야 할 주요한 일 혹은 행위는 하나님의 아들을 믿는 것이다(3:18; 6:29). 또 선한 일과 악한 일의 구별은 요한복음 3:17-21에서 이미 하나님의 독생자의 이름을 믿는 것과 관련되었다. 바렛(Barrett, 263)은 믿는 자들은 이미 생명을 얻었고 심판에 이르지 않는다고 언급되었기 때문에(5:24), 여기서 심판은 믿지 않은 사람들에 대한 심판을 가리키는 것이며 또 마지막 날에 있는 그들에 대한 심판의 기준은 현재 진행되는 심판의 기준과 동일하다고 말한다.

요한복음 5:28-29은 생명과 심판의 현재성을 강조하는 저자의 신학적 경향과 조금 다른 면을 포함하기 때문에, 그 구절들은 저자의 그러한 혁신적 종말론의 오해를 막고 공동체의 분열을 방지하기 위하여 요한복음의 최종 편집 단계에서 삽입된 것으로 보는 학자들이 있다. 그러나 그 구절들은 이 복음서에 특징적인 진술들로서 보다 초기의 강화 내용을 반복적으로 제시하기 위하여 삽입되었다고 보는 학자들도 있다. 예를 들어, 5:30에서 5:19의 내용이 반복하여 제시된다.

예수는 이 단락의 변론에서 처음으로 제시된 진술로 돌아가서 그의 활동은 스스로 하는 것이 아무 것도 없음을 강조한다: **"내가 아무 것도 스스로 할 수 없노라 듣는대로 심판하노니 나는 나의 원대로 하려하지 않고 나를 보내신 이의 원대로 하려는고로 내 심판은 의로우니라"**(5:30). 두 구절에서 **아무 것도** 그가 스스로 할 수 없다는 것이 강조된다. 앞 절에서 예수를 통한 하나님의 창조적 권능이 이 구절에서 하나님의 심판의 권세와 병렬로 연결된다. **예수의 사역의 전체적인 의미와 활력은 그것이 자기 자신의 일이 아니라 하나님의 일이라는 사실에 있다**. 아버지는 심판을 다 아들에게 맡기셨지만, 아들은 아버지의 말씀을 따라 그 권세를 행사한다. 예수는 다니엘서의 주제를 따라 자기의 심판을 "의로운 것"으로 규정한다. 그 의의 기준은 자기의 뜻대로 하지 않고 하나님의 뜻대로 심판하는 것이다. 예수의 사명은 그의 완전한 순종에서 완전하게 성취된다. 예수의 활동 안에서 아버지와 아들은 완전한 하나를 이룬다.

4. 강화 2: 예수를 증언하는 증인들(5:31-47)

앞 단락의 강화에서 예수는 그에 대한 두 가지 고소(안식일법 위반과 신성모독)에 대하여 변론했다. 첫째 고소에 대한 반론은 아버지께서 안식일에도 일하시니 나도 일한다는 말씀과 동일한 내용으로 전개되었다. 둘째 고소와 관련하여 예수는 그의 반론을 입증해주는 여러 증인들을 내세우기 시작한다. 그 증인들 중에는 침례 요한, 예수가 행하는 일들, 아버지 자신, 모세의 증거를 포함하여 성경이 제시된다. 이 단락의 중심 단어인 '증언'(ἡ μαρτυρία)이 11회 나온다. 그 유대인들의 고소에 대하여 예수는 역으로 그들이 하나님의 음성을 듣지 않으며 악한 일을 꾸민다고 책망한다. 이 단락의 구조는 다음과 같이 교차대구적으로 구분할 수 있다.

A. 5:31-32 예수를 위한 다른 증인들
  B. 5:33-35 사람에게서 증거를 구하지 않음
    C. 5:36-40 예수의 증인들: 일들, 아버지, 성경
  B' 5:41-44 사람에게서 영광을 구하지 않음
A' 5:45-47 예수에 대한 모세의 증거

이 단락의 변론은 예수의 증거가 참이 아니라는 주장에 대한 반론으로 시작한다: **"내가 만일 나를 위하여 증거하면 내 증거는 참되지 아니하되 나를 위하여 증거하시는 이가 따로 있으니 나를 위하여 증거하시는 그 증거가 참인 줄 아노라"**(5:31f.). 예수의 강화는 심판 때의 심판의 언어(5:28-30)에서 예수에 대한 판단의 쟁점으로 이동한다. 예수의 심판이 의롭다는 주장은 요한복음 8:13 이하에서 구체적으로 진술된다. 예수는 한 사람의 증거만 가지고 정죄를 결정하지 말라는 원칙(신 19:15)을 활용한다. 예수를 위하여 증언하시는 분은 일차적으로 침례 요한이 아니라 하나님이시다; 증인으로서의 하나님 사상은 유대교 전승에 기초한다. 한 편에서 사람들은 예수를 판단하고 정죄하는데, 그것은 예수의 증거를 거부하기 때문이다. 그러나 다른 한편에서 예수의 말씀이 불신의 세계를 시험하고 정죄한다. 예수를 위하여 증언하는 분은 하나님 자신으로서 그 분의 증거가 참되기 때문이다. 예수는 하나님의 음성을 들으며 하나님의 마음을 알기 때문에 그의 증거가 참인 줄 안다. 저자는 예수에 대한 침례 요한의 증언을 먼저 다루고(5:33-36), 다음에 그에 대한 하나님의 증언으로 돌아온다(5:37f.).

예수는 그에 대한 두 번째 증인인 침례 요한에 관하여 말한다: **"너희가 요한에게 사람을 보내매 요한이 진리에 대하여 증거하였느니라"**(5:33). 그 유대인들이 침례 요한에게 사람들을 보내어 그의 증언을 들은 사건은 이미 요한복음 초반에 언급되었다(1:19-28). 침례 요한이 증언한 진리는 이

문맥에서 예수에 관한 그의 증언 곧 예수가 하나님의 아들, 하나님의 어린 양, 그리고 성령으로 침례를 주시는 분 등으로 제시한 것이다. 침례 요한의 증언이 참되며 그는 하나님의 보냄을 받은 일꾼임에도 불구하고, 예수는 그의 증언을 하나님 자신의 증언과 비교하여 사람의 증언에 불과한 것으로 평가한다.

예수는 근본적으로 하나님의 증언을 갖고 있으며 그가 제시하는 그 증언이 바로 구원의 길이 됨을 제시한다: **"그러나 나는 사람에게서 증거를 취하지 아니하노라. 다만 이 말을 하는 것은 너희로 구원을 얻게 하려 함이니라"**(5:34). 예수는 인간의 증언과 다른 증언 곧 하나님 자신의 증언을 소유하고 있다. '취하다' 혹은 '받다'(λαμβάνω)라는 단어의 사용은 위로부터 오시는 이가 증언하지만 그의 증언을 받는 이가 없다는 말씀(3:32)과 관계된다. 받아들이는 것의 적합한 방향은 위로부터 아래로, 하늘로부터 땅으로, 그리고 하나님의 음성으로부터 사람의 귀와 마음으로 향한다. 그 유대인들은 침례 요한에게서는 땅의 증언을 들으려했지만, 그러나 예수로부터는 하늘의 증언을 듣기를 거부했다. 예수로부터는 일차적으로 땅의 증언이 아니라 하늘의 증언을 듣게 되기 때문에, 만일 그들이 예수의 증언을 받아들인다면 그들은 바른 방향에 있는 것이다. 여기서 예수가 침례 요한의 증언을 무시하려는 것이 아니다. 다만 그는 구원을 위한 증언의 바른 순서를 제시함으로써 그들로 하여금 구원을 얻게 하려는 것이다.

예수는 요한의 증거의 성격을 다른 말로 표현한다: **"요한은 켜서 비취는 등불이라 너희가 일시 그 빛에 즐거이 있기를 원하였거니와"**(5:35). "켜서 비취는 등불"은 시편 132:17의 말씀을 상기시킨다: "내가 거기서 다윗에게 뿔이 나게 할 것이라 내가 내 기름 부은 자를 위하여 등을 예비하였도다." '비취는'(φαίνων)이라는 말은 '비취다' 혹은 '나타내다'는 동사(φανερῶν)와 같은 어근을 가진 단어로서 참된 빛에 관하여 증언하는 침례 요한의 임무를 반영한다(1:31). 그러나 침례 요한은 어둠 속에서 일시적으로 비취는 하나님의 일꾼이었다. "즐거이 있다"(ἀγαλλιαθῆναι)라는 단어는 신약에서 드물게 사용되는데, 하나님의 결정적 방문에 관한 종말론적 기쁨을 표현하기 위하여 제사적 의미로 사용되었다(예, 눅 1:44, 58).

이것은 유대인 대중이 침례 요한을 향하여 한 때 가졌던 기대를 반영하거나(막 1:5; 마 3:7; 눅 3:15) 혹은 유대교 지도자들도 한 때 그에 대하여 열광적으로 생각했을 가능성을 보여준다. 만일 후자가 사실이라면, 언제 그런 열광의 기간이 있었겠는가? 그 때는 아마 그들이 제사장들과 레위인들을 요한에게 보내어 조사하기 전이었을 것이다. 침례 요한과 유대교 지도층 사이의 관계는 복음서들에서 분명하게 언급되지 않는다. 그에 대한 유대교 지도층의 자세는 후에 부정적으로 변했다. 등불은 메시야에 대한 침례 요한의 증언의 성격을 나타낸다. 그의 증언은 적절하지만 충분하지는 않다. 예수는 침례 요한의 중요성을 인정하면서도 그 자신과 침례 요한 사이의 거리를 인정한다.

예수는 그러한 요한의 증거보다 더 위대한 증거를 제시한다: **"내게는 요한의 증거보다 더 큰 증거가 있으니 아버지께서 내게 주사 이루게 하시는 역사 곧 나의 하는 그 역사가 아버지께서 나를 보내신 것을 나를 위하여 증거하는 것이요"**(5:36). 예수는 침례 요한의 증언보다 더 큰 증거로서 그 자신이 행하는 "일들"을 제시한다. 그 일들 중에는 예루살렘에서 행한 성전 정화 사건과 38년 된 병자의 치료와 함께 예수의 말씀들과 다른 표적들도 포함된다. 또 그 일들 중에는 예수가 앞으로 행할 일들도 포함된다. 어느 것을 말하든지, 예수는 그 유대인들이 단순히 요한의 증언만 가지고 판단하지 말고 예수가 말하고 행하는 것들을 보고 판단하기를 소원한다. 예수가 행하는 일들이 바로 아버지가 아들을 보내신 것을 아들을 위하여 증언하는 것이다. **예수의 일들은 아버지가 아들에게 준 선물이며 아들이 완수해야 할 사명이다. 따라서 그 일들은 예수가 하나님께로부터 보냄을 받은 그 아들인 것을 증언한다**. 공관복음서 전승들에서도 예수의 일들은 그가 "오실 그 분"(메시아)임을 증언하는 것으로 언급된다(마 11:5).

예수의 일들과 함께 예수를 증언하는 분이 또 계신다: **"또한 나를 보내**

신 아버지께서 친히 나를 위하여 증거하셨느니라. 너희는 아무 때에도 그 음성을 듣지 못하였고 그 형용을 보지 못하였으며 그 말씀이 너희 속에 거하지 아니하니 이는 그의 보내신 자를 믿지 아니함이니라"(5:37-38). 예수에 대한 아버지의 직접적인 증거가 무엇을 말하는지 분명하지 않다. 성경을 통한 증거는 다음 절에서 언급될 것이다(5:39). 요한복음서 저자는 예수의 침례 시 있었던 하늘의 음성을 생략했다(cf. 막 1:11). 바렛(Barrett, 266f.)은 요한일서 5:9-10에 기초하여 아버지의 증거는 그 아들을 믿는 사람들에게 직접적으로 주어진다고 생각한다. 예수를 믿지 않는 사람들은 하나님의 음성을 듣지 못하며(12:29) 또 그들은 하나님을 보지도 못했다(1:18). **그러나 예수를 하나님의 아들로 믿는 사람들은 그의 아버지를 보았으며 그래서 믿는 자들은 예수 안에서 하나님의 말씀과 대면한다**(14:9).

그래서 예수는 그 유대인들이 그를 통한 하나님의 증거를 받아들이지 않기 때문에, 그들이 하나님의 음성을 듣지 못하며 그 형용을 보지 못하고 그의 말씀이 그들 속에 거하지 않는다고 말한다. 하나님의 말씀에 대한 거부는 불신의 원인이기도 하고 표시이기도 하다. "그의 말씀이 너희 속에 거하지 않는다"는 그들에 대한 예수의 비판은 모세의 신명기 강화에 기초한다: "오직 그 말씀이 네게 심히 가까와서 네 입에 있으며 네 마음에 있은즉 네가 이를 행할 수 있느니라"(신 30:14). 모세를 통해 주신 말씀이든지 혹은 예수를 통해 화육하신 말씀이든지 그들이 하나님의 보냄을 받은 분을 믿지 않기 때문에 하나님의 말씀을 소유하지 못하고 있다.

예수는 성경에 대한 그들의 희망과 열심을 해학적으로 지적한다: **"너희가 성경에서 영생을 얻는 줄 생각하고 성경을 상고하거니와 이 성경이 곧 내게 대하여 증거하는 것이로다"**(5:39). '상고하다'(ἐραυνᾶτε)는 단어는 성경 연구를 가리키는 랍비적 용어이다. 예수는 그들이 영생을 얻기를 기대하며 성경을 연구하고 있다고 평가한다. 그러나 그들이 진정으로 성경에서 영생을 얻기를 소원한다면, 그 성경이 예수 그리스도에 대하여 증언하는 것을 발견해야 한다. **여기서 성경 전체의 핵심적 주제가 '영생'으로 이해**

되는데, 그 영생은 아버지가 아들을 통하여 주시는 생명의 선물이다.

예수는 그들의 그러한 소원에도 불구하고 영생을 얻지 못하는 이유를 말한다: **"그러나 너희가 영생을 얻기 위하여 내게 오기를 원하지 아니 하는도다"**(5:40). 그들은 일시적이고 이차적인 등불에는 나아오면서도, 정작 참된 빛이 되신 예수에게 나오기를 거부한다. 그들은 성경 연구를 좋아하지만, 그 성경이 말하는 예수에게 나오기를 원하지 않는다. "예수에게 나아오는 것"은 예수를 영접하고 믿는 것을 나타내는 표현으로서 요한복음서의 저자가 즐겨 사용한 어구이다(1:47; 3:2; 4:30, 40, 47). 성경의 중심인 예수에게 나아오는 것의 결과는 영생이다.

예수는 그 유대인들의 이러한 부정적 결과가 그들의 잘못된 삶의 목적에 따른 것임을 지적한다: **"나는 사람에게 영광을 취하지 아니하노라. 다만 하나님을 사랑하는 것이 너희 속에 없음을 알았노라"**(5:41-42). 사람에게서 오는 영광은 헬라의 철학자들과 교사들 사이에서 널리 사용되었다. 이것은 법정 상황에서 나온 것인데, 진실을 말하는 것과 대조되는 것으로서 사람들에게서 인정받는 것을 말한다. 수사가들은 법정에서 실제로는 거짓된 것을 진실한 것으로 받아들이도록 설득하곤 했다. 이런 배경에서 사람의 영광이란 사람들에게서 나온 증언을 신뢰하고 사람들의 인정을 추구하는 것을 가리킨다. **그 유대인들은 예수 안에서 제시된 하나님의 증언을 영접하고 하나님의 인정을 받으려 하기보다 사람들의 증거를 영접하며 사람들의 인정을 추구한 것이었다.**

예수는 그것이 하나님을 향한 사랑이 없는 표시라고 말한다. "하나님의 사랑"이라는 구절에서 '하나님의'라는 속격은 목적 속격(너희는 하나님을 사랑하지 않는다) 혹은 주격 속격(너희는 하나님이 사랑하시는 사람들이 아니다)일 수 있다. 전자는 유대인들의 불신의 표시이며 후자는 그 불신의 근거를 나타낸다. 전자가 더 적절한 해석이다. 그들은 빛보다 어두움을 더 사랑하는 사람들이기 때문이다(3:19). 그들이 하나님이 보내신 자를 거절함으로써 하나님에 대한 사랑이 그들 속에 없다는 것을 말씀한 것이다.

예수는 그들의 근본적인 삶의 목적이 하나님의 영광을 구하는데 있지 않음을 지적한다: **"나는 내 아버지의 이름으로 왔으매 너희가 영접지 아니하나 만일 다른 사람이 자기 이름으로 오면 영접하리라"**(5:43). 자기 이름으로 오는 다른 사람이 어떤 구체적인 인물인지는 알기 어렵다. 메시아를 자처한 '바코크바'를 비롯하여 역사상의 구체적인 인물들이 거론되기도 했지만, 정확한 것은 알 수 없다. 저자의 의도는 역사상의 인물을 밝히려는 것이 아니라, "내 아버지의 이름으로"와 "자기 자신의 이름으로"를 대조시키는 것이다. 자기 자신의 위엄과 권위를 의지하고 사람들로부터 오는 영광을 구하는 사람들은 불신의 사람들과 동일한 세계에 속한 것이며(5:44) 또 세상 사람들은 그런 사람들에게서 더 큰 매력을 느낀다.

사람들의 영광을 취하려는 그들의 삶의 목적이 하나님의 독생자에 대한 불신과 연결된다: **"너희가 서로 영광을 취하고 유일하신 하나님께로부터 오는 영광은 구하지 아니하니 어찌 나를 믿을 수 있느냐"**(5:44). 여기서 영광은 좋은 평판과 칭송을 의미한다. 예수의 반대자들은 그들의 동료들로부터 인정과 칭찬을 구하고 다른 사람들도 그렇게 추구하는 것으로 이해한다. 그들은 하나님의 뜻을 행하는 것보다 자기 자신을 위한 좋은 평판을 확보하려는 사람들의 아첨의 말을 듣기를 좋아한다. 이것은 그리스-로마 문화권의 도시들에서 대중들 사이에 유행하던 관습을 가리킨다. 유일하신 하나님께로부터 오는 영광은 하나님만을 의지하고 사랑하는 마음이다. 사람들은 동료 사람들로부터 오는 영광을 추구하든지 혹은 하나님께로부터 오는 영광을 추구하든지 둘 사이에서 선택해야 한다. 그 유대인들은 전자를 선택했기 때문에, 하나님의 독생자를 믿음으로 이루어지는 후자의 삶을 이룰 수 없다.

예수는 그 유대인들이 희망을 걸고 있는 모세를 그들의 고소자로 제시한다: **"내가 너희를 아버지께 고소할까 생각지 말라. 너희를 고소하는 이가 있으니 곧 너희의 바라는 자 모세니라"**(5:45). 예수를 고소하고 있는 그 유대인들은 자신들을 모세의 제자라고 간주했다(9:28). 유대교 전승에서 모세는 사람들의 중보자로 묘사된다. 그는 하나님 앞에서 밤낮 간구하는 사람으로 등장한다. 그의 일은 벨리알의 영이 사람들을 미혹하여 그 결과로 하나님의 앞에 고소를 받지 않도록 시내산에서 간구하는 일이었다(모세의 승천기 11:17; 12:6; 출애굽기 해설 18:3). 그런데 예수는 그들의 옹호자요 탄원자인 모세를 그들을 고소하는 자로 변경한다. 예수는 모세가 기록한 것을 기초하여 자기를 고소하는 자들을 바로 그 모세의 법정에 세워 판결을 받게 한다.

그 이유는 모세가 하나님의 아들에 관하여 기록했기 때문이다(1:45): **"모세를 믿었더면 또 나를 믿었으리니 이는 그가 내게 대하여 기록하였음이라. 그러나 그의 글도 믿지 아니하거든 어찌 내 말을 믿겠느냐 하시니라"** (5:46-47). 모세에게 희망을 둔 사람들이 하나님의 아들을 거절함으로써 모세를 믿지 않게 되었다. 여기서 예수를 믿는 것이 곧 모세의 증거를 믿는 것과 연결된다. 이러한 연결은 예수 그리스도를 중심으로 구약을 이해하려는 최초 기독교인들의 기독론적 구약 이해를 반영한다. 저자는 그리스도를 가리키는 구약의 구절들을 구체적으로 언급하지 않는다. 그러나 그는 구약이 전체적으로 그리스도에 관한 증언임을 인정한다(5:39). 유대인들은 성경에서 예수에 대한 그런 명백한 증거를 발견하지 못했다. 이 논쟁은 예수 그리스도의 존재와 역할에 관하여 기독교인들과 유대인들이 벌인 후대(초대교회)의 논쟁을 반영한다. 요한복음서 저자에게 있어서는, 예수에 대한 태도를 가짐에 있어서 중립적 태도는 없다. 즉 모세는 인정하면서도 예수는 인정하지 않는 것은 있을 수 없는 일이다.

A 생명의 떡 예수 그리스도(6:1-71)

예수의 도전적인 강화에 대한 그 유대인들의 반응은 언급되지 않는다.

독자들은 단순히 예수의 변론에 대하여 그들이 격노했을 것을 짐작만 할 뿐이다. 요한복음 6장에서 상황은 5장의 무대인 예루살렘과 안식일에서 유월절 즈음의 갈릴리로 갑자기 변경된다. 예수가 안식일에 병자를 치유한 사건이 예루살렘과 유대 지방에서 예수의 사역의 위기를 불러온 것과 같이 오병이어 사건은 갈릴리 지역에서 예수의 사역에 같은 동일한 영향을 끼치는 것으로 제시된다. 이 단락은 요한복음에 따른 예수의 공생애에서 갈릴리 사역에 관하여 유일하게 구체적으로 묘사된 부분이다. 이 사역은 예수의 갈릴리 사역의 절정과 전환점을 이룬다. 마지막 부분에 나오는 베드로의 고백(6:68)은 공관복음서들에 나오는 가이사랴 빌립보 사건에 상응한다.

요한복음에 따르면, 예수의 본격적인 갈릴리 사역은 예루살렘에서 유대교 지도자들과의 위기가 고조된 상황에서 이루어진다. 예수는 그를 죽이려는 과격한 적대감이 일어나는 예루살렘을 떠나 갈릴리로 후퇴하여 거기서 그의 영광을 나타낸다. 그러나 그의 영광의 사역을 오해하는 많은 제자들이 떠나가고 예수에게서 영생의 말씀을 기대하는 참된 제자들만이 그의 주위에 남는다. 오병이어 사건은 예수의 갈릴리 사역에서 가장 극적이며 가장 중요한 의미를 가진 사건이다. 이 사건은 사복음서에 공통적으로 기록된 소수의 사건들 중 하나다. 저자는 예수의 존재와 그의 사역의 성격에 관한 어떤 핵심적인 것을 나타내기 위하여 여기에 배열했다.

요한복음 6장의 내적 구조는 복잡하다. 먼저 두 개의 표적 이야기가 연결되어 나온다(6:1-15, 16-21). 둘째 표적 이야기는 매우 간략하게 서술된다. 그것은 오병이어 사건과 그것과 연관된 대화 사이에 삽입되었다. 그 이야기는 생명의 떡을 다루는 6장의 주제와 직접적으로 관계가 없어 보이는데, 오병이어 사건을 전달하는 전승에 포함되었기 때문에 보존된 것으로 보인다. 마가와 마태에서도 그 이야기는 오병이어 사건 바로 다음에 위치한다(cf. 막 6:45-52; 마 14:22-33). 오병이어 사건이 생명의 떡으로서 예수의 계시를 강조하는 반면, 둘째 사건은 예수의 신적 존재성(ἐγώ ϵἰμι)을 나타내는 계시 사건이다.

표적의 의미를 해석하는 강화 부분은 간략한 대화의 서두(6:22-25) 후에 긴 대화로 이어진다. 이때 대화의 상대자들이 점점 줄어든다. 그 강화는 대화의 상대를 따라 무리와의 대화(6:25-40), 그 유대인들과의 대화(6:41-59), 그리고 제자들과의 대화(6:60-71)로 구분할 수 있다. 요한복음 6:59은 예수의 강화가 가버나움 회당에서 이루어진 공개적인 것임을 언급한다. 오병이어 표적은 무리에게 놀라운 매력과 함께 여러 가지 질문을 제기했다. 생명의 떡에 관한 긴 강화를 들을 후에, 표적을 보고 예수에게 나아왔던 무리들이 떨어져나가고 또 이미 제자가 된 사람들도 물러가게 되었다. 예수는 의도적으로 청중으로 하여금 긍정적이든 부정적이든 그에 대하여 평가하게 만든다. 이것에 기초하여 요한복음 6장의 구성을 다음과 같이 분석할 수 있다

A. 6:1–15 표적 1: 오병이어 사건
B. 6:16–21 표적 2: 바다 위로 걸어오심
C. 6:22–40 대화 1: 하늘에서 내려온 생명의 떡
D. 6:41–51 대화 2: 예수의 기원
E. 6:52–59 대화 3: 인자의 살과 피
F. 6:60–65 대화 4: 떠나가는 제자들
G. 6:66–71 대화 5: 남아 있는 제자들

요한복음 6:51까지 "하늘로부터 내려온 떡"이라는 표현을 통하여 출애굽 때의 만나 사건이 암시된다. 오병이어 사건에는 성례전적인 색체가 거의 없다; 예수가 떡을 "떼어 주었다"라는 말도 없다. 요한복음 6:51-58도 성례전에서의 음식(유월절 음식 혹은 주의 만찬의 음식)을 가리키는 것보다는 예수 자신이 그의 죽음을 통하여 생명이 되심을 부각시킨다. 그래서 성례전에서의 음식보다는 예수 자신을 영접해야 함이 강조된다. 여기서 유대교의 다양한 만나 전승들이 이 사건의 상징성의 배경을 제공한다.

유대교 전승에서는 율법 혹은 지혜가 하나님의 백성을 먹이기 위하여 하늘로부터 내려온 만나(떡)다. 유대교의 지혜 전승이 이 부분의 이해에 중요한 배경이 되기도 한다 – 예를 들어, "와서 내 떡을 먹으며 내가 혼합한 포도주를 마시라"(잠 9:5). 출애굽기 해석에 관한 유대교 전승에서 잠언 9:5(지혜)이 출애굽기 16:4(만나)과 연결된다. 예수 시대 유대교에서 만나 이야기에 대한 지혜 문학적 이해가 다양하게 이루어져 있었다. 예수는 자기가 하늘에서 내려온 떡으로서 그의 살을 먹고 그의 피를 마시는 것을 언급한다. 바로 예수는 하나님의 백성을 먹이기 위하여 하나님께로부터 보냄 받은 하나님의 지혜라는 것이다.

요한복음 4장과 6장은 생명을 주는 물과 생명을 주는 떡이라는 면에서 서로 연결된다. 물과 떡은 생명의 근원에 대한 근본적이고 우주적인 상징들로서 모든 사람에게 적용된다. 유대교 전승에서 물과 떡은 율법과 지혜를 가리키는 상징들로 익숙하게 사용되었다. 요한복음서 저자는 이 전승들을 취하여 예수를 율법보다 더 위대한 존재로 또 인간이 되신 하나님의 말씀(지혜)으로 묘사한다. 이런 면에서 요한복음 6장의 논의의 중심은 예수 그리스도의 존재를 다루는 기독론적 교훈이다. 그 논의는 예수가 누구인가에 대한 베드로의 고백으로 결론에 이른다. 요한복음 6장의 쟁점은 참된 믿음, 참된 제자도, 그리고 그 제자도의 결과에 관한 것인데, 그것은 더 큰 쟁점인 누가 영생을 제공하는가 또한 어디서 그것을 얻을 수 있는가를 포함한다. **저자의 대답은 한 마디로 하늘로부터 내려온 살아 있는 떡이신 예수 그리스도이다. 예수 그리스도는 그의 죽음과 부활을 통하여 영원한 말씀의 제공자가 되신다.**

요한복음 6장은 마가복음 6:30-54과 8:11-33의 내용과 평행을 이룬다. 그 평행되는 내용을 다음과 같이 제시할 수 있다.

1. 오병이어 사건 (요 6:1–15; 막 6:30–44)
2. 바다 위로 걸으심 (요 6:16–24; 막 6:45–54)

3. 표적을 구함 (요 6:25-34; 막 8:11-13)
4. 떡에 관한 설명 (요 6:35-59; 막 8:14-21)
5. 베드로의 고백 (요 6:60-69; 막 8:27-30)
6. 예수의 수난 (요 6:70-71; 막 8:31-33)

이것은 요한이 마가복음을 알고 있었을 가능성을 시사해준다. 그러나 요한이 마가복음을 직접적으로 사용하지 않았다면, 그는 아마 이미 위와 같은 순서로 배열된 공통의 전승들을 사용했을 가능성이 있다.

1. 오병이어 사건(6:1-15)

저자는 먼저 이 사건이 일어난 시기와 장소에 관한 배경적 설명으로 이야기를 시작한다: **"그 후에 예수께서 갈릴리 바다 곧 디베랴 바다 건너편으로 가시매 큰 무리가 따르니 이는 병인들에게 행하시는 표적을 봄이러라"**(6:1-2). "이 일들 후에"(μετὰ ταῦτα)라는 말은 일정한 기간의 시간의 흐름을 나타내기 위하여 저자가 즐겨 사용한 표현이다(2:12). 이 사건의 장소는 갈릴리 바다 혹은 디베랴 바다 건너편으로 제시된다. 디베랴 바다(τῆς θαλάσσης τῆς Τιβεριάδος)라는 바다 이름은 부활하신 예수의 현현 장소에도 사용된다(21:1). 이 바다 이름의 사용은 요한복음 저술과 관련하여 몇 가지 정보를 제공한다. (1) 저자는 팔레스타인 밖의 독자들에게 쓰면서 갈릴리를 헤롯 안티파스의 도읍지였던 디베랴(Tiberius)와 관계시킨다. (2) 요한복음 21장의 저자도 동일한 이름을 사용한 것을 보면, 이 이름의 사용은 최종 편집자의 작업일 가능성을 보여준다. (3) 저자는 이방인 독자들을 염두에 두고 그들에게 더 익숙한 이름을 사용한 것으로 보인다.

그런데 이 장소는 이야기의 진행상 잘 맞지 않는다. 바로 전 이야기의 장소는 예루살렘이었다(5:1). 요한복음 4:46-54에서 예수는 갈릴리 가나에 있었는데, 가나는 디베랴 바다에서 서쪽으로 그리 멀지 않은 곳이었다.

그래서 그때 예수가 예루살렘으로부터 갈릴리에 와서 디베랴 바다를 건넌 것보다는 갈릴리 가나로부터 디베랴를 거쳐 다베랴 바다를 건넌 것으로 보는 것이 훨씬 더 자연스럽다. 또 요한복음 7:1에서 유대 지방에 있는 유대인들이 예수를 죽이려했다는 언급은 5장에서 언급된 갈등과 자연스럽게 연결된다. 아무튼 요한복음 4-6장의 배열에 관하여 많은 논란이 있어 왔다(Schnackenburg, Ⅱ:6-11).

그 때 많은 무리가 예수를 따르고 있었는데, 이는 예수가 병자들에게 행하는 표적을 보았기 때문이었다. 여기서 '표적들'(σημεῖα)이라는 복수형과 "그들이 보고 있었다"(ἐθεώρουν, 미완료)라는 진행형 동사가 사용된 것은 예수가 가나의 표적들 외에 다른 기적적인 일들도 행하고 있었음을 암시한다. 저자는 예수의 갈릴리 사역에서 지금까지 두 개의 표적만을 기록했지만, 그의 갈릴리 사역이 실제로는 이 복음서에서 제시된 것보다 더 길게 이루어진 것을 암시한다. 그들이 예수를 따르는 이유는 표적을 보았기 때문이었다. 표적을 보고 믿는 사람들을 예수가 신뢰하지 않는다는 것은 이미 언급되었다(2:23-24). 그럼에도 불구하고 예수는 그들을 위하여 또 다른 표적을 행하신다.

저자는 이 사건의 장소와 시기를 언급한다: **"예수께서 산에 오르사 제자들과 함께 거기 앉으시니 마침 유대인의 명절인 유월절이 가까운지라"** (6:3-4). 저자가 "그 산"(τὸ ὄρος)이라고 지정하여 표기한 것은 그가 공관복음서 전승을 사용했을 가능성을 보여준다(막 6:31, 46; cf. 마 5:1). 디베랴 바다 건너편은 골란 고원 남부의 산악 지대이다. 이 광경은 하나님의 현현을 묘사하는 출애굽기 19장의 영상과 흡사하다. 예수의 제자들이 사마리아 사건 이후에 여기서 처음으로 다시 나타난다.

요한복음 5장에서 그들이 예수와 함께 예루살렘에 갔었다는 언급이 없다. 그래서 예수가 예루살렘에 가서 그 유대인들과 충돌하는 동안 제자들은 갈릴리에 머물러 있었다고 추측하는 사람들도 있다. 그 때는 유대인의 명절인 유월절이 가까운 때였다(6:4). 유월절이 가까운 때에 그들이 예루살렘에 가기보다 갈릴리에서 예수를 따르고 있었다는 것은 그들이 주도적인 유대교의 관습과 정신에서 많이 이탈해 있음을 보여준다. 저자가 이 사건을 유대인의 유월절과 연결시킨 것은 연대기적 측면보다는 신학적 중요성에 기초한다. 그는 요한복음 6장에 나오는 예수의 행위들과 말씀들이 주의 만찬과 같은 성례전적 의미를 포함하기 때문에 유월절을 언급한다.

이야기는 그 큰 무리를 먹이는 일을 놓고 예수와 제자들(빌립과 안드레) 사이의 대화로 진행한다(6:5-9). 예수는 눈을 들어 큰 무리가 자기에게 오는 것을 보고 빌립에게 질문한다: **"예수께서 눈을 들어 큰 무리가 자기에게로 오는 것을 보시고 빌립에게 이르시되 우리가 어디서 떡을 사서 이 사람들로 먹게 하겠느냐?"**(6:5). "눈을 들어 본다"는 표현은 누가가 즐겨 사용한 것인데(눅 6:20; 16:23; 18:13), 어떤 일의 전체적인 상황에 대한 이해를 나타낸다. 예수는 이 상황에서 자기가 무엇을 행할 것을 다 알고 주도권을 갖고 그 상황에 대처한다(2:4). 공관복음서 전승들에서는 제자들이 먼저 무리의 저녁 식사를 걱정하고 그 해결을 예수에게 요청한 것으로 나온다(막 6:35; 마 14:15; 눅 9:12). 예수는 눈을 들어 무리를 보면서 자기의 뜻을 결정했다. 마가의 이야기에서 예수는 이미 자기에게 와있는 무리를 보았으며 또 그들을 가르쳤다(막 6:34). 반면에 요한은 큰 무리가 예수에게 **오고 있는 것**을 보셨다고 말한다. 여기서 "예수에게 오고 있다"(ἔρχεται πρὸς αὐτόν)는 것은 단순히 물리적 의미 그 이상의 의미를 갖는다(5:40).

요한의 이야기에는 그 시각이 하루 중의 늦은 시간이라든가 혹은 무리가 곤비해 있었다는 언급이 없다(막 6:35). 요한은 오직 그 큰 무리를 먹이는 일에 관심을 집중하신 예수를 나타내는데 초점을 맞춘다. 마가의 이야기에는 제자들의 이름이 구체적으로 언급되지 않는다. 반면에 요한은 빌립과 안드레를 거명한다. 그들은 처음부터 제자들의 명단에 포함되었고(1:40, 43), 또 예수를 찾아온 이방인들을 안내한 사건에도 등장한다

(12:21-22). 그 중에서도 빌립이 주도적 인물로 묘사된다. 빌립은 처음부터 예수의 직접적인 부름을 받은 사람이고(1:43), 이 사건에서도 예수는 빌립에게 질문했으며(6:5), 또 예수를 찾아온 이방인들이 먼저 빌립에게 예수를 만나게 해 줄 것을 요청한 것으로 나온다(12:21). 요한복음에서는 베드로보다 빌립이 더 주도적인 제자로 등장한다.

저자는 예수가 빌립에게 그렇게 말씀하신 목적을 해설한다: **"이렇게 말씀하심은 친히 어떻게 하실 것을 아시고 빌립을 시험코자 하심이라"**(6:6). '시험하다'(πειράζων)는 용어는 사복음서에서 주로 부정적 의미로 사용되었다; 예수는 사탄에게 시험을 받았다(πειραζόμενος, 막 1:13). 그러나 그 단어 자체는 중립적이며 '시험하다'(test) 혹은 '측정하다'(try)는 의미로 사용될 수 있다. 예수는 이 무리를 먹이는 표적을 행하기로 작정하시고 이 일에 임하는 빌립의 자세와 역량을 시험하신 것이다. 예수는 나사로 부활 사건에서도 그를 살리기 전에 유사한 방식으로 제자들을 시험한다 (11:11-15).

바렛(Barrett, 274)은 예수의 질문이 빌립의 믿음을 시험하기 위한 것으로서 예수를 향하여 가지는 믿음이 요한복음 6장 전체의 중요한 주제임을 지적한다(6:67-71). 하나님이 자기 백성을 시험한다는 것도 출애굽 사건을 강하게 반영한다(출 20:20; 신 8:2f.). 예수의 질문은 "우리가 어디서 떡을 사서"라는 세상적인 방식을 전제하고 제자들로 하여금 그런 차원에서 생각하도록 만드는 점에서 시험하는 것이었다. 예수는 제자들이 세상적인 방식 혹은 믿음의 방식 중 어느 방식으로 이 문제를 해결할 것인가를 깨우치게 하려는 교육적 목적에서 이 질문을 던졌다.

빌립은 예수의 질문에 담긴 더 깊은 의미를 발견하지 못하고 물질적인 방식으로 생각했을 뿐 아니라, 나아가 부정적인 결론을 내린다: **"각 사람으로 조금씩 받게 할지라도 이백 데나리온의 떡이 부족하리이다"**(6:7). 당시에 한 데나리온은 일일노동자의 하루 품삯에 해당되는 금액이었다. 이백 데니리온은 제자들의 형편에 엄청난 액수였으며 따라서 빌립의 대답은 매우 비관적이었다. 빌립은 이미 어떻게 하실 것을 아시는 예수의 의도를 파악하지 못하고 예수의 시험에 불합격한 셈이다.

빌립이 불합격한 후, 시몬 베드로의 형제인 안드레가 요한복음에서 두 번째 등장하여 문제 해결의 한 가능성을 제시한다: **"여기 한 아이가 있어 보리떡 다섯개와 물고기 두 마리를 가졌나이다. 그러나 그것이 이 많은 사람에게 얼마나 되겠삽나이까"**(6:9). '아이'(παιδάριον)라는 단어는 신약에서 여기에만 나오는데, 그 의미는 명확하지 않다. 창세기 37:30에는 17살의 요셉이 이 단어로 묘사된다. 그것은 청소년의 마지막 단계 혹은 청년의 시작 시기를 가리킨다. 사복음서 저자들 중에서 요한 만이 그 아이가 갖고 있던 떡을 '보리떡'(ἄρτους κριθίνους)으로 묘사한다. 보리떡은 가난한 계층의 식품으로서 예수를 따르던 무리의 가난한 상태를 반영한다.

그것은 또 선지자 엘리사가 행한 급식이적 사건을 암시하는 것으로 간주된다(왕하 4:42-44). 그 사건에서 엘리사의 사환이 두 번이나 '아이'(παιδάριον)로 표현되었다(왕하 4:38-41). 저자는 구약 전승을 기초하여 예수의 사역을 엘리사보다 훨씬 더 위대한 분의 활동으로 제시하려는 것으로 보인다. 그러나 안드레 역시, 비록 그가 가능성을 제시하기는 했지만, 아직 예수가 이 문제를 해결할 수 있다는 믿음을 소유하지 못하고 있었다. 제자들은 예수의 행동과 말씀에 대하여 아직 충분한 믿음과 이해에 이르지 못하고 있다.

제자들의 부족한 믿음과 이해를 확인한 후, 예수는 그가 하려는 일을 시작한다: **"예수께서 가라사대 이 사람들로 앉게 하라 하신대 그 곳에 잔디가 많은지라 사람들이 앉으니 수효가 오천쯤 되더라"**(6:10). 예수는 먼저 그 사람들로 앉게 하라고 말씀한다. 마가에는 제자들에게 직접 명령한 것으로 나오는데(막 6:39), 여기에는 제자들이 생략되어 간접적인 말씀으로 제시된다. 그 사람들로 앉게 한 것은 이 사건이 단순히 먹기 위한 것이 아니라, 정식으로 식사 자리를 마련한 것을 가리킨다. '앉는다'(ἀνέπεσαν)는 동사는 "기대어 눕다"라는 의미를 갖는데, 유대인들이 정식 식자 자리에서 음식 먹을 때에 가지는 자세를 가리킨다. 예수는 그 곳에 정식의 식사 교제의 자리를 마련한 것이다. 그런데 저자는 "그 곳에 잔디가 많았다"는 불필요하게 보이는 보충 설명을 추가하는데, 이것도 요한 전승에만 나온다. 이것은 단순히 그 곳이 이스라엘 백성이 통과하던 사막의 광야와 같은 곳이 아니라, 풀이 많은 비옥한 곳임을 나타낼 수 있다.

그러나 저자의 언급에는 대부분 상징성을 포함한다. 구약의 지혜 전승에서 풀은 인간의 삶의 유한성을 나타내기도 하고(시 37:2; 58:7), 또 하나님의 생명의 선물의 풍요로움을 나타내기도 한다(욥 5:25; 시 72:16). 출애굽 전승에서 풀은 광야와 같은 인생길에서 하나님의 교훈을 필요로 하는 인간을 나타낸다: "나의 교훈은 내리는 비요 나의 말은 맺히는 이슬이요 연한 풀 위에 가는 비요 채소 위에 단 비로다"(신 32:2). 그래서 잔디가 많았다는 말이 그 들판에 있던 많은 사람들을 가리키는 것인지 혹은 잔디에 필요한 물과 같고 사람에게 필요한 떡과 같은 하나님의 말씀을 가리키는 것인지 결정하기 어렵다. 마가의 전승과 여러 가지로 다른 점에도 불구하고, "남자의 수효"(οἱ ἄνδρες τὸν ἀριθμὸν)−한글 성경에는 단순히 '수효가'로 번역되었다−가 오천쯤 되었다는 점에서 일치한다(막 6:44). 이것은 남녀의 성별의 차이를 나타내지 않으려고 노력한 요한복음서 저자의 입장에서 크게 벗어나는 점에서 상당한 의문을 갖게 하는 언급이다.

식사 자리를 갖춘 사람들에게 예수께서 떡고 물고기를 나눠주셨다: **"예수께서 떡을 가져 축사하신 후에 앉은 자들에게 나눠주시고 고기도 그렇게 저희의 원대로 주시다"**(6:11). 예수의 행동은 세 가지 동사로 표현된다: '받았다'(ἔλαβεν), '축사했다'(εὐχαριστήσας), 그리고 '나눠주었다'(διέδωκεν). 축사하심은 식사 전에 감사하는 유대교의 관습을 나타낸다. '나눠주다'는 동사는 요한복음에서 여기에만 나온다. 예수의 이러한 행동(받다, 축사하다, 나눠주다)은 예수와 제자들의 최후의 만찬과 최초 기독교인들의 주의 만찬 의식을 상기시킨다(cf. 막 14:22; 고전 11:23). 공관복음서 전승들에는 예수가 먼저 제자들에게 주고 다음에 제자들이 무리에게 준 것으로 나오는데(막 6:41; 마 14:19; 눅 9:16), 요한복음의 이야기에는 예수가 직접 무리에게 준 것으로 나온다.

이것은 하나님께서 주시는 생명의 떡은 사람을 통해 받는 것이 아니라 예수께로부터 직접 받는다는 요한의 신학적 입장을 선명하게 반영한다. 예수 그리스도를 통한 하나님의 종말론적 생명은 어떤 인간 대리자를 통해 받는 것이 아니다. 그것은 보혜사의 활동을 통하여 하나님과 예수 그리스도로부터 직접 받는 것이다. 저자는 예수가 "저희의 원대로" 주었다는 말을 삽입하고 그리고 그들이 배불리 먹었다는 것을 추가한다. **예수가 주시는 음식은 풍족하게 제공되었고 그래서 광야의 식탁은 모든 사람들이 다 배불리 먹고도 남는 풍성한 식사 자리가 되었다**.

요한은 공관복음서 전승들과 다르게 예수가 제자들에게 남은 조각들을 거두게 직접 말씀한 것으로 전달한다: **"저희가 배부른 후에 예수께서 제자들에게 이르시되 남은 조각을 거두고 버리는 것이 없게 하라 하시므로 이에 거두니 보리떡 다섯 개로 먹고 남은 조각이 열두 바구니에 찼더라"**(6:12-13). "남은 조각을 거두라"는 말씀은 만나를 거두라는 모세의 명령을 상기시킨다(출 16:16). 그때 모세는 이스라엘 백성에게 아무든지 아침까지 남겨두지 말라 하였으나 그들이 모세의 말을 청종치 아니하고 더러는 아침까지 남겨두었더니 벌레가 생기고 냄새가 나게 되어 모세가 그들에게 노했다(출 16:19f.). 모세의 명령과 대조적으로 예수는 "버리는 것이 없게 하라"고 명한다. 이것을 통해서도 예수는 모세를 능가하는 분으로 제시된다. 열두 바구니는 이스라엘의 열두 지파 곧 하나님의 백성 전체를 상징한다. 예수의 활동은 하나님의 백성 전체를 흡족하게 먹이고도 남을 만큼 충분한 공급이었다. 먹고 남은 조각이 열두 바구니에 찼다는 말은 예수의 활동은 시작보다 나중이 더 풍성하게 넘치는 역설적 성격의 사역임을 나타낸다.

저자는 또 유일하게 이 사건을 목격한 사람들의 반응을 묘사한다: **"그**

사람들이 예수의 행하신 이 표적을 보고 말하되 이는 참으로 세상에 오실 그 선지자라 하더라"(6:14). 저자는 여기서도 이 사건을 표적으로 지칭한다. **표적으로서 이 사건은 일차적으로 육신의 양식을 공급한 것 외에 더 중요한 상징적 의미를 포함한다**. "세상에 오실 그 선지자"란 메시아의 선구자보다는 메시야 자신을 가리킨다. 그 선지자는 신명기 18:15-17에 대한 메시아적 해석을 반영하는데, 그런 선지자적 메시야에 대한 기대는 사마리아인들과 기독교인들에게는 물론 쿰란 공동체에서도 발견된다. 예수 시대에 그러한 예언자적 메시야에 대한 기대가 어느 정도 있었는지는 불분명하다. 믹스(Meeks, 1967, 117)는 당시에 많은 유대인들에게, 특히 사마리아인들 중에서, 모세는 이상적 왕이며 진정한 예언자로 인식되었다고 주장한다. 예수 자신이 그들의 의도가 예수를 왕으로 삼으려는 것으로 이해했다는 요한복음 6:15의 말씀으로 보아, 그들은 예수를 모세가 예언한 그 예언자적 왕으로 이해한 것으로 보인다. 그들은 표적을 행하는 예수에게서 세상적인 왕의 모습을 보았다. 그러나 예수의 왕되심은 그런 것이 아니었다.

오병이어의 표적을 경험한 사람들의 이해와 기대가 빗나가는 것을 보고 예수는 그 자리를 피한다: **"그러므로 예수께서 저희가 와서 자기를 억지로 잡아 임금 삼으려는 줄을 아시고 다시 혼자 산으로 떠나가시니라**"(6:15). 표적을 행하는 예수를 잡아 억지로 임금 삼으려고 한 사람들은 예언자와 왕을 연결시켜 생각한 유대교의 한 메시야 전통을 대변한다. 그들은 모세가 예언한 그 예언자를 이스라엘의 메시야 곧 왕으로 간주한 것이다. 그러나 예수는 메시야에 대한 당시의 전통적이며 대중적 견해를 교정하고 재정의하기 위하여 노력한다. 예수는 하나님의 계시자로서 예언자의 역할을 갖고 있다. 그러나 예수는 모세의 역할을 계승하면서도 그의 일을 능가하는 특별하며 유일한 사역자다(6:31-58).

예수가 자기 자신의 존재와 역할에 관하여 선호한 칭호는 인자이다. 그 인자는 갑자기 하늘로부터 나타나는 영광의 존재가 아니라, 화육을 통하여 인간이 되었으며 나아가 수난을 통하여 하나님의 뜻을 성취하고 영광에 들어가는 존재이다. **예수의 왕되심과 그를 통해 이루어지는 하나님의 나라는 하나님의 선물로서 은혜로 주어지는 것이지 사람들이 자기들의 소원대로 억지로 소유할 수 있는 것이 아니다**. 예수의 왕권은 요한복음 수난 설화의 중심 주제들 중의 하나이다. 거기서 예수는 그의 왕권이 세상에 속한 것이 아님을 명백히 밝힌다(18:33-35). 그래서 예수는 사람들이 억지로 왕을 삼으려는 것에 대하여 거부하고 산으로 떠나간다.

2. 바다 위로 걸어오심(6:16-21)

마가(막 6:45-52)와 마태(마 14:22-33)도 오병이어 사건에 이어서 이 사건을 배열한다. 제자들은 오병이어를 통한 신비한 영광을 경험한 후에, 풍랑이 일어나는 바다 한 복판에서 험악한 바다 위로 걸어오는 예수를 경험하게 된다. 이 사건 역시 표적으로서 여러 가지 상징적 의미를 포함한다. 마가의 이야기에는 예수가 제자들을 재촉하여 배를 타고 앞서 건너편 벳세다로 가게 했다고 묘사된다(막 6:45). 오병이어 사건이 광야에서 나타난 하나님의 영광이라면, 이 사건은 풍랑이 일어나는 바다에서 나타난 하나님의 영광을 묘사한다. 광야와 바다에서 나타난 하나님의 영광은 구약에서 익숙하게 표현된 주제들이다.

예를 들어, 시편 107편에서 하나님의 이러한 영광이 제시된다: "저희가 **광야 사막 길에서** 방황하며 거할 성을 찾지 못하고 주리고 목마름으로 그 영혼이 속에서 피곤하였도다. 저가 사모하는 영혼을 만족케 하시며 주린 영혼에게 좋은 것으로 채워주심이로다 … 선척을 바다에 띄우며 큰 물에서 영업하는 자는 여호와의 행사와 그 기사를 **바다에서 보나니** 여호와께서 명하신즉 광풍이 일어나서 바다 물결을 일으키는도다. 저희가 하늘에 올랐다가 깊은 곳에 내리니 그 위험을 인하여 그 영혼이 녹는도다. 저희가 이리 저리 구르며 취한 자 같이 비틀거리니 지각이 혼돈 하도다. 이에 저희가 그 근심 중에서 여호와께 부르짖으매 그 고통에서 인도하여 내시고 광풍을 평정히 하사 물결로 잔잔케 하시는도다. 저희가 평온함을 인하여 기뻐하는 중에 여호와께서 저희를 소원의 항구로 인도하시는도다"(시 107:4-5, 9, 23-30). 광야에서 또 바다에서 행하신 하나님의 구원 활동이 예수의 사역을 통하여 계속된다.

예수가 혼자 산으로 떠나간 후에, 제자들은 날이 저물어 바다에 내려가서 배를 타고 바다를 건너 가버나움으로 향했다: **"저물매 제자들이 바다에 내려가서 배를 타고 바다를 건너 가버나움으로 가는데 이미 어두웠고 예수는 아직 저희에게 오시지 아니하셨더니"**(6:16-17). 요한복음에 따르면, 예수와 제자들이 서로 다른 길로 간 셈이다. 왜 예수는 혼자 산으로 떠나가셨으며 또 왜 제자들은 예수가 간 곳과는 다른 곳으로 갔는가? 그들은 사람들이 억지로 예수를 잡아 임금 삼으려는 것을 보고 두려워서 그랬는가? 예수는 혼자서 시간을 가지려고(사색과 기도를 위하여) 제자들이 그를 따라오지 못하게 했는가? 앞에서 예수와 제자들이 함께 있지 않았을 때는 저자가 그 이유를 설명해 주었는데(4:8), 여기서는 그러한 설명도 없다. 아무튼 제자들은 예수가 계시지 않은 상황에서 배를 타고 가는 중이었다.

이 상황에 대한 저자의 언급은 대단히 상징적이다: "이미 어두웠고 예수는 아직 저희에게 오지 않았다"(6:17하). 예수가 계시지 않는 그들에게 어두움이 임한 것이다. "이미 어두웠다"(σκοτία ἤδη ἐγεγόνει)라는 말은 이미 어두움(σκοτία)이 임하여 밤이 되었다는 것인데, 요한복음에서 어두움은 빛의 반대어로 사용된다(1:5; 3:1; 13:30). 제자들은 왜 밤에 바다를 여행하게 되었는가? 또 밤중에 바다에서 여행하는 그들에게 무엇이 일어날 것인가? "예수는 아직 저희에게 오지 않았다"라는 말은 단순히 예수가 그들과 함께 계시지 않았다는 것이 아니라, 예수가 계시지 않은 이유에 대한 저자의 설명이다. 그들은 예수가 오기를 기다렸던 것으로 보인다. 그러나 예수가 오시지 않자, 더 기다리기를 포기하고 예수 없이 항해를 시작했던 것으로 보인다.

저자는 예수 없이 항해하는 제자들에게 임한 어려움을 묘사한다: **"큰 바람이 불어 파도가 일어나더라. 제자들이 노를 저어 십여리쯤 가다가 예수께서 바다 위로 걸어 배에 가까이 오심을 보고 두려워하거늘"**(6:18-19). 원인과 결과를 나타내는 것과 같이, 예수가 아직 그들에게 오시지 않은 때에 풍랑이 일어난 것이다. "파도가 일어났다"(διεγείρετο)라는 말은 원어로 보면 "바다가 잠에서 깨어 일어났다"(θάλασσα διεγείρετο)라는 의미로서 제자들이 예수 없이 항해하는 것을 바다가 알아차리고 일어났다는 상징적 표현이다. 유대교의 상징적 세계에서 바다는 악의 세력의 본 고장이며 또 총체적 악의 세력 자체이다. 바다는 하나님의 백성을 넘어뜨리고 파괴하려고 달려드는 악의 세력이다. 바다라는 악의 세력이 예수의 제자들을 삼키려고 입을 벌리고 달려든 것이다. 이런 상황을 맞이한 제자들의 심정이 전혀 언급되지 않는다. 단지 제자들은 이 혼돈의 상황에서 계속해서 노를 저어나갔다.

이때 제자들은 예수께서 바다 위로 걸어서 배에 가까이 오심을 보았다. 그들의 구원이 가까이 임한 것이다. 그런데 놀랍게도 제자들의 반응은 '두려워했다'(ἐφοβήθησαν)라고 묘사된다(6:19). 풍랑 이는 바다 속에서 노를 저을 때에도 그들은 두려워했다고 언급되지 않았다. 그런데 바다 위로 걸어오시는 예수를 보고 그들이 두려워했다는 것은 선뜻 이해가 되지 않는다. 그들의 두려움의 성격은 무엇인가? 그것은 예수의 신비한 현존을 경험한 거룩한 두려움인가? 예수의 존재에 대한 새로운 경험 속에서 가지는 순전한 공포심인가? 그것은 배 없이 바다 위로 걸어오시는 예수에 대한 그들의 염려를 나타내는가? 저자는 이러한 질문들에 관한 어떤 대답도 하지 않으면서 제자들의 심정을 두려움에 찬 침묵 속에 가두어둔다.

저자에게 중요한 것은 단지 그 상황에서 하신 예수의 말씀이다(6:20): **"내니 두려워 말라"**(ἐγώ εἰμι, μὴ φοβεῖσθε). 예수는 이미 자기의 이름을 "나는 (그)이다"(ἐγώ εἰμι)로 밝힌 바 있다(4:26). 그러나 그 때 제자들은 음식을 사러 동네에 들어갔었기 때문에, 그 말씀을 듣지 못했다. **"나는 (그)이다"라는 이름의 예수는 하나님의 천지 창조 사역에서 원초적 어두움(혼돈)의 물 위를 운행하면서 빛과 생명과 아름다움과 선함의 창조 역사를 이루신 창조의 하나님 자신이다(창 1:2). 나아가 그 이름의 예수는 모세를 통해 이스라엘 구원의 역사를 이루신 구원의 하나님 자신이다**(출 3:14). 따라서 이 사건은 예수가 사람들이 기대하고 있는 모세와 같은 예언자적 왕이 아니라, 천지를 창조하신 권능의 하나님이며 모세를 통해 출애굽의 구원을 이루신 하나님 자신임을 나타내는 놀라운 표적이었다. 그런데 예수의 신적 존재를 가리키는 이 말씀이 제자들에게는 조용한 대화나 열띤 논쟁의 상황이 아니라, 밤중에 풍랑이 일어나는 바다 한복판이라는 위험하고 위급한 상황에서 제시되었다.

저자는 예수의 이 신비한 현현을 경험한 제자들의 반응을 다음과 같이 기록한다: **"이에 기뻐서 배로 영접하니 배는 곧 저희의 가려던 땅에 이르렀더라"**(6:21). "기뻐서 영접했다"(ἤθελον λαβεῖν)라는 말은 예수를 영접하려는 제자들의 의지를 나타낸다; 직역하면 "그들은 예수를 배 안으로 영접하기를 원하여 영접했다"라고 번역할 수 있다. 그들의 의지는 표적을 보면서도 영접하지 않으려 하는 사람들과 대조된다(1:11). "기뻐서 영접한" 그들에게는 하나님의 자녀가 되는 권세가 주어진다(1:12). 그들이 예수를 영접한 결과는 그들이 가려는 목적지까지 무사히 가는 결과가 되었다. **밤중에 풍랑이 일어나는 바다 한 복판의 위험한 상황에서 그들의 구원은 그들을 찾아오신 예수를 배 안으로 영접하는 데서부터 시작되었다.**

이 사건은 교회를 위한 생명의 근원이 어디에 있는가를 잘 교훈해 준다. 예수가 없으면 제자들의 삶은 밤이 되고 혼돈하게 되며 풍랑이 일어나고 통제할 수 없는 상황에 빠진다. 그러나 예수의 현존은 교회로 하여금 그런 밤과 풍랑을 극복하게 하는 원동력이 된다. 비즐리머레이(Beasley-Murray, 1987, 89)는 이 사건을 출애굽에서 하나님이 그의 백성에게 다가오심을 묘사하는 시편 77편의 빛에서 이해하는 것이 필요하다고 주장한다: "하나님이여 물들이 주를 보았나이다 물들이 주를 보고 두려워하며 깊음도 진동하였고 … 주의 길이 바다에 있었고 주의 첩경이 큰 물에 있었으나 주의 종적을 알 수 없었나이다"(시 77:16, 19).

예수는 종말의 출애굽에서 자기 백성의 곤경과 궁핍을 아시고 해결해 주시기 위하여 오시는 하나님의 대리자 혹은 하나님 자신으로 제시된다. 하나님의 자녀들은 예수 안에서 자기 백성의 고난을 해결해주기 위하여 오시는 하나님을 경험한다. 제자들은 몰이해와 심지어 두려움으로 예수에게 반응한다. 예수는 피조 세계의 주관자로서 제자들의 삶에 필요한 모든 것들을 제공하시며 곤경의 상황을 극복하게 도와주신다. 예수는 무리가 생각하며 기대하고 있는 그런 예언자적 왕이 아니다. 예수는 제자들이 두려움 속에서 생각한 유령도 아니다(막 6:49). 저자는 이 두 사건들을 통하여 예수의 존재뿐 아니라 제자들과 무리의 몰이해를 나타낸다.

3. 강화 1: 하늘에서 내려온 생명의 떡(6:22-40)

요한복음 6장의 나머지 부분은 두 가지 표적 사건에서 생명의 떡에 관한 강화로 진행한다. 이것은 출애굽 때에 하나님이 이스라엘 백성으로 하여금 하나님의 권능을 체험하게 하신 후에 율법을 주신 것과 흡사하다. 강화는 네 부분으로 구분된다: (1) 하늘에서 내려온 생명의 떡(6:22-40); (2) 예수의 기원에 관한 강화(6:41-51); (3) 인자의 살과 피(6:52-59); (4) 제자들의 떠남과 베드로의 고백(6:60-69). 이 강화들의 중심적 내용은 예수에게 와서 그와 함께 연합할 때에만 영생을 얻을 수 있다는 것이다.

이렇게 예수에게 와서 그와 연합하는 것은 하나님의 이중적 주도권에 의하여 가능하다: (1) 예수가 생명의 떡으로서 하늘로부터 내려와서 그를 영접하는 사람에게 생명을 제공한다; (2) 예수와 연합하여 생명을 얻을 사람들을 하나님 자신이 예수에게로 인도한다. 하나님의 이러한 주권적 활동은 예수가 처음 오심으로부터 마지막 오심까지 곧 예수 자신이 그를 의지한 사람들을 마지막 때에 일으킬 때까지 진행된다. 이러한 구원의 과정은 예수의 말씀과 성령에 의하여 이루어진다.

요한복음 6:22-24은 전환적 설명으로서 오병이어 사건을 경험한 무리가 예수를 찾으러 가버나움에 가서 거기서 예수와 대화를 나누게 된 경위가 상세하게 묘사된다: **"이튿날 바다 건너편에 섰는 무리가 배 한 척 밖에 다른 배가 거기 없는 것과 또 어제 예수께서 제자들과 함께 그 배에 오르지 아니하시고 제자들만 가는 것을 보았더니 (그러나 디베랴에서 배들이 주의 축사하신 후 여럿이 떡 먹던 그 곳에 가까이 왔더라)"**(6:22-23). 이 부분의 내용은 약간 모호하고 혼란스럽다. 요한복음 6:22에서 무리는 "바다 건너편에 서있는 무리"라고 묘사된다. 여기서 "바다 건너편"은 디베랴에서 바라본 바다 건너편 곧 오병이어 사건의 현장을 가리킬 수도 있고(6:1) 혹은 오병이어 사건의 현장에서 바라본 바다 건너편 곧 가버나움을 가리킬 수도 있다(6:16). 그런데 "그들은 작은 배 한 척 밖에 다른 배가 없는 것과 또 예수께서 제자들과 함께 그 배에 오르지 않고 제자들만 가는 것을 보았다"고 언급된 것으로 보아(6:22), 그들은 오병이어 사건 현장에 있었고 또 예수를 잡아 임금 삼으려고 시도했던 사람들이었던 것으로 보인다. 그들은 디베랴에서 배들이 주께서 축사하신 후 여럿이 떡 먹던 그 곳에 가까이 왔다고 언급된다. 저자는 "주의 축사하신 후"(τὸν ἄρτον εὐχαριστήσαντος τοῦ κυρίου)라는 구절을 통하여 오병이어 사건에 대한 자신의 입장을 제시한다. 그것은 단순한 식사가 아니라 "감사의 만찬"(εὐχαριστία) 혹은 "주의 만찬"(τὸν ἄρτον τοῦ κυρίου)이라는 것이다.

저자는 무리의 추가적인 반응을 묘사한다: **"무리가 거기 예수도 없으시고 제자들도 없음을 보고 곧 배들을 타고 예수를 찾으러 가버나움으로 갔다"**(6:24). 요한복음 6:23의 연장선에서 볼 때, 6:24에서 무리는 디베랴로부터 배들을 타고 오병이어 사건 근처에 오게 된 사람들일 것으로 추정된다. 그들이 오병이어 사건 근처에 왔다가 그 사건을 경험한 사람들로부터 그것에 관한 소식을 듣고는 예수와 제자들을 찾았으나 거기에 없었기 때문에, 그들이 타고 왔던 배들을 타고 다시 가버나움으로 간 것으로 보인다. 그런데 나중에 예수는 자기를 찾아온 무리를 오병이어 사건을 경험한 사람들로서 다룬다(6:26). 그래서 6:22에 나오는 무리와 6:24에 나오는 무리가 동일한 집단의 사람들을 가리킨다면, 6:23은 그들이 어떻게 배들을 타고 가버나움에 있는 예수를 찾아오게 되었는가를 설명하기 위하여 삽입된 구절로 판단된다.

그러나 저자는 그들이 예수를 찾으러 가버나움으로 갔다고 말하고는, 다시 그들이 "바다 건너편"에서 예수를 만났다고 묘사한다(6:25). 마치 그들이 가버나움에 가서 예수를 찾아보았지만 찾지 못하다가 바다 건너편에서 만나게 되었다고 말하는 것처럼 보인다. 그러나 저자는 나중에 그들이 예수를 만나 대화를 나눈 장소가 가버나움이었다고 말한다(6:59). 따라서 바다 건너편에서 예수를 만났다는 묘사는 생명의 떡에 관한 예수의 강화의 자리를 출애굽에서 이스라엘 백성이 하나님의 떡을 경험했던 장소인 광야와 연결시키려는 저자의 입장을 반영하는 것으로 보인다.

무리가 예수를 찾아오기까지 과정에 관한 저자의 상세하고 중복적인 표현은 그들이 예수를 다시 찾으려 한 갈망을 나타낸다. 그들은 예수의 표적을 경험하고 나서 "이 사람은 참으로 세상에 오실 그 선지자"라는 확신을 갖게 되었다. 그들은 예수가 그들의 세상적인 소원을 풀어줄 왕으로 인정하게 되었다. 그래서 그들은 이러한 예수를 다시 찾기 위하여 나름대로 열심히 노력했던 것이다. 그들의 갈망은 예수를 만났을 때 그들의 반가운 인사에서도 나타난다: **"랍비여 어느 때에 여기 오셨나이까"**(6:26). 그들의 말에는 반가움과 함께 그들이 예수를 찾기 위해 얼마나 애썼는가를 표현한다.

그러나 예수는 그 질문에는 답변하지 않고 먼저 그들이 예수를 찾는 목적 곧 그들의 마음속에서 추구하는 것을 드러낸다: **"내가 진실로 진실로 너희에게 이르노니 너희가 나를 찾는 것은 표적을 본 까닭이 아니요 떡을 먹고 배부른 까닭이로다"**(6:27). 예수의 이 말씀은 요한복음에서 저자의 말과 상충되는 것처럼 보이는 드문 경우 중 하나다. 저자는 사람들이 예수를 찾아온 것을 그가 행하시는 표적을 보았기 때문이었다고 분명하게 말했다(6:1, 14). 그런데 여기서 예수의 말씀은 그들이 예수를 찾아온 것은 표적을 본 까닭이 아니라고 말한다. 표적이 언급된 구절들을 자세히 살펴보면, 저자가 사용한 표적의 의미와 예수가 사용한 표적의 의미가 다른 것을 발견할 수 있다. 요한복음 6:2에서 표적은 "병자들에게 행하시는 표적"으로 구체화된다. 그들은 예수가 병자들에게 행하시는 기적적 치유를 기대하며 예수에게 나왔다. 요한복음 6:14에서 표적은 "예수의 행하신 이 표적"이라고 구체화된다. 그들이 그 표적을 통하여 발견한 것은 예수가 하나님의 기적으로 이스라엘 백성을 먹인 모세와 같은 예언자적 왕이라는 것이었다.

그러나 요한복음 6:26에서 예수는 사람들이 생각하고 기대하는 그것을 표적이라고 말하지 않는다. 예수가 그런 표적들을 통하여 목적한 것은 사람들이 지금 생각하고 기대하는 것으로서 단순히 육신의 양식을 제공하고 세상의 문제들을 해결해주는 그런 것이 아니었기 때문에, 예수는 그들이 표적의 참된 의미를 전혀 이해하지 못하고 있음을 지적한 것이다. 그들이 예수를 찾아온 것은 표적을 보고 영적인 깨달음을 얻었기 때문이 아니라 떡을 먹고 배부른 까닭이었다. 그들은 그 표적을 보고 예수를 육신의 떡을 공급해주는 자로 인식하게 되었다. 그러나 예수는 그들의 이해와 목적을 거부했다(6:14). 그들이 예수를 찾아온 목적은 순전히 물질적이고 이기적이었다. 그들은 그 표적들 속에서 영적인 진리를 발견하지 못했다. 그들은 예수의 표적 활동이 물질적 사건을 통하여 영적인 의미를 전달하는 상징적 활동인 것을 이해하지 못했다.

그렇다고 예수가 인간의 삶에 있어서 물질적인 것이 무의미하다거나 필요 없다고 무시하는 것은 아니다. 그는 물질의 음식을 통하여 참되고 영원한 음식의 제공자임을 나타내려 한 것이다. **예수는 세상의 물질적인 것들을 통하여 영원한 생명을 나타냈다. 물은 영원한 물에 관한 진리를 또**

음식은 영원한 음식에 관한 진리를 전달한다. 그렇다고 예수는 영원한 것만을 사람들에게 제공하려는 것은 아니다. 예수는 양쪽의 음식을 다 제공하는 창조의 권능자이다. 다만 그는 육적인 것과 물질적인 것을 통하여 영적인 것을 나타내려 한 것이다.

그래서 예수는 그들이 예수를 통하여 참으로 추구해야 할 것에 관하여 말한다: **"썩는 양식을 위하여 일하지 말고 영생하도록 있는 양식을 위하여 하라. 이 양식은 인자가 너희에게 주리니 인자는 아버지 하나님의 인치신 자니라"**(6:27). 예수에게 온 사람들은 디베랴와 그 인근 지역에서 온 주로 가난한 사람들로 구성되었다. 그들의 일은 일일 노동자, 어업, 농업 혹은 소규모 제조업에 관한 것이었다. 아무튼 그들이 일하는 근본적 목적은 썩는 양식을 얻기 위한 것이다. 그들이 예수의 표적에 관심을 갖게 된 이유도 예수가 그들의 먹을 것을 제공해줄 수 있는 능력자라고 판단했기 때문이다. 예수는 그들이 갖고 있는 이러한 인생의 목적에 대하여 도전한다.

여기서 썩는 양식과 영생하도록 있는 양식이 비유적으로 대조된다. 표적을 통해 제공된 음식은, 비록 초자연적으로 제공되었지만, 근본적으로는 없어질 음식이다. 영생하도록 있는 양식은 사마리아 여자에게 제시한 생수에 관한 예수의 말씀을 연상하게 한다(4:14; 6:35). 그것은 신자들 안에서 영생을 생산해내는 양식으로서 예수 그리스도 자신 혹은 예수의 말씀을 가리킨다. '양식'(βρῶσιν)이란 단어는 여기에만 나오고, 다음에 이어지는 중심적 비유어는 '떡'(ἄρτον)이다.

이 영생하도록 있는 양식의 제공자는 인자이다. 여기서 인자에 관한 말씀은 대리자 언어로 표현된다. "인자는 하나님 아버지께서 인치신 분"이란 하나님을 대리하여 하나님의 주권과 권능으로 일하는 대리자라는 것이다. **인자는 하나님 자신이 허락하고 권위를 부여하신 분으로서 아버지 하나님을 대신하여 생명을 주는 사역을 감당한다**. '주리라'는 미래 시제(δώσει)는 종말론적 미래가 아니라, 예수가 영화롭게 된 후에 보혜사를 통하여 활동하게 될 가까운 미래를 가리킨다. 인자는 하늘에서 내려왔으며(3:13)

또 하늘로 올리우신 존재(6:62)로서 하나님과 인간 사이의 유일한 중보자가 되며 따라서 하늘의 양식을 사람들에게 제공한다. 영생하는 양식의 제공자인 인자는 그 자신이 그가 제공하는 양식이 된다는 사상으로 발전한다(6:53).

그 무리가 예수에게 질문한다: **"우리가 어떻게 하여야 하나님의 일을 하오리이까"**(6:28). 직역하면, "우리가 하나님의 일들(τὰ ἔργα)을 일하기(ἐργαζώμεθα) 위하여 무엇을 하는 것이 필요합니까?"로 번역할 수 있다. '일하다'는 단어가 6:27에서는 "일하여 얻다"는 의미로 사용되었는데, 여기서는 일의 동족어로서 "일을 일하다" 혹은 "일을 실행하다"라는 의미로 사용된다. "하나님의 일들"은 하나님 자신이 행하시는 일들을 가리키기도 하지만(9:3), 그러나 여기서는 하나님이 요구하는 일들을 말한다. 그들은 "영생하도록 있는 양식을 위하여 일하라"는 예수의 말씀을 "하나님의 일들을 일하라"는 말로 이해했다. 그들의 질문은 "나의 음식은 나를 보내신 이의 뜻을 행하는 … 이것이니라"는 예수의 말씀과 관계된다(4:34). 이것은 그들이 "인자는 하나님의 인치신 자"라는 예수의 말씀을 어느 정도 수용한 입장을 반영한다. 그들은 이렇게 예수와 대화하는 처음 부분에서는 긍정적이었다. 그들은 억지로 예수를 왕으로 삼으려던 흥분된 감정을 가라앉히고 예수의 말씀을 들으며 바른 질문을 던진다.

그 무리의 진지한 질문에 대하여 예수가 대답했다: **"하나님의 보내신 자를 믿는 것이 하나님의 일이니라"**(6:29). 무리는 "하나님의 일들(복수)"에 관하여 질문한 반면, 예수는 "하나님의 일(단수)"에 관하여 대답한다. 영생의 양식을 얻기 위하여 하나님이 요구하시는 일은 오직 한 가지 일인데, 그 일은 하나님의 보냄을 받은 분을 믿는 것이다. 무리는 그들이 전통적으로 들어온 것들로서 하나님이 율법을 통하여 명하신 일들을 예상한 반면, 예수는 하나님이 영생을 위하여 마련하신 새로운 길을 제시한다. 그들은 마치 하나님의 백성이 광야에서 계명들을 받은 것과 같이 하나님의 새로운 계명들을 기대했을 수도 있다.

그러나 예수는 마태의 산상강화나 누가의 평지강화와 같은 말씀을 전하지 않는다. **예수는 하나님의 일들을 기대하는 무리에게 하나님이 요구하는 단 하나의 일 곧 믿음의 일을 제시한다.** 예수의 말씀은 "사람이 의롭다 함을 받는 것은 율법의 행위에 있지 않고 믿음으로 된다"는 사도 바울의 칭의 교훈과 흡사하다. 그러나 요한에게 있어서 믿음은 "율법의 일들"과 같이 인간이 행하는 일을 말하는 것은 아니다. 하나님의 인치신 자(6:27)가 하나님의 보냄을 받은 자로 변경되었다(6:29).

믿음의 길에 관한 예수의 말씀에 대하여 무리는 예수를 믿게 만들 수 있는 표적을 요구한다: **"그러면 우리로 보고 당신을 믿게 행하시는 표적이 무엇입니까, 하시는 일이 무엇입니까? 기록된 바 하늘에서 저희에게 떡을 주어 먹게 하였다 함과 같이 우리 조상들은 광야에서 만나를 먹었나이다"**(6:30-31). 그들의 요구는 예수가 갈릴리 사람들을 향하여 비판했던 표적 신앙을 반영한다. 그들의 요구는 예수가 먼저 표적을 행해야 그것을 보고 믿겠다는 것이다. 그들은 출애굽 사건의 예를 들면서(시 78:24; 출 16:4, 15), 모세의 것과 흡사한 경이로운 기적을 요구한다. 그들의 논리는 누구든지 자기가 모세보다 더 큰 자라고 주장하는 사람은 모세가 행한 것보다 더 큰 기적을 보여주어야 한다는 것이다. 마가복음에서 예수는 바리새인들의 흡사한 요구에 직접적으로 대답하지 않는다(막 8:11-13).

무리나 바리새인들이 보여준 자세를 가지고 표적을 보고 믿으려 한다면, 어떤 표적도 예수가 하나님의 인치신 분인 것을 증명하지 못한다. 그들은 예수의 표적들 속에서 참된 표적을 보지 못했다(6:26). 무리가 인용한 성경 말씀은 출애굽기 16:4, 15과 시편 78:24을 혼합한 것이다. 종말론적 선물로서의 만나가 후기 유대교 사상에서 등장한다. 예를 들어, 제2바룩의 묵시 29:8에는 "그 날들에 만나의 보화들이 다시 위로부터 내려올 것이며 그들이 그것을 먹을 것이다"라고 말한다.

예수와 무리 사이의 대화는 출애굽의 만나 사건을 둘러싼 논쟁으로 발전한다. 무리는 만나를 내려준 모세와 비교하여 예수가 어떤 존재인가를 알기 원하는 반면, 예수는 그를 통해 주시는 하나님의 선물은 모세를 통해 주신 것과 근본적으로 다른 점을 부각시킨다. 예수는 그들이 인용한 성경 말씀에 대한 바른 해석을 기초하여 자기의 존재를 설명한다: **"내가 진실로 진실로 너희에게 이르노니 하늘에서 내린 떡은 모세가 준 것이 아니라 오직 내 아버지가 하늘에서 내린 참 떡을 너희에게 주시나니"**(6:32). 학자들은 요한복음 6:31-50을 랍비적 설교(rabbinical midrash)의 구조로 이해한다. 랍비적 설교란 성경 구절을 암송하여 그 구절의 중요한 단어와 개념을 설명하고 결론적으로 그 구절을 반복하여 제시하는 교육방식이다. 예수는 무리가 인용한 성경 구절에 대한 바른 해설을 통하여 그들의 잘못된 이해를 교정시킨다. 예수는 먼저 그들의 오해를 바로 잡는다. 예수의 말씀은 다음과 같이 세 가지 점에서 모세와 예수를 대조시킨다:

A:	모세가	오직 내 아버지께서
B:	하늘에서 내린 떡을	하늘에서 내린 참 떡을
C:	주지 않았다(δέδωκεν)	주고 있다(δίδωσιν)

세 부분 모두에서 무리는 과거의 사건에 관심을 가진 반면, 예수는 현재와 미래에 관심을 기울인다. 무리는 그들의 조상들이 그러했던 것처럼 만나의 의미를 오해했다. 모세는 만나의 참된 의미를 신명기 8:3에서 설명한다: "너를 낮추시며 너로 주리게 하시며 또 너도 알지 못하며 네 열조도 알지 못하던 만나를 네게 먹이신 것은 사람이 떡으로만 사는 것이 아니요 여호와의 입에서 나오는 모든 말씀으로 사는 줄을 너로 알게 하려 하심이니라."

모세가 육신의 생명을 위한 떡과 여호와의 입에서 나오는 말씀의 차이를 설명해야만 했던 것과 같이 예수는 만나와 참된 떡을 구별한다. 예수의 말씀의 초점은 모세가 하늘에서 내린 떡을 준 것이 아니라, 오직 예수를 보내신 하나님께서 하늘로부터 오는 참 떡을 주신다는 것이다. 하나님이 모세를 통해 주셨던 만나 역시 사람들의 생명 유지를 위해 필요한 떡이지만, 그것은 하늘에서 내려온 참된 떡이 아니다. 만나가 여호와의 입의 말씀의 필요성을 가르치는 교훈적 의미의 양식이었던 것과 같이, 그것은 또한 인자를 통해 주시는 하늘로부터 오는 참된 떡의 필요성을 가르친다.

예수는 계속하여 하늘에서 내린 떡을 자기 자신과 관계시킨다: **"하나님의 떡은 하늘에서 내려 세상에게 생명을 주는 것이니라"**(6:33). 우리말 번역에 '것이니라'는 말은 원어의 의미를 충분히 반영하지 못한다. 원어로는 남성 관사와 분사가 결합되어 사람을 가리킨다: "하나님의 떡은 하늘에서 내려와 세상에게 생명을 주는 분이다"(ὁ καταβαίνων καὶ διδοὺς). **하나님의 떡은 바로 하늘에서 내려와 세상에게 생명을 주시는 분 곧 예수 그리스도를 가리킨다. 만나가 이스라엘 백성에게 국한되었던 반면, 하나님의 이 떡은 세상 모든 사람들에게 주어진다**. 이 문맥에서 '내려오다'라는 동사가 현재분사(καταβαίνων)로 사용되기도 하고(6:33, 50) 또 과거분사(καταβάς)로 사용되기도 한다(6:41, 51, 58). 둘 사이에 근본적인 차이는 없지만, 그러나 강조점의 차이는 있다. 현재분사가 생명의 현재적 활동을 강조하는 반면, 과거분사는 역사 곧 예수가 화육하여 세상에 온 것을 강조한다. 요한복음에서 세상에게 생명을 주시는 분으로서 예수 그리스도는 떡, 물, 빛, 포도주, 그리고 출생과 같이 생명과 관련된 용어들을 통하여 표현된다.

예수의 해설을 들은 무리는 **"주여 이 떡을 항상 우리에게 주소서"** 하고 요청한다(6:34). 그들의 요청은 사마리아 여자의 요청(4:15)과 흡사하며 그 여자의 오해와 흡사한 오해가 그들의 요청에도 들어 있다. 그들은 예수가 말씀하시는 떡을 아직 물질의 떡으로 생각하고 있다. 나아가 그들은 사마리아 여자가 여기에 물 길러 오지도 않게 해달라고 한 것과 같이 지속적인 공급을 요청한다. 그러나 예수가 주시는 떡을 한번 받으면 영생하도록 지속되는 떡이다. 그들의 모호한 요청은 '주'라는 칭호의 사용에서도 나타난다. 그들이 예수가 그들을 도울 수 있는 분으로 인식하고 존경의 태도로 그 칭호를 사용했는지 혹은 예수를 하늘에서 내려온 주님으로서 기독론적인 의미로 사용했는지 모호하다. 그들의 입장은 대화가 진행되는 가운데서 명백하게 드러나게 된다.

무리의 요청에 대하여 예수가 대답한다: **"내가 곧 생명의 떡이니 내게 오는 자는 결코 주리지 아니할 터이요 나를 믿는 자는 영원히 목마르지 아니하리라"**(6:35). 이 구절에는 "나는 (그)이다"(ἐγώ εἰμι)라는 칭호에 술어가 붙은 첫 번째 진술이 나온다: "나는 생명의 떡이다"(ἐγώ εἰμι ὁ ἄρτος τῆς ζωῆς). 예수는 이미 사마리아 여자와 제자들에게 "나는 (그)이다"라는 자신의 존재를 말한바 있다(4:26; 6:21). 저자는 이제 예수 그리스도라는 신성의 존재를 세상의 영상과 결합하여 표현한다. 요한복음에는 이렇게 "나는 (그)이다" 칭호와 세상의 영상이 술어로 결합된 일곱 개의 진술이 나온다. 그 진술들은 예수의 존재와 그의 사역의 본질과 목적을 설명적으로 나타내는 요한복음서 저자의 독특한 표현 양식이다. 그 일곱 개의 진술들을 다음과 같다:

1. 나는 생명의 떡이다(6:35, 41, 48, 51)
2. 나는 세상의 빛이다(8:12; cf. 8:18, 23)
3. 나는 (양의) 문이다(10:7, 9)
4. 나는 선한 목자이다(10:11, 14)
5. 나는 부활이요 생명이다(11:25)
6. 나는 길이요 진리요 생명이다(14:6)
7. 나는 포도나무이다(15:1, 5)

하늘의 떡 사상은 만나의 선물과 관련된 구약과 유대교 사상에 기초한다. 이스라엘 지혜 전승에서 만나는 하나님의 말씀과 교훈의 의미로 해석되었다; 토라는 떡이며 지혜는 음식이다. 인간에게는 하나님의 입으로 나오는 말씀이 필요한데, 예수는 바로 그 하나님의 말씀이다. 그러나 예수는 무리와의 대화에서 용어를 계속 변경해왔다: 영생하도록 있는 양식에서 하나님의 일로, 다음에 하늘에서 내린 참 떡으로, 그리고 이제는 생명의 떡으로 변경한다. 생명의 떡이란 어구는 요한복음 6장 전체에서 보여지는 출애굽의 분위기와 떡의 주제에도 불구하고 구약에서 발견되지 않는 것이다. 무리는 이제 출애굽을 회상하는 율법이나 그 밖의 성서 전승들을 통하여 예수의 말씀을 이해할 수 없게 되었다. 그들에게 남은 것은 이제 예수의 말씀을 영접하든지 혹은 거절하든지 선택하는 것이다.

예수의 선언의 다음 부분은 두 개의 평행 구절로 구성된다:

(1) 내게 오는 자는 결코 주리지 아니할 터이요
(οὐ μὴ πεινάσῃ)
(2) 나를 믿는 자는 영원히 목마르지 아니하리라
(οὐ μὴ διψήσει πώποτε)

두 구절에서 모두 이중 부정어(οὐ μὴ)를 사용하여 강조적 형태를 이룬다. 오는 것과 주리지 않는 것 그리고 믿는 것과 목마르지 않는 것을 연결한 무슨 특별한 이유가 있는가? 또 지금 떡을 주제로 강화가 진행되는 속에서 왜 '목마르다'라는 단어가 사용되었는가? 둘째 구절은 사마리아 여자에게 한 예수의 말씀과 거의 동일하다: "내가 주는 물을 먹는 자는 **영원히 목마르지 아니하리니**"(4:14). 이러한 방식으로 요한복음 6장의 강화와 사마리아 여자와의 대화 사이에 본문의 연결이 상당수 이루어졌기 때문에, 예수가 주림과 목마름을 연결한 것이 그렇게 이상한 것은 아니다. 주림과 목마름은 인간의 삶에서 기본적 욕구의 표현이다. **예수는 인간의 기본적인 신체적 욕구를 통하여 인간에게 있는 더 깊은 욕구를 지적하고 그것의 충족을 제시한다**. 요한복음에서 예수에게 오는 것은 예수를 믿는 것과 동의어로 사용된다(5:40; 6:35, 37, 44, 45, 65).

예수는 자기의 존재를 선언한 후에, 그의 청중에 대한 두 번째 평가를 제시한다: **"그러나 내가 너희더러 이르기를 너희는 나를 보고도 믿지 않는**

다 하였느니라"(6:36). 예수는 그들이 예수를 찾아온 목적에 관하여 앞에서 부정적으로 말한 바 있다(6:26). 여기서 예수는 그를 향한 그들의 부정적 자세를 한층 더 강조적으로 말한다. 예수는 그들이 그가 행하는 표적들을 목격하고도(ἑωράκατε, 완료시제) 믿지 않는다고 판단한다. 오병이어의 표적이 믿음을 촉발시키지 않고 오히려 먹을 것에 대한 욕구를 촉발시켰다. 그들은 예수에게 이런 떡을 항상 달라고 요청했지만(6:34), 예수는, 사람의 마음을 다 아는 분으로서, 예수에 대한 그들의 이해가 피상적이고 예수를 향한 그들의 요구가 물질적인 것을 알고 있었다. 그들에 대한 예수의 부정적 평가는 이 강화의 결론부에 현실로 나타나며 예수의 공생애 전체에 대한 유대인들의 반응에서 나타난다.

예수는 계속하여 그 무리의 믿지 않음의 이유를 설명한다. 이것은 요한공동체가 유대인들을 향한 선교 과정에서 씨름했던 문제에 대한 해답이기도 하다: 왜 그들의 동료 유대인들은 영생을 주시는 분을 믿으려 하지 않는가? 예수는 그것을 하나님의 주권과 관계시킨다: **"아버지께서 내게 주시는 자는 다 내게로 올 것이요 내게 오는 자는 내가 결코 내어쫓지 아니하리라"**(6:37). 이 구절의 전반부는 일종의 선택 사상을 포함한다. "내게 주시는 자는 다"라는 어구는 원어로는 "내게 주시는 **것(중성)**은 다"(πᾶν ὃ δίδωσίν μοι)로 번역하는 것이 필요하다. 따라서 하나님의 주권적 선택을 말하는 이 구절은 선택받은 사람들을 가리키는 것이 아니라 선택받은 집단을 가리킨다. 아버지께서 예수에게로 이끌지 아니하시면, 아무도 예수에게 올 수 없다. 그러나 하나님이 무엇에 기초하여 혹은 무엇 때문에 어떤 사람은 인도하시고 다른 사람은 인도하지 않으시는가에 대하여는 언급이 없다.

인간의 반응에 관하여 말할 때는 집단이 아니라 개인이 언급된다: "내게 오는 자"(τὸν ἐρχόμενον πρὸς ἐμὲ). "내어 쫓지 않는다"라는 말은 오늘날 우리에게는 낯설게 느껴지지만, 요한공동체에게는 생생하게 다가오는 말씀이었다. 요한공동체와 대결 관계에 있던 유대교 공동체에서는

"누구든지 예수를 그리스도로 시인하는 자는 쫓아내기로 결의하였다"고 언급된다(9:22). 예수를 그리스도로 믿는다는 이유로 회당에서 내어쫓김을 당하는 상황에서 예수는 그에게 오는 사람들을 결코 쫓아내지 않는다.

예수가 그렇게 하는 이유는 그가 세상에 오신 목적을 이루기 위함이다: **"내가 하늘로서 내려온 것은 내 뜻을 행하려 함이 아니요, 나를 보내신 이의 뜻을 행하려 함이니라"**(6:38). 이 구절은 예수의 뜻과 아버지의 뜻이 다르다는 것을 말하려는 것이 아니라, 하나님의 뜻에 순종하는 예수와 예수를 영접한 사람들을 내어쫓는 그 유대인들을 대조시킨다. 예수가 실행하려는 하나님의 뜻은 하나님이 그에게 주신 사람들을 안전하게 보호하는 것이다: **"나를 보내신 이의 뜻은 내게 주신 자 중에 내가 하나도 잃어버리지 아니하고 마지막 날에 다시 살리는 이것이니라"**(6:39). '잃어버리다'(ἀπολύω)는 '멸망하다'(3:16)와 '썩는다'(6:27)라는 말로 번역된 것으로서 요한복음에서 하나님의 심판의 결과를 나타내는데 사용되었다. 따라서 "잃어버리지 아니한다"라는 것은 하나님의 은혜의 품안에서 살도록 지켜주신다는 말이다(10:28f.).

마지막 날에 관한 언급은 예수의 권위의 범위를 나타내는 새로운 주제를 소개한다. 예수는 태초에 하나님과 함께 계시던 존재로 묘사되었는데, 이제 그는 마지막 날에 하나님의 뜻을 실행하는 자로 제시된다. 지금 생명을 주시는 아들의 활동은 마지막 날에 부활과 심판을 통하여 완성될 것이다(5:25, 29). "마지막 날에 내가 다시 살리리라"는 전형적 어구는 6:40에서 반복되는데, 이것은 최초 기독교인들이 확립한 미래적 종말론을 보존하기 위한 편집자의 삽입이라는 견해가 제기되어 왔다. 그러나 요한복음서의 저자가 미래적 종말론에 무관심했던 것은 아니다. 그것은 저자의 견해에 이미 포함되어 있다(11:24; 12:48). 요한의 종말론적 입장은 현재 이 세상의 삶에서 영생을 소유하고 누리는 것과 함께 미래적 완성의 희망을 가지는 것이다.

예수는 자신이 지금 실행하고 있는 아버지의 뜻을 반복하여 제시한다:

"내 아버지의 뜻은 아들을 보고 믿는 자마다 영생을 얻는 이것이니 마지막 날에 내가 이를 다시 살리리라 하시니라"(6:40). 여기서 보는 것과 믿는 것이 병렬로 연결된다; 5:24에서는 듣는 것과 믿는 것이 연결되었다. '본다'(θεωρεῖν)는 것은 시각적 활동이면서 또한 인식적 활동의 의미를 나타낸다. 곧 아들을 본다는 것은 아들에 관한 복음의 말씀을 듣고 인식하는 것을 말한다. 여기서 저자는 하늘에서 내려온 생명의 떡에 관한 일차 강화를 마감한다. 하나님이 독생자를 주신 목적은 모든 사람이 심판에 이르지 않고 생명을 얻게 하려는 것이다.

그러나 하나님의 그러한 소원과 뜻을 거스르는 사람들이 현실적으로 존재한다. 저자는 하나님의 주권을 강하게 부각시키면서도 또 하나님의 뜻을 거역하는 것에 관하여도 언급한다. 하나님의 주권적 은혜와 함께 인간의 자유 의지의 반응이 결합하여 구원이 일어난다. 그러나 인간의 믿음의 반응도 결국은 독생자를 주신 하나님의 은혜의 결과이다. 구원의 역사에서 하나님의 주권적 역할은 인간의 반응보다 더 위대하다. 그러나 하나님은 인간의 긍정적 반응(믿음)이 없이는 구원의 역사를 행하지 않으신다.

4. 대화 2: 예수의 기원에 관한 논쟁(6:41-51)

저자는 하늘에서 내려온 생명의 떡을 먹는 것에 관하여 말하기 전에 그때까지 예수의 교훈을 들은 청중의 반발을 다룬다. 여기서 쟁점은 다시 예수의 참된 존재에 관한 것으로 변경된다. 저자는 지금까지 여러 교훈들을 통하여 우리가 예수의 참된 존재를 알려면 그가 어디서 왔으며 그가 어디로 가는가를 알아야 한다는 것을 강조해 왔다. 이 단락에서도 예수의 기원이 부각된다.

저자는 예수의 교훈에 대한 청중의 반응을 수군거림으로 표현한다: **"자기가 하늘로서 내려온 떡이라 하시므로 유대인들이 예수께 대하여 수군거렸다"**(6:41). 여기서 예수의 대화의 상대가 "그 유대인들"로 변경된다

(6:41); 지금까지 대화의 상대는 '무리'(6:24) 혹은 '그들'(6:25-35)로 언급되었다. 대화의 진행 과정으로 볼 때, 그들은 갈릴리의 믿지 않는 유대인들인 것처럼 보인다. 그러나 불신과 수군거림과 관련하여 그 칭호를 다시 사용한 것은 보다 더 신학적이고 상징적인 의미를 포함하고 있다.

일단 그들이 예수에 대하여 회의적이며 거부하는 자세를 가졌기 때문에, 그들은 그들이 살던 지역에 관계없이 "그 유대인들"로 분류되었다. 이것은 요한복음에서 지리적 명칭이 대부분 신학적이고 상징적 의미를 가진 것으로 사용된 것과 맥락을 같이한다(8:48; 18:35). 원어의 어순에서도 그들의 수군거림은 그들의 정체가 "그 유대인들"로 불리어지기 전에 언급되었다(ἐγόγγυζον οὖν οἱ Ἰουδαῖοι). 그것은 원인과 결과를 나타낸다: 그들이 수군거렸기 때문에, 그들은 "그 유대인들"의 성격을 가진 사람들로 분류된다.

'수군거림'(ἐγόγγυζον)은 출애굽 때에 광야에서 이스라엘 백성의 행실을 나타내는데 사용되었다(출 16:2, 8f.). 그것은 하나님의 은혜의 활동에 대한 불신의 구체적인 표현이며(사 10:12; 시 106:24-25) 또 계명에 대한 불순종을 가리킨다. 그것은 생수 사건(출 15:24)과 만나 사건(출 16:2, 7, 12)의 배경을 이룬다. 그 유대인들은 출애굽 때의 이스라엘 백성과 같이 하나님의 은혜의 활동에 대하여 의심하며 거부하는 태도를 갖고 있었던 것이다. 그들의 수군거림은 예수가 그들에게 "내가 곧 하늘에서 내려온 떡이다"라고 말한 특정한 부분과 관계된다.

그런데 예수의 말씀에 대한 그들의 인용은 예수가 앞에서 한 말씀과 정확하게 동일하지 않다. 예수는 "내가 하늘에서 내려온 떡이다"라고 말씀하지 않았다. 예수가 한 말씀은 "하나님의 떡은 하늘에서 내려와 세상에게 생명을 주는 분이다"라는 것과 "나는 생명의 떡이다"라고 한 것이다. 그들이 모세의 말을 인용할 때에는 정확하게 한 것과 사뭇 대조된다(6:31). 예수의 말씀을 부정확하게 인용한 것은 그들이 예수의 말씀을 청종하지 않고 있다는 것과 예수가 하나님의 뜻을 행하기 위하여 왔다는 것을 믿지 않으려는 그들의 태도를 가리킨다.

그들의 수군거림은 예수의 기원에 관한 것이다: **"이는 요셉의 아들 예수가 아니냐 그 부모를 우리가 아는데 제가 지금 어찌하여 하늘로서 내려왔다 하느냐"**(6:42). 저자는 예수의 기원이 애매함을 인하여 예수를 배척한 전승을 사용한다(cf. 막 6:3; 마 13:55; 눅 4:22). 그들의 주장은 부모가 분명히 알려져 있는 사람은 하늘로부터 내려온 자가 될 수 없다는 논리이다. 저자는 여기서 예수의 동정녀 출생을 전혀 언급하지 않는다. 다만 그것을 전제하고 암시한다. 예수의 아버지의 이름을 요셉으로 말한 것은 여기서 두 번째인데(1:45), 예수의 어머니의 이름이 밝혀지지 않은 것과 대조된다(2:2-3). 그들의 수군거림의 내용은 그들이 가진 예수와의 관계성에 관한 정보를 제공한다. 그들은 예수의 부모를 안다고 말했다. 이것은 예수를 단순히 요셉의 아들이라고 말하는 것보다 훨씬 더 많은 것을 그들이 알고 있었다는 것을 암시한다. 일세기 유대교 사회에서 한 사람의 부모를 안다는 것은 그 사람과 어느 정도 가깝고 친숙한 관계를 전제한다. 특히 그의 어머니를 안다는 것은 그들이 그의 집안에 속한다는 것 혹은 적어도 그의 마을이나 읍내 사람들인 것을 가리킨다.

예수의 출신지 나사렛과 그의 아버지 요셉에 관하여 예수의 제자 중 한 사람인 빌립이 나다나엘에게 한 말에서 이미 구체적으로 언급되었다(1:45). 이러한 단서들은 지금 예수의 교훈에 대하여 수군거리는 그 유대인들이 예수와 비교적 가까운 사람들이거나 혹은 한 동네 사람들 혹은 심지어 예수의 제자들 중 일부의 사람들일 가능성을 보여준다. 예수의 제자들 중에 예수의 교훈이 어렵다고 불평하면서 그를 떠나간 사람들이 나중에 나타난다(6:60, 66). 다만 여기서는 예수의 교훈이 그에 관하여 피상적으로 일부분만 알고 있는 사람들 중에 논쟁을 불러일으키고 있음을 보게 된다. **이것은 해학적 표현으로서 그들이 예수와 그의 부모에 관하여 안다고 말하지만, 사실은 그들이 참으로 알아야 할 것을 알지 못함을 나타내고 있는 것이다.**

수군거리는 그 유대인들에게 예수가 대답한다: **"너희는 서로 수군거리지 말라. 나를 보내신 아버지께서 이끌지 아니하면 아무라도 내게 올 수 없으니 오는 그를 내가 마지막 날에 다시 살리리라"**(6:43-44). 예수의 대답은 두 가지로 제시된다: 첫째는 수군거리지 말라는 명령이며, 둘째는 앞 단락에서 언급된 교훈의 반복이다. 의심과 불만의 자세를 가지고는 예수의 참된 존재를 알 수 없다. 예수는 그를 믿는 것과 안 믿는 것의 결과를 다시 하나님의 주권으로 돌린다. 그 유대인들의 불신이 물론 일차적으로는 그들 자신들의 책임이지만, 예수에 대한 반응의 결과를 하나님의 주권으로 돌리려는 것이 요한복음서 저자의 특징적인 입장이다. 하나님의 주권에 관한 예수의 교훈은 한 결과에 대한 다른 면에서의 해석이다. 아버지께서 이끌지 아니하면 아무라도 내게 올 수 없다는 것은 하나님에 의하여 이끌리는 사람들만이 예수를 믿을 수 있다는 말이다.

'이끌다'(ἑλκύσῃ)라는 용어는 요한복음에서 하나님의 부르심에 관한 역설적 본질을 설명한다(12:32). 하나님의 부르심은 마치 사람을 끄는 자석과 같아서 사람들을 끌어들이는 매력을 갖지만 또 그것은 거부될 수도 있다. 어떤 사람들은 예수에게 이끌리지 않을 수도 있다. 아무튼 이것은 세상을 향한 요한공동체의 선교의 결과를 반영하는 결과론적 언급이다. 마지막 날에 있을 부활에 관한 언급은 예수를 통한 하나님의 구원 활동이 은혜의 첫 매력으로부터 구원의 최종적 완성에 이르기까지 계속됨을 나타낸다.

예수는 예언자의 말씀을 인용하여 자신의 견해를 보충한다: **"선지자의 글에 저희가 다 하나님의 가르치심을 받으리라 기록되었은즉 아버지께 듣고 배운 사람마다 내게로 오느니라"**(6:45). 요한복음에 나오는 여러 가지 성서 인용문들 중에서 "저희가 다 하나님의 가르침을 받으리라"는 말씀은 선지자들에게 돌려진 첫 번째 말씀이다. 이것은 요한복음 6장이 전체적으로 출애굽과 오경을 배경으로 한 것에서 변경된 것이다. 이 짧은 인용문은 이사야의 말씀을 기초한 것으로 보인다: "네 모든 자녀는 여호와의 교훈을 받을 것이니 네 자녀는 크게 평강할 것이며"(사 54:13). 요한복음 6:45의 후반부 말씀은 이사야 55:3에 나오는 주제를 반영한다: "너희는 귀를 기울이고 내게 나아와 들으라. 그리하면 너희 영혼이 살리라 내가 너희에게 영원한 언약을 세우리니 곧 다윗에게 허락한 확실한 은혜니라" (사 55:3).

예수는 그의 교훈들이 이미 그들이 갖고 있는 선지자들의 글에 나와 있기 때문에, 그들이 생명을 얻기 위하여 그의 교훈들에 주의를 기울일 것을 권고한다. "아버지께 듣고 배운 사람마다 내게로 온다"는 것은 예수를 믿는 신앙에 있어서 하나님의 책임을 부각시킨다. 하나님은 말씀을 통하여 곧 그가 선택하시는 사람들에게 내적 교훈을 주심으로써 예수에게로 이끄신다. 하나님이 자신의 말씀을 통하여 사람들을 교훈하시는 궁극적 목적은 하나님의 아들을 통한 구원에 이르게 하는 것이다.

예수는 하나님의 가르침을 받는 사람들이 예수에게 온다는 말씀의 오해의 소지를 교정한다: **"이는 아버지를 본 자가 있다는 것이 아니라 오직 하나님에게서 온 자만 아버지를 보았느니라"**(6:46). 이 말씀은 예수가 이미 예루살렘에서 그 유대인들에게 한 것이다(5:19, 37). 하나님의 가르침을 받는 사람들이 있다고 하여 하나님을 본 사람이 있다고 말하는 것은 아니다. 예수 그리스도만이 하나님과의 직접적인 신비한 연합의 관계 속에서 하나님을 보고 아신다. 오직 아버지에게서 온 자만 곧 유일하게 아버지의 보냄을 받은 예수 그리스도만이 하나님과 인간 사이의 중보자가 되신다. 그 아들만이 그런 관계 속에서 아버지에 대한 직접적인 지식을 소유한다. 그 아들의 계시를 받지 않고는 아버지를 알 수 없다(1:18; 3:33; 5:37). 예수의 말씀을 듣고 믿는 것이 없이 하나님에 의하여 가르침을 받을 수 없다. 사람은 예수의 말씀을 들음으로써 하나님의 가르침을 받는다. 그리고 그 가르침의 결과는 예수에게로 이끌림을 받는 것이다. 그 과정은 순환적이지만, 그것은 인간의 의지로 되는 것이 아니라 아버지와 아들의 주권에 따른 것이다.

예수는 자기의 존재에 관한 앞 단락의 선언을 반복함으로써 그의 존재의 기원에 관한 논쟁의 결론을 내린다: **"진실로 진실로 너희에게 이르노니 믿는 자는 영생을 가졌나니 내가 곧 생명의 떡이로라"**(6:47-48). 여기서도 영생의 현재성이 부각된다: 믿는 자는 지금 영생을 소유하고 있다(3:36). 예수만이 하늘의 떡이며 영생을 제공한다(6:35).

예수는 나아가 이 떡의 성격을 만나와 대조시킨다: **"너희 조상들은 광야에서 만나를 먹었어도 죽었거니와 이는 하늘로서 내려오는 떡이니 사람으로 하여금 먹고 죽지 아니하게 하는 것이니라"**(6:49-50). 모세를 통해 주신 만나는, 비록 하나님이 주신 것이지만, 생명의 떡은 아니다. 하늘에서 내려오는 떡은 사람들에게 영생을 제공하기 위한 것이다. 예수는 하늘에서 내려온 떡을 먹음으로 영생을 얻는 것과 이스라엘 백성이 광야에서 만나를 먹고도 죽은 것을 대조시킨다. 예수는 썩는 양식과 영생하도록 있는 양식을 대조시킨바 있다(6:27). 저자는 6:50에서 6:35과 동일한 방식으로 예수의 존재와 그를 통한 하나님의 선물을 제시한다:

6:50	6:35
이는 하늘에서 내려오는 떡이니	내가 곧 생명의 떡이니
사람으로 하여금 먹고	내게 오는 자는
죽지 아니하게 하는 것	결코 주리지 않을 터이요

예수는 이 떡과 자신을 극적으로 연결시켜 결론을 내린다: **"나는 하늘로서 내려온 산 떡이니 사람이 이 떡을 먹으면 영생하리라 나의 줄 떡은 곧 세상의 생명을 위한 내 살이로라 하시니라"**(6:51). "산 떡"은 "생명의 떡"(6:48)과 동의어적 표현이다. 마치 '생수'(산 물)가 "생명의 물"을 가리키는 것과 동일한 의미를 전달한다(계 21:6; 22:1, 17). "내가 줄 떡은 세상의 생명을 위한 나의 살이다"라는 말씀은 성례전을 배경으로 한 것이다. 이것은 자기 자신을 죽음에까지 내어주는 예수의 희생을 가리킨다.

예수는 자기 생명의 희생을 통하여 세상에게 생명을 주신다. 선한 목자는 양들을 위하여 자기 목숨을 버린다(10:11). 떡은 자신을 죽음에 내어줌을 통하여 생명을 주는 예수 자신을 가리킨다. **따라서 내 살(σάρξ)이란 말은 단순히 인간의 신체를 가리키는 것이 아니라, 자기 자신을 죽음에 내어준 인간으로서 예수와 그의 공생애의 삶 전체를 가리킨다.**

말씀이 육신이 되신 목적은 그 육신이 죽음에 넘겨지기 위함이다. 이것을 통하여 예수는 단순히 하나님을 계시하는 것만 아니라, 세상에게 구원을 가져오는 자가 된다. 그는 세상의 죄를 가져가는 하나님의 어린양이다(1:29). 또 그는 그의 육신이 찔림으로 생명과 축복의 강이 흐르게 한다(19:34). 죽음에 내어준 예수의 존재 전체는 성례전을 통하여 제자들에게 공급되며 영접된다. 어떤 학자는 6:47-48을 앞에서 논의된 것의 결론으로 간주하며, 그래서 6:49을 새로운 단락의 시작으로 생각한다. 다른 학자는 "나의 줄 떡은 곧 세상의 생명을 위한 내 살이로라"라는 구절이 새로운 단락의 시작이라고 생각하기도 한다. 그러나 6:49-51은 앞에서 길게 논의된 것의 결론에 해당하면서도 또 새로운 논의의 주제를 소개한다.

5. 대화 3: 인자의 살과 피(6:52-59)

"나의 줄 떡은 곧 세상의 생명을 위한 내 살이다"라는 예수의 말씀은 그 유대인들 사이에 격렬한 논쟁을 불러일으켰다: **"이러므로 유대인들이 서로 다투어 가로되 이 사람이 어찌 능히 제 살을 우리에게 주어 먹게 하겠느냐"**(6:52). 놀라운 것은 그 논쟁이 그 유대인들과 예수 사이가 아니라 그 유대인들 사이에 벌어졌다는 것이다. '다투었다'(ἐμάχοντο)는 단어는 격렬한 논쟁을 가리킨다. 그들의 회의적인 질문의 초반부인 "그것이 어떻게 가능한가?"(πῶς δύναται)라는 말은 거듭나야 한다는 예수의 말씀에 대한 니고데모의 반응과 동일하다(3:3-4). 그러나 니고데모의 질문이 예수에게 한 것과 달리 여기서는 그들 중의 한 편에게 한 것이다. 이 언급이 의미를 가지려면, 그 유대인들 중 일부가 예수의 말씀을 믿었든지 혹은 그들 중에 예수의 말씀에 대한 서로 다른 이해가 있었다고 생각하는 것이 필요하다.

그들의 논박은 기독교 성례전에 대한 논쟁의 중심을 반영한다. 고대 교회사에 따르면, 성례전 신학이 발전하기 훨씬 이전 초기 기독교인들 사이에 예수가 자기 자신을 떡과 포도주와 동일시하고 그의 제자들에게 떡을 먹고 포도주를 마시는 의식을 행하게 한 초기 전승의 이해를 놓고 많은 논란이 있었다. 공관복음서 저자들과 사도 바울이 각각 주의 만찬 강화를 전달하는데(막 14:22-25; 마 26:26-29; 눅 22:15-20; 고전 11:23-25), 그들은 그것의 의미에 대한 신학적 논쟁에 관하여는 기록하지 않았다. 그들은 떡을 예수의 몸(σῶμα)과 관계시킨 반면, 요한복음에서 예수는 그의 살(σάρξ)을 먹어야 한다고 말한다. 그 유대인들이 서로 격렬하게 논쟁한 쟁점도 바로 예수의 살을 먹어야 한다는 것이었다. 브라운(Brown, I:282)은 히브리 용법에서 한 사람의 "몸과 피"를 먹는 것은 그 사람 전체를 영접하는 의미를 갖는다고 설명한다. **이런 입장에서 성례전에 참여하는 것은 예수의 생명과 그의 삶 전체를 영접하는 표시이다**.

그러나 히브리적 용법에서 "살을 먹는다"라는 것은 완전히 다른 이야기이다. 그것은 육식을 하는 새들이나 하는 일이며(겔 39:17) 또 행악자들이 행하는 일이다(시 27:2; 슥 11:9). 그래서 살을 먹는 것과 생명을 연결시킨 예수의 말씀은 분별 있는 청중에게는 도저히 납득되지 않는 것이었다. 더구나 피를 마시는 것과 고기를 피 채 먹는 것은 율법에서 금지하는 것이었다(레 7:26f.). 니고데모가 예수의 말씀을 물질적으로 이해하여 오해했던 것과 같이, 그 유대인들 역시 예수의 말씀을 순전히 물질적으로 이해하여 있을 수 없는 괴상한 것으로 간주했다. 그들은 예수의 말씀에 담긴 성례전적이며 상징적인 의미를 파악하지 못했다. 요한복음에서 이런 오해는 예수가 하늘의 영역에서 말하는 것에 대하여 사람들은 땅의 영역에서 말하는 것으로 이해하는 사건들 속에서 빈번하게 나타난다.

살에 관한 오해에도 불구하고 예수는 살과 피에 관한 교훈을 진행한다: **"예수께서 이르시되 내가 진실로 진실로 너희에게 이르노니 인자의 살을 먹지 아니하고 인자의 피를 마시지 아니하면 너희 속에 생명이 없느니라"**(6:53). 이 단락에서 '살'이 6회 나오고 '피'가 4회 나온다. 예수는 단순히 '몸'이라는 단어를 사용하지 않고 살과 피를 사용한다. 공관복음서들에서 살은 오직 8회만 나오며 성례전의 문맥에서는 전혀 나오지 않는다. 예수의 말씀은 6:51b의 부정적 표현이다: 하늘에서 내려온 산 떡은 예수의 살인데, 그것만이 세상에게 생명을 제공하기 때문에 생명을 얻기 위한 다른 길은 없다.

여기서 두 가지 점이 추가되었다. (1) 예수의 살이 인자의 살과 피로 변경된다. 인자는 살과 피를 가진 한 사람의 실질적 인간이다. 그러나 인자는 단순히 인간만은 아니다; 왜냐하면 그의 살과 피는 다른 사람들이 먹고 마실 수 있는 것으로 묘사되기 때문이다. 인자는 특히 하나님의 인치심을 받은 인간으로서 세상의 구원을 위하여 하늘에서 내려왔다가 하늘로 돌아간(올라가신) 분이다(3:13; 6:62).

(2) 인자의 살에 인자의 피가 추가된 것은 성례전을 표현하기 위한 방식이다. 피가 추가된 것에 관하여 두 가지 견해가 있다. 첫째, 피는 평행법적으로 사용되어 살의 의미를 다시 설명하거나 보충하는 의미를 갖는다는 것이다. 둘째, 살과 피는 성례전의 서로 다른 의미를 제공한다는 것이다. 피는 죽음의 필연성을 강조하고 신자들에게 주어지는 생명을 상징하는 반면, 살은 신자들이 공유하는 그리스도의 희생과 고난을 의미한다. 피는 성례전을 소개하기 위하여 평행법적으로 추가되었다는 첫째 견해가 더 타당하게 보인다. **인자의 살과 피는 함께 하늘에서 내려온 살아 있는 떡으로서 세상에게 생명을 주기 위한 화육하신 독생자의 삶 전체를 가리킨다.**

예수는 그의 생명이 전달되는 통로에 관하여 다시 언급한다: **"내 살을 먹고 내 피를 마시는 자는 영생을 가졌고 마지막 날에 내가 그를 다시 살리리니 내 살은 참된 양식이요 내 피는 참된 음료로다"**(6:54-55). 이 구절은 인자의 살과 피가 "나(예수)의 살과 피"로 바뀐 것 외에는 앞 절의 말씀의 의미와 동일하다. '먹는다'는 동사(τρώγειν)는, 요한복음에서는 드물게 나오는데, 육식 동물들이 살을 먹을 때 주로 사용되었다. 바렛(Barrett, 299)은 이 단어의 사용이 먹는다는 의미의 다른 단어들과 구별된 어떤 특별한 의미를 갖는 것으로 보기는 어렵다고 말한다. 여기서 저자는 보다 더 생생한 그림 언어를 사용한 것으로 보인다.

"마지막 날에 내가 다시 살린다"라는 말씀은 세 번째 언급으로서 앞에서 언급된 말씀들과 자연스럽게 연결된다: 아들을 보고 믿는 자(6:40) = 내게 오는 자(6:44) = 내 살을 먹고 내 피를 마시는 자(6:54). 이 말씀들을 통하여 요한이 전달하려는 교훈은 명백하다: 아들을 믿는 자는 아들을 믿는 사람들의 공동체 속에 들어와 성례전에 참여함을 통하여 아들과 연합된 것을 증언하는 것이다. 이 말씀은 또 성례전과 종말론의 조화를 나타낸다. 성례전과 종말론의 연결은 기독교 선포 초기부터 이루어졌다(고전 11:26). 참된 양식과 참된 음료는 모든 배고픔과 목마름을 근원적으로 만족시켜주며(6:35), 나아가 영생을 제공하는 양식과 음료를 가리킨다(6:27).

예수는 그의 살과 피가 참된 양식이며 참된 음료가 되는 근거를 제시한다: **"내 살을 먹고 내 피를 마시는 자는 내 안에 거하고 나도 그 안에 거하나니 살아계신 아버지께서 나를 보내시매 내가 아버지로 인하여 사는 것 같이 나를 먹는 그 사람도 나로 인하여 살리라"**(6:56-57). "내 안에 거하고 나도 그 안에 거한다"는 말씀은 예수 그리스도와 신자 사이의 완전하고 상호적인 신비한 연합의 관계를 나타낸다. '거하다'(μένειν)라는 단어는 요한복음에서 예수 그리스도와 신자의 그러한 신비한 연합의 관계를 나타내는 매우 중요한 단어이다: 아버지께서 아들 안에 거한다(14:10); 성령이 예수 안에 거한다(1:32-33); 신자들이 그리스도 안에 거하며 그리스도께서 그들 안에 거한다(6:56; 15:4). 저자는 예수의 거하심을 예수의 말씀의 거하심으로 표현하기도 한다(5:38; 8:31; 15:7). 예수의 제자들은 성례전에 참여함을 통하여 예수와의 신비한 연합의 관계에 들어간다.

'살아계신'이란 수식어는 "아버지께서 자기 속에 생명을 소유하고 계신다"라는 요한복음 5:26의 의미를 전달한다. 아들의 존재는 전적으로 아버지에게 의존한다. 그래서 아들 자신의 독자적인 계획과 권위를 가진 것이 아니다. 성례전의 참여를 통하여 아버지와 아들의 연합의 관계가 신자들에게 전달된다. "나를 먹는 그 사람도 나를 인하여 살리라"는 말씀은 아버지와 아들의 연합의 관계가 예수와 신자들 사의의 관계에서도 성립됨을 가리킨다. 이런 방식으로 아버지와 아들과 신자들의 상호 연합의 관계가 성립하는데, 그것은 고별 강화에서 더 강조될 것이다(14:20-21; 17:21). 저자는 여기서 예수와 신자들의 관계가 성례전을 통하여 확립되고 더 강화되는 것을 나타낸다.

예수는 그가 주는 떡과 모세의 떡을 대조시키면서 단락의 교훈을 마감한다: **"이것은 하늘로서 내려온 떡이니 조상들이 먹고도 죽은 그것과 같지 아니하여 이 떡을 먹는 자는 영원히 살리라"**(6:58). 이 말씀에 새로운 사상이 포함된 것은 아니며 앞에서 언급한 것들을 요약하는 성격을 갖는다. 다시 한 번 만나(그리고 그것이 상징하는 율법 체계)와 하늘의 떡 사이가 대조된다. 예수 그리스도를 통하여 공급되는 하늘의 떡만이 영생을 제공한다. 이 말씀은 나아가 하늘에서 내려온 떡을 먹는 공동체와 생명을 주지 못하는 떡을 소유한 공동체의 대조를 반영한다. 저자는 이 단락에 나오는 예수의 말씀들이 가버나움 회당에서 가르친 전승에 기초함을 언급한다(6:59; cf. 막 2:21; 눅 4:31 등).

저자는 예수의 교훈이 바다 건너편 열린 광야 지역에서 무리와 그 유대인들을 포함하여 많은 사람들이 모여 있는 상황에서 제시된 것으로 묘사했다. 그래서 가버나움 회당에서 이루어진 교훈들이라는 언급은 다소 생소하다. 회당이라는 지역 유대교의 종교적 집회 장소가 요한복음서에서 처음 언급되었다. 회당은 바로 그 유대인들의 종교적 권위가 행사되는 장소이다. 따라서 이 강화는 그 유대인들의 집회 장소인 회당에서 예수의 전파자들인 요한공동체의 전도자들이 벌였던 논쟁을 배경으로 전달된 것이다.

6. 대화 4: 예수를 떠나가는 제자들(6:60-65)

이 단락은 예수의 갈릴리 사역의 종결을 표시하는데, 그 속에서 저자는 그 사역의 결과를 공관복음서들에서 중요하게 다루어진 사건들과 관련하여 요약된 형태로 표현한다. 저자는 요한복음 12:37-50에서 다시 한 번 예수의 공생애 전체(특히 예루살렘과 유대 지역에서의 사역을 포함)에 관하여 요약적 진술을 제시한다. 그래서 어떤 학자는 이 단락을 그 요약적 진술 바로 앞에 곧 12:37 바로 앞에 놓아야 한다고 주장하기도 했다. 가버나움 회당 강화에 따르면, 예수의 교훈에 대하여 "그 유대인들"이 의문을 제기해왔다.

그런데 이 단락에서는 예수의 제자들 중 일부가 그의 교훈을 어렵다고 불평하고 결과적으로 예수를 떠나는 것으로 묘사된다. 예수의 교훈으로 인하여 그의 제자들 사이에 분열이 일어나고 그래서 많은 제자들이 물러가는 기회가 된다(6:66). 또 이때는 공관복음서들에서 베드로의 가이사랴 빌립보 고백에 상응하는 것으로서 요한공동체의 중심적 고백을 진술하는 기회가 된다. 많은 제자들이 떠나간 원인은 요한공동체 안에서 성례전의 의미에 관한 이견들에서 비롯된 것으로 제시된다. 저자는 성례전의 의미에 관한 예수의 해명을 통하여 생명의 떡에 관하여 그가 말씀하신 모든 것을 인자의 올리우심과 성령강림의 빛에서 해석한다.

예수의 교훈에 대한 반발은 그 유대인들뿐 아니라 그의 제자들 중에서도 나왔다: **"제자 중 여럿이 듣고 말하되 이 말씀은 어렵도다 누가 들을 수 있느냐 한 대"**(6:60). "그의 제자들"로 표현된 이 사람들이 어떤 사람들을 가리키는가는 불분명하다. 이 단락에서 그들은 "열두 제자들"과는 구별된다(6:67). 아마 그들은 예수가 행하시는 표적들을 보고 예수를 믿은 사람들이었을 것으로 보이며(2:11, 23; 4:39-42), 특히 오병이어 표적을 보고 예수를 예언자적 왕으로 이해하여 그를 왕으로 삼으려 했고 또 다시 그를 찾아온 사람들 중에 포함된 사람들로 보인다. "이 말씀은 어렵다"라고 했는데, 예수의 말씀 중에 무엇이 어려운가는 구체적으로 언급되지 않았다. "이 말씀"(ὁ λόγος οὗτος)이라는 단수가 사용된 것은 가버나움 회당 강화 전체에서 제시된 예수의 교훈을 말하든지 혹은 성례전에 관한 예수의 교훈을 말하는 것으로 보인다. 아들이 아버지를 대신하여 생명과 심판의 권세자가 된다는 교훈이 논쟁의 대상이었을 가능성도 있다(5:19-47).

'어렵다'(σκληρός)라는 단어는 이해하기가 어렵다, 받아들일 수 없다, 혹은 걸림이 된다(6:61)는 의미를 갖는다. "누가 들을 수 있느냐?"로 번역된 어구에는 삼인칭 대명사 '그의'(αὐτοῦ, 속격 단수)가 포함되어 있다(τίς δύναται αὐτοῦ ἀκούειν). 누가 '그'를 혹은 "그의 말을 들을 수 있는가?"라는 반문이다. 요한복음에서 '듣다'(ἀκούειν)라는 동사가 대명사 속격과 함께 사용되면, 그 속격은 문맥에 따라 사람 혹은 사물을 가리킨다. 따라서 여기서도 제자들의 불평은 그 말씀에 대한 것일 수도 있고 혹은 예수 자신에 관하여 알 수 없다는 불평일 수 있다.

예수는 제자들이 그의 말씀에 대하여 수군거리는 것을 스스로 알았다. 저자는 예수가 사람들의 내면을 통찰하는 초자연적 능력의 소유자임을 이미 제시한바 있다(1:47f.; 2:24f.). 출애굽 때 불신하는 백성의 불평을 나타내는 수군거림이 그 유대인들에게서 나타나고 또 제자들에게서도 나타난 것으로 제시된다(6:41).

그들의 수군거림에 대하여 예수가 대답한다: **"이 말이 너희에게 걸림이 되느냐? 그러면 너희가 인자의 이전 있던 곳으로 올라가는 것을 볼 것 같으면 어찌 하려느냐"**(6:61-62). "걸림이 되다"라는 단어(σκανδαλίζει)는 공관복음서들에서는 일상적인 반면, 요한복음에서는 이곳과 16:1만 나온다. "이 말이"라는 번역은 "이 말씀은 어렵다"(6:60)라는 제자들의 말에 기초한다. 요한복음 6:61b에서 "이 말이"로 번역된 단어가 원어에서는 중성 지시대

명사(τοῦτο)가 사용되었다. 만일 6:61b의 "이 말"이 6:60의 "이 말씀"을 가리키려면, 남성 지시대명사(οὗτος)가 사용되어야 한다. 따라서 "이 말"은 예수의 어떤 구체적인 말씀보다는 인자의 살을 먹고 인자의 피를 마셔야한다는 예수의 교훈 전체를 가리킨다고 보는 것이 타당하다.

수군거리는 제자들을 향하여 예수는 인자의 올리우심에 관한 말씀으로 대답한다. 거듭나야한다는 예수의 교훈에 대하여 니고데모가 의문을 품었던 상황에서도 예수는 인자의 올리우심을 통하여 답변한 바 있다(3:13). **인자가 그의 이전 있던 곳으로 올라가는 것은 예수의 존재의 근원을 생각하도록 인도한다. "이전 있던 곳"은 인자의 선재를 가리키는 특징적 표현이다.** 인자의 존재로서 예수의 올리우심은 그의 내려오심에 상응한다. 그의 내려오심은 이미 자주 언급되었다(6:33, 38, 41, 42, 50, 51, 58). 올리우심은 예수의 존재의 근원과 결말의 이해에 있어서 필수적이다(3:14; 12:34).

인자가 올리움을 받고 영화롭게 된 후에야 비로소 그의 참된 존재가 나타나게 되고 알려지게 될 것이다(8:28). 그 때에야 비로소 인자가 영생의 떡을 성례전의 참여자들에게 제공한다는 것을 알게 될 것이다. **세상은 단지 십자가에 올리우는 인자만을 보게 될 것이지만, 그의 제자들은 믿음의 눈으로 하늘에 올리우신 인자를 보게 될 것이다**. 요한복음 6:62은 전제절만 있고 귀결절이 없다. "어찌 하느려냐"라는 우리말 번역은 그 구절의 이해를 돕기 위한 의역이다. 예수는 이런 방식으로 수군거리는 제자들로 하여금 믿음의 눈으로 인자의 올리우심을 바라보도록 인도한다.

예수는 살과 피의 교훈에서 성령의 교훈으로 옮겨간다: **"살리는 것은 영이니 육은 무익하니라. 내가 너희에게 이른 말이 영이요 생명이라"**(6:63). '살리다'(ζῳοποιοῦν)는 동사는 사도 바울이 자주 사용한 단어로서 하나님의 영의 활동과 함께 사용되어 예수 그리스도를 통해 영원한 생명을 주시는 하나님의 종말론적 생명 활동을 나타낸다(고전 15:45; 고후 3:6; 롬 8:11). 요한도 마찬가지 입장에서 생명을 주시는 하나님의 종말론적 활동을 성령의 활동과 관계시키는데, 인자의 올리우심은 바로 그 성령의 활동의 시작과 근원을 가리킨다. 올리우신 인자는 하나님의 종말론적 활동의 대리자가 되어 생명을 주는 영으로서 혹은 계시를 나타내는 영으로서 활동한다. "육(σὰρξ)은 무익하다"는 말씀은 앞 단락에서 제시된 성례전에 관한 교훈과 관계된다.

예수는 인자의 살을 먹고 인자의 피를 마시는 것을 물질적으로만 이해하는 사람들을 향하여 성례전이 갖고 있는 상징성을 부각시킨다. 성례전에서 먹고 마시는 물질의 떡과 잔 그 자체가 생명을 주는 것이 아니라, 그것을 통해 표현되는 것으로서 하나님의 독생자와 신자들의 결합 곧 신자들 안에 내주하시는 부활의 예수가 보혜사를 통하여 생명을 주신다. 물질로 된 성례전의 음식과 음료가 생명을 주는 것이 아니라, 예수의 살아 있는 말씀이 생명(ζωή)의 근원이 되는 영(πνεῦμα)이다. **예수의 말씀들은 하나님의 말씀들이며 그 말씀 안에 생명이 있어 사람들의 빛이 되기 때문이다(1:4).**

요한은 성례전의 떡과 잔에 어떤 신비한 존재나 마술적 힘을 부여하는 화체설적 성례전 이해에 반대하고 예수의 말씀의 감동과 감화를 통한 생명의 역사를 부각시킨다. 중요한 것은 올리우신 인자가 성령을 통하여 오늘날 내게 혹은 우리에게 말씀하시는 예수의 살아 있는 말씀들(τὰ ῥήματα)이다. 하나님의 아들의 내주하심을 그의 말씀의 내주하심으로 이해하는 것과 성령의 활동을 아들의 말씀을 통한 활동과 연결시키는 것이 요한의 신학적 특성이다.

예수는 제자들 중에서도 믿지 않는 사람들이 있음을 지적한다: **"그러나 너희 중에 믿지 아니하는 자들이 있느니라 하시니 이는 예수께서 믿지 아니하는 자들이 누구며 자기를 팔 자가 누군지 처음부터 아심이러라"**(6:64). 그 유대인들이 예수를 박해하고 죽이려고 했을 뿐 아니라, 제자들 중에서도 사실은 믿지 않고 나아가 그들 배반하는 사람이 생겨났다. 예수는 '처음부터' 이것을 알았다고 언급된다. 예수의 말씀에 담긴 생명은 믿음에 기초하여 영접되는데, 이 믿음의 방식은 두 가지 결과 곧 믿음의 반응과 불신의 반응을 낳았다. 누가 참으로 믿음을 가졌는지는 외적인 조건만으로는 정확하게 구별되지 않는다. 그래서 외적으로는 예수의 제자들의 공동체 안에 있다 하더라도 믿음으로 반응하지 않는 사람들이 있을 수 있다.

'처음부터'라는 말은 일차적으로 예수의 공생애의 시작을 가리키지만, 모든 것을 하나님의 주권으로 돌리는 요한의 입장에서는 태초(1:1)의 의미를 포함하기도 한다. 예수는 이러한 믿음의 반응을 결과적으로 하나님의 주권에 돌린다: "이러하므로 전에 너희에게 말하기를 내 아버지께서 오게 하여 주지 아니하시면 누구든지 내게 올 수 없다 하였노라"(6:65). 예수를 혹은 그의 말씀을 영접하는 것은 인간의 의지와 결단의 문제가 아니라, 궁극적으로 하나님의 주권에 달려 있다(5:38; 6:37; 8:25, 46f.).

저자는 생명의 떡에 관한 예수의 긴 강화가 남긴 부정적인 결과를 다음과 같이 묘사한다: **"이러므로 제자 중에 많이 물러가고 다시 그와 함께 다니지 아니하더라"**(6:66). 예수의 교훈에 대하여 수군거리던 많은 제자들이 결국 예수의 교훈을 영접하기를 포기하고 물러가서 다시는 그와 함께 다니지 아니했다. '이러므로'(ἐκ τούτου)라는 어구는 이유를 가리키는 어구일 수도 있고 혹은 "이때부터"라는 시간 개념을 가리킬 수도 있다. '물러갔다'(ἀπῆλθον εἰς τὰ ὀπίσω)라는 말은 원어로는 "과거의 일들로 돌아갔다"는 의미를 전달한다. 예수를 따르는 것에 대한 반대 개념은 현재와 미래의 것을 추구하지 않고 물러나고 후퇴하여 "과거의 것들에로" 돌아가는 것이다.

7. 대화 5: 예수에게 남은 제자들(6:66-71)

예수의 말씀을 이해하지 못하고 많은 제자들이 그를 떠나가는 상황에서 예수는 남아 있는 열두 제자들에게 **"너희도 가려느냐"**고 물었다(6:67). 열두 제자 집단은 공관복음서들에는 익숙하게 나타나는데, 요한복음에서는 여기서 처음 언급된다(6:67, 70f.; cf. 20:24). 요한은 열두 제자들에 관하여 특별한 관심을 기울이지 않는다. 요한복음에는 열두 제자들을 따로 세운 사건이 나오지 않으며 또 그들에게 특별한 권위나 사명이 부여되지도 않는다. 이 복음서에서는 예수를 믿는 신자들의 공동체를 말하기 위하여 일반적으로 "그의 제자들"이란 어구가 사용된다. 반면에 열두 제자들에 대한 구체적인 언급은 열두 사도들의 권위에 기초를 둔 기독교인 공동체에 대한 요한공동체의 관계를 염두에 두고 사용되었다. 저자는 무리로부터 시작하여 그 유대인들과 그의 제자들 그리고 마지막으로 열두 제자들에게 이르기까지 그들은 믿음의 본질을 소유한 집단인가에 관한 질문의 대상이 된다. 예수의 이름으로 시작한 이 사람들이 진정으로 예수를 믿고 있는가?

요한복음에서 열두 제자 집단의 대변인으로 등장하는 시몬 베드로가 대답했다: "**주여 영생의 말씀이 계시매 우리가 누구에게로 가겠습니까? 우리가 주는 하나님의 거룩하신 자인 줄 믿고 알았습니다**"(6:68-69). 요한은 공관복음서들에 나오는 사건의 순서를 따라서 베드로의 고백을 무리를 먹인 사건의 맥락에서 제시한다. 베드로의 고백은 요한복음 6:63에 나오는 예수 자신의 말씀을 대변한다. "영생의 말씀"(ῥήματα ζωῆς αἰωνίου)은 영생을 제공하는 예수의 말씀이다. 요한은 가이사랴 빌립보 사건의 기독론적 고백을 그가 강조하는 말씀의 신학으로 바꾸어 전달한다. 예수에 대한 불신의 분위기가 강화되는 상황에서 베드로는 믿음의 우선순위를 강조한다: "우리가 믿고 알았습니다." 여기서 두 동사가 모두 완료시제(πεπιστεύκαμεν καὶ ἐγνώκαμεν)로 언급된 것은 요한복음서 저자의 특징적 표현법이다(3:18; 6:69; 8:31; 5:42; 6:69; 8:52, 55; 14:7). 이 복음서에서 믿는다와 안다는 동사는 거의 동의어적으로 또한 상호보완적으로 사용되었다. 믿고 아는 것이며 또한 알게 될 때 더 깊은 믿음으로 들어가는 것으로서 믿는 것과 아는 것의 선순환의 관계를 나타내고 있다.

"하나님의 거룩한 자"란 칭호는 요한복음에 사용된 다양한 칭호들 중에서 여기에 한 번만 나온다. 이 칭호에 관한 저자의 설명도 없고 이 칭호 사용에 대한 예수의 반응도 언급되지 않는다. 요한복음 17:11에서 예수는 하나님을 "거룩하신 아버지"(πάτερ ἅγιε)로 부른다. 요한복음 다른 곳에서 형용사 '거룩하다'(ἅγιος)는 모두 성령을 가리키기 위하여 사용된다. "거룩하게 하다"라는 동사(ἁγιάζειν)는 요한복음에서 독특하며 중요하다. 예수는 "아버지께서 거룩하게 하신 분"(10:36)이며 또 그는 제자들을 위하여 자기 자신을 거룩하게 하신다(17:19). 이런 점에서 볼 때, 요한은 "당신은 그리스도입니다"라는 가이사랴 빌립보의 고백을 요한의 신학을 반영하는 칭호로 변경하여 전달한 것으로 보인다. **유대인의 용법에서 하나님의 거룩한 자는 하나님의 보냄을 받아 그가 계획하신 특별한 사명을 감당하는 "하나님의 기름부음을 받은 자" 곧 메시야이다.**

베드로의 고백에 대한 예수의 대답은 긍정적이며 동시에 부정적이다: **"예수께서 대답하시되 내가 너희 열둘을 택하지 아니하였느냐. 그러나 너희 중에 한 사람은 마귀니라 하시니"**(6:70). 요한은 제자직의 주도권이 예수에게 있음을 부각시킨다. 열두 제자들이 예수를 선택한 것이 아니라, 예수 자신이 그들을 선택했다. 이것은 고별 강화에서도 강조된다(15:16). 마귀(διάβολος)는 헬라인들의 의식 세계에서 익숙하게 나오는 악의 제왕으로서 유대인들이 사탄으로 부른 존재에 상응한다(8:44; 13:2). 예수의 제자 선택의 주제는 최후의 만찬 강화에서 유다의 배반의 맥락에서 다시 나온다. 요한은 그것을 여기서 소개함으로써 제자로 선택을 받는 것과 잠재적 마귀가 되는 것 사이의 역설적 연결을 강조한다. 저자는 이미 예수는 처음부터 누가 믿지 않을 것이지 또 누가 배반할 것인지 알고 계셨다고 설명했다(6:64). 예수는 그 사람을 마귀로 지칭한다. 결과적으로 마귀가 되는 사람을 제자로 선택한 것은 납득하기 어려운 부분이다. 예수는 왜 결과적으로 그를 배반할 것을 이미 알았고 마귀로 판명될 사람을 의도적으로 선택했는가? 그것은 예수의 결과적인 올리우심을 가능하게 하기 위한 의도였는가? 혹은 그것은 세상을 향한 하나님의 사랑을 보여주기 위한 의도였는가?

저자는 예수가 마귀로 지칭한 그 제자의 이름을 밝힌다: **"이 말씀은 가룟 시몬의 아들 유다를 가리키심이라. 그는 열둘 중의 하나로 예수를 팔 자이더라"**(6:71). 공관복음서들에서는 베드로가 사탄이라고 불려진다(막 8:33; 마 16:23). 누가는 베드로가 사탄의 까불림을 받지만, 돌이킨 후에 제자들을 굳게 하라는 예수의 부탁을 받는다(눅 22:31). 이런 점들을 고려하면, 요한은 의도적으로 마가를 수정했다고 볼 수 있다. 마귀의 조종을 받은 사람은 베드로가 아니라 가룟 유다라는 것이다. 요한은 유다의 배반을 사탄의 조종으로 이루어진 일로 설명한다(13:2); 누가도 사탄이 유다에게 들어가 배반자가 되게 했다고 말한다(눅 22:3). 요한의 표현에서는 가룟 유다가 열둘 중의 한 사람이었다는 것이 강조된다. 열두 제자들과 나아가 열둘의 사도적 권위에 기초한 기독교인 공동체들을 향한 요한의 부정적 견해가 이러한 방식으로 표현된다. 심지어 예수의 배반자도 그 속에 포함되어 있었다는 것이다. 예수의 갈릴리 사역은 오병이어의 표적으로 시작하여 그를 찾아온 무리에게 생명의 떡에 관한 교훈으로 이어지고 그리고 그를 따르는 공동체 속에 믿음과 배반이 혼합되어 있는 혼란스러운 결론에 이른다.

C 예수의 초막절 강화(7:1-8:11)

예수는 이제 갈릴리를 떠나 유대와 예루살렘에서 그의 공생애의 나머지 기간을 보낸다. 요한복음 7-10장은 예수가 예루살렘에서 행한 사역과 교훈을 담고 있다. 이때의 사역은 초막절과 수전절이라는 유대교의 명절과 관련하여 성전에서 행한 강화가 중심을 이룬다. 요한복음 9장의 맹인 치유 사건은, 7-8장에 나오는 심각한 논쟁과는 구분된 사건이지만, 치유 받은 사람과 유대교 지도자들 사이에 예수의 존재에 관한 논쟁을 다루는 점에서 연결된다. 요한복음 7장과 8장은 예수의 존재에 관한 여러 가지 논쟁들을 다루는 점에서 하나의 중간 단락을 이룬다.

그 단락 전체를 통하여 예수는 그 유대인들과 함께 초막절의 중심 주제인 하나님의 영광스러운 현존과 관련하여 예수의 존재와 사역의 본질에 관하여 길게 논쟁을 벌인다. 이 전체적인 단락 안에서 7장은 초막절의 진행에 관한 해설자의 세 번의 언급(7:2, 초막절이 가까운지라; 7:14, 명절의 중간이 되어; 7:37 명절 끝날)을 중심으로 단락을 형성한다. 예수를 죽이려는 음모가 진행되는 가운데, 예수는 담대하게 유대교의 전통적 교훈에 위배되는 하나님이 새롭게 마련하신 생명의 길을 선포한다.

요한복음 7-8장에서 보여지는 배경의 어색한 전환, 주제의 갑작스런 변경, 그리고 8:12-59의 배경의 모호함은 이 단락의 복잡한 편집 과정을 보여준다. 개론적 선포("나는 세상의 빛이다," 8:12)와 성전에 대한 결론적 언급(8:59)은 8장의 강화가 7장의 배경을 토대로 초막절 끝에 있었던 것을 제시한다. 요한복음 7:53-8:11의 삽입도 설화 진행의 어려움을 해결하기 위한 시도로 보여진다. 이 사건은 요한복음의 거의 모든 초기 사본들에는 포함되지 않았으며 교부들의 해설도 이 부분을 다루지 않았다. A.D. 10세기 이전의 동방 교부들도 이 부분을 언급하지 않았다.

어떤 사본들에서는 이 사건이 요한복음 7:44, 7:36, 혹은 21:25 다음에 나오기도 하며 또 누가복음 21:38 다음에 나오기도 한다. 이 부분을 건너뛰어 7:52에서 8:12로 바로 가면 이야기가 부드럽게 연결된다. 이것은 독자적으로 회람되던 전승을 편집자가 이 부분에 삽입한 것으로서 요한복음서 원문의 일부분이 아닌 것으로 보여준다. 이 부분의 어휘와 문체에 있어서도 요한복음 전승이라기보다 누가복음 전승에 가깝다. 이 부분은, 저자가 말한대로, 요한복음에 기록되지는 않았지만 예수께서 행하고 말한 다른 많은 전승들 중 하나였을 것으로 간주된다(요 20:30).

요한복음 7-8장에는 그 유대인들과의 충돌 속에서 예수가 자기의 존재를 강하게 부각시키는 강화가 포함된다. 예수는 "내가 (그)이다"(ἐγώ εἰμι)라는 신적 선언을 두 번 활용한다(8:28, 58). 요한복음 5장에서 다루어진 병자 치유에 관한 논쟁과 유사한 형태의 논쟁이 갑작스럽게 재등장하고(7:19-23) 또 예수에 대한 체포 계획의 실행(7:32)은 예수에 대한 법정 청문회와 같은 재판 과정을 묘사한다. 예수에 대한 여러 가지 고소들이 제기되고 그것들에 대한 예수 자신의 변론이 제시된다. 그러나 안식일에 행한 치유에 대한 변론(5:19-47)보다는 기독론적 진술이 약화된다.

요한복음 7장에 나오는 예수의 변론 부분은 안식일 치유의 문맥에서 발전되어 다른 문맥에서 제시된 예를 보여준다. 따라서 그 부분에는 생명을 제공하고 심판하시는 하나님과 예수의 특별한 관계를 제시하는 내용이 포함된다. 이 부분에는 또 예수가 자기 자신을 계시하기 위하여 예루살렘에 올라가는 주제가 나온다. 그러나 예수의 최종적 올리우심 곧 십자가에 올리우는 계시의 때는 아직 이르지 않았다. 예수를 체포하려는 모든 시도들은 실패로 끝난다. 왜냐하면 예수께서 영광을 받을 때가 아직 이르지 않았기 때문이다.

요한복음 7-8장에 묘사된 고소의 장면들은 예수를 신성모독 죄로 처벌하려는 유대인들의 시도를 보여준다. 그것은 예수가 땅에서 하나님의 대리자로 자처하는 주장의 결과였다. 그는 세상에서 하나님을 대신하여 말하고 행동하는 하나님의 대리자이며 또 나아가 아버지와 나는 하나라고 선언한다(10:30). 예수는 자기 자신의 성품과 삶의 목적에 있어서 아버지와 연합되고 하나됨을 인하여 아버지가 말하려는 대로 말하고 행하려는 대로 행하는 존재인 것을 강조한다. 아브라함 이전부터 존재한다는 선재와 신적 기원에 관한 예수의 언급도 신성모독이라는 고소의 원인을 제공한다(8:58). 예수는 공생애의 이 시점에서 이미 재판을 받고 있으며 따라서 자기 자신을 변호해야 하는 상황을 맞이하고 있었다. 그 유대인들은 그들의 종교적이며 법적인 체계에 따라 예수를 고소하고 정죄하며 체포하려고 시도한다. 신약의 어떤 저자도 이와 같이 법정 청문회에 선 예수의 모습을 자세하게 말하지 않는다.

이 단락에서 또 한 가지 특징적인 것은 예수의 형제들에 관한 언급이다. 그들은 예수가 공개적으로 일하지 않는 것에 관하여 불만을 갖고 있었고 또 예수에게 자기를 세상에 나타내라고 요구했다. 그들은 예수와 다른 사람들의 활동의 근본적 차이를 알지 못했다. (1) 예수는 다른 사람들처럼 오고가는 자기의 때를 임의로 선택할 수 없다. 왜냐하면 그것은 하나님이 지정하시기 때문이다. (2) 예수의 삶의 결과는 사람들의 인기가 아니라 세상으로부터의 미움이었다. 왜냐하면 그가 세상의 죄악을 지적하기 때문이다.

예수는 그 형제들의 요구에 따르지 않고 갈릴리에 머물렀다. 그는 인간의 조언에 따라 활동하지 않음을 나타난 후에 비밀히 예루살렘에 갔다. 그러나 예수가 지금까지 세상에 자신을 나타내지 않고 은밀하게 일해 왔다는 언급이 그 동안에 있었던 예수의 활동에 잘 맞지 않는다. 예수는 이미 예루살렘과 갈릴리에서 공적으로 활동해 왔다. 예수는 이미 대중들에게 잘 알려진 인물로 제시된다(7:11-13). 예수의 존재에 관한 무리의 논란(7:12)은 7-8장의 논쟁과 강화의 서두와 같은 역할을 한다.

요한복음 7-8장의 내용을 다음과 같이 교차대구적 구조로 구분할 수 있다:

A. 7:1-9 예수의 동생들의 무지
B. 7:10-24 유대인들과의 논쟁 1
C. 7:25-36 유대인들과의 논쟁 2
D. 7:37-52 예수의 교훈 1
E. 7:53-8:11 간음한 여인과 예수
D' 8:12-20 예수의 교훈 2
C' 8:21-36 유대인들과의 논쟁 3
B' 8:37-47 유대인들과의 논쟁 4
A' 8:48-59 그 유대인들의 무지

1. 예수의 동생들의 요구(7:1-9)

저자는 예수가 처한 상황에 관한 설명을 통하여 7장의 이야기를 시작한다: **"이 후에 예수께서 갈릴리에서 다니시고 유대에서 다니려 아니하심은 유대인들이 죽이려 함이러라"**(7:1). "이 일들 후에"(μετὰ ταῦτα)는 요한이 즐겨 사용하는 연결 어구다(2:12). 그 유대인들이 예수를 죽이려한다는 말은 5:18에서 동일하게 사용되었다. 이것은 5장과 7장의 연결성을 보여주는데, 그렇다고 7장이 반드시 5장 다음에 위치해야 하는 것은 아니다. 그 유대인들에 관한 언급은 예수가 갈릴리에 있을 때에도 나왔다(6:40, 52). 그러나 갈릴리의 그 유대인들은 예수의 말씀에 대하여 수군거리며 의문을 제기하기는 했지만, 예수를 죽이려 하지는 않았다. 그래서 예수를 죽이려 하는 7장의 그 유대인들은 5장의 그 유대인들과 함께 예루살렘에 있는 특정 집단의 사람들이었던 것으로 보인다. 이런 상황에서 예수가 다시 예루살렘에 올라간 것은 대단히 위험하고 단호한 결단을 요구하는 일이었다. 예수에 대한 이러한 험악한 분위기는 7-8장의 법정적인 국면을 강화한다. 그것은 예수에 대한 고소의 정도가 높아진 것을 표현한다.

저자는 다음에 일어난 사건의 시기를 밝힌다: **"유대인의 명절인 초막절이 가까운지라"**(7:2). 예수의 강화는 초막절에 이루어진 성전 행사를 배경으로 제시되기 때문에, 본문의 이해를 위하여 그 명절의 기원과 상징적 의미에 관한 이해를 필요로 한다. 초막절은 수전절과 함께 공관복음서들에는 나오지 않으며 또 현대인들에게도 낯선 유대인의 명절이다. 초막절을 가리키는 단어(σκηνοπηγία)는 신약에서 여기에만 나온다. 초막절은 예루살렘에 순례를 요구하는 중요한 삼대 명절 중 하나였다. 농경 사회의 국면에서 그것은 포도와 올리브 수확을 축하하는 초가을 추수 축제였다(레 23:33-36, 39-43; 신 16:13-15; 출 23:16). 모세의 율법에서 그것은 출애굽 때에 광야에서 이스라엘 백성에게 베푸신 하나님의 은혜를 감사하고 기념하는 의식과 연결되었다. 초막절은 칠일간의 축제였는데, 첫날은

안식일에 시작되었다. 초막절의 제사적 국면은 레위기 23:39-43에서 보여진다:

> 너희가 토지 소산 거두기를 마치거든 칠월 십오 일부터 칠 일 동안 여호와의 절기를 지키되 첫날에도 안식하고 제 팔일에도 안식할 것이니 첫날에는 너희가 아름다운 나무 실과와 종려 가지와 무성한 가지와 시내 버들을 취하여 너희 하나님 여호와 앞에서 칠 일 동안 즐거워할 것이라. 너희는 매년에 칠일 동안 여호와께 이 절기를 지킬지니 너희 대대로의 영원한 규례라 너희는 칠월에 이를 지킬지니라. 너희는 칠 일 동안 초막에 거하되 이스라엘에서 난 자는 다 초막에 거할지니 이는 내가 이스라엘 자손을 애굽 땅에서 인도하여 내던 때에 초막에 거하게 한 줄을 너희 대대로 알게 함이니라 나는 너희 하나님 여호와니라.

포로 이후 시대에 그 명절은 종말 사상과 연결되었다. 예언자들은 이러한 초막절의 물을 하나님의 구원과 관계시켜 해석했다: "그러므로 너희가 기쁨으로 구원의 우물들에서 물을 길으리로다"(사 12:3). 예언자 스가랴는 예루살렘을 치러왔던 열국 중에 남은 자가 해마다 올라와서 초막절을 기키는 환상을 본다: "천하 만국 중에 그 왕 만군의 여호와께 숭배하러 예루살렘에 올라오지 아니하는 자에게는 비를 내리지 아니하실 것인즉"(슥 14:17). 비를 위한 기도는 풍요를 기원하는 가을 축제의 모습을 보여준다. 스가랴는 또 그 축제를 빛과 생수와 연결시켰다: "여호와의 아시는 한 날이 있으리니 낮도 아니요 밤도 아니라 어두워 갈 때에 빛이 있으리로다. 그 날에 생수가 예루살렘에서 솟아나서 절반은 동해로, 절반은 서해로 흐를 것이라 여름에도 겨울에도 그러하리라"(슥 14:7f.).

예수 시대에는 초막절 기간 매일 아침에 제사장들이 성전에서 기혼 샘(실로암 연못)까지 레위기 23:40에 명시된 네 나무 가지들을 들고 행진하여 물을 뜨고 그 물을 채운 지게를 지고 언덕을 올라와 성전 제단 앞으로 가져왔다. 그리고 시편 113-18편을 찬송하면서 제단 주위를 돌고 그 물을 제단에 부으면, 그 물이 땅에 떨어져 제단 주위에 스며들었다. 이 기간에 여인의 뜰에서는 촛불들이 켜지고 저녁에는 여인들이 횃불 춤을 추었다. 이러한 의식은 예수의 생명의 물과 세상의 빛에 관한 강화의 배경을 이룬다.

예수의 형제들이 예수에게 유대 지방으로 올라갈 것을 요구했다: **"그 형제들이 예수께 이르되 당신의 행하는 일을 제자들도 보게 여기를 떠나 유대로 가소서. 스스로 나타나기를 구하면서 묻혀서 일하는 사람이 없나니 이 일을 행하려 하거든 자신을 세상에 나타내소서 하니"**(7:3-4). 예수의 형제들은 요한복음 2:12에서 예수의 모친과 그의 제자들과 함께 그와 동행하는 사람들의 일원으로 언급되었다. 그 언급에서부터 그 형제들은 예수의 제자들과는 구별되었다. 그 앞 절에서 예수의 제자들은 예수를 믿었다고 언급되는데(2:11), 예수에 대한 그 형제들의 태도는 언급되지 않았다. 여기에 이르러 그들과 예수의 관계가 구체적으로 나타난다. 그들의 말에서 그들의 의도를 파악하기가 어렵다. 브라운(Brown, I:308)은 그들의 요구가 공관복음서들에서 제시된 사탄의 시험 전승을 따라 요한복음에서 예수를 향한 세 번째 시험이라고 제안한다: 첫째는 왕이 되라는 요구(6:15; 마 4:8)이고, 둘째는 떡을 주라는 요구(6:31; 마 4:9)이며, 셋째는 그의 권능을 나타내라는 요구이다(7:4; 마 4:5).

여기서 특히 "자신을 세상에 나타내라"라는 요구는 마가복음의 메시야 비밀의 주제를 상기시킨다. 마가는 예수의 영광은 그가 먼저 멸시와 고난의 기간을 통과하여 나타남을 강조한다. 이 주제와 유사한 교훈이 여기서도 제시된다. 그 형제들의 입장은 예수가 메시아임을 입증해 보이는 충분한 권능을 공개적으로 나타냄으로써 그가 메시야인 것을 인정받을 수 있다는 주장인 반면에, 예수의 입장은 그의 메시아직은 고난과 죽음을 통한 것임을 강조한다. 만일 예수가 자기 자신의 영광과 권위를 위하여 일한다면, 그의 권능을 공개적으로 세상에 나타내는 것이 마땅하다. 그러나 그는 사람들로부터 영광을 취하지 않으며(5:41), 또 그의 일의 진정함을 입증하시는 분은 하나님 자신이시다(5:37; 6:27).

그래서 저자는 그들의 요구가 불신의 결과라고 해석한다: **"이는 그 형제들이라도 예수를 믿지 아니함이러라"**(7:5). 그들이 예수의 권능을 세상에 나타내도록 요구한 것을 보면, 그들은 예수가 권능의 일들을 행할 수 있는 권능자인 것은 믿었던 것으로 보인다. 그러나 그들이 아직도 믿지 않고 있는 것은 예수의 참된 존재와 그의 사역의 본질 곧 그는 오직 하나님의 뜻을 따라 하나님의 영광을 위하여 하나님의 때에 활동하시는 분이라는 점이다.

그러나 예수는 그들의 요구를 단호히 거절한다: **"예수께서 가라사대 내 때는 아직 이르지 아니 하였거니와 너희 때는 늘 준비되어 있느니라"**(7:6). '때'(καιρός)라는 단어는 요한복음에서 이 문맥에서만 나온다(7:6, 8). 예수의 때와 관련하여 더 익숙하게 사용된 단어는 '시각'(ὥρα)이다(2:4). 때를 나타내는 또 다른 단어는 '크로노스'(χρόνος)인데, 그것은 시간의 경과 혹은 한 기간의 시간을 가리킨다(5:6; 7:33; 12:35; 14:9). 헬라어 '카이로스'(καιρός)는 하나님의 특별한 개입의 때 곧 하나님의 종말론적 활동의 때를 가리킨다(cf. 막 1:15). **요한복음에서 예수의 이때는 그가 십자가의 죽음을 통하여 하나님께로 돌아가는 때를 가리킨다**. "내 때가 아직 이르지 않았다"는 예수의 말씀은 그가 그의 영광을 나타낸 순간이 오지 않았음을 의미한다.

또 그 순간이 오면 그것은 그 형제들이 기대하는 그런 방식으로 나타나지 않을 것이다. 왜냐하면 그의 영광은 십자가 처형과 부활을 통하여 나타날 것이기 때문이다. 예수의 활동은 이와 같이 하나님의 계획과 개입을 통하여 이루어지기 때문에 기다림이 필요하지만, 사람들의 때는 늘 준비되어 있다. 그들이 예루살렘을 방문하는 것은 그들의 소원대로 언제든지 이루어질 수 있다. 그러나 예수의 때는 그렇지 않다, 왜냐하면 그는 하나님의 말씀을 기다려야 하기 때문이다. 예수는 그들의 때와 자신의 때의 차이점을 알고 있다.

예수는 갑자기 그에 대한 세상의 미움을 언급한다: **"세상이 너희를 미워하지 못하되 나를 미워하나니 이는 내가 세상의 행사를 악하다 증거함이라"**(7:7). 예수의 형제들은 그가 세상의 인정을 받을 것을 전제하고 세상에 그 자신을 나타내라고 요구했다. 그러나 예수는 세상의 인정을 받지 못하고 오히려 미움을 받게 됨을 언급한다. 그 형제들은 아직 세상의 입장에 서 있어서 세상이 그들을 미워할 수 없다. 왜냐하면 그들은 세상에 속해 있고 또 세상은 자기의 사람들을 사랑하기 때문이다(15:18f.). 그러나 예수는 세상의 일들을 악하다고 증언하기 때문에, 세상이 그를 미워한다(3:19-21; 7:19; 8:31-39). 그 형제들이 세상의 미움을 받을 수 없는 이유는 그들이 세상의 악한 행사들을 악하다고 판단하지도 않으며 증언하지도 않기 때문이다. **예수가 세상의 행사를 악하다고 판단하며 증언하는 목적은 그들을 정죄하기 위한 것이 아니라 세상으로 하여금 하나님과 화해하여 바른 관계에 들어가게 하려는 것이다**.

예수는 결국 그 형제들의 요구를 거절한다: **"너희는 명절에 올라가라 나는 내 때가 아직 차지 못하였으니 이 명절에 아직 올라가지 아니하노라"**(7:8). '올라간다'(ἀναβαίνω)는 말은 일차적으로는 예루살렘에 가는 것을 가리키지만, 궁극적으로는 예수가 죽음을 통하여 아버지께로 올라감을 의미한다(3:13; 6:62; 20:17). "내 때가 아직 차지 못했다"라는 말씀은 바로 그 궁극적 올리우심의 때 곧 예수가 십자가의 올리우심을 통하여 아버지께 올리우는 때가 아직 차지 않았음을 말한다. "나는 올라가지 않는다"는 말씀은 그 후에 예수도 예루살렘에 올라갔다는 7:10의 내용과 상충하는 것으로 보인다. 이것은 예수의 활동의 원칙과 관련하여 중요한 교훈을 전달한다. 가나 혼인 잔치 사건에서도 예수는 그의 모친의 요청에 대하여 처음에는 자기의 때가 아직 이르지 않았다는 것을 근거로 그 요청을 거절했지만, 그 후에 바로 그 요청에 응답했다. 나사로 부활 사건에서도 예수는 나사로의 자매들의 요청을 받고는 이틀을 거기에 더 머무신 후에 인간적으로 볼 때는 적절하지 않은 때에 사건 현장으로 갔다.

이 일련의 예들에서 보여지는 것은 예수의 활동은 근본적으로 사람들의 소원이나 요구를 따라 이루어지는 것이 아니라, 하나님의 뜻과 때를 따라 이루어지는 것임을 나타낸다. 예수의 어머니, 그의 동생들, 심지어 그를 신뢰하는 사람들일지라도 예수의 가고 오는 길과 때를 주관하지 못한다. 예수는 오직 하나님이 그렇게 하도록 지시할 때에만 그 지시대로 활동하기 때문이다. 이 말씀을 하시고 예수는 갈릴리에 머물러 계셨다(7:9).

2. 유대인들과의 논쟁 1(7:10-24)

예수는 갈릴리에 남고 그의 형제들은 명절에 예루살렘에 올라갔다. 그런데 "나는 올라가지 않는다"라고 말씀했던 예수도 곧 예루살렘에 올라갔는데, 나타내지 않고 비밀히 했다고 언급된다: **"그 형제들이 명절에 올라간 후 자기도 올라가시되 나타내지 않고 비밀히 하시니라"**(7:10). 이번에 예수의 올라가심은 예루살렘과 유대 지방에서의 사역을 위하여 갈릴리로부터 그곳에 가는 최종적인 올라감이었다(막 9:30; 10:1). 이 최종적이고 결연한 올라감은 아무도 모르게 이루어졌다. 예수가 그의 하나님의 아들되심을 완성하는 것은 자기 백성에게 최종적으로 올라간 때에 이루어진다. 그 최종적 올라감의 때를 마가는 유월절로 제시한 반면, 요한은 초막절로 제시한다.

예수의 올라감은 자신의 말과 상충되는 것처럼 보인다. 그러나 그의 행동은 앞에서 언급된 것과 같이 예수의 때와 사람들의 때의 차이점을 나타낼 뿐 아니라, 그의 형제들의 요구와 예수의 의도가 다른 점을 나타낸다. 그 형제들은 예수가 권능의 일들을 할 것을 요구했다. 그들은 갈릴리의 무리처럼 사람들이 직접적으로 볼 수 있는 어떤 놀라운 일들을 요구했다. 그러나 예수에게 있어서 지금은 권능의 일들을 할 때가 아니라, 자기의 존재와 활동에 관하여 공개적으로 또 담대하게 말할 때이다. 예수는 능력의 일들을 하는 면에서는 이 명절에 자기를 나타내지 않지만, 그는 공개적으로 담대하게 그 유대인들에게(7:16-19), 무리에게(7:21-24), 예루살렘 사람들에게(7:25-28), 그리고 모든 사람들에게(7:37-38) 자기 자신에 관하여 말한다.

저자는 명절에 예루살렘 성전 의식에 참여한 사람들 중에 예수에 대한 엇갈리는 평가를 언급한다: **"명절 중에 유대인들이 예수를 찾으면서 그가 어디 있느냐 하고 예수께 대하여 무리 중에서 수군거림이 많아 혹은 좋은 사람이라 하며 혹은 아니라 무리를 미혹하게 한다 하나 그러나 유대인들을 두려워하므로 드러나게 그를 말하는 자가 없더라"**(7:11-13). 명절 중에 예수는 그 유대인들이 찾는 대상이며 또 무리의 수군거림의 대상이 되었다. 그 유대인들이 예수를 "찾고 있었던 것"(ἐζήτουν)은 5장에서 그들이 예수를 핍박하게 되었고 그를 죽이려고 추구하고 있었던 것(ἐζήτουν)과 연결된다(5:18). 그 유대인들은 경찰 수사관들처럼 무리 속에서 "그가 어디 있느냐?"라고 물으면서 수색했기 때문에, 무리는 그 유대인들을 두려워했다(7:13). 무리 중에서 예수에 대한 수군거림이 많이 있었는데, 긍정적인 평가와 함께 부정적인 평가도 있었다. 무리 중에서 예수에 대한 평가가 나누어진 것은 나중에도 계속된다(7:40f.; 10:20f.). 무리는 예수와 그 유대인들 사이에서 어느 편에도 기울지 않은 중립적 위치에 있었다. 그러나 그들의 독자성이 예수에 관한 바른 판단을 내릴 수 있는 능력을 보증하는 것은 아니었다. 예수에 대한 바른 판단은 오직 믿음에 의하여 이루어지기 때문이다. 그들의 수군거림은 공개적으로 이루어지지 않았다. 그들이 그 유대인들을 두려워했기 때문이었다.

저자는 예루살렘에서 예수의 사역에 대한 세 가지 반응이 있었음을 보여준다: (1) 제자들은 표적에 기초하여 예수에 대한 불충분한 믿음을 가진 사람들이다; (2) 무리는 예수에 대한 의견이 수시로 바뀌는 사람들이다; (3) 그 유대인들은 예수의 반대자들로 묘사되며 또 그들은 때때로 바리새인들로 지칭되는데, 저자는 바리새인들을 그 유대인들의 지도자들로 생각한 것으로 보인다. 사람들을 미혹하게 한다는 무리의 고소(7:12, 47)는 예수를 청문회에 세우는 결과를 가져오고 또 7장에서 예수의 교훈은 그런 고소들에 대한 답변의 형식으로 제시된다.

"미혹하게 하는 자"(πλανάω)란 종교적인 방임 곧 사람들을 우상 숭배에 빠지게 하는 것을 포함한다(신 13:6; 왕하 21:9). 후대의 유대교 문헌들에서 예수는 '마술사' 혹은 사람들을 미혹하는 자로 묘사된다. 그는 신명기 18:18-22에 기초하여 "거짓 예언자"로 정죄 받은 자로 나온다. 유대교 묵시문헌들에는 이적을 행하며 사람들을 미혹시키는 거짓 예언자들의 출현이 예고되었다. 예수는 그런 의미의 미혹시키는 자로 이해되기도 했던 것을 보여준다.

이야기는 명절의 중간에 있었던 사건으로 진행한다: **"이미 명절의 중간이 되어 예수께서 성전에 올라가사 가르치시니"**(7:14). 명절의 중간이 되었을 때, 예수는 성전에 올라가 가르쳤다. 예수가 성전에서 공개적으로 가르친 것은 이번이 처음이다. 지금까지 예수의 교훈 활동의 장소는 바다 건너편 광야와 가버나움의 회당이었다. 그는 공생애 초기에 성전을 방문하여 장사하는 사람들을 쫓아내기도 했으며 어느 익명의 명절에는 예루살렘의 양 문 곁에서 안식일에 사람을 치유하기도 했다. 그러나 초막절에 예수는 의도적으로 성전에서 각계각층의 유대인들을 향하여 공개적으로 그의 교훈을 전달한다.

예수의 교훈에 대한 그 유대인들의 반응은 먼저 놀라움과 의문이었다: **"유대인들이 기이히 여겨 가로되 이 사람은 배우지 아니하였거늘 어떻게 글을 아느냐 하니"**(7:15). "기이히 여기다"(ἐθαύμαζον)는 단어는 예수의 말씀을 듣는 사람들 편에서 불신이나 의심의 요소를 표현한다(3:7; 4:27; 5:21, 28). 그들은 먼저 의심의 태도를 갖고 예수의 교훈을 판단하고 있다. 여기서 '글'(γράμματα)은 모세가 기록한 것 곧 율법을 가리킨다. 그들의 질문은 다음과 같이 설명될 수 있다: "예수는 인정받는 선생의 제자가 되지 않았으면서도 어떻게 모세가 기록한 것을 아는가?" 당시에 유대인들의 교육 수단은 선생과 제자의 관계에서 가르치고 배우는 것이었다. 일단 제자로서의 수업을 다 받고 한 사람의 독립된 선생이 될 수 있다는 인정을 받은 후에야 자신의 제자들을 받아 가르칠 수 있었다. 그래서 그 유대인들이 제기한 문제는 여기서는 예수의 교훈의 내용이 아니라, 선생으로서 그의 공식적 자격의 문제였다. 이 점에서 암시되는 것은 예수는 어떤 인정받는 선생의 교훈을 전달하는 것이 아니라, 공인 받지 않은 자기 자신의 견해들을 가르친다는 것이다.

그들의 의혹에 대하여 예수가 대답했다: **"내 교훈은 내 것이 아니요 나를 보내신 이의 것이니라. 사람이 하나님의 뜻을 행하려 하면 이 교훈이 하나님께로서 왔는지 내가 스스로 말함인지 알리라"**(7:16-17). 예수의 대답은 부분적으로는 그들이 제기한 자격 문제에 대한 답변이다. 예수는 어떤 공인된 선생의 교훈을 전달하는 것이 아니지만, 그렇다고 자기 자신의 견해를 가르치는 것도 아니다. 예수의 교훈의 기원은 그를 보내신 하나님이다. 요한복음 전체를 통하여 예수는 하나님을 온전히 순종한다는 것 곧 그의 말씀들과 일들은 하나님 자신의 말씀들과 일들이며 따라서 그의 권위는 어떤 인정받는 사람이나 사람들의 조직에 기원한 것이 아니라 하나님 자신에게서 기원한 것이 강조된다(5:19; 6:57; 8:26, 38; 14:9f.).

예수는 그의 교훈의 기원이 하나님께 있음을 알 수 있는 기준으로 하나님의 뜻을 행하려는 사람의 의지를 제시한다. 여기서 하나님의 뜻을 행한다는 것은 단순히 유대교 지도자들이 전통적으로 발전시켜온 것과 같이 율법을 외적으로 실천하는 윤리적 행실들을 가리키는 것이 아니다. 요한복음서 저자에게 있어서 하나님의 뜻을 행하는 것은 하나님의 보냄을 받은 사람을 믿는 것이다(6:29). 예수 자신이 그 자신의 뜻을 행하려 하지 않았고(5:30) 또 그 자신의 영광을 구하지 않았다(5:41, 44). 따라서 진정으로 하나님의 뜻을 행하려는 사람 곧 예수를 영접한 사람은 예수의 교훈의 기원을 깨달아 알 수 있다.

예수는 그의 교훈의 기원을 알 수 있는 다른 기준을 언급한다: **"스스로**

말하는 자는 자기 영광만 구하되 보내신 이의 영광을 구하는 자는 참되니 그 속에 불의가 없느니라"(7:18). 사람에게서 기원한 교훈을 가르치는 사람의 근본 목적은 사람에게서 오는 영광을 취하는 것이다. 그런 사람은 예수의 교훈의 참된 기원을 알 수 없다. 그러나 예수는 사람에게서 오는 영광을 구하지 않는다(5:41, 44). '불의'(ἀδικία)라는 단어는 요한복음에서 여기에만 나온다. 구약에서 이 불의는 죽임당함과 연결되었다: "내가 만일 죄(ἀδικία)가 있으면 왕이 나를 죽이는 것이 가하니라"(삼하 14:32). 예수는 하나님의 영광을 추구하는 그의 마음에 불의가 없기 때문에, 그들의 전통적 교훈과 다르다고 하여 예수를 죽이려는 것이 합당하지 않음을 지적한다. 예수는 그 자신의 교훈 활동의 목적과 그 유대인들의 전통적인 교육 활동의 목적을 대조시키며 그들의 목적을 불의한 것으로 판단한다.

예수는 그들에 대하여 이렇게 부정적으로 판단하는 근거를 제시한다: **"모세가 너희에게 율법을 주지 아니하였느냐? 너희 중에 율법을 지키는 자가 없도다. 너희가 어찌하여 나를 죽이려 하느냐?**"(7:19). 예수는 한 사람의 유대인이지만 여기서 율법의 유산으로부터 자신을 분리시키는 것으로 보인다. 공관복음서 전승들에서 예수는 율법에 대한 바리새인들의 해석을 거부했지만, 율법의 근원적 실현을 추구했다(마 5:17, 20; 23:23). 그러나 요한복음에서는 "너의 율법"(8:17; 10:34) 혹은 "그들의 율법"(15:25)과 같은 표현을 통하여 율법과의 단절이 강조되는데, 그것은 요한공동체와 유대교 회당 사이의 율법에 대한 논쟁의 상황을 반영한다.

유대인들에게 있어서 하나님의 뜻은 모세의 법에 포함되고 표현된 것으로 간주되었다: "내가 주의 뜻 행하기를 즐기오니 주의 법이 나의 심중에 있나이다"(시 40:8). 그들은 모세의 율법을 소유하고 있고 가르치고 있으며 심지어 그것을 자랑하고 있었다(롬 2:17). 그러나 그들은 율법의 요구를 근원적으로는 순종하지 않고 있다. 예수는 그를 죽이려는 그들의 의도가 모세의 법에 대치됨을 지적한다. 왜냐하면 율법에 표현된 하나님의 뜻은 생명을 주는 것이기 때문이다(신 30:19).

저자는 예수의 대답에 대한 무리의 반응을 묘사한다: **"무리가 대답하되 당신은 귀신이 들렸도다. 누가 당신을 죽이려 하나이까?"**(7:20). 여기서 대답하는 사람들은 그 유대인들이 아니라 무리였다. 그들은 아마 명절을 지키기 위하여 예루살렘에 모인 사람들이었을 것이며 따라서 예수를 죽이려는 그 유대인들의 계획에 관하여 잘 몰랐을 것이다. 예수와 그 유대인들 사이에 진행되고 있었던 갈등에 관하여 알지 못하는 그들은 예수가 귀신 들렸다고 판단했다. 공관복음서들에서 예수가 귀신들렸다는 비방은 예루살렘에서 내려온 서기관들에 의하여 제기되었으며(막 3:22) 또 예수의 친속들도 그가 미쳤다고 생각했다(막 3:20).

여기서 예수가 귀신들렸다는 말은 예수가 미쳤다는 의미 이외의 특별한 의미를 전달하지는 않지만, 그것은 예수가 귀신의 왕 바알세불을 힘입어 귀신을 쫓아낸다는 공관복음서들에서 제시된 비방을 상기시킨다. 아무튼 예수를 죽이려는 그 유대인들의 계획은 무리가 모르게 은밀한 가운데 추진되었으며 또 그런 점에서 그들의 불의가 나타난다. 은밀한 가운데 살인의 죄악을 계획하며 추진하는 그들과 달리, 예수는 공개적으로 자신의 교훈 활동을 계속한다.

예수는 그들의 비방에 대하여 반박하지 않고 그가 안식일에도 하나님의 일을 행할 수 있는 정당성을 제시한다. 그는 먼저 그가 행한 한 가지 일과 그것에 대한 그들의 부정적 반응을 언급한다: **"내가 한 가지 일을 행하매 너희가 다 이를 인하여 괴이히 여기는도다"**(7:21). "기이히 여기다"(θαυμάζειν)는 동사가 다시 사용되었다. 그 유대인들이 불신과 의혹의 눈으로 바라본 그 한 가지 일은 무엇을 말하는가? 예수가 초막절에 예루살렘에 와서 행한 일이 언급되지 않았기 때문에, 그 일은 과거의 일을 가리킬 것이다. 예수가 다음 두 절에서 안식일 문제를 거론하며 특히 7:23에서 "내가 안식일에 사람의 전신을 건전하게 했다"라고 말한 것을 보면, 38년 된 병자 치유 사건(5:1-9)을 가리키는 것으로 보인다. 요한복음에서 일(ἔργον)은 예수를 통해 행하시는 하나님의 권능의 활동을 가리킨다. 한글 성경에서는 "이를 인하여"(διὰ τοῦτο)를 7:21과 연결하여 번역했다: "이를 인하여 괴이히 여기는도다."

그러나 이 어구는—요한복음에서는 항상 문장의 시작에 나오기 때문에—문법적으로 7:22의 시작으로 보는 것이 필요하다는 주장이 있다: "이를 인하여 모세가 너희에게 할례를 주었느니라"(Barrett, 319; Brown, I:312 등). 그러나 이런 해석의 약점은 그것이 어떤 이유 때문인지는 구체적으로 언급되지 않는다는 점이다. 이 어구가, 비록 요한복음에서는 항상 문장의 시작에 나오지만, 신약의 다른 구절들에서 "… 인하여 이상하게 여기다"(θαυμάζειν διά)라는 어구가 나오는 경우들이 있기 때문에(막 6:6; 계 17:7), 7:21과 연결하는 것이 적절하다고 주장하는 학자도 있다(Schnackenburg, Ⅱ:134).

예수는 랍비적 증명 방식을 사용하여 그가 안식일에 사람을 치유한 것이 결코 율법을 범하는 것이 아님을 제시한다: **"모세가 너희에게 할례를 주었으니 (그러나 할례는 모세에게서 난 것이 아니요 조상들에게서 난 것이라) 그러므로 너희가 안식일에도 사람에게 할례를 주느니라. 모세의 율법을 폐하지 아니하려고 사람이 안식일에도 할례를 받는 일이 있거든 내가 안식일에 사람의 전신을 건전케 한 것으로 너희가 나를 노여워하느냐"**(7:22-23). 예수는 할례의 예를 들어 설명한다. 할례의 법은 모세를 통해 주어졌다. 그러나 예수는 할례가 모세의 법으로 주어지기 이전에 이미 조상들에게서 시작된 것임을 지적한다. 모세가 준 할례의 법은 남자 아이는 태어난지 제 팔 일에 할례를 받아야 함을 요구한다(레 12:3). 그래서 안식일에 태어나는 아이는 제 팔 일인 다음 안식일에 할례를 받아야 하는 경우가 생겨났다. 이 경우에는 안식일에 일할 수 없다는 법에도 불구하고 할례를 받게 했다(M. *Sabbath* 18:3; 19:2).

할례에 필요한 모든 일이 허용되었다. 그들은 계약의 백성으로서의 표시를 행함으로써 하나님의 목적을 성취하기 위하여 안식일에도 할례를 행했다. 이런 경우에 할례는 안식일법보다 더 우선적 가치로 인정되었다.

예수는 이 점을 들어 그들의 부당한 평가를 비판한다. 할례의 법을 지키기 위하여 안식일법을 범하는 것이 허용된다면, 한 사람을 온전히 낫게 하는 행위는 할례보다 얼마다 더 위대한 일인가? 예수의 행위는 하나님의 법의 위반이 아니라, 오히려 하나님의 법의 성취(완성)이다.

예수는 율법의 가시적이고 외적인 실현에 매달려 있는 그 유대인들을 향하여 율법의 근본 의도와 목적을 일깨운다: **"외모로 판단하지 말고 공의의 판단으로 판단하라"**(7:24). "외모로 판단한다"는 것은 그들이 전통적으로 만들어 놓은 율법적 규칙들과 규정들에 따라 판단하는 것이다. "공의의 판단"은 율법의 근본 의도와 목적을 고려한 판단이다. 그들이 전통적으로 발전시킨 규칙들과 규정대로만 판단하지 말고 안식일법을 주신 하나님의 근본 의도와 목적을 따라 판단하라는 것이다. 안식일은 인간에게 쉼을 주기 위한 날인데, 예수의 치유는 38년이나 고생하던 그 병자에게는 더 없이 큰 안식이 될 것이다. **예수는 유대교 지도자들이 발전시킨 율법주의적 안식일 실현에 반대하고 안식일 계명의 근원적 실현을 추구했다**. 이렇게 안식일 논쟁을 다루며 판단의 주제가 나오는 점에서 이 소단락(7:15-24)은 5장의 문맥과 관련하여 이해하는 것이 필요하다. 그래서 이 소단락의 원래 위치는 5:47 다음이라고 보는 견해도 있다.

3. 유대인들과의 논쟁 2(7:25-36)

요한복음 7:25에는 예수의 교훈에 반응하는 새로운 인물들이 등장한다: **"예루살렘 사람 중에서 혹이 말하되 이는 저희가 죽이고자 하는 그 사람이 아니냐"**(7:25). "예루살렘 사람들"(Ἱεροσολυμιτῶν)이라는 단어는 신약에서 이곳과 마가복음 1:5에만 나온다. 요한은 다른 지역에서 예루살렘에 온 사람들과 본래 그곳에 살고 있는 사람들을 구별하기 위하여 그 단어를 사용한 것으로 보인다. 앞에서 언급된 무리는 예수를 죽이려는 음모에 관하여 알지 못하고 있었던 반면(7:20), 이 예루살렘 사람들은 그 유대인들이 예수를 죽이려 한다는 것을 알고 있었다. 여기서 예루살렘 사람들과 그 유대인들 사이가 구별된다. 예루살렘 사람들은 그 유대인들의 음모를 알고 있었지만, 그들의 계략에 참여하지는 않았다.

그들의 방관자적 자세는 그들의 다음 말에서도 나타난다: **"보라 드러나게 말하되 저희가 아무 말도 아니 하는도다. 당국자들은 이 사람을 참으로 그리스도인줄 알았는가"**(7:26). 그들은 예수의 교훈 활동이 '드러나게'(παρρησίᾳ) 곧 공개적으로 또 담대하게 이루어진 것을 인정한다. 이것은 그 유대인들의 은밀한 음모와 대조를 이룬다. '당국자들'(ἄρχοντες)은 니고데모가 일원으로 있었던 공회의 지도자들을 가리킨다. 그들의 말은 예수의 존재에 관하여 유대인 사회에서 벌어지고 있었던 심각한 논쟁을 반영한다. 그들은 당국자들과 예수 사이에서 벌어지고 있었던 일들에 대하여 중립적 위치에서 객관적으로 평가한다: 예수를 죽이려는 그 유대인들의 계획, 예수의 담대함, 그리고 당국자들의 침묵.

그러면서 그 예루살렘 사람들은 자신들의 견해를 밝힌다: **"그러나 우리는 이 사람이 어디서 왔는지 아노라 그리스도께서 오실 때에는 어디서 오시는지 아는 자가 없으리라 하는지라"**(7:27). '어디서'(πόθεν)는 지금까지 포도주(2:9), 바람/영(3:8), 물(4:11), 그리고 떡(6:5)과 관련하여 사용되었는데, 이제 그것은 예수의 기원과 관련하여 사용된다. 그들의 말에는 예수의 기원에 관한 세 번째 내용이 포함된다: 나사렛 예수(1:45)와 요셉의 아들(6:42). 그들은 예수가 어디서 왔는지 안다고 말하지만, 그 구체적인 것은 언급되지 않는다. 그리스도가 어디서 오는지 아는 자가 없다는 그들의 말은 지혜 전승을 배경으로 한다. 지혜자는 지혜가 어디서 오는지 알 수 없다고 말한다(잠 28:12-14, 20-21):

> 그러나 지혜는 어디서 얻으며 명철의 곳은 어디인고 그 값을 사람이 알지 못하나니 사람 사는 땅에서 찾을 수 없구나. 깊은 물이 이르기를 내 속에 있지 아니하다 하며 바다가 이르기를 나와

> 함께 있지 아니하다 하느니라 … 그런즉 지혜는 어디서 오며 명철의 곳은 어디인고 모든 생물의 눈에 숨겨졌고 공중의 새에게 가리워졌으며

메시야의 기원이 감추어져 있다는 것은 랍비적 교훈들에도 나온다: 인자는 그 기원이 숨겨져 있다(에녹1서 48:6); 인자는 세상의 창조 전부터 숨겨져 있다(4에즈라 13:51). 순교자 저스틴은 "메시야는 엘리야의 기름 부음에 의하여 나타나기 전에는 사람들 중에 숨겨져 있었다"라고 말했다(대화 8:4; 110:1). 메시야의 감추임에 관한 이러한 전승의 표현은 "나도 그를 알지 못했다"(1:33)라는 침례 요한의 선언과도 어울린다. 그러나 침례 요한과 예루살렘 사람들 사이의 차이점은 요한은 예수가 등장했을 때 그를 알아보았고 고백한 반면, 그들은 그를 알지도 못했다는 것이다.

이러한 혼란에 대답하여 그는 성전에서 외치며 가르쳤다: **"너희가 나를 알고 내가 어디서 온 것도 알거니와 내가 스스로 온 것이 아니로라. 나를 보내신 이는 참이시니 너희는 그를 알지 못하나 나는 아노니 이는 내가 그에게서 났고 그가 나를 보내셨음이니라"**(7:28-29). 예수가 가르칠 때 '외쳤다'(ἔκραξεν)는 말이 여기서 처음 나온다. 이것은 예수의 교훈 활동이 긴박성과 감정이 움직이는 가운데서 단호하게 이루어진 것을 보여준다. 예수의 선언은 냉소적이다. 그들이 예수의 기원을 안다고 하지만, 사실은 그들이 예수의 참된 기원을 알지 못하고 있음을 냉소적으로 선언한다. 더욱 해학적으로 예수는 자기를 보낸 분을 '하나님'이나 "내 아버지"로 부르지 않고 단지 "나를 보내신 분"으로만 소개한다. 그 분은, 비록 보이지 않고 전면에 나타나지 않지만, 참되시고 영원한 분이다. 예수는 그들이 알지 못하는 분으로부터 보냄을 받았다고 그의 기원에 관하여 선언한다. 예수의 배후에는 그를 보내신 분이 계시며 그 분만이 예수의 존재에 의미를 제공한다.

독자는 예수가 말씀하시는 분을 독생자를 보내신 하나님 아버지로 알

고 있지만, 예수의 말씀을 듣고 있던 사람들은 예수가 말씀하시는 분을 전혀 알지 못한다. 유대인들은 율법에 기초하여 참된 하나님을 안다고 주장했지만(cf. 롬 2:17-19), 만일 그들이 그 분을 진정으로 알았다면 예수를 거부하지 않았을 것이다(8:42). 그 참된 하나님을 알 수 있는 길은 율법이 아니라 예수 그리스도를 통하는 것이다.

예수는 "나는 그(하나님)를 안다"고 선언한다. 그가 하나님을 아는 것은 유대인들이 율법을 통하여 아는 것과 다르다. **그는 하나님과의 완전한 연합의 관계에서 하나님을 아는 직접적이고 경험적이며 생동적 지식을 소유한다**. 예수는 하나님께로부터 왔으며 하나님이 그를 세상에 보내셨기 때문이다. 예수는 외침의 대상을 '너희들'로 부른다. 그런데 이 '너희들'이 누구를 가리키는지 분명하지 않다. 초막절 행사를 위해 성전에 모인 모든 사람인지, 예수를 죽이려 하는 그 유대인들인지, 예루살렘 사람들인지, 혹은 그 모든 사람들을 가리키는 것인가?

저자는 예수의 외침에 대한 반응을 묘사한다: **"저희가 예수를 잡고자 하나 손을 대는 자가 없으니 이는 그의 때가 아직 이르지 아니하였음이러라"**(7:30). 여기서 예수를 잡으려고 한 그들이 누구인지 분명하지 않다. 그들은 예루살렘 사람들이 알고 있는 것으로서 예수를 잡으려는 계획을 갖고 있었던 그 유대인들을 가리킬 수 있다. 또 예수의 외침을 들은 모든 사람들이라고 볼 수도 있다. 그러나 아무도 예수에게 손을 대는 자가 없었다. "그의 때"는 예수의 그의 죽음과 영화롭게 되는 때를 말한다. **그 하나님의 정하신 때가 되기까지는 예수의 사역이 방해를 받지 않고 계속될 것이다**.

무리 중에 많은 사람이 예수를 믿고 말했다: **"그리스도께서 오실지라도 그 행하실 표적이 이 사람의 행한 것보다 더 많으랴"**(7:31). 그들의 반응은 그 유대인들이나 예루살렘 사람들과 달리 긍정적이었다. 그러나 그들의 믿음은 예수가 행한 표적들에 기초하고 있는 점에서 앞에서 예수를 믿은 사람들과 같은 범주에 속하는 사람들이었다(2:23-25; 4:48; 6:30). 그들은 어떤 수준에서는 예수를 믿었지만, 그러나 예수는 그들의 그런 믿음을 신뢰하지 않았다.

이야기의 장면이 바뀌어 바리새인들과 대제사장들이 등장한다: **"예수께 대하여 무리의 수군거리는 것이 바리새인들에게 들린지라 대제사장들과 바리새인들이 그를 잡으려고 하속들을 보내니"**(7:32). 바리새인들에 관한 언급이 침례 요한에게 조사단을 파견한 사건 이후에 여기서 처음 나온다(1:24). 이 후로 그들은 유대교 당국자들과 함께 나온다(7:45; 11:47, 57; 18:3). 여기서도 그들은 대제사장들과 함께 등장한다. 이것은 역사적 상황과 약간의 차이를 보인다. 예수 시대에 바리새인들이 예루살렘에서 공회의 일원이었던 사람들이 있기는 했지만, 하속(경비병)들을 파견할 수 있는 권위가 주어진 것은 아니었다. 그러나 요한공동체 시절에 그들은 예루살렘과 성전 파괴 이후에 살아남은 유일한 지도자 집단으로서 유대인 사회의 종교-정치적 권위를 소유하고 있었다.

바리새인들은 제사장들의 전통적 권위에 도전하면서 율법에 대한 혁신적 해석을 통하여 회당을 중심으로 지역 유대교 사회에 종교-정치적 영향력을 증진시키고 있었기 때문에, 제사장들과 바리새인들 사이에 알력이 있었으며 그래서 일반적으로는 함께 나올 사람들이 아니었다. 마가는 대제사장들과 서기관들이 예수를 잡아 죽이려는 일에 함께 나오는 것으로 언급한다(막 14:1). 저자는 예수를 향한 두 집단의 적대감이 훨씬 이전부터 생겨났음을 제시한다. 무리들 속에서 예수의 인기가 높아 가는 것은 물론 심지어 그를 믿는 사람들이 생겨나고 있다는 것이 바리새인들에게 파악되었다. 그들은 예수에 대한 신앙의 확산을 막으려고 노력했다(7:47-48; 9:13-16, 24-29, 40; 11:46). '하속들'(ὑπηρέτας)은 '하수인들,' '경찰들,' 혹은 '장교들'로 번역될 수 있는 사람들로서 그들을 파견한 사람들의 위계질서 속에서 통제를 받고 있는 사람들을 가리킨다.

예수를 체포하기 위하여 경찰대가 동원된 상황에서 예수는 그의 돌아가심에 관하여 말씀하기 시작한다: **"내가 너희와 함께 조금 더 있다가 나**

를 보내신 이에게로 돌아가겠노라. 너희가 나를 찾아도 만나지 못할 터이요 나 있는 곳에 오지도 못하리라"(7:33-34). 예수는 그의 떠날 시간이 다가오고 있음을 예감한다. 그러나 예수는 그를 체포하려는 계획에 동요되지 않는다. 왜냐하면 그는 그의 때가 이르기 전에 조금 더 머물면서 자신이 성취해야 할 사역이 있음을 알기 때문이다(9:4; 11:9f.). 그는 자기의 갈 길을 분명히 알고 있다. 그의 운명은 그 유대인들에 의하여 결정되는 것이 아니라, 하나님의 뜻에 따라 결정됨을 분명하게 알고 있기 때문이다.

"나를 보내신 이에게로 돌아간다"라는 말씀은 예수가 세상을 떠나 하나님께로 돌아가는 것을 말한다(8:14, 21f.; 13:3, 33, 36; 14:4f.; 16:5, 10). 이것은 요한복음의 특징적 표현인데, 이러한 표현의 목적은 예수의 죽음을 단순히 신체적 죽음이 아니라, 하나님의 존재로의 변형과 영광에의 복귀를 나타내기 위한 것이다. 예수가 십자가에 올리운(못박힌) 것은 그의 존재의 비극적 결말이 아니라, 하나님께로 돌아감이며 그래서 영화롭게 되심을 나타낸다. 일단 예수가 아버지께로 돌아간 후에는 그들이 그를 찾아도 만나지 못할 것이다. 그들은 예수의 변화된 존재를 알지 못하기 때문이다.

예수의 결말에 관한 말씀을 그 유대인들이 다시 오해한다: **"이에 유대인들이 서로 묻되 이 사람이 어디로 가기에 우리가 저를 만나지 못하리요. 헬라인 중에 흩어져 사는 자들에게로 가서 헬라인을 가르칠 터인가? 나를 찾아도 만나지 못할 터이요 나 있는 곳에 오지도 못하리라 한 이 말이 무슨 말이냐 하니라**"(7:35-36). 그 유대인들의 반응은 요한복음에 익숙한 해학적 표현으로 제시된다. 그들은 "내가 돌아간다"는 예수의 말씀을 헬라 세계로 가서 헬라인들을 가르치는 것으로 오해한다. 저자의 입장에서 그들의 해석은 해학적으로 맞다. 예수의 말씀은 한 편에서 십자가를 통하여 하나님께로 돌아가는 것을 말하지만, 다른 한 편에서 그의 존재는 요한공동체를 통하여 이방인들에게로 전파될 것이다.

요한복음에서 여기서 처음으로 세상의 범위가 팔레스타인의 유대인 지역을 넘어서서 이방인의 지역으로 확대된다. "흩어져 사는 사람들"(διασπορά)은 70인역(LXX)에서는 주로 이교도들 중에 흩어져 사는 사람들을 가리키지만(신 28:25; 30:4; 렘 34:17), 그러나 흩어져 사는 사람들 전체를 가리키기도 한다(사 49:6; 시 147:2). 요한복음에서 '헬라인들'(ἕλληνας)은 이곳과 12:20에만 나온다. 예수가 아버지께로 돌아간 후에는, 모든 사람들을 그에게로 이끌 것이다(12:20-22).

4. 초막절 마지막 날의 교훈(7:37-52)

이야기는 이제 명절의 끝 날에 있었던 사건으로 진행한다. 명절의 끝 날이 명절 행사가 절정에 이르는 제 칠 일을 가리키는 것인지 혹은 모든 것을 정리하는 제 팔 일인지에 관하여 논란이 있어 왔다. 저자가 큰 날이라고 설명한 것을 보아 초막절 행사가 절정에 이르는 날을 가리키는 것이 더 적절하다고 보여진다. 이 날에는 순례자들, 상인들, 예루살렘 거민들이 함께 모여 포도주를 마시고 물을 뿌리면서 풍요를 주시는 하나님을 찬양하는 의식이 거행되었다. 초막절 마지막 날의 의식이 예수의 말씀의 배경을 이룬다. 마지막 날에 제사장들이 실로암 못에서 물을 떠서 제단을 일곱 바퀴를 돌 때, 무리가 종려나무 가지와 추수한 곡물을 들고 제사장들을 따라 돌았다. 그 후에 제사장이 단에 올라가 그 물을 땅에 쏟았다.

그 날에 예수께서 서서 외쳐 말씀하셨다: **"누구든지 목마르거든 내게로 와서 마시라. 나를 믿는 자는 성경에 이름과 같이 그 배에서 생수의 강이 흘러나리라"**(7:37-38). 예수는 사마리아 여자에게 목마름을 영원히 해갈시켜 주는 물을 소개했다(4:14). 여기서도 예수의 초청은 목마른 사람들을 향해 이루어졌다(cf. 마 11:28, 수고하고 무거운 짐을 진 자들아). 요한복음 7:38은 이 복음서 전체에서 해석하기가 가장 어려운 말씀들 중 하나이다. "그 배에서"는 누구의 배인가? 예수의 배인가 혹은 신자들의 배인가? 고대 교회사에서 전자는 서방 기독교인들이 선호한 견해이며 후자는 동방 기독교인들이 선호한 견해이다.

예수 자신이 생수의 근원인 점에서 전자가 타당하면서도, 신자들은 예수와 연합된 관계에 있기 때문에 후자의 의미가 더 적절한 면도 있다. 그러나 요한복음 전체적으로 생명의 근원으로서 예수 그리스도가 강조된다. 생수 혹은 생수의 강에 관한 성경의 예고는 많다: 하나님이 생수의 근원으로 비유된다(시 114:8; 사 43:20; 44:3; 58:11); 하나님은 광야에서 만나와 물을 주셨다(시 105:40-41; 시 78:15-16, 24); 종말의 성전에서 흘러나오는 생수의 강이 흘러나온다(겔 47:1-11; 슥 14:8; 신 8:15).

저자는 예수의 말씀의 의미를 해석한다: **"이는 그를 믿는 자의 받을 성령을 가리켜 말씀하신 것이라(예수께서 아직 영광을 받지 못하신 고로 성령이 아직 저희에게 계시지 아니하시더라)"**(7:39). 예수가 말씀한 생수의 강은 제자들이 앞으로 받게 될 성령을 가리키는 것이었다. 성령은 부활의 예수께서 제자들에게 주실 것이다(20:22). 성령은 하나님의 생명을 인간에게 제공하는 중개자로서 생명의 근원이다(고전 12:13). "아직 영광을 받지 못했다"는 것은 아직 십자가와 부활의 사건이 일어나지 않은 것을 가리킨다. **성령을 통한 하나님의 활동은 예수의 공생애가 하나님의 뜻을 따라 종결된 후에 시작될 것이다**. 저자는 이 설명을 통하여 고별 강화에서 있을 성령에 관한 보다 더 상세한 교훈을 준비한다.

예수의 말씀을 들은 무리의 반응은 다양하게 나타났다: **"이 말씀을 들은 무리 중에서 혹은 이가 참으로 그 선지자라 하며 혹은 그리스도라 하며 어떤이들은 그리스도가 어찌 갈릴리에서 나오겠느냐"**(7:40-41). 예수를 선지자로 인정하는 반응은 오병이어 표적 사건에서 떡을 먹은 무리의 반응과 거의 동일하다: "이 사람이 참으로 그 선지자이다"(6:14). 그러나 여기서 무리가 한 말이 갈릴리의 무리가 생각했던 것과 같이 모세가 예언한 그 선지자(신 18:15, 18)를 의미한 것인지는 분명하지 않다. 무리 중 어떤 사람들은 예수를 그리스도라고 인정했다.

예수가 선지자인가 혹은 그리스도인가를 놓고 무리 사이에 논란이 벌이진 것이다. 다른 말로 하면, "예수는 모세의 후예(선지자)인가 혹은 다윗의 후예(그리스도)인가"라는 논란이다. 예수는 지금까지 자신의 존재에 관하여 "나는 (그)이다"(ἐγώ εἰμί)라는 모호한 칭호를 사용하여 표현했다. 이것이 무리가 그를 이해하는데 혼란을 증가시켰다. 예수가 그리스도라는 것에 반대하는 사람들은 그가 갈릴리 출신이라는 것을 증거로 제시했다(7:41). 나다나엘도 처음에는 예수의 출신지(갈릴리 나사렛) 때문에 예수가 그리스도가 된다는 것에 회의적이었다(1:45-46).

그들은 그들이 의문을 가지는 이유로서 그리스도의 출신지에 관한 성경의 증거를 제시했다: **"성경에 이르기를 그리스도는 다윗의 씨로 또 다윗의 살던 촌 베들레헴에서 나오리라 하지 아니하였느냐?"**(7:42). 그리스도의 출생지를 베들레헴으로 언급한 성경은 미가 5:2이다(마 2:6). 여러 성경구절들이 그리스도를 다윗의 씨로 언급한다(시 89:4f.; 삼하 7:11-14). 그리스도의 출신지에 관한 무리의 말은 예수의 출생지에 관한 최초 기독교인들의 견해를 반영한다. 저자는 그 전승을 알고 있었던 것으로 보인다. 그러나 그는 그것을 해학적으로 사용한다. 예수의 반대자들은 그가 갈릴리에서 자라났기 때문에 그가 거기서 태어났다고 생각하지만, 그는 그들이 성경을 통하여 그리스도의 출생지로 알고 있는 곳에서 태어났다.

그의 해학은 여기서 더 깊이 들어간다. 예수의 출생지 문제는 그의 근본적인 기원에 관한 문제 곧 그가 위(하나님)로부터 왔는가 혹은 아래(사람)로부터 왔는가의 문제와 비교하면 사소한 것에 불과하다는 것이다(8:23). 예수는 앞에서 예루살렘 사람들이 그가 어디서 왔는지 안다는 것을 인정하면서도 그의 인간적 기원이 그의 존재 이해에 부적절하다는 것을 강조했다. 그는 나중에 그 유대인들이 그가 어디서 오며 어디로 가는가를 알지 못한다고 선언할 것이다(8:14).

이와 같이 예수의 존재에 대한 이해를 놓고 무리 중에 쟁론이 일어났다(7:43). 예수가 예언자라는 사람들과 그는 그리스도라는 사람들 그리고 그는 갈릴리 출신이기 때문에 그리스도가 될 수 없다는 사람들 사이에 논쟁이 벌어진 것이다. '쟁론'(σχίσμα)이란 말은 요한복음에서 예수의 존재에 관한 의견들이 갈라지는 곳에서 나온다(7:43; 9:16; 10:19). 이것은 그의 사역의 결과를 요약적으로 나타낸다. 그의 사역의 결과는 청중들 중에 의견 분열을 일으켰다. 예수는 이미 이것을 예고한바 있다: 빛이 어두움에 비취자, 그 빛을 사랑하는 사람들과 그것을 미워하는 사람들 사이에 구분이 일어났다(3:19-21).

저자는 무리의 반응 중에서 특별히 과격한 반응을 다시 언급한다: **"그 중에는 그를 잡고자 하는 자들도 있으나 손을 대는 자가 없었더라"**(7:44). 이 구절은 7:30과 아주 흡사하다. 예수를 잡으려 한 어떤 사람들은 그를 체포하기 위하여 보냄을 받은 하속들 중의 일부이었을 수도 있다. 요한복음 7:25-31과 7:37-44을 연결하고 7:32-36과 7:45-52을 연결하여 읽으면 의미가 자연스럽게 연결된다. 그래서 저자는 두 자료들을 취하여 현재의 순서로 배열했다고 생각할 수도 있다. 아무튼 이 구절은 무리 중에 확산되는 예수에 대한 적대감을 반영한다.

예수를 잡으려고 보냈던 하속들이 명령을 이행하지 않고 대제사장들과 바리새인들에게로 돌아오자 그들이 "어찌하여 잡아오지 않았느냐?"고 물었고 그것에 대하여 하속들이 대답했다: **"그 사람의 말하는 것처럼 말한 사람은 이때까지 없었나이다"**(7:46). 하속들의 답변은 예수의 교훈에 담긴 범상치 않은 성격을 제시한다(막 1:22; 6:2; 7:37). 예수의 교훈은 다른 인간의 교훈과는 달랐다. 그의 교훈에는 다른 사람의 교훈에서 발견할 수 없는 권위가 있었다. 그래서 그들은 예수의 말씀을 통해 감동을 받은 것으로 나타난다. 그들이 구체적으로 어떤 말씀을 염두에 둔 것인지는 분명하지 않다. 예수의 말씀을 듣고 그들은 상관의 명령을 이행할 마음이 없어졌다.

하속들의 말을 인하여 흥분한 것은 바리새인들이었다. 그래서 바리새인들이 그들에게 대답했다: **"너희도 미혹되었느냐? 당국자들이나 바리새인 중에 그를 믿는 이가 있느냐? 율법을 알지 못하는 이 무리는 저주를 받**

은 자로다"(7:47-49). "너희도 미혹되었느냐?"는 반문은 예수를 선하다고 판단하거나(7:12), 그를 선지자나 그리스도로 인정하거나(7:40, 41), 혹은 심지어 그를 믿는 사람들이 나타나고 있는 상황(7:31)에 대한 바리새인들의 염려를 반영한다. 또 그들의 말에는 당국자들이나 바리새인들 중에 예수를 믿는 사람들이 있었을 가능성을 암시된다. 저자는 바리새인이며 관원인 니고데모가 밤에 예수를 찾아왔던 이야기를 전달한 바 있다(3:1). 하속들을 향한 저주는 신명기 27:26을 기초한다: "이 율법의 모든 말씀을 실행치 아니하는 자는 저주를 받을 것이라 할 것이요 모든 백성은 아멘 할지니라."

바리새인들은 예수에게 미혹되는 자들을 율법을 모르는 자들로 판단했다. "율법을 알지 못하는 자"란 유대인들의 전통적 방식대로 율법을 순종하지 않는 사람들을 가리킨다. 유대교의 랍비 문헌들에서는 그런 사람들을 "땅의 사람들"로 불렀다. 유대교 구전 율법을 성문화하여 만든 미쉬나의 첫 책인 「조상들의 말씀」에 보면 서기관들과 바리새인들이 땅의 사람들에 대하여 가졌던 나쁜 감정들이 전달된다(P. Aboth. 2:6; 3:11). '저주받았다'(ἐπάρατοι)는 말은 이와 같이 A.D. 70년대 이후 유대교의 재건 과정에서 정통적 유대교의 길에서 빗나갔다고 판단되는 사람들을 향한 분노의 감정이 포함되었다.

바리새인들의 분노가 표출되는 가운데서 전에 예수를 찾아왔던 니고데모가 등장하여 하속들을 변호한다: **"그 중에 한 사람 곧 전에 예수께 왔던 니고데모가 저희에게 말하되 우리 율법은 사람의 말을 듣고 그 행한 것을 알기 전에 판결하느냐**"(7:50-51). 니고데모는 "그들 중의 한 사람"으로 묘사된다. 이 말은 그가 바리새인들 중의 한 사람이라는 의미일 수 있으며 그것은 3:1의 묘사와 같다. 그러나 이 말은 암시적으로 예수에 대한 잘못된 인식을 가짐으로 저주받은 사람들 중의 한 사람인 것을 나타내기도 한다. 그는 예수가 "하나님께로서 오신 선생"이며 "하나님이 그와 함께 하신다"고 인정했다(3:2). 그가 예수를 믿은 제자가 되었는지는 분명하지 않지만, 그는 분명히 예수의 선하심을 인정하고 있었다.

따라서 그는 두 가지 의미에서 "그들 중의 한 사람"이었다. (1) 먼저 니고데모는 예수에 대한 바리새인들의 판단의 비합법성을 지적했다. 피소된 사람의 말을 직접 들어보지도 않고 판단하는 그들의 판단은 율법이 요구하는 합당한 절차를 거치지 않은 부당한 판단이라는 것이다. (2) 다음에 그는 선한 뜻과 합리성을 가졌음에도 불구하고, 아직 예수를 믿는 제자로는 나타나지 않는다. 그는 바리새인들의 율법 공동체와 예수의 복음 공동체 사이에서 조심스럽게 중립적 위치에 서려고 노력한다.

니고데모의 중립적 견해는 바리새인들의 강력한 반대에 부닥친다: **"저희가 대답하여 가로되 너도 갈릴리에서 왔느냐? 상고하여 보라 갈릴리에서는 선지자가 나지 못하느니라 하였더라"**(7:52). 바리새인들의 말에는 두 가지 내용이 포함된다. (1) 니고데모의 정체성이 의심스럽다는 것이다. "너도 갈릴리에서 왔느냐"는 말은 그도 율법을 모르는 저주받은 사람들의 하나로 간주하려는 의도를 나타낸다. (2) 그들은 성경에 의지하여 선지자가 갈릴리에서 날 수 없다고 주장한다. "상고하다"(ἐραύνησον)라는 말은 성경과 그들의 해석 전승을 보라는 것이다(5:39). 만일 그들이 역사적으로 어떤 선지자도 갈릴리에서 나지 않았다고 말한다면, 그들의 견해는 잘못되었다. 요나와 나훔이 그 지역 출신이기 때문이다.

만일 그들이 미래의 예언자를 가리켜 말한 것이라면, 그들은 율법(성경) 밖의 근거를 의지하여 그 말을 하는 것이 된다. 히브리 성경은 그 선지자의 출신지를 명시하지 않았기 때문이다. 저자 편에서 그들의 말은 해학적 표현이다: 그들은 율법에 관하여는 정확하게 안다고 여기면서 말하고 있지만, 사실은 그들이 율법을 제대로 알지 못한다는 것이다. 니고데모는 전에 예수의 도전에 대하여 답변하지 않은 것과 같이 그들의 반박에 대해서도 답변하지 않은 채로 무대에서 사라진다.

5. 간음한 여인과 예수(7:53-8:11)

이 이야기가 요한복음의 원문에 포함되지 않은 것은 분명하다. 사본적인 증거 면에서 이 단락은 가장 신뢰할만한 고대 사본들에는 포함되지 않았다. 이 이야기에는 요한의 특징적인 문체와 신학이 반영되지 않는다. 이 단락은 양식과 형태에 있어서 공관복음서들의 이야기들 특히 누가의 이야기들과 대단히 유사하다. 그러나 이 이야기가 전후 문맥상 전혀 관계가 없는 것만은 아니다. 이 이야기는 요한복음의 다른 곳에서 보여진 예수의 인품과 사역의 방식을 나타낸다. 이것은 '판단'이라는 주제에서 전후 문맥과 연결된다: 외모로 판단하지 말고 공의의 판단으로 판단하라(7:24); 너희는 육체를 따라 판단하나 나는 아무도 판단하지 않는다(8:15).

이 단락은 또 예수의 무죄와 대조되는 유대인들의 유죄(8:21, 24, 46)를 설명하기 위하여 삽입된 측면도 있다: "너희 죄 가운데서 죽으리라"(8:21, 24); "누가 나를 죄로 책잡겠는가"(8:46). 양식 비평학자들은 이것을 '경구'(apophthegm, 격언적 교훈을 담은 이야기)에 포함시켰다. 이 이야기는 예수가 예루살렘 성전에서 가르치는 활동을 하고 있었던 것을 전제한다(눅 20:1; 21:1,37; 22:53). 신약의 어떤 사본들에는 이 이야기가 누가복음 21:38 이후에 배열되었다. 여인의 죄를 용서하는 주제는 누가복음에서 전달되는 특별한 전승들에 포함되었다(7:36-50; 8:2-3).

이야기는 사건의 배경 설명으로 시작한다: **"다 각각 집으로 돌아가고 예수는 감람산으로 가셨다. 아침에 다시 성전으로 들어오시니 백성이 다 나아오는지라"**(7:53-8:2ab). 이것은, 공관복음서들에 따르면, 예수가 예루살렘에서 지낸 마지막 주간에 일어난 일들의 한 부분임을 반영한다. 그 때 예수는 밤에는 예루살렘을 나갔다가 아침에는 성안으로 돌아왔다. 마가는 예수가 밤에는 베다니에 간 것으로 말하는 반면(막 11:11f.; 11:19f.), 누가는 감람원에 가서 쉬셨다고 전달한다(눅 21:37). "예수는 감람산으로 갔다가 아침에 다시 성전으로 들어왔다"(8:1-2a)는 언급은 누가복음 21:37-38과

매우 흡사하다: "예수께서 낮이면 성전에서 가르치시고 밤이면 나가 감람원이라 하는 산에서 쉬시니 모든 백성이 그 말씀을 들으려고 이른 아침에 성전에 나아가더라." 따라서 이 이야기는 누가의 특별 자료들 중의 하나와 관계된 것으로 추정된다.

특히 요한복음 8:2은 여러 가지 점에서 누가 전승과 연결된다:

요 8:2	**아침에** 다시 **성전으로** 들어오시니 **백성이 다 나아오는지라**
눅 21:38	**모든 백성이** 그 말씀을 들으려고 이른 **아침에 성전에 나아가더라**

여기서 누가 전승과 연결되는 점들은 다음과 같다. (1) 아침(ὄρθρος)이 동일하게 나오는데, 이 단어는 신약성서 다른 곳에서는 누가 전승에만 나온다(눅 24:1과 행 5:21). (2) 들어오다(παραγίνεσθαι)라는 단어도 누가가 즐겨 사용한 단어이다(누가복음 8회; 사도행전 20회). (3) 백성(λαός)도 누가가 익숙하게 사용한 단어이다(누가복음 37회; 사도행전 48회). (4) 앉으사 가르치다(καθίσας ἐδίδασκεν)라는 어구도 누가복음에만 나온다(눅 4:20; 5:3).

서기관들과 바리새인들이 간음 중에 잡힌 여자를 끌고 와서 가운데 세우고 예수에게 말했다: **"선생이여 이 여자가 간음하다가 현장에서 잡혔나이다. 모세는 율법에 이러한 여자를 돌로 치라 명하였거니와 선생은 어떻게 말하겠나이까"**(8:3-4). 요한복음에서 서기관들은 이곳 외에는 전혀 언급되지 않았다. 공관복음서들에서는 "서기관들과 바리새인들"이 연결된 어구가 익숙하게 나온다. 간음한 여자를 돌로 쳐서 죽이는 것은 약혼한 여자가 통간한 경우에 해당한다(신 22:23-24). 결혼한 유부녀가 간음한 경우에는 단순히 "반드시 죽일찌니라"로 되어있다(레위 20:10). 그래서 그 여자가 약혼한 처녀인지 혹은 결혼한 유부녀인지에 관하여 논란이 있을 수 있다. 아무튼 저자는 그들이 이렇게 말한 목적은 예수를 고소할 조건을 얻고자 하여 그를 시험한 것이라고 설명한다(8:6a).

이 질문은 가이사에게 세금 바치는 것에 관한 질문(막 12:13-17)과 같이 예수를 곤경에 빠지게 할 수 있는 점에서 심각한 시험이었다. 먼저 예수가 율법에 있는 대로 돌로 치라 하면, 그가 지금까지 가르쳐온 사랑과 생명에 관한 교훈이 헛된 것이 될 수 있다. 반대로 치지 말라고 한다면, 그는 율법의 권위 곧 하나님의 권위를 거역하는 것이 된다. 율법의 권위에 대한 예수의 견해를 파악하려는 유대교 지도자들의 시도는 이혼에 관한 질문에서도 보여진다(막 10:2; 마 19:3). 그러나 이러한 시도 속에서 그들 자신들이 율법을 편파적으로 적용하고 있었다. 모세의 법에서는 분명히 통간한 **남자와 여자 둘 다** "반드시 죽이라" 혹은 "돌로 쳐 죽이라"고 되어 있는데(레위 20:10; 신 22:24), 그들은 여자만 끌고 온 것이다.

그들의 질문에 대하여 예수는 그들이 이해하지 못하는 방식으로 대응했다: **"예수께서 몸을 굽히사 손가락으로 땅에 쓰시니"**(8:6b). 예수는 그들의 요구에 직접적으로 대답하는 대신 몸을 굽혀 손가락으로 땅에 무엇인가를 썼다. 예수가 무엇을 왜 썼는지에 관하여 분명한 언급이 없다. 이것에 관하여 많은 추측들이 제시되었다. 예수는 죄를 짓지 말라는 율법의 말씀들을 쓰셨다는 것이다: 악인과 연합하여 모함하는 증인이 되지 말라(출 23:1b); 거짓 일을 멀리 하라(출 23:7a). 고대 교회의 교부들은 "여호와를 떠나는 자는 흙에 기록되리니"(렘 17:13)라는 말씀에 기초하여 여인을 정죄하고 있는 사람들의 죄들을 썼다고 생각하기도 했다. 여러 가지로 추측할 수는 있지만, 성경이 직접적으로 말하지 않는 부분은 침묵한 채로 놓아두는 것이 좋다. 고소하는 자들은 예수가 궁지에 몰려 답변을 하지 못한다고 생각하면서 의기양양하여 대답하기를 재촉했다. "그들이 묻기를 마지 아니 하는지라"(ἐπέμενον ἐρωτῶντες)라는 표현이 그들의 이러한 과신의 상태를 묘사한다.

그러자 예수가 그 자리에서 일어나 말했다: **"너희 중에 죄 없는 자가 먼저 돌로 치라 하시고 다시 몸을 굽히사 손가락으로 땅에 쓰시니"**(8:7b-8).

"죄 없는 자"(ἀναμάρτητος)라는 단어는 신약에서 여기에만 나온다. 예수의 말씀은 "증인이 먼저 그에게 손을 댄 후에 백성이 하라"는 신명기 말씀을 배경으로 한다(신 13:10; 17:7). 신명기의 이 말씀들은 피고에 대한 증인들이 그 피고의 죽음에 대한 책임을 져야한다는 엄숙한 의미를 포함한다. 그들이 예수의 말씀을 듣고 양심을 가책을 받아 어른으로 시작하여 젊은이까지 하나씩 하나씩 나가고 오직 예수와 그 가운데 서있는 여자만 남게 되었다(8:9). '양심'(συνείδησις)이란 단어는 사도 바울이 주로 사용한 것으로서 복음서들에서는 여기에만 나온다. 율법에 따르면 돌로 쳐서 죽임을 당해야 마땅한 이 여자의 문제를 예수는 어떻게 처리하는가?

예수가 그 자리에서 일어나 그 여자 외에 아무도 없는 것을 보고 그녀에게 말했다: **"여자여 너를 고소하던 그들이 어디 있느냐 너를 정죄한 자가 없느냐?"**(8:10). 예수는 그녀를 향해서도 '여자여'라는 칭호를 사용한다. 요한복음에서 예수는 모든 여인들을 향하여 이 칭호를 사용한다(2:4; 4:21; 19:26). 그것을 통하여 예수는 어떤 상태와 지위의 여인이든지 모든 여인들을 향하여 기본적으로 인간 존재의 존엄함을 보여준다. 율법은 기본적으로 사람을 고소하고 정죄하게 만든다. 그래서 유대교 지도자들은 율법을 주로 고소하고 정죄하는데 사용했다. 그러나 은혜와 진리가 충만하신 하나님의 독생자는 율법의 근본정신인 사랑으로 돌아가 사랑의 실현을 하나님의 백성이 추구해야 할 최고 가치로 제시한다.

"주여 없나이다"라는 그녀의 대답을 듣고 예수가 그녀에게 다시 말했다: **"나도 너를 정죄하지 아니하노니, 가서 다시는 죄를 범치 말라"**(811). 이 말씀에서 죄인을 대하시는 예수의 원칙을 읽을 수 있다. 예수는 그녀를 정죄하지 않는다. 이것은 하나님이 그의 아들을 세상에 보내신 목적과 일치한다(3:17). 예수는 세상의 죄들을 정죄하기 위함이 아니라 그 죄들을 사하기 위하여 보냄을 받았다. 부활의 예수도 그의 제자들에게 세상의 죄들을 사하라는 사명을 위임한다(20:23). 다만 죄사함을 받기 위해서는 자기의 죄에 대한 깨달음과 고백과 예수의 사죄의 은혜에 대한 믿음이 필요하다. 그리고 죄사함을 받은 증거는 그 죄에서 완전히 돌아서는 삶의 결과로 나타난다. 예수는 그녀를 죄인으로 정죄하지 않았지만, 그녀의 행동이 죄라는 것을 명시하고 또 그녀가 그 죄에서 돌아설 것을 명령한다. 하나님의 사죄의 은혜는 그녀가 그 죄에서 돌이키고 하나님의 자녀로서 정결한 삶을 위하여 제공된다. 하나님의 아들은 세상을 심판하기 위함이 아니라 구원하기 위하여 보냄을 받았다.

D 세상의 빛 예수 그리스도(8:12-59)

요한복음 8:12-59은 새로운 국면의 전환이 없이 7장과 느슨하게 연결된다. 새로운 명절에 대한 언급이 없으며 다음에 나오는 수전절(10:22)과의 연결성도 없다. 초막절은 이미 큰 날이 지나간 과거의 사건이 되었다. 예수가 바리새인들(8:13)과 그 유대인들(8:22, 31)과 벌이는 논쟁은 초막절 이후에 벌어진 것으로 생각할 수 있다. 예수는 예루살렘에 머물고 있었으며 성전에서 가르치기를 계속했다(8:20, 39). 저자는 역사적 상황과 그것의 세부 묘사에 관심을 갖지 않는다. 예수의 계시 활동과 불신하는 그 유대인들과의 논쟁이 계속되었고 그것들은 후일의 공동체를 위하여 예수의 주장과 그것에 대한 불신의 갈등을 강조하기 위하여 마련되었다. 여기서 제시되는 여러 가지 논쟁의 장면은 요한공동체의 외적이며 내적인 상황을 반영한다.

이 부분은 초막절 강화의 주제와 연결되기도 한다. 이 부분의 시작에서 예수는 자신을 "세상의 빛"으로 소개하는데, 그것은 초막절의 횃불 행사와 연결된 상징적 의미를 제공한다. 내용적으로 8장은 7장에 묘사된 내용들을 전제한다. 요한복음 7장에서 무리 중에는 예수를 믿을 의향을 가진 집단들이 등장한다. 그런데 그들은 예수의 메시아되심을 반대하는 다른 사람들에 의하여 방해를 받는다. 마지막에 가서는 예수에 대한 지도층의 불신이 고조에 달한다. 요한복음 8장의 논쟁은 바로 이러한 상황을 배경으로 한다. 요한복음 전체의 주제와 연결된 이 불신은 특히 유대교 지도층에게서 증가하는데, 그것은 예수 자신을 향한 적대감을 나타낸다. 아브라함의 후손(8:37-47) 그리고 아브라함에 대한 예수의 관계(8:48-58)에 관한 논의들은 저자가 그의 시대에 벌어지고 있었던 신학적 논쟁에 대하여 가진 관심을 나타낸다. "예수를 믿은 유대인들"에 관한 언급 역시 이러한 상황과 연결된다.

이 논쟁은 9장으로 이어진다. 예수와 그 불신의 유대인들 사이의 논쟁은 단순한 동시대적 갈등의 상황을 넘어선다. 그것은 예수의 존재에 관한 계시의 주제를 포함한다: (1) 그가 어디서 오며 어디로 가는가(8:14); (2) 그의 근본적 기원에 관한 증거(8:23); (3) 아들이 죄의 종들을 자유하게 한다(8:31-36); (4) 그리고 죽음을 정복하는 그의 말씀의 권세(8:51-52). 논쟁의 언어는 날카롭게 이분법적이며 하나님의 자녀들과 마귀의 자녀들 사이의 대결에서 절정에 이른다(8:43-47).

이 부분은 논쟁의 신학적 국면에 따라 다음과 같이 구분할 수 있다:

A. 8:12-20 세상의 빛 예수 그리스도
B. 8:21-29 위에서 난 자와 아래에서 난 자들
C. 8:30-36 영원한 자유를 주는 그 아들
B' 8:37-47 하나님의 자녀들과 마귀의 자녀들
A' 8:48-59 선재의 예수 그리스도

이 부분의 시작이 빛에 관한 예수의 위대한 선언(8:12)으로 시작하는 것과 같이 예수의 선재에 관한 위대한 선언으로 끝을 맺는다(8:58). 그러나 불신하는 유대인들은 끝까지 예수의 모든 말씀들을 거부한다.

1. 생명의 빛 예수(8:12-20)

예수의 강화는 그의 존재에 관한 선언으로부터 시작한다: **"예수께서 또 일러 가라사대 나는 세상의 빛이니 나를 따르는 자는 어두움에 다니지 아니하고 생명의 빛을 얻으리라"**(8:12). 이 강화는 요한복음 7:52에서 이어진다. 그 사이에 장소의 변경에 관한 언급이 없고 또 예수는 아직 성전에서 가르치고 있었다(8:20). 그러나 저자는 사건의 연결과 진행의 세부 사항에 관하여 관심을 보이지 않는다. 예수는 다시 "나는 (그)이다"라는 신적 칭호를 사용하여 자신의 존재와 사역을 밝힌다. 생수에 관한 언급이 초막절에 이루어지는 물을 사용한 의식을 배경으로 하고 있다면, 빛에 관한 언급은 빛을 사용한 의식을 배경으로 한다고 볼 수 있다.

저자는 이미 "빛이 **세상 안으로** 왔다"(1:9; 3:19) 혹은 "빛이 **세상 안에** 있었다"(1:10)라고 말한 바 있다. 여기서 예수는 **세상의 빛**으로 제시된다. 빛은 많은 상징적 의미들을 갖고 있다. 구약에서 빛은 하나님의 창조 활동과 연결되고 나아가 하나님이 처음 창조하신 것으로 나타난다(창 1:3). 빛은 사람이 어두운 세상을 바로 걸어갈 수 있도록 비취는 하나님의 지식 혹은 하나님께로부터 오는 지혜를 가리킨다(시 119:105; 잠 6:23). 빛은 하나님이 자기 백성에게 나타나실 때 하나님의 현존을 나타내기도 한다. 빛은 진리와 연결되기도 한다.

요한은 원시 기독교 전승의 맥락에서 이 단어를 사용한다. 따라서 그에게 있어서 빛은 예수 그리스도의 우주론적 지위보다는 구원론적 역할을 가리킨다. 빛은 사람의 생명을 변화시키며 구원하시는 하나님의 권능의 활동을 나타낸다. 이러한 구원론적 의미는 이어지는 예수의 말씀에서 명백하게 보여진다. '따르다'(ἀκολουθῶν)는 말은 제자직 곧 믿음의 순종을 표현한다. '다니다'(περιπατέω)라는 말은 인간이 살아가는 과정을 가리킨다. 따라서 "어두움에 다니다"라는 말은 독생자를 통하여 주시는 하나님의 은혜와 진리와 생명이 없이 사는 것을 나타내며 또 "생명의 빛을 얻는다"라는 말은 독생자를 통하여 주시는 하나님의 은혜와 진리의 삶에 참여하는 것을 나타낸다. 요한에게 있어서 빛은 단순히 우주의 구성 요소가 아니다. 그것은 활동적이며 구원하는 생명력이다. 예수의 제자들은 세상의 어두움으로부터 구원을 받는다(1:5; 12:35, 46). 빛은 그 자체에 생명을 갖고 있고 또 생명을 제공한다(1:4; 4:10, 14; 6:35, 51). **예수만이 인생의 본질과 의미와 목적에 관한 참된 지식을 제공하는 점에서 생명의 빛이다**.

요한복음 8:13-20은 예수가 자기 자신을 위하여 증언할 자격이 있으며 또 그의 증거가 참된 것인가에 관한 법정 강화로 계속된다. 여기서도 예수는 하나님과 연합된 자신의 존재와 사역을 강조한다. 요한복음 8장의 실질적인 주제는 예수의 권위 곧 그가 하나님에 관하여 증언할 수 있는 존재인가에 관한 것이다. 먼저 바리새인들이 심문한다: **"네가 너를 위하여 증언하니 네 증거는 참되지 아니하도다"**(8:13). 바리새인들의 말에서 빛의 주제는 갑자기 사라지고 그 대신 요한복음 5:19-47에서 길게 다루어졌던 법정 논쟁의 형식이 다시 사용된다. 빛의 주제는 9장에서 다시 언급될 것이다. 논쟁의 핵심은 "나는 세상의 빛이다"라는 예수의 말이 그 자신에 대한 증언과 그의 판단이 스스로 나온 것이기 때문에 참되지 않다는 것이다. 요한복음 5장에서 예수는 이것과 동일한 고소에 대하여 반론을 제기하면서 그를 증언하는 여러 신뢰할만한 증인들을 제시했다(5:31-40).

그러나 여기서 예수는 전혀 새로운 변론의 내용을 제시한다: **"내가 나를 위하여 증거하여도 내 증거가 참되니 나는 내가 어디서 오며 어디로 가는 것을 앎이어니와 너희는 내가 어디서 오며 어디로 가는 것을 알지 못하느니라"**(8:14). 법정 변호의 입장에서 예수는 그가 어디서 오며 어디로 가는가(그의 존재의 기원과 결말)에 관하여 알고 있기 때문에 그의 증언이 참되다고 주장한다. 예수는 그를 보내신 분이 그를 증언하고 있어서 그 자신이 그것을 반복할 필요가 없다는 것을 그들에게 제시한바 있다(5:32, 37-38). "너희는 … 알지 못한다"는 예수의 말씀은 그가 어디서 왔는지 안다고 말하는 예루살렘 사람들의 주장에 대한 해학적 반론이기도 하다

(7:27). 비록 그들이 안다고 말하지만, 그들은 예수가 진정으로 어디서 왔는지 또는 그가 어디로 가는지 알지 못한다. 예수의 말씀은 그들의 안다는 주장에 대한 반론이면서 또한 그가 진정으로 누구인가를 재고하게 하려는 초청이다. 예수가 어디서 와서 어디로 가는가는 예수의 말씀을 영접하는 사람들만 알 수 있다. **예수의 존재와 그의 사역의 본질을 이해하는 중심 요소는 "그가 어디서 왔는가?"(기원)와 "그가 어디로 가는가?"(결말)를 아는 것이다**.

예수는 그들이 예수의 기원과 결말을 알지 못하는 이유를 말한다: **"너희는 육체를 따라 판단하나 나는 아무도 판단치 아니하노라"**(8:16). 육체를 따라 판단한다는 말은 본질적 존재를 알지 못하면서 단순히 외적이고 인간적 기준들을 따라 판단하는 것이다. 초막절 강화에서도 예수는 그에 대하여 "외모로 판단하지 말라"고 권고한바 있다(7:24). 사도 바울은 우리가 그리스도를 이같이(육체대로) 알지 않는다고 말한다(고후 5:16). 이것은 예수의 사람됨(σαρ́ξ)을 부인하는 것이 아니라, 예수의 참된 존재에 관한 앎은 그의 공생애의 모습만 알아서는 안된다는 말이다. **예수의 참된 존재는 영원하신 말씀이 육신이 되신 예수의 기원과 함께 부활과 올리우심을 통한 그의 결말을 통하여 나타난다**. "나는 아무도 판단하지 않는다"는 말씀은 그 다음 절에서 그가 판단할 수도 있다는 말씀과 상충되는 것으로 보인다.

예수가 판단하는 것과 관련하여 서로 상충하는 것으로 보이는 말씀들이 이미 앞에서도 언급되었다. 요한복음 3:17-18에서 아들은 세상을 심판하기 위함이 아니라 구원하기 위하여 왔으며 아들을 믿는 자는 심판을 받지 않는다고 언급된다. 그러나 5:22, 27, 30에서는 아버지께서 심판을 다 아들에게 맡기셨고, 그래서 아들은 심판하는 권세를 받았으며 그는 그를 보내신 아버지가 원하는대로 심판하려 한다고 언급된다. 요한복음 9:39에서도 예수는 심판하러 이 세상에 왔다고 명백하게 말한다. 그렇다면 아들은 심판하는 분인가 혹은 심판하지 않는 분인가? 요한복음서 저자는 심판에 관하여 이러한 이중성을 보존한다. 아버지와 아들은 본래적으로는 심판하기를 원하지 않는다. 다만 독생자를 통한 하나님의 계시를 거부하는 사람들에게는 그들이 거부하는 것 자체가 심판으로 나타난다. 따라서 심판은 주로 예수의 복음을 거부하고 배척할 뿐 아니라 예수를 믿는 사람들의 공동체를 박해하고 억압하는 사람들—예수의 삶의 자리는 물론 요한공동체의 삶의 자리에서—을 향한 경고로 제시된다.

예수는 그 자신이 판단할 수도 있으며 또 그의 판단이 참됨을 변호한다: **"만일 내가 판단하여도 내 판단이 참되니 이는 내가 혼자 있는 것이 아니요 나를 보내신 이가 나와 함께 계심이라"**(8:16). 예수는 육체를 따라 판단하는 사람들과 다르게 판단한다. 그는 자기의 기원과 결말을 알고 있는 가운데서 판단하며 말씀한다. 예수는 그의 판단의 참됨의 근거로서 그를 보내신 분이 그와 함께 계심을 제시한다. 여기서 예수의 판단과 증언이 혼합된다. 아들을 보내신 아버지가 그 아들과 함께 계시기 때문에, 아버지와 아들 사이에 의지와 활동이 일치한다. 아들은 아버지의 뜻을 따라 판단하며 증언하기 때문에, 아들의 판단과 증언은 참된 것이다.

이것은 그 유대인들의 율법의 기준에도 합당한 것이다: **"너희 율법에도 두 사람의 증거가 참되다 기록하였으니 내가 나를 위하여 증거하는 자가 되고 나를 보내신 아버지도 나를 위하여 증거하시느니라"** (8:17-18). 율법에서 말하는 두 증인은 관련자 이외의 두 사람을 말한다(신 17:6; 19:15). 아들을 위하여 증언하시는 분은 아버지이기 때문에, 사실 증인은 한 사람이다. 그러나 예수는 자기 자신을 자기에 대한 증인으로 내세운다. 어떤 학자는 여기서 율법의 두 증인과 연결시키기 위하여 "나를 위하여 증언하는 나"를 사람으로서의 예수가 아니라 하나님의 아들이라고 생각하기도 한다. 아무튼 예수는 하나님의 증언을 통하여 자신의 증언의 참됨을 변호한다. 아들의 증언은 아버지께서 이미 구약의 말씀들을 통하여 증언하신 것이다.

예수의 주장에 대하여 그들은 **"네 아버지가 어디 있느냐"**라고 질문했다. 예수는 첫 번째 안식일 논쟁 때부터 하나님을 자기 아버지로 불러왔다(5:18). 그들은 예수가 '아버지'라는 칭호를 하나님을 가리키기 위하여 사용한 것을 알았지만, 하나님과 예수 사이의 관계에 대한 예수의 말씀을 믿으려 하지 않았다. 그들은 이미 예수를 신성모독의 사람으로 정죄했으며(5:18) 또 율법을 알지 못하는 어리석은 사람들을 미혹시키는 사람으로서 그리스도가 될 수 없다고 결론을 내렸다(7:47-49).

예수는 그들의 질문에 대하여 하나님과 그 자신 사이의 관계를 암시하는 말로 대답한다: **"너희는 나를 알지 못하고 내 아버지도 알지 못하는도다. 나를 알았더면 내 아버지도 알았으리라"**(5:19b). 그들은 예수를 알지 못하기 때문에, 그가 아버지라고 부르는 분을 알지 못한다. 그들은 예수를 육체를 따라 판단하고 있으며 그러므로 하나님의 새로운 구원 활동을 알지 못한다. 그들은 그들이 하나님의 선민이라고 자처하는 바로 그 하나님을 알지 못하고 있는 것이다. 아버지에 대한 참다운 지식은 오직 아들을 통하여 알 수 있다. 오직 아들만이 아버지를 나타내며 아들만이 아버지께로 나가는 길이 되신다(1:18; 14:7, 9).

저자는 예수가 이 교훈을 전달한 장소를 마지막으로 언급한다: **"이 말씀은 성전에서 가르치실 때에 연보 궤 앞에서 하셨으나 잡는 사람이 없으니 이는 그의 때가 아직 이르지 아니하였음이러라"**(8:20). 성전의 연보궤 앞이라는 장소에 관한 언급은 요한복음에서 여기에만 나온다. 마가복음과 누가복음에서 연보궤는 예수가 가난한 과부의 연보에 관하여 가르치던 장소였다(막 12:41-44; 눅 21:1-4). 성전의 연보궤에 관한 언급은 "내 아버지의 집으로 장사하는 집을 만들지 말라"는 예수의 초기 말씀을 상기시킨다. 비록 바리새인들은 전통적으로 성전에서 연보의 관리와는 상관이 없었지만, 요한복음에서 그들은 이미 대제사장들과 연결되었고(7:32, 45) 또 그것에 대한 책임이 있었던 것으로 제시된다.

이 설명이 암시하는 것은 그들이 하늘의 일보다는 땅의 일에 관심을 기울임으로써 하나님에 관하여 무지하게 되었다는 것이다. 예수를 잡으려는 계획과 그것이 실현될 수 없는 이유에 관한 언급은 초막절 사건에서 언급된 것과 동일하게 제시된다(7:30). 요한복음 8장 마지막에서 예수의 반대자들은 돌을 들어 그를 치려했다고 언급된다(8:59). 이러한 언급들은 예수와 그를 반대하는 유대인들 사이의 갈등이 점점 더 깊어지는 상황을 반영한다. 예수는 이러한 갈등과 긴장의 상황 속에서도 여전히 자기가 해야 할 일을 하고 있지만, 그러나 그의 때가 점차 다가오고 있다.

2. 예수의 존재의 기원(8:21-30)

이 단락에서 예수는 그 불신의 유대인들과 함께 논쟁을 계속한다. 그 논쟁은 예수에 대한 그들의 반대와 몰이해를 심화시키지만, 예수는 자기의 존재를 명백하게 제시하는 기회로 삼는다. 예수는 그의 존재의 기원과 결말을 포함하여 "나는 (그)이다"라는 그의 존재의 근본을 제시한다(8:28). 이 단락도 7장의 논쟁과 연결된다: 8:21의 말씀은 7:33-34의 말씀과 연결되며 또 그 말씀에 대한 반대자들의 질문은 더 부정적이고 몰이해에 기초한 것으로 제시된다(8:22). 이 단락은 바로 앞 단락(8:12-20)과도 연결된다: 예수와 그들 사이의 구별이 더 날카롭게 표현되며(8:23) 또 심판의 주제가 다시 나타난다(8:26). 무엇보다도 예수는 신적 권위자이며(8:24, 28) 또 아버지와 연합된 존재(8:26, 29)라는 명제로부터 더욱 더 명백하게 말한다.

예수는 초막절 강화에서 했던 기이한 말씀(7:33-34)을 짧고 변경된 형태로 제시한다: **"다시 이르시되 내가 가리니 너희가 나를 찾다가 너희 죄 가운데서 죽겠고 나의 가는 곳에는 너희가 오지 못하리라"**(8:21). 예수는 자신의 존재의 결말과 그들의 결말을 대조시킨다. 예수의 대화의 상대가 '그들'(원어로는, "그가 다시 그들에게 말했다")로 언급되었는데, 여기서 그들이 누구를 가리키는지 분명하지 않다. 앞 단락의 연장선에서 말했다면, 그들은 바리새인들이다(8:13). 그러나 다음 절에서는 "그 유대인들"이 예수의 말에 대응하는 것으로 나온다(8:22). 초막절 강화에서도 예수의 말씀에 대하여 "그 유대인들"이 대응한 것으로 나온다(7:35). 초막절 강화의 말씀과 비교하면 한 가지 변경된 것을 발견한다:

7:33–34	8:21
내가 너희와 함께 조금 더 있다가	
나를 보내신 이에게로 돌아가겠노라	내가 가리니
너희가 나를 찾아도	너희가 나를 찾다가
만나지 못할 터이요	너희 죄 가운데서 죽겠고
나 있는 곳에	나의 가는 곳에는
오지도 못하리라	너희가 오지 못하리라

앞에서는 그들이 미래의 예수를 만나지 못한다고 언급된 반면, 여기서는 그들의 죄의 결과가 제시된다. "내가 간다"는 말은 예수가 그를 보내신 하나님께로 돌아감을 말하는데, 그의 돌아감은 십자가의 죽음과 부활을 통하여 이루어질 것이다. 그가 가는 곳에 갈 수 있는 사람은 그의 말씀을 믿음으로 그와 연합됨을 통하여 이루어지기 때문에, 그의 말씀을 거부하는 그 사람들은 그가 가는 곳에 올 수 없다. '죄'(ἁμαρτία)라는 단어가 요한복음에서 여기에 처음 나온다. 요한복음 8:24에서는 '죄들'(복수형, ἁμαρτίας)로 나온다.

요한복음 저자에게 있어서 죄의 일차적 요소는 불신 곧 하나님의 독생자를 믿지 않는 것이다(9:41; 16:9). 그래서 단수 죄는 불신의 세력과 그것이 지배하는 영역, 통치권, 혹은 영향권을 나타내며 또 복수 죄들은 죄의 통치권 아래에서 행하는 행위들을 가리킨다. 불신과 배척의 결과는 정죄와 죽음이다. '죽는다'는 말은 신체적 죽음의 개념을 배경으로 한 것인데, 하나님과의 관계가 완전히 상실되는 상태를 가리킨다. 거기에는 생명을 얻을 희망이 없고 오직 하나님의 진노가 머무를 뿐이다(3:36).

예수의 말씀의 반대자들로 "그 유대인들"이 다시 등장한다: **"유대인들**

이 가로되 저가 나의 가는 곳에는 너희가 오지 못하리라 하니 저가 자결하려는가"(8:22). 저자는 예수를 배척하는 집단으로 특성화된 "그 유대인들" 속에 바리새인들도 역시 포함시켰을 수 있다. 초막절 강화에서 그 유대인들은 예수가 헬라인들에게로 간다는 말로 오해했는데, 여기서 그들은 예수가 자결하려는 것으로 오해한다. 이것은 단순한 오해라기보다 의도적인 잘못된 해석이며 냉소적인 판단이다. 유대교에서 자결은 내세의 삶에서 제외되는 심각한 죄이다. 그들은 예수가 그들의 죄를 지적한 것에 반발하여 예수의 말씀을 죄와 연결시킨다. 그러나 그들의 말은 해학적으로 자기 생명을 버리는 예수의 행위를 나타낸다. 예수는 자결하려는 것은 아니라, 하나님의 뜻을 이루기 위하여 자기 생명을 내어놓는 것이다(10:11, 15, 17-18). 또 해학적으로 그들 자신들이 예수의 죽음의 일차적 원인이 될 것이다.

예수는 그 자신과 그들의 종국적 결말의 차이는 그들의 존재의 기원의 차이에 있음을 언급한다: **"예수께서 가라사대 너희는 아래서 났고 나는 위에서 났으며 너희는 이 세상에 속하였고 나는 이 세상에 속하지 아니하였느니라**"(8:23). 위와 아래는 헬라의 이분법적 세계관과 존재론에서 사용되는 용어들이다. 위(τὰ ἄνω)는 비가시적이고 비물질적 영역으로서 정신의 세계이고 신의 세계이며 따라서 영원한 세계이다. 아래(τὰ κάτω)는 가시적이고 물질적인 영역으로서 물질의 세계이며 육신의 세계이고 따라서 일시적인 세계이다. 하늘의 영역으로서의 위와 땅의 영역으로서의 아래는 유대교 사상에서도 낯설지 않았으며 특히 영지주의 사상에서 더 발전하게 되었다. '세상'은 세계(world) 혹은 세대(age)의 의미를 갖는 유대교적 용어로서 이 세상은 오는 세상과 대조된다. 유대교의 종말 사상에서도 이 세대와 오는 세대의 시간의 이분법이 아래 세계와 위의 세계의 공간의 이분법과 연결되어 오는 세대는 또한 하늘의 세계를 가리킬 수 있다.

요한복음에서 "이 세상"은 하나님의 창조 세계 전체를 나타내는 중립적 의미로도 사용되었다(9:39; 11:9; 12:25; 13:1). 그러나 여기서 "이 세상"은 하나님과 단절되어 있고 하나님과 적대관계에 있는 사람들과 그들이 살고 있는 세계를 가리키는데, 그들의 그러한 적대관계는 근본적으로 이 세상의 임금으로부터 기원한다(12:31; 16:11). 예수가 이 세상에 속하지 않은 것과 같이 그의 제자들도 이 세상에 속하지 않으며(15:19; 17:14, 16), 또 그의 통치는 이 세상과 관계된 것이 아니다(18:36). 예수는 그를 근본적으로 배척하고 거부하는 사람들의 존재의 기원을 그의 존재의 기원과 대조시켜 표현한다.

예수는 다시 그들의 존재의 기원과 결말을 선언한다: **"이러므로 내가 너희에게 말하기를 너희가 너희 죄 가운데서 죽으리라 하였노라. 너희가 만일 내가 그인 줄 믿지 아니하면 너희 죄 가운데서 죽으리라"**(8:24). 요한복음 8:21에서 단수 '죄'가 여기서 복수 '죄들'로 바뀌었다. 이것을 통하여 예수는 그들의 죄의 상태를 선명하게 표현한다. 그들은 죄의 세력아래에서 죄들(어둠 속에서 행하는 악한 계획들과 일들)을 범하고 있으며, 따라서 그들이 돌이키지 않는 한 그들의 결국은 하나님과의 완전한 단절이 될 것이다. 예수는 그들이 이러한 죄의 사슬에서 구원받는 길을 다시 언급한다. 그 길은 예수가 바로 "그 분"(ἐγώ εἰμι)인 것을 믿는 것이다.

요한복음에서 "나는 (그)이다"가 수식어 없이 사용된 경우는 모두 하나님의 독생자로서 예수의 특별한 존재성을 나타내기 위하여 사용되었다(6:20; 18:6). 70인역(LXX)에서 이 칭호는 여호와 하나님의 이름으로 나타나기도 하며(출 3:14) 또 계약의 법정에서 여호와의 주권을 선포하는 공식어로 사용되기도 한다: "이는 너희로 나를 알고 믿으며 내가 그인 줄 깨닫게 하려 함이라. 나는 여호와라 나 외에 다른 신이 없느니라"(사 43:10-11). 죄의 권세에서 해방되는 유일한 길은 예수를 하나님의 독생자 곧 하나님의 종말적 구원 활동을 위하여 보냄을 받은 자로 믿는 것이다.

그들은 **"내가 그니라"**는 예수의 말씀을 알지 못하고 **"네가 누구냐?"**라고 물었다(8:25a). 예수의 존재를 특별하게 나타내는 "나는 (그)이다"라는 칭호가 불신하는 그들에게는 예수에 대한 의혹을 더해주는 것이 되었다.

그들의 질문은 예수의 말씀을 영접하지 않는 사람들에게서 나올 수 있는 질문이다. 무리가 예수를 예언자, 메시야, 혹은 미혹자로 혼동하는 가운데, 그 유대인들은 예수의 존재에 관하여 예수 자신에게서 직접 듣기를 원했다. 그러나 그들이 진정으로 예수를 알고 믿기 위하여 그 질문을 한 것은 아니다. 그렇게 의심하고 불신하며 시험하는 사람들을 향한 예수의 대답은 항상 비유와 비밀의 상태로 남아 있어서 그들에게 혼란을 더해주었다.

이번에도 예수는 그들의 질문에 대하여 직접적으로 대답하지 않는다: **"예수께서 가라사대 나는 처음부터 너희에게 말하여 온 자니라"**(8:25b). 예수의 대답은 요한복음에서 가장 번역하기 어려운 구절들 중 하나이다. 원어로는 이 구절이 하나의 문장으로 구성되어 있지 않기 때문에(τὴν ἀρχὴν ὅ τι καὶ λαλῶ ὑμῖν), 여러 가지 번역이 가능하다: (1) 선언—처음부터 나는 너희에게 말해왔다; (2) 질문—내가 너희에게 말하면 어떻게 하겠는가?; (3) 항변—왜 내가 너희들에게 말하겠는가! 첫째 번역은 요한복음에서 중요한 단어인 '처음'에 관심을 기울인다. 그 번역은 조용하면서도 일관된 예수의 증언을 반영한다: "나는 너희가 처음부터 들어온 그 말씀이다." 둘째와 셋째 번역은 질문에 대하여 직접적으로 대답하기를 거부하는 것으로서 보다 더 부정적인 감정을 나타낸다.

예수는 이미 그들을 향하여 그의 존재를 공개적으로 명백하게 언급해왔다. 그러나 그들은 그것을 영접하지 않았다. 예수는 계속해서 거부하고 배척하는 그들을 향하여 그들의 비극적 결말을 경고하고 있다(8:21, 24). 예수의 말씀은 엄숙한 선언이면서 또 끝까지 거부하는 그들을 향한 분노의 마음을 포함한다. 예수의 존재에 대한 공개적 시인과 예수의 모호한 대답은 모세가 하나님을 대면하던 때에 불타던 떨기나무 사건을 연상시킨다. 그 유대인들은 예수의 이름을 알아 그에 대한 그들의 우위적 지식과 위치를 확립하려 한다. 그러나 예수는 그들이 파악할 수 없는 신비한 존재로 남아 있다.

예수는 그들의 그러한 부정적 태도를 다시 경고한다: **"내가 너희를 대하여 말하고 판단할 것이 많으나 나를 보내신 이가 참되시매 내가 그에게 들은 그것을 세상에게 말하노라"**(8:26). 이 구절의 전반부와 후반부의 연결성이 분명하지 않다. 비록 그 불신의 유대인들이 계속해서 예수의 말씀을 거부하고 배척하고 있지만, 그는 아직 그들에게 할 말과 판단할 것이 많이 남아 있다. 그러나 예수는 그것을 자기 자신의 말로 말하지 않으며 그 자신의 판단으로 판단하기를 원하지 않는다. 예수는 그의 임무가 심판하는 것이 아니라 하나님의 구원을 선포하는 일인 것을 알고 있기 때문에(3:17; 8:15; 12:47), 그를 보내신 분에게서 들은 말씀들을 그들에게 말할 따름이다. 그런데 예수가 전한 바로 그 말씀들이 종국적으로 그들을 판단하는 도구가 될 것이다(12:48). 그 유대인들에게는 예수의 말씀이 여전히 모호한 비유로 남아 있다.

해설자가 그들의 이러한 상태를 지적한다: **"저희는 아버지를 가리켜 말씀하신 줄을 깨닫지 못하더라"**(8:27). 이 구절은 해설자가 하나님을 아버지로 표현한 첫 번째 명백한 경우이며, 그것은 등장인물들의 무지와는 대조적으로 독자들은 그것을 아는 특권을 나타낸다. 예수는 그를 보낸 분과 아버지 사이의 동일성을 바리새인들에게 앞에서 이미 언급한바 있다(8:16-18). 그들 외에도 예수의 대화의 상대자들인 그 유대인들은 예수의 말씀들 속에서 그것에 관하여 분명히 들었을 것인데, 그들은 어찌하여 예수가 말하고 있는 대상을 모르는 것으로 묘사되고 있는가? 예수는 반복적으로 그의 존재에 관한 진리를 전달하지만, 그들은 계속해서 예수의 말씀을 거부하며 배척한다. 그러한 결과는 유대인들을 향한 선교 활동에서 요한공동체가 경험한 실망스런 상황을 반영한다. 그들의 반복된 증거에도 불구하고 그 유대인들은 믿지 않기 때문에 계속해서 오해하고 무지 가운데 있다.

예수는 그가 진정으로 누구인가를 알게 되는 길을 또 다른 방식으로 표현한다: **"너희는 인자를 든 후에 내가 그인 줄을 알고 또 내가 스스로 아**

무 것도 하지 아니하고 오직 아버지께서 가르치신대로 이런 것을 말하는 줄도 알리라"(8:28). 예수의 존재가 인자의 수난/올리우심에 관한 두 번째 말씀에서 마침내 드러난다. 요한복음에서 인자가 들려야한다는 말씀이 세 번 나오는데, 그것은 공관복음서들에서 수난 예고가 세 번 나오는 것과 흡사하다(3:14; 12:32-34). 인자의 들리움은 십자가 위에 들리우는 것과 하나님의 영광에 들리우는 것이라는 이중적 의미를 갖는다. 그래서 인자의 들리움은 예수의 죽음과 부활 그리고 승천을 다 포함한다. 여기서 예수를 진정으로 아는 길이 또 다른 방향에서 제시된다.

이제까지 예수가 진정으로 누구인가를 아는 길은 그의 존재의 기원 곧 그가 어디서 왔는가를 아는 것인 반면, 그것과 다른 길은 그의 존재의 결말 곧 그가 어디로 가는가를 아는 것이다. 십자가에서 죽으심은 예수가 하나님과 하나됨의 표현이다(10:18; 14:31). 그가 십자가에서 죽은 것은 사탄의 승리가 아니며 또 하나님이 예수를 저버린 것도 아니다. 그 유대인들은 예수를 십자가에 든 후에야 그가 다니엘 7:13-14에서 언급된 인자인 것을 알게 될 것이다. 예수가 누구인가를 아는 것은 그가 올리움을 받기 전에는 완전히 알 수 없다. 이것은 예수에 대한 완전하고 충분한 신앙에 이르는 과정의 예들을 보여준다.

"너희가 알 것이다"(γνώσεσθε)라는 말씀을 예수는 어떤 의미로 말했는가? 심판의 의미인가 혹은 구원의 의미인가? 먼저 심판의 의미일 수 있다. 여기서 '들어올리다'는 동사의 능동태(ὑψώσητε)를 주목하는 것이 필요하다. 인자의 들리움에 관한 다른 두 구절들에서 그 동사는 수동태(ὑψωθῆναι)로 사용되었는데(3:14; 12:32, 34), 그것은 그것에 담긴 하나님 편에서의 필연성 혹은 숙명성(δεῖ)이 담겨 있는 표현이다. 그러나 여기서 그 불신의 유대인들은 인자를 드는 일에 능동적으로 참여하는 사람들이며 따라서 그들은 인자의 죽음에 직접적인 책임이 있다. 예수를 죽음에 내어준 것은 전적으로 그들의 책임이다(19:11, 16). 그것이 암시하는 바는 그들의 죄와 그것에 대한 심판이다. 이러한 이해는 예수가 그 유대인들과 심각하게 논쟁을 벌이며 그들의 부정적 결말에 관하여 경고하는 현재의 문맥과 잘 연결된다(8:21, 24).

그러나 예수의 이 말씀이 구원의 의미로 사용되었을 가능성도 발견된다. (1) '안다'는 동사는 요한복음에서 부정적 의미로 거의 사용되지 않았다. (2) 예수의 십자가 죽음과 관련하여 인용된 스가랴의 예언 곧 "그들이 찌른 그 사람을 그들이 볼 것이다"라는 말씀(19:37)은 일차적으로 그를 찌른 사람들에 대한 심판을 나타내기보다 올리우신 인자의 구원하는 권세를 나타낸다. (3) 올리우신 인자는 모든 사람들을 그에게로 이끈다는 약속이 언급된다(12:32). (4) 예수의 교훈이 끝난 후에 많은 사람들이 예수를 믿었으며 또 예수는 그에게 믿음으로 나온 이 유대인들에게 자기 자신을 나타낸다(8:30-31). 이것은 십자가 사건 이후에 그 유대인들이 예수의 복음을 영접하고 그리스도인 공동체의 일원이 될 것을 예상하는 말씀일 수 있다. 그 때에 그들은 공생애의 예수가 자기 스스로 아무 것도 하지 않고 오직 아버지께서 가르치신 대로 이것들을 말씀한 것도 알게 될 것이다.

예수는 자기의 사역이 하나님 자신의 사역인 점을 다시 강조하여 언급한다: **"나를 보내신 이가 나와 함께 하시도다. 내가 항상 그의 기뻐하시는 일을 행하므로 나를 혼자 두지 아니하셨느니라"**(8:29). 예수는 그를 보내신 분이 그와 함께 계심을 확신한다. '기뻐하다'(ἀρεστός)는 단어는 사복음서들에서 여기에만 나온다. 그것은 요한일서 3:22에서 제자들의 역할은 주인의 역할을 대행하는 것을 가리키기 위하여 사용된다: "무엇이든지 구하는 바를 그에게 받나니 이는 우리가 그의 계명들을 지키고 그 앞에서 **기뻐하시는** 것을 행함이라." "그의 기뻐하시는 일"(τὰ ἀρεστὰ αὐτῷ)은 예수를 통해 이루시는 하나님의 일이다. 예수는 그가 아버지의 뜻에 온전히 순종하는 것과 같이 아버지도 그를 버려두지 않을 것을 확신한다.

이 말씀은 인자의 올리우심의 문맥에서 전달되었다. 사람들은 그가 아버지에 관하여 증언하기 때문에 그를 십자가에 매달 것이며 그래서 그는 사람들에 의해서는 버림을 받을 것이지만, 그러나 아버지는 그를 버리지 않을 것이다. 사람들에 의해 이루어지는 바로 그 십자가에 들림을 통하여 아버지는 그를 영화롭게 하실 것이며(12:23; 13:31-32) 또 들리운 그에게 세상을 이기는 승리를 주실 것이다(16:33). 요한공동체는 주변 사회의 주도적인 문화로부터 끊임없이 소외를 당하고 있었지만, 그들이 하나님이 기뻐하시는 일을 하는 한 하나님이 그들과 함께 하신다는 확신이 그들에게 큰 위로와 희망이 될 것이다.

저자는 지금까지 진행되어온 예수에 대한 무지와 배척의 상황에서 놀라운 결과를 언급한다: **"그가 이 말씀을 하시매 많은 사람이 그를 믿더라"**(8:30). 이 말씀은 유대 지방에서 일반 청중이 표적을 보지 않고도 예수를 믿었다는 첫 번째 언급이다. 여기서 저자는 왜 이 말을 하는가? 요한복음 2:23과 7:31에서도 많은 사람들이 예수를 믿었다고 언급된다. 그러나 그 구절들에서 믿음은 표적에 대한 믿음(2:23) 혹은 표적을 행하는 예수의 능력에 대한 믿음(7:31)으로 표현된다. 반면에 여기서 믿음은 예수가 "이것들을 말씀한 것"(ταῦτα αὐτοῦ λαλοῦντος)에 기초한다.

비로소 그들은 표적을 보지 않고도 예수의 말씀에 기초하여 예수를 믿는 믿음의 바른 길에 들어선 것이다. 그러나 그들은 예수의 말씀을 믿음으로 그의 존재를 이해하게 되는 그런 충분한 믿음에는 아직 이르지 못했다. 그들은 다음에 계속되는 예수의 말씀에 대하여는 이의를 제기하면서 예수를 거부하는 태도로 돌아가 예수와 논쟁하는 대상이 된다(8:33 이하). 그들은 이전에 예수의 제자가 되어 따르던 많은 사람들이 예수의 교훈에 불만을 품고 그를 떠나간 사람들과 같이 행동한다(6:60, 66). 그래서 예수는 그들이 예수의 참된 제자가 되는 길을 다시 그들에게 말씀해야만 했다(8:31-32).

3. 참된 자유를 주시는 아들(8:31-36)

이 단락은 8장 마지막까지 이어지는 긴 논쟁의 일부분이다. 그 논쟁은 전체적으로 아브라함의 자손에 관하여 예수가 그 유대인들과 벌인 대립에 관한 것이다. 놀라운 것은 예수의 대화의 상대자들이 바로 예수를 믿게 된 유대인들인데(8:31), 그들은 곧바로 예수의 견해에 이의를 제기하고(8:33), 그의 말에 격렬하게 반대하며, 그리고 마지막에 가서는 그를 돌로 치려한다. 논쟁의 이러한 발전은 저자가 그 자신의 시대에 경험한 상황을 반영한다.

요한복음 8:31-59은 전체적으로 하나의 단락을 이룬다. 그러나 논쟁의 진행을 이해하기 위하여 몇 개의 단락으로 나누어 생각할 수 있다: (1) 8:31-36에서는 자유와 종됨의 주제가 다루어진다; (2) 8:37-47에서는 예수가 전파하는 진리에 대한 반응을 놓고 아브라함의 후손과 마귀의 후손 사이의 대조가 심각하게 제시된다; (3) 8:48-59에서는 다시 예수의 존재에 관한 논쟁 속에서 예수의 선재 개념이 제시된다.

이 단락은 예수가 자기를 믿은 유대인들에게 한 유명한 말씀으로부터 시작한다. 저자는 그들을 **"예수를 믿은 그 유대인들"**로 특성화한다. 그러나 그들의 믿음은 예수의 말씀에 깊이 뿌리를 박지 못한 상태의 믿음이었다. 그러한 믿음의 상태는 공관복음서들에 나오는 씨 뿌리는 자의 비유에서 흙이 얇은 돌밭에 뿌려진 씨에 해당한다. 거기서 그 씨는 곧 싹을 내지만 뿌리가 없어 곧 말라버린다(막 4:5-6).

그래서 예수는 그들이 신앙의 뿌리를 내리는 길에 관하여 말씀한다: **"너희가 내 말에 거하면 참 내 제자가 되고"**(8:31). '거하다'(μείνητε)는 단어는 요한복음에서 예수와 그의 제자들 사이의 신뢰와 사랑의 연합의 관계를 나타내기 위하여 사용되었다(15:1-8). 또 예수 안에 거한다는 것은 예수의 말씀 안에 거하는 것과 동일시된다(15:7). 따라서 예수의 말씀 안에 거한다는 것은 그 말씀을 인하여 박해와 고난이 닥쳐올지라도 그 말씀에 대한 신앙을 포기하지 않고 그것을 마음에 굳게 지키고 간직하는 것이다. 예수를 영접한 사람들 곧 그의 말씀을 영접한 사람들은 시련 속에서도 그 말씀 안에 거하는 단련을 거치면서 예수의 참된 제자로 성장한다.

여기서 참된 제자는 일시적으로 예수의 말씀에 감동되어 예수를 믿은 사람들이 아니라, 그 신앙 때문에 일어나는 박해와 고난을 견디면서 예수의 말씀을 마음에 간직하고 열매를 거두는 사람들이다. 예수를 믿은 그 유대인들은 당장 모세의 제자들을 자처하는 동료 유대인들로부터 이단자라는 정죄를 받게 되고 그 신앙을 포기하라는 가정과 사회의 압력에 직면하게 될 것이다. 그들이 예수의 참된 제자가 되려면, 바로 이러한 박해와 위협에 직면해서도 그 말씀에 대한 신앙을 포기하지 않고 간직하는 단련이 필요하다. 그러나 이야기가 진행됨에 따라 그 유대인들은 그들의 믿음을 포기하고 예수를 배척하는 사람들에게 합류한다(8:37).

예수의 말씀을 지키고 간직한 사람들에게는 그들이 간직한 그 말씀을 통하여 두 가지 생명의 역사가 일어난다: **"진리를 알지니 진리가 너희를 자유케 하리라"**(8:32). 요한복음에서 진리는 하나님의 독생자 예수 그리스도를 통하여 나타난 것으로서 인간의 구원을 위한 하나님의 종말론적 계시를 가리킨다. 진리는 예수 그리스도를 통해 아버지께로 나아가는 구원의 길이며 또 그 구원의 길이 되신 예수 그리스도 자신을 가리킨다(14:6). 이것은 공관복음서들이나 사도 바울이 말한 '복음'이라는 단어의 의미와 거의 동일하다. 또 요한복음에서 '안다'는 단어는 단순히 지식의 습득을 가리키지 않고 인격과 인격의 연합의 관계 속에서 주어지는 생동적이며 직접적인 지식을 가리킨다.

따라서 "진리를 안다"는 말은 단순히 예수 그리스도의 존재와 그 구원의 길에 관한 이론적 지식을 소유하게 된다는 것이 아니다. 그것은 예수 그리스도와의 연합의 관계 속에서 그 분의 존재와 활동에 관한 직접적이고 생동적인 지식을 소유하는 것이다. 사도 바울은 "내 주 그리스도 예수를 아는 지식이 가장 고상하다"라고 말하는데(빌 3:8), 거기서도 그리스도 예수를 아는 지식은 바로 그리스도 예수와의 연합의 관계 속에서 주어지는 생동적이고 직접적인 지식을 가리킨다. 진리를 안다는 것은 이렇게 예수 그리스도와의 연합이 이루어지고 그 속에서 하나님과 세상과 인간 존재에 관한 하나님의 계시를 소유하는 것이다.

이렇게 진리를 알면, 진리가 그들을 자유하게 할 것이다. 요한복음에서 자유의 개념은 세상 속에서의 사회-정치적 개념이 아니라, 죄와 어두움이라는 내적인 인간 실존을 중심으로 제시된다. 예수도 이 말씀의 추가 해설에서 죄의 종으로부터의 자유라는 실존적 개념을 제시한다(8:34). 예수는 이미 어두움과 죄와 죽음의 인간 실존에 관하여 언급한바 있다(8:12, 21, 24). 따라서 진리에 의해 자유를 얻는다는 것은 죄와 죽음의 권세아래에서 하나님의 생명의 권세 안으로 옮겨지는 것이다(3:16, 36; 5:24).

이런 면에서 자유에 관한 요한의 사상은 바울의 사상과 아주 흡사하다. 사도 바울은 그리스도인들이 하나님의 아들 안에서 자유로운 자녀들이 되었다(갈 5:31), 그리스도께서 우리로 자유하게 하려고 자유를 주셨다(갈 5:1), 그리고 그리스도 예수 안에 있는 생명의 성령의 법이 죄와 사망의 법에서 너를 해방하였다(롬 8:2)라고 말한다. 이 자유는 모세의 율법이 줄 수 없고 오직 부활이요 생명이신 하나님의 독생자만이 줄 수 있는 인간의 참된 자유이다.

그 유대인들은 자유에 관한 예수의 말씀을 충분히 이해하지 못한 상태에서 즉각 반대 의견을 제시한다: **"저희가 대답하되 우리가 아브라함의 자손이라 남의 종이 된 적이 없거늘 어찌하여 우리가 자유케 되리라 하느냐"**(8:33). 그들은 예수의 말씀을 그들의 종교적이고 국가적 자부심을 훼손하는 것으로 간주했다. 그들은 남의 종이 된 적이 없었다는 말을 통하여 그들이 강대국의 정치적 예속을 받지 않았다고 의미하는 것은 아니다. 그 말의 의미는 그러한 정치적 예속에도 불구하고 아브라함의 후손으로서의 그들의 정체성과 내적 자유를 상실한 적이 없었다는 주장이다. 그들은 외국의 지배 속에서도 결코 여호와에 대한 신앙과 그들의 종교적 유산을 포기하지 않았다.

그들은 여기서 예수가 제시하는 자유와는 다른 자유 개념을 생각하고 있었다. 그들의 이러한 자부심과 자만심이 자유에 대한 예수의 말씀을 영접하지 못하게 만들었다. 어떤 학자는 그 유대인들의 주장을 마가복음 2:17에서 유대인들이 그들은 건강하고 의원이 필요 없다고 간주한 것과 비교한다. 여기서도 그 유대인들은 그들이 자유를 가진 사람들로서 더 이상 해방자가 필요 없다고 생각한다.

예수는 그들의 주장에 대하여 그가 말하는 자유의 의미를 설명하되 '진실로'라는 강조 어구를 사용하여 말한다: **"진실로 진실로 너희에게 이르노니 죄를 범하는 자마다 죄의 종이라"**(8:34). 예수가 말하는 자유는 정치적 혹은 종교적 예속으로부터의 자유가 아니라 하나님과의 올바른 관계를 맺지 못하게 막는 근원적 세력인 죄로부터의 자유를 가리킨다. '범하다' 혹은 '행하다'(ποιεῖν)라는 동사의 사용은 죄된 행동들을 실제로 행하는 것을 부각시키며, 그런 면에서 이중적 의미를 갖는다: (1) 죄를 실제로 범하는 사람은 그것을 통하여 그 사람이 이미 죄의 종임을 나타낸다; (2) 그가 범하는 바로 그 죄에 의하여 그 사람은 더욱 더 죄의 종이 된다 (Barrett, 345). "죄의 종" 사상은 유대교보다는 헬라 사상에 더 익숙하다. 죄는 하나의 세력을 형성하고 있어서 그 세력권에 들어오는 사람을 종으로 만든다. 사도 바울도 그리스도인들이 가진 자유를 죄의 권세로부터의 자유로 제시한다(롬 6:17, 22). 요한에게 있어서 죄란 일차적으로 독생자를 통한 하나님의 종말론적 구원 활동을 거부하게 하는 세력이다.

예수는 그가 제공하는 자유의 의미를 더 명확하게 설명하기 위하여 종의 영상과 관계된 짧은 비유를 사용한다: **"종은 영원히 집에 거하지 못하되 아들은 영원히 거하나니"**(8:35). 집, 아들, 그리고 종은 그리스-로마 시대의 가정 상황을 반영한다. 청지기들 혹은 종들은 결국에는 집을 떠나야 하지만, 아들이나 상속자는 집에 머무른다. 이것은 창세기에 나오는 이삭과 이스마엘의 관계를 배경으로 한다. 하나님의 약속의 후손인 이삭은 집에 머물고 아브라함의 육신의 후손인 이스마엘은 집을 떠난다(창 21:9; cf. 갈 4:30). 사도 바울은 이것을 율법에 대한 은혜의 우위성을 설명하기 위한 모형으로 사용한다(갈 4:1-2). 예수는 이 비유를 통하여 아브라함의 후손으로서 그들의 지위가 참된 자녀들로서의 지위가 아니라 종으로서의 지위임을 가리킨다. 하나님의 참된 자녀들은 율법을 의지하여 하나님을 섬기는 사람들이 아니라, 독생자를 믿음으로 그가 주시는 참된 자유를 얻은 사람들이다.

그러므로 예수는 그들이 아브라함의 참된 후손들이 되기 위하여 독생자가 주는 자유를 얻어야함을 말한다: **"그러므로 그 아들이 너희를 자유케 하면 너희가 참으로 자유하리라"**(8:36). 요한복음에서 수식어 없이 독립적으로 사용되는 "그 아들"(ὁ υἱός)은 하나님의 아들이며 동시에 사람의 아들인 독생자 곧 하나님과 유일한 관계에 있는 예수 그리스도의 존재를 나타내기 위하여 사용된 독특한 칭호이다. 이 칭호는 그 유대인들과의 논쟁의 시작 부분에 집중적으로 사용되었다(5:19-30). 그 아들은 하나님과의 이러한 친밀하고 직접적인 연합의 관계 속에서 그를 영접하는 사람들에게 하나님의 생명을 공급하며 그 생명은 참된 자유를 제공한다. 이 자유는 죄와 사망의 권세로부터의 해방을 위하여 또 자원하는 마음과 기쁨으로 하나님을 섬기기 위하여 주어진다. 그 아들이 주는 자유는 한 사람의 자립적 인간으로서 주체적으로 하나님을 섬길 수 있는 인격의 회복이다. 따라서 이제는 하나님의 자녀들이 하나님의 요구에 대하여 억지로, 마지못해, 그리고 의무감으로 순종하는 것이 아니라, 자발적으로 또 자원하는 마음과 즐거움으로 하나님의 뜻에 순종하는 것이다. **예수는 하나님의 유일한 아들로서 그런 순종하는 삶의 원동력을 제공한다.**

4. 하나님의 자녀들과 마귀의 자녀들(8:37-47)

예수는 이제 자기들이 아브라함의 후손이라는 그 유대인들의 주장에 대하여 응답한다: **"나도 너희가 아브라함의 자손인줄 아노라 그러나 내 말이 너희 속에 있을 곳이 없으므로 나를 죽이려 하는도다"**(8:37). 예수가 그들이 아브라함의 육적 후손(σπέρμα)임을 부인하는 것은 아니다. 그가 문제를 제기하는 것은 그들이 아브라함의 참된 자녀(τέκνα)로서 행동하지 않는다는 것이다. 사도 바울도 표면적 유대인과 내면적 유대인 그리고 육신의 할례를 성령에 의한 마음의 할례를 대조한다(롬 2:28-29). 하나님의 백성이 하나님의 법의 요구를 가시적으로 혹은 부분적으로가 아니라 근원적으로 실현하기 위하여 노력해야 한다는 이러한 교훈은 이미 예언자들에게서부터 제시되었다(렘 4:4; 9:25; 겔 36:26-27). 침례 요한도 유대인들이 아브라함의 참된 후손이 되기 위해서는 회개에 합당한 열매를 맺어야 한다고 가르쳤다(마 3:9). 그러나 유대인들은 아브라함의 육적 후손됨을 강조했으며 그것을 구원의 조건으로 이해했다.

예수는 그에 대한 그들의 태도를 따라 그들이 진정으로 아브라함의 후손인가를 평가한다. 그들이 예수를 죽이려고 하는 것은 그들이 아브라함의 육적 후손임에도 불구하고 그의 참된 자녀가 아님을 나타낸다. 예수는 아브라함을 구속사의 시작에 위치시켜 예수 그리스도를 바라본 인물로 묘사한다(8:56). 그래서 이제 아브라함의 참된 후손들은 그의 희망을 실현시키는 하나님의 독생자의 음성을 들어야 한다. 그러나 그들은 그들의 종교적 유산에 얽매여 그들의 조상 아브라함이 바라보았던 희망을 알지 못하고 예수의 말씀을 배척한다. 아브라함의 참된 자녀는 하나님의 보냄을 받은 전갈자의 음성을 들으려하는 것과는 반대로, 그들은 그의 음성을 거부한다. 그것은 그들이 아브라함의 참된 자녀가 아니기 때문이다. '거하다'(χωρεῖν)라는 동사는 예수가 전파한 하나님의 말씀의 운동력 곧 사람들의 마음에 들어와 내주하며 그 안에서 활동하는 생동력을 가리킨다.

예수는 독생자를 통한 하나님의 계시를 거부하는 그들의 존재의 성격을 묘사하기 시작한다: **"나는 내 아버지에게서 본 것을 말하고 너희는 너희 아비에게서 들은 것을 행하느니라"**(8:38). 이 구절의 전반부는 예수가 지금까지 여러 차례 언급한 것 곧 그가 아버지께 들은 것을 말하며 본 것을 행한다는 주제의 반복이다(5:19; 6:46). 그러나 후반부에서 예수는 그를 배척하고 나아가 그를 죽이려하는 그들의 행위의 근원을 "너희 아버지"라는 어구를 통하여 표현한다. 예수는 분명히 "내 아버지"와 "너희 아버지"를 대조시키지만, 그는 여기서는 아직 '아버지'라는 가리워진 용어를 사용한다. "너희 아버지"의 정체는 나중에 명백하게 밝혀질 것이다. 세상의 생명을 위하여 하나님의 진리를 전파하는 예수를 죽이려는 그들의 행위는 바로 처음부터 살인자인 마귀로부터 기원한 것으로 규정된다(8:44).

예수는 물론 그들도 각자의 아버지를 따라 행동하는데, 예수의 아버지는 하나님인 반면 그 유대인들의 아버지는 마귀이다. 양쪽의 아들들의 행위가 조심스럽게 표현된다. 예수의 임무는 아버지와의 직접적인 연합의 관계 속에서 그에게 주어지는 계시를 **말하는 것**(λαλῶ)이다. 그러나 그 유대인들은 하나님의 이 계시자를 **죽이려는 행동**(ποιεῖτε)을 하기로 작정했는데, 그들의 작정은 바로 그들의 아버지에게로부터 나왔다(8:37). **사람은 각자의 마음과 행위를 주관하는 자기의 영적인 아버지에게서 듣고 배운 것을 그대로 행한다(6:45)**.

너희 아버지라는 예수의 말씀에 대응하여 그 유대인들이 대답했다: **"우리 아버지는 아브라함이라"**(8:39a). 그들은 여전히 아브라함의 후손임을 내세운다. 그들은 아직도 예수의 말씀의 의미를 이해하고 못하고 있다. 예수는 육적인 조상을 말하는 것이 아니라, 영적인 조상 곧 인간의 마음과 행위를 주관하는 영적인 권세자를 말하는 것이다.

예수는 영적인 의미에서 아브라함이 그들의 아버지가 될 수 없는 점을 지적한다: **"너희가 아브라함의 자손이면 아브라함의 행사를 할 것이어늘 지금 하나님께 들은 진리를 너희에게 말한 사람인 나를 죽이려 하는도다. 아**

브라함은 이렇게 하지 아니하였느니라"(8:39b-40). 아브라함의 육적인 후손이라는 사실이 아브라함의 참된 후손이 되는 보증은 아니다(롬 2:28f.; 9:6f.). 아브라함의 참된 후손은 아브라함이 행한 일들(ἔργα)을 행하는 사람들이다. 요한에게 있어서 아브라함의 일들은 그리스도인들의 믿음의 원형으로서 사도 바울이 중요하게 다룬 것들(롬 4장; 갈 3장)과는 다르다. 그에게 있어서 아브라함은 그리스도의 증인이며 그리스도에 대한 믿음의 권유자이다(8:56).

그러나 그들이 하나님의 진리의 전달자를 죽이려 하는 것은 그들이 아브라함의 참된 후손이 아님을 나타낸다. 예수는 하나님의 진리와 하나님의 구원의 뜻을 말하는 계시자이며, 따라서 아브라함의 일에 상응하는 유일한 일은 그 하나님의 계시자를 믿는 것이다. 아브라함은 그의 생애 내내 하나님의 말씀에 대하여 행함으로 믿음을 증언했다(창 12:1-9; 15:1-6; 22:1-19). 따라서 하나님의 진리를 말하는 예수를 죽이려는 그들의 의도는 아브라함의 일이 아니다.

예수는 그들이 아브라함의 영적인 후손이 아닌 것을 그들의 아버지를 통하여 표현한다: **"너희는 너희 아비의 행사를 하는도다"**(8:41a). 아버지는 마음과 행위의 근원이 되는 존재를 가리킨다. 그 유대인들이 지금 행하는 일들은 다른 근원 곧 아브라함과는 다른 아버지에게서 나온 것임을 보여준다. 예수는 강조형을 사용하여 "바로 너희"(ὑμεῖς ποιεῖτε)가 너희 아버지의 일들을 행하고 있다고 말함으로써 그들의 아버지를 공개적으로 언급하는 것에 다가간다. 여기에 이르러 그들은 예수의 말씀의 의미를 어느 정도 이해하게 된 것으로 보인다.

그래서 그들은 그들의 영적 상태가 부적절하거나 그들이 하나님 외에 다른 아버지를 갖고 있다는 것에 대하여 반박한다: **"대답하되 우리가 음란한데서 나지 아니하였고 아버지는 한 분 뿐이시니 곧 하나님이시로다"**(8:41b). 그들이 아브라함의 후손이 아니라는 예수의 비판은 그들에게는 하나님을 향한 그들의 신앙적 충성심에 대한 공격이었다. 예언자들은 이스라엘과 맺는 여호와의 계약을 결혼에 비유했으며 그래서 이스라엘의 우상 숭배를 음행으로 규정했다. 따라서 그들이 아브라함의 후손이 아니라는 것은 그들에게는 음행의 결과 곧 우상숭배자들의 후손이라는 말로 들렸다. 이것은 그들의 자존심에 큰 상처를 주는 것이고 분노를 일으키게 하는 것이었다. "우리가 음란한데서 나지 않았다"는 말은 그들이 전통적으로 믿어온 유일신 하나님에 대한 신앙을 저버린 적이 없다는 반론이다. 그들의 말은 또 요한복음서 저자 시대에 유대인들이 예수의 존재와 관련하여 제기하고 있었던 부정적 견해 곧 예수는 음란한데서 태어났다는 견해를 반영한다. 그들의 말은 이러한 분노와 조롱의 요소를 포함한다: "우리는, 너와 달리, 음란한데서 나지 않았고 오직 유일하신 하나님만을 섬기고 있다."

예수는 그들의 분노와 조롱의 말을 반박하여 말한다: **"예수께서 가라사대 하나님이 너희 아버지였으면 너희가 나를 사랑하였으리니 이는 내가 하나님께로 나서 왔음이라. 나는 스스로 온 것이 아니요 아버지께서 나를 보내신 것이니라"**(8:42). 예수는 다시 한 번 하나님과의 온전한 연합의 관계에 기초하여 말한다. 예수에 대한 그들의 미움은 바로 그의 아버지에 대한 미움이며(15:23-24) 또 그를 거부하는 사람은 역시 그를 보내신 분을 거부하는 것이다(12:48-49). "나와서 왔다"(ἐξῆλθον καὶ ἥκω)라는 어구는 예수의 영원한 신적 기원을 강조한다. 예수는 하나님께로부터 나왔으며(출발) 그래서 세상에 왔다(도착). 헬라어 동사 ἥκω는 구원을 위한 신성의 나타남을 나타내는 용어로서 단순히 '왔다'(has come)는 의미를 갖는다. 요한 문서들에서 이 동사는 하나님의 독생자의 강림을 강조적으로 또한 독특하게 표현하기 위하여 사용되었다: "또 아는 것은 하나님의 아들이 이르러(ἥκω) 우리에게 지각을 주사…"(요일 5:20). 예수는 다시 한 번 그가 자신의 뜻을 따라 세상에 온 것이 아니라(7:28), 하나님의 보냄을 받은 것을 강조한다. 예수는 그의 존재에 관하여 그들이 반드시 알아야 할 것을 반복하여 제시한다.

그러나 예수의 이러한 반복된 교훈에도 불구하고 그들은 예수의 말씀을 들으려 하지 않는다. 예수는 그의 계속된 노력에도 불구하고 그들이 그를 배척하는 결과를 설명한다: **"어찌하여 내 말을 깨닫지 못하느냐? 이는 내 말을 들을 줄 알지 못함이로다"**(8:43). 전반부의 질문은 예수의 반복된 교훈에도 불구하고 그의 말씀을 깨닫지 못하는 그 유대인들을 향하여 저자가 던지는 질문이기도 하다(6:44-45, 65; 5:39-47). 그 이유는 그들이 예수의 말씀을 믿지 않기 때문이었다. 또 그들이 믿지 않는 이유는 모세의 제자들로서 그들의 종교적 전통과 사고가 굳어져서 예수를 통해 이루어지는 하나님의 새로운 구원의 계시에 대하여는 문을 닫고 있었기 때문이다.

이 구절에 두 번의 "내 말"이 나오는데, 그 단어가 서로 다르다: (1) 전자는 소리로 나타난 말 곧 들려지는 말(λαλία)이며 (2) 후자는 예수가 전달하는 하나님의 말씀(λόγος)이다. 그들은 예수가 말하는 말들을 이해하는 것에 실패하는데, 그 이유는 예수의 말들을 하나님의 말씀으로 영접하지 않기 때문이었다. 예수가 말하는 말들이 그들의 귀에는 들리지만, 그들의 마음에는 하나님의 말씀으로 영접되지 않는다. 그것은 그들의 전통적 관습과 사고가 너무도 확고하여 새로운 견해를 받아들일 수 없는 사람들에게서 일반적으로 보여지는 태도를 가리킨다. **그들은 예수의 표적들과 말씀들 속에서 하나님의 계시를 들을 수 있는 내적 시각 곧 믿음이 없기 때문에, 예수의 말씀들을 이해할 수 없었다**.

예수는 그들의 믿음 없는 완악한 태도가 근원적으로는 마귀에게서 기원한 것을 선고한다: **"너희는 너희 아비 마귀에게서 났으니 너희 아비의 욕심을 너희도 행하고자 하느니라"**(8:44a). 예수는 8:38이래로 암시되었던 것을 공개적으로 표현한다. 아브라함과 하나님을 자기들의 아버지라고 부르는 그들을 향하여 예수는 그들의 영적인 아버지가 마귀라고 선언한다. 마귀(διάβολος)는 히브리어 '사탄'(σατανᾶς)의 상응어이다. 사탄은 하나님 앞에서 행악자들을 기소하는 하늘의 고소자를 가리킨다. 사탄은 하나님 앞에서 인간의 죄악됨을 지적하고 그렇게 함으로써 사람을 하나님께로부터 단절시키는 그의 역할 때문에 인간이 두려워하는 원수가 되었다(욥 1:11; 2:5). 세월이 지나면서 사탄은 단순히 고소자일 뿐 아니라 악을 유발시키는 존재로 간주되었다.

그러나 사탄을 타락한 천사로 보는 묵시문학적이고 부분적으로 기독교적인 개념은 요한복음에는 나타나지 않는다. 따라서 여기서 마귀는 인간의 악행을 고소하며 심지어 그것을 유발시키는 존재이다. 하나님께로부터 보냄을 받아 하나님의 진리를 전달하는 하나님의 독생자를 죽이려는 그들은 마귀의 자녀들로서 행동하고 있는 것이다. '욕심'으로 번역된 단어(ἐπιθυμία)는 마귀의 자녀들에게 상속된 것으로서 죽이고 속이려는 소원을 부각시킨다. 이 단어는 요한복음에서 여기에만 나오는데, 불신과 불순종으로부터 기원하는 욕심과 죄악과 연결된다.

예수는 마귀를 그들의 아버지로 규정하는 이유를 설명한다: **"저는 처음부터 살인한 자요 진리가 그 속에 없으므로 진리에 서지 못하고 거짓을 말할 때마다 제 것으로 말하나니 이는 저가 거짓말장이요 거짓의 아비가 되었음이니라"**(8:44b). 예수의 이 말씀은 마귀를 단순히 악을 고소하거나 유발시키는 존재로 보는 것과 구별된다. 예수가 지적하는 마귀는 두 가지 독특한 성격을 지닌다－죽이는 것과 거짓말하는 것. 예수를 죽이려는 그들의 의도가 바로 그들이 마귀의 자녀들인 것을 증명한다. '처음부터'(ἀπ' ἀρχῆς)라는 어구는 에덴동산과 타락에 관한 창세기의 이야기를 배경으로 한다. 이 어구는 요한문서에 속한 것으로서 이 말씀과 밀접하게 연결된 요한일서의 구절에 의해서 확인된다: "범죄하는 자는 마귀에게 속하였나니 마귀는 **처음부터** 범죄하였음이라"(요일 3:8). 창세기의 이야기에 따르면, 마귀(뱀)는 거짓말과 속임수로 첫 사람에게서 하나님이 주시기로 의도한 영생을 빼앗고 그래서 모든 사람들을 죽음에 이르게 했다(cf. 롬 5:12-14; 지혜서 2:24). 이런 의미에서 마귀는 살인자(ἀνθρωποκτόνος, 요일 3:15)이며 거짓말쟁이이다.

마귀는 또 진리에 서지 못하는 자로 묘사된다. '선다'는 동사는 어느 지역에서 시간을 보내는 것을 가리킨다. 요한은 존재의 영역 혹은 악의 영향을 설명하기 위하여 장소적 용어를 즐겨 사용한다(5:24; 8:31, 37). 그래서 진리란 그 본질에 있어서 참되고 순결한 빛이신 하나님께 속한 영역이며(요일 1:5), 따라서 모든 거짓이 그 앞에서는 발을 붙이지 못한다. 그러나 마귀에게는 진리가 없다. 마귀는 그 본질에 있어서 하나님의 영역으로부터 분리되어 있으며, 그러므로 하나님의 진리 안에 설 수 없고 끊임없이 거짓말로 하나님을 반대한다.

예수의 말씀은 일차적으로 마귀 자신을 대상으로 한 것이지만, "거짓의 아버지"라는 어구를 삽입한 것으로 보아 그들의 아버지인 마귀의 욕심들을 공유하는 마귀의 자녀들도 대상에 포함된다. 거짓말쟁이(ψεύστης)라는 단어는 공관복음서들에는 나오지 않으며 신약의 다른 부분들에서도 드물게 나온다. 그러나 그 단어는 요한일서에서 다섯 번 나오며 그것은 믿음이 있다고 주장하면서도 그 믿음에 합당하게 살지 않는 것과 관련된다(요일 1:10; 2:4, 22; 4:20; 5:10). 예수의 이 말씀과 가장 근접한 평행구절은 요한일서 2:4이다: "저를 아노라 하고 그의 계명을 지키지 아니하는 자는 거짓말하는 자(ψεύστης)요 진리가 그 속에 있지 아니하되."

문맥적으로는 예수의 이 말씀(8:44b)의 의미가 모호하지만, 요한공동체에서 그 단어는 겉으로는 예수의 제자처럼 보이지만 실제로는 그렇지 않은 사람들을 가리키기 위하여 사용되었다. 거짓의 아버지로서의 마귀는 하나님을 거역하는 모든 것을 나타내는 상징이며, 하나님을 대적하는 것은 거짓말하는 것으로 특성화된다. 요한복음에서 어떤 사람들이 마귀의 자녀들로 예정되었다는 말은 전혀 나오지 않는다. 마귀의 자녀들과 하나님의 자녀들 사이의 구분은 독생자를 통한 하나님의 구원에 대한 각 사람의 태도와 행위에 달려있다: "이러므로 하나님의 자녀들과 마귀의 자녀들이 나타나나니, 무릇 의를 행치 아니하는 자나 또는 그 형제를 사랑치 아니하는 자는 하나님께 속하지 아니하니라"(요일 3:10).

예수는 계속하여 그들이 하나님을 아버지로 믿는 사람들이 아님을 지

적한다: **"내가 진리를 말하므로 너희가 나를 믿지 아니하는도다"**(8:45). 예수는, 마귀와 달리, 진리 곧 하나님의 구원의 길을 말하지만, 그들은 그것을 믿지 않는다. 예수는 진리를 말하기 때문에, 거짓말쟁이요 살인자인 마귀의 욕심으로 가득한 사람들로부터 배척받는다. 예수의 이 말씀에는 해학적 요소가 들어 있다: 만일 예수가 거짓을 말한다면, 그들은 거짓의 자녀들이기 때문에 그를 믿을 것이며 또 그는 세상의 미움을 받지 않을 것이다(cf. 5:43; 15:19). 그러나 예수는 자기의 사명에 충실하여 벗어남이나 그릇됨이 없이 하나님의 진리를 바로 말하기 때문에, 그는 배척을 당한다.

예수는 고소하는 자들을 향하여 자신의 무죄를 선언하고 그들의 믿지 않음을 도전한다: **"너희 중에 누가 나를 죄로 책잡겠느냐? 내가 진리를 말하매 어찌하여 나를 믿지 아니하느냐?"**(8:46). 예수는 법정 용어인 '책잡는다'(ἐλέγχει)는 동사를 사용한다. 이 동사는 그들의 악한 행실들이 드러나 책망받는(ἐλεγχθῇ) 것을 피하기 위하여 어두움 속에 머물러 있는 사람들을 말할 때 사용되었다(3:20). 이것은 예수에 대한 그 유대인들의 공개적 기소가 불의와 거짓에 근거한 것임을 나타낸다. 예수는 하나님과의 완전한 연합의 관계 속에서 하나님의 뜻에 생명을 내놓기까지 순종하기 때문에 그는 죄와 상관이 없다. 누구도 예수를 죄로 책잡을 수 없다. 그러나 보혜사는 하나님의 뜻에 불순종하는 죄에 대하여 세상을 책망할 것이다(ἐλέγξει, 16:8-9). 요한에게 있어서 예수의 무죄하심은 세상에서 죄와 함께 활동하고 있는 이 세상의 통치자인 마귀와 대조를 이룬다(요일 3:5-8). 예수의 무죄와 하나님의 뜻에 온전히 순종함은 그들이 예수를 믿지 않는 것에 대한 근본적인 물음을 제기한다.

예수는 이 물음에 대하여 대답하면서 이 소단락의 논의의 결론을 내린다: **"하나님께 속한 자는 하나님의 말씀을 듣나니 너희가 듣지 아니함은 하나님께 속하지 아니하였음이로다"**(8:47). 하나님께 속한 사람은 예수를 영접한다는 주제가 반복된다(3:6, 31; 8:23, 43). 예수를 믿는 것(8:45-46)과 하나님의 말씀을 듣는 것이 연결된다. 그들이 예수를 통해 전달된 하나님의 말씀을 듣지 않는 이유는 근본적으로 그들이 하나님께 속하지 않았기 때문이다. 예수의 이 말씀은 그들이 하나님의 자녀들이 아니라 마귀의 자녀들이라는 선고에 기초한다(8:44). 요한의 사상에서 하나님께 속하는 것은 하나님의 자녀가 되는 필수 조건이며(요일 3:10; 4:4, 6; 5:19) 또 하나님의 자녀들은 세상에 속한 사람들과 다르게 행동한다는 설명의 기초를 이룬다(8:23; 15:19; 17:14, 16; 요일 4:5). 요한은 이것을 "진리에 속한 자"로 표현하기도 한다(18:37; 요일 2:21; 3:19).

예수는 하나님의 말씀을 듣는 하나님의 자녀들과 그것을 듣지 않는 마귀의 자녀들을 대조시키며 결과적으로 그 유대인들은 하나님의 자녀들이 아니라는 결론을 내린다. 예수는 이방인의 대표자격인 빌라도에게도 같은 논리로 말한다: "예수께서 대답하시되 네 말과 같이 내가 왕이니라 내가 이를 위하여 났으며 이를 위하여 세상에 왔나니 곧 진리에 대하여 증언하려 함이로다. 무릇 진리에 속한 자는 내 소리를 듣느니라"(18:37). 요한의 세계관에서는 유대인과 이방인을 나누던 옛 구분선(인종적 구분선)이 사라지고 오직 하나님께 속하여 하나님의 계시자의 음성을 듣는 사람과 듣지 않는 사람의 구분이 있을 뿐이다.

5. 아브라함보다 먼저 계신 예수(8:48-59)

그 유대인들과의 심각한 논쟁의 마지막 단계인 이 단락의 주제를 선명하게 파악하기가 어렵다. 예수는 영생의 제공자라는 주장에 대한 논쟁이 진행되고 결론적으로 아브라함보다 먼저 계신 존재로서 예수의 선재 개념이 제시된다. 예수의 존재에 대한 그 유대인들 편에서의 부정적 입장이 부각되지만, 예수는 그런 경멸에 대해서도 인내하면서 끝까지 그의 참된 존재를 설득하기 위하여 노력한다.

이 단락은 예수에 대한 경멸적 판단으로부터 시작한다: **"유대인들이 대**

답하여 가로되 우리가 너를 사마리아 사람이라 또는 귀신이 들렸다 하는 말이 옳지 아니하냐"(8:48). 하나님의 자녀들과 마귀의 자녀들에 관한 예수의 언급은 그를 향한 그들의 거부감을 증대시키는 결과가 되었다. 그들은 예수를 사마리아 사람 혹은 귀신들린 사람이라고 경멸적으로 불렀다. 예수가 사마리아 사람이라는 비난은 요한복음에만 나오는 독특한 것이다. 유대인들에게 있어서, 사마리아인들은 혼혈되고 우상 숭배의 민족으로서 경멸의 대상이었다(4:9). 예수가 귀신들린 사람이라는 비난은 공관복음서들에서도 그가 행한 귀신축출 사역의 맥락에서 제기되었다(막 3:22-23 parr.).

두 가지 비난에 대하여 예수가 한 가지로 대응한 것을 보면(8:49, 나는 귀신들린 것이 아니라), 사마리아 사람이라는 비난은 예수가 귀신들린 사람이라는 비난의 또 다른 형태였던 것으로 보인다. 이 비난은 그들의 영적인 아버지가 마귀라는 예수의 비난에 대한 반박의 일환으로 제기되었다. 그들은 아브라함의 후손들이며 하나님을 영적인 아버지로 둔 그들에 대하여 마귀의 자녀들이라고 말하는 예수의 인격을 의심하며 그를 "귀신들린 사람"(δαιμόνιον ἔχεις)으로 판단했다. 예수가 귀신들린 사람이라는 비난은 요한복음에서 여러 차례 제기되었는데(7:20; 8:48, 52; 10:20), 그것은 그가 정상인이 아니다 혹은 제 정신이 아니라는 정도의 의미를 갖는다(8:52). 공관복음서들에서는 예수가 이러한 비난에 대하여 격렬하게 반박하고 성령의 활동에 관한 중요한 교훈을 전달하는 기회를 삼았다(막 3:23-30). 이것은 요한복음에서 귀신축출 이야기들이 전혀 나오지 않는 것과 관계된다.

예수는 그들의 비난을 반박하고 자신의 입장을 밝힌다: **"나는 귀신 들린 것이 아니라. 오직 내 아버지를 공경함이어늘 너희가 나를 무시하는도다**"(8:49-50). 예수는 귀신들렸다는 비난에 대하여는 반박하지만, 사마리아 사람이라는 비난에 대하여는 대응하지 않는다. 예수는 그가 갈릴리 나사렛 출신(1:46) 혹은 유대 베들레헴 출신(7:42)이라는 것에 개의치 않았던 것과 같이, 그가 사마리아 사람이라는 것에 대해서도 개의치 않는다.

그는 하늘로부터 내려온 존재로서 인종적, 계급적, 그리고 성별에 대한 편견과 차별을 철폐하기 위해 왔기 때문이다. 그는 이미 사마리아 여자에게 자기의 존재를 나타냈으며 또 사마리아 사람들과 함께 거하면서 대화를 나누었고 "온 세상의 구주"라는 그들의 고백을 인정했다(4:42).

예수는 그들의 비난에 대하여 '공경하다'는 단어를 사용하여 대응한다. '공경하다'(τιμῶν)는 단어는 유대교 지도자들과의 첫 번째 논쟁에서 하나님의 독생자가 하나님께로부터 받은 심판의 권위를 제시하기 위하여 사용되었다(5:23). 거기서 하나님이 심판의 권세를 그 아들에게 위임한 목적은 "모든 사람으로 아버지를 공경하는 것같이 아들을 공경하게 하기 위함이라"고 언급된다. 나아가 "아들을 공경치 아니하는 자는 그를 보내신 아버지를 공경치 아니하는 것이라"는 말씀이 추가되었다. 따라서 예수가 귀신들렸다는 비난을 통하여 그들은 하나님의 아들을 공경하지 않을 뿐 아니라, 그 아들을 보내신 하나님을 공경하지 않고 있었던 것이다. '무시하다'(ἀτιμάζειν)라는 단어는 '공경하다'는 단어의 반대어로서 하나님의 뜻을 거부하는 그들의 태도를 가리킨다. 하나님을 공경하여 그의 뜻의 성취를 추구하는 예수의 신념과 그를 신성모독의 죄인이요 귀신들린 사람으로 간주하는 그 유대인들의 비방이 평행선을 긋고 있다.

그러나 예수는 다시 한 번 유대인들과의 이 논쟁에서 심판자가 따로 계심을 선언한다: **"나는 내 영광을 구치 아니하나 구하고 판단하시는 이가 계시니라"**(8:50). "내 영광을 구하지 않는다"는 말씀은 아버지를 공경한다는 말씀의 다른 표현이다. 예수는 그의 활동의 목적이 결코 자기 자신의 영광을 구하는 것이 아님을 반복 제시한다(5:41-44; 7:18). 그러나 그의 활동에 대한 반응의 결과를 하나님의 법정에 내놓는다. "구하는 분"(ὁ ζητῶν)의 목적어로 "내 영광"을 보충하여 이해하는 것이 8:54에서 "나를 영화롭게 하시는 분"(ὁ δοξάζων με)이 언급된 것과 자연스럽게 연결된다.

예수는 하나님의 법정에서의 결정은 그의 활동에 대한 인정과 그의 반대자들에 대한 심판으로 판결될 것을 확신한다. 세상의 불신에 대하여 예수가 하나님의 법정에 제기한 소송은 이미 판결이 진행되고 있다(κρίνων, 현재형). 예수의 반대자들이 그에 대하여 세상 법정에 제기한 소송에서 그들은 일시적으로 승소할 수 있지만, 이 소송의 배후에는 하나님의 판결이 진행되고 있다. 하나님의 판결은 역설적으로 예수가 그의 반대자들에 의하여 심판을 받는 그 장소 곧 십자가에서 이루어질 것이며 또 그 후에 보혜사가 예수의 의로움과 세상에 대한 심판을 나타낼 것이다(16:10-11).

예수는 하나님의 판결의 구체적인 내용은 접어두고 다시 그 반대자들을 생명의 길로 초청한다: **"진실로 진실로 너희에게 이르노니 사람이 내 말을 지키면 죽음을 영원히 보지 아니하리라"**(8:51). 이 말씀은 지금까지 언급된 것으로서 "아들을 믿는 자는 영생을 소유하고 있다" 혹은 "살아서 나를 믿는 자는 영원히 죽지 않는다"라는 것과 동일한 의미의 말씀이다(5:24; 6:40, 47; 11:25). **그런데 이 구절에서는 예수의 말씀을 지키는 조건이 부각되고 그것은 예수의 말씀 안에 거하는 것의 중요성을 강조한다.** '지킨다'(τηρεῖν)는 단어에는 예수를 믿는 신앙이 거부되고 배척되는 상황에서도 예수의 말씀을 굳게 붙잡을 뿐 아니라(17:6, 14, 17; 15:3), 그것을 순종하는 것(14:21, 23)이 포함된다. 그래서 '지킨다'는 단어는 단순히 '듣는다'는 단어보다 더 강렬한 의미를 갖는다. "죽음을 본다"는 표현은 '죽는다'(die)는 의미의 히브리적인 표현이다(시 89:48; 눅 2:26). 그러나 예수는 이 어구를 영적 죽음의 의미로 사용한 반면, 그 유대인들은 육적 죽음의 의미로 이해한다(8:52). 예수를 믿음으로 하나님과의 관계가 회복된 사람들은 다시는 죽음의 관계로 들어가지 않을 것이다.

예수의 말씀을 육적 죽음의 의미로 오해한 그 유대인들이 그의 말씀에 대하여 반박한다: **"지금 네가 귀신 들린 줄을 아노라 아브라함과 선지자들도 죽었거늘 네 말은 사람이 내말을 지키면 죽음을 영원히 맛보지 아니하리라 하니"**(8:52). 예수와 대화하는 상대자들이 계속해서 예수의 말씀을 오해했던 것과 같이(3:4; 4:11, 33; 6:52; 7:35), 그들은 "죽음을 영원히 보지 않는다"라는 예수의 말씀을 문자적이고 외적인 의미 곧 세상에서 죽지 않는 것으로 이해했다. 그들의 오해는 "죽음을 맛본다"는 그들의 단어 사용에서 구체적으로 나타난다. "죽음을 맛보다"라는 표현은 신체적으로 죽음을 경험하는 것을 가리키는 히브리적인 표현이다(막 9:1).

예수의 말씀을 오해한 그들은 예수의 이 말씀을 그들이 예수를 미친 사람으로 판단하는 근거로 삼았다. 그들은 모든 사람이 죽는다는 자명한 사실을 내세워 "죽음을 영원히 보지 않는다"는 예수의 말씀을 귀신들린(정상인이 아닌) 사람의 말로 평가한다. 그들은 특히 아브라함과 선지자들도 죽었다는 사실을 내세운다. 아브라함과 선지자들은 하나님과 특별히 가까운 관계를 가졌던 사람들로서 그들의 죽음은 하나님과의 관계에 상관없이 모든 사람이 죽는다는 사실을 확증한다. 그런 점에서 그들은 예수의 말씀을 정상적인 사람의 말로 이해할 수 없었다.

그래서 그들은 한편으로 예수의 말씀을 미친 사람의 말로 판단하면서도, 다른 한 편에서 그런 말을 하는 예수의 존재에 관하여 그들의 풀리지 않는 의문을 제기한다: **"너는 이미 죽은 우리 조상 아브라함보다 크냐 또 선지자들도 죽었거늘 너는 너를 누구라 하느냐"**(8:53). "아브라함보다 크냐"는 말은 예수가 아브라함보다 하나님과 더 가까운 관계를 가졌느냐는 질문이다. 이 말은 하나님과의 특별한 관계를 주장하는 사람으로서 예수를 신성모독의 차원에서 비방하는 의미를 갖는다. 첫째 질문은 사마리아 여자의 질문을 반영한다: "당신이 야곱보다 더 크니이까"(4:12). 그 여자는 결국 믿음의 길로 들어가서 "내가 그니라"는 예수의 계시를 받아들인 반면, 여기서 그 유대인들은 예수에 대한 더 큰 거부감으로 나아간다. 그들은 아브라함의 후손들로서 하나님과 특별히 가까운 관계를 가졌다고 믿고 있고 또 그러한 자기들도 한번은 반드시 죽어야 함을 인정하고 있는데 반하여, 죽음을 영원히 보지 않는다는 예수의 주장은 자기를 신의 상태로 올려놓는 것으로서 그들이 결코 받아들일 수 없는 견해였다.

"너는 너를 누구라 하느냐"는 둘째 질문은 예수가 자기 자신을 하나님과 동일시한다는 그들의 입장을 반영하면서 예수의 정체를 밝히라는 요구이다(5:18; 10:33). 그들의 입장에서는 오직 하나님만이 영원히 살아계시며 생명의 수여자가 되시는데(5:21, 26), 예수는 사람이 자기 말을 지키면 죽음을 영원히 맛보지 않는다고 말하니 그들은 그런 신성모독적 발언을 수용할 수 없었다. 이 대화의 결국은 예수의 신적 존재의 선언과 그것에 대하여 그들이 신성모독의 죄로 돌로 치려는 것으로 끝난다(8:58-59).

하나님에 대한 예수의 특별한 관계를 믿지 않으려는 그 유대인들의 요구에 대하여 예수는 그 관계를 더욱 부각시킨다: **"예수께서 대답하시되 내가 내게 영광을 돌리면 내 영광이 아무 것도 아니거니와 내게 영광을 돌리시는 이는 내 아버지이시니 곧 너희가 너희 하나님이라 칭하는 그이시라"**(8:54). 예수는 그들의 판단과 같이 자기 스스로 하나님과 동등됨을 자처하는 것이 아님을 주장한다(5:18). 예수의 말씀은 요한복음 8:49-50과 동일한 논증으로 제시된다: 만일 예수가 자기 자신의 영광을 추구한다면, 그 영광은 무가치한 것이다. 그러나 예수의 영광을 나타내는 분이 계시는데, 그 분은 바로 그들이 하나님이라고 부르는 분이다. "영광을 돌리다" 혹은 "영화롭게 하다"라는 단어는 주로 예수의 올리우심과 관계된 특별한 존재를 설명하기 위하여 사용되었는데(7:39; 12:16, 23; 13:31-32; 17:1, 5), 하나님은 예수의 공생애 동안에도 이미 예수를 영화롭게 하셨다(11:4; 12:28; 17:4).

예수의 영화롭게 되심은 십자가와 부활을 통한 그의 올리우심을 통하여 완성되는데, 여기서는 예수의 공생애 현장에서 이루어진 것으로서 예수를 통한 하나님의 활동을 가리킨다. 아버지는 예수를 보내셨을 뿐 아니라 그를 증언하심을 통하여 세상에서 그를 영화롭게 하신다. 예수의 영광을 나타내는 아버지의 활동은 예수를 증언하는 그 분의 활동을 통해 나타난다(5:31-47). 예수는 그를 영화롭게 하며 증언하는 아버지가 바로 그 유대인들이 하나님이라고 부르는 이스라엘의 하나님 여호와로 제시한다.

그러나 예수는 그 유대인들이 하나님이라고 부르는 그 분의 존재를 알지 못한다고 반박한다: **"너희는 그를 알지 못하되 나는 아노니 만일 내가 알지**

못한다 하면 나도 너희 같이 거짓말장이가 되리라. 나는 그를 알고 또 그의 말씀을 지키노라"(8:55). "알지 못한다"는 동사가 완료시제(οὐκ ἐγνώκατε)인 것은 그들이 전에도 알지 못했고 또 지금도 알지 못함을 나타낸다. 그들은 그 하나님을 알고 그 분을 충실히 섬긴다고 생각하지만, 사실은 그들이 하나님과 멀어져 있고 하나님의 뜻을 실현하지 못하고 있다는 것이다. "나는 그를 안다"는 말씀은 하나님과의 유일하고 친밀한 관계를 가진 예수의 존재를 전제한다. 예수의 말씀은 하나님을 알지 못하는 그들의 무지에 대한 해학적 지적으로 진행한다. 그가 행한 계시 사역의 결과로 그에게 닥친 배척과 거부의 상황을 두려워하여 하나님을 알지 못한다고 말한다면, 그 유대인들이 하나님을 안다고 말하는 것처럼 거짓말장이가 되는 것이다.

그러나 예수는 그러한 거부와 배척의 상황에서도 하나님이 그에게 주신 말씀을 전파하기 위하여 생명의 위협을 무릅쓰고 노력한다. 예수는 하나님과의 친밀한 연합의 관계 속에서 하나님을 알고 그 분의 뜻을 실천하려고 하기 때문이다. "그의 말씀을 지킨다"는 말씀은 "누구든지 내 말을 지키면"이라는 8:51의 말씀을 반영한다. 예수는 어떤 위험한 상황에서도 하나님의 말씀을 간직하고 그것을 순종하기 위하여 노력한다(15:10).

예수는 그 유대인들이 예수의 말씀을 거부하는 근거로 제시했던 바로 그 아브라함을 통하여 자신의 존재를 설명한다: **"너희 조상 아브라함은 나의 때 볼 것을 즐거워하다가 보고 기뻐하였느니라"**(8:56). 이 말씀은 아브라함의 웃음에 대한 중간기 유대인들의 해석들에 기초한다. 하나님이 아브라함에게 미래를 계시하셨다는 광범위한 하가다 전승들이 존재한다. "십이 족장들의 유언"에 따르면, 족장들의 종말론적 웃음은 메시야의 도래와 사탄의 멸망과 관계되었다(레위의 유언 18장). 거기에는 요한복음에 익숙하게 나오는 주제들이 제사장적 메시야를 묘사하기 위하여 제시된다: 그는 해와 같이 빛날 것이며 모든 어둠을 물리칠 것이다(18:4; 요 1:9); 주님을 아는 지식이 바다의 물과 같이 땅에 쏟아질 것이다(18:5; 요

1:18; 8:55); 하늘이 열리고 영광의 성전으로부터 거룩함이 그에게 임할 것이다(18:6; 요 1:32,51); 그가 진리 안에서 그의 자녀들에게 주의 위엄을 주실 것이다(18:6; 요 8:54); 주님이 그의 자녀들 안에서 즐거워할 것이며, 그 후에 아브라함과 이삭과 야곱이 즐거워할 것이다(18:12-13). 아브라함의 기쁨은 구원의 날을 보는 것과 연결된다. 아브라함은 하나님의 구원의 목적을 이해하고 그것을 즐거워한 반면, 그의 후손들은 하나님의 구원의 의미를 이해하지 못한다. 아브라함의 겸손과 즐거움은 그 유대인들의 교만과 오만에 대한 책망의 도구로 사용된다.

아브라함의 희망과 즐거움을 예수 자신과 연결시킨 것에 대하여 그 유대인들이 다시 반박한다: **"네가 아직 오십도 못되었는데 아브라함을 보았느냐"**(8:57). 예수가 아브라함에 관하여 말하는 것이 그들에게는 오만한 것으로 간주되었다. 그래서 그들은 예수의 나이를 언급하면서 그가 아브라함에 관한 그런 지식을 가질 수 없음을 강조한다. '보았느냐'가 완료시제(ἑώρακας)인 것은 예수와 그 유대인들의 조상 사이의 오랜 관계성을 제시한다. 이 말은 예수에 대한 그들의 경멸을 표현한다: 너는 아직 오십도 되지 않은 나이에 어떻게 우리의 조상 아브라함에 관한 일을 안다고 말할 수 있느냐?

예수는 그들의 질문에 대답하면서 자기의 특별한 존재를 선언한다: **"예수께서 가라사대 진실로 진실로 너희에게 이르노니 아브라함이 나기 전부터 내가 있느니라"**(8:58). 예수는 아브라함에 대한 그의 우위성을 증거한다. 예수는 초시간적 영원한 하나님의 존재에 자기 자신을 위치시킨다. 예수의 이러한 존재성은 이미 서두의 로고스 찬미가와 그 아들 기독론에서 제시된 바 있다. "내가 있느니라"(ἐγὼ εἰμί)는 말씀은 예수의 영원한 신적 존재성을 나타내기 위하여 요한복음에서 독특하게 사용된 칭호와 동일하다. "아브라함이 나기 전부터"라는 표현은 예수의 이러한 유일한 존재성을 구체적인 역사적 인물과의 관계 속에서 표현한다.

아브라함은 역사의 어느 구체적 시점에 존재했던(γενέσθαι) 인간이지만, 예수는 태초 이전부터 스스로 존재하는 영원한 신성의 존재이다. 이것은 하나님과의 관계에 있어서 그 유대인들의 조상에 대한 예수의 본질적 우위성을 나타낸다. 이 말씀은 또 예수 자신의 존재를 규명하기 위한 기독론적 중요성과 함께 하나님의 구원을 위한 약속의 바탕으로서 구원론적 중요성을 포함한다. 인간에게 참된 자유를 주시며 죽음의 세력을 극복한 영원한 생명을 주시는 분은 오직 하나님과 영원히 함께 계시며 하나님의 집에 영원히 거하는 그 아들 자신이다.

그 유대인들은 예수의 이 말씀을 신과 동등됨을 주장하는 신성모독으로 이해하고 그를 돌로 치려했다: **"저희가 돌을 들어 치려하거늘 예수께서 숨어 성전에서 나가시니라"**(8:59; cf. 레 24:16). 예수는 자기 자신을 숨겨 성전에서 나가고 더 이상 그들에게 자기를 나타내지 않았다. 그들이 예수를 통한 하나님의 종말론적 계시에 참여하지 못한 것은 그들 자신들의 책임이다.

E 날 때부터 맹인된 사람의 치유(9:1-41)

길고 복잡한 초막절 강화(7-8장) 후에, 요한복음 9장은 흥미로운 막간 이야기를 제공한다. 이 장은 독립적 단락이지만, 7장의 초막절 강화와 정교하게 연결된다. 요한복음 9:1은 예수가 성전을 떠난 것과 9장의 사건을 자연스럽게 연결한다. 맹인 치유의 장소인 '실로암' 못은 초막절 강화의 절정에 나오는 예수의 선포(7:37-38)의 배경으로서 연결된다. 맹인된 사람의 치유에서 발전된 것으로서 예수가 세상의 빛이라는 주제는 8:12에 나오는 예수의 선언과 같은 맥락에 있다. 예수와 그 유대인들 사이에 벌어진 간격이 더 깊어진다. 여기서 다시 등장하는 바리새인들—8:13에 마지막으로 언급됨—은 예수를 단호하게 그리고 결정적으로 거부한다. 그들의 불신과 그것으로 인한 맹인됨이 육신의 눈을 뜨는 것과 함께 예수에 대한 믿음에 이르는 그 맹인과 대조된다. 나아가 예수의 제자가 되는 것에 관한 언급과 예수의 기원(9:27-28; 8:31)과 존재(9:36; 8:25)에 관한 질문들도 연결된다.

요한복음 9장은 10장과 연결되는 부분도 있다. 유대교 지도자들의 행위에 대한 묘사—그들이 어떻게 그 사람을 박해하고 사람들을 공포와 억압으로 다스리며 예수의 신적 기원에 관한 논의 자체를 거부한 것—는 10장에 나오는 선한 목자 강화의 배경을 이룬다. 맹인된 사람의 치유 표적은 11장에서 죽은 사람을 일으키는 더 큰 표적으로 나아간다. 이러한 일련의 표적 사건들 후에 유대교 지도자들은 예수를 처형하기로 결정한다(11:45-53, 57). 반면에 명절과 관계된 내용은 언급되지 않는다. 요한복음 9장은 신학적 주제들을 다루면서 동시대 유대교와의 갈등을 표현하기 위하여 역사적 틀을 느슨하게 사용하는 저자의 기교를 보여준다.

요한복음 9장은 저자와 그의 공동체의 상황 특히 유대교와의 갈등의 상황에 관한 많은 정보를 제공한다. 메시야에 관한 질문이 유대교인들과 기독교인들 사이의 논쟁의 중심에 있었다(9:22). 유대교의 지도자들로 부상한 바리새인들은 예수의 메시야직과 신적 기원을 강력하게 반대했을 뿐 아니라, 예수의 제자들을 박해했다. 예수를 그리스도로 믿는 유대인들은 회당에서 추방되었으며 그것이 사회적 제재의 중요한 수단이 되었다.

마틴(J. L. Martyn, *History and Theology*)은 9장 전체에 두 개의 층이 있다고 생각한다: 본래 사건들의 층과 저자와 동시대 상황의 층. 마틴에 따르면, 요한복음 9장의 개개 장면들은 요한공동체의 상황을 직접적으로 가리킨다. 예루살렘 성전 근처의 거리는 요한공동체가 살고 있는 도시의 유대인 구역을 가리킨다. 공회 앞에서의 청문회는 저자 시대 유대교 공동체의 최고 권위 집단인 장로 위원회 모임을 가리킨다. 예수를 믿는 신자가 된 이유 때문에 그 치유 받은 사람을 추방한 것은 그 도시에서 일어난 것으로서 곁길로 나갔다고 판단되는 유대인들을 회당에서 축출한 것을 나타낸다. 그의 견해를 모두 수용할 수는 없지만, 이 이야기를 저자의 상황과 관련하여 이해하는 것은 전적으로 필요하다.

저자의 문학적 기교가 이야기의 구성－절정을 향하여 진행하며 장면 변화가 계속됨－을 통하여 제시된다. 사건의 기적적 측면의 반복적 진술은 표적으로서 그 사건의 성격을 나타낸다. 일련의 질문 장면들은 마치 법정 심문과도 같이 그 치유 사건의 확실함을 드러낸다. 예수의 반대자들의 태도는 점점 더 엄격해지는데, 그것은 그들의 적대감과 영적 맹인됨을 통하여 표현된다(9:34, 40-41). 그 치유 받은 사람이 가진 예수에 대한 신앙과 인식이 점점 증대된다: 나는 모른다(9:12); 그는 선지자이다(9:17); 이 사람은 하나님께로부터 왔다(9:33); 내가 믿나이다(9:38). 예수의 활동은 보지 못하는 사람들로 하여금 보게 하고 또 보는 사람들로 하여금 보지 못하게 하는 분열과 심판을 일으킨다(9:39). 요한복음 9장은 신학적이며 역사적 국면들을 극적인 문학적 기교로 통합한 이야기의 걸작품이다.

배경적 차원에서, 구약의 어느 부분에도 맹인이 눈을 뜨는 사건이 없음을 염두에 두는 것이 필요하다. 예수의 공생애 동안에도 그런 기적은 그의 제자들의 몫으로 부여되지 않았다. 사도행전 9:17-19은 예수 시대 이후에 부분적인 평행 구절을 제공한다. 예수의 활동 중에서 맹인의 눈을 뜨게 한 기적들이 다른 어떤 기적적 사건들보다 더 많이 기록된 것은 놀라운 일이다(막 8:22-26; 10:46-52; 마 9:27-31; 12:22-23; 15:30-31; 눅 7:21-22; 요 9장). 구약에서 맹인의 눈을 뜨게 하는 것은 하나님 자신의 활동(출 4:11; 시 146:8) 혹은 하나님의 기름부음을 받은 메시야만이 행하는 구원 활동(사 29:18; 35:5; 42:7)과 관계된다.

그래서 저자는 이 기적 사건을 자세히 기록함으로써 예수의 메시아적 지위와 하나님의 권능을 부여받은 메시야로서의 활동을 나타내려고 노력한다. 기적 자체에 대한 묘사는 상세하게 제시되지 않았는데, 이것은 예수의 표적 사역에 관한 묘사의 특성이기도 하다. 요한복음 8-9장에서 빛을 주제로 한 논의는 심판의 주제와 병행하여 제시된다. 이것은 하나님의 빛을 거부하는 사람들에게 결과적으로 임하는 어두움과 심판의 성격을 반영한다.

요한복음 9장의 내용을 다음과 같은 교차대구적 구조로 구분할 수 있다:

9:1-7 예수와 맹인
  9:8-12 맹인되었던 사람과 이웃 친지들
    9:13-17 맹인되었던 사람과 바리새인들
      9:18-23 그 유대인들과 맹인된 사람의 부모
    9:24-34 맹인되었던 사람과 바리새인들
  9:35-38 맹인되었던 사람과 예수
9:39-41 예수와 바리새인들

1. 날 때부터 맹인된 자의 치유(9:1-7)

이 극의 첫 장면은 다양한 핵심적 요소들을 포함한다. 이 이야기는 요한복음 5장의 사건과 유사한 형태로 진행된다. 저자는 여기서도 이 사건이 안식일에 일어났다는 사실을 차후에 밝힌다(9:14; cf. 5:9). 이 사건에서도 예수는 주도권을 갖고 치유를 행한다. 저자는 예수가 긍휼을 베푸는 일을 행했음에도 불구하고 그에 대한 심문 과정이 어떻게 진행되었는가를 설명한다. 여기서도 죄와 고난의 관계성에 대한 쟁점이 안식일에 일하는 것에 대한 쟁점과 함께 일어난다. 이야기를 시작하는 저자의 어조는 요한복음 8장 마지막에 나오는 격렬한 폭력적 분위기에서 예수가 그의 제자들과 철학적이고 신학적 문제에 관하여 대화하는 아주 조용한 분위기로 바뀌었다.

장면은 예수가 그의 제자들과 함께 길을 가다가 "날 때부터 맹인된 사람"을 보는 것으로 시작한다: **"예수께서 길 가실 때에 날 때부터 맹인 된 사람을 보신지라"**(9:1). 이 구절의 헬라어 본분에는 '사람'이란 단어 앞에 일반적으로 쓰이는 관사－'그'(ὁ) 혹은 '어떤'(τις)－가 없다(καὶ παράγων εἶδεν ἄνθρωπον τυφλὸν ἐκ γενετῆς). 이 점을 고려하여 일부 학자들은 남성 명사(ἀνήρ) 대신 일반적인 사람을 가리키는 명사(ἄνθρωπος)가 관사 없이 사용된 것은 그 사람의 개별성과 특정인의 성격을 약화시키고, 그 대신 모든 인간 혹은 인간 일반을 가리키는 것으로 해석한다(Duke, *Irony*, 118). 저자가 요한복음에서 즐겨 사용한 상징성과 이 사건의 신학적 성격을 고려하면, 그런 해석이 적절한 면을 갖고 있다. **예수는 날 때부터 맹인된 그 사람을 통하여 인류 전체의 근본적 문제를 본 것이다**. "날 때부터"(ἐκ γενετῆς)라는 부사구도 이 사건의 기적적 성격을 고조시킬 뿐 아니라, 모든 인간이 근본적으로 날 때부터 영적으로 맹인인 것을 암시한다.

그 사람을 보고 제자들이 질문했다: **"랍비여 이 사람이 맹인으로 난 것이 뉘 죄로 인함입니까? 자기입니까 혹은 그 부모입니까"**(9:2). 그들의 질문은 질병과 죄는 필연적으로 연결되어 있다는 유대교의 광범위하고 대중적 신념에 기초한다. 죄 없는 죽음이 없고(겔 18:20) 또 죄 없는 징벌이 없다(시 89:33)라고 구약에서 언급된다. 부모의 죄가 자식의 신체적 결함으로 나타날 수 있다는 것이 유대교 문헌들에서 보여진다. 제자들의 질문은 그 사람이 맹인이 된 것이 죄에 기원했다는 것을 전제한다. 그렇다면 누구의 죄 때문인가: 그 사람의 죄인가 혹은 그 부모의 죄 때문인가?

그러나 예수는 그런 식으로 질환과 죄를 단순하게 연결시키는 대중적 견해에 반대한다: **"예수께서 대답하시되 이 사람이나 그 부모가 죄를 범한 것이 아니라 그에게서 하나님의 하시는 일을 나타내고자 하심이니라"**(9:3). 예수의 답변은 하나님이 예수 안에서 그의 일들을 성취하신다는 것(5:17, 36)과 그 일들을 통하여 자기 자신과 그 아들을 영화롭게 한다(11:4)는 요한의 사상을 표현한다. 예수는 질환이 죄로부터 기원한다는 견해를 반대하면서 맹인됨과 같은 인간의 불행한 현실이 오히려 하나님의 영광을 타나내는 기회가 됨을 가르친다. 예수의 말씀의 의미는 하나님의 영광을 나타내기 위하여 그 사람으로 하여금 맹인으로 태어나게 했다는 것보다는 그 사람이 맹인으로 태어났지만 그 결과로 하나님이 그의 일을 나타내는 도구로 선택하셨다는 것이다. 그 사람의 맹인됨은 하나님의 더 큰 목적들을 위하여 쓰임 받게 될 것이다. 그런 면에서 그것은 하나님이 그의 일을 행하시는 기회가 된다.

예수는 앞에서 언급된 하나님의 일들을 자기 자신과 제자들의 임무로 언급한다: **"때가 아직 낮이매 나를 보내신 이의 일을 우리가 하여야 하리라. 밤이 오리니 그때는 아무도 일할 수 없느니라"**(9:4). 일인칭 복수 '우리'의 사용을 통하여 예수는 하나님의 일들을 실행하는 사역에 제자들을 포함시킨다. 이것은 예수와 그의 제자들 사이의 공동운명체를 나타내는 표현이다(3:11). 제자들은 앞으로 예수가 행한 일들의 증인들이 되고(15:27), 그가 행한 일들을 그들도 행하며(14:12), 그리고 그가 당한 고난을 그들도 당하게 될 것이다(15:20). 이런 방식으로 제자들 역시 하나님의 정한 뜻을 반드시 따르는 일꾼들이 되어야 할 것이다(δεῖ).

"우리가 일해야 한다"(ἡμᾶς δεῖ ἐργάζεσθαι)는 강조적 말씀은 바로 제자들이 예수의 일에 필연적으로 참여해야함을 가리킨다. 제자들이 감당해야 할 그 일이 단순히 이 문맥에서 제시된 일을 넘어서는 점은 복수 단어 "그 일들"(τὰ ἔργα)이 사용된 점에서도 암시된다. 이 말씀은 제자들이 앞으로 직면해야 할 배척과 박해와 온갖 어려움에도 불구하고 그들에게 부여된 하나님의 일들을 감당해야 한다는 호소이기도 하다. 하나님의 일들을 행해야 하는 임무는 때가 아직 낮이기 때문에 부여된다.

여기서 때는 먼저 얼마 남지 않은 예수의 공생애 사역의 때를 가리킨다. 그러나 일반적 의미에서는 사람들이 일상적으로 일하는 낮 시간(열두 시간, 11:9-10)을 가리키며 또 그런 점에서 그 때는 그것이 언제이든지 간에 하나님의 일들을 행하도록 위임을 받은 때를 나타낸다. "사람이 일할 수 없는 '밤'"은 하나님의 일들을 하지 못하게 만드는 여러 가지 형태의 방해물들 곧 죽음, 박해 혹은 그 밖의 어려움들을 가리킨다. 따라서 이 말씀은 어떤 특정 시점에서 행하도록 요구되는 것을 지금 여기서 행하라는 권면이 된다. 제자들이 일해야 할 때는 아직 낮인 바로 지금이다. **밤의 도래는 다른 한 편에서 예수의 공생애 사역의 종결이 다가오고 있음을 가리**

킨다. 갈릴리 가나에서 시작된 예수의 공생애 사역의 상징적 하루는 이제 정오를 지나 오후로 접어들었다. **여기서 처음으로 예수의 공생애 사역이 밤의 도래와 함께 결국에는 종결에 이르게 된다는 사상이 제시된다**.

예수는 밤의 도래와 관련하여 그의 공생애의 사역이 바로 하나님의 일들을 행하기 위한 것임을 지적한다: **"내가 세상에 있는 동안에는 세상의 빛이로라"**(9:5). "내가 세상에 있는 동안에는"이라는 말씀은 "내가 한 인간으로서 세상에 살고 있는 동안에는" 혹은 "내가 세상에서 감당해야 할 구원의 사명을 감당하는 동안에는"이라는 의미로 해석될 수 있다. 예수의 공생애 사역의 임무는 세상의 빛이 되는 것이다. 그러나 그 사역의 때가 얼마 남지 않았다. 그가 그 임무를 마치고 그를 보내신 분에게로 돌아갈 때가 다가오고 있다. 그 때가 가까워 올수록 하나님의 독생자를 믿으라는 예수의 호소도 더 강렬해진다(12:36).

여기서 예수의 말씀은 하나님의 계시 관용어구인 "나는 (그)이다"(ἐγὼ εἰμί)의 강조 형태로 제시되지는 않았다. 여기서 빛은 8:12에서보다 더 뚜렷하게 예수의 인성에 대한 비유적 묘사가 아니라 세상에서 그의 활동의 결과를 가리킨다. 그는 세상을 심판하며 구원하는 빛이다. 오직 그 안에서만 사람은 안전하게 걸어다닐 수 있는 낮을 발견한다. 그가 없는 세상은 어두움이다. 밤의 도래와 관련하여 예수를 빛으로 묘사하는 상징성은 그 빛이 떠날 시간이 다가오고 있음을 암시한다.

자기 사역의 의미를 밝힌 후, 예수는 그 사람에게 시력을 회복시켜 주심을 통하여 자신의 말을 행동으로 옮긴다. 지금까지 그 맹인은 예수와 제자들 사이의 논의의 대상으로만 있었다. 이제 그 사람은 하나님의 긍휼하심과 계시의 대상이 된다. 그 사람이 예수와 제자들 사이의 대화를 들었다거나 혹은 예수에게 치유를 요청했다는 언급이 없다. 예수의 치유 사역은 그 사람에게 무조건적으로 임한 하나님의 은혜였다.

저자는 예수의 행동을 다음과 같이 묘사한다: **"이 말씀을 하시고 땅에 침을 뱉아 진흙을 이겨 그의 눈에 바르시고"**(9:6). 예수의 치유 활동에서 침이 치료를 위한 재료로 사용된 경우는 마가복음의 치유 이야기들에서도 나온다(막 7:33; 8:23). 유대인 사회에서 침은 몸에서 나오는 다른 액체와 같이 더러운 것으로 인식되었다(레위 15:8). 진흙을 만드는 것도 안식일 위반 목록에 포함되었다.

그러나 예수는 그러한 침을 하나님의 권능의 나타남을 위한 재료로 사용한다. 더욱이 땅에 침을 뱉어 만든 진흙은 하나님의 위대한 작품을 설명하기 위하여 익숙하게 사용된 상징적 용어이다: "그러나 여호와여 주는 우리 아버지시니이다. 우리는 진흙이요 주는 토기장이시니 우리는 다 주의 손으로 지으신 것이라"(사 64:8). 그래서 침은 하나님의 창조 활동에 있어서 권능의 근원을 가리키는 상징어로 간주될 수 있다. 저자는 이미 예수로부터 흘러나오는 생명의 근원은 성령이라고 지적했다(7:38-39). 따라서 흙과 침은 하나님이 창조 시에 인간을 만드실 때 사용한 두 가지 재료(흙과 생기)를 상징하며(창 2:7) 또 이것은 하나님의 창조의 권능으로 활동하는 예수의 사역의 성격을 나타낸다. 예수의 활동을 이렇게 하나님의 재창조의 성격으로 보려는 이해는 교부 시대로부터 기원한다.

예수의 치유 활동은 그의 말씀으로 이어진다: **"이르시되 실로암 못에 가서 씻으라 하시니(실로암은 번역하면 보냄을 받았다는 뜻이라)**(9:7a). "가서 씻으라"는 예수의 명령은 아람의 군대 장관 나아만의 문둥병을 치유하는 엘리사 이야기를 반영한다: "엘리사가 사자를 저에게 보내어 가로되 너는 가서 요단강에 몸을 일곱 번 씻으라. 네 살이 여전하여 깨끗하리라"(왕하 5:10). 나아만은 엘리사의 말에 처음에는 머뭇거렸는데, 이 맹인은 예수의 말씀에 즉각적으로 순종한 왕의 신하처럼 주저 없이 순종한다(4:50). 실로암 못(사 8:6)은 예루살렘 남쪽 성벽 가장자리에 위치한다.

그가 어떻게 실로암 못까지 갔는지는 언급되지 않는다. 비헬라어 단어들을 설명하는 저자의 방식을 따라(예, 1:38), 저자는 '실로암'이란 단어를 "보냄을 받았다"는 의미로 해석한다. 실로암이란 단어는 본래 히브리어 동사 '살라'(שלה, 보내다)에서 유래했다. 저자에게 있어서 '보내다'는 동사는 하나님의 보냄을 받은 자로서 예수의 존재를 설명하는데 매우 중요한 단어이다. 그래서 저자는 그 못을 예수의 존재와 사역을 나타내기 위하여 사용한다. 예수 자신이 "그 보냄을 받은 자"(ὁ ἀπεσταλμένος)이며 또 그 보냄을 받은 자는 그 맹인에게 빛을 제공한다. 그것은 그 자신이 생수의 근원으로서 생수를 제공하는 것과 같다. 이사야 8:6에서 이스라엘 사람들이 실로의 물을 거절했다고 언급되는데, 실로암은 때때로 '실로'로 불려졌다. 이런 면에서 실로암 못의 언급은 한편으로 생명의 빛을 거부하는 유대인들을 반영하며 또 다른 한 편에서 그 맹인의 순종을 강조한다.

저자는 예수의 말씀에 대한 그 맹인의 순종과 그 순종의 결과를 명확하게 지적한다: **"이에 가서 씻고 밝은 눈으로 왔더라"**(9:7b). 저자는 그 맹인이 믿음을 가졌다거나 혹은, 공관복음서들에서 자주 보여지는 것과 같이, 그런 기적적 역사의 선행 조건으로서 믿음을 가져야 한다는 것에 관하여 전혀 언급하지 않는다. 저자는 예수의 침에 어떤 치료의 약효가 있다는 것을 부각시키는 것도 아니다. 저자의 입장에서 중요한 것은 먼저 그 맹인이 "보냄을 받았다"는 의미의 못에 가서 눈을 씻음으로 다시 보게 되었다는 것과 그가 예수의 말씀에 그대로 순종하여 이러한 결과가 나타났다는 것이다. **곧 저자는 보냄을 받은 자 예수는 사람에게 새로운 눈을 주신다는 것과 그러한 눈을 뜨는 역사는 예수의 말씀에 순종함을 통하여 이루어진다는 것을 부각시킨다.**

2. 이웃 사람들의 질문(9:8-12)

요한복음 9장의 나머지 부분은 맹인이 눈을 뜬 사건을 놓고 여러 질문자들이 그 맹인 되었던 사람과 벌이는 논쟁을 다룬다. 여기서는, 공관복음서들에 자주 나오는 것과 다르게, 기적적 사건을 목격한 사람들의 놀라움이나 하나님을 향한 찬양이 언급되지 않는다. 예수와 그의 제자들도 갑자기 장면에서 사라진다. 대신 여러 질문자들이 나타나 그 사람이 누구며

(정체), 그 사람이 어떻게 눈을 뜨게 되었으며(방법), 또 그런 일을 행한 예수의 존재(신학적 결과)에 관하여 질문하고 그 사람이 답변하는 것으로 진행된다. 그 사람의 정체는 그 사람 자신과 그의 부모에 의하여 확인된다. 예수가 그를 치유한 방법은 그 사람의 일관된 진술에 의하여 묘사된다. 예수의 존재에 관한 신학적 논쟁은 예수가 안식일법을 위반한 죄인인가 혹은 전무후무한 기적을 행한 하나님의 사람인가를 놓고 유대교 당국자들인 바리새인들과 그 사람 사이에서 치열하게 전개된다. 따라서 본문의 내용은 질문자들과 그들이 던지는 질문에 따라 구분될 수 있다.

먼저 그 맹인되었던 사람을 이미 알고 있는 사람들이 등장하여 질문한다: **"이웃 사람들과 및 전에 저가 걸인인 것을 보았던 사람들이 가로되 이는 앉아서 구걸하던 자가 아니냐"**(9:8). 저자는 질문자들을 "이웃 사람들과 및 전에 그가 걸인인 것을 보았던 사람들"이라고 두 종류의 사람들로 묘사한다. 해석자들은 일반적으로 여기서 이 두 종류의 사람들을 특별히 구별하지 않고 하나로 묶어 "이웃 사람들"이라는 범주에 포함시켜 생각한다. 그들에 대한 묘사가 처음에 구체적으로 구별된 후에는 단순히 "그들"로 언급된 점에서 그렇게 볼 수도 있다.

그런데 저자가 사용한 "이웃 사람들"(γείτονες)이라는 단어는 요한복음에서 여기에만 나온다. 그 외에서는 누가복음에만 나오는데(눅 14:12; 15:6, 9), 거기서 그 단어는 같은 지역에 사는 동류 계층의 사람들을 가리킨다. 저자가 그들을 "전에 저가 걸인인 것을 보았던 사람들"과 구별한 것을 보면, 그들은 그의 부모가 사는 동네의 이웃 사람들이며 아마도 그가 날 때부터 맹인인 것을 알았을 것이다. 그런데 두 번째로 언급된 사람들은 그를 단순히 맹인된 걸인으로 알고 있었다. 그들의 질문은 먼저 그 사람의 과거의 정체를 확인하는 것으로 제시된다: "이 사람이 앉아서 구걸하는 자가 아니냐?"

그들은 그가 현재 눈을 뜨고 있다는 놀라운 사실보다 그가 과거에 맹인된 걸인이었다는 사실을 확인하는 것에 더 관심을 기울인다: **"혹은 그**

사람이라 하며 혹은 아니라 그와 비슷하다 하거늘 제 말은 내가 그로라 하니"(9:9). 저자는 그가 맹인으로 태어났다는 것을 지적할 뿐, 그가 걸인이었다는 것을 말하지 않았다(9:1). 그러나 이 질문자들은 그의 존재를 이제 눈을 뜬 새로운 존재로 보려는 것보다는 과거의 부정적 존재에 국한시키기를 바란다. 그들에게 있어서 그는 자기 이름도 없고 아무 것도 아닌 그저 전적으로 남을 의존해야 하고 빈곤한 사람에 불과했다. 그래서 그들은 그가 이제는 눈을 뜬 새로운 인간이 되었다는 사실에 주목하지 않고 과거의 입장에서만 그를 보려고 한다.

그 사람은 자기를 부정적으로 보려는 사람들을 향하여 담대하게 "내가 그로라"하며 자기의 과거를 밝힌다. 요한복음에서 예수 이외의 사람이 "내가 그로라"(ἐγώ εἰμι)는 예수의 신비한 존재와 관계된 공식어를 사용한 것은 이 사람밖에 없다. 물론 그 사람의 입장에서 그 말은 그의 정체를 밝히는 것에 불과하다. 그러나 일상적 동사인 εἰμι만을 사용하지 않고 강조형인 ἐγώ εἰμι를 사용한 것은 그가 이 어구를 통해 표현되는 예수의 존재를 알아보는 제자요 신앙의 사람이 된 것을 나타내는 의도적 국면을 반영한다. 그 사람은 눈을 뜬 현재의 입장에서 자기의 과거 존재를 떳떳하게 밝힌다.

이 간결하면서도 강력한 진술을 들은 후에야 질문자들은 그의 변화된 상황에 대하여 질문을 던진다: "**저희가 묻되 그러면 네 눈이 어떻게 떠졌느냐**"(9:10). 그들의 질문은 그의 대답에 대한 의혹을 포함한다. 맹인으로 태어난 사람이 다시 본다는 것은 그들에게 있어서는 명백하게 불가능한 일이기 때문에, 그들은 그가 전에 맹인으로 태어난 걸인이었다는 그의 주장을 믿기 어려웠다. 그들의 질문은 그가 어떻게 눈을 뜨게 되었는가를 듣고 그의 주장을 판단하려는 입장을 반영한다.

그 사람의 대답은 앞에서 묘사된 사건의 요약적 진술의 형태로 제시된다: "**대답하되 예수라 하는 그 사람이 진흙을 이겨 내 눈에 바르고 나더러 실로암에 가서 씻으라 하기에 가서 씻었더니 보게 되었노라**"(9:11). 그의 대답은 저자의 사건 묘사와 거의 동일하지만, 몇 가지 구체적인 점에서 다르다. 첫째, 그는 저자가 그 맹인을 묘사할 때 '사람'(ἄνθρωπον)이란 단어를 관사 없이 사용한 것과 달리 예수를 "그 사람"(ὁ ἄνθρωπος)으로 묘사함으로써 예수의 특정성을 부각시킨다. 둘째, "그 사람"을 예수라 밝힘으로써 그는 다른 사람들이 예수에 관하여 말하는 것을 그가 듣고 있었던 것을 나타낸다. 왜냐하면 그 사람 앞에서는 예수라는 이름이 언급되지 않았기 때문이다. 셋째, 저자는 예수가 "침을 뱉아 진흙을 만들었다"고 말하는데, 그는 예수가 "진흙을 이겨"라고 말한다. 넷째, 저자는 예수가 그 진흙을 눈에 '붙였다'(ἐπέθηκεν)고 말하는데, 그는 예수가 그것을 그의 눈에 '발랐다'(ἐπέχρισέν)고 말한다. '바르다'라는 이 단어는 신약성서에서 여기에만 유일하게 나온다. 이런 방식으로 그는 예수의 행위에 담긴 "거룩한 기름부음"의 성격을 부각시킨다. 그것이 바로 그가 "내가 그로라"라고 담대하게 선언할 수 있었던 이유이기도 하다. 마지막으로, 그는 "실로암 못" 대신 단순히 실로암이라고만 말한다. 그는 연못의 유무보다는 "보냄을 받았다"라는 실로암의 의미를 강조한다.

그 질문자들은 그 사람의 대답에 담긴 놀라운 성격에 관하여는 관심을 기울이지 않는다. 그들은 단순히 **"그가 어디 있느냐"**고 질문한다(9:12). 그들이 왜 예수의 계신 곳을 알기를 원하는지 불분명하게 제시된다. 그들이 예수가 행한 그런 기적에 감동을 받았는지 혹은 단순히 호기심을 갖게 되었는지 알 수 없다. 예수에 대한 그들의 태도가 긍정적인지 혹은 부정적인지 여기서는 분명하게 언급되지 않는다.

그 질문에 대하여 그 사람은 **"나는 알지 못한다"**고 대답한다(9:12). 그는 예수에 의한 치유 사실을 인정하면서도 예수가 어디 있는가는 아직 알지 못한다. 그가 예수에 대한 충분한 믿음에 이르기 위해서는 가야 할 길이 있었다. 그는 유대교 공동체에서 추방되고 예수 자신이 그를 찾아온 후에야 비로소 예수에 대한 충분한 믿음에 이른다(9:35-38). 베데스다 못가에서의 사건과는 달리 이 사건에서 예수는 논쟁자들 사이에 나타나지 않는다. 바리새인들의 질문에 대해서도 대답하지 않는다. 그는 예수의 반대자들 사이에서 예수의 기적적 치유 사실을 변호한다. 그는 예수의 반대자들 사이에서 예수께서 진리가 되심을 위하여 싸우는 사람들의 대표자로 묘사된다.

3. 맹인되었던 사람과 바리새인들 1(9:13-17)

이 사건과 관련하여 두 번째 질문자들로서 바리새인들이 등장한다: **"저희가 전에 맹인 되었던 사람을 데리고 바리새인들에게 갔더라"**(9:13). 여기에 등장하는 이 바리새인들이 그 사건을 처리하는 과정이 이야기의 대부분을 형성한다. 이웃 사람들이 그 맹인되었던 사람을 바리새인들에게 데려간 것은 유대인 공동체에서 바리새인들의 위상을 짐작하게 한다. 그들은 바리새인들이 그러한 특별한 사건에 관하여 알아야 하는 권위의 사람들로 인정하고 있었던 것으로 보인다. 혹은 그들은 이 사건에서 어떤 잘못된 것이 있다고 판단한 것으로 보인다. 바리새인들은 유대교 내의 종교 문제와 관련하여 출교를 결정할 수 있는 권위 기구에 포함된 사람들이었던 것으로 보인다(9:22).

바리새들의 질문은 세 단계로 진행된다: (1) 맹인되었던 사람에게 직접 질문한다(9:13-17); (2) 그의 부모를 소환하여 질문한다(9:18-23); (3) 그 사람을 다시 불러 질문한다(9:24-34). 그 사람에 대한 해설자의 묘사는 첫 질문자들의 등장 때와는 사뭇 다르다. 첫 질문자들을 묘사할 때는 그를 "전에 맹인된 걸인"으로 묘사한 반면, 여기서는 단순히 "전에 맹인되었던 사람"으로 묘사한다. 그것은 질문에 있어서 강조점이 단순히 그 사람의 정체를 확인하는 것에서 치유의 사실로 옮겨진 것을 나타낸다. 따라서 새로운 질문자들은 단순히 그가 누구인가를 질문하지 않고 그가 어떻게 눈을 뜨게 되었는가를 질문하게 될 것이 예상된다.

저자는 이 사건이 유대교의 체계와 충돌되는 국면을 언급한다: **"예수께**

서 진흙을 이겨 눈을 뜨게 하신 날은 안식일이라"(9:14). 사건 후에 사건에 담긴 쟁점 사항을 밝히는 것은 요한복음서 저자의 특성이다. 베데스다 못가의 사건에서도 안식일과 관계된 쟁점은 사건 후에 언급되었다(5:9). 안식일에 관한 저자의 언급은 첫 질문자들이 그를 바리새인들에게 데려온 이유를 짐작하게 하는 대목이다. 그것은 또 이 사건을 놓고 바리새인들 중에 일어난 논란의 이유를 설명한다(9:16). "진흙을 이겨" 눈을 뜨게 했다는 것은 "눈에 발랐다"는 표현과 함께(9:6) 안식일에 금지된 일의 형태를 나타내는 핵심 요소이다. "눈을 뜨게 했다(ἀνέῳξεν)"는 능동태의 사용도 역시 예수를 놀라운 치유자이며 동시에 안식일 위반자로 제시하려는 저자의 의도적 표현이다.

저자는 그가 어떻게 보게 되었는가에 관한 바리새인들의 질문은 간접의문문의 형태로 제시한 반면 그 사람의 대답은 직접적인 형태로 제시한다: **"그러므로 바리새인들도 그 어떻게 보게 된 것을 물으니 가로되 그 사람이 진흙을 내 눈에 바르매 내가 씻고 보나이다 하니"**(9:15). 그의 대답은 더 간결하고 더 신중하다. 이웃 사람들에게 행한 대답과 여러 면에서 다르다. '바르다'(ἐπέχρισέν, 9:11)라는 동사가 저자가 본래 사용했던 '붙이다'(ἐπέθηκέν, 9:6)라는 동사로 환원되었다. 예수라는 이름도 언급되지 않으며 "진흙을 이겨"라는 말과 실로암도 생략되었다. 진흙을 이겨 눈에 바르는 행위는 안식일 위반에 해당하기 때문에, 그 사람의 대답이 그런 단어들을 생략하여 간결하게 제시된 것은 바리새인들의 심문과 관련하여 예수의 입장을 방어하려는 의도로 보여질 수 있다.

그 사람의 대답을 들은 바리새인들 중에 의견 충돌이 일어났다: **"바리새인 중에 혹은 말하되 이 사람이 안식일을 지키지 아니하니 하나님께로서 온 자가 아니라 하며 혹은 말하되 죄인으로서 어떻게 이러한 표적을 행하겠느냐 하여 피차 쟁론이 되었더니"**(9:16). 바리새인들 중에 일부가 예수의 행위를 안식일 위반으로 이해한 것을 보면, 그 사람을 바리새인들에게 데려온 사람들이 그 사람이 말한 것보다 더 많은 것들을 말한 것으로 보인다. 그래서 그 사람에 대한 그들의 심문은 그들이 이미 들은 사실을 확인하기 위한 목적으로 시작되었을 것이다. 따라서 비록 그 사람의 대답 속에서 안식일 위반의 혐의를 입증할만한 증거를 잡지 못했지만, 그들은 그 사람의 대답보다 그 사람을 그들에게 데려온 사람들의 말을 더 신뢰하고 그것에 기초하여 예수를 안식일을 위반하는 '죄인'으로 판단했던 것으로 보인다.

그러나 그들 중에는 예수의 행위 속에서 하나님의 표적의 가능성을 발견하면서 예수에 대한 일방적 판단을 반대하는 사람들도 있었다. 예수에 대한 의견 분열은 초막절 강화에 이어 두 번째 나온다(7:43). 예수를 일방적으로 죄인으로 보려는 것에 반대하는 이 사람들이 니고데모를 비롯하여 예수의 행적을 긍정적으로 바라보는 사람들과 어떻게 연결되는지 알 수 없지만, 이것은 바리새인들 중에도 예수를 긍정적으로 바라보는 사람들이 있었던 것을 반영한다.

그 사람에 대한 심문에서 충분한 증거를 찾지 못한 바리새인들이 다시 그 사람에게 질문했다. 이제는 단순히 그 사람의 상태에 대한 질문이 아니라, 한 걸음 더 나아가 예수에 대한 그 사람의 견해를 물었다: **"이에 맹인 되었던 자에게 다시 묻되 그 사람이 네 눈을 뜨게 하였으니 너는 그를 어떠한 사람이라 하느냐 대답하되 선지자니이다 한 대"**(9:17). 한글 성경의 "맹인 되었던 자에게"는 원어를 충분히 반영하지 못한다. 원어에는 "그들이 그 맹인에게(τῷ τυφλῷ) 다시 물었다"로 되어 있다. 저자는 이미 그 사람이 눈을 뜨게 된 것을 이미 제시했으며 또 그렇게 알고 있다. 그런데 저자는 왜 여기서 그 사람을 여전히 맹인으로 묘사하고 있는가? 이것은 그 사람을 치유한 자의 죄를 알지 못하는 사람으로서 그 사람에 대한 바리새인들의 시각을 반영하는 의도적 표현일 수 있다. "너는 그를 어떤 사람이라고 하느냐"(τί σὺ λέγεις περὶ αὐτου)라는 강조적 용법은 한층 강화된 조사의 정도를 나타낸다.

그 사람의 대답은 간결하면서도 단호하다: "그는 선지자입니다." 그 사람이 어떤 의미로 '선지자'라는 단어를 사용했는지는 분명하지 않다. 그 단어가 관사 없이 사용된 것은 사람들이 예수를 향하여 "그 선지자"라고 말한 것(6:14; 7:40)과 같은 메시아적 의미와는 다른 의미인 것을 보여준다. 유대인들에게 있어서 선지자란 하나님과 특별히 가까운 사람을 가리키는 대중적 묘사의 일환이다. 선지자는 특별한 지식의 소유자이거나(4:19; 눅 7:39) 혹은 특별한 능력의 소유자로 인정되었다(막 6:15; 마 21:46; 눅 24:19). 따라서 그것은 사마리아 여자가 사용한 것(4:19)과 유사한 의미 곧 지식과 능력에 있어서 특별함과 존경심을 불러일으키는 비상한 사람을 가리키는 용어로 사용되었다고 보는 것이 적절하다. 바리새인들도 그 대답에 대하여는 큰 의미를 부여하지 않았다.

4. 맹인되었던 사람의 부모와 유대인들(9:18-23)

질문자들이 바리새인들에서 갑자기 바뀌어 "그 유대인들"로 제시된다: **"유대인들이 저가 맹인으로 있다가 보게 된 것을 믿지 아니하고 그 부모를 불러 묻되"**(9:18). 바리새인들에서 "그 유대인들"로 바뀐 것은 그 심문의 공식적 성격을 강화하기 위한 것이다. 요한복음에서 "그 유대인들"은 유대교 당국의 대표자들로서 나타난다(1:19; 2:18, 20; 5:10 등). 회당에서의 축출도 그 유대인들의 결정에 따른 것이다(9:22). 그러나 저자는 그 유대인들과 함께 바리새인들을 명확하게 구별하지 않고 사용한다(1:24; 7:47). 그 유대인들은 그 사람에게 일어난 사건 자체를 믿지 않으려는 사람들로 묘사된다. 그들은 그 사람이 맹인으로 있다가 보게 된 것을 믿지 않았기 때문에, 그 사람 자신과 그에게 일어난 사건을 확인하기 위하여 그의 부모를 소환했다.

부모라는 단어는 신약성서에서 드물게 사용되었으며 요한복음에서도 이 문맥에서만 나온다. 그것은 먼저 맹인의 원인이 되는 죄의 근원에 대한 설명에서 나오고(9:1) 또 이 문맥에서 네 번 나온다(9:18, 20, 22, 23).

요한복음의 다른 곳에서 어떤 사람의 부모가 언급될 때는 아버지 혹은 어머니 혹은 아버지와 어머니로 언급되며 '부모'라는 단어로는 여기서만 사용된다(2:3-5에서 예수의 모친 그리고 6:42에서 아버지와 어머니). 그들의 자식이 당국자들 앞에 심문을 받은 것과 같이 그의 부모가 마찬가지로 심문을 받게 되었다.

그 유대인들의 질문은 두 가지로 제시되었다: **"이는 너희 말에 맹인으로 났다 하는 너희 아들이냐 그러면 지금은 어떻게 되어 보느냐"**(9:19). 그들의 질문은 그 부모가 자기 자식이 맹인으로 태어났다고 다른 사람들에게 말하고 있었던 것을 전제한다. 또 그들은 그 맹인되었던 사람이 그 부모의 자식인 것을 인정하면서 첫 번째 질문의 대답을 들을 사이도 없이 두 번째 질문을 던졌다. 두 번째 질문은 그런 기적적 사건의 진상을 진정으로 알려는 의도에서 제기된 것은 아니다. 그 유대인들은 지금 그 사람과 그의 부모를 심문하고 있고 그것을 통하여 예수 자신을 심문하려는 의도를 갖고 있다. 따라서 그 질문은 그 부모로 하여금 요한공동체가 예수에 대한 고백으로 인하여 직면했던 것과 같은 위험에 직면하게 하는 핵심적 요소였다.

그 부모는 두 가지 질문에 대하여 차례로 대답한다. 먼저 첫 번째 질문에 대하여 그들의 심문을 인정한다: **"그 부모가 대답하여 가로되 이가 우리 아들인 것과 맹인으로 난 것을 아나이다"**(9:20). 그러나 그들은 두 번째 질문에 대하여는 부정적 입장을 취한다: **"그러나 지금 어떻게 되어 보는지 또는 누가 그 눈을 뜨게 하였는지 우리는 알지 못하나이다. 저에게 물어 보시오. 저가 장성하였으니 자기 일을 말하리이다"**(9:21). 심문을 받고 있는 이때쯤이면 그들은 이미 그 자식에게 이루어진 일에 관하여 분명히 들었을 것이며 그것을 행한 사람이 예수라는 사실도 알고 있었을 것이다. 그러나 그들은 그 치유의 기원을 설명할 수도 없었고 또 그 치유자가 어떤 사람인가에 관하여도 그들의 견해를 가질 수 없었다. 그들은 그 자식이 주저 없이 자기의 견해를 밝힌 것과 달리(9:17), 그 치유자에 관하여 밝히

기를 회피한다. 오히려 그들은 그 자식이 자신의 일을 말할 수 있을 만큼 장성했기 때문에, 그 자신에게 물어보도록 유도한다. "그가 장성하였으니"(ἡλικίαν ἔχει)라는 말은 질문에 대하여 적절하게 답변할 수 있는 나이 혹은 법적으로 답변할 수 있는 나이를 가리킨다. 그 자식이 법적으로 책임질 수 있는 나이가 되었으니 그 자신에게 물어보라는 것이다.

저자는 그 부모가 이렇게 답변의 책임을 그 자식에게 전가한 이유를 설명한다: **"그 부모가 이렇게 말한 것은 이미 그 유대인들이 누구든지 예수를 그리스도로 시인하는 자는 출교하기로 결의하였으므로 저희를 무서워함이러라. 이러므로 그 부모가 말하기를 저가 장성하였으니 저에게 물어 보시오 하였더라"**(9:22-23). 그 유대인들에 대한 두려움은 여기서 새로운 것이 아니며(7:13) 또 요한복음에서 앞으로 더 발전된다(12:42; 20:19). 여기서 새로운 것은 그 두려움의 이유였다. 누구든지 예수를 그리스도로 시인하는 자는 출교하기로 그 유대인들이 결의했기 때문이었다. '결의했다'는 말은 이미 결정되어 시행되고 있는 완료시제로 되어 있다(ἤδη γὰρ συνετέθειντο). 그러나 요한복음에서 지금까지 예수를 체포하려는 시도는 있었지만(7:32), 그런 결정은 언급되지 않았다. 예수를 그리스도로 시인하는 것은, 사도 바울의 언급에서 보여지는 것과 같이(롬 10:9), 기독교인들의 전형적인 신앙고백이다. 사복음서들에 따르면, 예수를 그리스도로 고백하는 것은 예수의 공생애 기간 중에는 간접적이며 암시적으로 되어진 것을 알 수 있다. 그래서 예수의 공생애 기간에 그의 제자들 중에서 그런 고백이 공공연히 이루어지고 또 유대교 지도자들이 공식적으로 그런 고백을 이단의 기준으로 삼았다는 것을 생각하기 어렵다.

'출교하다'(ἀποσυνάγωγος γένηται)라는 말은 요한복음에만 세 번 나온다(9:22; 12:42; 16:2). 두 번째 구절인 12:42은 저자가 예수의 공생애를 회상하는 언급인데, 거기서 예수를 믿는 관원들이 가진 출교의 두려움이 바리새인들에 대한 것으로 연결된다. 예수의 고별 강화 중에 나오는 세 번째 구절에서 출교는 미래시제로 언급된다: "사람들이 너희를 출교할 것이다"(ἀποσυναγώγους ποιήσουσιν ὑμᾶς). 학자들은 이 출교 결의가 A.D. 90년경에 이루어진 것으로 추정되는 유대교 기도서에 나오는 18개 항의 축복들 중 12번째에 나오는 이단자들에 대한 저주와 관련되었을 것으로 추정한다. 이러한 상황들은 저자가 출교를 자기 시대의 상황을 반영하고 있음을 나타낸다. 따라서 그 부모가 말한 것은 요한공동체가 유대교 회당과 분리되어 독자적인 공동체로 가는 과정에서 겪었던 갈등과 혼란을 가리킨다.

5. 맹인되었던 사람과 유대인들 2(9:24-34)

그 맹인되었던 사람의 부모에 대한 심문에서 얻은 것이 없게 되자, 그 유대인들은 그 사람을 두 번째 소환했다: **"이에 저희가 맹인되었던 사람을 두번째 불러 이르되 너는 영광을 하나님께 돌리라. 우리는 저 사람이 죄인인 줄 아노라"**(9:24). 요한복음 9:24-34의 장면은 세 가지 면에서 7:45-49에서의 논의와 평행한다: (1) 모세와 율법에 대한 충성심의 쟁점, (2) 율법과 예수 사이의 선택, 그리고 (3) 율법을 무시하는 사람들에 대한 경멸. "너는 영광을 하나님께 돌리라"는 말은 구약에서 경배의 대상으로서 여호와의 유일한 지위를 강조하거나 또한 사람들이 그들의 죄를 하나님 앞에 고백하는 상황에서 사용된 공식 어구이다(수 7:19; 삼상 6:5; 대하 30:8; 렘 13:16). 그 말은 법정에 증인으로 참석한 사람에게 요구하는 엄숙한 맹세에 해당하는 말이며 따라서 그것은 안식일을 범하는 예수를 죄인으로 단정하고 그 사람으로 하여금 그것을 인정하고 증언하게 하려는 것이다. 그들은 더 이상 그의 정체에 관하여는 문제 삼지 않고 단지 그 표적을 행한 사람의 부정적 국면을 강조하는 일에 집중했다. "우리는 저가 죄인인 줄 아노라"는 말에는 유대교 지도자들로서의 권위와 책임이 포함되어 있다.

그러나 그 맹인되었던 사람은 그들의 입장을 받아들이지 않고 자기가 경험한 것만을 언급한다: **"대답하되 그가 죄인인지 내가 알지 못하나 한 가지 아는 것은 내가 맹인으로 있다가 지금 보는 그것이니이다"**(9:25). 그는 안식일법에 근거하여 예수를 죄인으로 몰아가는 그들의 주장을 거부한다. 그는 그들의 입장에서 율법적인 것으로 판단하기보다 자신에게 일어난 사건을 바탕으로 예수의 특별한 인물됨을 유지한다. 그는 그가 맹인으로 있다가 예수를 통하여 눈을 뜨게 된 사실은 율법의 규정을 넘어서는 하나님의 특별한 구원 활동임을 확신했다. 그는 예수에 대한 호의적 견해나 태도가 유대인 공동체에서 그의 지위에 손상을 끼치는 일인 것을 알고 있음에도 불구하고 그 자신에게 이루어진 사건을 기초하여 그들의 강압적 주장과 대립한다. 그런 점에서 그는 그의 부모가 취한 행동과 매우 다른 것을 보여준다. **그는 주변 사회의 강압적 요구에 굴복하지 않고 예수에 대한 진리를 고수하고 있는 요한공동체에 속한 제자들의 입장과 태도를 대변한다**.

그 맹인되었던 사람이 자신에게 일어난 사건을 강조하는 것을 듣고 그 유대인들이 앞에서 바리새인들이 질문했던 것과 동일한 질문(9:15)을 다시 한다: **"저희가 가로되 그 사람이 네게 무엇을 하였느냐? 어떻게 네 눈을 뜨게 하였느냐?"**(9:26). 그 사람이 이미 여러 차례 대답했음에도 불구하고 이 문제에 관하여 다시 질문하는 그들의 의도가 모호하다. 그들은 어떻게 해서든지 이 사건과 관련하여 예수를 죄인으로 단정할 수 있는 단서를 찾으려한 것인가? 혹은 그들은 맹인이 눈을 뜨는 것과 같은 이런 일이 어떻게 일어날 수 있는가를 진정으로 알려고 한 것인가?

그 사람은 그가 이미 했던 대답을 반복하기를 거절한다. 오히려 그는 이번에는 그들에게 역으로 질문하면서 해학적으로 대답한다: **"대답하되 내가 이미 일렀어도 듣지 아니하고 어찌하여 다시 듣고자 하나이까? 당신들도 그 제자가 되려 하나이까?"**(9:27). 그는 그들이 그의 증언을 청취하지 않는 것을 비판한다. 그 비판은 그 유대인들이 예수를 통한 하나님의 증거를 청취하지 않는 것에 대한 예수의 비판과 유사하다(8:43, 47). "당신들도 그의 제자가 되려 하나이까" 하는 말은 그들도 예수의 제자가 되기를 바라는 그 사람의 순진한 태도를 나타내는 표현일 수도 있거나 혹은 그들이 그의 진실하고 일관된 증거를 받아들이지 않는 것을 비판하는 해학적 대답일 수도 있다. 저자는 제자직의 개념을 다시 부각시키며 예수의 제자들에 대한 바리새인들의 적대감을 다시 노출시킨다.

그 사람의 해학적 대답에 대하여 그 유대인들은 분노하며 대답한다: **"저희가 욕하여 가로되 너는 그의 제자나 우리는 모세의 제자라. 하나님이 모세에게는 말씀하신 줄을 우리가 알거니와 이 사람은 어디서 왔는지 알지 못하노라"**(9:28-29). 그 사람의 견해에 대한 그들의 반대는 교차대구적 구조로 제시된다:

A. 너는 그의 제자나
  B. 우리는 모세의 제자라
  B' 하나님이 모세에게는 말씀하신 것을 안다
A' 이 사람이 어디서 왔는지 알지 못한다

이 구조에 따르면, 그들의 주장의 핵심은 그들이 모세의 제자라는 것과 하나님이 모세를 통하여 말씀하셨다는 것이다. 예수의 제자가 된다는 것은 그들에게 있어서는 모멸과 수치이다(19:38). 요한복음에서 예수와 모세는 의도적으로 날카로운 대조를 이룬다(1:17-18). 저자는 그 용어를 안식일 치유 사건에서 이미 계시된 예수와 율법 사이의 충돌적인 국면을 제시하기 위하여 사용한다. 그들은 자신들이 모세의 제자들인 것을 자랑스럽게 제시하는데, "모세의 제자"라는 칭호는 바리새인의 서기관들이 대표적으로 사용한 것이다. 이것은 저자 시대에 유대인들과 기독교인들 사이의 갈등에 대한 또 다른 명백한 언급이다.

하나님이 모세를 통하여 말씀하셨다는 그들의 말은 모세가 그리스도에 관하여 기록했다는 예수의 언급을 상기시킨다(5:46). 그 유대인들에게 있어서 예수는 단지 그 기원을 알 수 없는 모호한 존재로 인식되었다. 예수가 어디서 왔는지 알지 못한다는 그들의 말은 그가 갈릴리에서 왔다고 그들이 이전에 가졌던 확신(7:41, 52)과 비교할 때 매우 해학적이다. 그들의 말은 또 다른 차원에서 역시 해학적이다: 그들의 무지를 인정함을 통하여, 그들은 "그리스도께서 오실 때에는 어디서 오시는지 아는 자가 없으리라"고 초막절 행사에서 예루살렘 사람들이 말한 것을 성취한다. 해학적이게도, 모세의 제자들로서 율법의 옹호자들인 그들이 모세가 그에 관하여 기록한 하나님의 계시자를 알지 못한다.

그 맹인되었던 사람은 그 유대인들의 권위와 위협에 위축되지 않고 더 담대하게 그들을 향하여 자기의 견해를 말한다. 여기서 그의 대답은 이 사건에서 그가 말한 대답 중에서 가장 길게 제시된다(9:30-33). 그는 그의 증거에도 불구하고 맹인의 눈을 뜨게 만든 표적을 행한 예수의 존재를 알지 못하는 그들을 향하여 놀라움을 제기한다: **"그 사람이 대답하여 가로되 이상하다 이 사람이 내 눈을 뜨게 하였으되 당신들이 그가 어디서 왔는지 알지 못하는도다"**(9:30). 이 말은 이스라엘의 지도자들이라면 그런 기적적 사건의 신빙성과 권위를 마땅히 알아야 한다는 냉소적 언급이다. 그 맹인되었던 사람의 냉소적 놀라움(이상하다, θαυμαστόν)은 니고데모를 향한 예수의 냉소적 질책과 유사하다(3:10).

그는 계속하여 이 사건에 대한 자신의 견해를 공동체의 지식(일인칭 복수)의 형태로 말한다: **"하나님이 죄인을 듣지 아니하시고 경건하여 그의 뜻대로 행하는 자는 들으시는 줄을 우리가 아나이다"**(9:31). 그는 바리새인들이 "우리는 저 사람이 죄인인 줄 안다"(9:24)고 말한 것을 택하여 같은 형태로 대답한 것인데, 그런 형태의 사용은 예수와 니고데모 사이의 대화에서도 나타난다(3:2, 11). 이것을 통하여 저자는 유대교 당국자들의 지식과 요한공동체의 지식을 대조시킨다. "하나님이 죄인을 듣지 않으신다"는 것은 구약에서 익숙한 사상이다(사 1:15; 시 66:18; 109:7; 잠 15:29; 욥 27:9; 35:13; cf. 요일 3:21f.).

'경건하다'(θεοσεβὴς)는 용어는 신약에서 여기에만 나오는데, 헬라주의 종교 문헌에서 익숙하게 사용되었다. 헬라주의적 성격의 '경건하다'는 단어와 유대교적 성격의 "그의 뜻대로 행하는 자"가 병행하여 사용된 것은 요한의 신학적이고 언어적 특성을 나타낸다. 그는 "우리가 안다"는 표현을 통하여 그 자신과 바리새인들이 함께 알고 있는 것을 냉소적으로 제시한다. 그는 그들이 공통으로 하나님의 길로 인정할 수 있는 것에 대하여 바리새인들이 고의적으로 거부하려는 것을 비판한다.

그는 나아가 역사적 사실에 입각하여 예수를 하나님의 사람으로 확신하게 만드는 이유를 설명한다: **"창세 이후로 맹인으로 난 자의 눈을 뜨게 하였다 함을 듣지 못하였으니 이 사람이 하나님께로부터 오지 아니하였으면 아무 일도 할 수 없으리이다"**(9:32-33). 맹인의 눈을 뜨게 하는 기적적 치유는 구약 정경에는 나오지 않는다. 구약 외경에서 도비야의 눈이 기적적으로 회복되지만(Tob 11:12-13), 그는 맹인으로 태어난 사람은 아니었다. 그의 말은 바리새인들의 주장대로 만일 예수가 죄인이라면(9:24), 하나님의 권능을 나타내는 어떤 일도 행할 수 없었을 것을 강조한다. 그의 말은 또 창세 이후로 전무후무한 사건인 맹인의 눈을 뜨게 한 예수는 분명히 하나님께로부터 보냄을 받은 존재인 것을 해학적으로 변호한다. 예수를 부인하게 하려는 바리새인들의 압박 속에서 그 맹인되었던 사람은 자기 자신의 경험에 담긴 암시들에 관한 신학적 성찰을 통하여 새로운 이해에 이른다. 그것은 박해 속에서 요한공동체의 경험이 예수 그리스도의 존재에 관한 그 자신의 견해에 이른 것을 반영한다.

그 맹인되었던 사람의 논리적이며 해학적 주장에 대하여 바리새인들은 대응할 적절한 말을 찾지 못하고 그들의 기존 신학에 입각한 정죄와 경멸을 통하여 그들의 분노를 나타낸다: **"저희가 대답하여 가로되 네가 온전히 죄 가운데서 나서 우리를 가르치느냐 하고 이에 쫓아내어 보내니라"**(9:34). "네가 온전히 죄 가운데서 났다"라는 경멸적 표현은 시편 51:5을 회상하게 한다: "내가 죄악 중에 출생하였음이여 모친이 죄 중에 나를 잉태하였나이다." 그러나 그 유대인들은 인간에게 내재한 일반적 죄와 허물 그 이상의 어떤 것 곧 맹인으로 태어난 이 사람의 특정한 상태를 생각하고 있었다. 그들은 예수의 제자들처럼 그 사람의 불행을 그의 부모의 죄로 돌리며 그를 하나님 앞에서 수용할 수 없는 사람으로 간주했다. 그들의 경멸은 율법에 무지하거나 순종하지 않는 사람들을 향한 경멸 그 이상의 것을 나타낸다(cf. 7:49).

"우리를 가르치느냐"는 반문은 율법 연구와 온전한 순종에 대한 그들의 자부심과 권위를 표현한다. "그를 쫓아내어 보내니라"(ἐξέβαλον αὐτὸν ἔξω)라는 표현은 일차적으로 회당으로부터 출교보다는 단순히 회합 자리에서 쫓아내는 것을 의미한다. 그러나 '쫓아내다'(ἐξέβαλον)는 동사가 '밖으로'(ἔξω)라는 부사에 의해 강화된 표현은 의도적으로 이중적 의미로 사용된 것으로 보여진다. 회합의 자리에서 쫓겨나는 것은 또한 유대교 공동체로부터 출교를 가리키는 상징이기도 했다(Schnackenburg, Ⅱ:252).

6. 예수와 맹인되었던 사람(9:35-41)

요한복음 9장의 여섯째 장면은 예수와 그 맹인되었던 사람 사이의 대화로 이루어진다. 지금까지 이야기는 "범죄 수사 이야기"(detective story)처럼 진행되었다. 어떤 명백한 범죄가 저질러졌고 그래서 율법의 수호자들인 바리새인들이 그 범죄자의 죄를 밝혀내기 위하여 증인들을 심문했다.

이제 장면은 예수가 그 쫓겨난 사람을 찾아가 만나는 것으로 진행한다: **"예수께서 저희가 그 사람을 쫓아냈다 하는 말을 들으셨더니 그를 만나사 가라사대 네가 인자를 믿느냐"**(9:35). 이 사건과 관련하여, 저자가 예수의 이름을 마지막으로 언급한 이래(9:14), 예수가 여기서 다시 등장한다. 예수는 그가 쫓겨났다는 소식을 듣고 그를 찾아가 만났다. 이것은 바리새인들이 그를 쫓아낸 것과 대조되며 또 "내게 오는 자는 내가 결코 **내어쫓지 아니하리라**"(οὐ μὴ ἐκβάλω ἔξω)는 예수의 말씀을 예증한다(6:37). 예수는 자기 우리에 속한 각 사람의 이름을 불러 인도하는 목자같이 그 사람을 찾아가서 완전한 믿음에 이르도록 돕는다. 예수는 그에게 "네가 인자를 믿느냐"고 질문한다. 요한복음 9장에서 14번의 질문들이 제기되었는데, 이것이 가장 중요한 질문이다. 이 질문에서 강조적 대명사 '너'(σύ)가 사용된 것은 다른 사람들이 믿지 않지만, 이 사람은 당국자들의 위협을 두려워하지 않는 자세를 변증적으로 강조한다.

요한복음에서 인자가 믿음의 대상으로 언급된 예는 여기에만 나오는데, 인자는 선재와 화육과 올리우심으로 표현된 예수 그리스도의 존재를 나타내기 위하여 사용된 칭호이다(1:51; 3:14; 12:23; 13:31). 이 어구가 "하나님의 아들" 칭호를 사용한 사본들이 있지만, 그것들은 보다 더 후기의 사본들이며 기독교인들의 정형화된 신앙고백을 나타내기 위한 것으로 보인다. 예수 그리스도에 대한 신앙을 인자에 대한 신앙으로 표현한 것은 요한공동체에서 특별히 익숙하게 사용되었다. 특별히 여기서 예수가 인자를 사용한 이유는 마지막 장면(9:39-41)에서 심판의 주제가 제시되는 것과 관련된다(Brown, I:375). 요한복음에서 인자는 심판의 무대와 자주 연결된다(12:31-32; cf. 눅 18:8).

예수의 질문에 대하여 그 사람은 믿으려는 소원이 있다고 대답한다: **"대답하여 가로되 주여 그가 누구시오니이까? 내가 믿고자 하나이다"**(9:36). "그가 누구입니까"라는 그의 질문은 두 가지로 해석될 수 있다(Barrett, 364): (1) 나는 인자가 무엇을 의지하는지 알지 못합니다; 이 사람이 누구입니까?; 그의 역할은 무엇입니까? (2) 나는 인자가 무엇을 의미하는지 알고 있습니다; 그러나 사람들 중에 누가 그 인자입니까?; 그 인자를 어떻게 알 수 있습니까? 예수의 대답은 두 번째 의미가 더 적합함을 나타낸다. 그 사람이 예수를 선지자(9:17), 유일한 권능의 소유자(9:32), 그리고 하나님께로부터 오신 분(9:33)으로 이미 알고 있는 상황에서 이 질문은 이상하게 보인다. '주여'(κύριε)라는 칭호는 그 사건의 역사적 대화의 맥락에서는 단순히 존칭어의 의미를 사용되었지만(4:11, 15), 신앙고백적 맥락에서는 초기 기독교인들의 부활신앙에 입각한 의미를 나타낸다. 요한이 이러한 구별을 의도했는지는 불분명하다. 그 사람은 예수의 말씀을 영접할 준비가 되어 있었다.

예수는 사마리아 여인에게 자기를 나타내었던 것과 같은 방식으로 자기를 나타낸다: **"예수께서 가라사대 네가 그를 보았거니와 지금 너와 말하는 자가 그이니라"**(9:37). '보았다'(ἑώρακας)라는 동사의 완료시제는 "보았고 또 그래서 계속하여 보고 있다"라는 현재성을 나타낸다(14:7, 9; 20:29). 인자를 현재 보고 있다는 예수의 언급은 인자의 강림을 미래에 보게 된다는 공관복음서 전승들과 대조된다(ὄψεσθε, 막 14:62; 마 26:64). 마가복음에서 인자는 미래적 종말론에 속한 존재로 나타나게 될 것인데 반하여, 요한은 지금 여기서 믿음으로 인자를 볼 수 있다는 현재적 종말론을 강조한다. 예수의 대답은 극적인 해학을 이룬다. 그는 전에는 아무도 보지 못했는데, 이제는 바로 인자를 보고 있는 것이다. 예수는 "내가 인자이다"라고 직접적으로 말하지는 않았지만, '그이니라'(ἐκεῖνός ἐστιν)는 지시대명사를 사용하여 예수의 존재가 인자인 것을 나타내고 그를 향하여 믿음에의 초청을 강화한다. 사마리아 여인과의 대화에서는 "내가 (그)이다"(ἐγώ εἰμί)라는 어구가 사용되었다(4:26).

그 사람의 믿음의 반응은 단순하게 또 즉각적으로 나타났다: **"가로되 주여 내가 믿나이다 하고 절하는지라"**(9:38). "내가 믿나이다"라는 말은 전형적인 기독교인의 신앙고백적 언급이다. 요한복음에서 다른 신앙고백들과 달리, 여기서는 "당신은 + 기독론적 칭호 + 입니다"라는 공식어구가 없고 단순히 인자에 관한 예수 자신의 증거를 수용한다. 그의 신앙의 깊이와 정도는 '절하는지라'(προσεκύνησεν)라는 행동을 통하여 표현된다. 요한복음에서 이 단어는 하나님을 예배하는 것에만 사용되었다(4:20-24; 12:20). 유대인들에게 있어서 그러한 경외의 행동은 성전과 율법에 대해서만 표현되었다.

요한복음에서 익숙하게 제시된 대체 신학의 견지에서 그의 행동은 예수 자신이 참된 성전(2:21)이며 하나님을 향한 참된 예배가 성립되는 자리(4:21)인 것을 보여준다. 그의 행동은 하나님에 대한 유대교적 신앙(9:31-33)에서 기독교적 신앙으로의 변화를 나타낸다. 수가성 우물가의 여인처럼 그는 단계적으로 예수를 고백한다: (1) 예수라 하는 그 사람이 내게 말했습니다(9:11); (2) 그는 선지자입니다(9:17); (3) 이 사람이 하나님께로부터 오지 아니하였으면 아무 일도 할 수 없었을 것이다(9:33); (4) 주여 내가 믿나이다.

7. 예수와 바리새인들(9:39-41)

이 사건의 마지막 장면은 예수와 그의 제자들 사이의 대화를 다루는 첫째 장면과 해학적 대칭을 이룬다. 첫째 장면이 빛으로서 세상에서 예수의 현존에 관한 선언으로 마치는 것과 같이(9:5), 마지막 장면은 예수의 심판의 권세에 관한 선언으로 시작한다: **"예수께서 가라사대 내가 심판하러 이 세상에 왔으니 보지 못하는 자들은 보게 하고 보는 자들은 맹인 되게 하려 함이라 하시니"**(9:39). 예수의 사역의 목적이 자주 "내가 … 위하여 왔다"라는 어구와 그것과 유사한 형태로 표현되었다(10:10; 12:46f.; 18:37). 이것에는 그리스도의 선재와 하나님의 영원한 목적 속에서 그의 사명의 핵심적 역할이 전제되어 있다. "심판하기 위하여 왔다"라는 목적은 그가 가진 심판의 권세에서 이미 표현되었다(5:22-23, 27, 30). 이러한 심판의 목적은 하나님의 구원의 목적과 모순되지 않는다(3:17; 8:15; 12:42). 하나님의 구원의 목적에도 불구하고 혹자가 하나님이 보내신 자를 거부한다면, 그들의 불신이 그들 자신의 악함에 대한 심판이 된다(3:18; 12:48). 빛과 어두움의 표상(3:19-21)이 이 말씀 배후에 있으며 이것을 설명한다.

맹인이 눈을 뜨는 것은 신체적 맹인을 넘어서서 예수의 사역 전체의 의미와 관계된다. 예수를 영접하는 것은 세상의 빛을 영접하는 것이며 그를 거부하는 것은 빛을 거부하는 것 곧 자신의 눈을 감는 것이며 맹인이 되는 것이다. 이것은 예수를 거부하게 된 결과를 하나님의 심판 활동의 결과로 제시하는 복음서의 다른 전승들과 연관된다(막 4:11; cf. 사 6:10; 요 12;40). 맹인으로 태어났던 사람은 육안이 열릴 뿐 아니라 예수를 믿음을 통하여 하나님을 새롭게 만나는 영적인 눈을 뜨게 되었다. 그러나 예수를 거부하는 사람들은 육신의 눈은 뜨고 있지만 사실은 독생자를 통해 활동하시는 하나님의 세계에 대하여는 맹인이 된 것이다. 눈을 뜨는 것은 독생자를 믿음을 통하여 하나님의 빛의 통치권 안으로 들어가는 것이며 맹인이 되는 것은 빛에서 떨어져 어두움의 권세 아래로 들어가는 것이다. 눈을 뜨는 것과 맹인이 되는 것의 구별은 예수에 대한 신앙의 태도에 의해 결정된다. 세상의 빛으로서 예수의 구원하는 활동은 그를 거부하는 사람들에게는 심판의 저울이 된다.

심판에 관한 예수의 선언에 대하여 바리새인들이 냉소적으로 반발한다: **"바리새인 중에 예수와 함께 있던 자들이 이 말씀을 듣고 가로되 우리도 맹인인가"**(9:40). 예수와 맹인되었던 사람의 대화에 바리새인들의 갑작스런 등장은 의아하게 여겨진다. 그들이 어떤 사람들인가는 분명하게 구분되지 않는다. 이 사건의 전체 맥락에서 바리새인들은 예수를 안식일법 위반자로 고소하려는 의도 속에서 그 맹인되었던 사람을 심문했으며 결국 그를 내어쫓은 사람들이다. 그런데 본문에서 그들이 "예수와 함께 있던 자들"로 묘사된 것은 바리새인들 중에 예수와 친분이 있거나 예수에 대하여 호의적으로 생각하고 있는 사람들을 가리킬 수 있다.

그래서 이 구절을 바리새인들 중에 예수와 친분이 있는 사람들이 우연히 예수의 말을 듣고 반문한 것으로 이해하는 학자도 있다(Schnackenburg, Ⅱ:185; cf. Howard-Brook, *Becoming*, 230). 맹인됨의 비유적 사용이 이미 구약과 유대교에 익숙한 표현이었기 때문에, 예수가 눈을 뜨는 것과 맹인이 되는 것의 비유적 의미를 잘 알고 있었을 것이다. 그들의 말은 그들이 맹인이 아니라는 것을 내세우려는 의도를 갖고 있다. 처음에 예수의 제자들이 자기들을 그 맹인되었던 사람과 구별지으려 했던 것과 같이 이 바리새인들은 자신들을 모든 인간에게 공통된 맹인의 상태에서 벗어난 우월적 입장을 보여준다.

예수는 이 반문에 대하여 직접적으로 답변하지 않고 우회적으로 그들의 죄를 지적한다: **"예수께서 가라사대 너희가 맹인되었더면 죄가 없으려니와 본다고 하니 너희 죄가 그저 있느니라"**(9:41). 자기가 맹인인 것을 인식하고 인정하는 사람들은 예수가 지시하는 길을 순종하려 할 것이며 (9:6f.), 그래서 눈을 뜨게 될 것이다. 그러나 율법을 의지하여 자신들은 보고(알고) 있는 사람들이라고 생각하는 사람들은 예수 그리스도를 통하여 임하는 은혜와 진리의 빛으로 나오려 하지 않고 결국 어두움에 머물러 있게 될 것이다. 여기서 예수는 두 종류의 영적 맹인의 상태를 지적한다. **하나는 예수 그리스도의 복음을 듣지 못한 단순한 영적 어두움의 상태와 다른 하나는 빛을 영접하기를 거절함에서 보여지는 의지적 영적 왜곡 혹은 의도적 완악함이다**. 그래서 예수의 언급은 전자를 향해서는 믿음에의 초청을 나타내지만, 그들이 듣고 본 것을 영접하기를 거부하는 후자를 향해서는 의지적 불신에 대한 강력한 경고를 나타낸다. 그 바리새인들은 예수를 거절한 것에 대하여 분명히 책임을 질만한 영적 인식과 통찰을 갖고 있었다.

"그저 있다"로 번역된 단어(μένει)는 요한복음에서 특징적인 단어들 중 하나인데, 일반적으로 예수 그리스도와의 연합의 관계를 나타내는 좋은 의미로 사용되었다. 여기서는 충분한 지식과 통찰을 갖고 있음에도 불구하고 예수 그리스도를 영접하기를 거부하는 사람들의 치유 받을 수 없는 맹인됨을 나타낸다. 요한복음에서 죄는 빛으로 나오지 않으려는 완고한 태도 혹은 빛보다 어두움을 더 사랑하는 마음과 연결된다. **죄는 맹인으로 태어나는데 있는 것이 아니라, 빛과 대면했을 때 빛을 보기를 거절하고 어둠 가운데 머물러 있기를 원하는 것이다**. 그 맹인되었던 사람은 모든 사람을 위한 표본이다. 모든 사람들은 맹인으로 태어나고 또 모든 사람은 하나님의 독생자를 믿음으로서 빛으로 나아오도록 초청을 받는다. 죄는 불신의 상태로 태어나는데 있는 것이 아니라, 하나님이 보내신 자의 활동을 보면서도 믿지 않는 완악한 마음에 있다.

F 선한 목자 예수 그리스도(10:1–42)

요한복음 10장은 9장의 끝에서 시간의 경과, 장소의 변경, 혹은 새 인물들의 소개와 같은 어떤 끊어짐이 없이 바로 연결된다. 이 부분을 새로운 장면으로 읽을 어떤 구체적인 증거를 찾기가 어렵다. 전체적인 내용은 9장에 기초한 설명으로서 예수의 말씀에 초점을 둔 비유들(10:1-19)과 간단한 해설(10:19-21) 그리고 수전절에 예수가 성전에서 그 유대인들과 벌인 논쟁(10:22-39)과 간단한 해설(10:40-42)로 구성된다. 요한복음 10장의 구조를 다음과 같이 분석할 수 있다:

A. 10:1–19 비유적 교훈들
  B. 10:19–21 간단한 해설
A' 10:22–39 수전절 강화
  B' 10:40–42 간단한 해설

첫째 부분은 9장의 마지막에서 예수와 함께 있던 바리새인들에 대한 예수의 답변의 연속으로 보인다. 초막절에 대한 저자의 언급 이후(7:2), 구체적인 시간에 대한 언급이 둘째 부분의 시작에 언급된다: “예루살렘에 수전절이 이르니 때는 겨울이라”(10:22). 이 언급이 앞 절들을 포함하는 것인지 혹은 그 후의 것만을 포함하는 것인지 분명하지 않다. 아무튼 이야기의 진행에서 수전절이 언급될 때까지 장소와 시간의 변경이 없는 것은 분명하다. 그러나 예수의 말씀이 맹인됨과 눈을 뜨는 것에서 목자와 양의 비유로 갑자기 변경되고 예루살렘과 수전절이 언급된 것은 새로운 단락의 시작을 가리킬 수도 있다.

목자에 관한 예수의 교훈은 수전절과 적절하게 연결된다. 마카비 가문을 중심으로 이룩한 군사적 승리와 예루살렘의 회복을 축하하는 명절에 예수는, 마카비가문의 일부 사람들이 그러했던 것처럼, 양들을 위하여 자신의 목숨을 버리는 참된 지도자에 관한 교훈을 전달한다. 많은 영웅적 지도자들 대신 예수는 하나님의 백성을 위한 유일한 참된 지도자를 말한다. 예수가 그의 죽음을 말할 때, 그는 순교자의 자기-희생뿐 아니라 인자의 올리우심과 이전에 그가 가진 영광으로의 복귀에 해당하는 죽음을 말한 것이다. 이러한 주장들은 그 본래의 무대에서 사회적이고 정치적인 함축을 지닌다. 그것들은 예루살렘에 있는 기존의 지도자들을 강도들, 도적들, 그리고 삯꾼들로서 부적합한 지도자들로 규정한다. 예수의 교훈의 이러한 사회-정치적 성격은 이스라엘의 거짓 목자들 뿐 아니라 이스라엘의 참된 목자로서 하나님 그리고 하나님의 양떼를 먹이고 인도하기 위하여 임명된 다윗에 관하여 말하는 에스겔 34장을 배경으로 읽을 때 더 명백하다.

요한복음 10장의 전반부에 나오는 예수의 교훈의 양식에 관하여 상당한 논란이 진행되어왔다. 비유를 의미하는 히브리어 '마샬'(מָשָׁל)은 광범위한 비유적 언급들을 가리키고 또 여기서 사용된 헬라어(παροιμία)는 공관복음서들에서 사용된 단어(παραβολή)와 거의 동의어로 사용되는 단어이다. 요한복음 16:25, 29에 따르면, 예수는 그의 공생애 내내 비유로 말한 것으로 제시되지만, 조금 후(부활 이후)에는 그의 제자들에게 공개적으로 말할 것이다. 예수는 완고한 사람들에게는 진리를 감추고 열려있는 사람들에게는 그것을 나타내는 담론의 형태인 비유, 수수께끼, 경구와 같은 비유적 화법을 사용하여 다양한 형태의 지혜적 담론을 전달했다.

요한복음 10장에서 두 가지 비유적 표상이 결합되어 있는데, 하나는 목자로서의 예수와 관계되고 다른 하나는 양들을 위한 입구 혹은 문으로서의 예수와 관계된다. 예수는 양떼에게로 이르는 합당한 입구로 들어가는 목자로 묘사되고 또 다음에는 양떼가 그것을 통과하여 초장에 이르는 적절한 문으로 묘사된다. 이 교훈은 누가 하나님의 백성을 위한 참된 지도자와 참된 길인가에 대하여 경쟁적 주장들이 제기되는 상황에 적합하다. 그런 경쟁적 주장들은 예수의 공생애 동안에는 물론 요한공동체의 시기에도 제기되었다. 그러나 "양 우리에 들지 아니한 다른 양들"에 관한 언급은 요한공동체의 선교 상황을 반영한다.

비유적 교훈의 형태는 공관복음서 전승(막 4:10-12)에서 유래한다. 본문의 교훈도 십자가와 부활의 빛에서 명백하게 밝혀지는 점에서 비유적 강화이다. 비유에서는 그것을 이해하고 회개하는 내부인들과 그렇지 않은 외부인들이 구별되는데, 예수의 제자들은 비유의 교훈을 이해하는 사람들로 제시된다. 본문에서 제시되는 목자의 표상도 공관복음서에 나타난다: 목자 없는 양 같은 무리들(막 6:35); 잃은 양의 비유 (눅 15:3-7); 양의 우리에 들어오는 이리(마 7:15); 최후의 심판에서 인정받은 무리로서의 양(마 25:22-34).

에스겔 34장에 나오는 참된 목자의 약속이 본문의 교훈의 배경을 이룬다. 에스겔 34장은 이스라엘 백성의 지도자들이 양들을 이용해서 자기들의 유익을 취하는 상황에서(34:1-10) 하나님이 친히 자기 백성의 목자가 되신다는 약속으로 나아간다(34:11-16). 에스겔은 참된 목자에 관한 결론을 다음과 같이 내린다: "그들이 나 여호와 그들의 하나님이 그들과 함께 있는 줄을 알고 그들 곧 이스라엘 족속이 내 백성인줄 알리라. 내 양 곧 내 초장의 양 너희는 사람이요 나는 너희 하나님이라"(겔 34:30-31).

이 비유들의 해석에서 주요한 요소는 맥락을 결정하는 일이다. 세 가지 맥락의 가능성이 있다: (1) 예수의 공생애의 맥락에서 역사적으로 볼 것인가?; (2) 요한공동체의 맥락에서 교회론적으로 볼 것인가?; (3) 예수 그리스도를 로고스로 해석하는 저자의 맥락에서 우주론적으로 볼 것인가? 먼저 역사적으로 본다면, 이것들은 역사적 예수의 말씀들로서 예수를 목자로, 유대인들을 양들로, 그 자신의 것을 신자들로, 그리고 유대교 지도자들을 도적들과 강도들로 묘사한다. 다음에 요한복음이 저술되던 시기에 요한공동체의 맥락에서 본다면, 목자는 예수 혹은 요한공동체의 지도자들로, 양들과 그 자신의 것은 요한공동체의 신자들로, 그리고 도적들과 강도들은 유대교 회당의 지도자들을 묘사한다. 그리고 우주론적 맥락에서 본다면, 목자는 로고스로, 양들은 인류로, 그 자신의 것은 신자들로, 양우리는 세상으로, 도적과 강도는 사탄으로, 그리고 문지기는 침례 요한으로 묘사한다. 따라서 이 비유들은 다양하고 풍부한 영상들을 포함한 비유적 담론의 교훈이기 때문에, 맥락에 따라서 적절하게 해석하는 것이 필요하다.

1. 양우리의 비유(10:1-6)

예수는 이중의 아멘 말씀을 사용하여 두 개의 새로운 표상들을 소개한다: **"내가 진실로 진실로 너희에게 이르노니 양의 우리에 문으로 들어가지 아니하고 다른데로 넘어가는 자는 절도며 강도요 문으로 들어가는 이가 양의 목자라"**(10:1-2). '아멘'(ἀμήν, 진실로)을 이중으로 사용하는 양식은 뒤이어 나오는 내용의 진실성을 강조하는 표현 방식이다. 여기서 양의 우리에 들어가는 방식 곧 정식으로 문을 통과하여 들어가는 참된 목자와 다른 데로 넘어가는 도적들과 강도들이 대조된다. 예수는 "도적들과 강도들"(κλέπτης καὶ λῃστής)이라는 말을 통하여 어떤 특정인들보다는 어떤 계층의 사람들을 가리키는 것으로 보인다. 그들은 이스라엘의 지도자들을 향한 예언자들의 비판에서 나오는 사람들을 배경으로 제시된다(렘 23:1-4; 겔 34:2-15).

'도적들'은 지도자들이 행하는 경제적 수탈을 가리킨다. '강도들'(λῃστής)은 경제적 면에서 '탈취자들'(막 11:17)의 의미를 지니지만, 공관복음서들과 요세푸스의 작품들에서 무장 선동에 참가했던 바라바(눅 23:19)와 같은 비정규 전사들과 혁명 투사들을 가리키기도 한다. 그래서 그들을 메시아적 혁명가들로 생각하는 학자들도 있다. 도적과 강도의 결합은 오바댜 5에 나오는데, 경제-정치적 수탈과 억압을 함축한다. 이것이 양들이 타인의 음성을 따르지 않고 도리어 도망하는 이유이다(10:6). 강화의 이 단계에서 문과 목자는 명백하게 구별되지만, 나중에 예수는 문과 동일시된다(10:7).

예수는 계속하여 양과 참 목자의 관계를 설명한다: **"문지기는 그를 위하여 문을 열고 양은 그의 음성을 듣나니 그가 자기 양의 이름을 각각 불러 인도하여 내느니라. 자기 양을 다 내어놓은 후에 앞서 가면 양들이 그의 음성을 아는고로 따라 오되"**(10:3-4). 이 비유에서 문지기의 역할은 목자를 위하여 문을 여는 것 외에 더 이상 언급되지 않는다. 우화적 측면에서 문지기의 의미를 생각할 수 있지만－예를 들어, 요한복음 전체에서 예수의 활동에 하나님이 깊이 관계한 것으로 미루어 예수를 위하여 문을 여는 하나님을 가리킨다는 견해 혹은 예수보다 앞서서 메시야의 선구자로 활동한 침례 요한을 가리킨다는 견해－예수의 두 비유들에서 중심적 인물은 목자이며 또 중심적 내용은 목자와 양 사이의 개인적이며 친밀한 연합의 관계에 초점이 있다.

양과 목자 사이의 이 친밀한 관계가 교차대구적 구조로 제시된다:

A. 양은 **그의 음성을 듣나니**
  B. 그가 자기 양의 이름을 각각 불러 인도하여 낸다
  B' (그가) 자기 양을 다 내어놓은 후에 앞서 가면
A' 양들이 **그의 음성을 아는고로** (그를) 따라오되

양은 목자의 음성을 듣고(A) 또 그의 음성을 알고 따라온다(A')고 묘사된다. 이 비유는 여러 양떼의 다른 주인들이 그들의 양들을 한 우리에 넣고 문지기에게 맡기며 다음 날에 그 우리에서 자기의 양들을 불러내는 양 사육의 관습을 배경으로 제시된다. 양들은 자기 목자의 음성을 듣고 그것

이 자기 목자의 음성인지 혹은 타인의 음성인지를 분간한다. 그래서 양들은 자기 목자의 음성을 알고 따라오지만, 타인의 음성은 알지 못하기 때문에 따르지 않고 도리어 도망한다.

목자는 자기 양들의 이름을 각각 부른다. 양의 이름을 각각 부른다는 것도 양들에게 각각 이름을 지어주어－예를 들면, 긴 귀, 얼룩 머리 등－자기 양들에 대한 목자의 애정과 친밀감을 표현하던 당시의 관습을 반영한다. 목자가 자기 양들을 불러 다 내어놓은 후에 그는 그 양들을 앞서 가며 초장으로 인도한다. 양들은 자기 목자의 음성을 알고 그를 신뢰하기 때문에 그들 따라간다. 목자가 자기 양의 이름을 부르는 것은 요한복음 전체에 반영되어 있다(1:42; 5:25, 28-29; 11:43; 20:16). **목자와 양 사이의 친밀한 관계가 목자가 양들의 이름을 각각 불러 인도하여 낸다는 것과 양들이 자기 목자의 음성을 듣고 알며 따라간다는 것을 통하여 표현된다**.

이름을 부르고 또 부르는 이의 음성을 안다는 것은 서로 간의 직접적이며 친밀한 연합의 관계를 나타낸다. 이것을 통하여 목자와 그의 양들이 서로를 아는 신뢰와 연합의 관계가 강조된다. 목자와 양의 이러한 관계는 예수와 그의 제자들 사이의 관계로 표현되고(10:14, 27), 그래서 "그의 음성"이 "내 음성"으로 변경된다(10:16, 27). "그의 음성을 알고 그를 따라가는" 것은 신자들이 예수 그리스도와의 관계에서 갖는 신뢰와 순종의 관계를 표현한다. '알다'와 "알지 못한다"는 단어들은 예수 그리스도와의 친밀한 관계 형성에 있어서 중요한 역할을 한다(7:27f.; 8:14, 19; 9:24f., 29ff.). 맹인되었던 사람에 관한 이야기는 예수의 음성을 듣고 믿음으로 그를 따르는 사람들의 대표적인 예를 보여준다.

예수의 비유적 교훈은 두 번째 부정적 영상으로 끝을 맺는다: **"타인의 음성은 알지 못하는고로 타인을 따르지 아니하고 도리어 도망하느니라"** (10:5). '타인'(ἀλλοτρίῳ)이란 단어는 신약에서 드물게 나오는데, 요한복음에서는 여기에만 나온다. 그것은 어떤 낯선 것, 다른 데 속한 것, 혹은 심지어 적대적인 어떤 것을 가리킨다. 양들이 타인의 음성을 알지 못할 뿐 아니라 그로부터 도망하는 것을 보면, 여기서 그것은 확실하게 적대적인 의미로 사용된다. 타인의 수가 단수에서 복수로 변경된 것은 앞에서 언급된 "도적들과 강도들"(10:1)을 연상하게 하고 그래서 양들의 목자와 반대되는 인물들을 가리킨다. 그러나 타인은 더 이상 언급되지 않고 대신에 양들을 버리고 도망가는 삯꾼들이 참된 목자와 대조된다(10:12). 두 번째 비유와 연결시켜 생각하면, 이 말씀도 예수와 그의 참된 제자들 사이의 신뢰와 순종의 관계를 나타낸다. 예수의 참된 제자들은 목자를 가장하는 자들에 의하여 속지 않는다. 예수는 하나님께서 그에게 주신 모든 사람들의 이름을 부르며(6:37, 39; 17:6, 9, 24; 18:9) 또 그들은 그에게 속한 사람들이기 때문에, 그의 음성을 듣고 그를 따라간다(3:19-21).

저자는 예수의 비유적 교훈에 대한 청중의 반응을 묘사한다: **"예수께서 이 비유로 저희에게 말씀하셨으나 저희는 그 하신 말씀이 무엇인지 알지 못하니라"**(10:6). 비유로 번역된 단어(παροιμία)는 숨겨진 혹은 비밀스런 담론을 의미한다. 이 단어는 공관복음서들에는 나오지 않으며 또 거기서 사용된 단어(παραβολή)는 요한복음에는 나오지 않는다. 성서의 용례에 따르면, 그것은 히브리어 '마샬'(משל)의 번역어로서 두 단어 사이의 차이는 거의 나타나지 않는다. 이 단어는 고별 강화에서 다시 사용되는데(16:25, 29), 거기서 예수는 그의 제자들에게 그 때까지는 비유로 말했지만 때가 이르면(부활현현 이후) 다시는 비유로 가르치지 않고 아버지에 관하여 밝히 알리겠다고 말한다. 거기서 비유로(ἐν παροιμίαις) 말하는 것이 밝히(ἐν παρρησία) 말하는 것과 대조된다. 비유는 일종의 숨겨진 혹은 상징적인 발언을 의미하기 때문에, 외인들 혹은 불신자들에게는 그것이 여전히 비밀스런 것으로 남아 있다(cf. 막 4:11; 7:17). 예수의 말씀이 무엇인지 알지 못하는 '저희들'은 앞 사건에서 예수의 말씀을 듣고 "우리도 맹인인가 "하며 반문하던 유대인들과 연결된다. 그들이 예수의 말씀을 듣고도 알지 못하는 것은 그들이 예수의 양들이 아니므로 믿지 않기 때문이다(10:26).

2. 선한 목자이신 예수(10:7-18)

교훈의 의미를 알지 못하는 사람들에게 예수는 두 번째 비유이기도 하고 또 이전 비유의 해설이기도 한 교훈을 전달한다. 여기서 예수는 "나는 (그)이다"(ἐγώ εἰμι) 어구를 사용하여 참된 목자의 모습을 전달한다(10:7, 9, 11, 14). 요한복음에서 즐겨 사용된 이 어구는 공관복음서에서 즐겨 사용된 "하나님의 나라(천국)는 이와 같다"라는 어구에 상응한다. 요한은 예수 그리스도 자신에게서 공관복음서 저자들이 예수의 교훈의 중심인 하나님의 나라에서 발견한 것을 발견한다.

이 단락은 세 개의 소단락으로 구분된다. (1) 문의 비유를 통하여 생명을 주시는 예수의 역할이 제시된다(10:7-10). (2) 선한 목자와 삯꾼 목자가 구별된다(10:11-13). (3) 선한 목자로서 예수의 역할에 관한 설명이 추가된다(10:14-18). 먼저 문의 비유를 통한 예수의 역할을 설명하는 소단락은 다음과 같은 교차대구적 구조로 분석할 수 있다:

A. 나는 양의 문이다(10:7)
  B. 도적들과 강도들(10:8)
    C. 나는 문이다 … 꼴을 얻는다(10:9)
  B' 도적들과 강도들(10:10a)
A' 나는 생명을 주기 위하여 왔다(10:10b)

예수는 문 혹은 입구를 의미하는 단어를 사용하여 다음 교훈을 시작한다: **"그러므로 예수께서 다시 이르시되 내가 진실로 진실로 너희에게 말하노니 나는 양의 문이라"**(10:7). 예수는 비유어 '문'을 사용함으로써 이제 다시 시작하는 교훈을 앞의 교훈과 연결시킨다. "나는 양의 문이다"라는 자기-선언과 관련하여 몇 가지 문제들이 제기되었다: (1) 문(θύρα)이라는 단어가 원문에 사용되었는가; (2) 문이 사용된 구절이 후대의 삽입인가; (3) 속격인 '양들의'(τῶν προβάτων)를 어떻게 이해할 것인가. 이 부분에서 '문'을 사용한 두 개의 자기-선언이 제시된다(10:7, 9). 첫째 선언은 다음 절에 나오는 도적들과 강도들을 목자와 대비시키고(10:8) 또 둘째 선언은 구원을 베푸는 자를 소개한다(10:9). 셋째 문장은 두 내용을 결합한다(10:10). **따라서 문은 그리로 들어가는 자의 합법성의 상징 곧 목자의 권리를 나타낸다**.

예수는 문이며 동시에 그 문으로 들어가는 합법적인 목자이다. 그가 양들의 목자인 것은 목자는 문으로 들어가는 사람이기 때문이다(10:2). 반대로 도적들과 강도들은 목자들이 아니기 때문에 문으로 들어가지 않고 다른 데로 넘어간다(10:1). 양의 우리에 들어가는 오직 하나의 문(입구)이 있는데, 그 문(입구)은 예수가 주관한다. **아버지께 이르는 오직 한 길 곧 구원의 유일한 수여자(14:4-6)인 점에서 예수는 문이다. 구원에 이르는 오직 하나의 그리고 절대적인 길로서 예수는 양의 문이다**. 또 참된 구원의 길이 아닌 다른 구원으로 인도하는 지도자들을 드러내는 계시자로서 예수는 양의 문이다. 구원자의 상징으로서 문의 사용은 시편 118:20의 메시아적 해석과 관계된다: "이는 여호와의 문이라 의인이 그리로 들어가리로다."

예수는 목자의 합법성을 나타내는 문과 관련하여 다시 도적들과 강도들을 묘사한다: **"나보다 먼저 온 자는 다 절도요 강도니 양들이 듣지 아니하였느니라"**(10:8). 도적들과 강도들은 문으로 들어가지 않고 다른 데로 넘어간다는 것에 추가하여 그들은 예수보다 먼저 온 사람들로 묘사된다. 그들이 누구인가에 관하여 많은 견해들이 제시되었다. "나보다 먼저"(πρὸ ἐμοῦ)를 시간적으로 이해하여 이스라엘 역사에서 예수보다 앞선 지도층 전체 곧 아브라함, 모세, 왕들, 예언자들, 그리고 침례 요한을 가리킨다고 보기는 어렵다. "양들이 그들을 듣지 않았다"는 구절이 도적들과 강도들의 정체를 파악하는 단서를 제공한다. 그것은 양들이 듣는 교훈을 전파하는가 혹은 듣지 않는 교훈을 전파하는가 하는 교훈의 국면을 가리킨다.

따라서 교리적 국면에서는 하나님의 길의 전파자들로서 예수 이전의 모든 거짓 예언자들과 거짓 목자들을 포함하고(겔 34장; 슥 11:4-9) 또 예수 이후에 나올 미래의 거짓 그리스도들과 거짓 예언자들을 포함한다(막 13:22). 그들은 예수의 공생애 맥락에서는 예수가 현재 대립하고 있는 동시대 유대교 지도자들을 가리키며 또 요한의 맥락에서는 요한공동체와 경쟁하며 예수 그리스도의 진리를 배척하고 있는 지역 유대교의 회당 지도자들을 가리킨다.

예수는 문을 사용하는 두 번째 자기-선언을 통하여 양들에게 생명을 주는 자기의 역할을 설명한다: **"내가 문이니 누구든지 나로 말미암아 들어가면 구원을 얻고 또는 들어가며 나오며 꼴을 얻으리라"**(10:9). "내가 문이다"의 자기-선언은 앞 절의 첫 번째 자기-선언과 약간의 의미의 차이가 있다. 앞 절(10:7)에서 제시된 "양의 문"은 "양에게 이르는 문" 곧 목자가 그리로 통과하여 양에게로 가는 문이다. 여기서 문은 그것을 통하여 양이 우리로 들어가고 나가는 문이다. 물론 "양의 문"이 두 가지 의미를 다 포함할 수도 있다. 이러한 이중적 의미는 요한복음에서 자주 사용되는 표현 방식이다. 예를 들어, 예수는 생명의 물이면서 동시에 생명의 물의 제공자로 제시된다. 예수는 또 생명의 떡이면서 동시에 생명의 떡의 공급자로 나타난다. 예수는 양의 문이면서 동시에 양들이 그를 통하여 구원에 이르는 구원의 문이다.

꼴의 영상은 사복음서들 중에 여기서 독특하게 제시된다. 꼴의 영상은 선한 목자들의 활동에 의해 이루어질 이스라엘의 회복을 말하는 예언자들에게는 일반적이다. 미가는 예수의 언급의 배경이 되는 꼴(풀밭)을 이렇게 말한다: "야곱아 내가 정녕히 너희 무리를 다 모으며 내가 정녕히 이스라엘의 남은 자를 모으고 그들을 한 처소에 두기를 보스라 양떼 같게 하며 **초장의 양떼 같게 하리니** 그들의 인수가 많으므로 소리가 크게 들릴 것이며 길을 여는 자가 그들의 앞서 올라가고 그들은 달려서 성문에 이르러서는 그리로 좇아 나갈 것이며 그들의 왕이 앞서 행하며 **여호와께서 선두로 행하시리라"**(미 2:12-13).

풍성한 꼴은 하나님의 돌보심의 상징(시 23:2), 이방인들로부터 이스라엘의 구원(겔 34:12-15), 그리고 종말론적 축복(사 49:9f.)에 적용된다. 요한은 구약의 비유를 취하여 예수를 통해 전달되는 영원한 생명을 설명한다. 문과 꼴의 영상을 통하여 예수는 구원의 유일한 길을 제시한다. 이런 점에서 이 구절은 "나로 말미암지 않고는 아무도 아버지께로 올 수 없다"는 교훈(14:6)과 매우 흡사하다.

요 10:9　내가 문이니
누구든지 나로 말미암아 들어가면
구원을 얻고 … 꼴을 얻으리라
요 14:6　내가 곧 길이요 진리요 생명이니
나로 말미암지 않고는
아버지께로 올 자가 없느니라

예수는 자기가 세상에 온 목적을 도적들과 강도들과 대비하여 설명한다: **"도적이 오는 것은 도적질하고 죽이고 멸망시키려는 것 뿐이요 내가 온 것은 양으로 생명을 얻게 하고 더 풍성히 얻게 하려는 것이라"**(10:10). 도적들과 강도들과 타인들이 도적질하고 죽이고 멸망시키는 "그 도적"(단수)으로 단일화되고 성격화된다. 도적질하는 것은 경제적 수탈과 억압의 국면을 말한다. '죽이다'(θύσῃ)는 단어는 생명을 빼앗는 의미의 단어(ἀποκτεῖναι)가 아니라, 제사를 위한 희생을 의미한다. 그래서 브라운(Brown, I:386)은 그것은 여기서 제사장 당국자들에 대한 암시라고 제시한다. 요한복음에서 대제자장들과 바리새인들은 최고 권위의 당국자들로 연결된다(7:32, 45). '멸망시키다'(ἀπολέσῃ)는 단어는 예수가 오신 목적과 관련하여 자주 사용되었다. 예수의 오신 목적은 그에게 오는 사람들을 아무도 멸망시키지 않는 것이다(6:39; 18:9; cf. 3:16; 6:12; 10:28; 17:12).

예수가 온 목적은 도적이 오는 부정적 목적과 극명하게 대조된다. 예수의 사역의 목적은 세상에게 생명을 주기 위한 것이다. 생명을 주기 위한 예수의 오심은 요한복음의 중심적 사상이며 그래서 그것이 계속적으로 언급된다. "풍성히 얻게 한다"라는 것은 영원히 솟아나는 샘물(4:14; cf. 7:38) 혹은 모든 굶주림을 영원히 만족시키는 떡(6:35, 50, 58)의 비유들을 통하여 표현되었다. **생명을 얻게 한다는 것이 예수를 통해 주어지는 생명의 종말론적 성격을 나타낸다면, 더 풍성히 얻게 한다는 것은 그 생명의 현재적 생명력을 나타낸다**. 요한은 이 두 가지 성격을 보존하면서도 특히 지금 여기서 생명을 풍성하게 소유하는(누리는) 것에 관심을 집중한다. 영생은 단순히 죽어서 영원히 사는 것이 아니라, 지금 여기서부터 삼위일체의 하나님과 연합되고 그 결과로 하나님의 생명을 풍성하게 누리는 것이다.

예수는 계속해서 비유적 대조를 사용하여 자기 자신의 존재와 역할을 설명한다: **"나는 선한 목자라 선한 목자는 양들을 위하여 목숨을 버리거니와"**(10:11). 예수는 다시 "나는 (그)이다"(ἐγώ εἰμι)라는 자기-계시의 말씀들(10:11, 14)을 통하여 예수 자신과 그 밖의 지도자들을 대조시키며 또 참된 목자와 양 사이의 진정한 연합의 관계를 묘사한다. 여기서는 목자라는 표상이 사용된다. 예수는 문이며 동시에 목자이다. 비록 이것이 비논리적으로 들리기는 하지만, 어떤 표상으로도 묘사할 수 있는 그의 존재의 특성을 나타낸다. '선하다'(καλός)는 말은 예수의 존재를 설명하는 특징적 단어인 '바른'(right) 혹은 '진정한'(true)을 의미하는 단어(ἀληθινός)와 유사한 의미를 가지며(1:9; 6:32; 15:1) 또 삯꾼 목자들과 진정한 목자인 예수를 대비시키는 용어로 사용된다.

'좋다'(καλός)는 형용사는 가나 혼인 잔치에서 메시야 시대의 새로움과 풍성함을 나타내기 위하여 사용되었다(2:10). 따라서 여기서 예수에 관하여 암시된 것은 그의 메시아적 지위 혹은 하나님의 백성의 참된 지도자로서의 지위이다. 구약의 여러 곳에서 하나님이 목자로 묘사되며(시 23; 80:2; 사 40:11; 렘 31:9) 또 하나님의 백성은 양으로 지칭된다(시 74:1; 79:13; 95:7; 100:3). 그러나 더 적합한 배경은 다윗이 이스라엘의 목자로 불리우는 구절들이다(시 78:70-72; 겔 37:24; 미 5:3).

예수는 양들을 대하는 목자의 태도를 따라 참된 목자를 정의한다. 참된 목자는 양들을 위하여 자기 자신의 목숨을 희생하는 사람이다. "그의 목숨을 버리다"(τὴν ψυχὴν αὐτοῦ τίθησιν)라는 표현은 요한복음에 독특한 표현인데, 그것은 양들을 위하여 자기 목숨을 내어놓는 예수의 자발적인 행동을 강조한다. 물론 이것은 역사적 사건으로서 십자가 사건을 기초한 언급이다. 예수의 죽음의 목적을 나타내는 전치사 '위하여'(ὑπέρ)는 공관복음서들에서는 마가복음 14:24에만 나오는데, 요한복음에는 대부분 예수의 죽음의 의미와 중요성을 나타내기 위하여 사용된다(6:51; 10:11, 15; 11:50ff.; 18:14). "양들을 위하여"라는 말은 다른 사람들의 유익을 위하여 죽는 희생적 죽음 혹은 순교자적 죽음을 나타내지만, 사도 바울이 제시한 것과 같은 죄사함을 위한 속죄의 죽음 사상은 요한복음에서 거의 제시되지 않는다.

요한복음에는 예수의 죽음을 이해하는 변증적 접근이 두드러진다. 예수의 죽음은 그의 생애를 향한 하나님의 계획의 일부분으로서 또 성경의 성취로서 제시된다(2:17; 3:14; 13:18; 15:25; 19:24, 28, 36-37). 나아가 사람들이 예수의 생명을 강압적으로 그에게서 빼앗는 것이 아니라, 오히려 그는 자기의 때에 자발적으로 그것을 내어놓는다. 더 놀라운 것은 예수는 자기 목숨을 버릴 권세도 또 다시 얻을 권세도 소유한다는 언급이다(10:17-18). **이것은 예수가 자기 자신 안에 하나님의 생명을 소유한 하나님의 활동의 실행자로서 그의 생명이 사람들의 계획과 강압에 의해 주관되는 것이 아님을 설명하는 요한의 방식이다**.

예수는 선한 목자와 대비되는 삯꾼 목자들을 묘사한다: **"삯꾼은 목자도 아니요 양도 제 양이 아니라 이리가 오는 것을 보면 양을 버리고 달아나나니 이리가 양을 늑탈하고 또 헤치느니라. 달아나는 것은 저가 삯꾼인 까닭에 양을 돌아보지 아니함이나"**(10:12-13). 삯꾼은 또 다른 의미에서 경제적 국면을 포함하는 표상이다. '삯꾼'이란 단어(μισθωτός)는 요한복음에서 여기에만 나오는데, 공관복음서에서도 가족의 일원이 아닌 "고용된 일꾼들"

의 의미로 사용된다(막 1:20; 눅 15:15-19). 삯꾼은 양들과의 내적 관계성을 갖지 않는다. 그들의 관심사는 오직 삯이며 그것을 받을 때까지 안전하게 지내는 것이다. 그런 점에서 삯꾼은 목자도 아니며 양들도 자기들의 양이 아니다.

양들에 대한 삯꾼의 무관심과 무책임은 이리가 양들을 해치려고 다가오는 위기 상황에서 밝히 드러난다. 이리는 악을 의미하는 극적인 비유어이다(창 4:7; 행 20:29; 벧전 5:8). **이리가 해치는 표상은 우상숭배와 그 밖의 다른 악한 일들을 택하기 위하여 하나님의 길을 포기한 사람들의 운명을 묘사하기 위하여 예레미야가 사용했다**. 그것은 마태복음에서 거짓 예언자들의 표상으로 사용되며 또 마태와 누가는 양같은 제자들이 보냄을 받게 될 환경을 묘사하기 위하여 사용된다(마 10:3; 눅 10:16).

"양을 늑탈하고 또 헤친다"라는 표현은 양들에게 임하는 폭력적이고 참혹한 피해의 상황을 반영한다(cf. 슥 13:7; 막 14:27). 그것은 목자들이 그것으로부터 양들을 보호해야 하는 위험이다. 목자의 핵심적 임무는 바로 그러한 위험으로부터 양들을 보호하는 것인데, 그러나 삯꾼은 그런 위기의 상황에서 양들을 버리고 달아난다. 그가 달아나는 이유는 그가 삯꾼이라 양들을 돌아보지 않기 때문이다. **삯꾼에 관한 이러한 부정적 묘사는 위기의 때에 자기의 위험을 무릅쓰고 양들을 돌아보며 심지어 양들을 위하여 자기 목숨까지 희생할 각오가 되어있는 참된 목자의 자격을 강조하기 위하여 제시된다**.

삯꾼에 관한 부정적 묘사를 배경으로 예수는 양들에 대한 선한 목자의 사랑을 제시한다: **"나는 선한 목자라. 내가 내 양을 알고 양도 나를 아는 것이 아버지께서 나를 아시고 내가 아버지를 아는 것 같으니 나는 양을 위하여 목숨을 버리노라"**(10:14-15). "나는 선한 목자다"라는 자기-계시의 반복을 통하여 예수는 참된 목자의 자질을 제시한다. 선한 목자는 무엇보다도 양들과 상호 연합의 관계를 형성한다. 그래서 목자는 그의 양을 알고 양도 목자를 안다. 예수는 그가 그의 양을 알고 그의 양도 그를 아는 것을 하나님과 예수 사이에 서로를 아는 것으로부터 유추한다. 히브리어의 '안다'는 개념은 단순한 이론적 지식을 말하는 것이 아니라, 인격적 유대 곧 상호 연합의 관계에서 주어지는 생동적 지식을 말한다. 아버지와 아들이 상호 연합의 관계 속에서 서로를 인격적으로 명확하게 알고 있는 것과 같이 예수와 그의 양들의 관계도 마찬가지로 상호 연합 속에서 서로를 아는 관계를 이룬다.

이 친밀하고 직접적인 연합의 관계성이 예수의 희생적 죽음의 기초를 이룬다. 예수가 그의 양들을 위하여 자기 목숨을 버린다는 반복적 언급은 이 관계의 성격을 설명하기 위하여 제시된다. 그가 그들을 알고 사랑하기 때문에 그들을 위하여 자기 목숨도 기꺼이 희생한다. 예수는 아버지 하나님과 그의 양 사이에서 그 둘 사이의 연합을 이루기 위하여 죽었다. 요한은 그런 관계의 맥락에서 예수의 죽음을 묘사하기 위하여 친구의 표상을 사용한다(15:12-17). 목자와 양 사이의 상호 지식의 주제는 고별 강화에서 충분히 발전된 형태로 제시된다.

예수의 교훈은 목자와 양 사이의 친밀한 연합의 관계에서 "이 우리에 들지 아니한 다른 양들"에게로 나아간다: **"또 이 우리에 들지 아니한 다른 양들이 내게 있어 내가 인도하여야 할터이니 저희도 내 음성을 듣고 한 무리가 되어 한 목자에게 있으리라"**(10:16). 양우리의 표상은 이미 앞 비유에서 사용되었다(10:1). 다른 양들이 누구를 가리키는 것인지 혹은 왜 이 시점에서 그들이 언급되는지 알기 어렵다. 그들이 누구인가를 파악할 수 있는 한 가지 단서는 그들에 관한 묘사가 미래 시제로 표현된 것에 있다: "그들이 들을 것이다"(ἀκούσουσιν)와 "그들이 있을 것이다"(γενήσονται). 예수의 언급이 미래의 신자들을 가리킨다고 할 때, 그들은 예수의 제자들의 전도를 통해 예수 그리스도에게 나아올 다음 세대의 신자들을 가리킬 수 있다(17:20; 20:29). 요한복음서가 완결될 즈음에 요한공동체는 다른 기독교 공동체들과의 연대를 의식하고 있었기 때문에, 그들은 다른 공동체의 기독교인들을 가리킬 수 있다(21장).

그러나 무엇보다도 이방인 선교에 관심을 기울이던 요한공동체의 입장에서 그들은 유대인 기독교인들의 공동체에 합류하게 될 이방인 기독교인들을 가리킨다(4:32; 12:32). 그들도 이전 양들이 그러했던 것처럼 목자의 음성을 들을 것이다. 그들은 예수 그리스도 안에서 한 목자에게 속한 한 양떼를 이루게 될 것이다. '있으리라'는 말이 '이다'(εἰμί)가 아니라 '되다'(γίνομαι)라는 동사의 미래 시제인 것은 한 양떼의 이루어짐이 자연적으로 일어나는 것이 아니라, 예수 그리스도 안에서 또 그의 활동에 의하여 이루어지는 역동적인 것임을 나타낸다. 요한복음에서 이방인 선교의 환상은 예수의 죽음과 밀접하게 연결된 것으로 제시된다(4:35f.; 11:52; 12:23f., 32). **저자는 예수 그리스도 안에서 유대인들과 이방인들이 연합된 공동체의 환상을 본다. 그것은 사도 바울이 바라본 것과 유사한 공동체의 환상이다**(갈 3:28; 엡 2:11-22; 4:3-6).

예수는 다시 주제를 변경하여 양들을 위하여 자기 생명을 희생하는 목자의 결정적 행동을 언급한다: **"아버지께서 나를 사랑하시는 것은 내가 다시 목숨을 얻기 위하여 목숨을 버림이라"**(10:17). 예수는 자신의 결정적 행동을 하나님의 사랑과 연결시킨다. 이 말씀을 통하여 요한이 의미한 것은 예수가 십자가에서 죽었기 때문에 하나님이 그를 사랑하신다는 것이 아니다. 예수는 자기 목숨을 내놓기까지 하나님의 뜻에 순종했기 때문에 하나님의 사랑을 입는다. 아들을 위한 아버지의 사랑은 아들로 하여금 아버지의 뜻에 완전하게 맞추고 죽기까지 순종함으로 표현된다.

후반절을 이끄는 접속사(ἵνα)는 목적을 나타낼 수도 있고 결과를 나타낼 수도 있다. 먼저 목적절로 본다면, 한글 개역 성경의 번역과 같이, 예수가 그의 목숨을 다시 얻기 위하여 목숨을 버린다는 의미가 된다. 예수는 보다 더 강력한 형태의 생명으로 일으킴을 받기 위하여 자기 생명을 내어놓았다. 그러나 결과절로 본다면, 예수가 그의 목숨을 버린 결과로 그는 부활을 통하여 그것을 다시 얻게 된다는 의미가 된다. 바렛(Barrett, 377)은 이 구절에서 목적이 의도되고 강조된다고 지적한다: "생명의 재개가 예수의 고난 배후의 의도이다; 그는 부활의 권능이 나타나고 전개되기 위하여 죽었다." **예수의 죽음은 우연히 적대자들에 의하여 이루어진 것이 아니라 예수의 의도 속에 이루어진 것이다. 그는 영원한 하나님의 말씀이기 때문에 죽음은 그의 존재의 끝이 아니다.**

예수는 자신의 죽음과 관련하여 자발적 순종과 함께 죽음과 생명에 대한 그의 권세(주권적 자유)를 언급한다: **"이를 내게서 빼앗는 자가 있는 것이 아니라 내가 스스로 버리노라 나는 버릴 권세도 있고 다시 얻을 권세도 있으니 이 계명은 내 아버지에게서 받았노라 하시니라"**(10:18). "내게서 (목숨을) 빼앗다"(αἴρει αὐτὴν ἀπ' ἐμου)는 말은 요한이 바라본 십자가 사건을 가리킨다. 예수는 자기의 운명을 스스로 주관한다. 그의 죽음과 그 죽음의 형태는 의도적으로 계획되었다. 십자가의 죽음은 사람들에 의하여 예수에게 우연히 일어난 것이 아니라, 하나님의 계획 속에서 이뤄진 것이다. 그의 죽음은 하나님의 구원을 위하여 생명을 자발적으로 내어놓는 자유에 기초한 자발적 순종의 결과이다. 예수가 자발적으로 죽음을 수용했다고 증언하는 것은 최초의 기독교 변증에서 중요한 사항이었다. 요한이 예수의 죽음을 죽임을 당하는 것에서 생명을 버리는 것으로, 강제로 십자가에 매달리는 것에서 올리우는 것으로, 그리고 조롱과 멸시를 받는 것에서 영화롭게 되는 것으로 묘사한 것은 공관복음서에 나오는 십자가 사건과 매우 다른 표상을 제공한다.

공관복음서에서 예수는 겟세마네의 씨름을 통하여 결과적으로 자신의 운명을 수용하는 것으로 묘사되는 반면, 요한복음에서 예수는 마치 외투를 벗어놓는 것과 같이 자발적으로 자기 생명을 내어놓는다. 요한은 부활에 관한 이해에서도 하나님이 그의 영광으로 예수에게 행한 어떤 것-"그가 살리심을 받았다"(막 14:28; 행 2:24)-으로 보는 공관복음서들과 사도 바울의 이해와 다르다. 다른 인간과는 달리, 예수는 자기 생명을 버릴 권세도 있고 다시 얻을 권세도 있다. 생명을 버리는 것과 다시 얻는 것 둘 다 그가 가진 권세로부터 일어나는 단일한 사건이다. 이것은 예수의 죽음과 부활이 불가분리적으로 연결되어 예수가 나타내는 단일한 사건을 이룬다.

3. 해설: 유대인들 중의 분쟁(10:19-21)

저자는 예수의 이 비유적 강화를 들은 청중의 반응을 묘사한다: **"이 말씀을 인하여 유대인 중에 다시 분쟁이 일어나니"**(10:19). 저자는 예수의 계시의 말씀이 가진 분쟁의 성격을 다시 제시한다. 분쟁은 "그 유대인들" 중에서 일어났다. "그 유대인들"은 요한복음에서 예수의 교훈들에 대하여 의문을 가졌던 갈릴리인들(6:41) 혹은 예수를 잡으려한 바리새인들(7:35)을 가리킨다. 분쟁(σχίσμα)은 맹인되었던 사람의 치유를 목격한 사람들의 반응에서도 일어난 견해의 차이 곧 쟁론을 가리킨다(9:16).

그 분쟁은 예수의 말씀들을 인하여 일어났다. 예수의 교훈이 그것을 믿음으로 받아들이는 사람들에게는 하나님의 계시의 말씀이 되지만, 의심하거나 거부하는 사람들에게는 분쟁의 원인이 되었다. 마가복음에서도 비유는 사람들 사이에 구분을 낳았다(막 4:10-12). 예수가 행한 기적들과 비유의 교훈들은 참된 빛을 비추는 계시이지만, 그것에 반응하는 사람들을 구별 짓는다(3:19-21). '다시' 일어났다는 표현은 그동안 예수의 정체에 관하여 많은 견해들이 제시되었으며 그것으로 인한 긴장이 점차로 증가하고 있었던 상황을 반영한다(7:12, 26, 40f.).

해설자는 맹인되었던 사람의 치유와 관련하여 나타난 백성의 반응을 이곳에서도 제시한다: **"그 중에 많은 사람이 말하되 저가 귀신 들려 미쳤거늘 어찌하여 그 말을 듣느냐 하며 혹은 말하되 이 말은 귀신 들린 자의 말이 아니라 귀신이 맹인의 눈을 뜨게 할 수 있느냐 하더라"**(10:20-21). 예수가 귀신들렸다는 주장은 무리들과 그 유대인들에 의하여 이미 제기되었다(7:20; 8:48, 52). '미쳤다'(μαίνεται)라는 말은 요한복음에서 여기에만 나오고 신구약 성경 전체에서도 드물게 나온다. 예수에 대한 어떤 사람들의 이러한 부정적인 주장은 바알세불 논쟁에 나오는 언급과 관계된 것으로 보인다(막 3:21f.). 당시 사람들에게 정신 이상은 귀신들림의 결과와 연결되었다. 그들의 평가는 예수의 말씀에 대한 몰이해를 나타내는 강력한 형태의 표현이었다. 예수의 말들은 너무도 이상하고 알아들을 수 없는 미친 사람의 주장이기 때문에 그에게 주의를 기울일 필요가 없다는 것이다.

그러나 예수의 말씀들과 행동들에 대하여 긍정적인 평가를 내리는 사람들도 있었다. 그들은 예수의 말을 귀신들린 자의 말로 인정할 수 없었다. 그들의 평가의 근거는 예수가 맹인의 눈들(복수)을 뜨게 했다는 사실에 있었다. 그들은 예수의 말을 이해할 수 없었지만, 그의 활동 자체를 흠잡을 수 없었다. 그들은 예수의 활동 속에서 맹인의 눈을 뜨게 만드시는 하나님의 활동을 회상했을 수도 있다(시 146:8). 그들이 맹인과 눈의 복수(맹인들의 눈들을, τυφλῶν ὀφθαλμοὺς)를 사용한 것은 그들이 요한복음 9장에 나오는 예수의 맹인 치유 사건을 단순히 개인적인 치유를 넘어서는 더 넓은 상징적 의미의 사건으로 이해한 것을 보여준다. 예수가 하나님의 일을 행하면서 귀신들린 자의 말을 한다는 것은 양립할 수 없다. 그러므로 저자의 결론적 언급은 8장의 논쟁에 포함된 강화와 9장의 맹인 치유 사건을 효과적으로 연결시킨다.

4. 예수의 참된 양(10:22-30)

예수의 공생애 둘째 국면은 예수의 존재에 관하여 예수와 그 유대인들 사이에 벌인 또 다른 논쟁으로 끝난다. 예수는 그가 누구인가에 관하여 밝히 말하도록 요구를 받는다. 예수는 그것에 대하여 그들의 용어는 아니지만 그것과 동일한 의미의 대답을 한다. 이 논쟁은 수전절에 성전에 있는 솔로몬의 행각에서 일어난 사건으로 제시된다. 여기서 예수의 참된 양은 그의 양이 아닌 그 유대인들과 대조된다. 이 단락은 두 부분으로 구분된다. 그 유대인들이 예수를 향하여 돌로 치려한다는 언급을 기점으로 예수의 존재에 관한 언급이 메시아적 본질(10:22-30)로부터 하나님의 아들(10:31-39)로 변경된다. 예수의 메시아적 존재의 주제는 요한복음 8장에서 자세하게 다루어졌으며, 여기서는 하나님의 아들 주제가 발전된다. "내가 너희에게 말했다"(10:25)는 언급은 이전에 있었던 강화와 논쟁을 가리킨다. 그 유대인들이 예수를 다시 돌로 치려한다는 것도 그들의 이전 행동(8:59)과 연결된다. 그러나 예수의 신적 존재에 관한 그의 주장은 성서의 인용과 그가 행하는 사역의 증거들을 통하여 더 깊이 있게 제시된다.

저자는 이 사건의 구체적인 시간과 장소의 언급을 통하여 새로운 장면의 시작을 알린다: **"예루살렘에 수전절이 이르니 때는 겨울이라. 예수께서 성전 안 솔로몬 행각에서 다니시니"**(10:22-23). 수전절은 마카비 가문의 유다가 셀류쿠스 왕조의 안티오쿠스 Ⅳ(에피파니스)를 물리치고 예루살렘 성전을 탈환하여 재봉헌한 것을 기념하는 하누카(חנוכה)라 불리우는 명절이다(마카비1서 4:36-59; 마카비2서 1:9, 18; 10:1-8; 요세푸스, 고대사, 12.316-25). 안티오쿠스 Ⅳ는 팔레스타인을 점령하고 유대인들에게 그들의 조상들의 유전에서 떠나 헬라 문화를 수용할 것을 강요했으며 성전 안에 "멸망의 가증한 것"(단 11:31; 마카비1서 1:59)으로 표현된 제우스 신을 위한 제단을 세웠다. 이것이 경건한 유대인들을 중심으로 항쟁을 불러일으켰다. 그 항쟁의 중심에 마카비 가문이 있었으며 유다 마카비는 안티오쿠스를 물리치고 성전을 탈환하여 재봉헌했다(164 B.C.). 그 명절은 겨울에 들어 있는 키스렙(Chislev, 대략 12월)월 25일에 시작하여 팔 일간 계속되었다. 수전절은 신약에서 여기에만 나오며 구약에는 나오지 않는 것으로서 유대교 월력에서는 부차적 명절이었다.

그런데 저자는 왜 그 명절을 여기서 언급한 것인가? 슈나켄버그(Schnackenburg, Ⅱ:304-5)는 그 이유를 다음과 같이 설명한다: (1) 저자는 월력 순서를 따라 명절들을 제시하기를 원했다; (2) 그렇게 함으로써 저자는 독자들에게 유월절과 가까운 시점을 상기시키고 상황의 점증성을 준비한다(10:31, 39, 40); (3) 저자는 초막절을 다룬 7장과 연결시키고 이곳의 논쟁을 이전 논쟁의 연속으로 제시한다; (4) 저자는 '겨울'이라는 계절을 인식하면서 영적 기후에 대한 상징적 암시를 강조한다.

이 명절의 성격이 조상들의 종교적 유전을 포기하고 성전의 황폐화를 허용한 부패한 지도자들을 비판하고 유다 마카비와 같은 영웅적 지도자들을 기억하는 점에서, 이 명절의 언급은 누가 하나님의 백성의 참된 지도자인가를 다룬 선한 목자에 관한 예수의 강화와 연결된다. 솔로몬 행각이라는 장소적 언급도 요한복음에만 독특하게 나온다. 사도행전에서 그곳은 사도들이 행한 설교와 치유의 장소였다(행 3:11; 5:12). 그것은 성전의 동편 외벽에 위치하여 겨울바람을 막아주었다. 이러한 언급들을 통하여 예수 시대 예루살렘 성전의 완전한 모습을 제시한다. 예수는 성전에서 예배의 갱신을 기념하는 명절 기간에 유대인들 사이에 거닐며 대화한다.

예수와 그 유대인들 사이의 논쟁은 그들의 요구로부터 시작한다: **"유대인들이 에워싸고 가로되 당신이 언제까지나 우리 마음을 의혹케 하려나이까 그리스도여든 밝히 말하시오 하니"**(10:24). 예수와의 논쟁에 나오는 그 유대인들은 예수의 주장들을 전적으로 거부하는 유대교 지도자들과 율법에 열심이 있는 특정 집단의 사람들을 가리킨다. 그들은 어느 정도 예수를 믿은 그 밖의 다른 유대인들과 구별되어야 한다. "우리 마음을 의혹케 한다"는 말은 직역하면 "우리 생명을 가져간다"(τὴν ψυχὴν ἡμῶν αἴρεις) 곧 '파멸시킨다'를 의미한다. 이것은 예수의 존재를 이해하는데 있어서 그들의 답답함과 당혹감을 나타낸다. 그들이 예수에게 원하는 것은 "내가 그리스도이다"라는 자기-인정의 공개적이고 직접적인 언급이다. 이 요구는 두 가지로 이해될 수 있다: (1) 답답함 속에서 진실을 알기 원하는 요구 혹은 (2) 예수가 그리스도가 아니라고 이미 결정을 내리고 그를 고소할 기회를 찾기 위한 공격.

그 유대인들의 요구에 관한 저자의 표현은 예수를 심문하는 자리에서 공회 회원들이 요구한 것과 매우 흡사하다: "네가 그리스도여든 우리에게 말하라"(눅 22:67). 그래서 이 항은 전체적으로 마가복음에 따른 공회 앞에서의 심문–예수의 존재에 관한 질문, 신성모독의 정죄, 그리고 모욕적 공격–의 분위기를 반영한다(Barrett, 38). '밝히' 말하라는 요구는 초막절 강화에서 회의적인 동생들과 의심하는 무리와 연결된다(7:4, 13, 26). 예수는 공개적으로 말했지만, 그것은 숨겨진 채로 남아 있었다. 왜냐하면 그들이 믿지 않고 그래서 예수가 말하는 것을 이해하지 못하기 때문이었다. 이것은 요한이 표현하는 "메시야 비밀"에 해당한다. "예수 자신의 양들에게" 예수는 선한 목자이며 메시아이지만, 다른 사람들은 그의 음성을 듣고도 믿지 않는다. 예수는 밝혀진 메시아이며 동시에 숨겨진 메시아이다.

예수의 대답은 그들에 대한 평가를 포함한다: **"예수께서 대답하시되 내가 너희에게 말하였으되 믿지 아니하는도다. 내가 내 아버지의 이름으로 행하는 일들이 나를 증거하는 것이어늘"**(10:25). 예수는 그들이 요구하는 바를 이미 그들에게 말했지만 그들이 믿지 않는다고 지적한다. 이 지적은 다시 예수의 심문 때에 예수의 말과 연결된다: 내가 말할지라도 너희가 믿지 않으리라(눅 22:67). 그렇다고 예수가 그 자신이 그리스도라고 직접적으로 말했다고 의미하는 것은 아니다. 그런 진술은 오직 그의 말씀을 믿으려는 사람들에게만 전달되었다. "네게 말하는 내가 그니라"(4:25; 9:37)는 말씀은 예수와 개인적인 대화 속에서 제시되었다. 예수가 자기 자신을 공개적으로 나타낼 때는 늘 '인자'라는 신비로운 칭호를 사용했다(8:24, 28, 58). 그러나 그의 교훈은 아버지에 대한 그의 유일한 관계를 지속적으로 그리고 분명하게 나타냈다.

그들의 문제는 예수의 증거를 믿지 않는 것이었다. 예수는 그가 말했던 것의 연장선에서 그가 행한 일들(τὰ ἔργα)의 계시성을 설명한다. 그가 행한 일들이 하나님의 아들로서 그의 지위를 나타낸다. 왜냐하면 그는 그것들을 그 자신의 권위로 한 것이 아니라 "내 아버지의 이름으로" 행한 것이기 때문이다(5:36; 7:21; 9:3f.). "내 아버지의 이름으로"라는 표현은 예수의 일들이 하나님의 주권과 권능으로 이루어진 것을 나타낸다. 이것은 사도 바울이 "아버지의 영광으로"라는 말을 통하여 그리스도의 부활이 하나님의 주권적 권능의 활동인 것을 말하는 것과 같은 표현이다(롬 6:4). 그러나 그들이 이것을 깨닫지 못하는 이유는 믿지 않기 때문이다.

예수는 한 걸음 더 나아가 그들이 믿지 않는 이유를 그가 앞 단락에서 제시했던 목자와 양의 관계를 통하여 지적한다: **"너희가 내 양이 아니므로 믿지 아니하는도다. 내 양은 내 음성을 들으며 나는 저희를 알며 저희는 나를 따르느니라"**(10:26-27). 그들이 예수를 믿지 않는 이유는 그들이 예수의 양이 아니기 때문이다. 목자는 자기 양을 알고 양도 또한 자기 목자의 음성을 듣고 따라가기 때문이다(10:3, 5, 14). 그들은 아버지께서 예수에게 인도하는 사람들의 공동체에 속하지 않는다(6:37, 44, 65). 그러나 이것은 그들이 처음부터 믿지 않는 자들로 선택되었다는 예정론적 혹은 결정론적 언급은 아니다. 불신앙의 주제에 대한 언급은 말씀과 표적을 통한 예수의 계속적인 교훈과 설득에도 불구하고 예수를 거부하는 사람들에 대한 신학적 성찰의 결과이다.

예수는 그 유대인들의 불신과 대조되는 그의 양들이 가진 태도는 물론 그의 양들과 그 자신이 가지는 관계를 지적한다. 예수의 언급은 목자와 양의 관계에 관한 앞 단락의 교훈을 요약한 형태로 제시된다: 예수의 양은 그의 음성을 듣는다(10:4f., 16); 예수는 그들을 안다(10:3, 14); 그들은 예수를 따른다(10:4); 예수는 그들에게 생명을 준다(10:10). 예수가 그의 양들에 관하여 말할 때는 항상 그의 양이 믿지 않는 그 유대인들과 날카로운 대조를 이룬다.

예수는 계속하여 선한 목자로서 그의 역할에 관하여 말한다: **"내가 저희에게 영생을 주노니 영원히 멸망치 아니할 터이요 또 저희를 내 손에서 빼앗을 자가 없느니라"**(10:28). 예수는 목자로서 그의 역할을 도적들과 강도들과 대조시키며 또 목자의 책임을 감당하지 않는 삯꾼 목자들과도 대조시킨다. 도적들과 강도들은 죽이며 멸망시키는 것뿐이지만(10:10a), 예수는 영생을 주며 영원히 멸망하지 않게 한다. 예수가 생명을 준다는 것은 지금까지는 물, 떡, 빛, 꼴 등으로 표현되었지만, 이제는 직접적으로 밝히 언급된다. "그들이 영원히 멸망치 않을 것이다"에서 '영원히'라는 부사어는 강조적 부정어(οὐ μή, cf. 11:26)의 의미를 갖는다. 그래서 영원히 멸망하지 않는다는 것은 "그들이 결코 멸망하지 않을 것이다"는 확신을 나타낸다.

'빼앗는다'(ἁρπάζει)라는 단어는 삯꾼 목자의 무책임으로 인하여 양들이 당하는 피해를 말할 때 사용되었다(10:12). 예수의 양들은 삯꾼 목자가 아닌 선한 목자의 돌봄 아래 있기 때문에, 그들은 예수의 손에서 빼앗김을 당하지 않는다. '손'은 주권과 권세를 상징한다. 예수의 손은 다음 절들에서 "아버지의 손"과 동일시되고(10:29) 나아가 예수와 하나님이 동일시된다(10:30). 이것은 예수에 대하여 결사적으로 반대하는 그 유대인들을 향하여 자기 양들에게 영생을 주는 예수의 목적을 그들이 좌절시킬 수 없음을 나타낸다(17:2, 6). 이것은 또 예수 그리스도를 거부하는 사람들에 의하여 당하는 박해의 상황에 처한 신자들을 위로하고 격려하려는 목적을 갖는다.

예수는 목자와 양의 이러한 영원한 관계의 보증을 하나님의 돌보심 속에서 찾는다: **"저희를 주신 내 아버지는 만유보다 크시매 아무도 아버지 손에서 빼앗을 수 없느니라. 나와 아버지는 하나이니라"**(10:29). 이 구절의 전반부는 원어에서 사본에 따라 모호한 형태의 구조로 되어있다. 내 아버지를 수식하는 관계대명사에 따라 크게 두 가지로 번역할 수 있다:

1. (저희를) 내게 주신 내 아버지(ὁ πατήρ μου ὃς δέδωκέν μοι)는 만유보다 크다
2. 내 아버지께서 내게 주신 것(ὁ πατήρ μου ὃ δέδωκέν μοι)은 만유보다 크다

전자의 해석은 예수가 지닌 보호하는 능력을 만유보다 크신 하나님께 직접

적으로 돌린다. 이것은 요한복음의 다른 구절들에서 여러 차례 언급된 내용이다. 예수의 활동은 하나님의 이름으로 이루어지는 것이기 때문에, 하나님이 예수의 양들의 실질적인 주인이시며 또 하나님이 그들을 예수에게 주신 목적은 그로 하여금 그들 속에서 그의 구원의 일을 성취하게 하기 위함이다(7:37, 39; 17:6, 9f.). 믿지 않는 유대인들과의 대립에서 예수는 그의 활동이 아버지의 뜻에 따른 것이며 아버지의 권위로 이루어지는 것임을 계속적으로 밝혔다(6:37-40; 5:19-30; 8:16-19, 26f., 54f.). **후자의 해석은 아버지가 예수에게 준 것을 강조하면서 결과적으로 예수의 권세를 아버지의 권세와 연결시킨다**. 아버지가 아들에게 준 것은 "모든 것"(3:35), 심판하는 권세(5:22), 그리고 생명의 권세(5:27)로 표현된다. 전자와 후자의 해석 모두가 예수의 활동과 하나님의 활동을 일치시킨다.

그러한 의미는 "나와 아버지는 하나다"라는 예수의 결론적 언급에서 명시적으로 제시된다. '하나'라는 단어가 중성(ἕν)으로 된 것에 기초하여 여러 학자들은 여기서 하나됨은 존재론적 하나됨(one person)이 아니라 기능적 일치(unity)를 가리킨다고 생각한다. 곧 그것은 의도에서의 일치, 목적에서의 일치, 능력에서의 일치, 권위에서의 일치, 그리고 일들을 행함에서의 일치를 가리킨다는 것이다. 예수는 하나님의 뜻을 실행하는 참되고 신실한 대리자로서 하나님의 계획을 실행에 옮기며 또 그런 점에서 예수와 하나님이 일치한다는 생각이다.

그러나 슈나켄버그(Schnackenburg, Ⅱ:308)는 이 하나됨은 예수가 아버지와 함께 일한다(5:17, 19), 아버지의 원하는대로 일한다(5:30; 8:16, 18), 그리고 아버지의 뜻과 방향을 따라 일한다(6:38; 8:26, 28; 10:18)는 것보다 더 강한 의미를 갖는다고 생각한다. 그에 따르면, 이 모든 것이 포함되어 있을 뿐 아니라, 양들이 아버지와 아들에게 동시에 소속되어 있고(17:10) 또 양들은 아버지와 아들의 교제 속으로 인도함을 받기 때문에, 양들을 인도하고 보호하는 일에서 일치는 하나됨이 된다. 예수의 말씀에는 아버지와 아들의 기능적 일치 외에 예수가 진정으로 누구인가에 관한 암시적 의미가 포함되어있다. 아버지와 아들의 근본적인 하나됨은 고별 강화에서 예수의 올리우심과 관련하여 강조된다.

5. 예수의 참된 존재성(10:31-39)

아버지와 아들의 일치와 하나됨에 관한 예수의 주장은 다시 그 유대인들의 분노를 일으켰다. 그들은 다시 예수를 돌려 치려했다(10:31). 이것은 그들이 예수의 말씀을 신성모독으로 간주한 것을 가리킨다. 그들이 예수를 돌로 치려한 첫째 사건은 초막절 강화의 연장선에서 예수가 자기의 존재를 아브라함 이전으로 말한 것에서 일어났다(8:59). 거기서도 예수의 존재에 관한 논쟁이 돌로 치려는 데까지 나아갔다. 여기서의 상황은 이전 경우의 그것과 유사하다. 저자는 '다시'라는 부사어를 통하여 두 사건을 연결시킨다. 하나님에게서 기원한 예수의 존재에 관한 논쟁이 맹인 치유 사건으로 끊어졌다가 여기서 계속된다. 그러나 여기서 예수의 주장은 좀 더 명백하게 정의되고 확대된다.

예수는 그들의 극단적 행동을 비판한다: **"예수께서 대답하시되 내가 아버지께로 말미암아 여러 가지 선한 일을 너희에게 보였거늘 그 중에 어떤 일로 나를 돌로 치려하느냐"**(10:32). 예수는 이 질문을 통하여 돌로 치려는 것을 단순히 방지할 뿐 아니라, 그들로 하여금 그가 행한 많은 일들을 생각하게 유도한다. 그 "많은 일들"(πολλὰ ἔργα)은 선하며 또 "아버지께로부터 나온 것"(ἐκ τοῦ πατρός)으로 정의된다. 사실 요한복음에서 지금까지 예수가 행한 일들이 '많이' 제시된 것은 아니다(정확하게는 여섯 번의 표적들). 그러나 저자는 이 책에 기록되지 않은 다른 많은 표적들을 알고 있다고 말한다(20:30).

'선하다'는 단어는 요한복음 10장에서 5회 나오며(세 번은 목자에 관하여 또 두 번은 일들에 관하여) 또 이 복음서의 다른 곳에서는 오직 한번만 나온다(2:10, 좋은 포도주). 그 단어의 적절한 상대어를 찾기가 어렵지만, 그것은 생명 곧 인간의 치유와 회복을 가져오는 권능의 일들 혹은 모범적 일들을 가리킨다. 그 일들에 포함된 권능과 탁월함은 그것들이 하나님으로부터 기원했다는데 있다(ἐκ, 기원). 그 일들은 곧 그 아들이 가진 아버지와의 관계성을 나타낸다. 그 일들을 행함으로써 곧 그가 하나님의 보냄을 받은 자라는 증거를 보여줌으로써 그는 그가 "아버지와 하나"인 것을 나타냈다.

예수의 질문에 대하여 그 유대인들이 대답한다: **"유대인들이 대답하되 선한 일을 인하여 우리가 너를 돌로 치려는 것이 아니라 참람함을 인함이니 네가 사람이 되어 자칭 하나님이라 함이로라"**(10:33). 그들이 선한 일을 인하여 그렇게 하려는 것이 아니라고 해서 그들이 예수가 행한 선한 일들을 이해하고 수용한다는 것은 아니다. 그들은 근본적으로 믿지 않기 때문에, 예수가 행한 일들을 이해하지 못하고 있다(9:25). 그들이 예수를 돌로 치려는 이유는 참람함 곧 예수의 주장을 신성모독으로 이해했기 때문이다. 그들의 그러한 이해는 예수의 존재에 관한 오해를 반영한다. 예수의 존재에 관한 그의 말씀에는 암시적으로 혹은 명시적으로 그의 신적 존재의 주장이 있다는 점에서 그들이 옳았다.

그러나 그들은 예수를 한 사람의 단순한 인간으로 간주하여 예수의 그런 주장이 자기 자신을 신격화하는 신성모독으로 이해했다. 그들은 예수의 인성(인간되심) 이면에 포함된 신성(하나님되심)을 이해하지 못했다. '참람함'(βλασφημία)이라는 공식적 표현은 요한복음에서 여기에만 나오는 반면, 예수가 자기 자신을 하나님과 동일시했다는 비방에 관한 언급은 여러 번 나온다(5:17; 19:7). 참람함의 범죄는 신적 신분과 명예를 스스로 취하는 것에 적용되었다. 이것은 저자의 입장에서는 예수의 존재에 관하여 진행되고 있던 유대교-기독교 사이의 논쟁을 반영한다. 후기의 유대교 일부 문헌들에는 예수의 신성에 대한 기독교인들의 신앙고백에 반대하는 변증적 주장들이 실려 있다.

예수는 아버지께로부터 말미암은 선한 일들을 통한 증거가 거부되자,

랍비적 형식을 따라, 성서의 말씀을 통하여 증거한다: **"예수께서 가라사대 너희 율법에 기록한바 내가 너희를 신이라 하였노라 하지 아니하였느냐? 성경은 폐하지 못하나니 하나님의 말씀을 받은 사람들을 신이라 하셨거든 하물며 아버지께서 거룩하게 하사 세상에 보내신 자가 나는 하나님 아들이라 하는 것으로 너희가 어찌 참람하다 하느냐"**(10:34-36). "너희 율법에"라는 표현에서 이인칭 대명사 '너희들의'(ὑμῶν)는 유대인인 예수가 동료 유대인들을 향하여 말한 것으로는 자연스럽지 않다. 그래서 학자들은 이것은 자기 시대의 유대인들과 벌이는 논쟁에서 사용할 수 있는 성서의 증거를 확립하려는 저자의 관심을 반영한다고 생각한다. 이것은 유대교 문헌인 구약을 부인하려는 것이 아니라, 예수 그리스도의 진리가 그들 자신들의 권위적 문서들에 의해서도 증언된다는 것을 그 유대인들에게 강조하려는 데 의도가 있다. 여기서 율법은 시편(성문서)을 포함하는 것으로 나타난다(cf. 12:34; 15:25; 고전 14:21).

"내가 너희를 신이라 하였노라"는 성서 인용문은 시편 82:6의 전반부와 문자적으로 일치한다. 그러나 논의의 진행에 꼭 필요하게 보이는 후반부—"다 지존자의 아들들이라 하였으나"—는 생략되었다. 이 시편은 이스라엘에서 불법을 행하는 판관(지도자)들을 향한 경고의 내용을 담고 있다. 하나님은 그들을 '신들'로 불렀는데, 예수는 그것을 하나님의 말씀을 받은 사람들을 하나님이 신들로 불렀다고 해석한다. 여기서 "하나님의 말씀"은 이스라엘이 시내산에서 받은 계시의 말씀 곧 율법을 가리킨다. 따라서 시편 82편에 담긴 신학은 인간의 신성을 말하려는 것이 아니라, 하나님의 말씀의 창조적 권능을 말하려는 것이다.

예수는 "율법은 폐기될 수 없다"는 공리 곧 유대인들은 물론 기독교인들이 인정하는 공리를 지적하고 그것을 통하여 자기의 입장을 변호한다. 만일 하나님의 말씀을 받아 거룩한 지식을 소유한 사람들을 '신들'로 불렀다면, 하나님 자신이 성별하고 세상에 보내신 자가 "나는 하나님의 아들이다"라고 말하는 것은 마땅하다고 주장한다. 하나님의 아들은 "하나님이 거룩하게 하고 세상에 보내신 자"로 성격화된다. "거룩하게 하다"(ἁγιάζειν)는 말은 "하나님의 목적을 위하여 성별하다"는 의미로 성서에서 익숙하게 사용되었는데, 하나님을 대신하여 세상에서 하나님의 뜻을 실현하기 위하여 지명된 예수 그리스도를 가리키는 가장 적절한 단어이다. 하나님 자신이 거룩하게 하신 자로서 예수는 성령을 충만하게 소유하고(3:34) 또 하나님의 면전에서 보고 들은 것을 증언하는 참되고 완전한 계시자이다(3:32). 이런 의미에서 예수는 "하나님의 거룩한 자"(6:69) 곧 하나님의 뜻을 실현하는 종말적 실행자이며 완성자이다.

예수는 그 자신과 하나님 사이의 하나됨을 증언하기 위하여 다시 그가 행하는 일들에 호소하여 믿음을 촉구한다: **"만일 내가 내 아버지의 일을 행치 아니하거든 나를 믿지 말려니와 내가 행하거든 나를 믿지 아니할지라도 그 일은 믿으라. 그러면 너희가 아버지께서 내 안에 계시고 내가 아버지 안에 있음을 깨달아 알리라 하신대"**(10:37-38). 그 유대인들이 수용할 수 없었던 것은 예수와 하나님 사이의 하나됨에 관한 주장이었다. 그래서 예수는 이 점을 그들에게 설득하기 위하여 그가 아버지의 이름으로 이미 행한 일들에 호소한다(10:25). 그들은 이전부터 예수가 행한 그 일들이 가리키는 바를 의도적으로 무시해왔기 때문에, 예수는 거의 간청하듯 말한다. 예수의 존재를 나타내기 위한 성서적 증거의 정당성은 오직 그가 행한 일들에 의하여 충분히 증명되기 때문이다. 예수는 그들이 예수의 존재 자체에 대한 믿음을 갖는 것이 어렵다면, 예수가 행하는 일들에 대한 믿음을 가지라고 권고한다. 예수는 고별강화에서 그의 제자들에게 이것과 동일한 것을 제시한다(14:11). 거기서 예수는 먼저 그가 하는 말들이 그 자신의 것이 아니라 아버지께서 그를 통해 행하시는 일들이라고 말한다(14:10). 예수를 진정으로 믿는 사람들은 그의 말들 속에서 이미 아버지를 인식한다.

그러나 이곳에서 예수는 그의 말들을 믿지 않으려는 완고한 사람들을 상대하고 있다. 요한복음에서 강조되는 믿음의 결과적인 내용은 아버지와 아들의 하나됨에 관한 것이다. 아버지께서 아들 안에 또 아들이 아버지 안에 있다는 것은 예수의 존재를 하나님과의 연합과 일치의 관계성에 기초하여 이해하려는 것으로서 요한복음에서 예수의 존재에 관한 결론적 이해와 관계된다(14:10). 아버지와 아들 사이의 그러한 신비한 관계를 깨달아 알게 될 때에, 예수의 제자들은 그들도 또한 아버지와 아들과의 연합의 관계에 들어감을 알게 될 것이다(14:20; 17:21). 따라서 독생자를 믿지 않는 그 유대인들을 향한 예수의 말들은 동시에 믿음의 공동체를 향한 교훈이기도 하다.

그러나 그 유대인들은 예수의 간청을 수용하지 않는다: **"저희가 다시 예수를 잡고자 하였으나 그 손에서 벗어나 나가시니라"**(10:39). 그들은 예수에 대한 부정적 견해를 유지하면서 다시 그를 체포하려고 시도한다(cf. 7:30, 32, 44). 안식일 논쟁 이후로(5:18), 예수를 죽이려는 그들의 소원은 변함이 없었으며 이제는 더 의도적이고 명백하게 나타난다(cf. 8:59, 10:31). 예수는 아버지의 기뻐하시는 일을 행하기 때문에(8:29), 그는 아버지께로부터 나오는 도움에 의해 보호를 받아 그들의 손에서 벗어나 떠나간다. 예수가 그들의 손에서 벗어났다는 언급은 해학적 대조를 이룬다. 아무도 예수의 혹은 아버지의 손에서 양을 빼앗을 수 없지만(8:28-29), 예수는 그를 잡으려는 사람들의 손에서 벗어난다. 예수의 때가 아직 이르지 않았기 때문이다. 상황이 더 악화되어간다는 사실이 이어지는 언급에서 표현된다. 예수는 요단강 건너편으로 가심으로써 그들의 수색으로부터 자기 자신을 숨긴다.

6. 해설: 사람들의 긍정적 반응(10:40-42)

그 유대인들로 하여금 예수에 대한 믿음을 가지도록 설득하려고 노력하는 시간이 신성모독의 범죄에 대한 사형 선고를 내리려는 그들의 줄기찬 주장과 함께 종결을 고한다. 예수는 더 이상 그 유대인들과 직접적으로 대면하지 않는다. 그의 말씀들과 일들은 이제 먼저 그가 사랑하는 사람들을 위하여 그리고 다음에 수난 설화 중에 그의 최종 판단들을 위하여 예비 된다. 양과 목자에 관한 그의 담론은 그에게 나아와 공개적으로 그와 연합하는데 있어서 아무도 설득하지 못한 것으로 보인다. 그 대신 그것은 해학적으로 5장 이후로 타오르는 반대자들의 적대적 의도를 표출시켰다.

예루살렘에서 예수를 위협하는 상황이 매우 악화되었기 때문에, 그는 유대교 당국자들의 관할권에서 벗어난 지역으로 후퇴한다: **"다시 요단강 저편 요한이 처음으로 침례 주던 곳에 가사 거기 거하시니"**(10:40). 예수는 갈릴리로 돌아가지 않는다. 요한복음에 따르면, 갈릴리에서 예수의 사역은 이미 6장에서 종결되었다. 요단강 건너편 침례 요한이 침례를 주던 곳은 '베다니'로 언급되었다(1:28). 그곳은 예수가 그의 공생애 사역을 시작했던 장소이기도 하다. 침례 요한이 처음 침례를 주던 곳에 관한 언급을 통하여 저자는 예루살렘에서 예수의 마지막 일들을 그의 복음의 시작과 연결시킨다. 거기서 예수의 메시아되심이 여러 칭호들을 통하여 표현된 것과 같이, 여기서 예수의 말씀들과 일들이 그의 존재를 최종적으로 나타낸다.

저자는 또 침례 요한에 대한 언급을 통하여 그와 예수에 대한 비교를 마무리한다. 요한복음에서 침례 요한에 대한 언급이 여기서 가장 간결하게 제시된다. 침례 요한이 그 자신의 제자들에게 말한 것－그(예수)는 흥하여야 하겠고 나(요한)는 쇄하여야 하리라(3:30)－과 같이, 그에 관한 이 마지막 언급은 그가 쇄하여 가는 것을 나타내는 문학적 고안이다. 침례 요한에 대한 예수의 우위성이 이런 방식으로 강조된다. 예수가 거기에 머문 기간이 전혀 언급되지 않는다. 그러나 요한복음 11:8에 따르면, 예수는 아마 잠시 동안만 그곳에 머물렀던 것으로 보인다.

요단강 저편에서 예수에 대한 사람들의 반응을 예루살렘에서 그 유대인들의 반응과 극적인 대조를 이룬다: **"많은 사람이 왔다가 말하되 요한은**

아무 표적도 행치 아니하였으나 요한이 이 사람을 가리켜 말한 것은 다 참이라 하더라. 그리하여 거기서 많은 사람이 예수를 믿으니라"(10:41-42). 많은 사람들이 예수에게 와서 발견한 것은 침례 요한에 대한 바른 이해였으며 또 그것을 통하여 예수에 대한 바른 이해를 갖게 되었다. 그들은 침례 요한에 대하여 부정적으로 또 긍정적으로 말한다. "요한이 아무 표적도 행지 않았다"는 것은 침례 요한에 대한 예수의 우위성 곧 예수만이 특별한 일들을 통하여 자기 자신을 증언한다는 것을 나타낸다.

그러나 저자에게 있어서 더 중요한 것은 사람들이 예수에 대한 침례 요한의 증거를 확인하게 된 것이다. 침례 요한이 예수의 표적들에 관하여 증언한 것은 아니다. 그는 단지 예수가 그 자신보다 후에 오게 될 메시야인 것을 단순하게 나타냈다(cf. 1:19-34; 3:28). 그러나 사람들은 예수의 말씀들과 일들 속에서 침례 요한이 그에 대하여 말한 것들의 확증을 인식하게 된 것이다. 수사적 구조가 "요한은 **아무** 표적도 행지 아니하였으나(οὐδέν)"와 "요한이 … **말한 모든 것**(πάντα)"의 대비를 통하여 표현된다. "다 참되다"(ἀληθῆ ἦν)라는 언급은 요한의 진술들의 정확성을 증명하며 또 그래서 요한이 진리에 대한 참된 증인인 것을 나타낸다(5:33).

침례 요한에 대한 바른 이해는 예수에 대한 믿음으로 이어졌다. 요단강 저편에서 사람들이 갖게 된 믿음은 유대교의 중심지인 예루살렘에서 그 유대인들의 불신과 배척과 대조된다. 이런 점에서 "요단강 저편"은 신학적 의미를 가진 지리적 언급이다. (1) 먼저 요단강 저편은 유대교 당국자들의 종교적 권위가 미치지 못하는 유대교의 변방 지역이다. 요한복음 7장의 경우에서와 같이 예수에 대한 믿음은 유대교 당국자들이 예수에 대한 불신과 적대감을 강하게 심어주지 못하는 지역에서 일어난다.

(2) 다음에 요단강 저편은 하나님의 영광이 나타나는 지역이다. 출애굽 사건에서와 같이, 많은 사람들은 광야에서 곧 정부의 제도들과 종교적 의식에서 떨어져있는 곳에서 믿음을 발견했다. 이러한 믿음은 나사로의 부활 사건을 통해 나타난 하나님의 영광과 자연스럽게 연결된다. 요한복음

11-12장에서 예수의 수난이 소개되며 예수의 공생애 사역이 전체적으로 요약하여 제시된다. 거기서는 생명의 떡, 생명의 물, 그리고 생명의 빛에 관한 말씀이 더 이상 나오지 않는다. 그래서 예수의 공생애가 여기서 끝났다고 생각하는 사람들도 있다.

제 5 장

예수의 공생애의 절정 (11:1-12:50)

요한이 제시하는 예수 이야기는 예수와 유대교 당국자들 사이의 길고 지루하며 적대적인 논쟁을 지나 예수의 공생애의 절정인 그의 죽음에 대한 예고로 진행한다. 요한복음 11-12장에 나오는 이야기들은 이 복음서에서 가장 유명하게 알려진 것들이면서 동시에 학자들 사이에서 역사적 질문들이 많이 제기된 것들이다. 이 이야기들의 배열은 연대기적이기 보다는 저자의 신학적 입장에 더 기인했다는 것이 일반적 견해이다. 여기서 예수에게 곧 다가올 일들의 그림자 곧 그의 죽음과 부활이 제시되는데, 저자는 그런 이유에서 원래 독립적인 이야기들을 여기에 배열한 것으로 보인다.

주요 등장인물들인 마르다와 마리아 그리고 무대인 베다니는 누가복음 10:38-42에서도 증언된다. 이것은 적어도 누가가 그런 전승들을 알고 있었다는 것을 가리키며 또 마가복음 14장과 마태복음 26장은 베다니에서 있었던 기름부음 사건에 관한 이야기가 광범위하게 알려져 있었던 것을 나타낸다. 따라서 나사로의 부활 사건은 예수의 죽음 직전에 있었던 기름부음 사건과 함께 베다니 전승과 관계된 이야기들을 한 곳에 모으려는 의도에서 이곳에 배열된 것으로 보인다.

요한복음 11:1-12:11은 예수의 공적 사역에 관한 묘사에서 그의 수난에 관한 이야기로의 전환적 위치를 차지한다. 나사로의 부활은 예수의 부활을 예고하며 또 예수의 기름부음은 그의 장례 의식을 반영한다. 요한복음 12:12-50은 수난 설화로 이어지는 일련의 사건들과 설명들을 포함한다: 예수의 예루살렘 입성, 헬라인들의 방문, 그리고 예수의 공적 사역의 요약적 진술. 이후로 요한복음에서 예수 이야기는 자연스럽게 예수가 그의 제자들과 함께 가진 최후의 만찬과 고별 강화로 이어진다. 식사 자리가 중요한 교훈을 전달하는 장소로 제시되는 점에서 이와 같은 묘사는 그리스-로마 전기의 전형적 형태를 보여준다.

나사로 부활 사건의 표현 방식은 지금까지의 표적 이야기들의 표현 방식과 다르다. 지금까지는 표적 사건을 기록한 다음에 대화를 통한 설명을 제시한 반면, 여기서는 대화를 통한 설명 다음에 표적을 행한 것으로 제시된다. 또 나사로 부활 사건의 실체를 이해하는 것이 중요하다. 나사로가 참으로 죽었으며 또 그래서 참으로 죽은 자 가운데서 살아남을 받은 것이 분명하지만, 나사로에게 일어난 결과는 예수에게 일어난 부활과 동질의 사건은 아니다. 나사로의 부활이 그가 죽었다가 다시 인간 존재로 살아난 회생이었던 반면, 예수의 부활은 인간 존재와는 전혀 다른 형태를 가진 존재로의 변형이다. 나사로는 예수와 같은 부활의 몸을 입지 못했으며 다만 이전 인간 존재로 회복되었을 뿐이다. 나사로는 예수가 경험했던 의미의 부활을 경험한 것이 아니며, 다만 질병에서 나음 받은 인간 존재로 회복되었을 뿐이다. 그의 부활의 실체는 질병, 썩어짐, 죽음, 그리고 시공과 관계없는 존재로의 변형이 아니라, 다시 죽는 존재로 회생한 것이다.

요한복음 11장은 이 복음서의 여러 이야기들에서 이미 제시된 것과 같이, 예수에 대한 믿음을 갖고 실제로 그를 따르고 있는 그의 제자들이라도 아직 완전하고 충분한 믿음에 이르지 못한 상태를 보여준다. 마르다는 분명히 예수를 믿고 따른 제자로서 특히 예수의 권능과 메시아로서 그의 존재를 믿고 있었지만, 그녀는 아직 예수의 부활과 그가 주시는 영원한 생명을 충분히 이해하지 못하고 있었다. 그녀는 마지막 날에 있을 부활을 믿었지만, 예수 그리스도는 지금 이 세상의 삶에서부터 신자들에게 영원한 생명을 주시는 분임을 믿는 것은 부족했다(11:24-26). 무덤에서 돌을 옮기라는 예수의 명령에 대한 마르다의 부정적 언급(11:39)은 그녀가 아직 충분하고 완전한 신앙에 이르지 못한 것을 나타낸다. 예수를 향해 원망하며 울고 있는 마리아도 동일한 상태를 나타낸다. 이것은 예수의 제자들 사이에서 예수가 누구인가 또 어떤 존재인가에 관하여 더 적합한 믿음과 성숙한 이해에 이르는 과정을 묘사한다.

요한복음 11-12장의 이야기들은 예수의 공생애 사역에서 그의 제자들의 성격에 관한 중요한 정보를 제공한다. 예수의 제자들 중에는 모든 것을 포기하고 예수와 함께 전도 여행을 하고 있는 핵심적 제자들이 있었던 반면, 여기서 예수가 사랑하는 사람들은 한 지역에 머무르면서 예수와 그의 제자들이 그 지역에 머무를 때에 그들을 접대한 사람들로 나타난다. 이것은 예수가 그의 모든 추종자들로 하여금 제자직의 요구들을 수용하기 위하여 가정과 가족을 떠나야한다고 요구하지 않은 것을 의미하기 때문에 대단히 중요하다. 누가복음 8:1-3에 기초하여, 예수가 여성 제자들은 가정에 머물러야 함을 요구했다고 주장하기는 어렵다. 예수의 공생애 사역동안에 여러 가지 형태의 제자직이 있었던 것을 이해하는 것이 필요하다. 예수의 시대와 사회 환경에서 급진적이었던 것은 예수가 여성들도 그의 제자들이 되는 것, 심지어 순회 여행에 참여하는 제자들이 되는 것을 허용했다는 것이다.

본문이 제시하는 또 다른 중요한 사회적 차원은 예수의 추종자들 중에는 사회적으로 지위가 있으며 또 예수를 따르기 위하여 그들의 재산을 포기하지 않은 사람들이 있었다는 사실이다. 주요한 등장인물들인 마리아, 마르다, 그리고 나사로는 몇 가지 점들에서 사회적으로 비교적 높은 지위의 사람들이었던 것으로 보인다. 먼저 나사로의 죽음을 애도하기 위하여 많은 유대인들이 예루살렘으로부터 왔다(11:19, 45). 다음에 그들은 예수의 열두 제자들을 포함하여 적어도 15명이 식사할 수 있는 향연장을 제공할 수 있었다. 그들은 예수와 그의 제자들을 접대할 수 있을 만큼 어느 정도 재산을 소유한 가족인 것을 보여준다. 또 마리아가 예수의 발에 부은 향유는 값비싼 향유 곧 순전한 나드 향유로서 그 가족의 높은 지위를 나타낸다(12:3). 그리고 돌을 굴리는 무덤은 유대 지방에서 보통 행해지는 장례에 포함되었다(11:38).

이런 점들에 따라, 이곳과 누가복음 10:38-42에 묘사된 베다니 가족은 예수와 그의 제자들이 예루살렘 지역에 있었을 때에 그들을 환대한 재력이 있는 가족이었던 것으로 보인다. 그들은 예수와 함께 순례 여행에 참가하지 않았지만 예수의 교훈들을 충실하게 따르는 제자직의 유형을 나타낸다. 이 본문과 누가복음 8:1-3에 따르면, 비록 예수는 사회에서 가난하고 주변화 되어 억압받는 사람들의 추종을 받았으며 또 그래서 그가 죄인들과 세리와 같이 멸시받는 사람들의 친구라는 명성을 얻은 것이 사실이지만, 예수의 사역을 단순히 그런 사회적 차원에서만 이해할 수 없다는 것을 보여준다.

A 부활과 생명이신 예수 그리스도(11:1-57)

나사로의 부활 사건은 요한복음에서 예수의 사역의 절정에 속한 표적으로 제시된다. 공관복음서들에서는 소위 성전 정화 사건이 예수를 체포하게 된 결정적 사건으로 제시된 반면, 이 복음서에서는 나사로를 살린 사건이 예수의 죽음을 부른 결정적 사건으로 나타난다. 학자들은 요한복음에서 성전 청결 사건이 2장으로 옮겨지게 되어서 나사로의 부활 사건이 여기에 위치할 수 있었다고 생각한다. 사람을 죽은 자 가운데서 일으키는 사건은 생명의 수여자로서 예수의 존재와 권능을 극적으로 묘사한다. 생명의 수여자로서 예수의 존재는 요한복음에서 반복되는 소제(모티

프)이다. 이 복음서의 서두에서 예수 그리스도 안에는 생명이 있었다고 제시되었다(1:4). 생명의 수여자로서 예수에 관한 주제는 예수의 초기 사역(요 2-4장)에서 강조되었으며 또 요한복음 6장의 강화에서 예수는 "생명의 떡"으로 성격화된다.

이 주제와 병행하여 요한복음에는 하나님의 구속 사역의 미래적 성취에 대한 희망이 예수 그리스도 안에서 이미 실현되었다는 주장과 균형을 이룬다. 예수를 믿는 사람들은 현재 영생을 소유하고 있다(3:15-16; 6:47). 하나님의 심판도 미래적이면서 동시에 현재적이다(3:19; 5:29). 마지막 날에 예수는 그에게 온 사람들을 일으킬 것이다(6:39, 40, 44, 54). 그러나 예수의 말씀을 듣고 그를 믿는 사람들은 영생을 소유하고 있으며 이미 죽음에서 생명으로 옮겨져 있다(5:24). 아버지는 그 아들에게 죽은 자를 살리며 생명을 주는 권세를 주셨다(5:21). 죽은 자들이 그 아들의 음성을 들을 것이며 듣는 자는 살아날 것이다(5:25). 무덤에 있는 모든 사람들이 그의 음성을 들을 때가 오고 있다(5:28-29). 따라서 나사로 부활 사건은 생명의 수여자로서 예수에 관한 주제를 강조할 뿐 아니라, 동시에 그를 믿는 사람들은 이미 생명을 소유하고 있다는 것을 선언하는데 기여한다.

죽음 이후의 삶에 대한 희망은 인류의 삶에서 보편적으로 제기되었고 특히 히브리 성서에서 깊이 다루어진 신학적 주제다. 욥은 죽음 이후의 삶과 씨름했는데, 왜냐하면 고대 히브리인들은 죽은 자의 거처로서 스올에 대한 막연한 개념만을 갖고 있었기 때문이었다. 기원후 일세기에 유대인들이 가졌던 죽은 자의 부활에 대한 신앙은 매우 최근에 발전된 것이었다. 부활에 관한 첫 번째의 가장 명백한 언급은 다니엘 12:2에 나온다. 헬라인들은 인간 영혼의 불멸 곧 인간 존재에는 본래적으로 불멸하는 어떤 것이 있다고 믿었다. 그러나 히브리인들은 인간 영혼에 본래적으로 불멸하는 것은 아무 것도 없다고 믿었다. 그들은 죽음 이후의 생명은 전적으로 하나님과 하나님의 권능에 달려있다고 생각했다. 하나님의 변함없는 사랑과 보응에 대한 신앙이 결과적으로 죽음이 인간 존재의 끝이 아니라는 확신에 이르게 했다. 부활에 대한 이 신앙은 예수 시대에는 매우 최근에 발전된 것이어서 일세기의 모든 유대인들이 그것을 수용한 것은 아니었다. 바리새인들과 에센파 사람들은 죽은 자의 부활을 믿은 반면, 사두개인들은 그것을 믿지 않았다. 나사로의 부활에 관한 이야기는 요한복음의 독특한 주장 곧 예수는 "부활과 생명"라는 주장(11:25)을 극적으로 표현한다.

요한복음 11:1-44은 이 복음서에서 수난 설화 전에 가장 길게 제시된 설화로서 저자가 예수의 죽음과 부활이라는 더 큰 표적을 말하기 전에 제시하는 일련의 표적들의 절정이며 가장 기적적 요소를 포함한 설화다. 여러 가지 점에서 이 이야기는 요한복음 2장에 나오는 첫째 표적과 긴밀하게 연결되고 또 저자의 주요한 주제들을 결합하고 다시 강조하는데 기여한다. 마르다와 마리아의 요청(11:3)은 예수의 모친의 요청과 흡사하다. "당신이 구하시는 것은 무엇이든지"(11:22)라는 마르다의 언급은 "무슨 말씀을 하시든지 그대로 하라"는 예수의 모친의 언급(2:5)과 유사하다. 두 장면에서 상황이 불가능하게 보일지라도 예수께서 이행하실 것이라는 희망이 강조된다. 영광의 주제가 두 이야기들에서 나타난다(11:4, 40; 2:11).

요한복음 2장과 7장에서와 같이, 이 이야기에서도 예수는 그의 모친이나 형제들이나 친구들의 요청에 따르는 것이 아니라 아버지의 뜻에 따라 행동한다. 요한복음 2장에서 가장 좋은 포도주를 남겨놓은 것과 같이, 가장 위대한 표적도 그의 공생애 묘사의 마지막 단계를 위하여 남겨놓았다. 요한복음 2장에서 예수는 두 사람의 연합을 축하하는 자리에서 새 생명과 기쁨을 제공한 반면, 여기서 예수는 그가 진정으로 사랑하는 가족에게 새 생명과 재결합을 제공한다. 두 이야기들은 공통적으로 예수의 참된 본질을 배우고 또 그렇게 함으로써 예수의 참된 제자들이 되는 과정 중에 있는 여성들을 묘사한다. 마르다와 마리아는, 예수의 모친과 같이, 예수의 기적 이행의 권능을 믿고 있지만, 두 경우에 이 믿음과 지식은 예수의 존재의 깊이를 충분히 파악하는 데는 아직 이르지 못한다. 그들은 예수가 부활이며 생명이기 때문에 현재의 삶에서부터 생명을 제공할 수 있다는 것을 인식하지 못한다.

요한복음 11장에는 상이한 두 사건들이 연결된다. 예수가 죽은 나사로를 살린 사건(11:1-44)이 예수를 처형하려는 유대교 당국자들의 결정(11:45-53)과 연결된다. 예수를 처형하려는 결정(11:47-53)이 앞에서 제시된 나사로 부활 사건으로부터 출발한다(11:45-46). 예수가 생명을 주는 일을 하기 때문에, 유대교 당국자들은 예수의 생명을 빼앗으려고 결정한다. 이것은 이 사건이 갖는 문맥적 특성을 나타낸다. 요한복음 5-10장에서 제시된 것으로서 거부하고 배척하는 그 유대인들과의 격렬한 대립은 예수의 마지막이며 절정적인 표적으로 이어진다. 이 사건의 기독론적이며 구원론적인 중요성이 설화의 서두(11:4)와 절정(11:40) 그리고 중심적 선언(11:25-26)으로 제시된다. 날 때부터 맹인된 자의 치유와 함께 이 사건은 예수는 세상의 빛과 생명이라는 요한복음의 중심적 기독론적 개념을 표현한다. 저자는 생명의 수여자인 예수를 나타내는 가장 큰 표적을 의도적으로 설화의 이 시점에서 제시한다.

신앙과 불신 사이의 충돌의 드라마가 절정에 도달하는 이 시점에서 이 사건은 신앙을 위한 마지막의 강한 자극을 제공하며 그것이 더 많은 사람들로 하여금 예수에 대한 믿음에 이르게 하는 반면(11:45), 유대교 지도자들은 세상 모든 사람들이 예수를 따라갈 것 같은 극도의 위협을 느끼게 된다(11:48; 12:19). 이러한 두려움이 그들로 하여금 반격을 준비하게 하고 또 급기야 예수를 죽이려는 공식적 결정을 내리게 만든다. 하나님의 아들이 생명을 주는 권세를 가장 강력하게 나타내는 순간에 불신자들이 그를 죽이려고 결의하고 그 목적을 위하여 필요한 모든 수단을 강구하게 된 것은 저자의 입장에서는 결코 우연한 일이 아니었다. 십자가의 길이 예견되었지만, 그것은 하나님의 계획 속에서 이루어졌다. 죽은 자를 일으키는 표적은 이 마지막 영광을 예시하며(11:4) 또 대제사장의 의도적 예언(11:51-52)은 인간의 목적이 어떻게 하나님의 계획의 성취에 필연적으로 기여할 수밖에 없는가를 보여준다.

요한복음 11장은 이 복음서에서 표적을 묘사하는 전형적 양식을 따르면서도 한 가지 주요한 차이점을 보여준다. 요한복음 5, 6, 9장에서 표적이 간략하게 묘사되고 그리고 그 표적을 해석하기 위하여 부가된 담론이 이어졌다. 그러나 여기서는 표적의 의미를 해석하는 세 번의 대화가 나오고 그리고 나사로를 살리는 사건이 묘사된다. 요한복음 11장의 내용을 다음과 같이 여섯 개의 소단락으로 구분할 수 있다:

A. 나사로의 병듦과 구원의 요청(11:1-6)
B. 예수와 제자들의 대화(11:7-16)
C. 예수와 마르다의 대화(11:17-27)
C'. 예수와 마리아의 대화(11:28-37)
B'. 죽은 나사로를 일으키심(11:38-44)
A'. 유대교 당국자들의 반응(11:45-53)

1. 나사로의 병듦과 구원의 요청(11:1-6)

이야기의 첫째 장면은 예수의 마지막 표적을 위한 무대를 묘사한다. 이야기는 등장인물들의 소개와 그들이 처한 상황의 묘사로부터 시작한다: **"어떤 병든 자가 있으니 이는 마리아와 그 형제 마르다의 촌 베다니에 사는 나사로라"**(11:1). 저자는 마치 지금까지와는 전혀 다른 이야기를 말하려는 것같이 이야기를 시작한다. 여기에 나오는 세 등장인물들의 이름과 그들이 살던 장소에 관하여 지금까지 전혀 언급이 없었다. 등장인물들과 그들이 사는 장소가 언급되기 전에 단순히 "어떤 병자가 있었다"라는 서두의 언급은 이 이야기가 이전에 나온 병자 치유 이야기의 양식을 가진 이야기인 것을 보여준다(4:46; 5:1-5). '나사로'라는 이름은, 어원적으로는 "하나님이 도우신다"라는 의미를 갖는데, 이곳 외에는 누가복음의 비유에 나온다(눅 16-19-31). 거기서 그는 가난한 거지로 살다가 죽어 아브라함의 품에 들림 받은 자로 나오며(눅 16:20-22) 또 그의 부활이 가정적으로 언급된다(16:31).

'베다니'라는 지명은 공관복음서들에도 나오는데, 여기서는 마리아와 마르다의 거처라는 것과 예루살렘과 가까운 지역이라는 언급(11:18)에 의해 요단강 저편 베레아 지역의 베다니(1:28)와 구별된다. 예수가 나사로의 병환에 관하여 들었을 때, 그는 요단강 저편 베다니에 있었기 때문에(10:40), 이 구별은 이 사건의 이해에 더 필요하다. 마리아와 마르다 자매들은 이곳과 누가복음(10:38-42)에만 나온다. 그러나 누가복음에서는 그들이 살던 장소가 언급되지 않는다.

저자는 이 등장인물들의 관계를 추가로 설명한다: **"이 마리아는 향유를 주께 붓고 머리털로 주의 발을 씻기던 자요 병든 나사로는 그의 오라비러라**"(11:2). 여기서 마리아는 "예수께 향유를 붓고 머리털로 예수의 발을 씻은 자"로 나온다. 공관복음서들에서는 이런 행위의 사건이 매우 다르게 묘사된다. 마가복음과 마태복음에서는 예수의 공생애 맨 마지막에 예루살렘에서 그를 체포하려는 음모가 진행되는 가운데서 예수가 베다니에 사는 문둥이 시몬의 집에 계실 때에 어느 익명의 여인이 **예수의 머리에 향유를 부은** 사건으로 전달한다(막 14:3; 마 26:6). 누가복음에서는 예수가 갈릴리 사역을 행하던 때에 어떤 바리새인의 집에서 어떤 익명의 죄 많은 여인이 **눈물로 예수의 발을 적시고 그녀의 머리털로 씻으며 예수의 발에 입맞추고 향유를 부은** 것으로 제시된다(눅 7:37-38).

요한복음의 묘사에 따르면, 저자는 공관복음서들에 보존된 전승들을 다 알고 있었으며 그것들을 사용하여 익명으로 전달된 그 기름부음의 행위를 한 여인을 베다니의 마리아와 동일시하고 그 전승들에 묘사된 행위를 결합하여 "예수께 향유를 붓고 머리털로 예수의 발을 씻기던 자"로 묘사한 것으로 보인다. '향유,' '붓다,' '씻다,' '발' 그리고 '머리털'과 같은 단어들이 누가복음의 기름부음 사건에 그대로 나오지만, 마가복음에는 '향유'만 나온다. 실제로 요한복음에서 마리아의 이 행위에 관한 사건은 나사로의 부활 사건 이후에 12:1-8에서 제시된다. 저자가 다음에 제시될 사건을 미리 언급하고 또 예수에 대한 기독론적인 칭호인 '주'를 반복하여 사용한 것은 독자들이 공관복음서 전승에 나오는 이 사건에 관하여 익숙하게 알고 있는 기독교인들인 것을 가리킨다.

저자는 또 병든 나사로를 베다니에 사는 마리아의 오라비와 동일시한다. 그렇게 함으로써 저자는 그녀들이 나사로에 관한 소식을 예수에게 전달한 것을 독자들이 자연스럽게 이해하도록 돕는다: **"이에 그 누이들이 예수께 사람을 보내어 가로되 주여 보시옵소서 사랑하시는 자가 병들었나이다 하니"**(11:3). 그 누이들은 나사로를 "예수가 사랑한 사람"(ὃν φιλεῖς)으로 묘사한다. 이 묘사에 기초하여 나사로는 요한복음에 익명으로 나오는 "예수가 사랑한 그 제자"(13:23; 19:26; 21:7, 20; 20:2)라는 견해가 제시되었다. 나사로는 요한복음에서 예수가 사랑한 사람으로서 이름이 밝혀진 유일한 남성 제자이기 때문에, 그가 바로 "그 사랑받는 제자"였다는 추측이 가능하다. 여기서 제시되는 나사로의 부활은 요한공동체에서 일부 사람들이 그 사랑받는 제자는 그리스도가 재림하기까지는 죽지 않으리라고 생각한 이유를 설명하기 때문에(21:23), 이 추측은 요한복음 21장에 의해서도 지지를 받는다. 또 요한복음 12장과 13장을 함께 읽으면, 12장에서 나사로가 주인 자격으로 예수와 함께 앉아 있었던 것은 13장에서 "예수의 품에 의지하여 누워 있었던" 그의 사랑하시는 자를 나사로와 동일시 할 수 있다(12:1-2; 13:23).

그러나 이런 증거들만을 가지고 그 사랑받는 제자를 나사로와 동일시하는 것은 무리라는 것이 대체적인 견해이다. 나사로의 병환이 구체적으로 어느 정도였는지 전혀 언급되지 않지만, 그것이 그의 죽음으로 이어진 것을 보면 그 병환의 위중함을 가리킨다. 공관복음서들에서 예수가 죽은 자를 살린 사건은 그 사람이 죽은 지 얼마 지나지 않은 시점에서 이루어졌다. 그러나 나사로 부활 사건은 나사로가 죽은 지 나흘이 지난 후에 이루어진 것으로서 예수가 진정으로 죽은 자를 살리는 생명의 권세자인 것을 나타낸다. 비록 나사로가 예수의 부활의 권세의 대상자로 등장하지만, 이 이야기는 마리아와 마르다의 믿음의 반응에 관하여 묘사된다. 나사로는 그 누이들이 예수에게 한 보고의 대상일 뿐, 이야기의 대부분은 예수가 먼저 그의 제자들과 나눈 대화 그리고 다음에는 그 누이들과 나눈 대화로 구성된다.

그 누이들의 전갈에 대한 예수의 대답은 이 사건의 중심적 의미를 전달한다: **"예수께서 들으시고 가라사대 이 병은 죽을 병이 아니라 하나님의 영광을 위함이요 하나님의 아들로 이를 인하여 영광을 얻게 하려함이라 하시더라"**(11:4). 예수의 대답은 이 사건을 단순한 신체적 질병 치료 차원으로부터 영적인 차원으로 높여 하나님의 목적을 나타내는 상징적 치유 사건으로 만든다. 예수에게 있어서 이 병환은 단순히 예수의 기적적 치료 능력의 기회가 아니라, 예수의 존재와 사역에 관한 더 깊은 의미를 나타내는 기회가 된다. 이 사건의 이러한 영적인 목적은 '영광'이란 단어의 사용을 통하여 표현된다. 요한복음에서 '영광'은 단순한 '찬송'의 의미보다 '계시'의 의미를 갖는다. 따라서 이 병환의 결과는 죽음이 아니라, 하나님과 하나님의 아들이 누구이며 그들이 하는 일이 무엇인가를 나타내는 계시가 될 것이다. 질환과 죽음까지도 하나님의 활동을 나타내는 도구가 된다. 그것은 하나님이 자신의 영광을 위하여 나사로로 하여금 죽을병에 걸리게 했다는 의미가 아니라, 나사로가 죽을병에 걸렸지만 그것이 하나님의 영광을 나타내는 기회가 되었다는 의미를 표현한다.

이런 면에서 이 사건은 날 때부터 맹인된 사람의 치유 사건과 동일한 교훈을 전달한다. 거기서 하나님의 일들이 날 때부터 맹인된 사람을 통하여 나타난 것과 같이(9:3), 여기서도 하나님이 그의 아들을 통하여 활동하신다는 동일한 사상이 제시된다. "하나님의 영광을 위함이요"(ὑπὲρ τῆς δόξης τοῦ θεοῦ)라는 어구는 하나님의 아들의 활동의 목적은 하나님 자신의 활동을 나타내기 위한 것을 표현한다. 하나님의 아들이 세상에서 행하는 표적을 통하여 하나님의 영광 곧 그의 권능의 활동이 나타난다(2:11).

하나님의 아들의 활동을 통한 하나님의 영광의 나타남은 역으로 하나님의 아들의 영광으로 이어진다. "이를 인하여"(δι' αὐτῆς)라는 어구는 나사로의 병환보다는 하나님의 영광을 가리킨다. 아버지와 그 아들이 서로를 영화롭게 한다는 것은 요한 기독론의 중심적 주제이다. 그 아들의 영광은 가나 혼인 잔치로부터 시작하여 주기적으로 언급되었는데(2:11; 7:39; 8:54), 예수의 죽음과 올리우심을 가리키는 '때'의 도래에서 절정에 이르는 언급으로 제시된다(10:17-18; 13:31-32; 17:1). 죽은 자를 일으키는 표적 속에서 표현된 하나님의 영광은 나아가 예수 자신의 죽음과 부활을 통하여 그 아들의 영광으로 나타난다.

하나님의 아들은 단순히 죽은 자에게 생명을 주는 일만 하는 것이 아니라, 그것을 통하여 그 자신의 부활을 나타낸다. 요한복음에 따르면, 나사로를 일으키는 사건은 실제로 예수의 죽음으로 연결되지만(11:51-52), 하나님은 예수를 죽은 자 가운데서 일으킴을 통하여 하나님의 영광을 나타내신다. 하나님은 그 아들을 그가 이전에 공유했던 영광의 자리에 복귀시키고(17:5) 또 그를 믿는 모든 사람들에게 이 생명을 제공하는 권세를 그 아들에게 주신다(17:2).

저자는 나사로의 병환을 다루는 예수의 활동을 구체적으로 언급하기 전에 이 사건에 임하는 예수의 독특한 자세를 언급한다: **"예수께서 본래 마르다와 그 동생과 나사로를 사랑하시더니 나사로가 병들었다 함을 들으시고 그 계시던 곳에 이틀을 더 유하셨다"**(11:5-6). 나사로에 대한 예수의 사랑은 그의 누이들에 의하여 이미 확인되었기 때문에(11:3), 여기서 다시 반복할 필요가 없어 보인다. 그러나 여기서 다시 예수가 그들을 사랑하셨다는 언급은 예수가 그 누이들의 요청에 늦게 반응한 것에 대한 가능한 오해를 불식시킨다. 예수가 즉시 반응하지 않음으로써 결과적으로 나사로가 죽게 된 것은 그들에 대한 사랑이 부족해서가 아님을 나타낸다. 여기서 '사랑하다'(ἀγαπάω)는 동사는 11:3에 나오는 '사랑하다'(φιλέω)는 단어와 다르다. 두 단어들은 요한복음에서 일반적으로 동의어로 사용된다(cf. 11:3, 5, 36; 21:15-17). 그러나 일부 학자들은 후자는 우정과 같은 감정적 유대 관계를 가리키는 반면, 전자는 예수 자신이 모범을 보였으며 그의 제자들에게 요구한 것(13:34-35)으로서 자기-희생을 포함하는 도덕적으로 완전한 사랑을 가리킨다고 주장한다. 요한복음 전체적으로 예수 자신의 언급과 그의 모범과 관련하여 나오는 동사는 전자가 사용되었다.

예수가 그들을 사랑하고 있었고 그 누이들의 요청이 있었음에도 불구하고 예수는 그가 계시던 곳에서 이틀을 더 머무셨다. 예수가 이틀을 지체한 동기가 직접적으로는 언급되지 않는다. 예수는 더 영광스러운 기적의 효과를 얻기 위하여 나사로가 죽기를 기다렸다고 보기는 어렵다. 예수가 그의 병환에 관하여 들었을 때는 나사로가 이미 죽었으며 또 그는 나사로의 죽음을 이미 초월적으로 알고 있었기 때문이다(11:11, 14). 예수는 사람이 죽은 지 나흘이 지나야 완전하게 죽는다는 유대인들의 대중적 신념에 따라 나사로의 죽음이 완전하게 되기를 기다렸다는 견해도 있지만 설득력은 없다.

보다 더 설득력이 있는 해석은 예수의 활동은 사람들의 요청에 따라 이루어지는 것이 아니라, 그는 오직 하나님의 요구를 따라 활동하는 하나님의 대행자의 모습을 나타낸다는 것이다. 예수의 활동의 이러한 원칙은 이미 그의 사역에서 여러 차례 제시되었다. 예수는 그의 모친이나 그의 형제들의 요청에 즉각적으로 반응하지 않았다(2:3-4; 7:3-9). 여기서도 예수는 그가 사랑하는 친구들의 요청에 대해서도 즉시 반응하지 않는다. 따라서 예수의 활동은 비록 인간적으로는 이상하게 보일지라도 하나님의 위임의 측면에서 이해될 수 있다.

2. 예수와 제자들의 대화(11:7-16)

예수가 그의 제자들과 가진 대화에는 두 가지 의미를 가진 여행이 포함된다. 하나는 예수를 죽음에 이르게 하는 유대(예루살렘) 지방으로의 여행이며 또 다른 하나는 나사로를 죽은 자 가운데서 일으키기 위한 여행이다. 대화의 마지막에 나오는 도마의 언급은 유대와 베다니로의 여행의 두 가지 국면들을 결합시킨다. 제자들의 두려움에 찬 언급은 죽음의 주제를 강조하고 또 그래서 예수의 공생애의 과정에서 심각한 국면을 표시한다. 저자는 예수의 공생애 과정의 묘사에서 나사로 부활 사건에 큰 중요성을 부여한다. 이것은 예수의 종국적 때가 이르기 전 마지막 단계의 사건으로서 아직은 하나님의 위임을 따라 활동할 때이며 하나님의 일을 완수하기 위한 부르심의 때인 것을 나타낸다(11:10; cf. 9:4). 그러나 죽음에 이르는 길에서 나사로를 일으킨 것은 죽음이 끝이 아니라는 것을 약속한다. 따라서 이 사건은 제자들로 하여금 예수에 대한 믿음을 촉구하며 그의 죽음의 때를 준비한다.

예수의 제자들은, 날 때부터 맹인된 사람의 치유 사건에서 잠시 등장한 이후(9:1-2), 여기서 갑자기 재등장한다. 이 사건의 경우와 그 밖의 다른 표적 사건들의 경우(가나 혼인 잔치와 오병이어)에서와 같이 그들은 단지 사건의 주변에서 그 사건들이 그들이 함께 있는 자리에서 일어난 것을 독자들에게 전달하기 위한 도구로 사용된다. 대화는 예수의 제안과 제자들의 반문으로 구성된다: **"그 후에 제자들에게 이르시되 유대로 다시 가자 하시니 제자들이 말하되 랍비여 방금도 유대인들이 돌로 치려 하였는데 또 그리로 가시려 하나이까"**(11:7). 예수는 이미 유대를 여러 번 방문했었다(2:13; 5:1; 7:14). 저자에게 있어서 유대는 예수의 사역이 종국에 도달하는 예루살렘을 중심으로 유대교 당국자들의 영향력이 강하게 미치고 있었던 지역을 가리킨다. 이번 여행은 예루살렘의 근교인 유대 지역에서 이루어지겠지만, 그곳 역시 유대교 당국자들의 영향이 미치는 지역으로서 위험하다(cf. 4:3; 7:1). 예수는 이 제안에서 나사로를 언급하지 않으며 제자들 역시 그들의 대답에서 나사로를 말하지 않는다. 다만 위험과 죽음의 장소로의 여행에 초점이 맞추어진다. 그래서 어떤 학자는 11:7-10은 나사로 사건과 무관하다고 지적한다(Brown, I:432). 아무튼 저자는 베다니로의 이번 방문을 예수가 유대로 가는 최종적이며 결정적 여행의 원인과 시작으로 간주하는 것으로 보인다.

제자들도 예수가 제안하는 이번 여행의 위험성을 이미 알았으며 그래서 그들은 예수를 돌로 치려했던 그 유대인들의 지난번 시도를 언급한다(10:31; cf. 10:39). 그러나 그들은 죽음에 대한 두려움 혹은 적어도 그들의 선생의 죽음에 대한 두려움으로 인하여 예수의 사역의 완성과 관련하여 이 여행에 포함된 더 중요한 의미를 이해하지 못하고 있었다. 이 여행의 결과로 예수가 받게 될 죽음은 하나님의 뜻을 따라 그에게 주어진 임무의 완수 곧 양들을 위하여 자기 목숨을 내어놓는 목자의 임무의 완수이며(10:11, 15) 또 자기의 친구들을 위하여 자기 목숨을 내어놓는 사랑의 실천의 완수가 될 것이다(15:13).

예수는 그가 세상에 와서 임무를 완수하고 떠나가는 것을 하루의 해에 비유하면서(cf. 9:4-5), 제자들의 두려움과 몰이해에 대하여 그의 사역이 아직 끝나지 않았으며 그는 아직 시간이 남아 있는 한 그의 일을 계속해야함을 지적한다: **"예수께서 대답하시되 낮이 열두 시가 아니냐 사람이 낮에 다니면 이 세상의 빛을 보므로 실족하지 아니하고 밤에 다니면 빛이 그 사람 안에 없는 고로 실족하느니라"**(11:9-10). 유대인의 낮은 해가 떠서 지기까지의 시간을 열둘로 균등하게 나누어진 시각들로 구성된다. 유대교의 관습에 기초한 낮과 밤의 비유적 사용은 날 때부터 맹인된 사람의 치유 사건에서 이미 제시되었다. 여기서도 저자는 일차적으로 낮과 밤을 예수의 사역의 때와 종결을 나타내기 위하여 비유적으로 사용한다. 낮은 예수의 사역의 때("때가 아직 낮이매," 9:4)로서 예수의 마지막 때가 되기까지는 그의 반대자들이 그에 대하여 아무 것도 할 수 없는 기간이다(cf. 7:30; 8:20).

반면에 밤은 예수의 수난과 죽음으로 인하여 그의 사역이 종결에 이르는 때를 말한다. 예수의 사역은 그에게 주어진 때로 한정되어 있기 때문에, 그는 그에게 부여된 일들을 완수해야 할 때가 아직 남아 있는 한 상황에 상관없이 그 일을 해야 한다. 따라서 예수의 이 말은 제자들의 두려움에 찬 반문(11:8)에 대한 명백한 대답이다. **예수는 그가 아직 가야 할 길이 남아 있고 또 그래서 그가 위험과 죽음의 장소인 유대로 가는 것은 하나님의 뜻에 따른 것임을 가리킨다**.

다음에 여기서 낮과 밤의 대조가 '다니다'(περιπατέω)와 '실족하다'(προσκόπτω)라는 단어들과 함께 제시된다. '다니다'는 단어는 보통 그리스도인들의 삶을 가리키기 위하여 사용된다. '실족하다'는 단어는 보통 "걸려 넘어지다"라는 신체적 의미로 사용되지만, "구원의 상실"과 같은 영적 불행의 의미로도 자주 사용된다. 요한복음에서 예수는 자주 자기 자신을 세상의 빛으로 소개했다(8:12; 9:5; 12:46). 그래서 낮에 다니는 것과 밤에 다니는 것의 대조는 그리스도를 모신 제자들의 삶을 대조시킨다. 첫째 조건문인 "사람이 낮에 다닌다"라는 것은 제자들이 예수를 신뢰하고 그와 함께 걸으면서 하나님의 일들을 행하는 삶을 가리킨다. 그러면 그들은 반대자들의 위협과 위험 속에서도 "이 세상의 빛"되신 주님을 모시고 있기 때문에 걸려 넘어지지 않는다.

그러나 둘째 조건문에 나오는 "사람이 밤에 다닌다"는 것은 예수와 함께 걷는 것 곧 믿음과 제자직을 포기하는 것을 가리킨다. 그러면 그들은 어두움 속에서 걷게 되고 구원의 상실과 같은 실족의 위험을 당하게 된다. 그런 실족은 "빛이 그 사람 안에 없기 때문"이라는 이유에서도 확인된다. 여기서 빛은 예수 그리스도를 믿는 사람들이 믿음으로 말미암아 받는 내적 조명을 말한다. **예수는 이 말씀을 통하여 자기 자신의 사역의 숙명성은 물론 예수를 의지해야 하는 제자들의 삶의 기본 원리를 가르친다**.

예수는 이 말씀 후에 자기가 유대에 가려는 목적을 나사로의 부활과 관계시킨다: **"이 말씀을 하신 후에 또 가라사대 우리 친구 나사로가 잠들었도다 그러나 내가 깨우러 가노라"**(11:11). '잠잔다'(κοιμᾶσθαι)는 말은 죽음을 가리키는 유대교의 익숙한 은어(cf. 욥 14:11-12)로서 죽은 자를 가리켜 잔다고 한 예수의 표현과 일치하며(막 5:39) 또 사도 바울도 죽은 신자들을 가리켜 잠자는 것으로 표현했다(살전 4:13-15). 이것은 요한복음에서 예수가 처음부터 보여주었던 초월적 지식(1:47-48; 2:24-25)을 가리키고 또 그래서 그가 자기 자신의 운명도 알고 있었다는 것(6:64; 12:33; 13:3, 18, 26)을 설명한다. 이 말씀은 제자들 편에서는 모호하게 들리고 오해를 불러일으킨다. 이것은 저자가 논의를 더 진행시킬 뿐 아니라, 하나님의 영으로 충만한 계시자를 인간들로부터 분리시키기 위한 문학적 고안이다.

예수가 유대에 가는 것을 막으려는 시도와 예수가 그곳에 가려는 목적의 몰이해는 예수의 십자가의 길을 막으려는 공관복음서들의 제자들의 행동과 일치한다(cf. 막 8:33). '깨우다'(ἐξυπνίζειν)라는 단어는 바울이 그리스도인들의 부활과 관련하여 사용한 단어들–예를 들면, "잠자는 자여 깨어서"(ἔγειρε ὁ καθεύδων, 엡 5:14)와 "자다가 깬다"(ἐξ ὕπνου ἐγερθῆναι, 롬 13:11)–과 비교될 수 있다. 저자는 여기서 그가 즐겨 사용하는 함의적인 형태에 맞추기 위하여 그리스도인들의 부활신앙을 명백하게 나타내는 단어들(ἐγείρειν, ἀνιστάναι)을 피한 것으로 보인다.

예수의 비유적 말씀에 대하여 제자들은 여전히 문자적으로 이해한다: **"제자들이 가로되 주여 잠들었으면 낫겠나이다 하더라. 예수는 그의 죽음을 가리켜 말씀하신 것이나 저희는 잠들어 쉬는 것을 가리켜 말씀하심인 줄 생각하는지라"**(11:12-13). 제자들은 예수의 말씀의 상징적 의미를 알지 못하고 신체적으로 잠자는 것으로 순진하게 이해했다. 만일 그가 잠이 들었으면, 잠은 환자에게 유익하기 때문에 그를 깨울 필요가 없다는 것이다. 야이로의 딸을 일으킨 사건에서도 예수는 '잠잔다'는 동일한 영상을 사용했는데, 거기서는 구경꾼들이 예수의 말씀을 문자적으로 이해하여 비웃었던 것으로 나온다(막 5:39-40).

"그가 낫겠나이다/구원을 받을 것이다"(σωθήσεται)라는 동사는 공관복음서들에서는 신체적 치유는 물론 구원의 참된 치유를 포함하는 의미로 사용되었지만(막 5:23, 28, 34; 10:52), 요한복음에서는 주로 영적인 구원의 의미로 사용되었다(3:17; 5:34; 10:9). 죽음으로 잠들어 있는 그리스도인들도 궁극적으로 구원을 받게 된다는 것이 요한복음서 저자의 근본 입장이기 때문에, 제자들은 자기들도 모르는 가운데서 해학적으로 진리를 말한 것이다. 제자들은 단지 신체적 회복의 의미로 말했지만, 독자들은 병환이 하나님의 영광의 대상이며 또 구원은 신체적 회복 그 이상을 의미한다는 것을 이미 알고 있다. 저자는 오직 여기서 예수의 대화 상대자들의 오해와 관련하여 예수의 말씀의 의미를 직접적으로 설명한다.

예수의 말씀과 제자들의 오해를 설명한 후에, 저자는 예수의 공개적인 말씀을 전달한다: **"이에 예수께서 밝히 이르시되 나사로가 죽었느니라. 내가 거기 있지 아니한 것을 너희를 위하여 기뻐하노니 이는 너희로 믿게 하려함이라 그러나 그에게로 가자 하신대"**(11:14-15). '밝히'(παρρησίᾳ)라는 말은 의미의 모호함이나 불분명함이 없이 평범하게 말하는 것을 가리킨다. 예수는 나사로가 잠들었다는 말이 그가 죽은 것을 가리킨다는 것을 분명하게 밝힌다. 예수가 제자들과 함께 나사로의 죽음의 현장에 있지 않은 것 곧 그래서 나사로를 병환에서 치료하지 않은 것을 제자들을 위하여 기뻐한다는 말은 이상하게 들린다. 그러나 예수는 그가 행할 일 곧 나사로를 죽은 자 가운데서 일으킬 것을 이미 알고 있었고(11:11) 또 그래서 이것을 제자들의 믿음을 강화하는 기회로 삼았다. 제자들의 믿음을 강화시키는 것은 예수의 지속적인 관심사였으며 또 그것은 그의 수난이 다가오는 상황에서 더 긴박한 요소였다. 예수는 그가 지금 어떤 것에 관하여 제자들에게 말하는 목적은 그것이 실제로 일어날 때 그들로 하여금 믿게 하기 위함이라는 것을 반복적으로 언급한다(13:19; 14:29; 16:4).

예수가 강화하기를 원하는 믿음은 단순히 그가 가진 질환 치료의 능력이 아니라 그의 존재에 대한 믿음 곧 하나님의 종말론적 구원의 실행자로서 그리스도이며 하나님의 아들에 대한 믿음이다. 제자들이 가진 이 믿음은 그의 수난에 의하여 흔들리는 위험에 직면하게 될 것이다(cf. 14:1, 27; 16:32). 예수는 죽은 자를 일으키는 표적을 통하여 제자들이 예수의 참된 존재 곧 그가 자기 자신의 죽음을 극복할 뿐 아니라, 세상에게 생명을 수여하며 그들의 시련 속에서 승리를 제공하는 그리스도임을 깨닫기를 바란다(cf. 14:30-31; 16:20-22, 33). 예수는 이 목적을 위하여 제자들이 두려워하는 장소인 나사로가 있는 곳으로 가자고 권면한다.

저자는 예수의 말씀에 대한 제자들의 반응으로서 도마라는 제자를 등장시킨다: **"디두모라 하는 도마가 다른 제자들에게 말하되 우리도 주와 함께 죽으러 가자 하니라"**(11:16). 도마는 요한복음에서 이름이 거명된 제자들 중의 하나이며 여기서 이름이 처음 언급된다. 도마는 공관복음서 전승들에서는 사도들의 명단에서만 언급되지만(막 3:18; 마 10:3; 눅 6:15; 행 1:13), 그러나 요한복음에서 그의 역할은 훨씬 더 중요하게 제시된다(14:5; 20:24-29; 21:2). 헬라어 사용 독자들에게 그의 이름은 '디두모'(쌍둥이)로 번역되었다. 도마행전에서 그는 주님의 쌍둥이 형제로 제시되고 또 그래서 그는 신비한 교훈을 받은 사람으로 묘사되기도 한다. 요한복음의 이후 내용에서 그는 예수의 교훈을 더디게 이해하고(14:5) 또 예수의 부활을 믿는 것에 주저하는 사람(20:24-25)으로 분류되지만, 마지막에는 예수에 대한 완전한 신앙을 고백하는 모범적 인물로 제시된다(20:28).

그가 제자들에게 한 말은 그의 신앙의 이러한 모호한 성격을 잘 나타낸다. "우리도 주와 함께 죽으러 가자"는 그의 말을 어떤 의미로 이해해야 할지는 논란의 대상이다. 그것은 한편으로 예수의 말씀에 포함된 의미를 전혀 이해하지 못하면서도 유대로 가자는 예수의 부르심에 순종하기를 원하는 그의 충성심을 나타내는 것으로 들리기도 하고, 다른 한편으로 그 유대인들의 박해와 위협에 직면하여 유대로 가는 것에 대한 냉소적 비판의 말같이 들리기도 한다. 그것은 제자로서 어쩔 수 없이 스승의 길에 순응해야하는 것에 대한 운명주의적인 체념같이 들린다. 도마의 신앙의 이러한 부정적 성격은 예수 그리스도의 부활에 대해서도 회의하고 의심하는 자로서 그에 대한 묘사와 잘 어울린다(20:24-25). 그러나 여기서도 도마의 언급은 해학적으로 사용된다. 그가 실제로 예수와 함께 죽으려고 이 말을 한 것은 아니지만, 그는 자기도 모르는 사이에 제자직의 진리를 말하고 있다. 그리스도와 함께 죽는 것은 후에 기독교 제자직의 가장 특징적인 표시가 된다.

3. 예수와 마르다의 대화(11:17-27)

예수와 마르다 사이의 대화는 이 사건에서 신학적으로 가장 중요한 부분이다. 저자는 먼저 이 대화의 무대를 설명한다: **"예수께서 와서 보시니 나사로가 무덤에 있은지 이미 나흘이라"**(11:17). 저자는 예수가 베다니에 온 것을 '와서'(ἐλθών)라는 간단한 분사만을 사용하고 베다니라는 장소에 대한 언급도 하지 않는다. 제자들이 동행했는지에 대한 언급도 없다. 제자들은 이 사건이 다 마무리된 후에야 다시 언급된다(11:54). 저자의 관심은 나사로가 무덤에 있은 지 나흘이 지났다는 것 곧 나사로가 완전히 죽어있었다는 사실의 언급에 집중된다. 유대인들은 죽은 사람의 혼이 삼일 동안 시체 주위를 배회하다가 그 후에 죽은 자의 거처로 들어가고 시체가 썩기 시작한다고 믿은 유대인들의 전승들이 존재한다. 그래서 삼일이 지나면, 더 이상 소생의 희망이 없다고 여겨졌다.

저자는 나사로가 무덤에 있는지가 이미 나흘이 지나 시체가 썩고 있다는 것을 예수와 마르다 사이의 두 번째 대화에서 반복하여 강조한다(11:39-40). 이러한 강조는 신학적 교훈의 목적을 갖고 있다. 죽음과 썩어짐의 공포가 신자들이 보게 될 하나님의 영광과 대조된다. 저자는 이미 유사한 신학적 대조를 날 때부터 맹인된 사람의 치유 사건에서 제시했다. 그 맹인은 이 세상의 어두움 속으로 태어났지만, 예수는 그에게 빛을 제공했다. "무덤에 있었다"(ἐν τῷ μνημείῳ)는 어구도, "무덤 속에 있는 자가 다 그의 음성을 들을 때가 온다"는 말씀(5:28)과 같이, 단순히 죽었다는 말보다 더 이 사건의 종말론적 성격을 반영한다.

저자는 나사로가 이미 완전히 죽어있었다는 것을 언급한 후에 베다니의 지리적 위치를 설명한다: **"베다니는 예루살렘에서 가깝기가 한 오 리쯤 되매"**(11:18). '오리쯤'으로 번역된 어구(ἀπὸ σταδίων δεκαπέντε)는 문자적으로는 십리(4km) 이내의 가까운 거리를 표시한다. 베다니가 예루살렘에서 가까운 지역이라는 언급은 먼저 그 다음에 나오는 많은 유대인들의 방문을 설명하기 위하여 제시되었다(11:19). 그들은 예루살렘에서 베다니에 쉽게 올 수 있었다. 그러나 이 언급은 보다 더 신학적 중요성을 갖는다. 그것은 예수가 베다니에 옴으로써 그의 사역의 종착지이며 동시에 그의 수난의 장소인 예루살렘에 거의 도달하게 된 사실을 가리킨다. 근사치를 가리키는 '한'(ὡς)이라는 단어와 숫자를 사용한 표현은 요한복음의 특성이다(1:40; 4:6; 6:10, 19; 19:14, 39; 21:8).

저자는 이 사건에 등장하는 많은 목격자들을 언급한다: **"많은 유대인이 마르다와 마리아에게 그 오라비의 일로 위문하러 왔더니"**(11:19). 죽은 사람의 가족을 위로하는 임무는 유대교에서 익숙하게 실천되는 행습이었다. 유대교의 장례 관습에는 임종이 확인된 후에 즉시 큰 소리로 애곡하는 기간이 있고(cf. 막 5:38-39), 다음에 조문객들이 참가하는 공적인 애곡과 위로의 기간이 있었다. 상을 당한 가정에서는 애곡을 위하여 적어도 두 사람의 피리 부는 사람을 고용했으며 무덤에서 곡하는 여인들이 고용되기도 했다. 대부분의 고대 중동 문화에서와 같이, 유대교에서도 애곡은 단순히 개인적 문제만이 아니라, 상을 당한 사람의 슬픔에 동참하는 공공의 행사로 확대되었다.

'위문하다'(παραμυθεῖσθαι)라는 단어는 다양한 의미를 가졌는데, 기독교 문헌에서 위로의 의미로는 드물게 사용되었다. 신약성서에서 이 단어는 요한복음 11:19, 31과 데살로니가전서 2:11과 5:14에만 나온다. 저자는 위문하러 온 유대인들의 숫자가 '많다'는 것을 부각시킨다. 이 이야기에서 그들은 중요한 위치를 차지한다. 그 유대인들은 이 사건에서 예수를 판단하는 사람들(11:36-37), 이 사건을 목격하고 보고하는 사람들(11:45), 그리고 이 사건으로 인하여 예수를 믿은 사람들(12:9, 17)로 제시된다. 이런 점들에서 그들은 예수에 대하여 부정적 견해를 가진 그 유대인들과 구별된다.

저자는 이 대화의 무대에 관한 마지막 묘사로서 마르다와 마리아의 행위를 언급한다: **"마르다는 예수께서 오신다는 말을 듣고 곧 나가 맞되 마리아는 집에 앉았더라"**(11:20). 마르다와 마리아의 행위가 대조된다. "마리아가 집에 앉아 있었다"는 말은 그녀가 조문객들과 함께 애곡하는 자리에 있었던 것을 가리킨다. 여자들은 애곡할 때에 보통 집의 마루에 앉아 있었다(겔 8:14). 마리아는 예수가 도착했다는 소식을 아직 듣지 못한 것으로 보인다(11:29). 마르다는 당시 유대교의 관습을 넘어서서 보다 더 적극적으로 밖으로 나가 예수를 맞이했는데, 그녀의 이러한 적극성은 누가복음의 표현과 일치한다(눅 10:39-40). 그러나 누가복음에서 마르다의 적극적 활동이 예수의 말씀을 듣는 중요한 일에 방해받을 수 있다는 점에서 비판을 받는 반면, 요한복음에서는 그녀의 문화를 넘어서서 적극적으로 예수에게 나아가는 제자직의 특성을 나타내는 것으로 사용된다.

예수와 마르다 사이의 대화는 실망과 신앙이 교차하는 그녀의 말로 시작한다: **"마르다가 예수께 여짜오되 주께서 여기 계셨더면 내 오라비가 죽지 아니하였겠나이다. 그러나 나는 이제라도 주께서 무엇이든지 하나님께 구하시는 것을 하나님이 주실 줄을 아나이다"**(11:21-22). 마르다의 첫 번째 언급은 나중에 마리아가 문자적으로 동일하게 말할 내용이다(11:32). 그것은 예수가 즉시 오지 않은 것에 대한 원망이기보다는 오라비의 죽음이라는 고통스런 상황에서 예수에 대하여 가지는 신앙에 기초한 말이다. 그러나 그녀는 유대인들의 대중적 신앙을 따라 곧 어떤 거룩한 능력의 소유자가 병자에게 안수할 때 치유받을 수 있다는 형태의 믿음을 나타낸다(cf. 막 5:23). 만일 권능의 치유자인 예수가 그곳에 계셨더라면, 그녀의 오라비의 죽음을 막을 수도 있었겠다는 상실된 기대를 반영한다. 그러나 마르다는 나사로가 죽어 이미 나흘이나 지난 그 상황에서도 예수의 도움에 대한 희망을 피력한다. 그것은 예수의 중보의 능력에 대한 희망이었다.

그렇다고 마르다가 나사로의 살아남을 염두에 두었던 것 같지는 않다. 예수의 대답은 그 가능성을 표시하지만(11:23), 무덤 앞에서 나눈 대화(11:39)는 그녀가 이미 썩기 시작한 나사로의 살아남을 기대했다고 볼 수 없게 한다. 다만 여기서 마르다는 믿을 준비가 되어 있는 여인으로 제시되고 또 그래서 그녀의 언급은 '무엇이든지'(ὅσα ἂν)라는 일반적 형태의 희망을 가리키고 또 모든 가능성을 열어놓는 요청으로 표현된다. 가나 혼인 잔치에서 예수가 그 위기 상황에서 어떤 도움을 주어야한다는 예수의 모친의 무언의 요청과 같이(2:3), 마르다 역시 이 상황에서 예수가 어떤 도움을 주어야 한다는 일반적 요청을 표현한 것이다.

마르다의 요청에 대하여 예수는 나사로의 부활을 예고한다: **"예수께서 가라사대 네 오라비가 다시 살리라**(11:23). 예수의 대답은 두 가지 의미로 이해될 수 있다. 먼저 그것은 종말론적 부활에 대한 유대교의 희망의 의미일 수 있다; 이 문맥에서 마르다는 그렇게 이해한 것으로 제시된다. 다음에 그것은 죽은 나사로를 지금 여기서 일으키겠다는 예수의 의지를 나타낼 수 있다; 이 문맥에서 예수는 그 의미를 강조한다. 이 문맥에서 부활과 관련하여 사용된 단어들(ἀναστήσεται, ἀνάστασις)은 요한복음에서 즐겨 사용되었다(11:23-25, 29; cf. 6:39-45; 20:9). 그러나 복음서들에서 부활을 가리키는 보다 더 일반적인 용어로는 '일으키다'는 동사(ἐγείρειν)가 사용되었다.

예수의 말씀에 대하여 마르다는 그녀의 이해와 희망을 피력한다: **"마르다가 가로되 마지막 날 부활에는 다시 살 줄을 내가 아나이다"** (11:24). 예수 시대에 죽은 자의 부활에 대한 신앙은 주로 바리새인들이 신봉하고 있었으며 저자 시대에는 바리새파 랍비들의 주도권에 따라 유대교 내에서 일반적 신앙이 되었다. 마르다는 예수의 말씀을 이러한 유대교의 일반적 부활신앙을 따라 이해한 것이다. 그녀가 대변하고 있는 유대교의 부활신앙은 "그 마지막 날"(ἐν τῇ ἐσχάτῃ ἡμέρᾳ.)에 강조점이 있었다. 저자는 특히 "그 마지막 날 부활에는"(ἐν τῇ ἀναστάσει ἐν τῇ ἐσχάτῃ ἡμέρᾳ)이란 어구를 통하여 단순히 "그 마지막 날"이라고 말한 구절들(6:39-40, 44, 54; 11:24; 12:48)과는 달리 마지막 날에 있을 부활이라는 종말론적 국면을 강조한다.

따라서 마르다의 고백은 바리새파의 전통적 신앙고백이었으며 또 요한복음의 독자들의 일반적 고백이기도 했다. 그녀의 시각에서 예수의 말씀은 장례식에서 일반적으로 들을 수 있는 것으로서 "그(죽은) 사람은 하나님과 함께 있습니다"라는 위로와 같다. 그러나 이 사건의 제시에서 저자는 유대교의 종말론적 희망과 그리스도인들이 예수 그리스도 안에서 지금 여기서부터 가지는 구원의 현존 사이를 뚜렷하게 대조시키기를 원한다.

저자의 이러한 의도는 예수의 극적인 선언에서 표현된다: **"예수께서 가라사대 나는 부활이요 생명이니 나를 믿는 자는 죽어도 살겠고 무릇 살아서 나를 믿는 자는 영원히 죽지 아니하리니 이것을 네가 믿느냐"**(11:25-26). "나는 이다"(ἐγώ εἰμι) 어구는 요한복음에서 하나님의 독생자인 예수 그리스도의 특별한 존재를 나타내기 위하여 독특하게 사용된다. '부활'(ἀνάστασις)이란 단어는 요한복음에서 종말론적 의미로만 사용되고(5:28; 11:24) 또 그것의 동족어인 "다시 살아나다"(ἀνιστάναι)라는 동사 역시 대부분 종말론적 의미로 사용된다(6:39-40, 44, 54). 그리스도의 부활과 관련하여 이 동사는 한 번만 사용된다(20:9). '생명'(ζωή)은 예수 그리스도의 존재 자체는 물론 독생자를 통한 하나님의 구원을 표현하기 위하여 이미 자주 사용되었다(1:4; 3:15, 16, 36; 5:24, 26; 6:27, 40, 47; 10:10, 28). 여기서 부활과 생명의 연결은 단순한 중복이 아니다. 먼저 언급된 부활이 예수 그리스도 자신의 부활을 포함하여 그 분의 특별한 존재를 강조하는 반면, 다음에 언급되는 생명은 그 분의 존재가 모든 신자들에게 주는 의미 특히 이 표적이 그들에게 제공하는 의미를 표현한다. 따라서 생명을 추가로 말한 것은 어떤 새로운 의미를 말하려는 것이 아니라, 부활이란 말로 앞에서 언급된 것을 명료하게 밝힌다.

예수의 존재에 관한 선언은 그 존재와 믿음으로 연결된 사람들의 존재에 관하여 '죽다'와 '살다'라는 동사들이 주의 깊게 연결된 두 개의 병행구로 이어진다. 각 구절은 세상의 존재로부터 출발하여 영원한 존재로 나아간다. 첫째 구절에서 '죽어도'는 세상에서의 신체적 죽음을 가리키는 반면, 그 신체적 죽음은 신자들이 받게 될 영원한 생명으로 극복된다. 또 둘째 구절에서 '살아서'는 세상에서의 신체적 삶을 가리키는 반면, 그 신체적 삶은 믿음을 통하여 영원히 죽지 않는 영원한 삶으로 연결된다. 이 영원한 생명을 가능하게 하는 핵심적 조건으로서 믿음의 중요성이 "나를 믿는 자는"(ὁ πιστεύων εἰς ἐμε)이라는 두 번의 분사 구문을 통하여 강조된다:

요 11:25	나는 부활이요 생명이니
	나를 믿는 자는 죽어도 살겠고
요 11:26	무릇 살아서
	나를 믿는 자는 영원히 죽지 아니하리니

예수의 말씀은 인간의 자연적 삶과 영원한 삶을 대조시키는 동시에 그것들을 연결시킨다. 자연적 삶의 종국인 신체적 죽음의 장벽과 제한이 믿음을 통하여 극복되고 또 세상에서의 신체적 삶은 예수 그리스도 안에서 영원한 차원의 삶으로 연결된다.

예수의 말씀은 박해와 죽음의 위협에 직면하고 있었던 요한공동체의 상황에서 죽음의 공포와 두려움을 극복하는 강력한 교훈을 전달한다. 예수는 그의 제자들이 직면하게 될 박해와 죽음의 위협을 예고한다: "내가 너희더러 종이 주인보다 더 크지 못하다 한 말을 기억하라 사람들이 나를 핍박하였은즉 너희도 핍박할 터이요"(15:20); "사람들이 너희를 출회할 뿐 아니라, 때가 이르면 무릇 너희를 죽이는 자가 생각하기를 이것이 하나님을 섬기는 예라 하리라"(16:2). 제자들이 느끼는 죽음의 위협은 이미 도마의 말을 통하여 표현되었다(11:16). 적대적이고 불신의 세상에서 제자직의 대가는 박해와 죽음을 포함하게 될 것이다. 예수의 말씀은 죽음의 장벽과 제한을 넘어서는 영원한 생명의 가능성을 열어놓는다. 예수 그리스도는 단순히 "그 마지막 날"에 죽은 자를 살리는 구원자가 아니라, 지금 여기서부터 믿는 사람에게 영생을 주시는 생명의 수여자이다.

예수는 마르다에게 "네가 이것을 믿느냐?"는 질문을 통하여 그리스도인들이 마땅히 가져야 할 믿음의 내용을 명백하게 제시한다. 이 말씀은 요한복음에서 '믿는다'는 동사의 내용(목적어)을 명백하게 제시한 유일한 경우다. '믿는다'는 동사는 대개 그 믿음의 대상인 예수 그리스도를 가리키는 전치사구(ἐν αὐτῷ 혹은 εἰς αὐτόν 등)와 함께 사용된다. 그러나 여기서는 중성 대명사 '이것을'(τοῦτο)을 통하여 신앙고백 자체가 믿음의 대상이 된다. 믿음은 그 내용을 가지는데, 그 내용은 예수 그리스도가 신자들에게 의미하는 것이며, 따라서 믿음의 내용은 근본적으로 믿음의 대상(εἰς αὐτόν)에 첨부되어 있다. 믿음의 유용성은 어떤 초월적 능력을 경험하는데 있는 것보다 먼저 예수 그리스도와 연합을 낳게 하고 그것을 통하여 생명의 선물을 받게 하는데 있다. 저자는 "네가 **이것을** 믿느냐?"라는 예수의 말씀을 통하여 제자들의 믿음의 내용이 먼저 무엇이 되어야 할 것인가를 교훈한다.

마르다는 예수의 질문에 대하여 그녀가 갖고 있는 신앙고백의 내용을 언급한다: **"가로되 주여 그러하외다 주는 그리스도시요 세상에 오시는 하나님의 아들이신 줄 내가 믿나이다"**(11:27). "주여 그러하외다"라는 대답을 통하여 마르다가 예수의 말씀의 의미를 충분히 이해한 것은 아니다. 그럼에도 불구하고 그녀는 그 말씀을 수용하는데, 그것은 마치 시몬 베드로가 생명의 떡에 관한 예수의 어려운 말씀을 수용한 것과 같다(6:68). 마르다의 태도는 위기 상황의 공동체에게 믿음의 모범을 제공한다. 신자들은 현실에서 부닥치는 문제나 어려움에 대하여 충분히 다 알지 못한다 하더라도 예수 그리스도의 말씀을 믿으며 그에게서 하나님의 도움을 기대한다.

이어지는 마르다의 고백은 공관복음서에 나오는 베드로의 고백과 같이 예수 그리스도에 대한 신앙고백이다. 저자는 "내가 믿나이다"(ἐγὼ πεπίστευκα)라는 강조적인 어구 사용을 통하여 이 말의 신앙고백적 성격을 강조한다. 저자가 특징적으로 사용한 '믿는다'의 완료시제("내가 믿었으며 그래서 지금도 믿고 있다") 역시 원시 신앙고백으로 보이는 것을 소개한다. 그래서 어떤 학자는 이 구절을 침례시의 고백으로 간주한다. 마태복음에서는 동일한 칭호들이 사용된 고백이 베드로의 입으로 전달된다(마 16:16).

마르다의 고백은 초대 교회에서 예수의 존재를 부르기 위하여 가장 널리 사용되던 기독론적 칭호들로 구성된다. '그리스도'는 하나님의 특별한 일 곧 종말론적 구원 사역을 위하여 보냄을 받은 "기름부음을 받은 자" 혹은 '구원자'로서의 직함을 말한다. "하나님의 아들"은 하나님과의 특별한 관계의 존재 곧 하나님의 권능을 받아 세상 속에서 하나님의 구원을 실행하는 존재를 가리킨다. 두 칭호들은 여기서 상호보완적 의미로 사용된다. 그리스도가 구약성서에 제시된 유대인들의 기대들의 성취를 나타내는 반면, 예수의 메시아되심은 그가 가진 하나님과의 특별하고 유일한 관계에 의하여 유대교의 모든 기대들을 능가하는 존재를 나타낸다.

"세상에 오시는 자"(ὁ εἰς τὸν κόσμον ἐρχόμενος)는 저자가 독특하게 사용한 칭호이다. 이 구절은 앞의 두 칭호들을 수식하는 것일 수도 있고(Schnackenburg, Ⅱ:332) 혹은 앞의 칭호들과 연결된 제 삼의 칭호일 수도 있다(Barrett, 397). 이것과 동일한 구절이 예수의 권능으로 떡을 먹은 무리가 예수의 존재를 표현하기 위하여 사용한 칭호에서도 사용된다: "그 사람들이 예수의 행하신 이 표적을 보고 말하되 이는 참으로 **세상에 오실 그 선지자**라 하더라"(6:14). 거기서도 그것은 표적을 믿음으로 해석하기 위하여 고안된 저자의 의도적 표현이었다. **저자는 마르다의 고백을 통하여 하나님의 보냄을 받아 세상에 와서 생명을 수여하는 하나님의 계시자로서의 예수의 존재를 특징적으로 표현한다**.

예수가 마르다와 길게 대화하며 그 가운데서 예수가 자기의 근본적 존재를 나타내며 또 마르다가 예수의 존재에 관하여 고백한 것은 요한복음서의 저자가 여인들과 제자직에 관하여 가지는 독특성을 제시한다. 이 대화는 공관복음서들에서 예수와 베드로 사이의 대화와 베드로의 고백에 상응한다. 거기서는 수제자격인 베드로가 예수의 존재에 관하여 그들이 믿는 신앙을 고백한다: "주는 그리스도시요 살아계신 하나님의 아들입니다"(마 16:16). 베드로의 고백은 초대 교회에서 가장 중요하게 여겨지는 사도적 신앙고백이었다. 예수의 공생애에서 베드로는 정확한 고백을 했지만, 그러나 그가 예수의 존재에 관하여 충분한 이해에 이른 것은 아직 아니었다. 그래서 그는 그의 그릇된 이해에 대하여 예수의 책망을 듣는다(막 8:33; 마 16:23).

따라서, 비록 마르다가 그녀의 고백에 관하여 아직 충분한 이해에 이르지 못했다 하더라도, 저자에게 있어서 중요한 것은 그녀가 베드로와 같은 사도적 신앙고백의 당사자가 되었다는 사실이다. 요한복음에서 베드로는 열둘 중의 하나로서 이미 고백의 기회를 가졌다(6:69). 이제는 여성 제자인 마르다가 동등하게 그 역할을 감당한 것이다. **요한복음서 저자는 이것을 통하여 여성도 남성과 동등하게 사도적 신앙을 고백할 수 있고 또한 사람의 제자로서 남성과 동등하게 주님의 일에 헌신할 수 있다는 평등적 교회관을 제시한다.**

4. 예수와 마리아의 대화(11:28-37)

예수와 마리아 사이의 대화는 앞의 대화보다는 신학적 중요성을 덜 갖는다. 대신에 그것은 절망적 상황에 처한 사람들을 향한 예수의 사랑을 강조하고 나사로의 무덤으로 가는 과정을 위한 막간 장면을 제공한다. 예수는 마리아의 말에 대하여 직접적으로 대답하지 않는다. 저자는 무엇보다 두 자매의 태도를 비교하고 대조시키는 것에 역점을 둔다. 마리아는 예수를 향하여 마르다와 동일한 말을 하지만, 그러나 그녀는 마르다가 언급했던 것과 같은 확신을 추가로 말하지 않는다. 마리아는 단지 원망하는 여인이라는 인상을 남긴다. 이 점에서도 요한복음의 기록은 누가복음 전승과 의견을 달리한다.

저자는 예수와 마르다 사이의 대화의 절정에서 장면을 바꾸어 마리아가 예수를 만나게 된 경위를 설명한다: **"이 말을 하고 돌아가서 가만히 그 형제 마리아를 불러 말하되 선생님이 오셔서 너를 부르신다 하니 마리아가 이 말을 듣고 급히 일어나 예수께 나아가매"**(11:28). 대화의 절정에서 갑자기 장면이 바뀌는 것은 요한복음의 또 다른 문학적 특성이다(cf. 4:26-27; 8:58-59). 공관복음서들의 고백 장면들과는 달리, 마르다의 고백에 대한 평가는 전적으로 독자들에게 맡겨진다. '가만히'(λάθρᾳ)라는 단어는 요한복음에서 여기에만 나오며 또 신약성서 다른 곳에서도 비밀스런 행동을 나타내기 위하여 사용된다(cf. 마 1:19; 2:7). 마르다가 왜 가만히 마리아를 불렀는지 분명하지 않다. 그녀는 그 유대인들이 예수가 가까이 계시다는 것을 알지 못하도록 이런 방식으로 마리아를 부른 것처럼 보인다. 예수가 그와 가까이 있는 사람들과 나눈 대화는 외부인들 혹은 불신자들과 나눈 대화와는 다르다.

마르다가 앞에서는 중심적인 기독론적 칭호들을 사용하여 신앙을 고백한 후에 예수를 '선생님'으로 부른 것은 이상하게 들린다. 막달라 마리아도 부활의 예수를 만났을 때 여전히 그 칭호를 사용한다(20:16). 그것은 때때로 예수의 특별한 존재를 나타내기 위하여 사용된다(3:2, 10; 13:13, 14). 이 구절에서 '부르다'(φωνέω)는 단어가 두 번 사용된다. 먼저 마르다가 마리아를 부르고 다음에 예수가 마리아를 부른 것이 마르다를 통해 전달된다. 지금가지 이 용어는 증언하기 위한 소환의 의미 혹은 종교적 의미의 소명을 가리키기 위하여 사용되었다(1:48; 2:9; 4:16; 9:18, 24). 따라서 마리아는 마르다와 유사한 방식으로 반응하도록 요구될 것이 기대된다. 마리아가 급히 일어나 예수께 나아갔다는 말은 그에 대한 그녀의 신뢰와 기대를 가리킨다. 마리아가 집에 앉아 있다(11:20)와 예수에게 가서 그의 발 앞에 엎드렸다(11:32)는 것은 누가복음에서 마리아에 대한 묘사와 흡사하다(눅 10:39).

저자는, 그가 즐겨 사용하는 기법을 따라, 마리아 이야기에서 예수에게로 돌아가 그의 상황을 설명한다: **"예수는 아직 마을로 들어오지 아니하시고 마르다의 맞던 곳에 그저 계시더라"**(11:30). 저자는 마르다가 집에서 나가 예수를 맞이했다고 이미 언급했지만(11:20), 그러나 예수가 마을에 들어왔는지는 분명하게 언급되지 않았다. 예수가 마르다를 따라 집으로 가지 않았다는 것은, 마르다가 가만히 마리아를 불러낸 것과 함께, 그가 무엇보다 두 자매와 개인적으로 대화하기를 바란 것을 나타낸다. 예수가 그를 신뢰하는 자들과 개인적으로 나누는 대화는 그가 무리와 만나는 것과 분리된다. 이것은 마가복음에서 기적 이야기들의 특성인 비밀 주제에 상응한다.

그러나 예수가 의도했던 마리아와의 개인적인 대화는 그녀를 따라온 그 유대인들에 의하여 방해를 받는다: **"마리아와 함께 집에 있어 위로하던 유대인들은 그의 급히 일어나 나가는 것을 보고 곡하러 무덤에 가는 줄로 생각하고 따라가더니"**(11:31). 이 유대인들에 관하여는 그들이 두 자매를 위문하러 왔다는 것 외에는 아무 것도 언급되지 않는다(11:19). 다만 그들은 예수와 마리아 사이의 대화의 배경을 이루며 그 대화에 끼어드는 사람들로 등장한다.

마리아는 마르다가 한 것과 동일한 말로 그녀의 슬픔을 표현한다: **"마리아가 예수 계신 곳에 와서 보이고 그 발 앞에 엎드리어 가로되 주께서 여기 계셨더면 내 오라비가 죽지 아니하였겠나이다 하더라"**(11:32). 한글 번역에 '보이고'는 불분명한 번역이다. 그것은 "그녀가 그(예수)를 보고"(ἰδοῦσα αὐτόν)로 번역하는 것이 필요하다. 마리아의 말은 마르다의 그것과 문자적으로 동일하다. 이 경우에도 예수에 대한 회의나 비판을 포함하는 것은 아니다. 다만 예수가 그들의 전갈을 받고도 빨리 오지 않은 것에 대한 이해하지 못함과 실망을 표현한다. 예수의 발 앞에 엎드리는 몸짓은 그녀의 격한 슬픔 혹은 예수에 대한 경외심을 표현한다. 저자는 그 몸짓에 대한 묘사를 누가복음 전승(눅 10:39)이나 요한복음의 기름부음 이야기(12:3)에서 취했을 수 있다.

요한복음에서 마리아가 예수와의 관계에서 계속적으로 "그의 발아래" 있다고 묘사된 것은 흥미롭다(11:2; 12:3; cf. 20:16-17). 다른 어떤 인물도 예수와의 관계에서 이 정도의 신체적 근접성과 겸손으로 묘사된 사람은 없다. '발'이라는 특정 지체는, 요한복음 11:2, 12:1-8, 그리고 13:1-20에서와 같이, 제자직과 죽음을 연결시키는 상징이 된다. 전체적으로 예수와 마리아의 만남은 어떤 특별한 의미를 갖기보다는 예수와 그 유대인들의 만남의 기회를 제공한다.

저자는 사랑하는 사람의 죽음을 슬퍼하기만 하고 예수에게서 어떤 희망을 발견하지 못하는 사람들에 대한 예수의 심정을 묘사한다: **"예수께서 그의 우는 것과 또 함께 온 유대인들의 우는 것을 보시고 심령에 통분히 여기시고 민망히 여기사"**(11:33). 예수가 마리아와 그녀를 따라온 사람들을 만났을 때 분위기는 실망과 슬픔으로 가득한 것이었고 그래서 그것이 '울다' 혹은 '애곡하다'는 동사의 반복 사용(κλαίουσαν κλαίοντας)을 통하여 표현된다. 그 단어는 보통 장례식 당일에 애곡을 표현하기 위하여 사용되었다. 이 상황에 대한 예수의 반응은 인간의 깊은 감정을 묘사하는 두 개의 동사들을 통하여 표현된다. 그 동사들은 번역하기가 매우 어려운데, 이 중대한 순간에 예수가 가졌던 감정을 나타내는 점에서 매우 중요하다. "통분히 여기다"(ἐνεβριμήσατο)는 동사는 요한복음에서는 이 문맥에서 두 번만 나온다(11:33, 38). 여기서 그것은 '심령에'(τῷ πνεύματι)라는 어구와 함께 나오며 두 번째는 '속으로'(ἐν ἑαυτῷ)라는 어구와 함께 나온다. 이 어구들은 충격을 받은 내적 감정을 나타내는 셈어적 표현 방식을 나타낸다.

공관복음서들에서는 예수의 치유 사건에서 그의 분노에 찬 책망을 묘사하기 위하여 사용되고(막 1:44; 마 9:30) 또 예수의 기름부음 사건에서는 제자들의 분노를 나타내기 위하여 사용된다(막 14:3-5). 그것은 두 경우에서는 물론 어원적으로도 깊은 분노를 표현한다. "민망히 여기다"

(ἐτάραξεν ἑαυτόν)라는 동사는 공관복음서들에서는 깊은 두려움을 나타내기 위하여 사용되었지만(막 6:50; 눅 24:38), 그러나 요한복음에서는 지금까지 인간의 감정을 나타내는 단어로는 사용되지 않았고, 단지 물이 동하는 문자적 의미로 사용되었다(5:7). 이 후로 그 단어는 인간의 혼란되고 괴로운 심정을 나타내는데 사용된다(12:27; 13:21; 14:1,27). 요한복음서의 다른 어떤 부분보다 여기서 예수의 깊은 감정이 묘사된다.

예수는 이 상황에서 왜 그런 분노와 연민의 마음을 가졌는가? 그는 울고 있는 자들의 믿음의 부족 혹은 나아가 그들의 불신 때문에 분노했는가? 혹은 그는 인간을 이렇게 절망과 슬픔에 빠지게 하는 죽음의 권세에 대하여 분개했는가? 여러 학자들이 후자보다 전자의 견해를 더 지지한다. 예수의 분노는 죽음이라는 피할 수 없는 현실 혹은 죽음의 권세에 대한 것보다 그것에 뒤따르는 불신에 대한 분노라는 것이다. 그 이유는 그 동사가 사용된 문맥의 고려에서 찾을 수 있다.

첫 번째 사용에서, 예수의 그런 반응을 불러일으킨 것은 마리아와 그 유대인들의 울음이었다. 예수는 그들의 울음과 그 후에 이어지는 그들의 언급들(11:36-37)에서 예수에 대한 믿음의 부족한 상태를 보았다. 그들은 부활이요 생명이신 하나님의 아들 그리스도가 그들과 함께 있음에도 불구하고 나사로의 미래에 대한 희망을 갖지 못했으며 또 예수에게서 어떤 도움도 기대하지 못하고 있었다. 그리고 두 번째 사용(11:37-38)에서 그 동사는 그 유대인들의 비판적이고 회의적인 언급 후에 사용된다. 예수는 그들이 예수를 앞에 두고도 죽음의 현실만을 바라보고 그 이상의 어떤 희망을 갖지 못하고 울고 있는 그들을 바라보면서 한편으로 분노하면서도 또 다른 한편으로는 민망히 여기는 연민의 마음을 갖는다.

예수는 통분하고 민망한 마음으로 나사로가 묻힌 장소를 묻는다: **"가라사대 그를 어디 두었느냐 가로되 주여 와서 보옵소서 하니 예수께서 눈물을 흘리시더라"**(11:34-35). '두다'(τεθείκατε)라는 동사는 시체의 매장에 사용되었다(19:41-42; 20:2, 13, 15; 막 6:29; 15:46-47; 마 27:60; 눅 23:53,

55). 그리고 그 동사가 나올 때, 무덤이란 단어는 따로 사용되지 않는다. 그래서 예수의 질문은 "그를 어디에 묻었느냐"라는 의미가 된다. "주여 와서 보옵소서"라고 말한 사람들은 원어에서 단순히 '그들'로 표현된다: **"그들이** 그에게 말했다"(λέγουσιν αὐτῷ). 이 '그들'이 두 자매들을 가리키는지 혹은 마리아와 함께 울고 있는 사람들을 가리키는지 분명하지 않다. 그 유대인들이 예수를 '주'로 불렀을 수도 있지만, 그 때는 그 의미가 단순히 존칭어(Sir)에 불과하다.

두 자매들은 이 이야기에서 다른 어떤 인물들보다 더 일관되게 예수를 향하여 이 칭호를 사용한다(11:3, 21, 27, 32). 따라서 그 칭호의 사용만으로 '그들'의 정체를 정확하게 확인하기는 어렵다. "와서 보라"는 말은 우울한 해학적 언급이다. 그것은 이전에 예수의 말씀에서는 그리스도를 발견하기 위한 초대의 말로 사용되었다(1:39, 46; 4:29). 그래서 앞에서는 이 초청은 예수를 통하여 생명과 빛을 발견하게 하려는 것이지만, 여기서는 믿음이 없거나 부족한 사람들이 예수로 하여금 죽음과 어두움의 현실을 보게 하려는 초청의 말로 사용된다.

"예수께서 눈물을 흘리셨다"라는 언급은 앞에서 통분하고 민망한 예수의 감정과 잘 어울리지 않기 때문에 해석하기에 어려운 부분이다. "눈물을 흘리다"(δακρύειν)는 동사는 마리아와 그 유대인들이 '울었다'(κλαίειν)는 일상의 단어와 다르며 또 신약성서 전체를 통하여 여기서만 사용된다. 그것은 일반적으로 불행한 상황 혹은 탄식 속에서 눈물을 흘리는 것을 의미한다. 그 동사의 시제가 부정과거인 것은 "왈칵 눈물을 쏟았다"는 의미를 전달한다는 견해도 있다. 예수가 눈물을 흘린 것을, 그 유대인들이 해석한 것처럼, 사랑하는 친구의 죽음에 대한 예수의 애정의 표시로 볼 수 있다. 그러나 그것은 표면상의 이유이며 그래서 예수의 눈물의 의미를 충분히 설명하지 못한다. 저자 자신이 그런 해석을 그 유대인들의 말을 통하여 직접적으로 언급하지만, 그러나 저자의 의도는 그 말의 해학적 성격을 통하여 그런 해석을 거부하려는데 있다(11:36).

이 문맥에서 예수가 가졌던 분노와 연민의 감정을 고려할 때, 그것은 단순히 죽은 자를 향한 슬픔 그 이상의 것을 포함한다. 신약성서 다른 구절들에 나오는 예수의 눈물(히 5:17) 혹은 신자들의 눈물(행 20:19; 계 7:17; 21:4)은 시련과 박해의 상황에서 하나님의 사람들이 경험하는 슬픔과 어두움을 표현한다. 나사로의 무덤으로 향하는 예수 역시 죽음의 필연성 앞에서 다른 인간들이 경험하는 슬픔과 절망의 마음을 가졌던 것으로 보인다. 그러나 예수는 죽음의 어두움을 함께 경험하면서도, 생명의 희망을 갖고 있었다. 그래서 예수가 눈물을 흘렸다는 간단한 언급은 그가 아버지께 드리는 신뢰의 기도(11:41)와 역설적으로 연결된다. 그것은 마치 예수가 자신의 죽음을 예고하면서 민망한 마음으로 드리는 자신의 구원을 위한 기도가 아버지의 이름을 영화롭게 해달라는 조용하고 확신에 찬 기도로 연결된 것과 같다(12:27-28). **이런 이유에서 요한복음서의 예수는 사람들의 불행에 동참하는 한 인간이면서도 동시에 그들의 불행에 의해 압도되지 않는 존재로 묘사된다**.

저자는 눈물을 흘리는 예수에 대한 사람들의 부정적인 반응을 두 가지로 묘사한다: **"이에 유대인들이 말하되 보라 그를 어떻게 사랑하였는가 하며 그 중 어떤 이는 말하되 맹인의 눈을 뜨게 한 이 사람이 그 사람은 죽지 않게 할 수 없었더냐 하더라"**(11:36-37). 그 유대인들은 예수의 눈물 흘림을, 그들 자신들이나 두 자매의 울음과 같이, 사랑하는 사람을 향한 애정(ἐφίλει)에 기초한 것으로 생각했다. 이것이 틀린 것은 아니지만, 그러나 자기 사람들을 향한 예수의 사랑은 그들이 생각하는 것보다 훨씬 큰 그 이상의 것이었다. 이런 점에서 저자는 그들의 말을 해학적으로 제시한다. 한편으로 예수가 나사로를 사랑했다는 그들의 말은 맞지만, 다른 한편으로 그들의 해석은 예수의 눈물을 충분히 설명하지 못한다.

그러나 그들 중 어떤 이들은 예수의 사랑을 회의적으로 이해한다. 그들은 날 때부터 맹인된 사람의 치유에 나타난 예수의 권능을 인정한다. 그래서 만일 예수가 나사로를 진정으로 사랑했다면, 맹인을 치유한 권능으로 그가 죽지 않도록 할 수도 있었고 또 그렇게 해야만 했을 것이 아니냐는 반문이다. 그들의 결론에 포함된 부정적 인상이 "할 수 없었더냐"(οὐκ ἐδύνατο)라는 이중 부정을 통하여 예수의 사랑에 대한 비판으로 나타난다. 죽음 앞에서 예수도 어쩔 수 없다는 무력감과 그의 사랑에 대한 회의적 태도가 예수의 심령의 통분함을 다시 불러일으켰다.

5. 죽은 나사로를 살리신 예수(11:38-44)

마르다와의 대화와는 달리 마리아와 그 유대인들과 대화에서 그들의 불충분한 믿음과 부정적 태도를 보면서, 예수는 다시 통분한 마음이 되어 무덤으로 나아간다: **"이에 예수께서 다시 속으로 통분히 여기시며 무덤에 가시니 무덤이 굴이라 돌로 막았거늘"**(11:38). '속으로'는 '심령으로'와 같은 표현이다(11:33). 어떤이들의 비신앙적이고 회의적인 말이 예수의 통분한 마음을 다시 자극했다. 예수는 그의 공생애 사역이 끝나가고 있는 상황에서 맹인을 치유하는 것과 같은 표적들을 목격한 사람들은 물론 심지어 그의 가까운 친구들과 제자들조차 여전히 예수가 누구인가를 충분하게 믿지 못하고 정확하게 이해하지 못함을 인하여 통분한 마음을 가졌다고 말할 수 있다.

그러나 예수는 이제 더 이상 아무 말씀도 하지 않고 무덤으로 갔다. 그 무덤은 굴로 되었고 입구를 돌로 막았다고 묘사된다. 그것은 가장 오래되고 간단한 형태의 무덤이다. 이 형태의 무덤은 그것의 소유자가 일정한 재물의 소유자인 것을 가리킨다. 모든 사람이 굴로 된 무덤을 소유했던 것은 아니기 때문이다. 동굴의 통로가 수직인지 혹은 수평인지 언급되지는 않았지만, 고고학적 증거로는 후자의 경우가 많다. "돌로 막았다"(ἐπέκειτο ἐπ' αὐτῷ)는 표현은 통로가 수직이면 '위에' 놓여 있다는 것이 되고 또 수평이면 '주위에' 놓여 있다는 의미가 된다.

무덤 앞에 선 예수는 나사로를 살리는 일을 시작한다. 그것은 무덤을 막은 돌을 치우는 것으로부터 시작한다: **"예수께서 가라사대 돌을 옮겨 놓으라 하시니 그 죽은 자의 누이 마르다가 가로되 주여 죽은 지가 나흘이 되었으매 벌써 냄새가 나나이다"**(11:39). "나는 부활이요 생명이다"(11:15-26)라는 말씀 이후로 예수님이 직접 하신 말씀은 "그를 어디 두었느냐"(11:34)는 것 외에는 "돌을 옮겨 놓으라"는 말씀으로 재개된다. 여기서부터 설화는 매우 극적으로 빠르게 진행한다. 마르다는 다시 죽은 자로 누이로 묘사된다. 예수와의 대화 이후로 그녀의 행방에 관한 언급이 없다가 나사로를 일으키는 극적인 상황에서 다시 등장한다.

나사로가 죽은 지 나흘이 되었다는 것은 저자가 이미 앞에서 언급했다(11:17). 그녀는 시체가 썩기 시작한 것을 추가로 언급한다. 이러한 마르다의 언급은 두 가지 면에서 이야기의 극적인 효과를 증대시킨다. 먼저 유대인들의 일반적 인식에 따르면, 죽은 지 나흘이 지난 것은 영혼이 육체를 떠났고 몸이 썩기 시작하는 때를 말하는 것으로서 그 사람이 완전히 죽어 소생의 여지가 전혀 없는 것을 나타낸다. 그래서 마르다는 그녀가 가진 예수에 대한 신앙과 지식에도 불구하고 나사로의 소생에 대한 희망을 갖지 못한다. 마르다는 예수를 믿고 정확하게 고백하며 마지막 날의 부활의 희망을 갖고 있으면서도 그 주님의 생명력이 지금 여기서 나타날 수 있다는 것에 대하여 확신하지 못하고 또 기대하지 못하는 사람의 표본으로 등장한다.

예수는 그런 마르다에게 도전한다: **"예수께서 가라사대 내 말이 네가 믿으면 하나님의 영광을 보리라 하지 아니하였느냐 하신대"**(11:40). 이 구절을 직역하면, "'네가 믿으면 하나님의 영광을 보리라'고 **내가 네게 말하지 않았더냐**(οὐκ εἶπόν σοι)"라는 말씀이 된다. 이 사건에서 마르다에게 하신 예수의 말씀이 이렇게 언급된 적은 없다. 예수는 나사로의 병환이 하나님의 영광을 위한 것이라고 말했을 뿐(11:4), 마르다와의 대화에서는 '영광'이란 단어가 사용되지 않았다. 그러나 요한복음서 전체적으로 '영광'은 예수가 행하는 표적과 관련하여 사용되었다(2:11).

이 말씀은 앞에서 제자들에게 한 말씀을 확증하고 성취한다. 나사로의 병환과 죽음은 아들의 활동을 통하여 하나님의 영광을 나타내는 기회가 될 것이다. 하나님의 영광을 언급하는 예수의 두 말씀들(11:4, 40)은 나사로를 죽은 자 가운데서 일으키는 사건이 예수 그리스도 안에서 활동하시는 하나님의 권능의 현존을 나타내는 가장 위대한 표적임을 제시한다. 다만 여기서도 믿음이 강조된다("네가 믿으면," ἐὰν πιστεύσῃς). 오직 믿는 사람들만 하나님의 이러한 영광을 보고 깨달으며 그것에 참여할 수 있다.

마르다의 반응은 언급되지 않고 이야기는 절정을 향하여 진행한다: **"돌을 옮겨 놓으니 예수께서 눈을 들어 우러러 보시고 가라사대 아버지여 내 말을 들으신 것을 감사하나이다"**(11:41). 문자적 의미에서 보면, "그들이 돌을 들었다"(ἦραν τὸν λίθον)와 "예수께서 눈을 위로 들었다"(ὁ δὲ Ἰησοῦς ἦρεν τοὺς ὀφθαλμοὺς ἄνω)는 미묘한 대조를 이룬다. 익명의 그들은 여전히 세상의 돌에 초점을 맞추지만, 그러나 예수는 하늘의 아버지께 초점을 맞추었다. "눈을 들어 우러러 보시고"는 문자적으로 "눈을 위로 들었다"는 구절의 해석적 번역이다. 눈을 들어 하늘을 바라보는 몸짓은 경건한 유대인들이 기도를 시작할 때 취했던 일반적인 몸짓이다(cf.눅 18:13; 행 7:55).

요한복음에서 예수는 여기서 처음으로 '아버지'의 호격(πάτερ)을 사용하여 하나님을 직접적으로 부른다. 요한복음 17장에 나오는 예수의 기도에서도 아버지의 호격이 다시 사용된다(17:1, 11, 25). 예수의 기도는 마르다가 이제라도 예수가 무엇이든지 하나님께 구하기를 바랐던 그런 기도는 아니다. 예수는 단지 이 사건에 둔 목적을 성취하시는 하나님께 감사한다. 이것을 통하여 예수는 이 표적이 단순히 그 누이들의 요청에 의하여 이루어지는 것이 아니라, 적어도 그들의 전갈을 들었을 때부터 시작된 예수 자신의 계획의 결과인 것을 제시한다.

요한복음에서 예수가 기도했다는 것이 여러 차례 언급된다(12:27-28; 17장). 그러나 그것은 인간의 필요에 기초한 간구의 기도가 아니다. 요한복음에서 예수의 기도는 신학적으로 아들이 아버지와 완전하게 연합되어 있다는 것을 나타내기 위하여 사용된다. 아들은 아버지의 뜻을 알고 그것을 실행하기 때문에 그의 기도는 항상 응답된다. 예수가 하나님과 연합되어 있는 것은 그의 눈을 위로 든 것에서도 표현된다. 하늘에서 내려온 그는 항상 하늘 곧 그의 아버지와 접촉한다. 공관복음서들에서도 예수가 하늘을 우러러 본 것은 특별한 경우에 나오는데(막 6:41; 7:34), 그러나 요한복음에서 예수의 기도는 하나님의 뜻을 완전하게 실행하는 독생자로서 그의 신분을 나타내는 독특한 표현이다.

'감사하다'(εὐχαριστεῖν)는 단어가 이곳 외에서는 오병이어 기적과 관련해서만 나온다(6:11, 23). 거기서 그것은 성례전을 암시하는 단어로 사용되지만, 여기서는 단순히 '감사한다'는 의미로 사용된다. 예수는 아버지께서 그의 말을 들으신 것을 감사한다. 예수의 어떤 기도도 이 사건에서 구체적으로 언급된 바 없다. 아마 바로 전에 격한 감정을 가졌을 때에 한 기도라고 생각할 수 있다. 그러나 다음 구절과 관련하여 생각하면, 어떤 구체적인 기도를 언급한다고 보기 어렵다. 예수는 항상 하나님과 의사소통의 관계에 있었으며 또 하나님은 항상 그의 마음의 생각까지도 들으신다. 그러므로 하나님은 이미 나사로를 위한 그의 기도를 들으셨다고 말할 수 있다. "당신께서 나를 '들으셨다'(ἤκουσάς)"는 동사의 시제가 부정과거이기 때문에, 기적이 이미 일어났다거나 혹은 그 순간에 나사로는 무덤에 살아났다고 추론할 필요는 없다. 부정과거 시제는 그의 기도가 응답될 것이라는 예수의 확신을 표현한다.

예수는 감사의 내용을 추가로 설명하고 그렇게 기도하는 목적을 언급한다: **"항상 내 말을 들으시는 줄을 내가 알았나이다 그러나 이 말씀 하옵는 것은 둘러선 무리를 위함이니 곧 아버지께서 나를 보내신 것을 저희로 믿게 하려 함이니이다"**(11:42). 아들은 항상 아버지가 기뻐하는 일을 행하기 때문에(8:29), 그는 항상 아버지의 응답을 확신한다. 예수의 확신은 "내가 알았나이다"(ἐγὼ δὲ ᾔδειν)라는 강조적 표현을 통하여 제시된다.

이런 점에서 이 기도와 응답은 아버지에 대한 아들의 독특한 관계의 표현이다. 예수가 그 기도를 한 목적은 그 자신을 위한 것이 아니라 그곳에 모인 무리를 위한 것으로서 그들로 하여금 예수에 대한 믿음을 갖게 하려는 것이다. 예수가 아버지의 보냄을 받았다는 것은 요한복음의 중심 사상이다. 예수는 아버지와 독립적으로는 아무 권위도 행사하지 못한다. 아버지가 그를 보냈으며 그가 죽은 자를 일으킬 수 있는 권세를 제공하기 때문이다. 예수는 자기 자신의 권세로 일하며 자기 자신의 영광을 추구하는 마술사 혹은 신의 사람이 아니다.

일단 그 기적의 성격과 목적이 확인된 후에 드디어 기적적인 일이 일어나는데, 그 묘사는 간단하면서도 명확하게 제시된다: **"이 말씀을 하시고 큰 소리로 나사로야 나오라 부르시니"**(11:43). '부르다'로 번역된 동사는 '외치다'는 의미의 동사(ἐκραύγασεν)로서 헬라어 성서 전체에서 여덟 번만 나오는데, 요한복음에 여섯 번 나온다. 요한복음 18-19장에서 그것은 예수를 십자가에 못박으라는 무리의 외침을 위하여 네 번 나오고 또 한 번은 예수의 예루살렘 입성 때 그에 대한 무리의 외침에 나온다(12:13). "큰 소리"(φωνῇ μεγάλῃ)로 외침은 예수의 권위와 능력을 표현한다. 그것은 죽은 자가 하나님 혹은 그의 천사의 음성에 의해 무덤에서 살아난다는 묵시 전통에 따른 표현이다(cf. 5:28; 살전 4:16). 계시록에는 그런 힘센 음성들 혹은 외침들이 자주 언급된다.

'나오라'로 번역된 단어는 장소의 부사 두 개로 구성된다(δεῦρο ἔξω). 여기서 δεῦρο는 신약성서에서 일상적으로 나오지만, 그러나 요한복음에는 여기서만 나온다. 그것은 감탄 혹은 명령의 의미를 강조한다. 예수는 나사로의 이름을 부르심으로써 양의 이름을 각각 불어내어 생명으로 인도하는 선한 목자로서 그의 역할을 나타낸다(10:3, 27-28). 또 예수가 나사로를 부른 것은 무덤 속에 있는 자들이 하나님의 아들의 음성을 들을 때가 온다는 예수의 말씀을 성취한다(5:29).

저자는 예수의 권세를 그의 말씀의 즉각적인 성취를 통하여 제시한다:

“죽은 자가 수족을 베로 동인 채로 나오는데 그 얼굴은 수건에 싸였더라 예수께서 가라사대 풀어놓아 다니게 하라 하시니라”(11:44). 수족을 베로 동인 채로 나온 것은 장사지낸 그대로의 모습을 가리킨다. 죽은 자의 수족을 베로 싸는 관습은 유대교의 다른 문헌들에서는 언급되지 않는다. 그러나 요한복음의 저자는 예수의 장례에서도 동일한 것을 말하며 이것을 유대교의 관습으로 기술한다(19:40). 얼굴이 수건에 싸여 있었다는 것 역시 예수의 장례와 관련하여 언급된다(20:7). 수족이 동여 있고 얼굴이 수건에 쌓인 채로 나오는 모습을 영상으로 묘사하기 어렵다. “나사로야 나오라”는 명령의 결과와 그 다음에 나오는 “풀어놓아 다니게 하라”는 명령 사이에서 어떤 우화적 의미를 찾으려는 견해도 있지만 지지를 받지 못한다. “풀어놓아 다니게 하라”는 예수의 명령은, 살아난 야이로의 딸에게 먹을 것을 주라고 한 명령과 같이(막 5:43), 일상생활에의 복귀를 위한 것이다. 이것은 또 나사로를 살리는 일의 성공적 종결을 나타낸다.

여기서 예수는 그의 존재가 부활이며 생명이기 때문에, 그의 죽음과 부활 이전에 이미 이 생명을 소유하며 죽음을 정복하고 생명을 수여하는 분으로 제시된다. 죽음의 세력도 하나님의 아들의 권능 앞에 굴복하고 자기의 권세 아래 있는 자를 내놓는다. 인간 존재에 대한 최종적 권위자는 죽음이 아니라 하나님의 아들이다. 이것은 생명을 주는 아들의 활동이 마지막 날 부활에만 있는 것이 아니라, 신자들의 현재의 삶 속에 이미 활동하고 있는 것임을 극적으로 증명하는 사건이다. 이와 같이 나사로를 일으킨 사건은, 맹인 치유 사건과 같이, 예수가 자기 사람들을 위하여 행하는 것에 대한 예화로 읽는 것이 필요하다. 예수는 그의 양들의 이름을 부르며 그들에게 생명을 준다. 그를 신뢰하는 사람들은 이미 영생을 소유하고 있으며 그래서 그들이 죽는다 하더라도 살리심을 받을 것이다. 그러므로 이 사건은 요한복음에서 생명의 수여자로서 예수에 대한 신앙고백의 중심 교리를 예증한다.

6. 유대교 당국자들의 반응(11:45-57)

이 사건의 마지막 부분은 예수의 표적의 결과로서 그를 죽이려는 유대교 당국자들의 결정에 관하여 기술한다. 저자는 예수가 예루살렘 인근(베다니)에서 이전보다(10:40) 더 먼 지역인 광야에 가까운 에브라임에 간 것을 통하여 그의 문학적 구성을 완결한다. 전에는 많은 사람들이 그가 있는 곳에 왔지만, 이번에는 그의 제자들과만 함께 있었다. 저자는 예수가 그의 표적 이행이 그를 위협하는 결과가 될 것을 이미 알고 있는 것과 같은 맥락에서 유대교 당국자들의 사형 선고가 하나님의 주권에 종속된 것으로 제시한다. 대제사장 가야바는 자기도 모르는 사이에 하나님의 뜻을 예언한다(11:51-52). 이것은 역사에 대한 저자의 신앙적 접근이며 해석이다.

저자는 먼저 이 사건에 대한 사람들의 상반된 반응을 묘사한다: **"마리아에게 와서 예수의 하신 일을 본 많은 유대인이 저를 믿었으나 그 중에 어떤 자는 바리새인들에게 가서 예수의 하신 일을 고하니라"** (11:45-46). 죽은 나사로를 일으킨 사건은 한 편에서 예수에 대한 믿음을 불러일으키는 것이 되었지만, 다른 한 편에서 그것은 예수에 대한 적개심을 강화시키는 것이 되었다. 처음에 전반적인 언급을 하고 다음에 그것을 한정하는 것은 요한복음의 특성이다(cf. 1:11-12; 12:37, 42). 그들의 믿음은 표적에 기초한 것인데, 그런 믿음은 저자가 추구하는 근본적인 믿음은 아니다(2:23). 그들은 그들의 그런 믿음에 기초하여 예수의 예루살렘 입성 때에 예수를 환영한 사람들로 나타난다(12:9, 12, 17-19).

그러나 그들 중에 일부 사람들은 바리새인들에게 예수의 일을 보고했다. 여기서 저자는 바리새인들을 제사장들과 같은 공식적 집단으로 말하는 것으로 보인다. 그런 점에서 그는 A.D. 70년 이후의 유대교 상황을 반영한다. 바리새인들에게 예수의 기적을 보고한 것은, 공관복음서들에서 성전 청결 사건의 역할과 같이, 예수의 공생애에서 결정적 전환점을 이룬다. 예수가 아버지의 이름으로 행하는 일들이 그에 대한 적개심을 불러일으켰다.

유대교 당국자들은 예수가 행한 많은 표적들에 대하여 논의했다: **"이에 대제사장들과 바리새인들이 공회를 모으고 가로되 이 사람이 많은 표적을 행하니 우리가 어떻게 하겠느냐"**(11:47-48). 대제사장들은 주도적인 제사장 가문의 사람들로서 그들 중 대부분은 사두개인들이었다. 저자는 유대교 사회의 행정과 사법을 위한 최고 의결 기구인 공회(συνέδριον)의 구성원들로서 대제사장들과 바리새인들을 언급한다(cf. 7:32, 45; 18:3). 저자에게 있어서, 그 두 집단의 사람들은 예수의 죽음에 대한 실질적인 책임자들이다. 역사적으로 볼 때, 예수 시대의 바리새인들이 독자적으로 예루살렘의 공회를 모을 권한이 있었던 것은 아니다. 공회의 주요 구성 집단들은 제사장들과 장로들과 서기관들이었다. 그러나 서기관들 중 많은 사람들은 바리새인들이었다.

사실 대제사장들과 바리새인들은 자주 서로에게 거침이 되는 관계에 있었다. 전자가 예루살렘 성전과 제사 체계를 중심으로 유대교 사회에 권위를 행사하고 있었던 반면, 후자는 가정과 일상생활에서 율법에 기초한 거룩함을 추구했다. 저자가 경쟁 관계에 있던 두 집단이 함께 활동한 것으로 묘사한 것은 유대교의 핵심 지도층 전체 곧 성전의 유지자들과 율법의 신봉자들이 연합하여 요한공동체를 적대하고 있는 상황을 반영한다. 실제로 요한복음의 저자 시대에 제사장들은 역사의 무대에서 사라졌으며 오직 바리새인들만이 유대교의 주요한 유지자들로 남아 있었다.

요한복음에서 공회의 소집은 여기에만 나온다. 예수의 활동에 대한 대책을 세우기 위하여 공회가 소집된 것은 그의 활동이 급기야 유대교 지도층에게 심각한 위협으로 간주된 것을 가리킨다. 그들이 나사로의 부활 사건을 구체적으로 문제를 삼았다는 언급은 없다. 그들이 문제 삼고 있는 것이 "많은 표적들"(πολλὰ σημεῖα)로 표현된 것은 그들이 예수가 나사로를 일으킨 한 사건만을 다루려는 것이 아니라, 예수가 지금까지 행한 일련의 표적 사건들 전체를 다루기 위한 것임을 나타낸다.

그것은 마치 공관복음서들에서 예수가 갈릴리 사역에서부터 일으킨 유대교 지도층과의 마찰이 성전 청결 사건에서 절정에 달하고 또 그 이후로 유대교 핵심 지도부가 예수를 제거하려는 계획을 갖게 되었던 것과 같다(cf. 막 11:18). 유대교 당국자들의 입에서 표현된 '표적'은 저자가 말하는 표적의 의미를 다 포함한 것은 아니다. 그들의 입장에서 표적은 단순히 기적 사건들을 가리킨다(3:2; 7:31; 9:16). "우리가 어떻게 하겠느냐?"는 말에서 '어떻게'는 '무엇을'(τί)로 번역하는 것이 좋다. 이 말은 그 상황에서 그들이 무엇을 행할 것인가에 대한 염려를 표현하는 수사적 의문문이라는 견해가 우세하다.

그들은 예수의 활동의 결과에 대한 그들의 심각한 염려를 제기한다: **"만일 저를 이대로 두면 모든 사람이 저를 믿을 것이요 그리고 로마인들이 와서 우리 땅과 민족을 빼앗아 가리라 하니"**(11:48). 유대교 당국자들이 예수에 대하여 염려하는 보다 더 근본적 이유는 안식일이나 신성모독에 대한 것이 아니라 로마인들에 대한 두려움이었다. 그들은 예수의 활동 속에서 정치적 의미를 발견한다. 그들은 모든 사람들이 예수를 믿을 것이라고 말하는데, 그들이 생각하는 예수에 대한 믿음은 단순히 종교적 차원의 믿음이 아니라, 유대교 사회에서 하나님의 권위를 가진 대리자로 영접하는 것이며 그러므로 백성의 지도자요 통치자로 인정하는 것이다. 이것은 차례로 현 지도층을 거부하는 것이 되고 또 나아가 현재의 유대교 당국자들 특히 대제사장을 인준한 로마의 권위를 거부하는 것이 된다. 따라서 그들은 예수가 유대인의 구원자적 지도자로 인정을 받는 것을 대제사장 가야바를 정점으로 한 공회의 권위에 대한 거부로 인식했다. **그들은 예수의 활동 속에서 성전 중심의 지배 체제의 유지에 대한 심각한 위협적 요소를 발견한 것이다**(cf. 6:14-15).

예수의 활동 속에서 정치적 국면을 인식한 유대교 당국자들은 그것으로 인하여 야기될 로마에 대한 항쟁과 그것을 막기 위한 로마의 침공을 두려워했다. '땅'으로 번역된 단어(τόπον)는 일차적으로 거룩한 장소 곧 성전을 의미한다(cf. 4:20; 마 24:14; 행 6:13; 21:28). '백성'으로 번역된 단어는 헬라어 구약성서에서는 주로 이방인들을 가리키는 단어로 사용되지만, 누가복음과 요한복음에서는 유대인 전체를 가리키는 집합적 단어로 사용된다. 유대인 공동체를 가리켜 "땅과 백성"으로 표현한 것은 마카비 시대에서도 발견된다(마카비2서 1:29; 5:19). 요한복음의 독자들은 그들이 예수를 제거했지만, 여전히 로마인들이 침공하여 성전을 파괴하고 유대인들을 소개시킨 것을 알고 있다. 유대-로마 전쟁(A.D. 66-70년)은 유대교 지도층의 오판으로 인하여 생긴 비극이다. 최초 기독교인들은 예루살렘의 파멸을 유대인들(특히 지도층)이 예수를 메시아로 영접하기를 거부한 것에 대한 하나님의 징벌로 인정한다(눅 13:34-35; 19:41-44; 막 12:9-11).

예수의 활동에 내포된 정치적 국면의 위험성에 대한 공회의 논의는 대제사장 가야바의 말로 결론을 내린다: **"그 중에 한 사람 그 해 대제사장인 가야바가 저희에게 말하되 너희가 아무 것도 알지 못하는도다. 한 사람이 백성을 위하여 죽어서 온 민족이 망하지 않게 되는 것이 너희에게 유익한 줄을 생각지 아니하는도다 하였으니"**(11:49-50). 가야바는 마가복음을 제외한 복음서들에서 다 언급된다(18:13-14, 24, 28; 마 26:3, 57; 눅 3:2; cf. 행 4:6). 그는 로마 총독 그라투스(Gratus)에 의해 A.D. 18년경에 대제사장에 임명되었으며 A.D. 36년에 시리아 사령관 비텔리우스(Vitellius)에 의해 빌라도와 함께 면직되었다. 안나스가 가야바의 장인이었다는 것은 요한복음에서만 언급된다(18:13). 가야바는 "그 해의 대제사장"(ἀρχιερεὺς ὢν τοῦ ἐνιαυτοῦ ἐκείνου)으로 기술된다(11:51; 18:13). 저자는 그를 일년직 대제사장으로 표현한 것처럼 보인다. 가야바는 이십여년 동안 대제사장으로 있었고 또 유대교 법에서 대제사장직은 종신직이었다. 일부 로마 총독들이 대제사장들을 자주 바꾸어 그 임명이 일년직으로 보인 것이 사실이지만, 어떤 유대인 저자도 유대교의 근본 원리들에 모순되는 그런 방식으로 쓰지는 않았을 것이다. 그래서 만일 저자가 "그 해의 대제사장"을 일년직 임명의 의미로 기록했다면, 그는 역사적 사실을 오해했거나 혹은 그는 유대교 사정을 잘 모르는 이방인이었을 수 있다.

그러나 요한복음과 같이 유대인의 문제들이 정확하게 묘사되는 책에서 대제사장직을 일년직으로 제시했다고 보기 어렵다는 것이 일반적 견해이다. 따라서 여러 학자들이 그 구절을 일년직 임명의 의미에서 "그 해"가 아니라, '그'(τοῦ ἐνιαυτοῦ ἐκείνου)를 강조하여 "그 역사적인 해" 혹은 "(주님이 수난 받으신) 그 기억해야 할 해"의 의미로 이해하는 것이 타당하다고 생각한다. 반면에 Witherington(205)은 그 어구가 당시 최고 권력자에 대한 냉소적 표현으로 이해한다. 하나님의 말씀에 따르면 종신직인 대제사장직이 로마에 의하여 임명제로 바뀌었기 때문에, 그는 하나님의 말씀에 따른 하나님의 사람이 아니라 로마가 세운 로마의 사람이라는 것이다.

"너희가 아무 것도 알지 못하는도다"라는 말은 거만하게 들리지만, 그러나 저자에게 있어서는, 그 다음의 예언에서 보여지는 것과 같이, 대제사장 자신도 하나님의 활동에 대하여 아무 것도 알지 못하는 그의 무지를 나타낸다. 그들은 예수와 그의 사명을 완전히 오해했으며 그래서 그에 대한 대처에 있어서 극도의 혼란에 빠져 있었다. 가야바는 공회가 이 상황에 대처하기 위하여 심각하게 고려해야 할 한 원리를 제안한다. 그것은 그 사람 때문에 온 백성이 파멸하는 것보다 그 한 사람이 죽는 것이 더 낫다(συμφέρει)라고 판단한 것이다. 그는 공회에서 사용되었던 단어인 '민족'(ἔθνος)과 '백성'(λαός)을 구분하여 사용한다. 헬라어 구약성서에서 λαός는 하나님의 백성을 가리킨다. 가야바는 한 사람이 하나님의 '백성'을 위하여 죽어야 한다고 주장한다. 그는 민족과 백성을 유대인에게만 국한시키지만, 그러나 예수의 죽음은 "하나님의 흩어진 자녀들"을 포함하는 하나님의 전체 백성을 위한 죽음이 될 것이다.

가야바는 정치적 측면에서 예수의 죽음과 유대 민족의 구원을 연결시켜 말했지만, 그러나 저자는 신학적 측면에서 그의 말을 해석한다: **"이 말은 스스로 함이 아니요 그 해에 대제사장이므로 예수께서 그 민족을 위하시고 또 그 민족만 위할 뿐 아니라 흩어진 하나님의 자녀를 모아 하나가 되게 하기 위하여 죽으실 것을 미리 말함이러라"**(11:51-52). 저자는 대제사장이 자기도 모르는 가운데 예수와 관계된 하나님의 뜻에 대하여 '예언했다'(ἐπροφήτευσεν)라고 해설한다. 그의 예언은 대제사장이라는 그의 지위와 관련된다. 대제사장의 예언 기능은 중간기 하스몬가의 요한 힐카누스(135-104 B.C.)에 의해 강조되었다. 일반적으로 그 기간은 예언이 없는 시대로 알려져 있지만, 제사장 계급은 자기 자신들을 위하여 예언의 은사를 주장했다. 그래서 저자는 가야바의 발언을 대제사장의 직무와 관계된 예언자적 영감에 의한 것으로 제시한다. 그러나 저자에게 있어서 그 특별한 해의 대제사장은 그의 개인적 기대를 넘어서서 예수의 활동에 담긴 하나님의 더 깊은 뜻을 선언하는 도구였다. "그 민족을 위하시고"(ὑπὲρ τοῦ ἔθνους)에서 전치사 ὑπὲρ는 예수의 속죄의 죽음을 가리킨다는 견해도 있다. 여기서 속죄 사상을 전혀 배제할 수 없지만(cf. 1:29; 6:51; 17:19), 요한복음에서 속죄 사상은 주요하게 다루어지지 않는다. 그래서 그 전치사는 "…의 유익을 위하여"라는 의미로 이해하는 것이 필요하다.

저자는 의도적으로 하나님의 구원의 범위를 확대한다. 그러나 그는 단순히 "세상을 위하여"(요일 2:2)라고 말하지 않고 그가 특징적으로 사용하는 어구로서 하나님의 참된 백성을 가리키는 "하나님의 자녀"(τὰ τέκνα τοῦ θεοῦ)를 사용한다(cf. 1:12). 유대교의 일반적 기대에서 저자의 말은 메시야 시대에 흩어진 이스라엘 백성을 그들 자신의 땅으로 함께 모으는 것을 의미한다. 이 구원의 예언은 예언서들의 공통된 주제이기 때문에, 저자의 말도 그 기대를 반영하는 것은 분명하다. 그러나 저자는 종말론적 차원에서 하나님의 백성의 범위를 확대하여 예수의 죽음의 결과로 유대인과 이방인이 결합된 하나님의 새 백성의 출현을 강조한다. 그래서 하나로 모아지는 사람들은 이스라엘의 족속들이 아니라 하나님의 자녀들이다. "하나님의 자녀"는 이곳과 요한복음 서두인 1:12에서만 나온다. 서두에서 그것은 예수의 이름을 믿음으로 말미암아 하나님의 자녀가 되는 권세가 부각된다.

그러나 여기서 하나님의 자녀는 그리스도에 대한 믿음을 위하여 부르심을 받고 선택된 사람들로서 예수 공동체에 합류함으로써 자기 자신들을 증명하는 사람들이다. 하나님의 자녀에 대한 이런 결정론적 견해는 요한복음서의 특징적 신학이기도 하다. 그들은 "하나님께 속한 사람들"(8:47), 예수의 음성을 듣는 그의 양들(10:3-4, 27), 그리고 아버지께서 아들에게 주신 아들 자신의 사람들(6:37, 39; 17:6)이다. 하나로 모아질 흩어진 하나님의 자녀들은 이전 양우리에 든 양들과 함께 그 양우리에 들지 아니한 다른 양들이 포함된 것으로서 예수의 올리우심으로 이루어지는 하나의 공동체를 가리키는 교회론적 성격을 갖는다. 흩어진 이스라엘 백성을 하나로 모으는 옛 영상이 하나님의 모든 선민 곧 멀리 있던 이방인의 영입이라는 우주적 시각으로 변경된다.

대제사장 가야바의 결론은 곧 예수에 대한 공회의 입장이 되었다: **"이 날부터는 저희가 예수를 죽이려고 모의하니라"**(11:53). 지금까지 "그 유대인들"에 의하여 예수에게 가해진 박해와 위협이 이제는 공회가 모의하는(ἐβουλεύσαντο) 결과가 되었다. 예수의 표적 활동은 그를 죽이려는 지배계층의 음모를 촉발시켰는데, 이것은 예수의 표적 활동에 담긴 정치적 성격을 반영한다. 예수에 대한 지역 유대교 지도자들의 반감과 적대감이 중앙 유대교 지도자들에 의한 더 심각한 도모로 발전했다. 예수를 죽이려는 공회의 결정은, 공관복음서들에 따르면, 유월절 이틀 전에 있었던 회합에서 이루어졌다(막 14:1-2). 거기서 모의는 예수를 잡아 죽일 계책을 찾기 위한 것이었다. 공회의 모의에 관한 저자의 이 기록이 역사적 국면에서 공관복음서들의 기록과 어떻게 연결되는가는 해결하기 어려운 점이다. 아무튼 요한복음의 저자에게 있어서는, 나사로를 죽은 자 가운데서 일으킨 이 놀라운 표적이 예수의 죽음의 결정적 원인이 되었다는 것이다.

예수를 죽이려는 공회의 모의와 함께 저자는 예수의 그 이후의 행적을 간략하게 기술한다: **"그러므로 예수께서 다시 유대인 가운데 드러나게 다니지 아니하시고 여기를 떠나 빈 들 가까운 곳인 에브라임이라는 동리에 가서 제자들과 함께 거기 유하시니라"**(11:54). 요한복음 11장은 예수가 요단강 저편에 있던 것으로 시작하여 다시 광야에 가까운 지역인 에브라임에 물러가는 것으로 마친다. 예수는 유대교 당국자들의 계획을 이미 알았으며 그래서 공개적으로 유대인들 사이에 다니지 않았다. 예수가 드러나게 다니지 않았다는 말은 그에 대한 적대적 분위기와 함께 언급되었다(7:4, 10). 수전절에 있었던 그 유대인들과의 충돌은 사태를 악화시켰으며 또 나아가 나사로 사건과 관련하여 예루살렘으로부터 온 많은 방문자들로 인하여 예수는 가장 큰 위험에 직면하게 되었다. 유월절 전에 있었던 이 마지막 물러감은 예루살렘을 중심으로 일어나고 있었던 당국자들의 적개심의 폭발을 가리키는 문학적 고안이다. 에브라임이라는 지명은 복음서들에서는 여기에만 나오는데, 그곳은 예루살렘에서 하루 길이었다.

구약성서에 따르면, 그곳은 풍부한 역사를 가진 지역이다. 에브라임은 요셉의 둘째 아들의 이름이며 또 "수고한 땅"라는 의미로 해석된다(창 41:52). 그곳은 북왕국 이스라엘에서 예배의 중심지가 되었다. 그곳은 사무엘(삼상 1:1)과 여로보암(왕상 11:26)의 출생지였는데, 그 두 사람은 예루살렘 성전의 중요성을 강조한 남부의 왕조 신학에 대한 주요한 반대자들이었다. 에브라임은 예루살렘과 달리 유대교 당국자들로부터의 위협이 없이 예수가 그의 제자들과 함께 깊이 교제할 수 있는 지역이었으며 또 예루살렘의 방문자들로부터도 보호받을 수 있는 지역이었다. 예수는 거기서 일정 기간 동안 제자들과 함께 머물렀다.

저자는 그 시기를 유대인의 유월절이 가까운 시점으로 제시한다: **"유대인의 유월절이 가까우매 많은 사람이 자기를 성결케 하기 위하여 유월절 전에 시골서 예루살렘으로 올라갔더니"**(11:55) 이 유월절은 요한복음에서 세 번째이자 마지막으로 언급된다(2:13, 23; 6:4). 만일 요한복음 5:1에 나오는 익명의 명절이 유월절이라면, 이것은 예수의 공생애에서 네 번째 맞이하는 유월절이다. 여기서 유월절이 가까웠다는 언급은 예수의 수난과 관련하여 특별한 의미를 갖는다. 공관복음서들에서도 예수를 잡으려는 유대교 당국자들의 구체적인 계획이 이 마지막 유월절 바로 전에 있었던 것으로 제시된다(막 14:1-2). 그러나 요한복음에서는 당국자들의 구체적인 명령과 일자가 다르게 제시된다(11:57; 12:1). 그 명절에 대한 이전 언급들과는 달리, 여기서 저자는 사람들이 유월절을 준비하기 위하여 그 명절 전에 시골에서 예루살렘에 올라갔다고 언급한다. 그 준비는 유월절 전에 가지는 정결 의례에 관한 것이다(cf. 민 9:6-13; 대하 30:15-19). 이것은 대개 한 주간의 기간으로 이루어지는데, 신령한 마음과 적절한 의례적 상태에서 유월절을 맞이하기 위한 의례적 준비 기간이었다.

저자는 유월절 전에 올라온 사람들이 예수에 대하여 가진 관심을 기술한다: **"저희가 예수를 찾으며 성전에 서서 서로 말하되 너희 생각에는 어떠하뇨? 저가 명절에 오지 아니 하겠느냐 하니"**(11:56). 그들은 가버나움에 있던 사람들(6:24)과 초막절에 예루살렘에 있던 사람들(7:11)처럼 예수를 찾았다(ἐζήτουν). 그들이 "성전에 서서 서로 말했다"는 것은 성전이 회합과 대화의 대중적 장소였던 것을 보여준다. 그들은 예수가 명절에 나타날 것인가에 대한 서로의 생각을 주고받았다. 두 번째 질문은 예수가 오지 않을 것을 기대하는 강한 전제(οὐ μή)가 깔려 있는데, 그것은 또 다른 해학적 진술을 이룬다. 그들은 예수가 이미 시골 사람들에게조차 명백하게 알려진 그에 대한 죽음의 위협 때문에 예루살렘에 오지 않을 것으로 예상한다. 이러한 전제는 그가 자기 자신의 생명을 구하기 위하여 유월절을 지키라는 율법을 위반할 것이라는 그들의 기대를 반영한다. 그러나 저자에게 있어서는, 그들의 기대와는 달리, 예수는 그런 위협에도 불구하고 예루살렘에 올라갈 것이며 또 그 자신의 생명을 내놓을 것이다. 예수는 끝까지 사람들의 기대와는 다르게 행동한다.

저자는 사람들이 그렇게 기대하는 이유를 설명한다: **"이는 대제사장들**

과 바리새인들이 누구든지 예수 있는 곳을 알거든 고하여 잡게 하라 명령하였음이러라"(11:57). 예수를 체포하기 위한 공개적 명령이 대제사장들과 바리새인들에 의하여 반포되었다. 성전을 중심으로 한 유대교의 종교-정치 체계에서 그런 공개적 명령이 반포될 수 있었다. 그러나 예수의 경우에 일반인들을 향한 그런 공개적 명령이 있었는지는 확증하기 어렵다. 공관복음서들에 따르면, 유대교 당국자들은 일반 백성을 두려워하고 있었다(cf. 막 11:18; 12:12; 14:2). 저자의 언급은 유대교 당국자들의 종교-정치적 권위가 일반인들을 상대로 확고하게 자리를 잡아가고 있었던 저자 시대의 유대교 환경에서 나온 것으로 볼 수 있다. 아무튼 저자는 예수의 체포와 처형에 있어서 대제사장들(사두개인들)과 바리새인들이 연합한 것을 통하여 예수의 사역의 정치적 성격을 다시 부각시킨다.

B 자신의 죽음을 준비하는 예수 그리스도(12:1-36)

예수의 공생애 마지막 부분은 유월절 기간에 일어난 그의 수난의 그림자로 드리워진다. 유대인들은 이 거룩한 명절을 준비하고 있었는데(11:55; cf. 18:28), 이 명절은 그들에게 메시야의 희망을 강하게 일으켰다. 그러나 예수는 유대인들의 일반적 기대와는 전혀 다른 의미에서(12:13-15), 유대인들의 구원의 희망의 성취였다. 그는 평화의 왕으로서 예루살렘에 입성하고 또 거기서 참된 유월절 양으로서 유월절이 시작하는 저녁에 죽는다. 그의 대리적 죽음은, 이미 가야바의 예언에서 언급되었는데, 유대인들이 기대하던 것과는 전혀 다른 결과를 낳았다. 이 부분의 묘사 전체를 통하여 유대교 당국자들과의 충돌이 배경을 이룬다. 그들은 예수를 죽이기로 작정하고 또 예수에 대한 믿음을 막기 위한 특단의 조치를 취한다(12:10-11).

그러나 예수의 역설적 승리가 이미 나타나기 시작한다. 많은 무리가 예수를 따르고(12:12, 19) 또 심지어 이방인들이 예수에게 나아온다(12:20-21). 예수의 승리의 근원은 역설적으로 그의 죽음에 있었다. 그의 죽음은 인자가 영화롭게 되는(12:23) 또 죽어서 많은 열매를 맺는 밀알(12:24)이 되는 순간이다. 그의 십자가는 모든 인류를 그에게로 이끄는 인자의 올리우심이 된다(12:32-33). 이런 방식으로 예수에게 있어서 가장 어두운 시간이 그의 영광의 계시이며(12:27-28) 또 이 세상의 통치자가 심판을 받는 시간이다(12:31). 예수는 이 죽음을 통하여 영원히 존재하는 그리스도가 되신다(12:34).

이야기는 유월절 엿새 전에 베다니에서 있었던 기름부음 사건으로 시작하는데(12:1-11), 그것은 예수의 장례를 예고한다. 다음에 예루살렘 입성은 그 다음 날에 이루어진다(12:12-19). 그 다음에 헬라인들이 예수를 찾아오는데, 그것은 예수의 죽음과 관계된 교훈을 전달하는 기회가 된다(12:20-28). 마지막으로 사람들과의 대화 속에서 예수의 죽음의 방식이 언급된다(12:29-34). 이야기는 믿음에 대한 마지막 호소로 끝난다. 이 모든 장면들은 다가오는 유월절을 위한 준비와 관계된다. 저자는 예수의 공생애의 마지막을 자기 자신의 방식 곧 신학적 재구성을 통하여 표현한다. 저자는 기름부음, 예루살렘 입성, 그리고 감람산 강화 같은 예수의 수난과 관계된 전통적 자료들을 재구성한다. 따라서 이 부분에 대한 해설도 다음과 같은 순서로 진행된다.

A. 기름부음을 받은 예수(12:1–11)
B. 예수의 예루살렘 입성(12:12–19)
C. 예수를 찾아온 헬라인들(12:20–26)
D. 땅에서 들리우는 예수(12:27–36)

1. 기름부음을 받은 예수(12:1–11)

예수가 그의 공생애 마지막에 여인에 의해 기름부음을 받은 사건은 공관복음서들에서도 제시된다(막 14:3-9; 마 26:6-13; cf. 눅 7:36-50). 거기서 이 사건은 유월절 이틀 전에 유대교 당국자들이 예수를 체포하여 죽이려는 계획을 추진하던 상황에서 베다니에 사는 문둥이 시몬의 집에서 일어난 것으로 제시된 반면, 여기서는 유월절 엿새 전에 베다니에 사는 나사로의 집에서 일어난 것으로 제시된다. 요한복음의 전승은 값진 향유를 부었다는 점에서 마가복음의 전승과 일부분 관련되지만, 식사의 상황에서 예수의 발에 붓고 머리털로 그 발을 씻었다는 세부 사항들은 누가복음의 전승과의 보다 더 밀접한 관계성을 보여준다. 따라서 공관복음서들과의 관계에 있어서 이 사건은 복잡한 많은 역사적 문제들을 제기한다.

역사적 가망성의 견지에서 볼 때, 예루살렘 입성 전에 일어난 것으로 제시된 요한복음의 기록이 예루살렘 입성 후에 일어난 것으로 제시된 마가복음의 기록보다 더 역사적 사실이라는 견해도 있다. 아무튼 요한복음에서 예수의 공생애는 갈릴리 가나에서 두 사람의 결합으로 한 가정을 이루는 예식을 축하는 것으로 시작하여 예루살렘 베다니에서 나사로의 부활을 기념하는 축하연에 참석하시는 것으로 끝난다. 그러나 요한복음 12장은 전체적으로 예수의 죽음의 그림자로 가득 차 있다.

이 이야기에는 요한복음의 전형적 문학적 기법인 해학이 포함된다. 먼저 예수가 죽은 자에게 생명을 주신 것을 기념하는 바로 그 자리에서 그 자신의 죽음이 예비된다. 마리아는 조용하게 불평 없이 섬기는 사람으로 등장한다. 주인의 발에 기름을 붓는 것은 일반적으로 종의 일이기 때문에, 마리아는 종으로서의 태도를 보여준다. 예수의 발에 부어진 것은 기름이 아니라 향수였는데, 그것은 향기가 일품인 값비싼 동방의 향수였다. 그런 향수들은 여인들의 화장에도 사용되고 또 때로는 장례식에도 사용되었다. 예수는 마리아의 행동을 후자의 의미 곧 예수의 죽음을 예비한 행동으로 해석한다. 여기서 예수의 사역은 과거의 사건으로 회상되고 십자가 죽으심이 앞으로 예상된다. 이 사건은 예수의 죽음을 희생의 죽음 혹은 하나님의 백성의 구원을 위한 죽음으로 보는 신학적 해석을 포함한다(cf. 1:29).

이야기는 예수가 에브라임을 떠나 예루살렘 인근 베다니에 돌아온 것으로부터 시작한다: **"유월절 엿새 전에 예수께서 베다니에 이르시니 이곳은 예수께서 죽은 자 가운데서 살리신 나사로의 있는 곳이라"**(12:1). 저자는 유월절을 다음 주 금요일 저녁에 시작하는 것으로 제시한다. 그 날부터 엿새 전이면 토요일에 해당한다. 그래서 Brown(I:447)은 그 때는 안식일이 끝나가는 저녁이었을 것으로 추정한다. 저자의 입장에서 이제 예수의 때가 무르익었다(12:23). 유대교 당국자들은 예수를 죽이기로 결정했으며(11:53, 57), 또 이 장의 내용은 전체적으로 예수의 사역을 과거의 이야기로 회상하면서 십자가를 바라본다. 저자는 이 사건을 강조적으로 유월절 문맥에 위치시킨다. 이것을 통하여 예수의 죽음을 희생의 죽음 곧 하나님의 백성의 구원을 위한 죽음으로 해석하려는 저자의 의도를 읽을 수 있다. 저자는 베다니를 나사로의 부활 사건이 일어난 장소로 추가로 설명한다. 이 추가적 설명에 관한 전승사적 설명이 시도되었지만, 저자의 자료 사용을 확정하기는 어렵다. 그러나 이것은 무엇보다도 죽은 자를 살리는 영광의 장소에서 예수의 죽음을 예고하는 저자의 해학적 의도에 따른 것으로 보는 것이 적절하다.

저자는 그 사건이 일어난 장면을 상세하게 소개한다: **"거기서 예수를 위하여 잔치할새 마르다는 일을 보고 나사로는 예수와 함께 앉은 자 중에 있더라"**(12:2). '잔치'(δεῖπνον)라는 단어는 요한복음의 다른 곳에서는 예수의 고별 만찬에만 나온다(13:2, 4; 21:20). 여기서도 그 단어는 저녁 식사를 의미할 수 있다. 만일 그것이 저녁 식사라면, 그것은 안식일과 평일을 구분하는 의식과 관계된다. "잔치를 베풀었다"(ἐποίησαν δεῖπνον)는 동사의 특정 주어가 없다. 따라서 누가 그 잔치를 베풀었는지 알 수 없다. 나사로가 예수와 함께 식탁에 앉아 있었다는 것은 그가 주인이 아니라든가 혹은 마르다가 일을 보았다는 것이 그녀가 여주인이 아니라는 것을 의미하지 않는다.

요한복음 11장에서 독자에게 익숙하게 알려진 세 인물들이 여기서는 오누이 관계로 기술되지 않는다. 그러나 나사로, 마리아, 그리고 마르다가 그 잔치를 베풀었다고 생각하는 것이 가장 자연스럽다. 마르다가 "일을 보았다"(διηκόνει)는 언급은 누가복음 10:40과 유사한 언급으로서 저자가 누가복음 전승을 알고 있었다는 것을 강하게 나타낸다. 누가복음에서 마르다의 행위는 부정적으로 취급되지만, 여기서는 제자직의 동사(διηκόνει)로 묘사된다. 만일 잔치(δεῖπνον)가 평상시의 저녁 식사가 아니라 성만찬 의식이었다면(cf. 고전 11:20, κυριακὸν δεῖπνον), 마르다는 그 의식에서 사역자로 일하고 있었다고 볼 수 있다.

이야기의 초점은 일을 보는 마르다와 앉아 있는 나사로에게서 마리아에게로 변경된다: **"마리아는 지극히 비싼 향유 곧 순전한 나드 한 근을 가져다가 예수의 발에 붓고 자기 머리털로 그의 발을 씻으니 향유 냄새가 집에 가득하더라"**(12:3). 마리아의 행위는 매우 놀라운 점들을 보여준다. 그녀가 예수의 발에 부은 것은 인도산 나드 식물 뿌리에서 얻은 향유 혹은 연고(μύρου)였다. 그 향유의 귀중함이 "매우 비싸다"(πολυτίμου)와 '순전하다'(πιστικῆς)는 형용사들을 통하여 묘사된다. 이 두 단어들과 삼백 데나리온의 숫자에서 요한복음은 마가복음과 놀라운 일치를 보인다. 더 놀라운 것은 향유를 예수의 발에 부었다는 것인데, 그것은 일상적 행습이 아니며 특히 식사 자리에서는 더욱 그러하다. 나드는 발에 바르는 것으로는 거의 사용되지 않는 기름이었다. 마리아의 이상한 행동은 거기서 그치지 않고 자기 머리털로 예수의 발을 씻은 것으로 이어진다.

발에 향유를 부었다는 것과 머리털로 발을 씻었다는 것은 유대인들의 문화적 인식에 기초하여 이해하는 것이 필요하다. 유대교 문화에서 몸에 대한 인식은 사회 체계에 대한 인식의 구현이었다. 그래서 머리가 가장 높은 신분과 지위를 상징하는 반면, 발은 그 반대로 가장 낮은 신분과 지위를 상징한다. 그래서 발에 신을 신기거나 혹은 발에 입을 맞추는 행위는 상대방의 고귀한 신분을 인정하는 행위에 속한다(cf. 막 1:7; 눅 7:38).

또 그들의 인식에서, 여성들의 머리털은 소중하게 다루어져야하는 신체의 부분으로 간주되었다(cf. 고전 11:2-16). 따라서 마리아가 예수의 발에 향유를 붓고 자기의 머리털로 씻었다는 것은 예수의 존귀함을 인정하는 그녀의 최상의 표현이다.

그녀의 행동은 누가복음의 이야기와 유사하지만, 거기서는 보다 더 이해할 수 있는 행동으로 묘사된다. 그 여인은 예수의 발 곁에 서서 울며 눈물로 예수의 발을 적시고 자기 머리털로 씻고 그 발에 입을 맞추고 그리고 향유를 부었다(눅 10:38). 이런 점에서 저자가 공관복음서 전승들을 활용한 것은 분명하다. 다만 저자는 그녀의 이름을 구체적으로 밝히고 또 나드 "한 근"이라는 구체적인 숫자를 통하여 이야기의 실제성을 부각시킨다. "향유 냄새가 집에 가득했다"는 저자의 추가적인 언급도 그 사건의 특별한 인상을 강화한다.

값비싼 향유, 발에 향유를 부은 것, 그리고 향유 냄새의 가득함 이 모든 장면이 그런 대접을 받기에 합당한 예수의 고귀함을 강조한다. 저자는 이것을 통하여 예수가 그의 죽음 전에 이러한 존경을 받음이 마땅하다는 것을 나타낸다. 이러한 존경의 분위기는 그의 장례에서 보여진 존경에 상응한다(19:30-40). 집은 초대 교회의 가정 공동체를 가리킬 수 있기 때문에, "향기가 집에 가득했다"는 말은 전체 교회(가정 교회)가 마리아의 예언적이고 예견적인 행동에 의해 감동을 받은 것을 나타낸다는 견해도 있다.

마리아의 행위에 대하여 제자 중 한 사람이 비판하고 나섰다: **"제자 중 하나로서 예수를 잡아 줄 가룟 유다가 말하되 이 향유를 어찌하여 삼백 데나리온에 팔아 가난한 자들에게 주지 아니하였느냐 하니"**(12:4-5). 저자는 마리아의 행동을 책망한 사람의 이름을 가룟인 유다로 밝힌다; 마가복음에서는 "어떤 사람들"(14:4)로 그리고 마태복음에서는 '제자들'로 제시된다. 요한복음에서 그는 제자 중 한 사람이면서도 예수의 배반자라는 그의 종국적 역할로 성격화된다(cf. 6:71). 저자가 유다를 언급하면서 배반자라는 성격화를 강조한 것은 그가 배반자를 언급한 최초의 저자이기 때문이라는 견해도 있다. 유다에 대한 저자의 이러한 부정적인 성격화는 그가 마귀의 사주를 받아 예수를 팔게 되었다는 것(13:2)과 그는 예수의 제자로 있으면서도 여전히 어두움에 속한 사람(13:30)이라는 묘사에서 더 선명하게 나타난다.

삼백 데나리온이란 숫자는 마가복음과 일치한다. 다만 거기서는 근사치(삼백 데나리온 이상)로 제시된 반면, 여기서는 그 향유의 시세가 그랬던 것으로 제시된다. 데나리온은 당시 노동자의 하루 품삯에 해당하는 것으로서 그 향유의 가치를 가늠케 한다. 저자는 마가복음에서 그녀의 행동을 허비한다는 것으로 규정하고 또 그녀의 행동을 책망했다는 것을 생략하고 단지 그녀가 가난한 사람들에게 주지 않은 것을 언급한 것으로 제시한다. 유다의 지적은 그의 말대로 가난한 사람들 편에서 보면 정당한 지적으로 보일 수 있다.

그래서 저자는 유다가 그 말을 한 의도에 대한 해설을 통하여 독자의 이해를 돕는다: **"이렇게 말함은 가난한 자들을 생각함이 아니요 저는 도적이라 돈 궤를 맡고 거기 넣는 것을 훔쳐 감이러라"**(12:6). 저자에 따르면, 유다는 진정으로 가난한 사람들을 생각한 것이 아니라, 제자 공동체의 재정 담당자로서 그 돈을 훔치기 위함이었다. 공관복음서 전승에서는 가난한 사람들을 돕는 것 외에는 다른 동기가 언급되지 않는다. 따라서 저자의 해설은 유다의 인물됨을 더 분명하게 밝히려는 후대의 모습을 보여준다. 유다가 돈 궤를 맡았다는 언급은 요한복음에만 나오는데(12:6; 13:29), 그의 배반과 관련된 중요한 단서를 제공한다.

유다가 예수를 배반한 동기가 돈과 관계되었다는 것은 마태복음에서 직접적으로 언급된다(마 26:15; 27:3-10). 그러나 요한복음에서는 그가 받은 보상이 언급되지 않는다. 유다의 배반의 정확한 동기는 여전히 모호하다. 유다가 도적이었고 공금을 횡령했다는 언급을 통하여 저자는 배반의 이유를 인간의 기본적인 욕심과 관계시킨다. 그러면서도 저자는 유다의 배반과 관련하여 성경이 성취되어야 한다는 신학적 해석을 보존한다(13:18; 17:12).

유다의 말에 대하여 예수가 직접 대답한다: **"예수께서 가라사대 저를 가만 두어 나의 장사 할 날을 위하여 이를 두게 하라. 가난한 자들은 항상 너희와 함께 있거니와 나는 항상 있지 아니하리라 하시니라"**(12:7-8). 마가복음에서 예수는 그녀의 행동을 그의 장례를 위한 기름부음의 의식으로 해석한다(막 14:8). 그러나 여기서 예수의 말씀은 불분명하다. "나의 장사 할 날을 위하여 이를 두게 하라"는 말씀이 가정법(ἵνα)으로 제시되어서 그것의 해석이 애매하고 또 특히 "이를 두게 하라"(τηρήσῃ αὐτό)는 말씀의 의미도 모호하다. 이 구절을 두 가지로 해석할 수 있다. 먼저 "저를 가만 두어라. 그래서 그녀가 내 장사의 날을 위하여 그 남은 향유를 간직하게 하라"는 해석이다. 그러나 이것은 본문의 내용과 잘 맞지 않고 또 예수의 장례에 대한 묘사와도 맞지 않는다(19:39-40). 예수의 장례에서 마리아는 등장하지 않고, 대신 니고데모가 유향과 몰약을 갖고 왔다.

다음에 "그 (상징적) 장례 의식을 계속하게 하기 위하여 저를 가만 두어라"는 해석이다. 마리아는 나중에 예수의 장례에 참가하지 못할 것이기 때문에, 지금 그 일을 행하도록 허락받는다는 것이다. 이런 점에서 보면, 여기서 예수의 말씀의 의미는 마가복음의 그것과 거의 다르지 않다(막 14:8). 마리아는 이 시점에서 예수의 활동의 결과를 분명하게 예상하고 있었고 또 그래서 그것을 준비한 것이다. 예수는 "나의 장사할 날"이라는 직접적인 언급을 통하여 그녀의 행위를 자신의 죽음과 연결시켰다. **따라서 마리아의 특별한 행위는 예수가 지금까지 자신의 죽음에 대하여 예고한 것이 현실로 다가오는 긴박한 상황임을 나타낸다**(7:33; 8:21, 28; 9:4; 10:17; 11:9).

가난한 사람들에 관한 예수의 말씀은 공관복음서들에 나오는 말씀과 문자적으로 동일하다(마 26:11; 막 14:7). 사실 가난한 자들에 관한 언급은 예수의 죽음을 부각시키는 이 문맥에 적절하지 않기 때문에, 그것이 생략된 사본들도 있다. 저자는 그것을 보존하지만, 그러나 그에게 있어서 훨씬 더 중요한 것은 예수가 항상 제자들과 함께 있는 것은 아니라는 말씀이다(cf. 12:35-36). 마리아는 그녀의 행동을 통하여 예수에 대한 그녀의 깊은 신앙과 헌신을 보여주었으며 그리고 저자는 이 마지막 언급을 그 사건의 의미를 요약하는 것으로 간주한다. 마리아는 예수의 고귀함과 위대함을 인식했으며 그녀의 특별한 행동을 통하여 그의 죽음과 장례를 증거한다. 예수의 말씀이 가난한 자들에 대한 무관심을 말하는 것은 아니다. 가난한 자들은 항상 그들과 함께 있다는 말은 그들을 향한 제자 공동체의 관심과 임무를 가리킨다. 그러나 예수가 육신으로 그들과 함께 있는 것은 아니기 때문에, 그가 그들과 육신으로 함께 있는 동안에 그녀가 이것을 인식하고 그녀가 할 수 있는 일을 행하는 것은 적절하다.

저자는 마리아의 특별한 행동을 통하여 임박한 예수의 죽음을 극적으로 예고한 후에, 그의 죽음으로 발전하게 될 사태의 긴박한 상황에 관하여 기술한다: **"유대인의 큰 무리가 예수께서 여기 계신 줄을 알고 오니 이는 예수만 위함이 아니요 죽은 자 가운데서 살리신 나사로도 보려 함이러라**"(12:9). 예수가 다시 베다니에 계시다는 소문이 퍼졌으며 큰 무리의 유대인들이 그곳으로 몰려들었다. 유대인의 "그 큰 무리"(ὁ ὄχλος πολὺς)를 표현하는 어구에서 정관사가 사용된 것은 그곳에 온 사람들이 명절에 즈음하여 이미 예루살렘에 있었고 또 예수가 나타나기를 기다리고 있었던 순례자들을 가리키는 것으로 보인다(11:56). 그들이 온 목적은 표적을 행한 예수뿐 아니라, 예수가 죽은 자 가운데서 살려낸 나사로를 보기 위함이었다.

저자의 입장에서 이와 같은 표적에 기초한 신앙은 부적절한 것이었으며, 그래서 저자는 여러 차례 그런 신앙의 부적절성을 비판했다(2:23; 4:48; 6:2, 26, 36). 예수의 예루살렘 입성 때에도 저자는 많은 사람들이 예수에게 몰려든 동기가 바로 나사로 사건의 목격자들의 증언 때문이었다고 언급한다(12:17-18). 저자는 "그가 죽은 자 가운데서 일으켰다"(ἤγειρεν ἐκ νεκρῶν)는 어구를 사용했는데, 그것은 죽은 자의 종말론적 부활을 나타내는 유대교적 표현으로서 사도 바울이 즐겨 사용했던 어구이다(롬 8:11;

고전 15:12).

예수에 대한 사람들의 피상적인 믿음이 유대교 당국자들의 예수에 대한 적개심을 증가시켰다: **"대제사장들이 나사로까지 죽이려고 모의하니 나사로 까닭에 많은 유대인이 가서 예수를 믿음이러라"**(12:10-11). 대제사장들은 바리새인들과 함께 예수의 체포를 시도했던 것으로 언급된다(7:32, 45). 그들은 그 계획을 더 발전시켜 급기야 예수의 처형을 모의했다(11:47-53). 이제 그들은 사람들이 유대교를 떠나 예수의 제자가 되는 것을 막기 위하여 나사로까지 죽이려고 모의했다(ἐβουλεύσαντο). 그 이유는 죽은 자 가운데서 살아난 나사로 때문에 많은 유대인들이 예수를 믿게 되었기 때문이었다.

실제로 그들의 모의가 어떻게 실천되었는지 알 수 없다. 저자는 다만 여기서 유대교 당국자들이 예수를 믿는 신앙에 대하여 가지는 적개심을 기술한다. 많은 유대인들이 '갔다'(ὑπῆγον)라는 말은 그들이 그들의 이전 유대교에 대한 충성심과 삶의 방식을 버리고 예수의 제자들이 된 것을 의미한다. '가다'(ὑπάγειν)는 단어는 예수의 제자들 중에서 많은 사람들이 예수를 떠나 더 이상 그와 함께 다니지 않게 되었을 때에도 사용되었다(6:67). 이런 위험하고 긴박한 상황에서 예수는 마지막으로 예루살렘에 공개적으로 자기를 나타낸다.

2. 예수의 예루살렘 입성(12:12-19)

예수의 예루살렘 입성에 관한 이야기는 공관복음서들에도 공통적으로 나온다(막 11:1-11; 마 21:1-11; 눅 19:29-38). 요한복음의 기록은 공관복음서들의 기록과 여러 가지 다른 점들을 보여준다: (1) 큰 무리가 예수를 맞으러 나간 점; (2) 나무가지는 종려나무 가지였다는 점; (3) 제자들이 이 사건의 의미를 그 때는 깨닫지 못했다는 점; (4) 나사로 부활 사건을 목격한 무리에 대한 언급; (5) 바리새인들의 절망적 반응.

이런 차이점들에도 불구하고 이 사건을 전달하는 전승들 사이에 상관관계가 있는 것은 분명하다. 스가랴 9:9의 직접 인용(12:15)이 마태복음에도 나오며(마 21:5) 또 예수를 '왕'으로 부르는 외침(12:13)이 누가복음에도 나온다(눅 19:38). 요한복음과 마가복음 사이에 가장 중요한 차이점은 마가복음에서는 예수 자신이 나귀새끼의 준비를 직접 지시하는 반면, 요한복음에는 큰 무리가 예수를 맞으며 외치는 가운데서 그가 한 새끼나귀를 만나서 탄 것으로 묘사된다.

이러한 차이점들을 통하여 저자에게 특별히 중요했던 두 가지 신학적 주제가 강조된다. (1) 먼저 예수가 이스라엘의 왕 되심이 강조된다. 그는 메시아적 왕으로서 그의 신분에 상응하는 영접을 받고 있다는 것이다. 저자는 예수가 왕이라는 주장을 로마 총독이 오해하게 되었고 또 그것이 결국 그가 처형된 죄목이라는 것을 알고 있다. 저자는 이 점을 수난 설화에서 충분히 발전시키는데(18:33-40; 19:1-6, 12-16, 19), 여기서는 그 주제를 소개하기 위하여 이 사건을 활용한다. (2) 다음에 저자는 예수의 제자들이 그 당시에는 그 사건의 의미를 이해하지 못한 것을 언급한다. 예수가 영광을 받은 후에야 그의 공생애에서 일어난 사건들의 의미를 이해하게 되었다는 것이 요한복음의 또 다른 중요한 주제다. 예수의 올리우심에 대한 인식이 예수 그리스도의 존재를 바르게 이해하는 필수 조건이 된다는 저자의 입장 여기서도 제시된다.

저자는 큰 무리가 예수를 맞이하는 것으로부터 예수의 예루살렘 입성에 관한 이야기를 시작한다: **"그 이튿날에는 명절에 온 큰 무리가 예수께서 예루살렘으로 오신다 함을 듣고 종려나무 가지를 가지고 맞으러 나가 외치되 호산나 찬송하리로다 주의 이름으로 오시는 이 곧 이스라엘의 왕이시여 하더라"**(12:12-13). 저자는 공관복음서들에서 막연하게 제시된 것들을 명시하고 역사성을 부각시키기 위하여 노력한다. 저자는 "그 이튿날"의 언급을 통하여(cf. 1:29, 35, 44; 6:22) 이 사건을 베다니에서 일어난 기름부음 사건과 연결시키고 또 그래서 유월절을 준비하는 한 주간의 첫 날에 일어난 것으로 기술한다. 저자는 예수를 맞이한 사람들에 관해서도 구체적으로 묘사한다. 그들은 "명절에 온 큰 무리"로 묘사된다. 그들은 이스라엘의 해방을 기념하며 동시에 이스라엘의 구원을 기대하면서 명절에 참여한 순례자들이었다.

저자는 이미 유대인의 큰 무리가 유월절 전에 예루살렘에 와있었다고 언급했다(11:55-56). 그러나 무엇보다도 저자가 역점을 두는 것은 그들이 예수를 맞으러 나온 이유가 나사로를 살리는 표적에 관하여 들었기 때문이라는 것이다. 그래서 저자는 유대인의 큰 무리가 예수와 및 나사로를 보기 위하여 베다니에 왔다는 것(12:9)과 나사로 사건의 목격자들의 증거를 사람들이 이미 들었다는 것을 언급한다(12:17-18). 저자는 무리의 환대와 나사로 사건의 관계성을 연결시키기 위하여 노력한다.

종려나무 가지들을 갖고 어떤 사람을 맞이하는 것은 승리한 통치자(마카비1서 15:51; 마카비26서 14:4) 또 승리의 쟁취(마카비2서 10:7; 계 7:9)를 상징한다. 이 상징은 적어도 마카비 시대 이후로 유대인들에게 확립되었다. "호산나! 찬송하리로다 주의 이름으로 오시는 이여"라는 외침도 종려나무 가지들과 관련되었는데, 초막절 의식에서 풍요와 생명의 표시로 사용되었다(시 118:25-26). 이사야는 이스라엘의 지도자들을 가리키는 의미로 종려나무 가지 영상을 사용한다(사 9:14-16).

이와 같이 종려나무 가지들과 승리의 축제 사이의 상징적 관계성은 예수를 맞이하는 그 무리의 기대를 반영한다. 그들은 예수를 "이스라엘의 왕"(ὁ βασιλεὺς τοῦ Ἰσραήλ)으로 불렀다. 이것은 이스라엘의 해방을 기대하는 정치적 메시아관을 배경으로 한 칭호였다. 예수는 승리의 통치자로서 환영을 받고 있었던 것이다. 이런 점에서 무리의 환호는 오병이어 표적을 경험한 사람들이 추구했던 것과 흡사하다(6:15). 거기서 예수는 무리가 의도하는 것을 뿌리치고 홀로 산으로 떠나갔지만, 여기서 그는 어린 나귀를 타는 행동을 통하여 그의 메시아됨을 나타낸다.

무리의 외침은 사복음서들에서 각각 독특하게 제시된다(막 11:9; 마

21:9; 눅 19:38). 공통된 부분인 "호산나 찬송하리로다 주의 이름으로 오시는 이여"(누가는 호산나를 생략)는 성전에 오르는 순례자들이 부르는 감사 기도문에 나오는 찬미의 내용이다(시 118:25-26). 그 찬미는 특히 유월절과 초막절에 사용되는 유대교 기도문에 나오는 시의 한 부분이다. 그것은 여기서는 메시야에 대한 대중적 기대의 맥락에서 나오지만, 그러나 "주의 이름으로 오시는 이"가 메시야를 가리킨다는 직접적인 연결의 증거는 없다. 본래 그 찬미는 모든 순례자들을 향한 것이었는데, 여기서는 특별한 의미에서 예수에게 적용된다. 저자는 무리의 외침에 "이스라엘의 왕이시여"를 추가하여 '호산나' 외침의 메시야적 갈망을 함축적으로 표현한다.

여기서 '왕'은 "그 오시는 이"(ὁ ἐρχόμενος)에 대한 해석이며 또 저자 역시 그 해석에 동의한다. 그래서 연결사 καί는 두 칭호들을 하나로 병렬 연결하여 "주의 이름으로 오시는 이"는 이스라엘의 왕 곧 메시아적 통치자라는 것이다. 오병이어 사건의 경우와는 달리, 예수는 무리의 외침을 허용하는데, 이것이 유대교 지도자들로 하여금 낙심하게 만든다(12:19). 그러나 어린 나귀를 탄 예수의 행동은 그의 메시아되심이 무리의 대중적 기대와는 다른 것을 상징적으로 표현한 것이며 또 예수는 후에 그 다른 점을 명시적으로 언급한다(12:32).

저자는 종려나무 가지를 들고 환호하는 무리를 배경으로 한 예수의 행동과 그것의 의미를 해설한다: **"예수는 한 어린 나귀를 만나서 타시니 이는 기록된바 시온 딸아 두려워 말라 보라 너의 왕이 나귀 새끼를 타고 오신다 함과 같더라"**(12:14-15). 마가복음 11:1-7에는 그 어린 나귀를 발견하기까지의 내용이 상세하게 기술된다. 저자는 마가복음의 자세한 내용을 '만나서'(εὑρών)라는 한 마디로 간략하게 줄인다. 따라서 그 단어의 배후에는 "찾은 결과 만나서" 혹은 "다른 사람들의 도움으로 만나서"라는 의미가 포함된다. 요한이 마가와 다르게 역점을 둔 것은 예수가 나귀를 만나서 탄 것을 무리의 외침 후에 위치시킨 것이다. 이것은 예수가 나귀를 탄 목적이 무리가 가진 전통적 메시아관을 교정하려는 것이라는 저자의 의도를 나타낸다. 예수가 말 대신 어린 나귀를 탄 것은 대중의 기대와 전혀 다른 메시야의 영상을 전달한다. 예수는 무리의 요구를 충족시켜주기 위하여 오신 메시야가 아니라, 만민의 근본 문제의 해결을 위해 오신 메시야라는 것이며 그래서 그는 온 세상의 구원자이다(4:42).

저자는 예수의 이러한 목적을 구약의 인용문을 통하여 제시한다. 그 인용문의 주요 부분은 메시아적 통치자를 평화의 왕으로 묘사하는 스가랴 9:9에 기초한다. 후기 예언자들은 메시아적 통치자의 평화적 특성을 부각시킨다. 나귀를 타는 것은 병거나 말을 탄 왕과 달리 이러한 성격을 상징한다. 스가랴의 다음 구절에서 메시야의 이러한 평화적 성격이 다시 강조된다: "내가 에브라임의 병거와 예루살렘의 말을 끊겠고 전쟁하는 활도 끊으리니 그가 이방 사람에게 화평을 전할 것이요"(슥 9:10). 최초 기독교인들은 이러한 예언을 배경으로 하여 예수의 예루살렘 입성을 제시한다. 스가랴 인용문은 마태복음과 요한복음에 나오는데, 요한의 인용문은 위치와 내용에서 마태의 것과 조금 다르다.

스가랴 본문을 마태와 요한의 인용문들과 비교하면 각 저자가 역점을 두고 있는 것을 발견하는데 도움이 된다:

슥 9:9	시온의 딸아 크게 기뻐할찌어다 예루살렘의 딸아 즐거이 부를찌어다 보라 네 왕이 네게 임하나니 그는 공의로우며 구원을 베풀며 겸손하여서 나귀를 타나니 나귀의 작은 것 곧 나귀새끼니라
마 21:5	시온 딸에게 이르기를 네 왕이 네게 임하나니 그는 겸손하여 나귀 곧 멍에 메는 짐승의 새끼를 탔도다 하라 하였느니라
요 12:15	시온 딸아 두려워 말라 보라 너의 왕이 나귀 새끼를 타고 오신다 함과 같더라

마태가 이야기의 초반부에 스가랴 본문에 비교적 가까운 형태로 전달한 반면, 요한은 이야기의 후반부에 요약된 형태로 전달한다. 요한복음에서 "크게 기뻐할지어다" 대신 "두려워 말라"로 바꾼 것은 저자의 입장에서 독자들이 아직 즐거움에 참여하지 못한 상태를 가리킨다. '즐거워하라'는 주제는 고별 강화에서 중요하게 다루어진다(14:27-28; 15:11; 16:20, 22) 스가랴 인용문을 다룸에 있어서, 요한이 역점을 둔 것은 예수가 유대인의 대중적 기대를 따라 정치적 해방을 위하여 온 것이 아니라, 만민에게 평화를 가져오는 온 세상의 구원자라는 것을 전달하는데 있다.

저자는 제자들이 이 사건의 의미를 이해하게 된 경위를 설명한다: **"제자들은 처음에 이 일을 깨닫지 못하였다가 예수께서 영광을 얻으신 후에야 이것이 예수께 대하여 기록된 것임과 사람들이 예수께 이같이 한 것인 줄 생각났더라"**(12:16). 저자는 이 사건에서 예수의 왕되심의 참된 증거를 발견한다. 그러나 그의 왕되심은 무리가 요구하는 정치적 권세와는 상관이 없으며(cf. 18:36), 오직 하나님의 구원의 진리를 계시하는 분으로서의 메시아다(cf. 18:37). 예수는 이런 참된 의미에서 메시아이며 나아가 하나님의 아들이다(1:49; 11:27; 20:31). 예수가 스가랴의 예언을 성취하는 방식으로 예루살렘에 입성하는 것에서 상징적으로 또 무리의 외침 속에서 해학적으로 이 진리가 제시된다. 그러나 제자들은 성전 청결 사건 때에 그러했던 것과 같이 이번에도 예수의 행동의 의미를 이해하지 못했다. 저자는 그 때 제자들에 관한 해설과 같이(2:22), 여기서도 제자들이 스가랴 예언과의 관계성과 무리가 행한 것의 의미를 알지 못했다고 해설한다. 그들은 예수가 영광을 받으신 후에야 곧 그의 부활(2:22)과 성령의 오심(7:39) 이후에 비로소 그것을 깨닫게 된다.

저자에게 있어서 예수의 영광 받으심은 그의 부활과 올리우심과 성령의 오심을 모두 포함한다. 제자들이 예수의 공생애 활동의 의미를 깨닫게 되는 것은 보혜사 성령의 오심을 통해 이루어진다(cf. 14:26; 16:14). 그래서 '생각났다'(ἐμνήσθησαν)는 동사도 신학적 수동태로 표현되어 있는데,

그것은 영광을 받으신 주님의 활동으로 말미암아 그들이 기억하게 되었다는 것을 나타낸다. 제자들의 이해에 관한 유사한 해설로 보아, 저자는 예수의 예루살렘 입성과 성전 청결 사건에서 중요한 공통된 교훈을 발견한다.

저자는 무리가 예수를 환호하여 맞이한 이유를 나사로 부활 사건과 관련하여 설명한다: **"나사로를 무덤에서 불러내어 죽은 자 가운데서 살리실 때에 함께 있던 무리가 증거한지라"**(12:17-18). '증거했다'(ἐμαρτύρει)는 것은 나사로 부활 사건에서 나타난 예수의 권능에 대한 증인으로 그 때 이루어진 것을 선포했다는 말이다. 특히 그 동사의 시제가 미완료인 것은 사람들에게 계속적으로 혹은 반복적으로 증언했다는 것을 가리킨다. 요한복음 12:17은 헬라어 사본들에서 예수와 함께 있는 무리(ὁ ὄχλος ὁ ὢν μετ' αὐτοῦ)를 수식하는 접속사의 중요한 차이점을 보여준다. 그 접속사가 ὅτε로 된 사본들이 있는데, 그것은 나사로 부활 사건에서 예수와 함께 있었던 무리를 강조한다(11:42). 그들이 예수의 표적을 계속해서 증언했기 때문에, 큰 무리가 예수를 환호하게 되었다는 것이다. 이것은 '증언하다'는 동사가 사건의 목격자들과 관계한다는 점에서 적합한 번역일 수 있으며 또 그 다음 절(12:18)의 내용과 자연스럽게 연결된다.

만일 이것을 택한다면, 17절의 무리와 18절의 무리가 구분된다. 한글성경의 번역은 이러한 사본들을 따른 번역이다. 그러나 그 접속사가 ὅτι로 된 사본들이 있는데, 그것은 그들이 증언한 내용 곧 예수가 나사로를 무덤에서 불러내어 죽은 자 가운데서 살리셨다는 것을 강조한다. 그들은 나사로 부활 사건의 현장에 있었던 사람들일 수도 있고 혹은 기름부음 사건 때에 예수와 나사로를 보기 위하여 베다니에 왔던 사람들일 수도 있다(12:9). 그들이 어떤 사람들이었는지 정확하게 알 수는 없지만, 그들이 나사로 사건을 계속적으로 증언했다는 것이다. 이것은 큰 무리가 예수를 환호하게 된 이유를 더 명확하게 설명하는 점에서 적합하다고 볼 수 있다.

저자는 무리가 예수를 환호하게 된 이유를 추가로 설명한다: **"이에 무리가 예수를 맞음은 이 표적 행하심을 들었음이러라"**(12:18). 이 구절은 문법적으로 이해하기 어려운 점들을 포함하고 있다. 문자적으로 번역한다면, 다음과 같이 번역할 수 있다: "이를 인하여, 그 무리도 역시 그(예수)를 만났는데, 그 이유는 그들이 그(예수)가 이 표적을 행한 것을 들었기 때문이었다(διὰ τοῦτο καὶ ὑπήντησεν αὐτῷ ὁ ὄχλος, ὅτι ἤκουσαν τοῦτο αὐτὸν πεποιηκέναι τὸ σημεῖον)." 본문 이해의 어려움은 문장의 처음에 나오는 '이것'(τοῦτο)과 마지막에 나오는 "이 표적"(τοῦτο τὸ σημεῖον)을 무엇으로 이해하는가에 있다. 적절한 해석은 단순하게 그것을 동일하게 간주하는 것이다. 만일 그렇게 간주한다면, "이를 인하여"는 나사로 사건에 관하여 사람들이 증언한 것을 가리키며 또 "그 무리"는 나사로 사건에 관하여 듣고 예수를 맞으러 나온 사람들을 가리킨다.

이렇게 보면, 이 구절은 두 종류의 무리를 제시한다. 하나는 예수와 동행하면서 그 표적을 증언하고 있는 사람들이며 또 다른 하나는 앞의 무리가 증언한 것을 들었기 때문에 예수를 맞으러 예루살렘으로부터 나온 무리를 가리킨다. 저자는 예수가 나사로를 일으킨 표적을 강조하기 위하여 대명사 '이것'을 다시 사용하여 "이 표적"으로 제시한다. 요한이 강조하는 "이 표적"은 근본적으로 또 결정적으로 중요한 사건이다. 이 표적은 한편으로 많은 유대인들에게 예수에 대한 믿음을 가져다주는 계기가 되었지만, 다른 한편으로 예수에 대한 극단적 반감과 적대감을 가져오는 계기도 되었다.

저자는 예수를 환호하는 무리를 바라보는 유대교 지도자들의 실망스런 반응을 묘사한다: **"바리새인들이 서로 말하되 볼지어다 너희 하는 일이 쓸데 없다 보라 온 세상이 저를 좇는도다 하니라"**(12:19). 나사로 부활 사건에서 예수를 죽이기 위해 모의한 사람들은 대제사장들과 바리새인들로 나온다(11:47). 요한복음 12장에서 예수의 반대자들로서 대제사장들과 바리새인들이 각각 개별적으로 나온다(12:10, 19). 무리의 환호에 대한 비판자들로서 바리새인들이 나오는 점에서 요한은 누가(19:39)와 동일하다. 그러나 누가가 바리새인들이 예수의 제자들을 책망하라고 그에게 요구한 것으로 전달하는 반면, 요한은 그들이 서로에게 예수의 영향력 확대에 대한 그들의 실망을 말한 것으로 전달한다. 그들은 환호하는 무리를 보면서 그들의 대응이 소용없다는 무력감을 고백한다.

"온 세상이 그를 좇고 있다"는 과장법적 표현은 예수 자신의 활동에 대한 생생한 묘사이면서 동시에 저자 시대의 선교 상황을 반영한다. 모든 민족의 사람들 곧 유대인들은 물론 이방인들까지 예수 그리스도에게 관심을 갖고 나오고 있는 상황이다. 저자는 그들의 말을 해학적으로 전달한다. 그들은 무리가 환호하는 피상적인 면만을 보고 그 말을 했지만, 저자는 그들의 말을 통하여 그가 전달하려는 진리 곧 하나님이 온 세상을 구원하기 위하여 독생자를 보냈으며(3:16-17) 또 결국은 온 세상이 예수 그리스도에게로 나아올 것을 제시한다(12:32). "온 세상이 예수를 좇고 있다"는 바리새인들의 해학적 진술이 어떤 헬라인들이 예수를 찾아온 사건을 자연스럽게 소개한다.

3. 예수를 찾아온 헬라인들(12:20-26)

헬라인들이 예수를 찾아온 사건은 예수의 공생애의 마지막에 위치하며 또 그것은 온 세상이 예수를 좇는다는 말의 실제적 성취를 나타낸다. 공관복음서 저자들과는 달리, 요한은 예수의 공생애에서 헬라인들이 예수를 만나려고 찾아온 것을 기록한 다. 그러나 요한도 그것을 예수의 공생애의 마지막에 하나의 단편적 사건으로만 전달한다. 유대교의 신을 경외하는 헬라인들이 유월절에 예루살렘을 방문한 것이 요세푸스의 글에 언급된다. 그러나 복음서 저자들은 한결같이 예수가 헬라인들을 직접적으로 만난 것을 제시하지 않는다. 이것은 최초 기독교인들의 신학적 입장을 반영한다. 그들의 입장에서 예수의 공생애 사역의 범위는 유대인들에게만 국한된다. 예수 그리스도를 통한 하나님의 구원에 관한 복음이 유대인을 넘어서 헬라인들에게로 향하는 것은 사도들을 통해 이루어지는 사역이다. 복음 전파의 이러한 과정을 명백하게 언급한 사람이 사도 바울이다: "첫째는 유대인에게요 또한 헬라인에게라"(롬 1:16).

그러나 요한은 유일하게 예수의 공생애에서 헬라인들을 언급한다. 비록 그들은 예수를 직접 만나지는 못하지만, 그들의 등장은 예수의 죽음과 영광의 때의 도래를 알린다. 예수가 영광을 받으신 후에는 복음이 유대인의 영역을 넘어서서 헬라인들에게로 향하게 될 것이다. 예수가 헬라인들을 가르치는 것에 관하여 초막절 사건에서 그 유대인들의 질문을 통하여 제시되었다(7:35). 유대교 사회에서 예수의 활동의 결과는 지극히 부정적이었다. 유대교 당국자들은 마침내 예수의 죽음을 결의하게 되었다. 예수는 이제 유대교 내에서는 더 이상 그의 사역을 감당할 수 없게 되었다. 그의 죽음이 예상되고 그의 공적 사역이 마감되는 이 시점에서 헬라인들이 등장한다.

예수 그리스도를 통한 하나님의 구원은 이제 유대인을 넘어서서 온 세상을 포함하게 될 것이다. 이것은 요한공동체의 선교 상황을 반영하는 것이기도 하다. 요한복음서가 저술되던 당시에 요한공동체는 이제 유대인 중심의 복음 전파에서 이방인 중심의 복음 전파로 선교의 대상을 전환하고 있었다. 헬라인들에 대한 언급은 이곳 이후에는 이야기에서 완전히 사라진다. 그들이 예수를 찾아온 결과에 대한 언급도 없다. **따라서 이 사건은 예수의 공생애에서 맞이하게 될 결정적 시점을 나타내고 또 기독교 복음 전파의 방향 전환을 암시한다.**

예수를 찾아온 헬라인들은 유월절에 예배하러 온 사람들이었다: **"명절에 예배하러 올라온 사람 중에 헬라인 몇이 있는데 저희가 갈릴리 벳새다 사람 빌립에게 가서 청하여 가로되 선생이여 우리가 예수를 뵈옵고자 하나이다 하니"**(12:20). '헬라인'("Ελλην)은 엄밀한 의미에서 헬라 인종의 사람이 아니라, 비유대인을 통칭하는 단어다. 따라서 여기에 언급된 헬라인들은 헬라계 유대인 곧 헬라어를 사용 유대인들이 아니라(cf. 행 9:29), 헬라어를 말하는 이방인들을 가리킨다. 저자가 그들을 "명절에 예배하러 올라온 자"라고 말한 것을 보면, 그들은 유대교로 개종했거나 혹은 적어도 유대교의 신을 경외하고 회당 예배에 참석하는 사람들이었다. 그러나 그들은 제사가 실제로 진행되는 성전의 안뜰에는 들어갈 수 없었다. 요세푸스는 순례자들로서 예루살렘에 올라온 이런 종류의 이방인들을 언급한다(전쟁사, 6.427). 이 헬라인들은 이 구절과 다음 구절에서만 나오고 그 다음에는 전혀 언급되지 않는다. 예수를 보려는 그들의 요청에 대한 결과도 기술되지 않는다. 그들의 등장은 예수의 사역의 보편적 범위와 예수의 제자들 감당할 선교의 방향을 강조하기 위한 장식으로 활용된다.

헬라인들이 직접 예수에게 나온 것이 아니라, 그들은 제자 중 한 사람인 빌립을 통하여 예수와의 면담을 요청했다. 저자는, 이 복음서의 초기에 언급되었던(1:44), 빌립의 출신지인 갈릴리 벳세다를 다시 언급한다. 이것으로 미루어 보아, 빌립의 출신지인 갈릴리 벳세다는 헬라어-사용 신경외자들이 많이 살고 있었던 도시였을 것으로 보인다. 실제로 갈릴리는 유대교 사회에서 헬라 문화의 영향을 가장 많이 받았던 지역이다(cf. 마 4:15). 후기의 기독교 전승에서 빌립은 소아시아에서 이방인 선교를 감당하다가 에베소에서 가까운 히에라폴리스에서 죽은 것으로 전달된다(유세비우스, 교회사, 3.31.3; 5.24.2-3). 예수를 보기를 원한다는 것은 예수와의 면담을 가리킨다(cf. 8:20; 9:9; god 28:20). 그러나 요한의 신학적 맥락에서 '본다'는 것은 '믿는다'는 것과 상통한다. 요한복음에서 예수에 대한 믿음은 대개 예수와의 개인적 대화 혹은 면담 속에서 이루어진다. 그들의 등장은 이방인들의 개심의 가능성을 열기 시작한다(cf. 4:42; 10:16; 11:52).

빌립은 안드레와 함께 이 사실을 예수에게 알린다: **"빌립이 안드레에게 가서 말하고 안드레와 빌립이 예수께 가서 여짜온대"**(12:22). '안드레'라는 이름도 빌립과 같이 헬라어 이름이다. 예수의 열두 제자들 중 두 사람만이 헬라어 이름을 소유했다. 바돌로매는 유대식과 헬라식 이름이 섞여 있

다: 바(아들) + 돌로매(Ptolemy). 헬라인들이 등장하는 이 사건에 그 두 제자들이 언급되는 이유가 바로 그 이름들이 가지는 헬라적 배경에 있다는 견해가 있다. 공관복음서들에서 안드레는 제자들의 명단에는 나오지만, 항상 시몬 베드로의 형제로 나오며 또 베드로의 중요성에 비하여 중요성이 거의 부여되지 않는다.

그러나 요한복음에서 안드레는 매우 중요한 인물로 부각된다. 그는 예수의 메시아되심을 최초로 발견한 두 제자 중 한 사람이며 또 시몬 베드로에게 메시아를 소개하고 그를 예수에게로 인도한 사람으로 나온다(1:40-41). 그는, 직접적으로든 혹은 간접적으로든, 항상 빌립과 관련되어 나온다. 빌립의 출신지를 말할 때, "안드레와 베드로와 한 동네 벳세다 사람"이라고 소개하는 것에서 안드레가 먼저 언급된다. 그는 오병이어 사건에서도 빌립과 함께 등장하는데, 빌립과는 달리 예수의 표적을 가능하게 하도록 배경을 만드는 믿음의 사람으로 나온다. 여기서도 빌립은 먼저 안드레에게 가서 의논하고 그리고 안드레와 빌립(안드레가 먼저 언급됨)이 예수에게 가서 말했다.

제자들의 보고를 받은 예수는 그의 사역의 궁극적 국면 곧 그의 죽음을 언급하는 기회로 삼는다: **"예수께서 대답하여 가라사대 인자의 영광을 얻을 때가 왔도다"**(12:23). 예수는 헬라인들의 요청에 대한 직접적인 대답 대신 그것에 의해 촉발된 상황에 관한 신학적 해석을 제시한다. 예수가 그들의 요청을 거절한 것은 아니다. 다만 그가 헬라인들에게 구원을 가져오기 위해서는 먼저 죽음의 통로를 통과해 가야한다(11:24). 지금까지 예수는 그의 '때'(ὥρα)가 아직 이르지 않았다고 말해왔다(2:4; 7:30; 8:20). 그러나 이제는 그의 때가 도래했는데(ἐλήλυθεν), 그 때는 인자가 영광을 받을 때로 묘사된다. 예수는 자기 자신을 '인자'로 부르는데, 그것은 예수 그리스도의 선재와 화육 그리고 올리우심을 다 포함하는 요한의 신학을 반영하는 칭호다. "영광을 받는다"(δοξασθῇ)라는 것은 일차적으로 그의 죽음을 가리킨다.

그러나 그의 죽음은 죽은 자 가운데서의 부활과 그가 이전 있던 곳으로의 올리우심으로 이어지기 때문에, 그의 죽음은 그가 영화롭게 되는 때의 시작이다. 그는 영광을 받음으로써, 모든 사람을 자기에게로 이끄는 권세를 받게 될 것이다(13:32; 17:1-2). 그는 창세 전에 그가 아버지와 함께 가졌던 영광의 존재로 복귀할 것이다(17:5). 그러나 그가 영광을 받는 궁극적 목적은 모든 믿는 자들에게 생명을 주기 위한 것이다(17:2). 예수는 헬라인들이 예수를 믿으려고 나오는 상황에서 그의 죽음의 때를 언급함으로써, 그의 죽음이 모든 사람 곧 유대인들은 물론 헬라인들까지 그를 통하여 생명을 얻는 새로운 시대(때)의 도래를 알린다.

예수는 그의 때의 도래와 관련하여 그의 죽음에 관한 교훈을 씨의 비유를 통해 전달한다: **"내가 진실로 진실로 너희에게 이르노니 한 알의 밀이 땅에 떨어져 죽지 아니하면 한 알 그대로 있고 죽으면 많은 열매를 맺느니라"**(12:24). 씨를 심고 수확을 거두는 영상은 공관복음서들(막 4:3-9; 마 13:24-30)과 바울 서신(고전 15:36-38)에도 나온다. 이 비유는 죽어서 열매를 맺는 씨가 예수 자신이라는 우화적 성격을 포함한다. 예수의 죽음은 풍성한 선교의 열매를 맺는 필수 요건이다. 여기서 열매를 맺기 위한 죽음의 필연성과 그 죽음의 놀라운 결과가 강조된다. 죽음의 필연성은 "죽지 아니하면 한 알 그대로 있고"라는 조건절에 의하여 강조되며 또 12:34에서 "인자가 **반드시** 들려야 한다"(δεῖ ὑψωθῆναι)는 조동사 δεῖ의 사용에 의해서도 암시된다.

반면에 그 죽음의 놀라운 결과는 "죽으면 많은 열매를 맺는다"라는 말씀을 통해 표현되고 또 "모든 사람을 내게로 이끌겠노라"는 언급에서 강조된다(12:32). 그러나 이 비유는 예수 자신만을 가리키는 교훈은 아니다. "한 알의 밀"(ὁ κόκκος τοῦ σίτου)이란 어구는 단 한 개의 밀알을 가리키는 것이 아니라, 파종을 위해 채로 걸러진 한 무리의 밀을 가리킨다. 이 어구의 이러한 집합적 성격은 예수의 죽음을 통한 열매 맺음이 그에게만 해당되는 것이 아니라, 그를 따르는 제자들이 열매를 맺기 위하여 통과해야 할 필연적 길임을 제시한다. 이 의미는 초대 교회에서 "순교자들의 피가 교회의 씨"라는 명언을 통하여 표현되기도 했다.

이 비유적 교훈은 예수의 수난에 관한 그의 예고의 맥락에 위치한다. 공관복음서들에서 예수의 수난에 관한 예고는 인자의 수난과 부활에 관한 세 번에 걸친 체계화된 예고를 통해 전달된다. 이 비유와 공관복음서들에 나오는 수난 예고(대표적으로 막 8:31)와의 연결성은 그 다음에 나오는 제자직에 관한 교훈들(12:25-26)에 의해서 보여진다. 공관복음서들에서도 인자의 수난에 관한 예고 후에 제자직에 관한 유사한 교훈들이 제시된다. 이런 점에서 밀알의 비유가 공관복음서들에 나오는 예수의 수난에 관한 예고의 또 다른 형태라고 말하기는 어렵지만, 여기서 요한이 예수 그리스도의 죽음의 길에 제자들의 관심을 집중시키는 최초 교회들의 전승들과 교훈들을 기초하고 있는 것은 분명하다.

예수는 자기 자신이 가야 할 숙명적 길과 관련하여 그 자신의 길과 제자들이 가야 할 길이 연결되어 있음을 교훈한다: **"자기 생명을 사랑하는 자는 잃어버릴 것이요 이 세상에서 자기 생명을 미워하는 자는 영생하도록 보존하리라"**(12:25). 이 말씀은 공관복음서들에서도 거의 동일한 형태로 전달된다(막 8:35=마 16:25=눅 9:24; 마 10:39=눅 17:33). 요한복음 12:25-26이 마가복음 8:34-35과 긴밀하게 연결된 것은 요한이 이 말씀의 마가 형태를 염두에 두었던 것을 보여준다. 이제 헬라인들이 방문한 상황은 가려지고 예수는 이때를 제자직에 관한 교훈을 전달하는 기회로 삼는다. 이것은 예수의 제자들을 향한 급진적 교훈이다.

예수의 가야 할 길이 죽음을 통해 많은 열매를 맺는 길인 것과 같이, 그의 제자들도 역시 죽음을 무릅쓴 고난의 길을 가야한다. 자기 생명(ψυχή)은 이 세상에서 살아가는 신체적 생명 혹은 신체적 삶을 가리킨다. "이 세상에서"라는 어구는 이 세상에서 신체를 가진 삶의 목적과 내용을 강조한다. "자기 생명을 사랑하는 자"는 예수를 따르는 목적이 결국은 예수를 이용하여 자기의 기대와 소원을 추구하는 사람이다. 그런 사람은 예수의 제자라고 하지만, 그러나 예수가 추구하고 노력했던 생명의 역사에는 참여할 수 없다. 그래서 공관복음서 전승에서는 예수의 참된 제자가 되기 위해서는 "자기를 부인해야한다"고 제시된다(막 8:34).

"자기 생명을 미워한다"라는 말은 자기 존재를 열등하게 생각한다거나 혹은 자기 존재를 무가치하게 간주한다는 것은 아니다. 이것은 자기가 추구하는 것의 중요성 면에서 자기 생명을 두 번째로 간주하는 사람을 의미한다. 그 사람은 예수가 추구하고 실현하기 위해 노력했던 것을 계승하고 재현하기 위하여 자기 생명을 바쳐 일하는 사람이다. "영생하도록 보존한다"(εἰς ζωὴν αἰώνιον φυλάξει αὐτήν)는 것은 나사로 부활 사건에서 제시된 "영원히 죽지 아니하리라"는 말씀과 동일한 의미를 갖는다. 그것은 신체적 생명을 영원히 보존한다는 것이 아니라, 예수 자신이 소유하고 누렸던 생명 곧 위로부터 주어지는 하나님의 생명을 영원히 누리게 된다는 것이다(10:11).

예수는 제자직의 근본 목적과 함께 제자직의 근본 자세를 제시한다: **"사람이 나를 섬기려면 나를 따르라. 나 있는 곳에 나를 섬기는 자도 거기 있으리니 사람이 나를 섬기면 내 아버지께서 저를 귀히 여기시리라"**(12:26). 이 한 구절에 '섬기다'(διακονεῖν)와 그것과 관계된 단어(διάκονος)가 세 번 나온다. 이것을 통하여 예수는 그의 제자들의 삶의 목적이 그를 섬기는 것이 되어야하며 또 그래서 그를 섬기기 위해서는 그를 따라 가야 한다는 것을 강조한다. 여기서 예수를 따라간다는 것은, 앞에서 언급된 대로(12:24), 십자가의 길을 가는 것을 말한다. 이런 점에서 이 구절은 제자직의 근본 자세를 말하는 마가복음 8:34과 매우 유사한 구조로 제시된다:

막 8:34	**요 12:26**
아무든지 나를 따라 오려거든	사람이 나를 섬기려면
자기를 부인하고 자기 십자가를 지고	— — —
나를 좇을 것이니라	나를 따르라

예수를 섬기는 사람은 예수의 목적을 자기 인생의 목적으로 추구하는 사람이다. 예수의 목적은 그가 하나님의 보냄을 받아 세상에 와서 자기 생명의 위험을 무릅쓰고 사람들에게 하나님의 생명을 주기 위하여 일하는 것이었다. 그래서 예수를 섬기는 사람은 예수가 가신 십자가의 길을 가면서 예수의 목적을 실현하기 위하여 노력하는 사람이다. 예수의 뜻을 섬기는 제자직에의 초대는 예수를 위하여 죽음을 각오하는 준비를 포함한다. 예수를 섬기는 삶은, 바로 앞에서 언급된 대로(12:25), 예수와 그의 이름을 위하여 자기 생명을 미워하는 삶이다. 이 말씀 역시 제자들의 선교 활동의 상황을 반영한다. 제자들은 그들이 전파하는 말씀을 통하여 예수의 죽음이 많은 열매를 맺는다는 것을 증언할 뿐 아니라, 그들 자신들의 죽음을 통하여 그 열매 맺음을 증언하게 될 것이다.

예수의 초청에는 명령과 약속이 있는데, "나를 따르라" 이후에 나오는 말씀들은 그의 명령을 순종하는 사람에게 주어지는 약속이다. "나 있는 곳"(ὅπου εἰμὶ ἐγώ)은 요한의 기독론적 이해에서 예수의 궁극적 존재와 관련하여 매우 중요한 개념이다. 이 주제는 고별강화에서 집중적으로 제시된다. 예수는 이 세상에서 그의 목적을 완성한 후에 아버지께로 돌아갈 것이며 또 그 후에는 다시 와서 제자들을 인도하여 그가 있는 곳에 그들도 함께 있게 할 것이다(14:1-2). 그래서 "나 있는 곳"은 예수가 영광을 받은 후에, 그의 변형된 존재 곧 아버지와 완전히 하나가 된 존재와 밀접하게 연관된다. "거기 있을 것이다"(ἐκεῖ ἔσται)라는 미래 시제는 종말론적 의미에서 제자들의 죽음을 통해 이르게 될 주님과의 연합을 가리킨다.

예수가 계신 곳에 이르는 것 곧 올리우신 주님과 하나가 되고 그의 영광에 참여하는 것이 죽기까지 예수를 따르는 제자들이 받을 최고의 보상이다. 그러나 요한이 강조하는 현재적 종말론의 입장에서 예수가 계신 곳에 함께 있게 되는 것은 보혜사 성령의 강림을 통해 이루어지게 되는 것으로서 올리우신 주님이 지금 이 세상의 삶에서부터 그들과 함께 거하심을 가리키기도 한다. 요한의 입장에서, 주님의 함께 하심으로 이루어지는 영생은 지금 이 세상의 삶에서부터 이루어진다. 예수를 섬기는 사람 곧 예수의 목적을 위하여 자기 생명을 미워하는 사람의 삶 속에 올리우신 주님이 함께 계신다.

"내 아버지께서 저를 귀히 여기신다"라는 말씀도 예수를 섬기는 사람에게 주어지는 보상을 나타낸다. "귀히 여기다"(τιμάω)는 단어는 요한복음에서 아버지와 아들의 관계를 나타내기 위하여 사용되었다(5:23). 아버지께서 예수의 영광을 구하고 그에게 영광을 돌리시는 것과 같이(8:50, 54), 하나님은 예수를 섬기는 제자들을 마찬가지로 대우하신다. 귀하게 여기는 것은 아버지와 아들이 함께 누리는 영광에 합당한 자로 인정하는 것이다. 공관복음서 전승에서는, 이것과 유사한 개념으로, 이 세상에서 예수를 부끄러워한 사람들이 강림하는 인자에 의해 부끄러움을 당하게 된다는 부정적 개념으로 전달된다(막 8:38/마 10:32/눅 12:8). 아버지는 예수를 섬기는 사람들을 사랑하시며 또 그들에게 아들이 창세전부터 가진 영광에 참여할 특권을 주신다(17:24). 제자들은 예수의 목적을 섬김으로 말미암아 아버지의 사랑을 받는 대상이 되었으며 또 아버지와 아들 안에 있는 완전한 연합의 관계에 참여하도록 초대를 받는다.

4. 땅에서 올리우는 예수(12:27-36)

예수는 그의 죽음과 관계된 제자직에 관한 교훈에서 다시 자기 자신의 문제로 돌아와 그가 곧 직면하게 될 죽음의 문제와 씨름하고 또 그의 죽음과 함께 이루어질 그의 올리우심에 관한 교훈을 전달한다. 요한복음 12:27-30은 공관복음서들에서 겟세마네의 고뇌로 알려진 부분에 상응한다. 둘 사이의 실제적인 차이점들에도 불구하고, 요한은 공관복음서 전승에 나오는 예수의 고뇌와 아버지의 뜻에의 헌신을 취하여 자신의 기독론적 입장에 맞게 재구성한다.

저자가 요한복음 12장에서 예수의 공생애를 봉사와 죽음의 용어로 요약하는 점에서 고뇌라는 말을 사용할 수 있다. 저자는 예수의 말씀들을 통하여 이 세상에서 하나님의 목적을 이루기 위하여 자기 생명을 미워하는 한 사람의 헌신을 생생하게 묘사한다. 여기서 예수의 공생애에서 나타난 그의 연약함과 영광이 그의 죽음을 통하여 하나로 결합된다. 예수의 죽음은 그를 통해 시작된 하나님의 계시 활동의 중단이 아니라 영원한 완성이다. 그래서 그의 죽음은 이 세상 임금이 심판을 받고 또 모든 사람이 그를 통한 생명에 참여하게 되는 영광의 시작이다.

예수는, 앞에서 언급된 "인자가 영광을 얻을 때"(12:23)와 관련하여, 그 때에 대한 자신의 입장을 밝힌다: **"지금 내 마음이 민망하니 무슨 말을 하리요. 아버지여 나를 구원하여 이때를 면하게 하여 주옵소서. 그러나 내가 이를 위하여 이때에 왔나이다**"(12:27). '지금'(νῦν)은 12:23의 '때'와 연결되어 그의 죽음이 임박한 시점을 가리키며 또 그 다음에 나오는 "이때"와 연결된다. 그의 죽음과 영광 받을 때가 다 된 상황에서 예수는 그 상황의 절박함을 깊이 의식하고 있다. "내 마음이 민망하다"(ἡ ψυχή μου τετάρακται)는 감정은 나사로의 무덤 앞에서 예수가 사랑하던 사람들은 물론 유대인들이 가졌던 불신에 대하여 예수가 가졌던 감정이다(11:33).

마가는 이때 예수의 고뇌를 "내 마음이 심히 고민하여 죽게 되었다"(περίλυπός ἐστιν ἡ ψυχή μου ἕως θανάτου)라고 묘사한다(막 14:34). 요한이 사용한 단어 '민망하다'(ταράσσειν)와 마가가 사용한 단어 '고민하다'(περίλυπός)는 고뇌의 감정을 표현하는데, 시편 42:5-6(cf. 42:11)의 헬라어역에 동시에 나온다: "내 영혼아 네가 어찌하여 **낙망하며** 어찌하여 내 속에서 **불안하여 하는고** … 내 하나님이여 내 영혼이 내 속에서 **낙망이 되므로**…"(ἵνα τί περίλυπος εἶ, ἡ ψυχή, καὶ ἵνα τί συνταράσσεις με; … πρὸς ἐμαυτὸν ἡ ψυχὴ μου ἐταράχθη). 요한이 사용한 '민망하다'는 단어가 시편에서는 '불안해하다' 그리고 '낙망하다'는 의미로 사용되었다. 이러한 예들을 토대로 보면, 민망하다는 것은 불안과 낙심을 포함하는 괴롭고 고통스런 감정을 말한다.

"무슨 말을 하리요"(τί εἴπω)는 두 가지로 해석할 수 있다. (1) 먼저, 그 다음에 나오는 말씀과의 관계에서 하나의 호소로 볼 수 있다. 이것은 예수가 자신의 죽음 앞에서 민망한 마음으로 그 때를 면하게 해달라는 호소를 이끄는 구절이라는 것이다. 이것은 주로 공관복음서 전승에서 부각된 점이다. (2) 그러나 요한복음에서 예수는 결코 자신의 죽음에 대하여 망설이지 않는다. 그래서 이 말은 그 다음에 나오는 말을 이끄는 질문으로 볼 수 있다. 곧 "아버지여 나를 구원하여 이때를 면하게 하여 주옵소서"라고 "내가 말하겠는가"라는 반문이 된다는 것이다. 이러한 견해는 자기 자신의 죽음에 임하는 예수의 태도를 공관복음서 전승에 기초하여 이해하려는 견해에 반대하는 요한의 입장을 반영한다.

요한의 입장에서 보면, 예수는 이러한 질문에 대하여 단호하게 정반대의 입장을 표명한다: "아니오, 나는 이를 위하여 이때에 왔습니다." "이를 위하여"(διὰ τοῦτο)는 예수가 세상에 온 목적 곧 그가 선한 목자로서 양들을 위하여 자기 생명을 내놓기 위하여 온 것을 가리킨다. 예수는 "이 때"를 모면하려는 유혹을 단호하게 거절한다. 공관복음서 전승에서는 "그러나 나의 원대로 마옵시고 아버지의 원대로 하옵소서"(막 14:37; cf. 마 26:39; 눅 22:42)라는 구절을 통하여 예수가 둘 사이에서 망설였지만, 그러나 십자가가 아버지의 뜻이기 때문에 그것에 순종하는 그의 결단이 제시된다. 그러나 요한복음에서 예수에게는 그런 망설임이 없다. **비록 그는 한 인간으로서 민망한 마음이 되었지만, 자기가 세상에 온 목적이 바로 이때를 위한 것임을 확신한다. 그래서 그는 담대하게 그때의 도래를 맞이한다.**

예수의 이러한 단호함은 다음에 나오는 기도에서 구체적으로 표현된다: **"아버지여 아버지의 이름을 영광스럽게 하옵소서 하시니 이에 하늘에서 소리가 나서 가로되 내가 이미 영광스럽게 하였고 또 다시 영광스럽게 하리라 하신대**"(12:28). '아버지'(πάτηρ)는 요한복음에서 예수가 하나님을 가리키기 위하여 즐겨 사용한 칭호이다. 그러나 여기서는 "아빠 아버지여"('Αββὰ ὁ πατήρ)로 부르는 마가 전승(막 14:36)의 영향을 반영한다(Barrett, 425).

"영화롭게 하다"(δοξάζειν)는 단어는 지금까지는 주로 아들에 관하여 사용되었지만, 이후로는 주로 아버지에 관하여 사용된다(13:31f.; 14:13; 15:8; 17:1, 4; 21:19). 하나님의 이름은 예수가 그의 제자들에게 계시한 것인데(17:6), 그것은 예수를 통해 활동하시는 하나님의 존재의 본질 곧 하나님의 거룩함과 뜻과 생명을 가리킨다. 하나님의 이름을 영화롭게 해 달라는 기도는 아들을 통해 세상에서 이루시는 아버지의 뜻을 이루어 달라는 것이다.

하나님이 예수에게 주신 하나님의 이름은 오직 그 이름을 받은 아들이 죽음과 부활과 올리우심을 통하여 영화롭게 될 때에 온전하게 나타날 것이다. 오직 그 후에야 제자들은 예수에게 적용된 "내가 그니라"(8:28)는 이름이 무엇을 의미하는가를 깨닫게 될 것이다. 예수의 이 기도는 "당신의 이름이 거룩히 여김을 받으시오며"라는 주기도문(마 6:9=눅 11:2)의 기도와 매우 흡사하다. 주기도문의 이 기도 역시 사람들이 하나님의 이름을 찬양하게 해달라는 것이 아니라, 하나님께서 친히 당신 자신의 이름을 거룩하게 해달라는 요청이다. 따라서 "당신의 이름을 영광스럽게 하옵소서"라는 기도는 "당신의 원대로 하옵소서"라는 겟세마네의 기도와 연결된다. 예수는 아버지의 거룩한 뜻이 이루어지는 것에 자신을 헌신한다.

하나님의 뜻을 이루는 일에 자기 자신을 헌신한 예수의 결단은 하나님의 인정을 받는다. 하늘로부터 나온 음성은 하나님의 직접적인 계시를 표현하기 위하여 공관복음서들에서 예수의 침례와 변화산 사건에서 제시되었다. 그러나 요한복음에서는 여기서 유일하게 언급된다. 학자들은 요한이 전달하는 이 하늘의 음성이 변화산 사건에 기초하고 있다는데 동의한다. 변화산 사건은 인자의 수난에 관한 예고 바로 다음에 위치하여 부활하신 그리스도의 영광을 예견한다. 요한복음에서 하늘의 음성에서 "영화롭게 하다"는 동사가 강조되는데, 이것도 역시 요한의 신학적 입장을 반영한다. 여기서 이 동사의 시제가 부정과거(ἐδόξασα)와 미래(δοξάσω)로 사용된다.

그것이 가리키는 각각의 내용에 관하여 Brown(I:476-77)은 세 가지 견해를 제시한다:

부정과거(ἐδόξασα)	**미래**(δοξάσω)
1. 선재	부활의 영광
2. 공생애	죽음-부활-승천
3. 공생애 전체	올리우신 그리스도

하늘의 음성은 하나님과 인자가 서로를 영화롭게 한다는 고별강화에 나오는 예수의 말씀과 밀접하게 연결된다(13:31-32). 서로 다른 시제를 사용한 이중적 표현은 두 개의 서로 다른 국면들을 가리키며 또 '다시'(πάλιν)는 그 둘을 계속적인 활동으로 연결한다. 따라서 부정과거는 지금까지 표적을 중심으로 이루어진 예수의 공생애 사역 전체를 가리키는 반면, 미래는 그의 올리우심을 통해 그의 죽음이 세상 모든 사람들에게 생명을 제공하는 통로가 되게 하는 것을 가리킨다고 보는 것이 적절하다.

저자는 하늘의 음성을 들은 사람들의 반응을 전달한다: **"곁에 서서 들은 무리는 우뢰가 울었다고도 하며 또 어떤이들은 천사가 저에게 말하였다고도 하니"**(12:29). 이 강화의 문맥에서 말씀을 듣는 청중으로는 지금까지 안드레와 빌립만 언급되었는데, 갑자기 곁에 서서 듣는 무리가 나온다. '서서'(ἑστώς)는 요한복음의 특징적 형식이다(6:22; 7:37; 11:56). 그들은 예수의 말씀에 대한 반응을 표현하기 위하여 등장한다. 예수의 강화의 청중으로 더 자주 등장하는 사람들은 "그 유대인들"이다(특히 5, 7, 8장). 그들은 두 가지 견해를 말하는데, 둘 다 예수의 말씀에 대한 몰이해를 나타낸다. 예수의 말씀에 대한 청중의 몰이해는 그가 귀신 들렸다고 말하는 그들의 주장을 통해 표현되기도 했다(7:20; 8:48; 10:20).

하늘의 음성을 천둥 혹은 천사의 말로 이해한 것은 중간기 유대교 사상 특히 묵시 사상에 기초한다. 계시록 4:5에는 하나님의 보좌로부터 번개와 음성과 뇌성이 나온다고 묘사된다(cf. 출 19:6; 겔 1:13). 천사가 예수에게 말했다고 말하는 사람들의 견해는 천둥으로 이해한 것보다는 한 단계 더 발전된 것이지만, 그러나 그들은 여전히 그 음성의 근원과 의미를 정확하게 알지 못한다. 그 견해는 겟세마네에서 천사의 도움을 언급한 누가 전승과 연관된다(눅 22:43). 천사를 통한 계시는 구약(창 21:17; 22:11; 왕상 13:18)과 묵시 문학(단 10:9; 14:33; 계 4:1; 5:2; 6:1 등)에 익숙하게 나온다.

예수는 이해하지 못하는 무리에게 하늘로부터 들린 그 음성의 목적을 밝힌다: **"예수께서 대답하여 가라사대 이 소리가 난 것은 나를 위한 것이 아니요 너희를 위한 것이니라"**(12:30). 무리는 하늘의 음성을 천사가 예수에게 말한 것으로 이해했지만, 그러나 예수는 역설적으로 그것이 무리를 위해 언급되었다고 말한다. 하늘의 음성을 알아듣지 못하는 무리와 관련하여 "그 하늘의 음성이 너희를 위한 것"이라는 예수의 이 말씀은 이해하기 어렵다. 어떻게 그 내용을 이해하지 못할뿐더러 심지어 누가 말했는지도 알지 못하는 사람들을 위하여 하늘의 음성이 나왔다고 말하는가? 요한복음 11:41-42에서 예수가 하나님께 말한 것은 둘러선 무리의 믿음을 위한 것으로 제시된다. 그러나 이 경우에는 무리가 그 하늘의 음성을 알아들었다는 표시가 없다. 예수의 이 말씀은 그 하늘의 음성이 사실은 심판의 경고를 위한 것이라는 점에서 12:31과 연결된다는 견해가 있다. 이 견해에 따르면, "또 다시 영화롭게 하리라"는 것은 이 세상의 임금을 심판하여 축출하는 것을 가리킨다.

바렛(Barrett, 426)은 요한이 그 음성의 근원과 의미를 이해한 제 삼의 집단(아마 제자들)을 위한 말씀이 될 수 있다는 가능성을 지적한다. 슈나켄버그(Schnackenburg, Ⅱ:390)는 여기서 저자가 11:42과 유사한 방식으로 하늘의 음성으로 표현된 계시를 청중을 위한 전갈로 만드는 경향성을 보여준다고 말한다. 예수는 그 음성의 의미를 청중의 판단에 맡긴다. 예수를 믿고 따르는 사람들에게는 그 음성이 하나님의 참된 계시자인 예수에 대한 하나님의 증거가 될 것이지만, 그러나 하나님의 말씀을 듣기를 거부하는 사람들에게는 그들의 불신과 무지를 판단하는 기준이 될 것이다.

예수는 앞에서 언급한 "때"의 도래의 의미를 두 가지로 언급한다. 먼저 그 때는 이 세상이 심판을 받는 때이다: **"이제 이 세상의 심판이 이르렀으니 이 세상 임금이 쫓겨나리라"**(12:31-32). '이제'(νῦν)는 '때'의 도래와 관련하여 앞에서 사용된 '지금'(12:27)이다. 요한복음에서 지금은 예수를 통해 활동하시는 하나님의 때의 종말론적 중요성을 강조한다. 이 구절에서 '지금'은 십자가를 통하여 인자가 영광을 받는 가장 중요한 절정의 때를 가리킨다. 이때는 또 종말론적 심판의 때이기도 하다. 예수의 교훈에서 구원과 심판은 서로 연합되어 있다(3:18-19): 심판은 독생자에 대한 불신을 통하여 일어난다.

지금까지 심판은 예수를 믿는 믿음 여부에 따라 개인의 심판으로 제시되었지만, 그러나 여기서는 개인의 심판의 기초가 되고 또 그것에 선행하는 "이 세상" 자체에 대한 우주적 심판으로 제시된다. 심판의 대상으로 지적된 "이 세상"은 하나님의 독생자에 대한 불신이 지배하는 어두움과 죽음의 인간 세계와 그 속에서 독생자에 대한 불신과 적대감에 사로잡혀 있는 개인들을 가리킨다(cf. 8:24; 15:18-19; 16:8-11). 예수의 죽음은 이제 한편으로 생명에 이르는 길이 되지만, 다른 한편으로 그것은 심판의 기준이 된다. 이것은 십자가의 도가 멸망하는 자들에게는 미련한 것이지만, 그러나 구원을 얻는 사람들에게는 하나님의 능력이라는 바울의 말과 상통한다(고전 1:18).

예수는 이 세상의 심판을 이 세상을 지배하는 임금의 쫓겨남으로 묘사한다. "이 세상의 임금"은 하나님의 원수 혹은 그리스도의 적대자로 불리어지는 존재로서 불신자들을 잡아 어두움과 죽음 속에서 살게 만드는 악의 근원적 세력을 가리키는데, 이 어구는 신약에서는 요한복음에만 나온다(cf. 14:30; 16:11). 그것은 사탄 혹은 마귀라고 불리어진다. '쫓겨나다'(ἐκβληθήσεται ἔξω)라는 동사는 요한이 사용하는 독특하고 강력한 표현이다(6:37; 9:4-35). 특히 한글 번역에는 반영되지 않았지만, 헬라어 ἔξω는 어떤 영역 '밖에' 혹은 '밖으로' 쫓겨남을 강조한다. 그렇다면, 예수의 말씀은 이 세상의 임금이 어디서 어디로 쫓겨난다는 것인가? 계시록에는 용으로 표현된 악의 세력이 하늘에서 땅으로 쫓김을 받아 거기서 잠시 동안 활동하는 것으로 묘사된다(계 12:9-10, 13). 누가복음 10:18에서도 예수는 이 영상을 사용하여 사탄이 하늘에서 떨어진 것을 말한다. 그러나 요한복음에서 하늘은 하나님의 주권이 온전히 미치는 영역이기 때문에 (1:32, 51; 3:13, 31; 6:31 등), 요한이 그런 의미로 예수의 말씀을 전달한다고 보기 어렵다.

그러면 이 세상의 임금이 그가 통치하는 영역인 이 세상으로부터 쫓겨난다는 것인가? 세상을 어두움의 영역으로 또 그래서 제자들에게 위협의 영역으로 간주하는 요한의 입장에서 보면(12:35; 13:1; 15:18-19; 16:33; 17:15-16), 그런 해석이 가능하다. '쫓겨나리라'는 미래 시제를 강조하여 지금 십자가에서 일어나는 심판은 이 세상의 임금이 점차로 그 영향력을 상실하게 만드는 효과를 가진다는 견해도 있다. 그러나 요한의 강조점은 '지금'에 있다; 이 세상의 임금은 이미 심판을 받았다(16:11). 이 세상 임금의 쫓겨남은 올리우신 인자의 주권으로 말미암아 이 세상에 대한 그의 주권의 상실을 의미한다. 그는 십자가에 올리우신 인자를 믿음으로 바라보는 사람들에 대하여 그의 통치권을 완전히 상실한다(3:14-15; 19:37).

예수는 인자가 영광을 받는 때의 보다 더 중요한 국면을 제시한다: **"내가 땅에서 들리면 모든 사람을 내게로 이끌겠노라 하시니"**(12:32). 예수의 때는 모든 사람이 그에게 인도되어 생명을 얻는 구원의 때이다. 악에 대한 심판과 모든 사람의 구원은 서로 긴밀하게 연결된다. 이 세상의 임금을 쫓아냄으로써, 예수는 모든 사람을 자기에게로 이끌 수 있으며 또 이 사람들을 하나님의 생명의 영역으로 인도함으로써, 예수는 그들로부터 악의 세력을 몰아낸다. 따라서 요한복음 12:31과 12:32은 접속사인 '그리고'(καί)와 강세의 '나'(ἐγώ)의 결합어인 κἀγω로 연결된다. 이것은 요한복음에서 세 번째 나오는 들리우심에 관한 말씀이다(3:14; 8:28). “땅에서 들린다”(ὑψωθῶ ἐκ τῆς γῆς)라는 말은 예수의 죽음과 영광의 이중적 의미로 사용된다. 먼저 그것은, 저자의 해석에도 나오는 것과 같이(12:33), 그가 십자가에 들리우는 것이다.

그러나 십자가를 통해 땅에서 들리우는 것은, 예수의 궁극적 존재의 측면에서는, 하늘에 올리우는 것이며 또 구원의 능력을 소유하는 것이다. **예수는 사람들에 의해 십자가에서 처형되어 들리우지만, 그러나 그렇게 됨으로써 동시에 하나님에 의해 영광의 자리에 올리운다.** ‘들리운다’와 “영화롭게 되다”라는 동사들이 여화와의 종의 희생과 영광을 다루는 이사야 52:13에 나온다: “여호와께서 가라사대 보라 내 종이 형통하리니 받들어 **높이 들려서 지극히 존귀하게 되리라**”(ὑψωθήσεται καὶ δοξασθήσεται σφόδρα). 바울도 예수 그리스도의 죽음과 그의 우주적 주권의 확립을 연결하여 제시한다(빌 2:6-11). **십자가는 예수가 아버지의 뜻에 죽기까지 순종하는 아들이며 또 하늘에 올리우는 신성의 존재로서 자기 자신을 계시하는 장소가 된다.**

‘땅에서’는 모든 사람을 내게로 이끈다는 예수의 다음 말씀을 준비한다. 십자가는 영광을 받는 장소이며 예수의 새로운 통치의 시작이기 때문에, 예수는 사람들은 단순히 십자가로 인도하는 것이 아니라 하늘에 올리우신 그 자신에게로 인도한다. 올리우신 인자는 그가 이전 있던 곳으로 들어간 것이며 또 그래서 그가 사람들을 이끄는 목표는 바로 “나 있는 곳”이다(12:26; 14:3; 17:24). ‘이끌다’(ἑλκύειν)는 단어는 예수로부터 나오는 주도권과 영향력을 가리키며 또 그것은 아버지께로부터 나오는 은혜와 진리의 생명력이다(6:44). 특히 그로부터 나오는 생명력은 영광을 받은 분으로서 그의 권세 곧 모든 사람에게 영생을 수여하는 권세를 가리킨다(17:2). 십자가의 죽음이 일반적으로 가지는 부정적 시각과는 정반대로 승리의 국면을 포함하는데, 그것이 “모든 사람들”(πάντας)이란 어구를 통해 표현된다. 예수를 통한 구원은 하나님의 본래 의도에서는 제한이 없다; 그것은 모든 사람들을 위하여 준비된 구원이다. 그러나 이러한 보편적 의도에도 불구하고, 그것은 믿음이라는 개인의 결단을 통해 주어진다.

저자는 땅에서 들리움에 관한 예수의 말씀의 실제적인 의미를 해설한다: **"이렇게 말씀하심은 자기가 어떠한 죽음으로 죽을 것을 보이심이러라"**(12:33). 저자는 예수의 말씀이 실제적으로는 그의 십자가의 죽음을 예고하는 것임을 강조하기를 원한다. Schnackenburg(Ⅱ:394)는 여기서 저자는 예수의 말씀에 대한 단순한 설명 그 이상의 목적을 갖고 있다고 주장한다: (1) 예수는 그의 임박한 죽음의 사실을 알 뿐 아니라, 그 죽음의 종류도 알고 있다; (2) 십자가는 들리우심에 관한 말씀을 통하여 표현된 것으로서 숨겨진 거룩한 뜻을 가리키는 상징으로서의 중요성을 갖는다; (3) 처형의 형태에서 십자가는 '들리움'의 개념을 위한 기초를 제공한다; (4) 이 죽음은 모든 사람을 그 자신에게로 이끄는 자의 영상을 통하여 보편적 시각 곧 하나님의 흩어진 자녀들을 모음, 이방인의 영입, 그리고 하나님의 새 백성의 일치를 열어준다. 저자의 해설은 독자들로 하여금 십자가에서 일어난 것의 중요성을 충분히 알게 하려는 또 다른 시도이다. 예수의 들리우심은 그 위에서 믿음이 결정되는 마지막 표적이다.

저자는 예수의 말씀에 대한 무리의 반응을 전달한다: **"이에 무리가 대답하되 우리는 율법에서 그리스도가 영원히 계신다 함을 들었거늘 너는 어찌하여 인자가 들려야 하리라 하느냐 이 인자는 누구냐"**(12:34). 무리는 율법에 기초한 메시아관을 지적하면서, 예수가 말하는 인자에 관하여 아무것도 이해하지 못함을 언급한다. 여기서 무리가 가진 메시아관이 무엇이며 또 그들이 올리우심에 관한 예수의 말씀을 어떻게 이해했는가가 제시된다. 먼저 무리는 율법이 그리스도의 영원한 현존(μένει εἰς τὸν αἰῶνα)을 말한다고 간주한다. 예수는 그리스도라는 칭호를 사용하지 않았는데, 그들은 예수의 말씀이 그들이 알고 있는 그리스도에 관한 것이라고 생각한다. 그들이 의존하고 있는 율법이 무엇인지 구체적으로 언급되지 않는다.

시편 89:36에는 "다윗의 씨가 영원히 계신다"(τὸ σπέρμα μένει εἰς τὸν αἰῶνα)라고 나오는데, 그 시편에는 메시아에 대한 언급이 두 번 나온다

(시 89:38, 51). 그러나 이 시편의 맥락에서 그리스도는 단순히 이스라엘의 기름부음을 받은 왕을 가리킨다. 그리스도가 영원히 계신다는 신념이 중간기 유대교 묵시문학에 나온다(에녹1서 49:1; 62:14; 솔로몬의 시편 17:4). 그들은 그들이 가진 전통적인 그리스도관에 기초하여 인자에 관한 예수의 말씀을 이해하려고 한다. 그러나 그들은 이 인자에 관하여 정확하게 알지 못한다. 인자는 예수가 자기 자신을 나타내기 위하여 즐겨 사용한 칭호로서 예수의 계시의 말씀들을 영접하는 사람들에게만 그 의미가 주어지는 것이기 때문에, 거부하는 사람들에게는 항상 비밀로 남아 있다.

다음에 그들은 "올리우는 것"을 "영원히 계시는 것"과 상반되는 것으로 이해한다. 그들은 왜 이렇게 생각하게 되었는가? 당시에 "올리우는 것"이 십가가에 못박히는 것을 가리키는 일상적인 용어였는가? 만일 그렇다면, 저자는 왜 독자들을 위하여 그 말을 설명했는가?(12:33). 이것은 무리의 말의 해학적 성격 곧 그들의 말에는 예수의 말씀에 대한 그들의 이해와 오해가 결합되어 있는 것을 보여준다. 그들은 "올리우는 것"을 예수의 공생애 활동의 끝으로 곧 그가 그들 곁에서 떠나는 것으로 이해한 점에서 옳았다. 그러나 그들은 그의 떠남이 제자들과의 영원한 함께하심을 위한 것에 관해서는 전혀 알지 못한다. 그래서 그들은 "내가 땅에서 들리면"(ὑψωθῶ)이라는 말에 대하여 강한 의문을 제기한다.

'어찌하여'(πῶς)는 "무슨 의미로 그런 말을 하는가"라는 반발을 표현한다. 무리의 말은 협의의 문맥에서 예수의 말씀에 대한 부정확한 인용이다. 예수는 일인칭 대명사로 "내가 들리면"이라고 말했을 뿐(12:32), 인자에 관한 언급은 앞 단락인 헬라인들의 등장 문맥에서 나오며(12:23) 또 '들려야 한다'는 필연성(δεῖ)도 여기서는 언급되지 않았다. 무리의 말은 실제로 니고데모와의 대화에서 나온 것의 문자적 인용이다(3:14, ὑψωθῆναι δεῖ τὸν υἱὸν τοῦ ἀνθρώπου). 따라서 무리의 질문은 예수의 공생애 전체에서 제시된 인자에 관한 교훈들을 토대로 제기된 결론적 질문이며 또 예수의 메시아되심에 대한 최종적 반대였다(7:27, 31, 41-42; 12:34). "이 인자가 누구냐?"는 무리의 질문은, "내가 (인자를) 믿나이다"(9:38)라는 맹인되었던 사람의 고백과 대조적으로, 예수에 대한 믿음을 거부하고 또 그래서 예수의 존재에 대하여 피상적으로밖에 알지 못하는 유대인 대중의 영적 상태를 반영한다.

예수는 끝까지 믿음으로 나오기를 거부하는 그들을 향하여 예수에 대한 믿음을 가지도록 마지막으로 초청하며 경고한다: **"예수께서 가라사대 아직 잠시 동안 빛이 너희 중에 있으니 빛이 있을 동안에 다녀 어두움에 붙잡히지 않게 하라. 어두움에 다니는 자는 그 가는 바를 알지 못하느니라"** (12:35). 예수는 무리가 제기한 질문에 대하여 직접적으로 답변하지 않는다. 예수는 그의 공적 활동을 마감하는 자리에서 다시 한 번 그들을 빛의 세계로 초청한다. 예수의 말씀은 단순히 바로 앞에서 제기된 질문(12:34)에 대한 대답이기보다, 예수의 활동에 대한 유대인들의 반대 전체에 대하여 대답하는 국면을 갖는다. 이러한 국면은 무리의 질문이 인자의 올리우심에 관한 예수의 교훈 전체를 대상으로 제기된 점과 요한복음 12장이 전체적으로 예수의 공생애 사역에 대한 요약과 결론을 제시하는 점에서도 반영된다.

빛, 어두움, 그리고 어두움에 사로잡히는 것은 지금까지 예수의 교훈의 중심적 주제를 표현하기 위하여 사용된 용어들이다. "아직 잠시 동안 빛이 너희 중에 있다"는 말은 얼마 남지 않은 예수의 공생애를 가리킨다. "너희 중에 있다"(ἐν ὑμῖν ἐστιν)는 말은 "우리 중에 거하셨다"(ἐσκήνωσεν ἐν ἡμῖν, 1:14)는 말씀과 동일한 의미를 전달한다. '잠시 동안'(μικρὸν χρόνον)은 고별강화에서 제자들을 위한 교훈에서도 특징적으로 사용된다 (16:16-19).

"빛이 있을 동안에 다녀라"(περιπατεῖτε ὡς τὸ φῶς ἔχετε)라는 말씀은 예수를 통한 하나님의 구원 활동이 마감되고 있는 위기 상황을 가리킨다 (9:4; cf. 사 50:10). '다니다'(περιπατεῖν)라는 단어는 요한복음에서 빛과 어두움과 관련하여 상징적으로 사용된다(8:12; 11:9-10; 12:35). 그 단어는

8:12에서 예수를 따르는 것과 밀접하게 관련되었으며 또 여기서도 예수를 믿는 것과 관계된다. 그래서 다음 구절에서는 "빛을 믿어라"라는 초청으로 이어진다(12:36). 예수의 이 호소가 그의 죽음과 부활 후에는 그들이 믿을 수 없다고 말하는 것은 아니다 저자는 이것을 통하여 예수의 공생애를 다루는 역사적 시각에서 그의 사역의 시간이 얼마 남아 있지 않은 상황의 긴박성을 표현한다.

"어두움에 붙잡히지 않게"(ἵνα μὴ σκοτία ὑμᾶς καταλάβῃ)는 직역하면 **"어두움이 너희를** 이기지 못하게"라고 직역할 수 있는데, 그것은 인간을 사로잡아 굴복시키는 어두움의 주권적 권세를 강조한다. 요한복음에서 '어두움'(σκοτία)은 독생자를 통한 하나님의 생명의 역사를 거부하며 대적하는 근원적 세력으로서 지금 유대교 당국자들을 중심으로 예수를 대적하는 사람들의 배후에서 활동하는 악의 세력으로 제시된다(1:5; 3:19; 5:24; 8:31). '붙잡히다'로 번역된 단어는 빛과 어두움의 대결에서 빛의 승리를 가리키기 위하여 요한복음 서문에서 사용되었다(κατέλαβεν, 1:5). 그 어두움의 권세로부터 이기는 길은 오직 세상의 빛이 되는 예수 그리스도를 의지하는 것이다(8:12; 12:46).

빛과 어두움의 이원론적 세계관은 요한복음에서 인간 존재의 근본적 국면을 특징적으로 나타낸다. 모든 인간은 맹인으로 태어나지만(9장), 그러나 예수 그리스도를 믿음으로 "생명의 빛"을 얻는다. 예수의 초청은 어두움 속에 사는 것에 대한 경고를 포함한다. "어두움 속에서 다니는 자"(ὁ περιπατῶν ἐν τῇ σκοτίᾳ)는 예수에 대한 믿음이 없어 아직 어두움에 잡혀있는 사람이다. "그가 가는 바를 알지 못한다"(οὐκ οἶδεν ποῦ ὑπάγει)는 말씀은 인간 존재의 궁극적 운명 곧 죽음과 그 후의 심판에 관하여 알지 못함을 가리킨다.

무리를 향한 예수의 마지막 말씀은 빛으로 나오라는 초청으로 이루어진다: **"너희에게 아직 빛이 있을 동안에 빛을 믿으라 그리하면 빛의 아들이 되리라"**(12:36a). "너희에게 아직 빛이 있을 동안에"(ὡς τὸ φῶς ἔχετε)는 앞 구절에 나온 것의 반복이다. 예수는 심판하기 위함이 아니라 구원하기 위하여 왔기 때문에, 심지어 지금이 마지막 시점에서도 어두움의 권세로부터 해방될 수 있는 기회는 있다. 앞 구절에서 '다녀라'(περιπατεῖτε)는 초청이 "빛을 믿으라"(πιστεύετε)는 구체적인 믿음에의 초청으로 제시된다. **요한복음에서 유일하게 빛이 믿음의 대상(εἰς τὸ φῶς)으로서 비유적으로 제시된다**. "빛의 아들들"에서 '아들들'(υἱοί)은 공관복음서들과 바울 서신에 많이 나오고 요한복음에는 매우 드문 남성중심적 용어이다. 요한이 선호하는 용어는 중성 단어인 '자녀들'(τέκνα)이다(1:12, 하나님의 자녀들). 쿰란 문서들에서 빛의 아들들은 어두움의 아들들과 대조되어 그들 공동체의 회원들을 표시하기 위하여 사용된 칭호였다. 그 칭호가 바울 서신들에도 나온다(살전 5:5; 엡 5:8-14).

예수는 인상적이면서도 긴박한 호소로 그의 강화를 마친다. 그것은 단순히 무리와의 대화의 종결이기보다, 그의 공개적 강화 전체의 마침이었다. 저자는 이 후의 예수의 행적을 다음과 같이 묘사한다: **"예수께서 이 말씀을 하시고 저희를 떠나가서 숨으시니라"**(12:36b). 예수가 공개적 강화 후에 무리에게서 숨은 것은 이미 요한복음 8장에서도 있었다. 거기서는 예수의 강화 후에 그 유대인들이 돌을 들어 치려했기 때문에 숨었다(8:59). 여기서도 예수는 믿으려하지 않는 사람들로부터 떠나 숨었다(ἐκρύβη). 예수가 그들을 떠나 숨었다는 것은 그의 강화에 대한 믿지 않는 유대인들의 반응을 암시한다. 지금까지 예수의 공개적 강화 전체를 통하여 그들은 부정적 반응을 보여 왔으며 또 그들의 그런 부정적 반응은 그를 죽이려는 공회의 모의에서 절정에 달했다.

예수는 이제 더 이상 그들 앞에 설 수 없게 되었다. 예수가 다시 그들에게 나타날 때에는 세상에서 그의 마지막이 될 것이다. 이제 무리가 그를 보게 되는 것은 그들이 거절한 사람의 고통받는 모습이 될 것이다(19:5, 37). 예수의 공적 활동은 여기서 끝난다. 이제 예수는 그의 제자들과 함께 최후의 만찬을 가진 후에 유대인들 앞에 나타나 십자가에 처형

될 것이다. 그래서 여기서 예수가 숨은 것은 그의 공적 활동과 그 이후에 그의 제자들을 위한 개인적 강화 활동과 십자가 처형 사이의 구분선이 된다.

C 예수의 공생애의 결론(12:37-50)

요한은, 매우 체계적으로 저술하는 저자답게, 예수의 공적 활동의 마감을 다루는 부분에서 지금까지 진행된 예수의 사역을 돌아보며 그를 통한 하나님의 계시에 대한 사람들의 부정적 반응을 요약적으로 제시한다. 예수의 사역에 대한 사람들의 부정적 반응은 이미 서두에서 한 마디로 언급되었었다: "자기 땅에 오매 자기 백성이 영접하지 아니 하였으나"(1:11). 저자는 표적을 통한 계시 활동을 마감하는 자리에서 이 부정적 반응의 문제 곧 왜 그들이 믿지 않았는가의 문제를 다룬다.

이것은 최초 기독교인들이 해결해야 했던 매우 중요하고 심각한 문제였다. 왜 대다수 유대인들은 예수와 그의 제자들과 같은 동료 유대인들에 의해 전파된 복음을 거부하게 된 것인가? 신약의 저자들 중에서 대표적으로 사도 바울이 이 문제를 심각하게 거론했다(롬 9-11장). 최초 기독교인들은 그 해답을 구약의 예언 특히 이사야 6:10에서 찾았다. 그것은 하나님의 의도대로 그렇게 되었다는 것이다. 그들은 그것이 이사야의 사역에서 뿐 아니라 그것의 성취인 예수의 사역에서도 그대로 되었다는 것을 발견했다. 요한도 나름대로 이 문제를 다룬다. 그는 먼저 신약의 다른 저자들과 같이 성경의 성취를 통하여 이 문제에 대한 해답을 제시한다(12:37-43). 그리고 그는 다시 한 번 예수의 공적 강화의 내용을 요약적으로 또 예수의 외침 형식으로 제시한다(12:44-50).

첫째 단락(12:37-43)은 유대인들의 불신을 성경의 성취로 이해하며 저

자 자신의 시대의 상황(12:42-43)을 돌아보는 신학적 해설이다. 이 부분은 요한복음에서 가장 긴 해설로 구성된다. 여기에는 대화가 나오지 않으며, 오직 해설과 이사야서로부터 두 개의 인용문이 나온다. 요한은 유대인들의 마음의 완고함을 지적하는 성경을 인용함에 있어서 원시 기독교 전승을 활용하지만, 그러나 자기 시대의 상황에 관해서는 자신의 말로 전달한다. 하나님의 정하심과 인간의 자유라는 두 국면의 연결을 통하여 저자는 믿음과 불신에 관한 그의 사상을 전달한다. 여기서 저자의 결정론적 신학이 다시 한 번 나온다. 그들이 믿지 않았다기보다는 믿을 수 없었다는 것이다(οὐκ ἠδύναντο πιστεύειν, 12:39).

둘째 단락(12:44-50)에서 예수의 교훈의 내용이 압축된 형태로 전달된다. 여기서는 앞 장들에서 제시된 주제들을 요약하는 독백으로 제시된다. 이 부분은 요한복음 3:13-21과 3:31-36과 같은 이론적이며 요약적인 성격을 갖는다. 그것은 예수의 강화의 연속이 아니라 독자적 교훈들의 수집이다. 그것은 청중을 향한 호소가 아니라 예수의 공생애 사역의 결과와 그것의 동기들과 주제들의 요약이다. 저자는 예수가 어디에 있으며 또 누가 그와 함께 있는지도 말하지 않는다. '말씀'이신 예수가 단지 말할 뿐이다. 저자는 앞 단락에서 예수의 계시를 영접하지 않은 사람들의 실패를 언급했다. 여기서 예수는 그를 보낸 분을 계시하기 위하여 왔다고 선포한다.

1. 유대인들의 불신(12:37-43)

저자는 먼저 예수의 계시 활동에 대한 유대인들의 부정적 반응을 한마디로 제시한다: **"이렇게 많은 표적을 저희 앞에서 행하셨으나 저를 믿지 아니하니"**(12:37). 저자는 예수의 사역의 핵심을 표적을 행하는 것으로 정의하는데, 그것은 요한복음의 중요한 특성이다. "이렇게 많은 표적들"(τοσαῦτα σημεῖα)은 요한복음서 전체의 결론에서 언급된 "많은 다른 표적들"(πολλὰ ἄλλα σημεῖα, 20:31)과 연결된다. 그것은 표적들을 중심으로 이루어진 예수의 공생애 전체를 가리킨다. 예수의 사역이 표적들을 행하는 것의 연속이었다는 점이 "행해왔다"(πεποιηκότος)는 완료 시제를 통해서 부각된다. 그들의 불신도 "그들이 지속적으로 그를 믿지 않았다"(οὐκ ἐπίστευον εἰς αὐτόν)는 미완료 시제로 표현된다. 미완료 시제는 "그렇게 많은" 표적들을 보았음에도 불구하고 믿음을 가지는데 계속적으로 실패한 것을 나타낸다. 예수의 공생애 전체를 통하여 많은 사람들이 믿음을 갖게 되었다고 언급되었다(2:23; 7:31; 8:30; 10:42; 12:11).

그러나 그들의 믿음은 지속적이지 못하고(8:31), 외적인 부분에 그치고(2:23; 4:48; 6:2), 적대적 분위기를 극복하지 못하고(7:31, 41; 10:19-20), 그리고 심지어 나사로 부활 이후에도 굳건하게 되지 못했다(12:34). Brown (I:485)은 저자의 언급이 신명기 29:2-4에 나오는 모세의 경고를 반영한다고 소개한다: "모세가 온 이스라엘을 소집하고 그들에게 이르되 여호와께서 애굽 땅에서 너희 목전에 바로와 그 모든 신하와 **그 온 땅에 행하신 모든 일**을 너희가 보았나니 곧 **그 큰 시험과 이적과 큰 기사**를 네가 목도하였느니라. 그러나 깨닫는 마음과 보는 눈과 듣는 귀는 오늘날까지 여호와께서 너희에게 주지 아니하셨느니라." 만일 하나님이 표적을 보는 눈과 깨닫는 마음을 주지 않으면, 표적은 우리의 믿음을 일깨우지 못한다.

저자는 그들이 믿지 않은 이유를 예언의 성취를 통하여 설명한다: **"이는 선지자 이사야의 말씀을 이루려 하심이라 가로되 주여 우리에게 들은 바를 누가 믿었으며 주의 팔이 뉘게 나타났나이까 하였더라**"(12:38). 선지자의 예언이 여기서 유일하게 '말씀'(λόγος)으로 표현된다. 이것은 이사야 53:1의 인용문은 헬라어역(LXX)의 축자적 인용이다. 요한복음 12:20-36에서 예수의 올리우심에 관하여 저자가 사용한 용어의 많은 부분이 여호와의 고난 받는 종의 찬미가를 배경으로 사용되었다. 저자는 해학적으로, 동일한 자료를 활용하여 유대인들의 실패를 설명한다. 저자의 인용문이 포함된 이사야 53장에는 여호와의 종의 거절당함과 무시를 받음이 중점적으로 제시된다. 예언자의 불평은 예수의 공생애와 그것에 대한 유대인들의 반응을 정확하게 묘사한다: "우리에게 들은 바"는 예수의 말씀들을 가리키며 또 "주의 팔이 나타난 것"은 그가 행한 일들 곧 표적들을 가리킨다.

사도 바울도 이스라엘의 불신과 관련하여 이사야 53:1의 전반부–"주여 우리의 전하는 바를 누가 믿었나이까"–를 인용하고(롬 10:16) 또 계속하여 그들의 완악하여짐을 언급한다(롬 11:7, 25). "이루려 하심이라"(ἵνα πληρωθῇ)의 접속사가 목적을 나타낸다면, 이 구절은 예정론적 의미를 강조한다. 문법적으로는 결과절의 의미도 가능하다: 그들이 그렇게 믿지 않은 결과를 낳은 것은 말씀의 성취를 보여준다는 것이다. 요한복음의 다른 곳에서 접속사 ἵνα가 결과의 의미로 사용되는 경우가 나오지만(1:27; 17:3), 여기서는 문맥적으로 적절하지 않다.

저자는 유대인들의 불신이 근본적으로는 하나님이 의도하신 것의 나타남으로 제시한다. 이것은 다음 구절에서 분명하게 제시된다: **"저희가 능히 믿지 못한 것은 이 까닭이니 곧 이사야가 다시 일렀으되"**(12:39). "저희가 능히 믿지 못했다"(οὐκ ἠδύναντο πιστεύειν)는 말은 필연적 결과를 강조한다. 하나님이 그렇게 의도하셨기 때문에 그들이 믿을 수 없었다는 것이다. 불신은 눈이 멀게 하고 마음이 완악하게 하는 하나님의 의도의 결과라는 것이다. 여기서 다시 인간의 어떤 결정 이전에 하나님의 뜻이 개입되어 있다는 예정론적 입장을 만나게 된다. 바울은 이 문제를 매우 길게(롬 9-11장) 다루었지만, 요한은 그렇게 자세하게 다루지 않는다. 그렇다고 요한이 그들의 불신의 책임을 부정하는 것은 아니다(12:42-43). 요한은, 바울이나 공관복음서들의 저자들과 같이, 역사적 결과를 놓고 하나님의 구원사의 과거와 현재와 미래의 전체적인 입장에서 해석하려고 노력한다.

요한의 이러한 예정론적 입장이 "이 까닭이니"라는 어구를 통하여 강조된다. "이 까닭이니"(διὰ τοῦτο)라는 어구는 요한복음에서 보통 그 이유를 구체적으로 설명하는 ὅτι구절로 이어진다. 여기서도 "이 까닭이니"

는 먼저 앞 구절(12:38)과 연결하여 그들이 능히 믿지 못한 이유가 그 까닭이었다고 설명한다. "이 까닭이니"는 또 다음 구절과 연결하여 그들이 능히 믿지 못한 이유를 다시 이사야가 말한 것(12:40)과 연결시킨다. 따라서 이 구절(διὰ τοῦτο οὐκ ἠδύναντο πιστεύειν, ὅτι πάλιν εἶπεν Ἠσαΐας)을 앞 뒤 구절들과 연결하여 생각하면, 다음과 같이 설명할 수 있다: "이 까닭으로 인하여 그들은 믿을 수 없었는데, 왜냐하면 이사야가 다시 … 말했기 때문이다." 저자는 그들의 불신의 이유를 앞뒤에서 인용된 두 개의 예언의 말씀들 속에서 찾으면서 유대인들의 불신의 이유를 하나님의 주권적인 의도와 관계시킨다.

저자는 이사야 6:10의 인용문을 전달한다: **"저희 눈을 멀게 하시고 저희 마음을 완고하게 하셨으니 이는 저희로 하여금 눈으로 보고 마음으로 깨닫고 돌이켜 내게 고침을 받지 못하게 하려 함이니라 하였음이더라"**(12:40). 이사야의 이 말씀은 신약에서 예수를 믿기를 거부한 유대인들의 실패를 설명하기 위하여 중심적으로 사용된 구약의 구절이다. 사도행전에서 바울의 마지막 말도 이 구절의 인용으로 되어있다(행 28:26-27). 바울은 그가 전파한 복음을 유대인들이 믿지 않은 이유로서 이 말씀을 제시한다. 이 말씀은 공관복음서들에도 나오는데, 그것은 사람들이 예수가 전파하는 하나님의 나라의 비유를 깨닫지 못하는 이유에 대한 설명으로 제시된다(막 4:12; 눅 8:10; 마 13:13-15). 하나님의 나라의 비유들을 깨닫지 못하는 것과 예수 그리스도를 영접하지 않는 것 사이의 동일성이 이것을 통하여 표현된다. 다만 공관복음서들에서는 예수가 직접 이 말씀을 하신 것으로 나오는 반면, 요한복음에서는 그것이 유대인들의 불신에 대한 저자의 해설의 일환으로 제시된다.

요한복음에 나오는 말씀의 형태가 불신자들의 눈이 멀고 마음이 완고하게 되는 것의 책임을 가장 강하게 하나님께 직접적으로 돌린다. 이것은 유대인들의 불신도 하나님의 전체적인 계획안에 있다는 것을 강조한다. 그렇다면 요한은 불신에 대한 인간의 책임을 사면하는 것인가? 그렇지는 않다. 요한은 이미 하나님의 심판을 인간 자신의 선택과 결부시키는 예수의 말씀들을 제시했다(3:19; 5:29). 하나님은 독생자를 통하여 하나님의 구원을 계시하셨는데(1:18), 예수를 통한 하나님의 계시는 사람들에게 선택을 요구한다. 따라서 인간은 그 계시에 대하여 선택해야하며, 또 하나님은 그 선택에 대하여 치유를 통하여 혹은 심판을 통하여 응답하신다.

저자는 이사야 예언의 의도를 예수의 사역과 연결하여 해설한다: **"이사야가 이렇게 말한 것은 주의 영광을 보고 주를 가리켜 말한 것이라"**(12:41). 이 구절의 이해는 "주의 영광"과 '주'를 어떻게 해석할 것인가에 달려있다. 한글 성경에 '주'로 번역된 단어는 원어로 '그의'(αὐτοῦ)라는 삼인칭 대명사의 소유격이다 이 구절을 직역한다면, "이사야는 그가 **그의 영광을** 보았기 때문에 이것들을 말했으며 또 **그에 관하여** 말했다"라고 번역할 수 있다. 한글 성경에서 "주(그)의 영광"이 원래 이사야 말씀의 배경을 이루는 사건에서 이사야가 본 하나님의 영광을 가리키는 것인지 혹은 요한이 지금까지 제시한 것으로서 예수의 공생애에서 나타난 영광을 가리키는 것인지 애매하다. "주의 영광"과 "주를 가리켜"와 관련하여 두 가지 해석이 제시되었다.

먼저 이사야 말씀의 배경이 되는 환상(사 6:1-5)과 관련하여 이사야가 본 "하나님의 영광"이라고 생각할 수 있다. 그렇다면, 두 번째 '주'(그)도 하나님을 가리키는 것이 된다. 그러나 이사야가 본 것은 하나님의 영광이 아니라 하나님 자신이었다. 그래서 어떤 학자들은 요한이 이사야 6:1에서 그가 "주의 영광"을 그리고 6:5에서 "주의 쉐키나의 영광을 보았다"라고 번역한 탈굼(아람어역) 전승을 따르고 있다고 생각한다. 이러한 해석은 이사야 말씀을 이사야의 삶의 자리에만 연결시킬 뿐, 요한이 강조하는 예수 그리스도와 관계를 제시하지 못한다.

다음에는 "주(그)의 영광"을 예수의 공생애를 가리키는 예언으로 이해하는 해석이다. 이사야가 본 것은 "예수의 영광"이며 그래서 이사야는 '그'(예수)에 관하여 말했다는 것이다. 이것은 아브라함이 예수의 때를 보았다는 말씀(8:56)의 사상과 유사하다. 이 구절의 해석에서 중요한 요소는 이 구절의 후반부인 이사야가 "그에 관하여"(περὶ αὐτοῦ) 말했다는 것에 있다. 여기서 요한은 이사야가 하나님의 영광을 보았다는 유대교적 해석 전통을 참고한 것으로 보인다. 그러나 그는 요한복음서 전체를 통하여 하나님의 영광을 독생자 예수 그리스도의 영광과 직결시켰다. 그에 따르면, 예수의 영광은 독생자의 영광이며(1:14) 또 그가 창세전에 하나님과 함께 가졌던 영광이다(17:5).

이러한 해석은 요한복음에서 강조되는 "선재하는 로고스" 사상과 연결된다. 선재의 로고스는 인간(육신)이 되었으며 하나님의 유일한 아들로서의 영광을 나타냈다(1:14; 2:11; 11:4, 40). 로고스 기독론과 독생자의 영광을 강조하는 요한의 신학적 입장에서, 이 말씀은 이사야가 아브라함이 예수의 때를 본 것과 같이 땅에서 표적들을 통해 이루어질 독생자의 영광을 보고 그의 관하여 말한 것을 가리킨다고 볼 수 있다. 저자는 예수의 계시 활동에 대한 유대인들의 배척을 예언의 성취로 이해하고 또 그런 점에서 저자는 유대인들의 불신과 배척이라는 이해하기 어려운 부분을 하나님의 뜻과 주권에 돌리는 신약의 다른 저자들과 맥락을 같이한다.

저자는 유대인들의 전체적인 불신을 다루는 문맥에서 믿음이 있으면서도 사람들 앞에 그것을 드러내기를 꺼려하는 어떤 관원들에 관하여 말한다: **"그러나 관원 중에도 저를 믿는 자가 많되 바리새인들을 인하여 드러나게 말하지 못하니 이는 출회를 당할까 두려워함이라"**(12:42). 요한복음에서 '관원'(ἄρχων)은 유대교의 최고 통치 기관인 공회의 회원을 가리키며 또 그래서 여기서 언급된 관원들은 바리새인들과 구분되어 제시된다(cf. 7:48). 저자는 특별한 강조 구문(ὅμως μέντοι, 이와 같이)을 사용하여 예수를 믿는 관원들이 많이 있었다고 지적한다. 예수의 공생애 사역동안에 그를 믿는 관원들이 많이 있었다는 언급은 사복음서들에서 크게 지지를 받는 것은 아니다. 저자가 이 말을 할 때, 일차적으로 니고데모(3:1; 7:50-51; 19:39)와 아리마대 요셉(19:38; cf. 막 15:43; 눅 23:50)을 생각했을 수 있다. 니고데모는 일찍이 예수와 대화를 나눈 사람이지만, 그가 예수를 믿었는지는 분명하게 언급되지 않는다. 아리마대 요셉은 예수의 제자이면서도 그 유대인들을 두려워하여 그것을 드러내지 못한 대표적인 사람으로 제시된다.

누가는 예수에게 영생을 얻는 길에 관하여 물어온 사람이 어떤 관원이었다고 말하지만, 그러나 그가 예수를 믿고 따르는 제자였는가는 분명하지 않다(눅 18:18). 사도행전 6:7에는 사도 시대 초기에 예루살렘 교회에는 사도들이 전파하는 믿음의 길에 복종하는 많은 제사장들이 있었다고 언급된다. 이런 점에서 볼 때, 예수를 믿는 관원들이 '많이' 있었다는 저자의 말은 예수의 공생애 상황보다는 저자 시대에 회당에서 출교를 당할 수 있었던 유대인 기독교인들의 상황을 더 반영한다고 볼 수 있다. 예수의 공생애에 국한하여 볼 때, 저자의 이 말은 유대교 당국자들이나 바리새인들 중에 예수를 믿는 자가 없다고 말하는 바리새인들의 주장(7:48)과 상충된다. 바리새인들이 자기 공동체에 관하여 파악하고 있었던 것과는 달리, 저자는 분명히 관원들 중에 그런 신자들이 있었음을 제시한다.

그러나 여기서 의문이 제기되는 것은 왜 저자가 유대인들의 전체적인 불신을 말하는 문맥에서 부적합한 신앙인들을 언급하는가 라는 점이다. 이 점에 관하여 슈나켄버그(Schnackenburg, Ⅱ:417-18)는 눈을 멀게 하고 마음을 완고하게 하는 하나님의 뜻은 모든 사람들에게 무조건적으로 적용되는 운명적인 것이 아님을 보이려는 저자의 신학적 목적에 따라 이해하는 것이 필요함을 지적한다. 하나님이 눈을 멀게 만드는 것에 대하여 그 사람 자신도 책임에서 벗어날 수 없다는 사상이 요한복음 9:39-41에서도 보여진다. 예수가 "보는 자들을 맹인 되게 하는 것"이지만, 그러나 그들의 맹인됨에 대한 책임은 본다고 생각하는 그들 자신에게도 있다. 완고하게 하는 하나님의 결정은 각 개인이 무조건적으로 그 굴레에서 벗어날 수 없는 방식으로 영향을 주는 것은 아니다. 대부분의 공회 회원들의 예수에 대한 태도는 거부감과 적대감이었지만(7:48; 11:47-48), 그러나 그런 위압적인 분위기 속에서도 믿는 사람들이 존재했다. 심지어 관원들 중에서도 신자들이 많이 있었다는 것은 성서 인용문들로부터 모든 유대인들이 하나님의 예정에 의해 필연적으로 완고하게 될 수밖에 없었다는 결론을 내릴 수 없음을 보여준다.

그러나 그들의 믿음은 불충분한 것으로 평가된다. 그들은 그들의 믿음을 공개적으로 고백하지 않았기 때문이다. 요한복음 전체를 통하여 믿음의 고백의 중요성이 부각되었다. 이것은 예수를 그리스도로 시인하는 사람들을 출교하기로 결정한 것을 언급하는 요한복음 9:22의 언급과 밀접하게 연관된다. 저자는 출회를 예수의 제자들을 다루는 무기로 활용했던 바리새인들의 영향력을 강하게(ἀλλά) 언급한다. 출회(ἀποσυνάγωγοι)는 A.D. 90년경에 바리새파의 후예들인 유대교 지도자들에 의해 예수를 그리스도로 시인하는 유대인들을 유대인 공동체로부터 추방하기 위하여 사용되었다. 여기서 다시 한 번 독자들로 하여금 이야기를 통하여 그들 자신의 상태와 상황을 보게 하려는 저자의 경향성을 보게 된다.

그렇다고 저자의 말이 예수 시대 공회의 상황과 전혀 무관하다고 말하기는 어렵다. 그 시대에도 바리새인들이 백성 중에 영향을 행사하고 있었고 또 제자장들이 바리새파 서기관들에게 많은 면에 있어서 공개적으로 반대할 수 없는 입장에 있었기 때문이다. 그럼에도 불구하고 요한복음 전체를 통하여 바리새인들에 관한 비판들과 출회의 위협은 저자 시대 유대교의 바리새적 지도자들을 가리키는 것은 분명하다.

저자는 그들의 불충분한 믿음의 원인을 지적한다: **"저희는 사람의 영광을 하나님의 영광보다 더 사랑하였더라"**(12:43). 저자는 유대인들의 결과적인 불신의 원인을 하나님의 예정과 함께 사람들의 도덕적 결함에서 찾는다. 많은 관원들이 마음으로는 예수를 믿었지만 그것을 공개적으로 고백하지 못하여 결과적으로는 불신의 상태에 머무르게 되었는데, 저자는 그 원인을 그들이 하나님의 영광보다 사람의 영광을 더 사랑했기 때문이라고 말한다. 예수는 안식일 치유 사건에 나오는 그 유대인들과의 논쟁에서도 같은 사상을 제시했다(5:44). 거기서도 성경을 알기를 원하고 하나님을 추구한 유대인들이 예수에 대한 하나님의 증거에도 불구하고 믿지 않은 이유가 근본적으로 동일한 것으로 나타난다.

그들은 서로 사람에게서 오는 영광을 취하고 하나님께로부터 오는 영광을 취하지 않았기 때문에 예수를 믿을 수 없었다(5:45). 거기서 사람들이 예수에게 나아오기를 싫어하는 근본적인 이유가 강조된다(5:40). 따라서 사람들이 예수에게 나아오지 않는 이유는 완고하게 만드는 하나님의 결정과 함께 빛을 미워하고 악을 사랑하는 사람들의 도덕적 결함에 있다(cf. 3:19-21). 여기서 사람들이 추구하는 것의 두 가지 근본적으로 다른 국면 곧 사람들로부터 오는 명예와 칭찬을 추구하는 것이 하나님의 뜻에 순종하는 것과 대조된다.

저자는 요한복음 전체를 통하여 예수와 그 유대인들 사이에 이 목적의 차이를 대조시킨다. 예수가 추구하는 것은 하나님의 뜻이다(8:29). 그는 자기 자신의 명예를 추구하지 않고(8:50), 오직 그를 보내신 분의 명예를 추구한다(7:18). 이 사상은 저자 시대의 상황을 통하여 반영되고 또 독자들로 하여금 그들 자신의 태도를 결정하게 만든다. 세상에서 예수의 계시 활동과 그것에 대한 사람들의 반응을 묘사를 마무리하는 시점에서 저자는 각 사람으로 하여금 예수의 계시에 대하여 어떻게 반응할 것인가를 강조한다. 사람으로부터 오는 영광을 추구하는 자기 자신에 대한 급진적 거부를 통해서만 사람은 예수 안에서 계시되고 구현된 것으로서 하나님의 뜻에 순종하는 믿음의 길을 갈 수 있으며 또 그것만이 인간 존재의 무력함으로부터 해방되어 하나님의 영원한 생명을 소유하는 길이다(17:3).

2. 예수의 결론적 선포(12:44-50)

이 부분에 나오는 예수의 강화들은 그 본래의 문맥에서 벗어나 있다. 현재의 문맥에서 예수는 이미 유대인들에 향한 그의 마지막 호소를 하고는 그들을 떠나 숨었기 때문이다(12:36). 그래서 이 강화에는 청중이나 무대가 없다. 이것은 그의 마지막 호소의 연장이 아니라 독립적 교훈들이며 또 호소가 아니라 예수의 계시 사역의 결과에 대한 요약 곧 그 사역의 동기들과 주제들이 제시된다. 어떤 학자들은 이 부분을 예수의 마지막 호소가 끝나고 그가 숨었다는 언급이 나오는 12:36의 중간에 위치시키는 것이 필요하다고 주장한다.

불트만은 이 부분을 요한복음 여러 곳에 흩어져 있는 빛에 관한 강화의 일부분으로 생각한다(8:12; 12:44-50; 8:21-29; 12:34-36; 10:19-21). 이 문제에 관하여 정확하게 알 수는 없지만, 요한복음서의 마지막 편집에서 이 독립 강화들이 이 부분에 위치하게 되었다고 보는 것이 무난한 견해일 것이다. 이 부분에 나오는 거의 모든 사상들과 거의 모든 단어들은 앞 장들에서 이미 나왔던 것들이다. 그 구체적인 예들을 제시하면 다음과 같다:

주제	구절	이전 구절
나를 믿는 것=나를 보내신 이를 믿는 것	12:44	6:29; 6:57
나를 보는 것=나를 보내신 이를 보는 것	12:45	6:40
빛으로 세상에 왔다	12:46	3:19; 8:12; 9:5
어두움에 거하지 않는다	12:46	3:19; 8:12; 12:35
내 말을 듣는다/심판하지 않는다	12:47	8:15
세상을 심판하려 하지 않고 구원하려 한다	12:47	3:17; 5:34
내 말을 받지 않는다	12:48	3:11
마지막 날에 심판한다	12:48	5:24, 29; 6:40
내가 자의로 말하지 않는다	12:49	7:17-18; 8:28
아버지께서 내게 명령하여 주셨다	12:49	8:28; 10:18
아버지의 명령이 영생이다	12:50	5:24; 6:40
아버지께서 말씀하신대로 내가 말한다	12:50	8:28, 38

이 부분에 나오는 것으로서 앞 장들에서 사용되지 않은 유일한 단어는 12:48에 나오는 '저버리다'(ἀθετῶν)인데, 그것은 명령을 무시하다 혹은

폐기하다를 의미하는 법적 용어이다. 당국자들이 예수가 안식일에 관한 토라의 말씀들을 무시한다고 고소하는 것과 같이, 이제 예수는 하나님께로부터 나온 그의 말씀들을 무시하는 사람들을 정죄함으로써 결론을 내린다.

예수의 결론적 강화는 그 자신과 하나님 사이의 특별한 연합의 관계를 강조하는 것으로 시작한다: **"예수께서 외쳐 가라사대 나를 믿는 자는 나를 믿는 것이 아니요 나를 보내신 이를 믿는 것이며 나를 보는 자는 나를 보내신 이를 보는 것이니라"**(12:44-45). 예수의 교훈은 그의 외침으로 특성화된다. '외치다'(ἔκραξεν)는 공적 선포 혹은 증언의 의미로서(1:15) 또 공개적으로 들을 수 있는 계시자의 말로서(7:28, 37) 이미 여러 차례 사용되었다. 예수의 외침은 자기 자신들의 영광을 구하며 그들의 믿음을 공개적으로 고백하지 못하는 사람들과 대조되며 또 그러한 대조가 "그러나 예수는"(Ἰησοῦς δέ)이라는 구문을 통하여 표현된다. 예수는 그를 보낸 아버지의 명령을 공개적으로 또 아버지께서 명령한대로 이행한다. 예수는 다시 한 번 불신의 세상을 향하여 그를 믿으라고 호소한다. 왜냐하면 예수를 믿는 것은 그를 보내신 하나님을 믿는 것과 동일하기 때문이다. 이것은 대리자는 그를 보낸 분을 대변한다는 유대교의 대리자 사상에 기초한다.

예수 안에서 또 예수를 통하여 하나님이 활동한다는 사상은 요한복음에서 지금까지 자주 언급되었는데(6:38, 46; 7:18, 28; 8:18, 26, 29, 42), 그러나 여기서는 예수를 보낸 분에게 관심이 집중된다. 예수의 계시 활동의 목적은 사람들을 하나님께로 인도하기 위한 것이다. 그래서 예수를 믿는 것은 하나님을 믿는 것에 그 궁극적 목표가 있다. 예수는 하나님의 종말론적 대리자이기 때문에, 그 안에서 하나님이 온전히 현존하시며 또 그래서 예수를 믿는 것이 하나님과의 연합에 이르는 출발점이다(cf. 14:8-11; 요일 2:23).

예수와 하나님의 사이의 특별한 연합의 관계는 '본다'는 동사를 통하여 표현된다. 예수를 보는 것은 곧 그를 보내신 분을 보는 것이기 때문이다. 여기서 '본다'(θεωρεῖν)라는 동사는 '믿는다'(πιστεύειν)와 동의어로 사용된다. 요한복음 14:9에서는 또 다른 동사(ἑωρακέναι)가 '본다'는 동일한 의미로 연결되어 사용된다. 이 동의어적인 연결은 히브리어 평행법의 영향으로서 요한복음의 다른 부분에도 나온다(5:24; 6:35; 13:16; 17:8, 21). '본다'(θεωρεῖν)는 동사는 가시적으로 보는 것(9:8; 10:12; 20:6), 영적인 인식(4:19; 12:19), 그리고 하늘의 환상을 포함하여 믿음의 시각(14:17, 19; 17:24)을 의미할 수 있다.

이 단어는 특히 표적을 외적으로 보는 것(2:23; 6:2)과 예수의 나타남을 가시적으로 보는 것(6:19; 20:14)으로부터 오직 믿음에 의해서만 보는 것(14:17, 19)에로의 전이를 말할 때 자주 사용된다. 이렇게 믿음으로 예수와 하나님을 보는 것은 아들의 화육과 화육한 아들의 가시적 일들을 보는 것을 전제한다. 예수의 말씀들과 일들을 통하여 신자들은 아버지 하나님을 볼 수 있다(14:9-10). 요한복음에서 예수와 하나님 사이의 특별한 관계는 믿는 것과 보는 것과 함께, 세 번째 국면에서, 영접하는 것에서도 표현된다: "내가 진실로 진실로 너희에게 이르노니 나의 보낸 자를 영접하는 자는 나를 영접하는 것이요 나를 영접하는 자는 나를 보내신 이를 영접하는 것이니라"(13:20).

예수의 마지막 강화는 그가 세상에 온 목적의 언급으로 이어진다: **"나는 빛으로 세상에 왔나니 무릇 나를 믿는 자로 어두움에 거하지 않게 하려 함이로라"**(12:46). 예수와 하나님의 사이의 특별한 연합의 관계를 인하여 예수는 세상의 구원자로서 자기 자신을 강조적으로 제시한다. 일인칭 대명사 '나'(ἐγώ)의 강조적 사용이 이 부분에서 집중적으로 나오는데, 그것은 계시자이며 세상의 구원자로서 예수의 존재를 강조한다(12:46, 47, 49, 50). 이 말씀은 "나는 세상의 빛이다"라는 말씀(8:12)을 반영하지만, 가장 가까운 평행 구절은 예수의 심판 활동에 반대되는 것으로서 그의 구원 활동을 말하는 요한복음 3:16-19이다. 여기서 '어두움'은 요한복음 12:35에서와 같이, 인간을 공격하는 위협적 권세가 아니라, 사람들이 계속적으로 그 안에서 존재하는 하나의 영역으로 간주된다. 그것은 하나님의 아들만이 사람들을 거기로부터 구출할 수 있는 죽음의 영역과 동의어적으로 사용된다(5:24). "어두움에 거하는 것"은 하나님의 진노아래 또 인류가 전체적으로 포함되어 있는 영원한 죽음의 선고아래 머무는 것이다(3:36). 그러나 예수를 믿는 자들은 어두움에서 빛으로 옮겨져 있다(8:12; 9:39).

예수가 오신 목적에 관하여 심판과 대조되는 것으로서 구원이 강조된다: **"사람이 내 말을 듣고 지키지 아니할지라도 내가 저를 심판하지 아니하노라. 내가 온 것은 세상을 심판하려 함이 아니요 세상을 구원하려 함이로라"**(12:47). 예수가 심판자로서 활동한다는 것(5:22, 27; 8:16, 26)과 그 자신은 아무도 심판하지 않는다는 것(3:17; 8:15)이 요한복음에서 대조적으로 언급된다. 예수의 말씀을 듣고 지키지 않는다는 사상은 "나의 이 말들을 듣고 행하지 않는 자마다"라는 마태복음 7:26의 비판과 흡사하다. 요한복음에서 '지키다'(φυλάσσειν)는 단어는 순종을 가리키는 점에서 마태복음의 '행하다'(ποιεῖν)는 단어와 크게 다르지 않다. 요한복음에서 예수의 말씀을 믿음으로 듣는 것(5:24; 8:43, 47; 18:37)과 내적인 수용 없이 단지 외적으로 듣는 것(6:60; 9:27, 40; 10:20; 12:29; 19:8)이 구별된다. 예수의 말씀을 믿음을 들을 때 그것을 지키게 된다. 예수의 말씀을 믿음으로 듣지 않으면, 그 말씀의 순종에 이를 수 없다.

예수의 말씀을 순종하지 않는 사람을 예수 자신이 심판하는 것은 아니다. 이것은 예수의 심판 활동을 거부하는 것이 아니라, 그것을 구원과 심판의 변증적 관계 속에서 이해하는 요한의 신학을 대변한다. 요한에게 있어서 구원과 심판은 바울과 마찬가지로, 동일한 과정의 양면을 가리킨다. 예수 그리스도 안에 있는 하나님의 구원을 거부하는 것이 곧 심판을 받는 것이다. "**내가** 저를 심판하지 않는다"는 말에서 일인칭 대명사 '나'의 강조적 사용(ἐγὼ οὐ κρίνω αὐτόν)은 저자 시대 유대인들이 예수에 대하여 가졌던 비난을 방어하려는 저자의 의도를 반영한다. 예수의 오신 목적이 구원하려는 것임을 강조하는 말씀은 니고데모와의 대화 문맥에서 하나님이 자기 아들을 세상에 보내신 **목적에 대한 언급과 거의 문자적으로 동일하게 동일한 사상을 표현한다**:

3:17 하나님이 그 아들을 세상에 보내신 것은
세상을 심판하려 하심이 아니요
저로 말미암아 세상이 구원을 받게하려 하심이라
12:47 내가 온 것은
세상을 심판하려 함이 아니요
세상을 구원하려 함이로라

예수의 마지막 강화는 예수를 거부한 사람들이 받을 심판에 관한 내용을 포함한다: **"나를 저버리고 내 말을 받지 아니하는 자를 심판할 이가 있으니 곧 나의 한 그 말이 마지막 날에 저를 심판하리라"**(12:48). 불신의 행위가 예수에 대한 거부와 거절이라는 더 거친 용어로 표현된다. "예수를 저버리는 것"(ἀθετεῖν)은 전통적 신앙에 기초하여 예수를 경멸하고(5:40, 43) 또 하나님의 말씀을 말하는 예수를 존중하지 않는 것(8:47, 49)을 말한다. 예수를 거절하는 것이 그의 말씀들을 받아들이기를 거부하는 것과 동일시된다. 예수가 한 그 말씀이 심판한다는 것은, 이미 12:47에서 암시되었는데, 정확한 평행 구절이 없는 독특한 표현이다.

지금까지 예수가 말한 개별적 말씀들(τὰ ῥήματά μου)이 "그 말씀"(ὁ λόγος)이라는 집합적 단수 명사로 제시된다. 복수 '말씀들'에서 집합적 단수 "그 말씀"으로의 변경은 요한복음 여러 곳에 나온다(8:47 → 8:43, 51; 15:7 → 15:3; 17:8 → 17:6, 14). 여기에는 또 예수의 말씀이 예수 자신으로부터 구별된다. 예수의 말씀은 그것이 하나님의 말씀이기 때문에 그 자체로 권세가 있다(17:6, 14, 17). 그 말씀의 권세는 정결하게 하고(15:3) 또 성결하게 하는(17:17) 권세가 있어서 영원한 생명(8:51)과 참된 자유(8:31-32)를 제공한다. 그 말씀의 심판 활동도 역시, 예수 자신의 심판과 구원 활동의 변증적 관계와 같이, 생명을 제공하는 권세의 또 다른 측면 곧 그 말씀을 거부한 사람에게 임하는 결과를 가리킨다.

이 말씀은 하나님의 아들을 믿지 않는 사람이 이미 심판을 받고 있다는 언급(3:18)과 매우 유사하다. 믿는 사람을 구원하는 바로 그 말씀이 믿지 않는 사람을 또한 심판한다. 그러나 이 말씀과 요한복음 3:18 사이에는 중요한 차이점이 있다. 3:18에서 믿지 않는 사람들이 그 자신들에게 가져오는 심판은 현재적 종말론적 사건인 반면, 여기서 말씀의 심판 활동은 마지막 날로 연기된다. 이것은 요한 신학의 독특한 성격을 반영한다. 현재의 심판은 그것이 궁극적 미래에 영향을 미치기 때문에 결정적인 것이다. 신자들이 현재 소유하고 있고 누리고 있는 생명은 '영원으로' 확대된다(6:51, 48; 8:51; 11:26). 요한은 지금까지 예수 그리스도를 통한 생명과 심판의 미래적 국면을 보존하면서도, 그는 종말론적 현재를 강조해왔다. 그러나 예수의 강화를 종결하는 이 부분에서는 다시 마지막 날로 관심의 방향을 돌린다.

저자는 예수의 말씀이 가지는 생명과 심판의 권세의 근원을 언급한다: **"내가 내 자의로 말한 것이 아니요 나를 보내신 아버지께서 나의 말할 것과 이를 것을 친히 명령하여 주셨으니"**(12:49). 예수의 말씀이 갖는 심판의 권세가 그것이 예수 자신의 권위로 말한 그 자신의 말이 아니라, 그를 보내신 아버지 곧 하나님의 말씀이라는 사실에 의하여 설명된다. 이 설명은 대리자 말씀에 기초한다(12:44-45). 그것은 또 예수 자신이 심판하지 않으며 또 예수의 말씀이 심판한다는 언급을 정당화시킨다. 예수의 말씀 배후에는 하나님의 권위가 있다. 유대교 사상에서 심판은 항상 하나님의 특권이다. 그러나 요한은 하나님의 심판의 권세가 그 아들에게 주어졌으며 또 그 아들은 그가 아버지에게서 들은 대로 심판한다는 것을 강조한다(5:22, 30). 여기서 다시 한 번 예수는 심판하지 않으며 또 그가 심판한다는 변증법적 진술이 제시된다. 예수는 아버지와의 연합의 관계 속에서 오직 아버지의 지시를 따라서 행동한다. 예수가 아버지의 지시에 따라서만 행동한다는 것도 이미 언급되었다(10:18; cf. 8:26, 28).

예수는 그가 하는 말씀이 아버지께로부터 명령으로 받는 것을 강조한다. 아버지는 예수에게 그가 하고 있는 말(τί εἴπω, 현재 시제)과 그가 앞으로 할 말(τί λαλήσω, 미래 시제)을 명령으로 주셨다(δέδωκεν). "아버지께서 명령으로 주셨다"는 것은 예수의 말씀의 권위를 나타낼 뿐 아니라, 그가 행하는 사역(말씀과 행위)이 그가 하나님 앞에서 충실하게 순종해야 할 그의 사명인 것을 가리킨다. 예수는 아버지의 종말론적 대리자로서 그를 보낸 아버지의 뜻에 순종하며 아버지가 주신 계명대로 충실하게 활동한다.

이 말씀에는 "모세와 같은 예언자"의 도래에 관한 신명기 말씀(신 18:18-19)과의 연관성이 있다는 주장이 제기되었다: "내가 그들의 형제 중에 너와 같은 선지자 하나를 그들을 위하여 일으키고 내 말을 그 입에 두리니 내가 그에게 명하는 것을 그가 무리에게 다 고하리라. 무릇 그가 내 이름으로 고하는 내 말을 듣지 아니하는 자는 내게 벌을 받을 것이요." 예수는 표적들을 행한 점에서 모세와 같은 예언자로 인식될 수 있으며 또 모세처럼 하나님의 말씀들과 계명들을 말한 예언자로 간주될 수 있다. 그러나 예수는 모세가 하나님과 가졌던 관계와는 전혀 다른 관계를 가진 존재로서 하나님과의 온전하고 직접적인 연합의 관계에서 주어지는 지식으로 말하며 하나님을 계시한다(1:18; 3:32; 8:26).

이 구절과 다음 구절에서 예수가 아버지께로부터 받은 계명이 강조된다. 이 계명은 예수가 말한 것 뿐 아니라(12:49), 그의 행위들에도 관계된다. 요한복음 10:18에는 예수의 죽음과 부활이 아버지의 계명과 관련 하에 제시된다. 물론 이 계명이 무조건적으로 예수에게 부과되는 것은 아니다. 그것은 예수와 하나님이 동일한 뜻을 갖고 있다는 반복된 주제(5:30; 6:38)의 또 다른 표현이다. 예수가 아버지께로부터 받은 이 계명은 사람들에게 결정적 영향을 미친다. 다음 구절(12:50)에서 제시되는 것과 같이, 이 계명은 사람들에게 영생을 제공한다. 하나님의 계명대로 순종한 예수의 말씀들과 행위들이 그 자체로 영생의 근원이 되기 때문이다(6:68; 10:10).

여기서도 계명이 이스라엘이 하나님의 거룩한 백성으로서 소명을 성취하는 근본적 기준이 된다는 신명기 사상을 반영한다. 신명기 32:46-47에서 모세를 통해 주어진 하나님의 계명은 이스라엘 백성의 삶을 위한 근본 원리로 제시된다. 인간은 떡으로만 사는 것이 아니라 하나님의 입으로 나오는 모든 말씀으로 살아야 하기 때문이다(신 8:3). 그러나 요한복음에서 영생으로서 하나님의 말씀은 구약의 계명과 차이점을 보여준다. 여기서 하나님의 계명은 예수를 통해 계시된 하나님의 말씀이며 그것이 신자들의 계약적 의무들을 요약적으로 제시한다. 예수는 앞에서 유대인들이 영생을 얻기 위하여 구약을 탐구하는 것의 부적합성을 제시했다(5:39). 여기서 예수는 사람이 영생을 얻는 길은 그의 말씀들을 영접하고 지키는 것임을 선명하게 지적한다.

예수는 그가 하는 말씀의 권위와 성격을 다시 한 번 강조하여 언급한다: **"나는 그의 명령이 영생인줄 아노라. 그러므로 나의 이르는 것은 내 아버지께서 내게 말씀하신 그대로 이르노라 하시니라"**(12:50). 하나님의 명령이 생명이라는 등식은 유대교 사상에서 모세의 법이 생명의 근원(5:39; cf. 신 32:45-47)이라는 유대교 사상과 관계된다. 이 견해는 공관복음서들에 나오는 예수의 교훈과도 연결된다(눅 10:28; 막 10:17-18). 예수가 하나님의 명령에 의해 말하는 말씀들은 그것을 영접하는 사람들에게 생명의 근원이다. 이것은 율법의 모든 말씀들이 "너희 생명"이라는 신명기 32:46-47을 반영하지만, 그러나 신명기 사상을 그대로 답습하는 것은 아니다. 예수는 성경에서 생명을 얻는다는 유대인들의 사상에는 동의하지만, 그러나 성경이 증언하는 생명은 그를 통하여 제공됨을 제시한다(5:39-40). 오직 예수만이 영생을 약속하는 아버지의 계명을 소유한다.

그의 말씀들이 그것들을 믿지 않는 사람들에 대하여 가지는 부정적 결과와 관련하여 예수는 그가 아버지께서 그에게 말하라고 명령한 것만을 말한다고 증언한다. 비록 "예수 자신"(ἐγώ)이 말하지만, 그의 말씀들이 다 아버지의 것(7:16; 8:18, 28, 40)이라는 주장이 예수의 계시 담론의 핵심이다. 이것은 이전 단락에서 제시된 불신에 대한 심판을 정당화하고 또 지금까지 예수의 모든 계시 담론의 결론을 요약한다. 예수의 이 계시 활동은 요한복음 서두에서 이미 간결하게 제시되었다: 참 빛이 세상에 와서 사람들을 어두움으로부터 구원하기 위하여 비추고 있었다(1:9). 영원한 신성의 말씀인 하나님의 아들이 그의 말씀들을 통하여 사람들에게 아버지를 계시한 것이다(1:18). 따라서 예수의 말씀은 그것을 영접하고 예수를 믿는 모든 사람들에게 생명을 주는 복된 소식이다.

그러므로 예수는 다시 한 번 그가 이르는 말씀(ἃ οὖν ἐγὼ λαλῶ)이 아버지께서 그에게 말씀하신 그대로 말하는 것(οὕτως λαλω)임을 결론적으로 언급한다. 요한이 예수의 공적 사역의 마지막 결론을 예수의 이 말씀으로 마친 것은 매우 중요한 의미를 갖는다. 예수는 그 자신만으로 존재 의미를 가지는 존재가 아니라는 것이다. 예수는 화육하신 하나님의 말씀으로서 또 하나님의 온전한 대리자로서 항상 하나님과의 관계성 속에서 존재 의미를 갖는다는 것이다. 지금까지 예수는 그의 표적 활동을 통하여 아버지와의 완전한 연합과 온전한 순종을 보여주었다. 이제 예수는 그의 죽음을 통하여 그의 사명을 완수할 것이다.

주요 참고 문헌
(Selected Bibliography)

Ashton, John. *Understanding the Fourth Gospel*. Oxford: Clarendon, 1993.

Barrett, C. K. *The Gospel According to St. John*. 2nd ed. Philadelphia: Westminster, 1978.

Beasley-Murray, George R. *John*. Word Biblical Commentary, 36. Waco, TX: Word, 1987.

Brodie, Thomas L. *The Gospel According to John*. New York: Oxford University Press, 1995.

Brown, Raymond E. *The Gospel According to John*. Vol. 1. New York: Doubleday, 1966.

______. *The Gospel According to John*. Vol. 2. New York: Doubleday, 1970.

______. *The Community of the Beloved Disciple*. New York: Paulist, 1979.

Bultmann, Rudolf. *The Gospel of John: A Commentary*. Trans. G. R. Beasley-Murray et. al. Philadelphia: Westminster, 1971.

Carson, D. A. *The Gospel According to John*. Grand Rapids: Eerdmans, 1991.

Cassidy, Richard J. *John's Gospel in New Perspective: Christology and the Realities of Roman Power*. Maryknoll, NY: Orbis, 1992.

Culpepper, R. Alan. *The Gospel and Letters of John*. Nashville: Abingdon, 1998.

Dodd, C. H. *The Interpretation of the Fourth Gospel*. Cambridge: Cambridge University, 1953.

Duke, Paul D. *Irony in the Fourth Gospel*. Atlanta: John Knox, 1985.

Howard-Brook, Wes. *Becoming Children of God*. New York: Orbis, 1994.

Jeremias, Joachim. *New Testament Theology*. Trans. John Bowden. London: SCM,

1971.

Karris, Robert J. *Jesus and the Marginalized in John's Gospel*. Collegeville, MN: Litergical Press, 1990.

Kysar, Robert. *John: the Maverick Gospel*. 2nd rev. ed. Louisville; Westminster/ Johnknox Press, 1994.

Martyn, J. L. *History and Theology in the Fourth Gospel*. 2nd ed. Nashville: Abingdon, 1979.

Meeks, Wayne. *The Prophet King*. Leiden: E. J. Brill, 1967.

Morris, Leon. *Studies in the Fourth Gospel*. Grand Rapids: Eerdmans, 1979.

Neyrey, Jerome H. *An Ideology of Revolt: John's Christology in Social-Science Perspective*. Philadelphia: Fortress, 1988.

O'Day, Gail R. *Revelation in the Fourth Gospel*. Philadelphia: Fortress, 1988.

Painter, John. *The Quest for the Messiah: The History, Literature, and Theology of the Johannine Community*. 2nd ed. Nashville: Abingdon, 1993.

Rensberger, D. *Johannine Faith and Liberating Community*. Philadelphia: Westminster, 1988.

Schnackenburg, Rudolf. *The Gospel According to St. John*. 3 Vols. Trans. David Smith and G. A. Kon. New York: Crossroad, 1990.

Sloyan, Gerard S. *What Are They Saying About John?* New York: Paulist, 1991.

Smalley, Stephen S. *John: Evangelist and Interpreter*. Nashville: Nelson, 1984.

Smith, D. Moody. *The Theology of the Gospel of John*. Cambridge: Cambridge University Press, 1995.

Talbert, Charles H. *Reading John: A Literary and Theological Commentary on the Fourth Gospel and the Johannine Epistles*. New York: Crossroad, 1992.

Witherington Ⅲ, Ben. *John's Wisdom*. Louisville, KY: Westminster/John Knox, 1995.

"말씀이 육신이 되어 우리 가운데 거하시매 우리가 그의 영광을 보니 아버지의 독생자의 영광이요 은혜와 진리가 충만하더라"(요 1:14).

요한복음 다시읽기

요한복음의 구조적 · 신학적 해설(상권)

초판 발행 2004년 11월 5일
개정 발행 2013년 9월 16일

저 자 **김 광 수**
발행인 **배 국 원**
발행처 **침례신학대학교출판부〈하기서원〉**
대전광역시 유성구 북유성대로 190(하기동 산14)
042-828-3255, 3257 • Fax. 042-828-3256

인쇄처 **도서출판 이화**
대전광역시 중구 선화동 229-2번지 장현빌딩 2층
042-255-9707~8 • Fax. 042-255-9709

ISBN 978-89-93630-47-3 (전2권)
978-89-93630-48-0 04230

정가 18,000원